企业法律与管理实务操作系列 WIN

增订8版

《劳资关系》杂志、持万商学院
HR俱乐部、人力资源管理研究中心
联合强力推荐
★★★★★★

中国人事法务师业务指导用书

劳动合同法
实务操作与案例精解

王桦宇 著
(人力资源、用工管理与财税规划专家)

中国法制出版社
CHINA LEGAL PUBLISHING HOUSE

第八版序言

后新冠肺炎疫情时代的组织变革与用工模式新常态

2020年，一场突如其来的新冠肺炎疫情打乱了所有人的节奏。疫情之下，学校可以线上授课，企业也可以线上办公，但餐饮、酒店、影院、百货等行业却不得不在一年中本该生意最好的时段闭门歇业。**此种情况下，“共享员工”的概念应运而生，并成为疫情期间部分受到疫情较大影响行业用工模式的新变革和新突破。“共享员工”模式是指在新冠肺炎疫情持续影响下，一些暂时难以复工的中小企业将员工以共享模式进行短期人力输出的合作用工方式。**2月3日，盒马鲜生宣布，联合云海肴、西贝、探鱼、青年餐厅等餐饮品牌，让受影响而在家待业的部分员工，暂时性入驻盒马，以缓解生鲜零售平台订单与日俱增的压力。在盒马鲜生开启了“共享员工”的模式后，许多企业也先后公布了旗下的员工调配计划。2月7日，苏宁物流发布“人才共享”计划，面向因疫情冲击，工作受到短暂影响的人群，提供各类仓内分拣、包装，社区骑手、快递配送等工作岗位。①

为帮助企业应对疫情影响，加强企业复工后的用工保障服务，各地政府也开始了就业促进和用工管理的模式创新。2020年2月，东莞市人社局推出企业用工余缺调剂服务模式，推动企业“共享员工”。据了解，东莞企业用工余缺调剂模式主要分为企业间用工互助调剂、行业间用工调剂、非全日制兼职用工调剂等三类。其中，企业间用工互助调剂模式主要针对非技术类岗位用工短缺，行业间用工调剂模式主要针对技术类岗位用工短缺。这两种模式下，被借用员工的劳动关系、社会保险关系仍保留在原企业。疫情结束后，被借用员工原则上应返回原来的企业继续履行原劳动合同。非全日制兼职用工调剂模式下，兼职员工则与A企业保留传统劳动关系和社保关系，与B企业建立非全日制用工劳动关系和参加工伤保险。A企业生产完全恢复正常后，兼职

① 总体上看，输出“共享员工”的主要有影院、酒店、景区、餐厅、KTV等临时歇业的行业，以及一些受疫情影响停工、停产的中小企业；借入则主要集中在生鲜电商、制造业、共享单车、物流等行业内。

员工原则上应返回A企业继续履行原劳动合同。[①] **无论是政府劳动社会保障和就业管理的角度，还是企业人力资源调配和用工模式安排的角度，疫情期间的“共享员工”模式，仍然是一个全新的契机和切入口，倒逼政府、企业和劳动者在灵活用工的规则设计和运行实效方面作出更多探索和磨合。**

不过，“共享员工”这一特殊时期下的“权宜之计”，**在疫情结束后能否被企业特别是对灵活用工存在高度需求的企业所接受，成为组织变革的新方向，甚至是作为常态化的可选用工模式，目前看来还需要进一步观察。“共享员工”模式涉及岗位匹配度、健康安全、成本提升和法律合规等几个方面的问题。**首先，在岗位匹配度方面，“共享员工”的准入门槛不一，不是每个岗位都可以做到“无缝对接”，经过简单的在线培训后就可到店上岗。其次，在健康安全方面，疫情期间对员工的健康要求和审查更为严格问题，有的甚至需要医学隔离，员工和客户、消费者的健康安全如何得到有效保障也存在问题。再次，在用工成本方面，对新加入员工的培训也一定程度上抬高了雇佣方的用人成本，有时候还会产生一些用工居间和中介费用，雇佣企业自身能否“消化”值得商榷。**最后，在法律合规方面，部分工作时间较长或服务集中度较高的“共享员工”是否会由特殊用工形式变成标准用工形式，从而使企业须依据劳动法相关规定而承担加班费、休假、社会保险等更多的雇主责任。**

在后疫情时代，“共享员工”模式使得人力资源得以实现充分流动，提升了社会资源配置的效率，也恢复了一定的社会产出水平。**在暂时劳动力过剩的传统行业与暂时劳动力紧缺的新兴行业或特定行业之间激发了人力资源的共享，导出行业、导入行业和共享员工三方的需求和利益都得到了有效实现。**在可预见的未来一段时间里，社区骑手、兼职客服等新业态会长期存在，就业方式灵活，企业雇佣也有相当的灵活性，但“共享员工”的岗位管理、绩效考核、教育培训、福利待遇管理等一系列问题也需要加强和完善。“共享员工”为新时期企业用工模式改革提供了方向，各行各业用工实践中也往往能自发探索出适合本行业和本企业的科学合理灵活用工模式，使得人力资源配置达到或接近最优的程度。[②]“共享员工”模式让人力资源的流动更加灵活，有

---

① 2020年5月，东莞市厚街镇出台了《“共享员工”员工工作补贴办法》，并成为东莞第一个实施共享员工补贴政策的镇街。按照该办法的规定，政府对双方企业与员工协商一致，签订三方协议，实现企业之间全日制互助调剂用工的，给予资金补贴。其中技术类工人每月补助上限800元。厚街也成为东莞第一个实施共享员工补贴的镇街。厚街镇的相关补贴标准如下：1. 对参与的非技术岗位员工，按上岗时间每人每日补助30元，每月补助上限500元。2. 对技术类岗位员工，每人每日补助50元，每月补助上限800元。3. 在三方协议有效期内，每人最多一次性补助三个月。

② 由于许多行业有淡旺季，在淡季时，如果要保持旺季时的人力规模，企业用工成本会增加；在旺季时，可能面临无法迅速组织员工的困境。对企业用工需求而言，灵活用工的模式在未来可能会成为一种趋势。

助于企业抵御市场、政策、环境等诸方面不确定性的冲击，对维护社会就业预期和消除社会不安定因素也起到了积极作用。**当然，如果未来需要使得“共享员工”成为常态化用工模式之一，那么如何明确相关主体的责任划分、如何保障各方利益等问题就需要由相关法律法规政策以及企业规章制度做进一步的规范和约束。**

后疫情时代也是互联网经济和共享经济充分发展的时代。**从某种意义上讲，互联网技术并没有改变劳动力与生产资料相结合的本质，传统的劳动关系认定标准对平台用工类型的界定问题仍有其解释和适用的空间。**[①] 在传统劳动法框架下，“共享员工”法律关系的认定更接近于员工借调关系而非劳务派遣关系。员工借调与劳务派遣是两个比较容易混淆的概念，有很多相似之处，但也有明显区别。借调人员或被派遣人员与借出单位或派遣单位建立劳动关系，这是员工借调与劳务派遣最大的相似点。在劳务派遣关系中，劳务派遣单位有义务向被派遣劳动者支付工资、缴纳社会保险、提供福利待遇等，实际用工单位按劳务派遣协议履行义务，负责劳动者的岗位安排、劳动安全教育、保护以及劳动培训等，向派遣单位支付派遣费。[②] 在借调框架下，员工的劳动关系没有发生变化，且借出单位不会因此而盈利，而在劳务派遣框架下，劳务派遣本身具有人力资源服务业的商业属性，也即存在通过派遣用工方式盈利的要求和行业属性。**在互联网经济和共享经济深刻改革资源配置方式和人力资源运行模式的大背景下，未来基于在线模式的劳务派遣会愈加增多，或者还会产生纯粹就业岗位开放分享平台与自雇型独立劳务提供者相结合的新兴用工形态，**[③] **届时“共享员工”等灵活用工模式会被重新定义。**

在互联网经济和共享经济勃兴的时代，互联网用工模式也受到广泛关注。**和传统劳动者相比较，目前网约工在身份认定、风险防范和权益保障上处于较为尴尬的地位，网约车与平台之间的权利义务严重不对等，多数网约工甚至只能以自由职业者的方式缴纳社会保险，现行司法政策对网约工是否与互联网平台建立劳动关系仍持保守态度，这更使得网约工的劳动权益无法得到有效维护。**[④] 而共享员工在法律上归属于一家用

---

① 参见吴勇、刘琦：《平台用工的劳动关系认定及权益保护》，载《中国劳动》2019 年第 2 期。

② 关于新时期劳动关系转型与《劳动合同法》中劳务派遣条款再修订的相关见解，可参见王桦宇：《劳动关系转型与劳务派遣规制——兼论中国〈劳动合同法〉修正案及未来可能之再修正》，载《北外法学》2020 年第 1 期。

③ 自雇，或称自雇人士，其工作的雇主就是自己。此类劳务提供者承担商业风险，不受劳动法律所保障，不能享受员工福利、有薪公众假期、工伤赔偿、退休金等。但是因为自雇模式下，传统劳动者权益保障均得不到充分体现，有学者对此提出异议，认为自雇模式下劳务提供者实际仍为现代劳动法框架下的灵活用工劳动者。

④ 参见王桦宇：《对症下药：解决新型用工关系的法律路径》，载《检察风云》2019 年第 9 期。

人单位的前提下，根据多家单位的用工需求来自由流动，企业用工也能更自由和便利，劳动力资源从而实现最大限度的利用，同时，能规避平台经济用工中劳动者与平台管理者是契约关系而非劳动关系带来的劳动权益保护不足问题。在线支付、电子商务、平台经济等新业态客观上为“共享员工”提供了技术、信息、金融等方面的环境便利条件，而对于知识经验、个人技能等可以分享的特定行业又具有可满足“共享员工”的生长土壤，再加上一些90后、00后新生代，发挥余热的退休群体对企业组织变革需求的新观念，使得“共享员工”模式有可能成为既满足工作自由、体现自我价值又能增进企业活力、降低企业成本的一种未来不可忽视的新工作方式。[①] **从企业管理理论的时间沿革纵轴来看，共享员工是企业组织形式变革的一个重要标志性事件和时间节点，此种组织形态和用工模式可能在未来相当长的一段时间内持续存在和创新发展。**

2019年，上海交通大学行业研究院联合北大纵横管理咨询集团等机构组成研究团队发布《人力资源服务行业“第二曲线”研究报告》，报告显示，国内灵活用工市场规模在2017—2019年三年间得到了显著增长，从2017年的389.4亿元增长到2019年的476.4亿元，预计到2020年将增长到590.8亿元。不过，中国的灵活用工占比只有9%，与日本和美国相去甚远。2020年4月7日，国家发展改革委和中央网信办联合印发《关于推进“上云用数赋智”行动 培育新经济发展实施方案》（发改高技〔2020〕552号）。该方案指出，要实施灵活就业激励计划，“支持互联网企业、共享经济平台建立各类增值应用开发平台、共享用工平台、灵活就业保障平台”“面向自由设计师、网约车司机、自由行管家、外卖骑手、线上红娘、线上健身教练、自由摄影师、内容创作者等各类灵活就业者，提供职业培训、供需对接等多样化就业服务和社保服务、商业保险等多层次劳动保障”。**可以预见，后疫情时代的用工模式将会生动而具象地持续演化，互联网和共享经济时代给企业组织发展带来深刻变革的同时，也在人力资源管理方面带来用工模式和劳动关系新的课题和思考。**

无论是随着新经济新业态新模式的蓬勃发展，还是在经济社会发生时代变革的特殊条件下，劳动关系领域出现了一些在传统劳动法律关系规制下无法合理规范的情况，迫切需要进行管理创新和法律制度创新。在德国劳动法上，联邦劳动法院允许雇主不签订劳动合同，而是先和雇员签订一个“安排工作的框架协议”，然后在有需求的时候再与雇员签订固定期限的劳动合同，而雇员有权选择是否签订该固定期限的劳动合同。[②] 日本劳动法学者荒木尚志也认为，一个国家的雇佣体系根据劳动力市场机能如

---

① 参见陈灿平：《“共享员工”之适度提倡及其法治保障》，载《人民法院报》2020年4月2日第7版。

② 参见［德］沃尔夫冈·多伊普勒：《德国劳动法》，王倩译，上海人民出版社2016年版，第362页。

何规范劳动关系，给予其怎样的灵活性，这与劳动条件变更法理密切相关。① **也就是说，面向后疫情时代的劳动立法会更加市场化并尊重劳动关系各方的自由意志，在抽象的就业权利保障和具体的劳动权益保障之间寻求一个合适的平衡点。而对于企业人力资源和用工管理而言，主动迎接此种新时代的新契机和新挑战，积极改革人力资源组织体系和精细优化用工管理模式，无论是对内部组织体系的优化还是对外部市场竞争力的提升，无疑都具有高度前瞻性的积极意义。**

王桦宇

于天津自贸区东疆片区

二零二零年六月

① 参见［日］荒木尚志：《雇佣体系与劳动条件变更法理》，田思路译，上海人民出版社2016年版，第6页。

第七版序言

进化论的视角：人力资源管理者面临的新挑战及其消解

——寻找更加妥适和定制化的风险控制方案

一段时间以来，很多业界的朋友和我讨论《劳动合同法》的修改问题。基本能够达成共识的是，目前的解雇保护可能过于严格，应该进行适当的松绑。即便是从事劳动法司法工作的民庭法官们，也对解雇保护的掌握尺度及其社会效应有一些基于裁量权的具体想法。尽管最高人民法院先后出台了四部司法解释，亦未能涵盖《劳动合同法》适用中的全部或者绝大部分的疑难问题。**一些地方出台的地方性裁审口径，实际上也是通过一种非正式的方式对法律的适用进行适度的微调。**[①] **因为这种微调建立在司法实践的妥适经验基础上，也因此淡化了司法口径在事实上更改法律规定的质疑，并在此种“弹性”司法中可能取得相对公平的社会效果。**需要指出的是，这种各地出台“纠偏”基础性劳动法律的做法毕竟并非立法者的本意，甚至也并非司法者的本意，因为当初国家出台《劳动合同法》的动因之一就是统一全国林林总总不大一致的劳动法规、政策，进而推动全国开放性经济大市场。然而事实是，《劳动合同法》没有被修改，但是在各地司法实践中，这部法律的具体适用还是进行了“司法式”修正，似乎是在全国统一劳动立法的原定路线与地方性实践的差异化之间徜徉徘徊。

“在市场经济体制下，雇主和雇员存在利益冲突。雇员的工资越高、每星期的工作时间越少，雇主的成本越高。除此之外，还存在‘权威的冲突’，一部分人在另一部

---

① 各地高级人民法院和劳动人事争议仲裁委员会联合出台的一些文件，大部分都是具体裁判中的口径掌握问题。但需要指出的是，部分地方的一些口径性规定在“事实上”变更了《劳动合同法》的相关规定。比如，上海市高级人民法院《关于适用〈劳动合同法〉若干问题的意见》(沪高法〔2009〕73 号) 关于无固定期限劳动合同订立的次数确认，就与其他地方的裁审口径明显有异。在 2017 年 4 月 24 日由北京市高级人民法院与北京市劳动人事争议仲裁委员会联合发布的《关于审理劳动争议案件法律适用问题的解答》中，这次最新的面向具体事项裁决的地方性口径在未有明确规章制度规定时，对用人单位解除权、特殊福利待遇可返还性、劳动合同的可恢复性判断等作了有利于用人单位的规定。

分人的指挥下工作必然会产生意见分歧。”[①] **我非常赞同德国劳动法学家沃尔夫冈·多伊普勒（Wolfgang Däubler）教授的观点，因为现今的劳动关系已经远非“自由协商”的年代了。不过，新的问题是，如果雇主和雇员之间的观念不一致，或针对具体事务的理解产生意见分歧，甚至是产生较为严重的矛盾和冲突，又如何通过法律和司法来解决呢？**与此同时，我国劳动关系的法律调整实行的是单一调整模式，劳动法对所有劳动者实行“一体适用、同等对待”，这种模式产生了诸多问题。现实中，由于用工形式不断发展以及劳动者“从属性”的弹性，雇员类型表现出多样性，除了典型雇员，还存在从属性较弱的“类似雇员的人”以及其他特殊雇员。所以，有学者呼吁，在立法技术上，应打破传统的针对所有劳动者的综合立法模式，向针对特定类型主体和特定事项的专门立法模式转变，劳动关系法律调整模式实现分类调整和区别对待。[②] **随着社会经济不断发展，新的情况不断出现，在这个不断变动的社会实践中，如何在法理和个案中理解和处理公平正义问题，[③] 特别是雇主如何在实际工作中识别相关合规性的事项，就变得非常重要了。**

进化论，又称演化论（Theory of Evolution），是关于生物由无生命到有生命，由低级到高级，由简单到复杂逐步演变过程的学说。**现代化的物质和精神产品生产需要适应变动的社会，企业经营发展及其人力资源管理同样也需要跟着时代的步伐更新、变迁和进化。新时期雇佣关系的深刻变化不仅影响到劳动法制的理念更新和规则创新，同时也实然投射到人力资源管理的智识性判断和合规思维延展上来。**从学理上讲，雇佣关系是指通过个人出卖劳动力而在雇佣者和受雇者之间产生的关系，是随着国家和市场的条件变化，通过合同实现劳动与薪酬之间的一种交换关系，构成雇佣关系主要有五种要素：雇员、雇主、国家、市场和契约。前两者是构成雇佣关系的基础，并通过劳动契约形成内部规则约束，而国家通过制定法律来调整和规制雇佣关系的市场化。[④] **和十年前相比，当前的社会结构、经济环境和就业形态实际上已经发生了非常重大的调整和变革，并且迫切需要对劳动法体系进行必要的规制优化。雇佣体系本身**

---

① ［德］沃尔夫冈·多伊普勒：《德国劳动法》（第11版），王倩译，上海人民出版社2016年版，第1页。

② 参见谢增毅：《我国劳动关系法律调整模式的转变》，载《中国社会科学》2017年第2期。

③ 以劳动合同的中止为例，在最早版本的《劳动合同法》和《劳动合同法实施条例（草案）》中，都有关于劳动合同中止的规定，但在正式出台的版本中均已删去。这主要是考虑到关于中止的规定存在一定的争议，基于审慎起见，并未在正式法律法规文本中出现。但实践中，关于中止的问题仍然有其客观性，依然需要在劳动争议案件中予以认定。关于劳动合同的中止，可参见秦国荣：《劳动权保障与〈劳动法〉的修改》，人民出版社2012年版，第161－186页。

④ 参见［美］约翰·巴德（John Budd）、迪瓦希什·海沃（Devasheesh Bhave）：《雇佣关系：人力资源管理的基础》，载《中国人力资源开发》2011年第9期。

顺应时代而变化，争议处理体系也在变化，劳动条件变更法理不能脱离这些变化而独立存在。基于这些制度变化以及雇佣所处的环境变化，给予雇佣体系灵活性变化上的可能对应，应作为一种法理而予以特别考虑。①

当前的人力资源管理合规中的风险控制，需要置于三个大的关键节点上理解，也只有准确把握和着重消解这三个关键节点的不确定性，一个妥适的、定制化的、适合企业自身实际需求的基础框架和解决方案才可能得以建立起来。第一个关键节点是劳动条件的合理变更。在我处理的劳动关系及其合规咨询中，雇主的很多疑难点都是关于调岗调薪和调整工作岗位的，并且成为人力资源管理中的常态性事务。② 现行劳动法律法规并未明确规定关于劳动条件变更的非常全面、系统和极具可操作性的内容，实践中的处理往往都是掌握合理性原则，而这种合理性原则的识别基准点为“是否尽量照顾到了员工”以及“是否不让员工处于更不利情境”。③ 第二个关键节点是用工成本的合规控制。近年来，即便是那些500强的外企，也开始将“成本控制”放在与“合规”同等重要的位置上。④ 理解用工成本的控制，需要掌握合规性原则，这里的“规”既指国家和地方的法律法规，更指企业自行制定的规章制度。企业需要根据适应自身特点并合法有效的内部规则来有效控制薪酬福利之“固有成本”，并通过规范化的用工管理减少不必要的因劳动争议而生的“衍生成本”。第三个关键节点是劳动关系的合法解除。解雇保护是劳动法区分于一般民法的重要特点，而《劳动合同法》规定的解雇保护规则无疑是非常严格的。在实践中，需要优先选择“协商解除”，而在单方解除时则应把握和贯彻“已经充分运用了比例原则丈量”和“已经达至无法继

---

① 参见［日］荒木尚志：《雇佣体系与劳动条件变更法理》，上海人民出版社2016年版，第233－234页。

② 在为一家科技型国企提供合规咨询服务的过程中，我发现常态性的部门调整、人员调配和工作更新使得调岗调薪甚至是调整工作地点非常普遍，这也经常会引起员工群体性和非群体性的冲突。因此，如何消解此种企业高速发展过程中“阵痛式”变革带来的用工风险和劳动争议，并根据企业特定的自身文化和国企特质进行针对性因应，成为我和团队以及企业人力资源部门同人的长期性工作。

③ 在我与一位HR经理的电邮对话中，她经常会问我：“到底有没有完全没有风险的方案？”我回答她，关于劳动条件变更，在员工本身不认可的情境下，企业的操作需要掌握合理性；但此种合理性如何判断，只能从盖然层面上去理解；如果企业又非常强调包括调岗调薪在内的HR管理的有效性以及员工的服从度，此种合理性只能从权衡“是否尽量照顾到了员工”以及“是否不让劳动者处于更不利情境”的角度去作妥适理解。

④ 以前在处理跨国公司和外资企业的HR合规事务时，特别是《劳动合同法》刚刚出台的时期，雇主们往往会将“合规”放在最优先的位置。

续履行的境地原则”。[①]

基于进化论的视角，这里顺便也说说当下人力资源管理的几个新情况和新发展。一是大数据时代的人力资源管理。理论界的研究发现：大数据人力资源管理在信息化人力资源管理的基础上有了质的变化，大数据人力资源管理能够为组织带来竞争优势。[②] **在某种程度上，HR管理的大数据也为用工管理的合理性提供了正当性基础。**比如，通过调岗调薪和组织机构调整的数据证实调岗本身的客观性；又比如，绩效考核成绩的分布图和比对表可以为绩效模块参数的合理性提供数据支持；等等。**二是与规章制度相关的惩戒权行使。**[③] 从逻辑学上讲，人们遵守或违反法律规则的理由主要有两大类：一类是对于某些规则自然而然地遵守；另一类是因畏惧强制措施而遵守。[④] **需要特别指出的是，惩戒事由必须与工作有关，且是违反劳动者义务的行为，司法实践中一般认可“警告”“扣薪调岗”“解雇”等惩戒措施，但对认可“赔偿损失”“停职”作为惩戒措施持保留态度。**[⑤] **三是特定员工股权激励的法律问题。**股权激励一般被称为留住核心人才的“金手铐”，也被多数企业特别是上市公司采用。研究发现：在控制经营业绩等因素的情况下，实施股权激励的确降低了公司高管更换的概率；进一步研究还发现：股权激励方式采用股票期权还是限制性股票，对高管更换没有显著影响。[⑥] **实践中，在实施股权激励过程中，需要特别注意“确权”和“行权”时的个**

---

① 比例原则的表述是借用行政法学理上的概念。比例原则又称为妥当性原则、妥适性原则、适合性原则，是指所采行的措施必须能够实现管理目的或至少有助于管理目的达成并且是正确的手段。在劳动法案件裁判中，法官们往往会有偏向保护劳动者的基础裁量立场，但企业如果能证明“已经充分运用了比例原则丈量”和“已经达至无法继续履行的境地”，则法官们可能会有“他们也只能如此了”的判断而作出对企业有利的裁判。

② 参见西楠、李雨明、彭剑锋、马海刚：《从信息化人力资源管理到大数据人力资源管理的演进——以腾讯为例》，载《中国人力资源开发》2017年第5期。

③ 有学者认为，在立法者未将劳动规章制度最终定型为一种独立的规范之前，采“性质二分说”为妥，即规章制度仅有现行法下“个体自治性规范”和立法论下“集体自治性规范”两种性质，前者以一般抽象性指令（仅限于与工作相关的行为规范）和格式条款的法律形态呈现，后者可在条件成熟时发展为异于集体合同的集体自治性规范。参见朱军：《论我国劳动规章制度的法律性质——“性质二分说”的提出与证成》，载《清华法学》2017年第3期。

④ 参见国家法官学院、德国国际合作机构：《法律适用方法：劳动合同法案例分析方法（第2版）》，中国法制出版社2015年版，第9－11页。

⑤ 关于惩戒权的依据和性质，日本和我国台湾地区学者有过较多探讨。影响较大的主要有三种学说，即“固有权说”、“契约说”和“维护企业秩序说”。参见谢增毅：《用人单位惩戒权的法理基础与法律规制》，载《比较法研究》2016年第1期。

⑥ 参见宗文龙、王玉涛、魏紫：《股权激励能留住高管吗？基于中国证券市场的经验证据》，载《会计研究》2013年第9期。

税问题，[①] **并在规章制度和劳动合同中明确约定股权激励权利义务的具体条款。**

是为第七版序！

王桦宇

于厦门 Hollys Coffee

二零一七年七月

---

① 根据《财政部、国家税务总局关于完善股权激励和技术入股有关所得税政策的通知》（财税〔2016〕101 号）的规定，非上市公司授予本公司员工的股票期权、股权期权、限制性股票和股权奖励，符合规定条件的，经向主管税务机关备案，可实行递延纳税政策，即员工在取得股权激励时可暂不纳税，递延至转让该股权时纳税；股权转让时，按照股权转让收入减除股权取得成本以及合理税费后的差额，适用“财产转让所得”项目，按照 20% 的税率计算缴纳个人所得税。

股权转让时，股票（权）期权取得成本按行权价确定，限制性股票取得成本按实际出资额确定，股权奖励取得成本为零。

第六版序言

劳务派遣规制、用工模式选择与法律风险防控

——人力资源管理的合规化、集约化和精细化

2012年12月28日，国家主席胡锦涛签署中华人民共和国主席令第73号，公布当日由中华人民共和国第十一届全国人民代表大会常务委员会第三十次会议审议通过的《全国人民代表大会常务委员会关于修改〈中华人民共和国劳动合同法〉的决定》（以下简称《劳动合同法（修正案）》），并自2013年7月1日起施行。**此次修订《劳动合同法》，距离2007年6月29日第十届全国人大常委会第二十八次会议通过《劳动合同法》正好是5年零6个月，共计66个月。**在这66个月期间，**实务中的劳务派遣经历了《劳动合同法》通过后的短时迷茫、《劳动合同法实施条例》出台后的高速发展以及公平正义视野下社会大众和专家学者长期隐忧的三个阶段，**经过多次利益博弈和立法角力，《劳动合同法（修正案）》最终得以进入第十一届全国人大常委会审议议程并在该届任期内二审通过。**针对当前社会各界高度关注的现行劳务派遣制度所存在的问题，《劳动合同法（修正案）》在提高劳务派遣单位的设立条件、① 明确提出被派遣劳动者同工同酬的权利、② 对劳务派遣岗位“三性”做出明确界定、③ 加重违法劳务派遣行为**

---

① 《劳动合同法（修正案）》将《劳动合同法》第57条修改为：“经营劳务派遣业务应当具备下列条件：（一）注册资本不得少于人民币二百万元；（二）有与开展业务相适应的固定的经营场所和设施；（三）有符合法律、行政法规规定的劳务派遣管理制度；（四）法律、行政法规规定的其他条件。经营劳务派遣业务，应当向劳动行政部门依法申请行政许可；经许可的，依法办理相应的公司登记。未经许可，任何单位和个人不得经营劳务派遣业务。”

② 《劳动合同法（修正案）》将《劳动合同法》第63条修改为：“被派遣劳动者享有与用工单位的劳动者同工同酬的权利。用工单位应当按照同工同酬原则，对被派遣劳动者与本单位同类岗位的劳动者实行相同的劳动报酬分配办法。用工单位无同类岗位劳动者的，参照用工单位所在地相同或者相近岗位劳动者的劳动报酬确定。劳务派遣单位与被派遣劳动者订立的劳动合同和与用工单位订立的劳务派遣协议，载明或者约定的向被派遣劳动者支付的劳动报酬应当符合前款规定。”

③ 《劳动合同法（修正案）》将《劳动合同法》第66条修改为：“劳动合同用工是我国的企业基本用工形式。劳务派遣用工是补充形式，只能在临时性、辅助性或者替代性的工作岗位上实施。前款规定的临时性工作岗位是指存续时间不超过六个月的岗位；辅助性工作岗位是指为主营业务岗位提供服务的非主营业务岗位；替代性工作岗位是指用工单位的劳动者因脱产学习、休假等原因无法工作的一定期间内，可以由其他劳动者替代工作的岗位。用工单位应当严格控制劳务派遣用工数量，不得超过其用工总量的一定比例，具体比例由国务院劳动行政部门规定。”

的处罚力度[①]**等四个方面做了较大修改，**[②] **这对于切实有效保障劳务派遣劳动者权益、在现有基础上规范和优化用工模式，进一步规制和发展劳务派遣行业，都具有极其重大的制度价值和现实意义。**

随着全球化的逐渐深入和国际经贸体系分工的日益细致，企业作为经营主体的基本组织形态也开始逐渐适应这种发展趋势。[③] **传统的企业组织体系面临新的变革挑战，经由企业自身的管理实践和因应需求，而已然开始向扁平化、多元化和专业化的方向过渡与调整。传统用工方式出现了新的特点：一是用工概念的广泛化；二是用工需求的专业化；三是用工形态的弹性化。**传统劳动关系的此种转型体现在两个层面，一是内在特征的更新，二是外部属性的变革。就内在特征而言，传统劳动关系具有从属性、人身性和有偿性。就外部属性而言，传统劳动关系具有单一性、标准性和恒定性。而这两大属性都随着时代发展发生了品格变迁。[④] **法律作为公平正义的推动者和保障者，需要在劳动法制变革中始终确保相对弱势的劳动者的正当权益。而对正当权益的评估要点有两个评判准据：一是确保个体权益优先，二是确保整体就业优先。这里存在一**

---

① 《劳动合同法（修正案）》将《劳动合同法》第92条修改为："违反本法规定，未经许可，擅自经营劳务派遣业务的，由劳动行政部门责令停止违法行为，没收违法所得，并处违法所得一倍以上五倍以下的罚款；没有违法所得的，可以处五万元以下的罚款。劳务派遣单位、用工单位违反本法有关劳务派遣规定的，由劳动行政部门责令限期改正；逾期不改正的，以每人五千元以上一万元以下的标准处以罚款，对劳务派遣单位，吊销其劳务派遣业务经营许可证。用工单位给被派遣劳动者造成损害的，劳务派遣单位与用工单位承担连带赔偿责任。"

② 自2013年7月1日起施行的《劳动合同法（修正案）》还规定，本决定公布前已依法订立的劳动合同和劳务派遣协议继续履行至期限届满，但是劳动合同和劳务派遣协议的内容不符合本决定关于按照同工同酬原则实行相同的劳动报酬分配办法的规定的，应当依照本决定进行调整；本决定施行前经营劳务派遣业务的单位，应当在本决定施行之日起一年内依法取得行政许可并办理公司变更登记，方可经营新的劳务派遣业务。具体办法由国务院劳动行政部门会同国务院有关部门规定。

③ "弹性化"（flexibility）一词开始在人力资源运用中风行一时，传统雇佣就业关系（traditional employment relations）亦开始急剧转变。

④ 就内在特征而言，传统劳动关系具有从属性、人身性和有偿性。从属性是指在用工管理上雇员隶属于雇主并遵守雇主相关制度；人身性是指在用工履行上应以雇员亲自实践履行为原则而不许可替代履行；有偿性是指雇主必须为雇员的劳动支付报酬并接受最低工资制度的约束。而在灵活就业背景下，从属性从原来的单一雇主变为两个或多个雇主，从属性的范围进一步扩大；人身性在劳务派遣格局下变为对实际用工单位的转履行；而有偿性则在非全日制用工及兼职模式下已经日渐零散化。就外部属性而言，传统劳动关系具有单一性、标准性和恒定性。单一性是指劳动关系主体为单一雇主和雇员，标准性是指雇主雇员权利义务关系应受劳工标准统一约束，恒定性是指劳动关系存续的长期化和稳定状态。但这些外部属性，无疑在灵活就业模式及内部特征更新基础上发生了变革。关于劳务派遣相关理论与操作实务，参见王桦宇：《劳务派遣法律实务操作指引（增订版）》，中国法制出版社2012年版。

个二律背反：个体权益优先观点会导致劳务派遣回落到传统劳动关系框架中，使得弹性劳动关系和就业促进难以拓展；而整体就业优先的论调又往往会使得劳务派遣业界更加趋利，而损毁劳动法保障劳动者的基础性社会价值。在此前提下，若是仅仅局限于劳动关系的狭义研究，而不透过政府管制理论的关联性研究，对包括劳务派遣在内的其他相关非典型劳动关系研究将不会得到比较全面、系统而深入的最终结论。

即便是《劳动合同法（修正案）》，也并非要废除或取消劳务派遣这种用工方式，而是希望能通过严格、清晰的立法来规范劳务派遣的宏观业态关系、中观管制关系和微观雇佣关系，从而使得劳动法的本位目标回归到劳动者权益保障的基本伦理中来。**劳动法制涉及社会经济的方方面面，具体到《劳动合同法（修正案）》施行在即的当下，在企业层面则主要关联三个方面的议题，一是劳务派遣规制，二是用工模式选择，三是法律风险防控。**就劳务派遣规制而言，尽管《劳动合同法（修正案）》界定的"三性"岗位在具体实践中如何研判和识别还有待进一步厘清，但毫无疑问，那种不区分岗位的全员派遣或者身份派遣的雇佣模式应不会大量出现，劳动合同用工有望逐步恢复成为基础性用工方式。就用工模式选择而言，除劳务派遣之外，非全日制就业、短期就业、兼职就业、承包就业为代表的其他非标准劳动关系已然发展壮大起来，更多非标准用工开始进入企业用工模式多元化选择的视野，甚至业务外包也开始成为人力资源管理模块的检讨范围。① **就法律风险防控而言，鉴于劳动立法的日渐勃兴和愈加严格，企业在日常人力资源管理中更应注重制度合同和流程表单等管理工具的合规化审查及使用，并在出现劳动争议时采取更妥适的应对处理方式。**②

至于具体到人力资源管理模块本身，企业则应更加重视在人力资源管理的合规化、集约化和精细化方面做好基础性准备和技术性工作安排。所谓人力资源管理的合规化，是指企业在人力资源管理过程中**要注重遵守国家和地方的劳动法和通用的商业伦理，并不断根据最新的法规政策修订检讨企业规章制度、劳动合同和用工管理流程，**以使得企业用工管理符合国家法律规定和当地政策要求。所谓人力资源管理的集约化，是指企业的人力资源管理要在确保高效率的基础上实现模块的特定功能。③ 人力资源管理，无论是采用哪种通用解释，其手段都是通过一系列的专业方法和安排，其目的都

---

① 更多用工模式选择及其成本控制相关理论与操作实务，参见王桦宇：《企业用工成本控制与法律风险防范——后金融危机时代的人力资源管理》，中国法制出版社 2009 年版。

② 更多人力资源管理合规化相关理论与操作实务，参见王桦宇编著：《人力资源管理实用必备工具箱 .rar——常用制度、合同、流程、表单示例与解读（增订 3 版）》，中国法制出版社 2011 年版。

③ 德鲁克认为，管理者必须卓有成效，且卓有成效是可以学会的，这是讨论管理者必须卓有成效的前提。参见［美］彼得·德鲁克：《卓有成效的管理者》，机械工业出版社 2010 年版，第 122 – 127 页。

在于实现组织目标，[1] 而这种组织目标则主要体现在两个方面：一是激励价值创造，二是减少用工成本。**人力资源管理应当注重管理的集约性、结构的扁平性和运作的高效性。**所谓人力资源管理的精细化，是指无论是人力资源的宏观战略管理，还是人力资源部门的日常事务管理，抑或是直线部门的具体业务操作，都要求每个层次在决策和执行上注意对细节的掌控和落实。老子在《道德经》中讲道："天下大事必作于细，天下难事必作于易。"意思是做大事必须从小事开始，天下的难事必定从容易的做起。**站在风险管理的立场上，程序上的任何小瑕疵都会导致潜在的风险成为现实的失败。**

如何在面对当下愈加严格的劳动法制环境下，进一步做好人力资源管理的合规化、集约化和精细化？这是企业需要得出结论和建议的问题。**一般认为，至少如下一些基础性准备和技术性安排应当被参考或采纳。一是积极梳理和认真重构用工方式，打造合规性和集约性并重的雇佣形态和模型。**通过科学计算和合理评估企业实际用工需求，来搭配和选择标准用工模式和非标准用工模式、全时雇佣方式或非全时用工方式、内部用工计划或外部承包计划，等等。**二是稳步更新和实时检讨管理效率，施行集约性和精细性统一的用工策略和方式。**人力资源管理的要求是实现既定的组织目标，在控制成本基础上实现集约化的最大盈利。促成授权科层更加明晰直接、推进组织架构更加简单直接、推进执行环节更加高效有序，则应成为工作的重点。**三是有效控制和确实防范用工风险，建构兼顾合规性和精细性的管理制度和体系。**如果注重盈利的同时没有很好地遵守法规政策，会让企业付出更多的直接成本和间接成本。企业在全面推进人力资源规划、招聘与配置、培训与开发、绩效管理、薪酬福利管理、劳动关系管理等六大模块管理并践行精细化管理的同时，还应当切实将合规性放在更加重要的位置。

是为第六版序！

王桦宇

于三亚大东海

二零一三年一月

---

① 人力资源管理的两种通用解释，参见持万 HR 俱乐部编著：《新编常用人力资源管理词典》，中国法制出版社 2012 年版，第 322－323 页。

第五版序言

协商沟通与规范守法下的企业自主用工

——迈向更加积极高效的员工关系管理

透过最近指导处理几起劳动关系纠纷的个案，我们发现多数企业面对劳动争议的态度都是“结果导向”和“惩戒思维”。**所谓“结果导向”，也即以事先预估的调解裁决结果作为是否启动争议解决程序的依据并以此来选择具体如何处理争议的方法；所谓“惩戒思维”，也即以员工是否理解和配合企业作为如何处理劳动争议的主观态度。**比如，在违法解除劳动合同案件中，[①] 企业自觉解除过程中可能存在实体和程序上的部分瑕疵，就会及早寻求和解，或者在仲裁或法院的主导下积极调解；但是若企业自觉解除过程中合法合规且证据充足，即会将官司坚持到底并进一步据此作为以儆效尤的重要示范。又如，在加班费争议中，大多数成本控制型的企业则往往会选择可控范围内的和解，或者有意延长整个争议处理的进程而让员工的讼争成本最大化。[②] 以上两种案例中，企业积极寻求和解往往是希望将劳动争议的影响掌握在可控的范围内，或者寻求讼争成本最小化；而企业走完劳动仲裁、法院一审和法院二审的目的则亦是基于给其他员工以某种惩戒性示范的功能，即员工与企业积极沟通配合，企业则同意和解，如若不然则采取将官司进行到底的既定立场。

由于长期担任企业管理顾问，我们对《劳动合同法》施行以来企业管理过程中的

---

① 《劳动合同法》第 87 条规定：“用人单位违反本法规定解除或者终止劳动合同的，应当依照本法第四十七条规定的经济补偿标准的二倍向劳动者支付赔偿金。”但在实务中，员工往往会根据自身情况选择要求企业支付赔偿金或者要求恢复劳动关系。如果工龄较长或者劳动合同即将到期，员工会选择确认企业解除行为违法，并要求双倍经济补偿金作为赔偿金；如果工龄较短或者劳动合同远未到期，员工则会选择恢复劳动关系，并要求支付违法解除劳动合同期间的工资待遇，甚至会要求直至劳动合同到期时的工资待遇。

② 就我们的经验来看，在劳动争议案件中，除违法解除劳动合同员工要求恢复劳动关系并主张期间工资待遇以及《劳动争议调解仲裁法》规定的小额劳动争议外，企业采取明知主张难以支持而坚持走完仲裁、法院一审和二审全部阶段，会使得整个劳动争议解决过程冗长繁复，最长的全部流程甚至超过 1 年。

观点和想法较为了解,[①] 也经常为企业提供针对劳动争议处理的相关建议和意见。**考察不同企业的文化背景、管理模式和价值取向，对涉及员工关系管理的企业，大致可以分为和谐沟通型企业、被动守法型企业和抵触对抗型企业等三大类。**[②] 第一类企业以欧美外企、央企和IT等高科技企业居多。在这种企业中，企业与员工之间的沟通渠道具有多样化的特点且非常畅通，员工关系较为和谐积极，企业文化也较为开放民主，在这种企业中发生劳动争议的概率较小。[③] 第二类企业以日韩外企和大中型民营企业居多。在这类企业中，企业较为遵守劳动法规政策及相关法律规范，非常重视在稳定发展前提下的合规经营，在规章制度和劳动合同合法性审查方面相当注重，但对于在此基础上构建更为和谐的员工关系动力不足。[④] 第三类企业以港台企业和中小型企业居多。在这类企业中，企业尽可能穷尽各种方法控制成本（Cost Down），包括定期检讨工时工资休假的法律外结余,[⑤] 以维持和加强其在激烈市场竞争中的相对优势,[⑥] 这类企业往往潜伏着各种劳资矛盾，而又往往伴随着偶然事件一触而发。[⑦]

毋庸置疑，企业的根本目标是营利，这也符合企业存在及发展的基本原理。但与此同时，需要特别理解到企业达成营利目标是需要经由一个过程或者说满足相应的构成要件。根据现代公司理论，公司存在的前提基础是资本，而对资本的理解应包括资金资本和人力资本。**在公司运营过程中，不仅要重视吸纳和管理资金资本，而且要注重储备和运作人力资本。**在金融资本高度发达的现代社会，通过资本金融运作可以为

---

① 关于《劳动合同法》及其《实施条例》对人力资源管理的相应影响，参见王桦宇：《劳动合同法及实施条例解读与应对策略》，中国法制出版社2008年版。

② 此处需要说明的是，这种分类具有相当的主观性，基于接触样本面上的不完整性，此处的归类仅仅是做现有样本概率上的类型化分析，并不必然得出某种类型的企业归类于以上三种类型之一。

③ 部分企业发生的比如高管离职等个别劳动争议，原则上并不属于真正意义上的具有面上代表性的个体劳动争议，往往是与经济形势、行业特点以及股东偏好紧密相连的。

④ 在为此类企业提供咨询服务过程中，我们发现此类企业重视合规守法的程度不亚于第一类企业，但这类企业对劳动法的遵守往往采取消极的态度，并不会特别刻意在劳动法规定之外给予员工更多的参与管理的实体性权利和程序性权利。

⑤ 此处所称的法律外结余，是指企业采取积极的态度发现和借重劳动法规定的底线，相关待遇福利既不违反劳动法的相关规定，也不超过劳动法规定的相关基准。

⑥ 基于节省用工成本并减少用工风险的目的，一些企业在进行用工方式设计时，往往会采用目前比较有争议的劳务派遣方式，但因为《劳动合同法》关于“同工同酬”和“连带责任”的规定，此种方式在具体选用时仍需进一步商榷和检讨。关于劳务派遣相关理论与操作实务，参见王桦宇：《劳务派遣法律实务操作指引（增订2版）》，中国法制出版社2012年版。

⑦ 比如，2010年发生在广东的南海本田罢工事件、深圳富士康员工跳楼事件，等等。即使是作为高科技企业代表的鸿海集团，2010年发生的多起员工跳楼事件也使得劳资关系非常紧张，社会观感也相当负面。

企业带来更大的增值并给股东创造更多的价值，但是无论如何企业应依托具体的实体产品和有形的人力创造才能打造现实有效的实体经济。[①] **而就人力创造而言，和谐的员工关系有助于激励员工发挥出创造性的劳动，进一步激发和优化人力资源管理潜力和资源，进而为公司创造更多的价值。**这对于高科技企业和注重员工潜力的公司，尤为如此，当员工将自己的全部热情和才能贡献出来时，公司的盈利会达到新的高度；即便是成本控制型企业，当员工的意识与公司的发展高度重合时，在有限外部资源和同等内部条件下，员工的创造性和恒定性也会使得公司的生产力和竞争力进一步加强和积累。

从这个意义上讲，我们需要重新认识劳动法在企业管理特别是人力资源管理中的重要性。**劳动法不应成为控制用工成本的负面障碍或是管理指标，而是应该积极通过劳动法来寻找更多的人力资源管理创新点和促进改善员工关系的新思路。**这里需要证明一个前置性逻辑，即仅仅按照最低标准遵守劳动法的企业为什么在市场竞争上不能是最优秀的企业。首先，就人力资源流动而言，按照最低工资标准支付薪水的企业很难留住和吸引优秀的员工。[②] 市场具有自我筛选性，在一定程度上，随着时间的推移，往往是最不优秀的员工逆向选择进入企业，企业因缺少熟练员工而相应地降低了生产力。其次，就管理指标而言，积极有效的人力资源管理更加优于勉强守法的用工控制。[③] 成本控制是现代企业管理中重要一环，但成本控制覆盖市场、销售、开发、制造等多个环节，人工成本应居于相对较次的顺序而非最优先级，否则将失去对人力资本最原初和最核心的认识。最后，就市场竞争力而言，劳工标准的高低是客户在遴选供应商客户的重要参考依据。在同等价格下，客户特别是世界500强企业客户非常注重考察稽核工厂在执行劳工标准方面的合规性和遵从度，在相同产品质量情形下，会更倾向于选择执行较高劳工标准和承担良好社会责任的供应商。

按照尊重价值创造和遵从人力资本的思路，回到员工关系管理的基本面上，企业应特别重视协商沟通与规范守法下的企业自主用工。这种自主性主要体现在三个方面：一是管理思想上的"积极沟通"。管理思想上的"积极沟通"是指，在岗位设置、绩效标准、工时休假、薪酬福利、培训开发等具体的人力资源管理过程中，要注意积极

---

① 自2008年下半年起发生的国际金融危机，证实了金融资本高度发达背景下的极度风险性。金融资本应与产业资本和实体经济相结合，才能保持稳定的经济增长和持续繁荣。

② 此处所称优秀人才，具有一定的泛指性，即不论其受教育完整程度、职位高低和薪资待遇等，而仅指其在技能和素质上相比同类劳动者的相对优异。

③ 关于后金融危机时代的用工成本控制相关理论与操作实务，参见王桦宇：《企业用工成本控制与法律风险防范——后金融危机时代的人力资源管理》，中国法制出版社2009年版。

与员工进行协商沟通，确保制度设计和流程改善能获得员工更多的意见，① 从而不仅在劳动法上遵循民主程序要求，而且在具体执行中得到员工的更多理解和支持。**二是管理思维上的“过程导向”**。管理思维上的“过程导向”是指在处理具体员工关系管理个案时，要特别注意过程导向的示范性功用，不宜仅将预估的最终结果作为处理争议的唯一依据。企业更应强调处理过程中的开放性、沟通性和建设性，借由透明、妥适和有效的程序来解决具体问题，② 并使得员工感受程序上的尊重及正义。**三是管理思路上的“自我约束”**。管理思路上的“自我约束”是指基于企业与员工在可获取资源和经济实力上是不具有对称性的，即企业在更多的时候是居于强者的地位，企业应注重不应过于侵犯或忽略员工利益。企业在日常管理实践中，应注意了解和发现员工在实际工作中的具体诉求点和关注点，经由积极沟通渠道和合理妥适程序，③ 在自我约束的基础上寻求劳资双方均能接受的处理方案，这样有利于构建和促进良好的员工关系。

是为第五版序！

王桦宇

于泰山之巅

二零一二年五月

---

① 关于人力资源管理合规化相关理论与操作实务，参见王桦宇编著：《人力资源管理实用必备工具箱.rar——常用制度、合同、流程、表单示例与解读（增订3版）》，中国法制出版社2011年版。

② 比如，在处理屡次违纪员工时，可以通过累计性的违纪打分制来渐次证明违纪行为的严重性，并进一步证明惩戒或解除行为的正当性；又如，对于多次绩效考核不合格的员工，可以对其进行培训或者调岗以提升或匹配其能力，若仍未达到绩效标准情形下，方提前通知或支付代通知金情形下解除劳动合同；等等。

③ 比如，在员工关系管理中注重程序检核和流程管理的重要性，加强企业内部争议调解、员工心理咨询、派遣员工保障等方面的组织建设，在涉及员工重大利益或解除劳动合同时进一步加强与工会的沟通，等等。

第四版序言

和谐劳动关系的引导、建构与实施

——多层次、宽视野、全流程的用工管理法律风险防范

一段时间以来，“和谐劳动关系”和“创建和谐劳动关系”等语词成为政府、学术和企业各界热议的焦点问题。那么，和谐劳动关系具有何种内涵或外延呢？或者说，和谐劳动关系应该具有哪些内在品质和外部特征呢？**简而言之，和谐劳动关系就是指政府、用人单位和劳动者在劳动关系调处中贯彻和睦协调、相辅相成、安定有序的基本原则，保障劳资双方在集体和个体劳动关系中都能获得利益衡平和程序保护，以实现体面劳动的基本价值观。**① 作为用人单位或者说企业方而言，和谐劳动关系意味着企业与员工之间关系的相互协调、相互理解和相辅相成，并借由畅通温和的表达机制达成比较和谐的员工关系或者劳动关系。在企业人力资源或者用工管理实务中，应当根据企业自身的行业特点和具体情况，更多地或者力所能及地体现对员工的人文关怀和物质保障。当然，由于劳资双方在合同框架和法律拟制下不可避免的对立性，在企业和员工发生劳动争议时，调解和处理纠纷时也应特别注意在程序上的相互理解和尊重。②

对劳动关系而言，可以有比较广义的理解，也可以有相对狭义的界定。从广义的含义上看，任何劳动者与任何性质的用人单位之间因从事劳动而结成的社会关系都属于劳动关系的范畴；而从狭义的概念上讲，劳动关系是指用人单位招用劳动者为其成员，劳动者在用人单位的管理下提供有报酬的劳动而产生的权利义务关系。**从用人单位或者企业层面来理解劳动关系，更多的则是人力资源管理或者用工管理的概念，即如何有效管理员工从而使员工能够在有激励和有管控的条件下实现岗位绩效的最大化。**

---

① 1999 年 6 月，国际劳工组织新任局长胡安·索马维亚在第 87 届国际劳工大会上首次提出了“体面的劳动”新概念，明确指出：所谓“体面的劳动”，意味着生产性的劳动，包括劳动者的权利得到保护、有足够的收入、获得充分的社会保护和足够的工作岗位。为了保证“体面的劳动”这一战略目标的实现，必须从整体上平衡而统一地推进“促进工作中的权利”“就业”“社会保护”“社会对话”等四个目标。

② 2011 年 11 月 30 日，人社部发布《企业劳动争议协商调解规定》，自 2012 年 1 月 1 日起施行。该《规定》旨在建立企业内部劳动争议协商解决机制，提升企业自主解决争议的能力。

而从劳动法或者用工风险防范的角度，如何在劳动法的框架内使得企业上述绩效目的实现而又将相关争议风险降至最低则成为相同重要的课题。[①] 而根据官方的说法，“以规范劳动关系为主要内容的《劳动合同法》，对于推进劳动保障制度建设和加强劳动保障监察执法，特别是对于完善我国劳动合同制度，构建和发展和谐的劳动关系，具有十分重要的意义”[②]。

从人力资源管理或者用工管理的层面来理解劳动关系，实际上是有一定的局限性的。比如，很多劳动法律师喜欢推荐较为技术性的管理方法来管控员工，而企业人力资源部门特别是外企人力资源部门认为较为功利而拒绝适用。[③] 但无论如何，从人力资源管理和法律风险防控两个层次来理解和处理劳动关系是非常有必要的。**也正是基于这种立场，我们可以从宏观和微观相结合、实体和程序相配套以及管理与法律相结合的方式来看待和处理劳动关系事项。**从宏观角度来看，和谐劳动关系的基础是抽象的劳资双方通过对各自责任感和角色的理解，通过就业的方式达成相对稳定的社会关系和法律关系；而从微观角度来看，和谐劳动关系则是指具体的企业应当对所招用的员工承担法律责任和社会责任，提供体面劳动的机会并提升其职业竞争力。从实体和程序相配套的角度，在劳动法层面的规制本身而言，无论是对于实体还是程序，都贯彻了对员工偏重保护的立场，这在实体上表现为更多的义务和责任由企业承担，[④] 在程序上则表现为保护劳动者的举证规则和有利推定。[⑤] 而从管理与法律相促进的角度，在法律风险控制上实施的用工管理则是最优化、最有效和最有永续发展追求的人力资源管理思路和实施途径。

这里，首先需要明确的是，劳动关系在法律上应有哪些人力资源管理无法覆盖的

---

① 企业用工成本控制与法律风险防范相关理论与操作实务，参见王桦宇：《企业用工成本控制与法律风险控制》，中国法制出版社 2010 年版。

② 劳动和社会保障部组织编写：《中华人民共和国劳动合同法讲座》，中国劳动社会保障出版社 2007 年版，第 1 页。

③ 比如，部分律师提示企业在规章制度或劳动合同中形成诸如如下文字，“在熟知劳动法律法规的前提下，本人仍自愿放弃劳动法律法规规定的各种年休假及其他法定假期”等以规避劳动法相关规定，而人力资源管理部门往往会觉得过于侵犯员工权益，而倾向于不采纳。

④ 比如，企业应当承担督促订立书面劳动合同的责任，否则应当承担双倍工资的法律责任；再如，对解除劳动合同的限制，在解雇保护方面对企业制订了完全单向的不合理约束机制；又如，就违约金和经济补偿金的设置方面，对企业约定违约金进行了条件的严格限定并扩大了经济补偿金的适用范围；等等。

⑤ 比如，规章制度若未经由员工学习或签收，则不产生企业规章制度约束员工的法律后果；又如，就加班费而言，若在员工提出初步证据，企业不能出具较为明确的诸如考勤记录等抗辩证据情形下，则采取明确支持员工的审理立场；再如，对双方均不能举证相关事实的情形，则采取优先推定保护劳动者的基本态度；等等。

基本要素呢？主要有以下几点：一是劳动关系的契约性；二是劳动关系的法律性；三是劳动关系的集体性。就劳动关系的契约性而言，劳动关系首先表现为劳动契约，通过以劳动合同为主要表现形式来约定双方诸如劳动条件、劳动待遇、工时休假等权利义务关系。即便是企业单方制订的规章制度，也需要经由民主程序或成为劳动契约的附件，已然成为劳动契约的必要补充。就劳动关系的法律性而言，在民事合同法之外另外制订劳动合同法并偏重保护劳动者已使得劳动关系具有相当的社会性；而这种社会性更是通过专门的劳动立法和配套政策来对员工权益进行强制性保障。① 就劳动关系的集体性而言，工会的存在和集体协商的推动已使得企业越来越重视集体劳动关系的影响力，并为之采取相应的沟通策略和应对措施。在当下中国，三方机制建设、平等协商和集体合同、职工民主管理等法制建设已经成为集体劳动关系发展的重要组成部分，并可预期在今后一段时间会加快发展。

基于以上了解，可以发现和谐劳动关系的构建，不仅涉及人力资源管理或者用工管理，更多的是循法合规的规划、设计并实施相关管理制度。**从人力资源管理执行的层面，和谐劳动关系主要涉及引导、建构与实施等三个环节和流程。**首先，和谐劳动关系的引导，是指企业在执行人力资源管理时要体现和谐管理的基本引导原则，也即**和谐劳动关系管理首先是观念的引导。**企业应依照法律法规的规定，根据企业自身发展与用工特点，设定一个比较合理的和谐劳动关系目标。② 其次，和谐劳动关系的建构，是指企业在执行人力资源管理时要注重规章制度的合规设计和细致建构，也即**人力资源管理的合规化。**③ 在法律上，企业管理员工的主要依据是规章制度，而规章制度的合法性及合理性则又是制度是否能够执行以及发生争议时相关裁决机构是否采认的重要因素。最后，和谐劳动关系的实施，是指企业在执行人力资源管理时要在注意客观性和主观性相统一的基础上，注重**和谐劳动关系执行的流程化管理。**具体而言，是指更多运用相对客观的规章制度进行管理，并严格按照既定程序和规范流程进行

---

① 至于对劳动关系管制最为明显的劳务派遣，劳动立法也采取了较为严格的规范立场。劳务派遣相关理论与操作实务，参见王桦宇：《劳务派遣法律实务操作指引（增订版）》，中国法制出版社 2012 年版。

② 这种目标的合理性，与企业自身行业和经营特点有明显的关系。比如，福利较好的国有企业，可以设定标准较高的薪资待遇和相对温和的管理制度；又如，考核分明的外资企业，可以设定科学考核机制下的薪酬奖惩和岗位淘汰制度；再如，成本控制型的制造型企业，可以在法定最低待遇之上根据企业承受能力设定相应的劳动待遇增量；等等。

③ 近几年来，我和我的团队给数十家大中型的外企、国企和民企做过相对海量的人力资源管理合规化项目。这些项目包括全流程的人力资源管理制度体系化与合规化，也包括对企业员工手册、劳动合同和管理流程的审查与修订，还包括对某些具体管理岗位和特定人员的专项制度优化和执行。而在这些项目中，最为重要的工作即是对既定或拟定的人力资源管理制度进行合法性、合规性和合理性审查，并根据不同企业的实际特点加以本地化优化和执行。

操作。

在用工管理法律风险防范层面上，和谐劳动关系的建构与多层次、宽视野、全流程的预案管理意识和风险控制观念紧密相连。首先，理解和把握上的多层次。具体是指要从不同的层次来看待劳动关系本身及其管理。从劳动关系的类型来看，劳动关系包括个体劳动关系和集体劳动关系；从政府参与的角色来看，政府参与分为抽象上的协调三方关系和具体的劳动争议解决；从和谐劳动关系的构建来看，和谐劳动关系的推进既包括用工管理本身的合规化，也包括与工会互动的畅通性。**其次，检讨和观察上的宽视野。**宽视野是指要从更为宽广的角度来看待和谐劳动关系的构建。既要有宏观战略的视野，也要有微观执行的视野；既要有人力资源管理的视野，也有劳动法的视野；既要有成本控制的视野，也有风险防范的视野。**最后，执行和操作上的全流程。**全流程是指用工风险的预防与控制要覆盖劳动关系的全部环节。招聘录用环节、岗位管理环节、绩效考核环节、薪酬管理环节、奖励惩戒环节、离职管理环节等都是法律风险防控的重要节点，而在这些具体环节中除制度和实体上的详细内容外，还需注意执行上的连续性和程序性。①

是为第四版序！

王桦宇

于苏州河畔

二零一二年一月

① 人力资源管理合规化相关理论与操作实务，参见王桦宇编著：《人力资源管理实用必备工具箱. rar（增订版）》，中国法制出版社2010年版。

第三版序言

成功驾驭企业人力资源风险

——社会保险法背景下的员工关系、风险控制与争议解决

2010年10月28日，第十一届全国人大常委会第十七次会议通过《社会保险法》。同日，国家主席胡锦涛签署第35号主席令予以公布，《社会保险法》自2011年7月1日起施行。出台《社会保险法》，是向2010年形成中国特色社会主义法律体系的立法工作目标迈出的一大步。2011年3月10日，在第十一届全国人大第四次会议上，全国人大常委会吴邦国委员长作常委会工作报告时庄严宣告，“党的十五大提出2010年形成中国特色社会主义法律体系的立法工作目标如期完成”。按照中央官方媒体的社论，“《社会保险法》是中国社会保障体系中一部重要的法律，是中国法律体系中的支架性法律，对保障人民群众共享改革发展成果，促进社会主义和谐社会建设，具有十分重要的意义”。自此，以《社会保险法》为代表的社会法部门形成了比较完整的基础性法律规范。此外，《社会保险法》还将与2008年1月1日起施行的《劳动合同法》一起，构成劳动者权益保障领域的最重要的两部基础性法律规范。

自2009年12月以来，国家层面即加快了社会保险制度变革的步伐。2009年12月28日，国务院办公厅转发人力资源社会保障部、财政部《城镇企业职工基本养老保险关系转移接续暂行办法》（国办发〔2009〕66号），要求各地各部门结合实际贯彻执行，该办法自2010年1月1日起执行。2009年12月31日，人力资源和社会保障部、卫生部、财政部联合发布《关于印发流动就业人员基本医疗保障关系转移接续暂行办法的通知》（人社部发〔2009〕191号），要求各地人力资源劳动保障、卫生和财政部门遵照执行。2010年12月20日，国务院总理温家宝签署国务院第586号令，发布新修订的《工伤保险条例》，并自2011年1月1日起施行。2011年6月，人力资源和社会保障部部长尹蔚民先后签署第13号令、第14号令和第15号令，公布此前部务会审议通过的《实施〈中华人民共和国社会保险法〉若干规定》《社会保险个人权益记录管理办法》《社会保险基金先行支付暂行办法》三个规定和办法均自2011年7月1日

起施行。①

具体而言，《社会保险法》给企业人力资源管理带来的挑战主要有以下几个方面：其一，劳动者维权意识进一步加强。在《社会保险法》施行背景下，员工的维权意识也得到进一步的启发和动员。在此之前，因为金融危机导致了《劳动合同法》在执行中的口径调整，劳动争议总量一度恢复到正常水平，在《社会保险法》出台后，劳动争议总量又跃进到较高水平，这表明了新法出台对劳动者维权意识的影响。**其二，企业人力资源总体成本进一步提升。**由于《社会保险法》对社会保险的缴纳和法律责任作了相当明确的规定，一些企业此前经由各种地方性政策而享受的低成本社保也得以取消或调整，② 企业依法缴纳社会保险后，整体成本会有所上升。**其三，劳动社保执法整体呈现更为严厉的态势。**按照劳动社保立法的总体思路，未来劳动社保立法将沿着越来越保护劳动者权利的方向去发展，以促进民生福利和维护社会公正。与此同时，劳动社保执法则向着越来越严格的思路来进行，企业的违法违规成本也将越来越高，企业则需要更多地学习和遵守相关法律法规政策的规定。

当然，《社会保险法》的施行也会给人力资源管理带来一定的正面效应。比如，基本养老保险的全国转移接续有利于保障外地员工的退休权益，这对于大量吸纳外地人才加盟的高科技企业是重要利好；又如，流动就业人员基本医疗保障关系的转移接续有利于促进人才的良性流动，这对于全国布点派驻员工的集团企业也是重大利好；等等。但无论如何，《社会保险法》给企业带来的负担性影响仍将在较长一段时间内占据重要位置。《社会保险法》及其配套法规政策的施行，其意义绝不仅仅在于明确企业与员工特别是员工缴纳社会保险费的义务，或简单地在面上严格企业违法不缴纳社会保险费的法律责任，而是透过《社会保险法》的严格执行相应进一步加强对劳动者权益的法律保护。《社会保险法》的施行，对企业造成诸多的负担性影响，也对经

---

① 与此同时，各地方也开始全面清理和修订相关社会保险地方性规定，以符合《社会保险法》的要求。比如在2011年6月底，上海市政府连续发布《关于外来从业人员参加本市城镇职工基本养老保险若干问题的通知》《关于外来从业人员参加本市城镇职工基本医疗保险若干问题的通知》《关于外来从业人员参加本市城镇职工工伤保险有关问题的通知》《关于本市郊区用人单位及其从业人员参加城镇职工社会保险若干问题的通知》《关于贯彻实施〈社会保险法〉调整本市现行有关养老保险政策的通知》《关于贯彻实施〈社会保险法〉调整本市现行有关医疗保险政策的通知》《关于贯彻实施〈社会保险法〉调整本市现行有关失业保险政策的通知》《关于贯彻实施〈社会保险法〉调整本市现行有关工伤保险政策的通知》《关于贯彻实施〈社会保险法〉调整本市现行有关生育保险政策的通知》等九个规范性文件。

② 比如，上海市曾对外来从业人员（2009年7月起调整为农村户籍外来从业人员）实行综合保险制度（简称综保），对郊区企业实行小城镇保险（简称镇保）。2011年6月底，上海市政府发布文件，表示将逐步取消综保和镇保，并制订了综保五年并轨和镇保三年并轨的过渡性规划。

营管理的成本造成了相当程度的增加。**展开而言，这些对企业的负担性影响主要体现为三个方面，即员工关系管理的综合分层化、用工成本控制的渐进多元化、劳动争议解决的持续复杂化。**

就员工关系管理而言，随着双重或多重劳动关系的承认、[①] 非全日制用工及劳务派遣等灵活用工方式在立法上的确立，传统的员工关系发生了较大的变化和发展。双重或多重劳动关系，在实务上表现为在全职工作之外还在业余时间从事兼职工作、在多家单位从事非全日制用工、退休人员被原单位返聘担任相应职务、协议保留劳动关系人员在新单位工作、劳务派遣员工归属劳务派遣单位和用工单位双重管理，等等。其劳动关系如何认定？如何正确认定某一时点的劳动关系？社会保险费如何缴纳？发生工伤如何处理？这些问题成为人力资源管理者需要认真面对的问题。我们曾试图揭示员工管理中标准化员工和特殊型员工的差异性，并归结出相应的员工管理工作流程和操作办法。比如按照是否属于劳动法调整对象划分为标准劳动关系和特殊劳动关系，在遵循劳动法和普通民事法方面有所区别；又如按照日常表现是否称职划分为胜任工作员工和不胜任工作员工，在提升管理效能和遵守劳动法方面做到真正合规操作；再如按照生理因素或健康因素划分为一般员工和三期及病假员工，等等，对特殊性员工进行专门化的特别管理而重点防控法律风险。[②] **后社会保险法时代，企业宜将员工采用不同的依据划分为不同的标准，并分门别类进行制度设计和流程管理。此种分类是在人力资源的岗位管理基础上，通过前提设置、风险评估和法律检核而有效依法管控员工关系重要方式。**

就用工成本控制而言，在《劳动合同法》《劳动争议调解仲裁法》《社会保险法》等多部具有主体性特点的实体类法律和程序类法律施行后，企业之前可以利用的多种控制用工成本的方式可能变得没有效率。这种趋势对于成本控制型的劳动密集型企业而言尤其明显。比如，基本养老保险的全国转移接续使得员工参保意识加强，全员参

---

① 《劳动合同法》第 39 条规定："劳动者有下列情形之一的，用人单位可以解除劳动合同：（一）在试用期间被证明不符合录用条件的；（二）严重违反用人单位的规章制度的；（三）严重失职，营私舞弊，给用人单位造成重大损害的；（四）劳动者同时与其他用人单位建立劳动关系，对完成本单位的工作任务造成严重影响，或者经用人单位提出，拒不改正的；（五）因本法第二十六条第一款第一项规定的情形致使劳动合同无效的；（六）被依法追究刑事责任的。"其中，第 4 项"劳动者同时与其他用人单位建立劳动关系"的表述，被认为是《劳动合同法》认可双重或多重劳动关系的依据。

② 笔者曾在全国各地特别是国有大中型企业、跨国公司总部和外资企业作过《特殊类型员工劳动关系的标准化管理》的专题讲座，从企业反馈过来的信息也可以观察到大型集团公司员工关系管理的复杂性。

保使得一些此前缴纳社保不规范的企业受到相当程度的压力；[①] 又如，包括大型国企和机关事业单位在内的不少用人单位大量使用劳务派遣，劳务派遣同工不同酬的问题非常突出；[②] 再如，对于在异地存在分支机构或关联企业而言，尽管基本养老保险等实现全国统筹后有利于在全国范围内招聘员工，但毫无疑问，从社会保险本地约束桎梏中脱离而产生更多流动性的员工也将越来越多，如何平衡这种两难关系也成为企业重要的考虑议题。**后社会保险法时代，企业将在法律框架内越来越多地运用多元化的用工方式，并根据市场行情及经营实际予以逐步调整。选择标准用工、灵活用工、业务外包等多样化的用工方式，将成为以后人力资源和用工管理中的重要策略。**

就劳动争议解决而言，从2008年《劳动合同法》施行到2011年《社会保险法》施行，劳动争议总量在整体面上呈现出明显U形的曲线。2008年下半年国际金融危机传导到中国后，劳动仲裁机构和法院系统对《劳动合同法》采取了约束性适用的做法，使得法律保护的天平对用人单位作了适度的矫正性倾斜。但随着2010年中国逐渐走出国际金融危机的阴霾，特别是2010年下半年《社会保险法》通过以后，包括社会保险争议在内的劳动争议总量又开始了新的提升。就当前的劳动争议法律适用而言，国际金融危机时期形成的各类解释与口径仍在相当长一段时间得以持续，劳动争议案件的执法和司法依据并未有较大的变化。但需要指出的是，与社会保险相关的劳动争议在最近一些年将呈现出适度增长的趋势和样态。对于成本控制型的企业而言，历史累积性的社会保险争议往往体现为规模化和整体化的特点，这也使得社会保险争议容易成为集体劳动争议的突破口，这种集体争议的影响力则远远超过个体劳动争议所带来的复杂程度。**后社会保险法时代，企业应在社会保险管理方面做出适当的前瞻性筹划，就薪资福利、补贴奖金、社保年金等一系列人力资源成本作出总体管控策略和具体实施措施，在合规性和可控性方面做出适当的措施性安排。**

如何成功驾驭企业人力资源风险，将成为后社会保险法时代人力资源管理的复杂、重要而紧迫的实践性课题。如何应对员工关系管理的综合分层化、用工成本控制的渐进多元化、劳动争议解决的持续复杂化，将成为企业人力资源管理者相当长一段时间

---

① 在《社会保险法》之前，笔者在浙江等地作讲座时，很多企业反映员工出于一些原因不愿意缴纳社会保险，但在《城镇企业职工基本养老保险关系转移接续暂行办法》（国办发〔2009〕66号）特别是《社会保险法》出台后，当再回到这些地区作讲座时，很多企业已开始反映员工参加社保意识空前高涨，企业此时则担心社保成本的过度增加。特别是在很多企业，社会保险没有按照法定基数而是按照最低基数来缴纳，它们比较担心此种做法的风险。

② 在笔者服务的大型国有企业特别是垄断性国有企业中，劳务派遣的大量甚至是超大量使用，已经成为普遍现象。在一些机关事业单位，劳务派遣人员的数量也是占比不菲。那么，对于一些可能会被认定为同工不同酬的质疑或判定，用人单位会不会被事后要求补发差额工资福利？此类问题，笔者曾给出相应的专门建议予以适当控制，但一些方面的风险可能依然存在。

内的重要任务。同时，以下三个方面的要素宜加以重视：其一，持续性的管理合规检核是指在员工管理过程中，对入职管理、在职管理、离职管理等各环节和流程都应做到依据劳动法规政策的要求做好检核和审查，对明显违法违规的做法进行修正，对不合理的做法进行改善，减少违规风险的发生。其二，扁平性的用工成本管控是指在人力资源成本管理上，应贯彻扁平化用工的思路，权衡考虑全日制用工和非全日制用工、自主用工和派遣用工、自主管理与业务外包等多种用工模式的成本与风险，在合规和效率双重满足的基础上实现用工成本控制。其三，动态性的劳动争议解决是指在预防和处理劳动争议过程中，应注意不同环节的处理成本，对基于社会保险等共性特征的可能引发集体性劳动争议的部分要根据“专题防范、总体控制”的原则来进行化解和控制，对于基于单个员工的个体劳动争议则应按照“总体防范、个案控制”的原则来进行观察和疏导，并根据政策法规变化和经营情势发展动态处理。

在后社会保险法时代，持续性的管理合规检核、扁平性的用工成本管控与动态性的劳动争议解决，将成为企业在调整人力资源和用工管理思路的重要参考和主导策略。企业应注意在人力资源管理的效率性和用工风险防范的可控性等方面的综合考虑和适宜选择，保障企业人力资源管理在法规政策下较强的适应性和灵活性。一方面，企业需要加大人力资源管理模式、理念、手段创新的力度，促导和推动人力资源架构和措施能够持续为企业经营管理服务，奠定比较稳固和妥当的人力资源基础；另一方面，企业也需要在劳动立法和社会保障立法日益强化的背景下，对人力资源管理的经营主导性和合法合规性方面做出适当的平衡和折中，以保障企业人力资源成本能够在适应本地劳动法制的基础上永续经营。成功驾驭企业人力资源风险，并非一件十分容易达成的课题，需要企业管理者和人力资源从业者在实际工作中、在价值观上适当取舍并在符合合规性基础上灵活操作，最终达成经营管理和风险管控的良好平衡与互动。

是为第三版序！

王桦宇

于天目湖畔

二零一一年七月

第二版序言

传统人力资源管理体系的梳理、转型与优化

——效率性与合规性（Efficiency&Regularity）并重理念下的用工管理

自2005年劳动合同立法重新提上议事日程以来，这部足以影响企业人力资源管理的《劳动合同法》于2007年6月29日经由第十届全国人大常委会第二十八次会议审议通过，并自2008年1月1日起正式施行。与此同时，伴随《劳动合同法》一起出台的法律法规还有《就业促进法》《劳动争议调解仲裁法》以及《职工带薪年休假条例》，等等。也即自2007年始，国家最高决策层推动了自1994年《劳动法》实施以来最为大规模和体系化的劳动立法。正是基于此，《劳动合同法》实施两年多来，大部分企业依据新的劳动法律规定对人力资源管理进行了相应的评估和调整，中国企业的人力资源管理法制化水平也有了大幅度的提高。但是客观地讲，《劳动合同法》的出台及实施过程中，也遇到了很多的新问题和新挑战，比如实施当年的下半年就遭遇国际金融危机，导致中国企业特别是制造型企业生存受到影响。基于利益衡平的考虑，政府为了“保就业”的大方向，在很大程度上放宽了《劳动合同法》的执行力度。在2008年和2009年这两年的时间里，各地也纷纷出台各种各具特色的地方性执法甚至是司法口径，① 以缓解出口型企业特别是中小企业的压力。

在这两年多的时间里，我和我的团队也在全国各地进行专题演讲并主持各类人力资源和用工管理合规化咨询项目。而在从事培训和咨询实务的过程中，我也逐渐感受到企业人力资源管理理念的新变化、新发展和新趋势。**这种对于人力资源管理咨询新的发展动向及需求主要体现在两个方面：一是从理论到实务的转变。**企业从原来的偏重理论指导性过渡到理论指导性与实务指导性并重，甚至是实务指导性优先的观念更强。这说明企业对人力资源管理更加注重实效性，从原来的仅仅注重理论本身而开始转变到结合企业实际来看待和改进人力资源管理。**二是从效率到合规的过渡。**企业对

---

① 2009年2月，江苏省高院审委会全委会第五次会议通过《关于在当前宏观经济形势下妥善审理劳动争议案件的指导意见》；2009年3月，上海市高院发布《关于适用〈劳动合同法〉若干问题的意见》；2009年4月，浙江省法院民事审判工作例会形成《关于审理劳动争议案件若干问题的意见（试行）》；2009年7月，北京市高院民一庭与北京市劳动局仲裁处联合发布《关于劳动争议案件法律适用问题研讨会会议纪要》。

人力资源管理优化的基本要求从原来的仅关注效率性指标过渡到考量效率性指标和合规性指标并重。在新劳动法律背景下，企业开始意识到在人力资源管理中会存在相当多的法律风险和操作风险，而一个可能在法律上存在合法性质疑的制度与流程，无论如何也不能成为优秀的人力资源管理范例。①

在当下的经济社会发展环境下，企业人力资源管理面临的不仅仅是传统的人力资源管理各大模块的构建与完善以促进人力资源管理效率提升的问题，还遭遇此先并不受重视而随着经济社会法制化水平进一步发展同步而生的合规性问题。**效率性（Efficiency）作为人力资源管理的主要价值目标，主要体现在如下几个方面：一是人力资源管理的有效性。**这主要是指人力资源管理应当解决企业经营发展需要、提供战略性支持。比如，进行中长期人力资源规划、构建人力资源管理宏观机制和业务运行系统，等等。**二是人力资源管理的实效性。**这主要是指人力资源管理应当发挥技术上的实际效果，即对企业的经营发展是有现实功用的并能通过业绩和利润增长实践加以证明的。**三是人力资源管理的高效性。**这主要是指在构建具体的人力资源管理模块和流程过程中，要特别重视人力资源管理工具的技术性使用，在操作层面上提升和增强人力资源管理的效率。人力资源管理部分要在不断的经济社会变革和法律法规发展的过程中不断进行持续性的自身改进和优化，以确保人力资源管理的效率性。

伴随效率性（Efficiency）指标而来的，还有人力资源管理的合规性（Regularity）指标。很多人力资源管理者认为，合规性问题应属于法律或法务部门的职责，与自身部门及自身所从事的工作并无必然关联。而事实上，人力资源管理本身是以制度作为依托来进行展开的，无论是职位分析与职位评价、员工素质模型的建立与应用，还是绩效薪酬的设计与管理、人力资源培训与开发，都与制度建设和机制完善密切相关。而人力资源管理制度本身，就是一种合规性的客观体现。**这种合规性，不仅符合法律法规的合法性（Legality）问题，而且涉及规章制度本身的合理性（Rationality）问题。**而这种对人力资源管理合规性的需求，在当下的经济社会与法律环境下又显得尤为突出：似乎很难找到既懂人力资源管理内部规律性，同时又了解规章制度外部合法性的咨询顾问或专业人员。而在供求层面，无论是内部的法律或法务支持人员，还是外部的咨询顾问，似乎都难以在人力资源管理和风险控制两种似乎独立功能之间寻求一种良好而有机的契合和优化。

就人力资源管理的基础——职位分析与职位评价而言，职位或工作内容的良好设计是人员招聘、绩效考核与薪酬管理及培训开发的前置性要素。而就职位分析的成果而言，则主要有职位说明书和职位分析报告两项，而前者的使用则更为频繁。职位说

---

① 参见王桦宇：《人力资源管理的新动向：体系化、流程化与标准化》，载王桦宇编著：《人力资源管理实用必备工具箱.rar（增订版）》，中国法制出版社2010年版，前言部分。

明书一般包括两个组成部分：一是职位描述，主要对基本职责、业绩标准、工作权限及履职程序作概括性说明；二是职位的任职资格要求，主要对任职人员的标准和规范进行概括，包括该职位的行为标准、胜任性标准等。在职位说明书制作中，大多数操作人员往往不太注重细节的掌握，这样导致了在其他人力资源管理模块中体现的潜在法律风险。而在实践中，围绕职位说明书出现的法律风险及争议案件也是层出不穷。比如，在试用期管理中，因试用职位的任职资格表述不清，导致试用期解除不能；又如，在岗位管理过程中，对于工作地点覆盖范围的表述不具体，导致实务中调整工作地点的行为违反劳动法规定；再如，对不能胜任工作的员工进行非过错性解除时，由于胜任性描述界定不清，导致解除理由未能具有合理性而被认定无效；等等。

就人力资源的获取与再配置而言，基于管理层面的理解，公司通过组织外部和内部渠道招聘员工属于一种管理行为，公司有权对员工进行遴选和岗位再配置，并以此实现人力资源的有效使用。但是，从法律规范的角度来看，劳动法从公司存在招聘需求并制作招聘广告开始起就特别约束用人单位的行为本身。招聘本身是有一定的淘汰率或者专业技能"歧视性"的，否则企业无法"择优"录取人才，但劳动法却要求企业本着机会平等的理念来进行招聘工作。效率性与合规性的冲突似乎无法避免，这无疑是很多人力资源管理者感到困惑的地方。而另一方面，对于人力资源的再配置而言，企业对不能有效胜任工作的员工进行职位调整，似又应属于人力资源自主管理权的范畴，但劳动法亦要求企业应依照劳动合同的约定来进行处理而不能随意变更原劳动合同的约定。如若劳动合同中岗位约定过于僵硬而员工又不同意对其进行适当调岗安排，那么企业的调岗行为将会变得不合理和不合法。这对于一向标榜循法运作和合规经营的外资企业而言，尤为感觉痛苦。这也是为什么很多企业人力资源管理者，特别是具有雇佣自由传统的外资企业人力资源管理者纠结于寻求无固定期限劳动合同管理诀窍与秘方的缘故了。

再就企业绩效管理体系而言，绩效管理的根本目的在于持续改善组织和个人的绩效，最终实现企业战略目标。现在很多企业引入关键绩效指标（Key Performance Indicators，KPI）方法，通过层层分解企业宏观战略目标来实行可操作性的执行效果监测。在此基础上，一些企业广泛使用平衡计分卡工具，通过财务、顾客、内部流程、学习和成长等多个角度的评估和分析，来有效实施绩效考核。[①] 这些绩效考核的工具在管理学及其实践的意义上，对企业的绩效考核体系的构建以及绩效考核的持续实施具有重要的作用。但与此同时，由于绩效考核必然涉及绩效改进和因而产生的惩戒性的职位变动及薪资调整，而这往往又会涉及员工的权益。尽管在企业的广义经营目标中，

① 参见付亚和、许玉林主编：《绩效管理》（第2版），复旦大学出版社2009年版，第184－226页。

在将获取利润作为企业生产发展价值的同时，亦有承担社会责任以及提升雇员薪资的义务，但有效的成本控制必然会削减一部分人特别是绩效不佳人员的薪资待遇。但是，晚近勃兴的劳动法却对企业绩效管理也提出了相应的规范性约束和正当性评判准据。企业依据绩效考核结果对员工进行职位和薪资的调整，却需要承受劳动法上对绩效考核合理性的公平性评估。尽管原则上，劳动仲裁和法院不太会干涉包括绩效管理在内的企业自主经营管理权，但是实践中的案例还是要求企业特别注意定性和定量的比重设置，过于主观化的定性考核有时候会被认为在法律上不具有合理性。

薪酬设计与薪酬管理，往往被很多企业作为人力资源管理工作的重中之重。在管理学的角度上，薪酬往往被分为三个基本组成部分：基本薪酬（Base Compensation）、奖金（Incentive）和福利（Benefits）。[①] 而就基本薪酬部分，又衍生出以职位为基础的工资体系设计和以任职者为基础的工资体系设计。前者以职位价值为基础构建员工基本工资，而后者则以任职者的能力来设计员工基础工资。[②] 从效率性上讲，通过科学设计的基本薪酬安排、可浮动的奖金体系以及根据企业自身情况而自主设定的福利制度，似应在人力资源管理上不太会出现较大的问题和风险。但实际上，就现实生活中发生的劳动争议来看，员工在劳动仲裁和诉讼中诉求最多的就是劳动报酬，而这其中，加班费和经济补偿金又占了相当多的比重。在制造业占相当比重的中国内地，工资水平相对较低一向是获得国际竞争力的关键因素。但是，在劳动立法勃兴的当下，政府对于薪酬的特别规制成为保障和维护雇员权益的重要组成部分。在中国内地劳动法条文上，一般使用“劳动报酬”和“工资”这两个语词来界定管理学意义上的“薪酬”，当然这也给企业的薪酬制度执行与运用本身带来一些麻烦。[③] 但无论如何，除非有关薪酬的规章制度特别规定了奖金和福利的性质、支付条件和方式，原则上这些奖金和福利也会被归纳为工资的组成部分。而这种广义的理解，无疑会在客观上导致加班费以及经济补偿金的金额出现相应上扬。

在人力资源培训和开发层面，知识型企业特别是具有核心竞争性的知识型企业往往会投入相当大的成本。很多企业还将培训和开发作为提升企业核心竞争力的重要组成部分，从而在公司内部建立了非常完善的培训和开发体系。一方面，这些培训与开

---

① 参见文跃然主编：《薪酬管理原理》，复旦大学出版社 2007 年版，第 1 - 22 页。

② 参见彭剑锋主编：《人力资源管理概论》，复旦大学出版社 2009 年版，第 389 - 405 页。

③ 中国内地的劳动法中出现的“劳动报酬”、“工资”和“经济补偿金”往往在英文上被翻译为“Remuneration”、“Wage”和“Economic Compensation”。而在很多企业的规章制度规定和劳动合同约定中，则往往会出现薪水（Pay）、薪资（Salary）、薪酬（Compensation）等其他的薪酬表示方式。所以，在实务中，劳动仲裁员和法官们审理劳动争议案件还有一个重要的语词归类和识别的动作，即归纳和判定相应的中文和英文表述在劳动法上的对应语词，而后才进入实体案件裁判环节。

发有利于提升普通员工和管理者的胜任力水平；另一方面，培训与开发也为公司的可持续发展奠定了良好的人力资源基础。但是，在市场竞争日益白热化的当下，招聘一个具有优秀能力的人才比起自己培养一个相应人才所花费的时间和精力确实是不对称的。如果企业重点培养的人才自行创业或者被竞争对手挖走，对企业而言损失的不仅仅是一个人才，还包括花费在该员工身上的大量培训成本和其他人力资本的投入。在这一点上，劳动法难得地体现了对用人单位适度公平和利益衡平的保护原则。《劳动合同法》第22条、第23条和第24条分别规定了培训服务期、商业秘密保护和竞业限制约束的特别许可。作为企业而言，则应特别应用好此三项重要的规制特定员工的相关法律规定，并避免在处理规章制度或劳动合同事宜上不必要的错误或瑕疵。比如，未约定竞业限制补偿金的竞业限制约定视为无效；又如，若事先并未特别约定培训服务期条款，则企业在该受训员工离职时是不可以主张违约金的；等等。①

随着外包理念和灵活雇佣观念在人力资源管理领域的逐渐推广，人力资源外包和劳务派遣被很多企业用工管理中广泛运用。就人力资源外包而言，往往区分为广义的人力资源外包和狭义的人力资源外包：前者指在产业合作层面的分工与合作式的外包，后者则主要是指企业层面的人力资源外包，具体包括安保事务外包、薪酬人事事务外包等。人力资源外包的优点在于不与提供服务的外包商工作人员建立劳动关系，无劳动法上相关风险；其缺点在于无法直接管理外包商工作人员，操作上不甚顺畅。而劳务派遣则兼顾外包和用工管理的优点，劳务派遣各相关当事方建立三方关系，即劳务派遣单位与劳动者建立劳动关系，然后将这些劳动者派遣至用工单位，以满足用工单位临时性、辅助性和替代性岗位的用人需求。② 但劳务派遣的缺点在于用工单位要与派遣单位就任何一方的违法事项承担连带责任，如果遭遇不规范或抗风险能力弱的派遣单位合作，用工单位的法律风险会非常大。实务中，很多企业使用劳务派遣，往往只注重此种灵活用工方式的效率性，但在选择派遣公司及订立劳务派遣协议等合规性控制及用工风险预防方面重视不够，往往亦会产生很多用工纠纷和劳动争议。

结合上述的探讨和分析，我们可以了解到，在新劳动立法变革提速及规范用工管理的双重背景下，传统人力资源管理体系下存在各种潜在的合规性风险，并相应导致了事先规划的人力资源效能在技术上和法律上难以实现。人力资源管理的合规性要求不仅仅在于预防劳动争议的发生，还在于在实施人力资源管理的同时即应注意内部规律性和外部合法性的有机统一。基于此，企业在进行人力资源管理流程优化的同时，

---

① 参见王桦宇：《劳动合同法及实施条例解读与应对策略》，中国法制出版社2008年版，第111-128页。

② 参见王桦宇、万江：《劳务派遣法律实务操作指引》，中国法制出版社2008年版，第61-65页。

有必要对人力资源管理所涉及的劳动关系、劳务关系及其他相关用工关系进行认真的梳理，合理使用标准用工模式和非标准用工模式，灵活运用多样化的用工模式和用工方法，实施多元用工背景下的人力资源管理一体化和标准化。[①] **与此同时，企业应将人力资源管理的单一效率性指标逐步转型到效率性指标与合规性指标并重，并在此基础上通过各类人力资源管理工具和方法，进行人力资源管理的效率性改进和合规性优化，以达到实现卓有成效的人力资源管理的价值目标。**[②]

我和我的团队一直致力于企业用工管理法制化水平的有效提升，并借以辅导企业实现效率性与合规性并重的人力资源管理。**在为数十家跨国公司和外资企业提供人力资源和用工管理合规化咨询服务的过程中，我们提出了三个层次上的合规化要求：一是宏观层面的制度化，**即企业应当建立符合效率性目的和合法性要求的人力资源管理制度，呈现体系化、层次化和模块化的基本格局，并应按照合规性要求满足内容合法、经由民主程序和依法公示或告知等三项基本法律要素。**二是中观层面上的流程化，**即人力资源管理的操作应当遵循特定的流程，在确保人力资源管理制度标准化、动态化和可重复性实施的同时，又能有效防控各种因执行人员操作程序瑕疵而导致的各类法律法规风险。**三是微观层面上的精细化，**即人力资源管理应当特别重视细节性事项的操作，这尤其表现在劳动合同管理和格式化表单制作两方面：前者主要基于双方约定但企业仍有自主权，后者则是企业掌握有相当完全的自主权。**与此同时，精细化操作的作用还可以体现在管理效率优化和法律证据保留的双重目标上。**

以上，与诸位尊敬的读者共享之！

王桦宇

于黄浦江畔

二零一零年七月

---

① 参见王桦宇：《企业用工成本控制与法律风险防范——后金融危机时代的人力资源管理》，中国法制出版社2010年版，第1－22页。

② 德鲁克认为，管理者的工作必须卓有成效，且卓有成效是可以学会的，这是讨论管理者必须卓有成效的前提。参见［美］彼得·德鲁克：《卓有成效的管理者》，机械工业出版社2010年版，第122－127页。

第一版序言

法律视野下的人力资源管理重构

记得2005年11月的时候，笔者有幸参加了全国人大法工委委托上海市人大法工委组织的《劳动合同法（草案)》立法听证会，当时上海有名的劳动法学理论和实务方面的专家悉数参加，既有来自企业界的代表、工会的代表、法律服务机构的代表，也有来自劳动局系统、法院实务系统的仲裁员和法官，还有来自高校理论界的法学教授。当时的场景笔者还记忆犹新，特别是当时上海有一家最大的人力资源服务公司代表发言，表示对草案中的劳务派遣保证金的规定无法接受，到场的很多专家也提出了不少的批评意见。作为会议组织方的上海市人大法工委的有关负责人，在主持会议的时候，不得不多次建议大家主要是谈问题，不要带情绪。后来，笔者也参加了在上海召开的几次类似的会议，情形大抵如此。再后来，经过几次审议以后，全国人大常委会委员们的意见也都逐渐统一起来。2007年6月29日，这部法律终于获得通过，并于2008年1月1日正式实施。

笔者在为客户提供劳资关系咨询服务期间，接触到的企业包括跨国集团公司、外商投资企业、国有企业、民营企业、事业单位等各种类型，接触到的人群包括董事长、总经理、人力资源总监、法务总监、人事经理、法务主管、工会主席、普通员工、执业律师等各个层面，而在此过程中，特别是《劳动合同法》实施的当下，无一不体现出对这部法律的重视与关注。笔者曾经接受江苏省一家特大型民营企业的邀请，和该集团公司的总裁就《劳动合同法》对企业的影响进行专题座谈。这位当家人凭借20多年的打拼，在家乡的热土上锻造了机电、证券和房地产领域的辉煌业绩，并成为江苏省第一家有下属子公司在新加坡上市的民营企业。显然，他对中国当下的法律执行和法制环境有着自己独特的理解，但他也不得不承认，这部法律对集团公司的影响是巨大的。尽管他还是坚持认为当下法制环境对于法律执行有效性的影响，但是毕竟也已经意识到人力资源管理法制化阶段的即将来临。从这一点上讲，他的想法代表了许多民营企业老总的观点。

外商投资企业和国有企业，一向被认为是遵守劳动法和各项法律法规的优秀典范，笔者长期在长三角地区从事劳资关系咨询服务，能够深刻地认识到这一点。笔者曾经与一家从事专业器械生产的知名日资企业的总经理有过一次谈话，特别能感觉到日资企业的这种如家庭般爱护员工的理念。即便是竞争激烈的制造行业，他还是坚持为所有员工缴纳全部社保并严格按照法律法规规定支付全额加班费，并提供各种相对完善的福利待遇，而笔者提供劳资关系咨询服务的另一家企业，也就是他在当地的竞争对手，情况却是两样。这位在该日资企业工作长达十几年之久严格按规则办事的中国人，也因此成了总公司所辖子公司中第一位中方总经理，旗下带领数位日籍高管，以法律为人力资源管理的底线，以较高的人力成本，最终在制造行业创造了相对较高的法制化运作的竞争神话。笔者也曾接触过一些国有企业老总，他们对《劳动合同法》的态度与规范的外商投资企业大体一致。

但进一层而言，具体到人力资源管理（Human Resource Management）的环节，人力资源部的管理人员则更是处于相对彷徨和痛苦的境地中迎接2008年的到来。董事长、总经理不会亲自去为员工办理招聘录用手续，不会直接与员工设计与签订劳动合同，不会直接去处理工伤认定与赔偿的事项，也不会忙于收集各种证据应对员工的劳动仲裁和诉讼，这些工作都是由人力资源部的管理人员来具体负责处理。也正因为如此，再加上劳动法律法规特别是《劳动合同法》对于员工的偏重保护，所以人力资源部的管理人员最能感觉到人力资源管理中的困难和苦楚。录用员工一个月内必须签订书面劳动合同，试用期解除劳动合同必须要有证据证明员工不符合录用条件，除培训服务期和竞业限制事项以外不得约定违约金，制定重要规章制度必须经过民主和公示程序，任何一个环节不注意或不重视，都有可能使公司承担法律上的责任。而这些法律责任也意味着公司负担着更多的人力资源管理风险和违法机会成本，这恐怕是意欲合法经营的企业所不愿意看到的。

《劳动合同法》不只是一部关于劳动合同方面的法律，更意味着劳动立法进入了一个崭新的时代，企业人力资源管理至此进入了一个法制化的阶段。此后的《就业促进法》《劳动争议调解仲裁法》等诸多法律法规的出台和实施，使中国内地的劳动法律法规更为完善、科学和进步。而这些法律的执行以及这种因法律执行而使中国劳动立法完善、科学和进步的达成则将意味着企业在当下法制环境下必然要完成痛苦中的凤凰涅槃。作为企业在劳资关系领域的咨询顾问，我们接触过海量的操作项目和争议案例，我们也希望通过基于专业知识、技能和经验的专业咨询服务能够给企业更多、更妥善和更具建设性的意见和建议，能使得我们企业的日常劳动人事管理更为规范、更为科学、更富有激励性。当然，这种状况的出现，首先还是需要人力资源法制化的前提意识。

在笔者近段时间的培训日志里，不管是上海、北京、广州、深圳这样的国际大都市，还是苏州、无锡、温州、东莞这样的新兴中小城市，都凝集和记录着各类企业家和人力资源从业者对新法律环境的关注、紧张、期盼与担忧。记得一次从温州飞回上海的旅途中，在即将抵达浦东机场时，我的助手问我此次在温州培训的感受，正好笑容可掬的空姐提醒我们检查安全带并告知飞机正在降落，我说，**现在企业面对《劳动**

合同法》的感觉和状况，就像乘客面对飞机着陆的感觉一样，刚着陆一瞬间看起来很颠簸、很害怕，但其实一下子过去后就是在跑道上平稳地滑行，直到完全停稳。衷心祝福中国内地的企业家和人力资源从业者能够顺利通过《劳动合同法》的着陆期，企业也因此而得以在新的法律格局下稳健经营与蓬勃发展。希望本书的面世，不仅使企业的高管能够认识到这部新法对人力资源管理带来的新挑战和新突破，而且也能够给从事具体工作的企业人力资源管理人员提供实务上的指引和帮助。

王桦宇

于上海浦东

二零零八年五月

目　　录

第一章　员工的入职与劳动关系的建立 1
一、员工录用知情权运用与职前调查 2
（一）招聘录用条件的规范设计 2
案例 1：录用条件约定不明导致解除不能 2
案例 2：试用期以不能胜任工作为由解除合同 4
（二）知情权的运用与入职调查 6
案例 3：公司有权辞退依凭虚假材料入职的员工 7
案例 4：高级人才承诺对原雇主自行承担责任的声明无效 9
二、劳动合同订立时点、种类与效力 11
（一）劳动合同订立与劳动关系建立 11
案例 5：三方协议订立不等于劳动关系建立 11
（二）无固定期限劳动合同的选择权 13
案例 6：固定期限劳动合同转换为无固定期限劳动合同 13
案例 7：两次续签劳动合同应当订立无固定期限劳动合同 14
（三）劳动合同订立与录用通知书操作 16
案例 8：聘用律师、实习律师和律师助理是否需要订立劳动合同？ 16
案例 9：不订立书面劳动合同的法律风险 18
案例 10：Offer Letter 的法律效力 20
三、劳动合同内容的设计与风险预防 22
（一）劳动合同的法定必备条款 22
案例 11：薪资约定为不低于最低工资标准的法律后果 22
小贴士：中国内地工时制度 26
（二）劳动合同有效与无效判定 30
案例 12：没有法定必备条款是否意味着劳动合同无效？ 30
案例 13：劳动合同中约定自主调整工作地点无效？ 32
案例 14：劳动合同中的禁止结婚约定无效？ 32
四、试用期条款的约定与试用期考核 34
（一）试用期约定的误区分析 34

案例 15：先签试用期合同再签劳动合同？ 34
案例 16：调整工作岗位能否再次约定试用期？ 36
案例 17：企业可以随时延长或缩短试用期吗？ 37
小贴士：实习期、见习期与学徒期 39
（二）试用期考核与解除要件 40
案例 18：试用期考核不合格可以随时解除合同？ 40
（三）试用期解除的法定程序 42
案例 19：违反法定程序的试用期解除无效 42
五、事实劳动关系的防治与证据保全 43
（一）事实劳动关系的法律责任 44
案例 20：事实劳动关系与劳务关系的判定 44
案例 21：上海某汽车公司清洁工要求补偿案 46
（二）事实劳动关系的风险预防 48
案例 22：员工本人不愿意订立书面合同处理 48
案例 23：劳务派遣协议引致的事实劳动关系 48

第二章 员工的管理与规章制度的制定 51
一、规章制度与劳动合同的协调与补充 52
（一）规章制度的结构组成和主要内容 52
案例 24：企业有劳动合同就不需要规章制度？ 53
（二）规章制度与劳动合同的相互关系 54
案例 25：劳动合同与规章制度不一致时如何处理？ 55
（三）规章制度在劳动争议处理中的适用 57
案例 26：规章制度在劳动争议案件中的作用 57
案例 27：违法的规章制度无效及其处理 58
二、新法下的规章制度之绩效考核规则 60
（一）试用期的考核制度 60
案例 28：试用期考核不合格辞退败诉案 61
（二）正式合同期间的考核制度 63
案例 29：对不能胜任工作员工的认定与管理 63
案例 30：定性化考核能认定员工不胜任工作吗？ 65
案例 31：不能胜任工作的员工拒绝调岗被解职 67
案例 32：员工被末位淘汰制度淘汰无效 69
小贴士：末位淘汰制 70

三、新法下的规章制度之薪资岗位规则 72
（一）薪资管理制度 72
案例 33：试用期可以支付半薪工资并不用支付社保费吗？ 73
小贴士：中国内地“五险一金”制度 75
案例 34：如何理解各地规定的最低工资标准？ 78
案例 35：员工加班加点的薪资计算基数可以自行约定吗？ 81
小贴士：制度工作时间与制度计薪时间 83
案例 36：依照规章制度扣除员工工资合法吗？ 84
案例 37：员工休病假情形下的工资支付 85
小贴士：病假工资和疾病救济费 88
案例 38：销售人员款到提成制度是否有效？ 89
案例 39：女职工“三期”薪资支付管理 91
案例 40：员工离职仍有权要求企业支付年终奖吗？ 93
案例 41：依据规章制度调薪与劳动合同的变更 94
（二）岗位管理制度 96
案例 42：岗位设定不明确导致的法律风险 96
四、新法下的规章制度之休假福利规则 98
（一）休假管理制度 99
案例 43：员工申请法定带薪年休假就必须许可？ 99
案例 44：公司规定员工指定医院就医方可认定病假？ 103
小贴士：职工医疗期规定 105
小贴士：中国内地休息休假制度 107
（二）特殊福利待遇设计 111
案例 45：住房、汽车等特殊福利待遇的安排 111
五、规章制度之制订与修改的法定程序 113
（一）规章制度的法定制定程序 114
案例 46：规章制度没有经过公示程序不生效 115
（二）规章制度的法定修改程序 117
案例 47：职工提出规章制度修改动议应予支持 117

第三章　特殊员工处理与专项协议签订 119
一、特殊员工的分类与特殊员工管理思路 120
（一）未成年员工管理思路与操作 120
案例 48：未成年工可以享受成年工待遇而无须承担相应义务？ 120
（二）女职工管理思路与操作实务 123

案例49：女职工对经济性裁员的特别应对 123
小贴士：女职工特殊假期 128
小贴士：女职工及其待遇常见问题及解答 130
（三）军人员工管理思路与操作实务 131
案例50：员工应征入伍后劳动关系的处理 131
小贴士：军人员工连续工龄与初次就业 134
（四）外籍人员/港澳台人员就业的管理思路 135
案例51：非法聘用外国人从事培训遭受行政处罚 135
案例52：外籍高管与某跨国企业在华公司劳动争议案 139
小贴士：外籍人员在华如何纳税？ 141
小贴士：外国人在华如何缴纳社会保险？ 142
小贴士：港澳台人员在内地/大陆就业如何管理？ 144
二、特殊劳动关系与非标准化管理办法 144
（一）特殊劳动关系的法律定位 145
案例53：聘用内退人员建立特殊劳动关系 145
（二）特殊劳动关系的区别对待 147
案例54：退休返聘员工超时工作有无加班费？ 148
（三）特殊劳动关系的特别管理 150
案例55：上海首例退休人员工伤认定案 151
小贴士：聘用停薪留职、内退、下岗待岗及经营性停产放长假人员是否建立劳动关系？ 152
三、特殊工时制度选择与法定程序要件 153
（一）综合计算工时制 153
案例56：综合计算工时制大量节省加班费开支？ 153
（二）不定时工时制 155
案例57：不定时工时制只需在规章制度中规定吗？ 155
（三）计件工时制 157
案例58：计件工时制就没有加班费之说吗？ 158
四、人力资本投入与培训及服务期协议 160
（一）试用期与培训服务期协议 160
案例59：试用期内签订的培训服务期协议无效？ 160
（二）服务期内员工与企业的法定及约定义务 162
案例60：员工在服务期内被违纪解除是否需要支付违约金？ 163
（三）出资培训及费用与违约金的法律约束 165
案例61：对培训出资的理解及与违约金的对应关系 165

五、商业秘密保护与保密竞业限制协议 168
（一）商业秘密保护的法律手段 168
小贴士：保密义务与竞业限制义务的主要区别 169
案例 62：没有保密协议是否就意味着员工不存在保密义务？ 169
小贴士：如何设计保密协议的内容 172
（二）商业秘密保护与保密竞业限制协议 173
案例 63：企业能否在劳动合同期间提前支付竞业限制补偿金？ 173
（三）违反保密竞业限制义务的责任追究 176
案例 64：违反竞业限制义务的员工可能会被追究刑事责任？ 176

第四章 员工的离职与法律风险的防范 179

一、员工的离职分类与法律风险分析 180
（一）员工离职的法律分析分类 180
案例 65：员工辞职单位批准是协商解除还是单方解除？ 181
（二）员工离职的程序事项风险 183
案例 66：员工离职程序瑕疵导致损害赔偿责任 184
小贴士：劳动合同的解除与终止 186
二、员工主动辞职权利的扩大与泛化 187
（一）员工行使任意解除权 188
案例 67：高级管理人员提前 30 天就可以离职？ 188
案例 68：员工在提交书面辞职书以后能否撤销？ 190
（二）员工行使法定解除权 192
案例 69：企业不支付奖金和津贴员工可以解除合同？ 192
案例 70：企业违法在先员工就免除服务期和竞业限制义务？ 195
（三）员工违法解除劳动合同之应对 197
案例 71：员工未提前 30 天通知企业离职之法律追究 197
三、企业合法辞退员工的法律路径 198
（一）企业行使法定解除权之过失性解除 198
案例 72：与其他单位建立劳动关系能否解除劳动合同？ 199
小贴士：企业过失性解除劳动合同的情形中，增加试用期内不符合录用条件企业单方面即时解除劳动合同的步骤 201
（二）企业行使法定解除权之非过失性解除 203
案例 73：何谓客观情况发生变化时企业可以解除合同？ 203
小贴士：企业非过失性解除常见误区、厘清解答及操作步骤 205
（三）经济性裁员之法律风险控制 207

案例 74：经济性裁员与通常集体解除合同之差异 207
（四）解雇保护原则与企业应对策略 209
案例 75：农民工工伤后患病遭遇解除是否合法？ 209
四、柔性化策略与协商解除劳动合同 212
（一）柔性化策略与企业劳动人事管理 212
案例 76：企业人文关怀与劳动法违法成本对比 212
（二）柔性化操作与协商解除劳动合同 214
案例 77：柔性化协商解除人事经理劳动合同 215
五、跳槽预防及合同终止之风险控制 217
（一）员工跳槽离职法律风险防范 217
案例 78：米果公司核心员工集体跳槽案 218
（二）劳动合同终止法律风险防范 220
案例 79：员工退休劳动关系终止争议处理 220

第五章 劳资利益平衡管控与法律责任 223
一、严苛化的《劳动合同法》与政府监督检查 224
（一）劳动监察的范围 224
案例 80：员工遭遇企业强迫长时间劳动向监察部门投诉案 225
小贴士：劳动保障监察与劳动争议仲裁的区别 227
（二）劳动监察的方式 228
（三）劳动监察的法定程序 229
（四）劳动监察的违法处罚 230
（五）其他机构的监督责任 231
案例 81：其他机构也能监督企业劳动守法状况？ 232
二、用人单位违反《劳动合同法》的法律责任 233
（一）相关规章制度违法的法律责任 233
案例 82：员工手册作为劳动合同一部分的效力如何？ 234
（二）订立劳动合同违法的法律责任 235
（三）履行劳动合同违法的法律责任 237
案例 83：山西“黑砖窑”事件中黑窑主法律责任如何？ 238
（四）终结劳动合同违法的法律责任 240
（五）特别用工形式违法的法律责任 241
案例 84：选择项目承包人员失误带来法律风险 242
三、社会法与终结劳动合同的经济补偿金 243
（一）经济补偿金的法定支付情形 243

案例 85：何种情形不需要支付经济补偿金？ 244
（二）经济补偿金的通常计算方式 246
小贴士：经济补偿金计算基数及缴税事项 247
四、契约法与违反劳动合同的约定违约金 248
案例 86：新法背景下天价违约金能否存在？ 249
五、侵权法与违反劳动合同的法定赔偿金 251
（一）企业应如何正确运用赔偿金 252
案例 87：未提前 30 日通知会导致员工支付巨额赔偿？ 252
（二）赔偿金与违约金的竞合处理 253
案例 88：企业对违约员工能同时主张违约金和赔偿金？ 253
小贴士：经济补偿金、赔偿金与违约金 254

第六章 集体合同制与三方协商的实施 256
一、集体协商与集体合同的法律实效化 257
（一）平等协商制与集体合同的订立 257
案例 89：职工方协商代表的独立性与集体合同效力 258
小贴士：集体合同与劳动合同的关联比较 259
（二）集体合同的内容、形式与期限 261
（三）集体合同的履行、变更与终结 262
二、工会程序参与和企业民主管理绩效 263
（一）工会民主参与和企业管理绩效 263
（二）工会与企业集体协商机制的建构 263
案例 90：平等协商和签订集体合同的程序 264
三、政府企业员工与三方协商对话机制 265
（一）三方机制的主要职责与三方对话 266
（二）企业三方机制的建立与民主协商 266
案例 91：三方协商机制如何建立与实施？ 266
四、劳动关系的形成与履行的工会监督 268
（一）工会监督劳动合同的履行 268
（二）工会监督集体合同的履行 268
案例 92：企业工会不能监督区域性集体合同的履行？ 269
五、主动性的企业职代会工会沟通渠道 270
（一）企业工会的组建及与企业的互动 270
案例 93：沃尔玛在中国全面组建工会 270
（二）企业职代会的地位及其沟通方式 272

案例 94：《劳动合同法》实施后如何操作职代会组建？ 272

第七章 劳务派遣与用工模式的选择* 274

一、新法下劳务派遣模式的取舍博弈 275

案例 95：新法背景下企业是否需要使用派遣员工？ 275

案例 96：通用电气公司对非正式用工的使用情况 276

小贴士：劳务派遣与相关用工模式的甄别 278

二、劳务派遣关系三方主体法律分析 280

案例 97：劳务派遣中的三方关系与责任承担 280

三、劳务派遣公司的选择与风险控制 283

案例 98：劳务中介机构与劳务派遣公司的用工区别 283

四、劳务派遣员工的合法管理与使用 286

案例 99：酒店管理公司如何管理所属派遣员工？ 286

案例 100：某在华跨国公司区分员工性质实行差异化福利是否违法？ 288

五、劳务派遣常见法律纠纷处理应对 291

案例 101：派遣员工劳动关系的研判 291

案例 102："三期"女职工以不能胜任工作为由被解除劳动合同案 293

第八章 非全日制工与用工风险的控制 297

一、用工方式灵活化与非全日制用工制 298

案例 103：麦当劳、肯德基涉嫌非法用工案 298

案例 104：非全日制员工能否与多个企业订立劳动合同？ 300

二、非全日制用工劳动关系的简化管理 300

案例 105：非全日制用工员工老赵能要到经济补偿金吗？ 301

三、非全日制用工与其他用工的风险对比 302

四、实习生、学生兼职与非全日制用工 303

案例 106：非全日制用工工资低于最低工资标准案 303

五、非全日制用工常见劳动争议的处理 304

案例 107：非全日制用工员工无须缴纳工伤保险？ 304

---

* 更多劳务派遣法律实务操作、用工成本控制与法律风险防范等相关指引，请阅读王桦宇：《劳务派遣法律实务操作指引》（增订版）、王桦宇：《企业用工成本控制与法律风险防范——后金融危机时代的人力资源管理》。

第九章 劳动争议处理与调解仲裁实务 307

一、自愿原则及劳动争议和解与调解 308
(一) 自愿协调原则 308
案例 108：协商解决劳动争议也是纠纷解决的处理方式 309
(二) 和解与调解 310
案例 109：劳动争议调解组织调解的效力 310
案例 110：仲裁委制作的调解协议在签收前仍可反悔 312
案例 111：员工可以直接持调解协议书向法院申请支付令 314
小贴士：督促程序与支付令 315
二、劳动争议仲裁中的相关处理规则 316
(一) 劳动争议的范围 316
案例 112：哪些劳动争议可以向劳动争议调解仲裁机构申请仲裁? 316
小贴士：企业自主改制、加付赔偿金争议、非法及挂靠用工争议是否属于劳动争议? 318
(二) 劳动争议处理体制 320
案例 113：针对具体案件的劳动争议处理程序是怎样的? 320
小贴士：仲裁遗漏当事人是否需要重新仲裁? 321
(三) 劳动争议处理中的证据 321
案例 114：无纸化办公对举证责任带来的挑战 322
案例 115：公司不能提供特殊工时制批准文件承担不利后果 323
小贴士：加班费举证责任的分配 324
(四) 劳动争议仲裁管辖 325
案例 116：公司注册地与员工工作地不一致的，应由哪一地仲裁委管辖? 325
案例 117：当事人能否约定或自行选择管辖法院? 326
(五) 仲裁时效与审理时限 327
案例 118：仲裁时效是从终结劳动关系之日起计算吗? 328
案例 119：仲裁时效中断后重新起算 329
案例 120：仲裁时效中止，中止情形消失后时效继续计算 329
小贴士：仲裁机构逾期未受理或裁决，当事人能否直接起诉? 331
(六) 部分裁决和先予执行 332
案例 121：仲裁庭裁决案件应遵循审限规定 332
案例 122：哪些案件可以适用先予执行? 333
(七) 终局裁决 334
案例 123：员工在“一裁终局”后仍能起诉? 335

案例 124：用人单位不服一裁终局案件能否申请撤销？ 336
小贴士："一裁终局"的认定标准与请求事项处理 339
（八）生效调解书、裁决书的执行 340
案例 125：生效劳动争议裁决书如何申请执行？ 340
小贴士：起诉与撤裁发生矛盾时优先适用起诉程序 341
三、集体合同争议与可选的解决方式 342
（一）集体争议的处理方法 343
案例 126：企业不履行集体合同遭遇仲裁案 343
（二）不同集体合同争议的处理 344
四、新法格局下劳动争议预防与控制 345
（一）遵守法律规则和政策规定，注重法制化管理 346
（二）完善劳动合同和规章制度，注重契约化运行 346
（三）强化证据意识和程序意识，注重书面化操作 347
（四）寻求劳资双赢和共生和谐，注重人本化沟通 348

第十章 劳动合同与专项协议示例与解读* 349
一、劳动合同示例与解读 350
（一）劳动合同示例 350
（二）劳动合同文本解读 358
二、培训服务期协议示例与解读 361
（一）培训服务期协议示例 361
（二）培训服务期协议文本解读 365
三、保密协议示例与解读 366
（一）保密协议示例 366
（二）保密协议文本解读 370
四、竞业限制协议示例与解读 370
（一）竞业限制协议示例 370
（二）竞业限制协议文本解读 373
五、集体合同示例与解读 374
（一）集体合同示例 374
（二）集体合同文本解读 383

* 更多劳动合同范本及专项协议，请阅读王桦宇编著：《人力资源管理实用必备工具箱.rar（增订6版）》。

六、劳务派遣协议示例与解读 384
（一）劳务派遣协议示例 384
（二）劳务派遣协议文本解读 394
七、非全日制用工合同示例与解读 396
（一）非全日制用工合同示例 396
（二）非全日制用工合同文本解读 397
八、聘用合同示例与解读 398
（一）聘用合同示例 398
（二）聘用合同文本解读 404

第十一章 常用劳动人事表单指引及示例* 405
一、员工招聘类表单指引及示例 406
（一）表单使用指引 406
（二）表单示例 406
二、合同变更类表单指引及示例 408
（一）表单使用指引 408
（二）表单示例 409
三、合同终止类表单指引及示例 409
（一）表单使用指引 409
（二）表单示例 410
四、合同解除类表单指引及示例 413
（一）表单使用指引 413
（二）表单示例 414
五、仲裁申请书及起诉书指引及示例 417
（一）仲裁申请书及起诉书使用指引 417
（二）仲裁申请书及起诉书示例 418

附录一：
2020－2022年中国企业人力资源管理合规化指引（摘要）——中国企业用工流程标准化示范性指引（SOP）报告 422
全国各地人力资源管理法规政策常见参数索引（节录） 440

* 更多劳动人事表单，请阅读王桦宇编著：《人力资源管理实用必备工具箱.rar（增订6版）》。

附录二：
中华人民共和国劳动合同法 467
（2012 年 12 月 28 日）
全国人民代表大会常务委员会关于修改《中华人民共和国劳动合同法》的决定 477
（2012 年 12 月 28 日）
中华人民共和国劳动合同法实施条例 478
（2008 年 9 月 18 日）
中华人民共和国劳动争议调解仲裁法 482
（2007 年 12 月 29 日）
最高人民法院关于审理劳动争议案件适用法律若干问题的解释 487
（2001 年 4 月 16 日）
最高人民法院关于审理劳动争议案件适用法律若干问题的解释（二） 490
（2006 年 8 月 14 日）
最高人民法院关于审理劳动争议案件适用法律若干问题的解释（三） 492
（2010 年 9 月 13 日）
最高人民法院关于审理劳动争议案件适用法律若干问题的解释（四） 494
（2013 年 1 月 18 日）
劳动人事争议仲裁办案规则 496
（2017 年 5 月 8 日）
第八版后记 505
致谢 510

第一章　员工的入职与劳动关系的建立

本章导读

新员工入职是企业人力资源管理最开始的环节，也是企业最先可能遭遇法律风险的时点。在本章的阅读中，读者可以了解以下法律要点：

1. 企业在员工招聘、面试和录用阶段要善用知情权，详细了解应聘人员的学历、工作经历、工作能力、身体健康等方面的基本情况。但是，企业不能侵害应聘人员的隐私权，不能征询与劳动合同无关的，诸如恋爱、婚育、家庭情况等方面的隐私问题。

2. 企业应当在员工报到时与其订立劳动合同，迟延订立劳动合同会存在法律风险。劳动合同的期限可以是固定期限，也可以是无固定期限，或是以完成一定工作任务为期限。但是如果企业与员工连续订立了两次固定期限合同，再次续订时则需要订立无固定期限合同。

3. 劳动合同的内容应当具备法律规定的必备条款。工作内容和地点、工时休假、劳动报酬、社会保险、劳动保护等必备条款关系员工切身利益，企业要慎重处理。企业可以根据实际需要，在劳动合同中约定试用期、培训、保守秘密、补充保险和福利待遇等其他事项。

4. 法律明确规定了试用期的最长期限、试用期间待遇的最低保障以及使用试用期的次数上限，违反法律相关规定的企业将承担较重的法律责任。企业需要与员工协商一致后，方可延长、中止或缩短试用期。企业不能随意单方面变更劳动合同内容。

5. 企业应认识到事实劳动关系的认定和处理的新制度加重了相应的处罚后果。工资单、员工工卡、考勤记录等都可以作为认定事实劳动关系的依据。企业应避免主观采用和客观形成事实劳动关系。应对事实劳动关系形成的事后策略是及时补签劳动合同。

在企业劳动关系管理中，最先遇到的环节，就是员工与企业建立劳动关系。劳动关系的建立是全部劳动关系权利义务配置的前提，也是此后劳动关系存续中权利义务责任确定的基础。劳动争议的产生或者说法律风险的出现，第一个节点就在于劳动关系的建立。而对于什么时候劳动关系得以建立，则有不同的看法和观点。有一种观点认为，签订书面劳动合同时，劳动关系得以建立。这种观点，无论是从劳动关系的形式特征来观察，还是从劳动关系的实质内容来辨识，都是存在问题的。劳动关系的建立是一种事实上的客观情形，与劳动合同是否签订没有关系。在劳动关系管理实践中，大量事实劳动关系的存在即是良好的反证。《劳动合同法》第 7 条规定，“用人单位自用工之日起即与劳动者建立劳动关系……”因而劳动关系建立的前提，是用人单位开始实际用工。那么，何谓实际用工或者何谓法律意义上的正式入职，就是一个前置性的问题。

一、员工录用知情权运用与职前调查

人力资源管理实践中，用人单位往往不太重视入职环节的相关细节，这样就容易使我们面临法律风险和承担不必要的赔付成本。比如，在员工录用的时候，用人单位没有设置相关的录用条件或岗位说明书，使得在试用期解除劳动合同变得困难。再比如，用人单位没有做好职前调查，往往难以避免有些与前任用人单位订立了竞业限制协议的劳动者被录用到公司来，这样公司就遭遇了法律上的风险。

（一）招聘录用条件的规范设计

企业自主或通过专业机构招聘人才，经常会使用录用条件或岗位说明书等形式来标定职位要求，以挑选和面试符合企业要求的各类人才。其中，这个可能写入招聘广告、录用须知、入职申请表等诸多文本中的录用条件并非是可有可无的，特别是在新的法律背景下，更是具有重要的法律意义。

案例 1：录用条件约定不明导致解除不能

某电子公司软件部经理纪某看重其朋友李某的销售工作经验，介绍李某至该部门任销售专员一职，当时纪某并未向李某出示任何招聘条件，也没有通过其他方式向李某介绍公司的招聘条件。2018 年 4 月 12 日，双方签订了劳动合同，约定合同期限为 5 年，其中试用期 6 个月，劳动合同中只约定了李某职衔为销售专员，但对该岗位的工作要求没有具体的描述。不过，该企业内部规章制度规定了该销售职位的考核标准。2018 年 6 月 1 日，李某接到公司发出的解除劳动合同决定书，公司以李某不符合公司招聘要求为由解除劳动合同。李某不服，提起劳动争议仲裁，要求恢复劳动关系。

专家分析

试用期对于企业而言，往往是把“双刃剑”。如果试用期解除不符合法律规定，将要承担不利后果。《劳动合同法》框架下，除了过失性解除和非过失性解除两种情形外，企业在试用期合法解除劳动合同有以下四个法律要件：一是企业存在录用条件；二是有证据证明不符合录用条件；三是企业解除通知书应当在试用期内做出；四是解除通知书要说明理由并在试用期内交由员工签收。缺乏任何一个要件，都会导致试用期解除的不生效。本节案例中，公司在试用期解除劳动合同必须要证明员工不符合录用条件，而李某入职时公司并未向其明示录用条件，也就没有证明其不符合录用条件的标准，因此公司不能以此来解除劳动合同。

实务指南

录用条件如此重要，所以企业一定要明确界定录用条件，并有效公示，才能起到应有的作用。

1. 明确界定录用条件。录用条件一定要明确、细致和具体。“录用条件”应该是普遍性和特殊性的结合。所谓普遍性即大部分企业和岗位的员工都应该具备的基本条件。比如诚实守信，在应聘的时候如实告知自己与工作相关的信息，包括自己的教育背景、身体状况、工作经历，等等。所谓特殊性即每个企业、每个岗位或者职位都有自己的特殊要求。有的有学历的要求，要求获得相应证书；有的有技术的要求，比如能符合企业招聘时对岗位职责的描述；有的有健康的要求；等等。录用条件的普遍性企业可以通过规章制度进行明确规定。录用条件的特殊性企业可以通过招聘公告、劳动合同等和规章制度结合起来进行明确界定。录用条件的具体内容和明确方法有很多，大部分企业都有自己的一套规定，关键是要符合企业招聘人员的要求。

2. 对录用条件的公示不可或缺。公示，简单来说，就是要让员工知道用人单位的录用条件；从法律的角度来说，就是用人单位有证据证明员工知道了本单位的录用条件。那如何形成证据呢？方法有以下几种：（1）通过招聘公告来公示，并采取一定方式予以固定，以为仲裁和诉讼保留证据；（2）招聘员工时向其明示录用条件，并要求员工签字确认；（3）劳动关系建立以前，通过发送聘用函的方式向员工明示录用条件，并要求其签字确认；（4）在劳动合同中明确约定录用条件或不符合录用条件的情形；（5）在规章制度中对录用条件进行详细约定，并将该规章制度在劳动合同签订前进行公示。比如将录用条件作为劳动合同的附件。如果把岗位职责等要求作为“录用条件”，还必须完善自己的考核制度，明确界定什么符合岗位职责，什么不符合要求，有一个可衡量和可操作的标准。

表 1：录用条件梳理一览表

	客观资质条件	工作能力条件	职业道德条件
1	年满 16 周岁或 18 周岁		
2	规定的学历、学位条件	不能胜任工作安排和岗位职责	未被通缉或取保、监视居住
3	规定的工作经验要求	患有不能从事工作的禁忌疾病	正常签订书面劳动合同
4	规定的技术职称和岗位任职证书		按照约定的时间到岗
5	规定的外语水平和计算机水平		同意依法缴个税和社保
6	具备政府规定的就业手续		未曾隐瞒法律处罚事实
7	提供办理录用和社保手续的证明材料		未曾隐瞒违纪处分事实
8	与原单位已依法解除或终止劳动关系		
9	与原单位已无仍持续的竞业限制关系		
10	其他不符合录用条件之情形	其他不符合录用条件之情形	其他不符合录用条件之情形

关联法规

第 21 条　……用人单位在试用期解除劳动合同的，应当向劳动者说明理由。

第 39 条　劳动者有下列情形之一的，用人单位可以解除劳动合同：

（一）在试用期间被证明不符合录用条件的；

……

——《劳动合同法》

案例 2：试用期以不能胜任工作为由解除合同

某公司招聘张经理为华东区的营销总监，并与之签订了 3 年的劳动合同，约定试用期为 4 个月。3 个月后，公司单方面提出试用期解除劳动合同。张经理不服，找公司理论，公司告知其在试用期，单位可以随时提出解除劳动合同。张经理不满公司的说法，向当地劳动争议仲裁部门申请劳动仲裁，公司此时主张辞退张经理是因为其 3 个月来一直没有达到公司要求的营销业绩，因其试用期不能胜任工作而解除劳动合同，公司解除没有违反法律规定。张经理则认为，即便是不能胜任工作也不能随时解除，应当提前30日通知并支付经济补偿金，何况公司根本就没有任何的营销业绩考核制度，所以解除理由根本不成立。

专家分析

试用期解除并非仅有不符合录用条件这一条路径。在试用期内，如果存在过失性解除或非过失性解除两种情形，企业也可以依据相关法律规定与劳动者解除劳动合同。过失性解除是劳动法上的一种学理概念，通常是指劳动者存在法定过失性事项时用人单位得以解除的情形。《劳动合同法》规定，严重违纪、严重失职等员工过失性情形下，用人单位得以解除合同，并无须支付经济补偿金。非过失性解除也是企业的一种法定权利，是指员工出现长病假无法从事工作或者不能胜任工作等情形时企业享有的一种法定解除权，此种解除权需要提前30日通知劳动者方可行使，同时需要支付经济补偿金。以上两种权利，不仅在试用期间可以行使，正常劳动合同履行期间亦可行使。此节案例中，公司欲以非过失性解除为由行使解除权，但是却不符合非过失性解除的要件：一是存在非过失性解除的事项；二是遵循法定的程序。公司没有实施相应的绩效考核制度，就不能在客观上有效判断员工是否胜任工作。因此，企业的解除行为并不生效。

实务指南

就企业而言，对于试用期内不能胜任工作的员工，我们认为试用期解除的最好方式是以不符合录用条件解除为宜。相对而言，只要企业规定了具体的录用条件，员工在试用期内一旦被发现不符合录用条件，即可行使解除权。而依据非过失性试用期解除，不仅需要严格的实体认定，还需要遵守严格的程序要求。

通过表2我们可以了解不符合录用条件解除之便利性。就此节案例而言，如果企业在录用条件中对营销业绩有相应的规定，这样员工在试用期出现不具备销售经理相应要求即有被解除劳动合同的可能。当然，上述录用条件的设置还需满足明确具体和经过公示这两个条件。我们不能随意设定一个抽象的营销业绩而滥用试用期之不符合录用条件解除权，但只要符合法律规定的具体明确的录用条件先行存在，企业在试用期辞退不合适的员工也就没有太大法律障碍。

表2：不符合录用条件解除与非过错解除之不能胜任工作的区别

	不符合录用条件解除	非过错解除之不能胜任工作
1. 解除条件	试用期； 劳动者被证明不符合录用条件	劳动合同期限内（包括试用期）； 劳动者被证明不能胜任工作，经过培训或者调整工作岗位，仍不能胜任工作

续表

2. 解除程序	用人单位可以随时解除劳动合同	用人单位可以解除劳动合同，但需要提前 30 天
3. 经济补偿金	用人单位不需要支付经济补偿金	用人单位应根据劳动者在用人单位的工作年限支付经济补偿金

关联法规

第 39 条　劳动者有下列情形之一的，用人单位可以解除劳动合同：

（一）在试用期间被证明不符合录用条件的；

（二）严重违反用人单位的规章制度的；

（三）严重失职，营私舞弊，给用人单位造成重大损害的；

（四）劳动者同时与其他用人单位建立劳动关系，对完成本单位的工作任务造成严重影响，或者经用人单位提出，拒不改正的；

（五）因本法第二十六条第一款第一项规定的情形致使劳动合同无效的；

（六）被依法追究刑事责任的。

第 40 条　有下列情形之一的，用人单位提前三十日以书面形式通知劳动者本人或者额外支付劳动者一个月工资后，可以解除劳动合同：

（一）劳动者患病或者非因工负伤，在规定的医疗期满后不能从事原工作，也不能从事由用人单位另行安排的工作的；

（二）劳动者不能胜任工作，经过培训或者调整工作岗位，仍不能胜任工作的；

（三）劳动合同订立时所依据的客观情况发生重大变化，致使劳动合同无法履行，经用人单位与劳动者协商，未能就变更劳动合同内容达成协议的。

第 48 条　用人单位违反本法规定解除或者终止劳动合同，劳动者要求继续履行劳动合同的，用人单位应当继续履行；劳动者不要求继续履行劳动合同或者劳动合同已经不能继续履行的，用人单位应当依照本法第八十七条规定支付赔偿金。

第 87 条　用人单位违反本法规定解除或者终止劳动合同的，应当依照本法第四十七条规定的经济补偿标准的二倍向劳动者支付赔偿金。

——《劳动合同法》

（二）知情权的运用与入职调查

根据《劳动合同法》的相关规定，劳动者在订立劳动合同时应遵循诚实信用原则。当前经济社会中，用人单位和劳动者都需要秉承公平和诚实守信的基本理念来订立和履行劳动合同。但是对于部分不诚信的劳动者，企业应当充分使用好法律赋予的知情权，充分有效地了解员工，将法律风险控制在劳动合同订立之前。

案例 3：公司有权辞退依凭虚假材料入职的员工

2019 年 5 月，某上海跨国公司通过招聘网站招聘软件开发人员，要求大学本科及以上学历，能熟练运用 C 语言进行软件开发。刚到上海的小张是一名大专毕业生，他经过专业软件培训机构的培训，拥有近三年的软件开发经验。为尽快解决工作问题，虽然看到该公司要求大学本科及以上学历，但还是报名参加了该公司的招聘。经过笔试和面试，小张顺利通过了公司的考核。在办理入职手续时，小张谎称自己是计算机本科学历且取得了学士学位。公司见小张的能力较强便信以为真，并要求其提供学历学位证书。入职后，小张向人力资源部提供了伪造的某名牌大学学位证书。在工作中，小张表现得非常突出，在公司一项软件开发工作中起了关键作用。公司为了留住小张，决定为其办理居住证，但在办理居住证过程中，有关机关发现公司提供的小张的学历学位证书系伪造，并将相关手续退回。后来，公司以小张欺骗公司使公司名誉受到损失为由解除了与小张的劳动合同。小张不服，提起仲裁，要求撤销公司解除劳动合同的决定，继续履行劳动合同。

专家分析

根据民法的基本原则，双方订立合同应当遵循诚信原则，也即双方当事人应当秉承诚实守信的理念建立民事关系。同样，在劳动合同订立过程中，用人单位和劳动者也应当遵循诚实信用原则。诚信原则重要的体现是双方当事人在订立劳动合同时互相享有知情权，也即知晓当事人以及劳动合同相关重要情况资讯的权利。对于劳动者的知情权而言，主要是指用人单位应当告知劳动者工作内容、工作条件、工作地点、职业危害、安全生产状况、劳动报酬以及劳动者要求了解的其他情况；对于企业的知情权而言，主要是指企业有权了解劳动者与劳动合同直接相关的基本情况。按照《劳动合同法》的规定，如果企业要求劳动者提供年龄、学历、外语水平、工作经历等与劳动合同直接相关的基本情况，劳动者应当如实说明。如果应聘者提供虚假信息或隐瞒真实情况而导致企业违背真实意思而招用其入职，此种劳动合同应当被认定为无效。

实务指南

1. 企业如何通过行使知情权防范法律风险

企业在履行告知义务的同时，也要充分行使自己的知情权，全面了解劳动者的各种情况，在内容上应着重了解以下几个方面的内容：

第一，企业了解劳动者的自然信息。如年龄（不得低于 16 周岁）、身体状况（疾病、残疾、职业病）、职业技能水平（专业资格、级别）、教育背景（学历、学位）、工作经历（离职证明单）以及平时表现（前任职企业主管评价信）等，这些信息直接关系到日常管理工作，应事先予以明确。

表3：常见员工信息查询及核实方式一览表

	员工信息种类	查询及核实方式	参考网站及渠道
1	身份信息	身份查询网站查询	www. nciic. com. cn
2	学历、学位、资格证书条件	学历及资格认证网站查询	www. chsi. com. cn
3	大学生英语四、六级考试成绩真实性	四、六级考试官方网站查询	www. cet. edu. cn
4	工作年限	所在地社会保险网站查询	各地社保网
5	是否办理退工	劳动部门查询	所在区劳动局或劳动所
6	是否存在竞业限制或服务期协议	社会调查机构	咨询公司或律师事务所

第二，企业要了解劳动者当前劳动关系的状况。这一点对一些涉密岗位尤为重要。《劳动合同法》并不禁止双重劳动关系，只是规定，在因双重劳动关系给用人单位造成影响且达到严重的情况下，用人单位才可以解除劳动合同。无论是《劳动法》还是《劳动合同法》都明确规定，用人单位招用尚未解除劳动关系的劳动者给原用人单位造成经济损失的，依法承担连带赔偿责任。双重劳动关系对商业和技术秘密的保护的弊端是明显的，所以用人单位应予以特别注意。

第三，节省招聘成本。从招聘成本的角度考虑，提高招聘的成功率，企业可以采用现代化的技术手段对重要岗位人员进行评估，提升劳动者与岗位的匹配度，这同时也是对劳动者工作能力深入了解的一个方面。

关联法规

第3条　订立劳动合同，应当遵循合法、公平、平等自愿、协商一致、诚实信用的原则。

第8条　……用人单位有权了解劳动者与劳动合同直接相关的基本情况，劳动者应当如实说明。

第26条　下列劳动合同无效或者部分无效：

（一）以欺诈、胁迫的手段或者乘人之危，使对方在违背真实意思的情况下订立或者变更劳动合同的；……

第39条　劳动者有下列情形之一的，用人单位可以解除劳动合同：

……

（五）因本法第二十六条第一款第一项规定的情形致使劳动合同无效的；

……

——《劳动合同法》

2. 对应聘人员的具体审查内容及潜在法律风险

法律赋予了企业相应的知情权，应聘人员的审查有利于防范员工录用环节中的法律风险，将相关法律上的不利后果消灭在劳动关系建立之前。

表4：对应聘人员背景审查所致的风险分析及其应对

	审查内容	可能导致的风险	应对措施
1	学历与工作经历	招聘到不符合要求的员工	主动查询审查
2	外语语言能力	无法适应语言工作环境	资格证书加外语口试
3	是否存在潜在疾病	解除合同受到医疗期限制	入职前体检
4	年龄是否达到16周岁	行政处罚甚至刑事责任	查验身份证件
5	是否与其他企业存在劳动关系	承担不少于70%的连带责任	查验离职证明单
6	是否对其他企业承担竞业限制义务	承担赔偿责任	主动问询前任职企业
7	外国人是否办理就业手续	违法，并且导致合同无效	查验相应的证件和资格

案例4：高级人才承诺对原雇主自行承担责任的声明无效

仁德保险公司通过猎头公司找到了一位急需的精算人才赵某，赵某被仁德保险公司提出的优厚待遇条件所打动，双方就建立聘用关系达成了初步意向，商定赵某立即向原单位新泰保险公司提出辞职并办妥解除合同手续。一个月过后，在双方准备签署正式劳动合同时，仁德保险要求赵某提供解除劳动合同的证明以办理录用手续，但赵某表示由于自己突然辞职使得原单位新泰保险非常不满，所以原单位要求其赔偿损失，否则拒绝退工及出具解除合同证明，而根据《劳动合同法》的相关规定，劳动者只要提前30天通知单位即可解除合同而无须单位同意，现30天已过双方劳动关系事实上已解除，故仁德保险不必担心什么。仁德保险公司对赵某的解释将信将疑，但考虑到赵某确属人才，于是决定让赵某写一份承诺担保书，该担保书明确承诺赵某已与原单位新泰保险解除了劳动关系，如不属实而招致新泰保险追究法律责任的，与仁德保险无关，责任概由赵某自负。有了此担保书后，仁德保险放心地同赵某签订了劳动合同。但履行合同不到一个月，仁德保险突然收到了赵某的律师函，该函要求仁德保险和赵某共同承担赵某违法解除劳动合同而给新泰保险造成的培训费损失12万元。仁德保险遂立即向赵某核实情况，此时赵某也已经收到了内容相同的律师函，无奈之下，说出了实情，即当时赵某应聘进入新泰保险后即被公司派往英国进行了为期10个月的培训，新泰保险为此支付了培训费20万元，双方签有培训协议，约定赵某为新泰保险服务5年，赵某如提前辞职应赔偿新泰保险培训费损失。

专家分析

随着企业间人才竞争的加剧，能给企业带来核心竞争力的高级人才更是被企业奉为座上宾。但是，这些企业想引进的能给企业带来核心竞争力的人才，往往也是在之前所任职企业的重要人才，之前所任职的企业往往出于商业秘密保护或竞争力优势的维护，会与这些劳动者签订服务期协议或竞业限制协议。而依据相关法律法规的规定以及相关协议的约定，这些劳动者不履行服务期义务或竞业限制义务，会导致违约金或赔偿金等法律责任的承担。同时，依据劳动部的有关规定，用人单位招用尚未与其他单位解除劳动关系的劳动者，给其他单位造成损失的，应当承担连带赔偿责任。此种连带责任并不因为劳动者的免责承诺而得以解除，相对人依然可以要求企业承担赔偿责任。当然，企业向相对人承担赔偿责任后，可以依据该承诺声明的约定向劳动者追偿。对于企业而言，在招用高级人才或特定技能的劳动者时，务必重视对其所负的相关法定义务或约定义务进行调查了解。

实务指南

作为企业而言，预防和控制这种因劳动者可能与前任职企业存在约束性协议的法律风险，最主要的方法有两种。第一种是积极预防的方法，也即主动要求劳动者出具离职证明单，甚至还可以向前任职企业进行询问查证，或通过专业机构进行应聘者背景调查。这种方法的优点在于可以掌握主动，但问题是这些高级人才往往是通过猎头等方式秘密招聘的，采取核对查实的方法可能会使企业的这种招聘意向泄露，同时如果相对方是企业的竞争公司的话，此种调查还可能损害企业的利益。第二种是消极应对的方法，也即通过在劳动合同中约定，如果员工与其他企业尚存劳动关系或有相关法定或约定责任时，视为不符合录用条件，企业可以在试用期解除劳动合同，也可以在试用期后以员工欺诈为由解除劳动合同。另外，企业也可以与劳动者约定，如果因此而致使企业承担连带责任的，这种损害赔偿责任由企业先行承担后，可以向员工进行追偿。

关联法规

第90条　劳动者违反本法规定解除劳动合同，或者违反劳动合同中约定的保密义务或者竞业限制，给用人单位造成损失的，应当承担赔偿责任。

第91条　用人单位招用与其他用人单位尚未解除或者终止劳动合同的劳动者，给其他用人单位造成损失的，应当承担连带赔偿责任。

——《劳动合同法》

二、劳动合同订立时点、种类与效力

劳动合同订立的时点涉及用人单位选择何时与劳动者订立劳动合同的判断，选择不同的时点订立劳动合同对于企业的权利义务和法律责任有着相当的关联。依据《劳动合同法》，劳动合同可以按照期限分为固定期限劳动合同、无固定期限劳动合同、以完成一定任务为期限的劳动合同，企业对于不同的劳动者可以选择订立不同种类的劳动合同。对于基于非真实合意订立的劳动合同或劳动合同部分条款约定违反法律强制性规定的，劳动合同本身或部分条款将会被认为无效，这些事项均会对企业的劳动合同管理带来重要影响。

（一）劳动合同订立与劳动关系建立

需要明确的是，劳动合同订立并不意味着劳动关系建立，劳动关系建立也并不标志着劳动合同订立。劳动合同订立是指劳动者与用人单位通过书面劳动合同的形式对劳动关系中的权利、义务、责任等事项进行约定，订立的标志是双方签字盖章。劳动关系建立则是指特定条件满足时劳动者与用人单位之间形成了劳动法上的劳动权利义务关系，建立的标志是用人单位开始用工，即劳动者到用人单位报到或开始提供劳动。

案例 5：三方协议订立不等于劳动关系建立

2016 年 11 月 15 日，某上海跨国公司开始到全国各地高校进行校园招聘。3 天后，南京某高校的大四学生孙某与该上海跨国公司签订了三方就业协议，该三方就业协议明确约定，该学生毕业后到该上海跨国公司或其在苏州的子公司工作，否则需要承担相应的违约金。2017 年 6 月 20 日，孙某毕业离校，该上海跨国公司告知其到上海总公司报到，进行专业技术学习，1 个月后派往苏州子公司正式上班。6 月 25 日，孙某抵达上海向该公司报到，在结束 1 个月的专业技术学习后，于 7 月 25 日到苏州子公司上班。8 月 15 日，苏州子公司与孙某签订了为期 3 年的书面劳动合同，合同约定的起始日期为 2017 年 8 月 15 日至 2020 年 8 月 14 日。孙某与企业的劳动关系何时建立？孙某是与哪一家企业（总公司、子公司）建立的劳动关系？

专家分析

《劳动合同法》规定，劳动关系自用工之日起建立。用工之日，一般是指劳动者开始向用人单位提供劳动的时间。入职报到通常被认为是开始提供劳动的时间，也因而被认为是建立劳动关系的时间，即用工之日。2016 年 11 月三方协议签订的时候，只能说是约束双方此后建立劳动关系的约定责任，况且尚未毕业的在校大学生并不具备劳动法上的主体资格，所以三方协议签订并不意味着用工开始。至于 2017 年 8 月劳动合同订立，只是说劳动关系得到了书面上的确认，并不意味着劳动关系从劳动合同订立之日起才存在。就孙某报到而言，到底是6月向上海总公司报到时是用工之日，还是说7月向苏州子公司报到时是用工之日？这是一个问题。我们通常认为，关联企业之间劳动关系识别应该区别于一般企业，孙某到上海总公司报到的时候就已经知道自己以后的工作地点在苏州子公司，在上海只是说进行前置性的专业技术学习，专业技术学习本身就是履行劳动的行为，所以，2017年6月孙某在上海报到入职的时间也就是用工之日，也即是他与苏州子公司劳动关系建立的时间。

实务指南

企业在招聘应届大学毕业生时，需要注意与毕业生们订立协议或合同的不同含义。

1. 三方协议不是劳动合同。三方协议，也称就业协议，通常是以毕业生、学校、企业为三方主体签订，协议同时对三方产生约束力。毕业生应当在毕业离校后向签订协议的企业报到就业，学校应当在毕业离校环节向毕业生开具报到证，企业应当在毕业生报到时与之建立正式的劳动关系。从法律意义上看，应届毕业生在尚未离校时仍为学生身份，并不具备劳动法上的主体资格，此种就业协议尽管从形式上看对劳动关系的建立有着约束作用，但本身并不是劳动合同。实务中，一般将就业协议认为是一种特殊的民事合同，并不直接受劳动法的调整。

2. 毕业生报到时应及时订立书面劳动合同。毕业生到企业报到视为用工的开始，实务中并无异议。但问题在于，如果毕业生报到后不愿意与企业订立劳动合同，此种法律风险是存在的。我们建议企业在毕业生报到时即订立劳动合同，以防止事实劳动关系的建立对企业不利。实务中存在的另外一个问题是，若劳动合同订立后，原就业协议的期限尚未届满，发生相关争议时适用哪个协议或合同进行处理，通常认为，如果争议事项是涉及劳动权利义务方面的，应当适用劳动合同；如果争议事项并不涉及劳动权利义务方面，则在就业协议的有效期限内可以适用就业协议条款。当然，如果就业协议或劳动合同中明确约定劳动合同订立后原就业协议自动失效的，则从其约定。

关联法规

第7条　用人单位自用工之日起即与劳动者建立劳动关系。用人单位应当建立职工名册备查。

第10条　建立劳动关系，应当订立书面劳动合同。

已建立劳动关系，未同时订立书面劳动合同的，应当自用工之日起一个月内订立书面劳动合同。

用人单位与劳动者在用工前订立劳动合同的，劳动关系自用工之日起建立。

——《劳动合同法》

第8条　劳动合同法第七条规定的职工名册，应当包括劳动者姓名、性别、公民身份号码、户籍地址及现住址、联系方式、用工形式、用工起始时间、劳动合同期限等内容。

第 33 条 用人单位违反劳动合同法有关建立职工名册规定的，由劳动行政部门责令限期改正；逾期不改正的，由劳动行政部门处 2000 元以上 2 万元以下的罚款。

——《劳动合同法实施条例》

（二）无固定期限劳动合同的选择权

在劳动法学理上，劳动合同按照期限分为固定期限劳动合同、无固定期限劳动合同和以完成一定工作任务为期限的劳动合同。在实践中，企业通常以固定期限劳动合同为常态，以无固定期限劳动合同为例外，以完成一定工作任务为期限的劳动合同为补充。并且，在固定期限劳动合同中企业往往选择短期劳动合同居多，并且当员工工龄达到十年的时候企业往往采取各种方法不与员工签订无固定期限劳动合同。

案例 6：固定期限劳动合同转换为无固定期限劳动合同

2017 年 5 月，上海某外资企业人力资源部赵经理准备清理最近到期的劳动合同，并决定是否续签。赵经理发现，2017 年 5 月到期的劳动合同一共 12 份，其中 3 份劳动合同的员工的工龄本次到期后已逾 10 年。赵经理按照以前的无固定期限劳动合同拒签思路，认为无固定期限劳动合同的订立首先是基于双方自愿，企业单方通知不续签可以阻止无固定期限劳动合同的签订。于是，在征求总经理意见后，书面通知这些老员工到期不再续签。但这些老员工不服，认为劳动者只要工龄满 10 年，就应当签订无固定期限劳动合同。

专家分析

在《劳动合同法》实施之前，按照各地关于无固定期限劳动合同的规定，签订无固定期限劳动合同通常需要同时满足两个法律要件：一是劳动者在企业连续工作满 10 年，二是双方同意续签劳动合同。值得注意的是，这里所说的同意续签劳动合同是指双方均同意续签，如果用人单位不同意续签劳动合同，那么无固定期限劳动合同也无法达成签订的合意致使签订不能。但是在《劳动合同法》中，企业的这种选择权却被法律剥夺了，劳动者只要连续工龄满 10 年，即可向公司主张签订无固定期限劳动合同，企业就必须与该劳动者建立无固定期限劳动关系。如果此时企业阻挠并拒绝与劳动者签订无固定期限劳动合同，则需要承担法律责任。值得注意的是，上海等地的地方性裁审意见中还进一步明确，对于原劳动合同到期时工龄满 10 年，但如果双方仍然愿意继续订立固定期限劳动合同的，仍然可以订立固定期限劳动合同。

案例7：两次续签劳动合同应当订立无固定期限劳动合同

北京某IT公司主要从事办公软件的开发，由于软件人才流动率比较高，所以公司也不愿与新员工订立长期劳动合同。2008年1月，公司招聘了一批研发人员，并与之均签订了1年的劳动合同。2009年1月的时候，由于新接一批软件类工程，公司与这批研发人员续签了1年的劳动合同。2010年1月的时候，工程陆续完工，公司通知这批研发人员劳动合同期满终止不再续签。但其中部分研发人员提出不同意见，认为两次签订固定期限劳动合同后，劳动者就享有和公司签订无固定期限劳动合同的权利。公司不同意这种说法。

专家分析

在《劳动合同法》出台以前，企业与劳动者签订短期固定期限劳动合同的情形是一种常态。一个很重要的原因是企业希望能将是否建立长期劳动关系的主动权掌握在自己手上。比如一年一签，每年劳动合同到期的时候企业就可以根据自己的喜好选择与表现好的员工续签，而通知自己认为表现不好的员工期满终止合同。但依据《劳动合同法》的规定，两次续签固定期限劳动合同的员工，可以与企业订立无固定期限劳动合同。而此时，在是否同意与员工续签的问题上，企业是没有选择权的。值得注意的是，上海等地的地方性裁审意见中，企业在两次劳动合同期限到期时仍有相应的选择权，但此种口径仅在上海地区适用。

实务指南

鼓励和引导企业与员工签订长期或无固定期限劳动合同，是《劳动合同法》及今后劳动立法的一个基本趋势。劳动合同立法的指导思路是通过对企业短期劳动合同期限的多种法律责任制约，引导企业向劳动合同和劳动关系长期化的方向发展。《劳动合同法》背景下，企业需要做的就是调整人力资源管理和劳动合同期限设置的思路，将员工管理的立足点和落脚点从劳动合同的期限管理转换到员工绩效的考核管理上来，实行有升有降、奖惩分明的考核管理制度。

1. 固定期限劳动合同期限的选择。作为考察员工的方式，试用期和一个特定的固定期限合同都可以被选择。但试用期比较短，主要是考察员工是否符合录用条件，所以其意义只是在于甄别员工是否应该被录用。而固定期限劳动合同对于企业新进员工和工作年限较短的员工是可以适用的，通过短期和中期劳动合同的考察，可以发现员工是否适合企业的要求以及员工的潜能是否能在以后的工作中进一步发挥。所以，企业在以后的劳动人事管理过程中，固定期限劳动合同主要对阶段性或临时性工作的员工使用，通常为1－3年。从员工职业生涯设计角度，很多员工的心理预期一般也是在1－3年，所以企业的这种期限安排也正好符合了跳槽员工的心理。而对于一些具有丰富工作经验或担任管理职位的老员工而言，5－7年或更长期的劳动合同期限则是他们所愿意接受的。

2. 无固定期限劳动合同的管理。在《劳动合同法》背景下，对于长期工作的老员工管理或者订立无固定期限劳动合同的员工管理而言，还是应当调整到绩效考核方面。无固定期限劳动合同只是没有约定合同终止的期限，并不意味着又回到计划经济年代的铁饭碗，在法律法规、规章制度有规定以及劳动合同有约定的特定情形下，企业也是可以对这些员工行使自主管理权，并依法合理变更、解除和终止劳动合同的。为了防止部分员工在签订无固定期限劳动合同的情形下丧失竞争意识，无固定期限劳动管理更应侧重于对员工的绩效考核。通过设置科学、有效的绩效考核制度和不胜任管理办法，对于考核不合格的员工可以依据法律法规和规章制度的规定予以调岗调薪，对于屡次考核都达不到公司要求的，经过法定程序后，企业甚至可以解除劳动合同。

关联法规

第12条　劳动合同分为固定期限劳动合同、无固定期限劳动合同和以完成一定工作任务为期限的劳动合同。

第13条　固定期限劳动合同，是指用人单位与劳动者约定合同终止时间的劳动合同。

用人单位与劳动者协商一致，可以订立固定期限劳动合同。

第14条　无固定期限劳动合同，是指用人单位与劳动者约定无确定终止时间的劳动合同。

用人单位与劳动者协商一致，可以订立无固定期限劳动合同。有下列情形之一，劳动者提出或者同意续订、订立劳动合同的，除劳动者提出订立固定期限劳动合同外，应当订立无固定期限劳动合同：

（一）劳动者在该用人单位连续工作满十年的；

（二）用人单位初次实行劳动合同制度或者国有企业改制重新订立劳动合同时，劳动者在该用人单位连续工作满十年且距法定退休年龄不足十年的；

（三）连续订立二次固定期限劳动合同，且劳动者没有本法第三十九条和第四十条第一项、第二项规定的情形，续订劳动合同的。

用人单位自用工之日起满一年不与劳动者订立书面劳动合同的，视为用人单位与劳动者已订立无固定期限劳动合同。

——《劳动合同法》

第9条　劳动合同法第十四条第二款规定的连续工作满10年的起始时间，应当自用人单位用工之日起计算，包括劳动合同法施行前的工作年限。

第11条　除劳动者与用人单位协商一致的情形外，劳动者依照劳动合同法第十四条第二款的规定，提出订立无固定期限劳动合同的，用人单位应当与其订立无固定期限劳动合同。对劳动合同的内容，双方应当按照合法、公平、平等自愿、协商一致、诚实信用的原则协商确定；对协商不一致的内容，依照劳动合同法第十八条的规定执行。

——《劳动合同法实施条例》

（三）劳动合同订立与录用通知书操作

劳动合同的订立是劳动关系建立的反映和书面证据，劳动关系的建立又往往通过订立劳动合同来体现和细化。在劳动人事管理实务中，很多问题让企业感到棘手，比如，劳动者本人不愿意订立书面劳动合同，订立了书面劳动合同又不愿意来公司工作，等等。在《劳动合同法》背景下，更多的规则是用来约束用人单位的，这也让企业非常头疼。

案例 8：聘用律师、实习律师和律师助理是否需要订立劳动合同？

上海某律师事务所的组织结构分工明确，职位岗位设置也比较规范。事务所的职位岗位主要有合伙律师（含主任）、聘用律师、提成律师（含兼职）、实习律师、律师助理、工勤人员六大类。就职位岗位对应的收入稳定性而言，合伙律师和提成律师的收入浮动性相对较大，其余职位岗位则相对固定。合伙律师的收入按照订立合伙协议及业绩创收分成协议处理，提成律师（含兼职）的收入则按照事务所《业绩提成管理办法》和《聘用协议》处理。就员工合同管理而言，除合伙律师外，提成律师、聘用律师、实习律师、律师助理均与事务所订立聘用协议，工勤人员则与事务所订立劳动合同。这其中，事务所给前台、会计、司机等工勤人员支付工资并缴纳社会保险，事务所不给聘用律师、实习律师和律师助理发放工资，只是相应发给劳务费、实习补贴和助理补贴，事务所也为其缴纳社会保险。

事务所这种内部用工状况持续了好几年。刚刚进入事务所不久的实习律师赵某就对这种用工方式提出了质疑，认为聘用律师、实习律师和律师助理均属于劳动者，事务所当前的用工管理违反了法律规定，事务所应当为这几类人员依法支付工资并缴纳社会保险。这一说法得到了大部分律师和助理的支持。而当赵某向事务所主任反映相关情况和自己的看法时，事务所主任提出，律师事务所是很特殊的组织，不适用劳动法的相关规定，况且事务所已经为这些聘用律师、实习律师和律师助理支付了相对较高的补贴及奖金，相关人员待遇也不错，事务所用工管理和分配机制是合法和妥当的。那么，聘用律师、实习律师和律师助理到底属不属于劳动者？律师事务所是否应当与其订立劳动合同？

专家分析

聘用律师、实习律师和律师助理到底属不属于劳动者，需要依据劳动法相关法理和现行法律法规规定来做出分析和判断。从劳动法相关法理而言，判断雇主或雇主组织与雇员之间是否属于劳动关系通常有三个标准：一是从属性标准，即雇员服从雇主或雇主组织的管理，雇员也已经成为雇主组织的成员；二是人身性标准，即雇员一定要亲自履行雇主或雇主组织安排的任务和工作，不得移转第三人履行；三是有偿性标准，即雇员为雇主或雇主组织提供其所安排或分配的劳动或工作，雇主或雇主组织为其支付劳动报酬或对价。而这三个标准，聘用律师、实习律师和律师助理无疑都一一满足。

按照 1994 年《劳动法》的规定，《劳动法》的调整对象是企业和个体经济组织。律师事务所、会计师事务所等专业中介机构既不属于企业，也不属于个体经济组织，所以律师事务所等专业中介机构并不需要承担《劳动法》上规定的义务和责任。2008 年 1 月 1 日施行的《劳动合同法》第 2 条第 1 款则规定："中华人民共和国境内的企业、个体经济组织、民办非企业单位等组织（以下称用人单位）与劳动者建立劳动关系，订立、履行、变更、解除或者终止劳动合同，适用本法。"这里面特别强调了民办非企业单位等组织具备劳动法主体资格。《劳动合同法实施条例》第 3 条则进一步规定："依法成立的会计师事务所、律师事务所等合伙组织和基金会，属于劳动合同法规定的用人单位。"

另外，2008 年 7 月 18 日施行的司法部《律师事务所管理办法》第 36 条明确规定："合伙律师事务所和国家出资设立的律师事务所应当按照规定为聘用的律师和辅助人员办理失业、养老、医疗等社会保险。个人律师事务所聘用律师和辅助人员的，应当按前款规定为其办理社会保险。"所以律师事务所所聘用的聘用律师、实习律师和律师助理均属于劳动者。本节案例中该事务所主任的说法是不正确的。律师事务所需要为这些人员依法支付工资并办理社会保险手续。

实务指南

对于用人单位而言，特别是对于民办非企业单位而言，劳动用工需要遵循合法性原则。民办非企业单位也是劳动法上的适格主体，所以也应当遵守《劳动合同法》等相关法律法规的规定。民办非企业单位在人力资源管理过程中，尤其需要注意以下几个方面的问题：

1. 主动区分单位内部人员是否属于劳动者。尽管《劳动合同法》将民办非企业单位纳入该法的调整范围，但是这并不意味着民办非企业单位的所有人员均属于法律上的劳动者而均应接受《劳动合同法》的调整。比如，民办非企业单位的合伙人、发起人等不符合劳动关系三要件的人员，就不是劳动法上所称的劳动者。民办非企业单位要注意甄别，分别加以规制和管理，预防和控制当前正在发生和以后可能发生的法律风险。

2. 对非劳动者单位人员实行特别协议制度。对于民办非企业单位的非劳动者人员而言，应当采取特别协议的方式进行权利义务的约束。这种特别协议可以是事务所章程或基金会规约，也可以以单位名义与其订立的特别协议。总之，对非劳动者类的单位组成人员也要做到有明确的制度和相应的程序加以规制和管理。这些章程或协议既是以后调整这些人员与单位相互关系的制度规约，也是以后发生争议得以明确是非的处理依据。

3. 对单位的劳动者实行劳动合同管理制度。对于民办非企业单位的劳动者而言，单位做到依法管理的依据是《劳动合同法》。无论是规章制度的制订，还是劳动合同的订立，均应严格按照相关法律规定进行处理。基于民办非企业单位的专业性特点，除了需要按照一般用人单位做好绩效考核、薪资岗位和福利休假等制度的设计之外，对于工时制度、招聘录用制度、商业秘密保护方面也要做好相应的处理和应对。

关联法规

第 3 条　依法成立的会计师事务所、律师事务所等合伙组织和基金会，属于劳动合同法规定的用人单位。

——《劳动合同法实施条例》

案例 9：不订立书面劳动合同的法律风险

2017 年 8 月，某高校应届大学毕业生李某应聘到江苏苏州某 IT 制造业外企工作。其实来到苏州这家外企，李某一直不是很情愿，在学校“先就业、后择业”就业政策的驱使下，考虑到苏州离自己老家上海比较近，最后在离校前夕与苏州的这家外企签了协议。李某一直希望能在老家上海找份工作，所以在苏州这家外企工作并不积极。2017 年 8 月底，该家外企人事主管张经理找到李某，希望与其签订书面劳动合同。李某表示，家里对他的工作不满意，目前他正与家里积极协商沟通，等有了结果以后再主动与公司签订劳动合同。张经理年前刚刚接受过劳动合同法培训，了解到企业在 1 个月内不与员工签订书面劳动合同，从第二个月起就要为这个员工支付双倍工资。张经理比较担心这种不利的法律后果由企业来承担，于是他找到李某，要求其出具一张因自己个人原因不愿意签订书面劳动合同的证明。

专家分析

大多数企业至今仍有一个错误的认识，认为签订劳动合同就是将自己套牢，没有合同就与职工没有劳动关系，就可以规避劳动法自由录用和辞退职工。而实际上，劳动法上所说的劳动关系是指用人单位与劳动者之间因雇佣劳动而产生的权利义务关系。而劳动合同只是这种劳动关系的书面约定。没有书面合同并不意味着劳动关系无法证明，没有书面合同同样可以形成劳动关系，即事实劳动关系，劳动者只要凭工资单等相关证据和证人证言等就可以证明劳动关系的存在。《劳动合同法》背景下，企业不与员工签订书面劳动合同的，1 个月内法律予以宽容，但超过 1 个月仍不与员工签订书面劳动合同的，从第二个月开始起就应当承担向员工按月支付双倍工资的罚则。

实务指南

《劳动合同法》实施以后，之前企业很多的错误观念和认识亟须转变。比如说，很多企业认为，临时工不需要签订书面劳动合同，试用期不用签订书面劳动合同，等等。事实上，依据《劳动合同法》的规定，只要企业与劳动者建立劳动关系，就应当及时签订劳动合同。否则，迟延或未与劳动者及时签订劳动合同的，将承担法律上的严格责任。

1. 及时与劳动者签订书面劳动合同。即使是从企业的角度来看，及时与劳动者签订书面劳动合同也是利大于弊。企业不与员工签订书面劳动合同，除了要承担《劳动合同法》上明确规定的双倍工资责任外，在预防员工解除劳动合同以及有效控制用工成本上同样陷入被动。按照劳动法法理，劳动者可以随时终止事实劳动关系，而如果劳资双方存在劳动合同，则劳动者必须提前 30 天通知用人单位才可以解除劳动合同。另外，终止事实劳动关系，无论是何种原因，也无论是何方终止，均需要按照劳动者工作年限支付经济补偿金。而对于存在劳动合同的劳动关系而言，合同到期如果是员工主动不续签而终止，则企业不需要支付经济补偿金。

2. 员工本人不愿意签订合同之应对。很多时候，并非是企业的原因导致劳动合同不能签订。比如在案例 9 中，劳动者主动选择不签订劳动合同，这种情形也相当多。特别是在《劳动合同法》正式实施之前的一段时间，在很多企业甚至是劳动者联合起来抵制，不签订书面劳动合同，以求得新法实施以后法律对用人单位的惩罚。至于部分员工不签订书面劳动合同风险，根据《劳动合同法实施条例》的相关规定，可以通过以下几种方式进行缓解：一是在员工入职的时候，明确要求员工同时签订书面劳动合同，不签订书面劳动合同的不予录用。这主要是从源头上预防后期争议发生。从合理性上讲，在招聘面试等环节中，应聘者已大致了解企业的基本情况以及相对详细的劳动待遇，此时签订劳动合同也是比较科学的。即使发生双方虚假陈述导致合同订立的，也可以通过行使法定解除权予以解除。二是在入职须知中明确，入职后 1 个月内无特殊理由不签订书面劳动合同的，视为不符合录用条件。由于种种客观原因，不是所有的应聘者都能在录用时签订劳动合同，特别是需要办理相关认证审核等前置性程序时，劳动合同可能确实需要延后签订。但是，企业可以在入职须知中特别明确 1 个月内必须签订书面劳动合同，否则视为试用期不符合录用条件，企业可以解除劳动合同。三是确实出现在 1 个月内因员工自身原因不能签订书面劳动合同的，企业可以在获得员工自身原因不签的相关证据后，依法终止劳动关系，但此时需要支付经济补偿金。

关联法规

第 82 条第 1 款　用人单位自用工之日起超过一个月不满一年未与劳动者订立书面劳动合同的，应当向劳动者每月支付二倍的工资。

——《劳动合同法》

第 4 条　劳动合同法规定的用人单位设立的分支机构，依法取得营业执照或者登记证书的，可以作为用人单位与劳动者订立劳动合同；未依法取得营业执照或者登记证书的，受用人单位委托可以与劳动者订立劳动合同。

第 5 条　自用工之日起一个月内，经用人单位书面通知后，劳动者不与用人单位订立书面劳动合同的，用人单位应当书面通知劳动者终止劳动关系，无需向劳动者支付经济补偿，但是应当依法向劳动者支付其实际工作时间的劳动报酬。

第 6 条　用人单位自用工之日起超过一个月不满一年未与劳动者订立书面劳动合同的，应当依照劳动合同法第八十二条的规定向劳动者每月支付两倍的工资，并与劳动者补订书面劳动合同；劳动者不与用人单位订立书面劳动合同的，用人单位应当书面通知劳动者终止劳动关系，并依照劳动合同法第四十七条的规定支付经济补偿。

前款规定的用人单位向劳动者每月支付两倍工资的起算时间为用工之日起满一个月的次日，截止时间为补订书面劳动合同的前一日。

第 7 条　用人单位自用工之日起满一年未与劳动者订立书面劳动合同的，自用工之日起满一个月的次日至满一年的前一日应当依照劳动合同法第八十二条的规定向劳动者每月支付两倍的工资，并视为自用工之日起满一年的当日已经与劳动者订立无固定期限劳动合同，应当立即与劳动者补订书面劳动合同。

——《劳动合同法实施条例》

案例 10：Offer Letter 的法律效力

陈小姐是上海一家民营企业的销售经理，经营业绩非常突出，在行业内已有一定的知名度。这家民营企业给她的待遇也不错，但她一直希望能到外企工作，并尝试向同行业一些招聘相关人才的外企提交简历。某日，她接到同行业另外一家外企的录用通知书（Offer Letter），该家外企表示愿意录用其为销售经理，并在录用通知书上明确了她的薪资待遇，并约定 1 个月后正式到本企业来上班，并提出让她先做一个本行业的销售调查报告。陈小姐非常高兴，马上向自己现在所在的企业提出辞职。但是临近约定上班时，这家外企却突然通知她，由于人力资源模式临时调整，她的职位已经被精简掉了，所以她不用来报到上班了。陈小姐接到通知后一下子就傻眼了，原来的工作辞掉了，新的工作又取消了。于是她打电话给这家外企，告知他们自己已经辞掉了原先薪水丰厚的工作，代价巨大，希望他们给个说法或如约提供岗位。这家外企提出，录用通知书只是一个通知，并不是劳动合同本身，她的说法不成立。

专家分析

企业向员工发放 Offer Letter，其实是一种要约的法律行为，对企业和员工双方进行约束。然而，Offer Letter 本身不是劳动合同，在一般情况下，雇佣双方会另行签订劳动合同。如果两者在条款上产生矛盾，那么劳动合同将取代 Offer Letter 来规范劳动关系当事人。既然 Offer Letter 在员工承诺后，是一份对双方都有约束力的合同，那么企业单方面撤销录用，解除该合同，是否具有法律效力？企业由此应该承担什么样的违约责任？这里的关键在于企业解除的究竟是一份合同还是一段劳动关系。由于 Offer Letter 的本质仅是双方达成聘用意向，在很多情况下，聘用双方会在条款中具体明确员工的录用或入职日期，因此 Offer Letter 虽然成立了，但是在约定的录用日期之前企业与员工的劳动关系还没有形成。那么在此情况下，Offer Letter 的效力受到合同法的调整，企业单方解除合同在法律上被称为违约，但是如果员工证明其因为企业的违约行为遭受损失，那么企业应该对该损失承担赔偿责任。

然而，在某些情况下，企业的违约行为将不仅涉及合同本身，而且还涉及解除劳动关系的问题。如果企业在发送 Offer Letter 后，员工即履行劳动义务，或者员工能够举证劳动关系的各项权利义务已经运行，那么双方实际上就已经形成了劳动关系，本节案例中即是如此。企业的撤销录用就直接成为解除劳动关系的法律行为，其行为应该直接受到《劳动合同法》的调整。依据《劳动合同法》的相关规定，用人单位解除劳动关系必须严格依据法定的标准，其随意的解除行为会因为员工的诉请而被仲裁委员会或法院撤销。当然，如果员工同意企业的单方解聘行为，那么企业必须按照法定的标准向员工承担违约责任。

实务指南

用人单位特别是外企在招用员工时，通常会使用到 Offer Letter，有时又难免需要取消 Offer Letter。既然 Offer Letter 通常被视为一种要约，那么公司签发的 Offer Letter 一旦被应聘者接受，也就意味着企业开始承担法律风险。

1. 认识 Offer Letter 的法律性质。Offer Letter 在法律英语中的含义是“要约”，根据合同法的规定，“要约”就是希望和他人订立合同的意思表示。这个意思表示应当内容具体确定，并且要约人一旦做出了承诺，就要受意思表示的约束。因此，Offer Letter 一旦发出，就对用人单位产生法律约束。与此同时，Offer Letter 的生效与否取决于应聘者。应聘者可以选择接受，或不接受 Offer Letter。如果应聘者选择接受了则生效，企业就应承担法律责任；否则，Offer Letter 不发生效力，企业自然没有责任可言。

2. 正确制作和签发 Offer Letter。通常情形下，Offer Letter 的格式和内容是用人单位单方决定的。用人单位可以根据自己的需要确定劳动者的岗位、薪酬、福利、培训、发展等方面内容。在具体制作和签发 Offer Letter 的时候，需要注意以下两点：

（1）Offer Letter 应明确应聘者承诺的期限。企业在制作 Offer Letter 时，需要将应聘者回应确认的期限列明。这样做有两个好处：一是有效做好应聘人员的管理，如果拟录用的人员不能按期确认，可以留出重新选人的时间；二是有效防范潜在的法律风险，只要拟录用者不能按期确认，公司取消此职位或另换新人并无法律风险。

（2）Offer Letter 应约定合意达成后的违约责任。由于各种可能的原因存在，Offer Letter 即便达成合意，双方中的一方也有可能违约。此种情形下，最好是事先约定违约责任，这样一是有利于以后的争议解决，二是有利于双方预估违约后的责任承担。当然，即便双方没有约定违约金，也不会影响一方按照实际损失额向相对方请求赔偿。

关联法规

第 7 条　用人单位自用工之日起即与劳动者建立劳动关系。……

——《劳动合同法》

三、劳动合同内容的设计与风险预防

企业与员工之间的权利义务关系主要是通过劳动合同来体现的，所以劳动合同在劳动关系管理中起着很重要的作用。由于劳动关系的特殊性，也使得劳动合同有着明显区别于一般民事合同的特点，比如劳动合同的必备条款要求、解除和终止劳动合同条件的限制、违法解除劳动合同法律责任的强化，等等。

（一）劳动合同的法定必备条款

《劳动合同法》规定用人单位与劳动者建立劳动关系，必须订立书面劳动合同。所以，劳动合同是要式合同，是由一些条款所构成的。按照是否受法律的强制性约束，劳动合同的条款可以分为法定条款和约定条款两部分。按照《劳动合同法》的规定，劳动合同期限条款、工作内容和工作地点条款、工作时间和休息休假条款、劳动报酬条款、社会保险条款，劳动保护、劳动条件和职业危害防护条款等为劳动合同法定必备条款。

案例 11：薪资约定为不低于最低工资标准的法律后果

江苏苏州某制造型公司为了控制用工成本，与新进公司的劳动者在劳动合同中约定，薪资按照不低于最低工资标准（注：该年度当地月最低工资标准为 960 元）发放。该公司此前招聘生产岗位的员工是在两年前，目前这批员工的工资待遇大都升至 1500 元。入职后第一次发放工资的时候，公司向新进公司的这批员工发放了 960 元的工资。但此时，新进公司的这批员工开始对公司劳动合同中的薪资约定提出异议，认为劳动合同中约定不明，应当按照同等岗位其他员工的工资待遇也即1500元执行。公司不同意这种说法，认为劳动合同中明确约定薪资不低于当地最低工资标准，公司按照当地最低工资标准960元支付劳动报酬没有问题。

专家分析

薪资约定是劳动合同重要的组成部分。很多企业出于各种考虑，往往将劳动合同中薪资约定予以模糊化，以控制薪资成本。但是这样的约定存在相当的法律风险，因为法律对于劳动合同约定不明的情形规定了相应的处理原则。依据《劳动合同法》规定，劳动合同对劳动报酬和劳动条件等标准约定不明确，引发争议的，用人单位与劳动者可以重新协商；协商不成的，适用集体合同规定；没有集体合同或者集体合同未规定劳动报酬的，实行同工同酬；没有集体合同或者集体合同未规定劳动条件等标准的，适用国家有关规定。本节案例中，该批新进员工主张按照同等岗位的其他老员工的薪资待遇执行，是有法律依据的。实际上，企业直接按照当地最低工资标准960元作约定，反而不会在理解上存在争议。

实务指南

用人单位应如何设计劳动合同条款，是很多企业比较关心的问题。因为劳动合同一旦订立并生效，如果想变更合同，就必须和劳动者协商一致。这无疑使用人单位的人力资源管理遇到极大的法律障碍。由此，用人单位应制订详细的劳动合同文本，对劳动合同履行中可能发生的各种情况进行细化约定，这样在日后发生该类似约定情形时，双方即可按合同约定执行，不再需要变更合同。

关联法规

第17条　劳动合同应当具备以下条款：

（一）用人单位的名称、住所和法定代表人或者主要负责人；

（二）劳动者的姓名、住址和居民身份证或者其他有效身份证件号码；

（三）劳动合同期限；

（四）工作内容和工作地点；

（五）工作时间和休息休假；

（六）劳动报酬；

（七）社会保险；

（八）劳动保护、劳动条件和职业危害防护；

（九）法律、法规规定应当纳入劳动合同的其他事项。

劳动合同除前款规定的必备条款外，用人单位与劳动者可以约定试用期、培训、保守秘密、补充保险和福利待遇等其他事项。

第 18 条　劳动合同对劳动报酬和劳动条件等标准约定不明确，引发争议的，用人单位与劳动者可以重新协商；协商不成的，适用集体合同规定；没有集体合同或者集体合同未规定劳动报酬的，实行同工同酬；没有集体合同或者集体合同未规定劳动条件等标准的，适用国家有关规定。

——《劳动合同法》

1. 劳动合同期限条款

由于固定期限劳动合同到期后也有支付经济补偿金的可能，所以企业一年一签的情况在《劳动合同法》实施后必定有所收敛。但是，选择怎样的合同期限要在依据企业生产经营实际情况以及对员工劳动力因素进行分析的基础上进行。比如，对大型企业而言，无论是人才储备还是发展需要，签订中长期或无固定期限劳动合同应该是首选；而对大多数中小型企业而言，3 年以下的劳动合同期限则是他们的首选。再比如，劳动者年龄越大、专业技能越高、身体状况越好的，企业选择与之签订中长期劳动合同的概率越大。

实例条款参考：

1. 甲、乙双方就合同期限选择以下______类劳动合同。

A. 有固定期限合同：本合同期限自______年____月____日起，至______年____月____日止，其中试用期为______个月，自______年____月____日起，至______年____月____日止。

B. 无固定期限合同：本合同期限自______年____月____日起履行，其中试用期为______个月，自______年______月______日起，至______年______月______日止。如终止条件出现，劳动合同即行终止。

C. 以完成一定工作任务为期限的合同：本合同自______年______月______日起履行，至工作完成时止，并以之为该工作任务完成并终止合同的标准。

表 5：劳动合同期限比较分析

种类	适用范围	签订条件	选择策略
1. 固定期限	无具体规定，适用范围广	双方协商一致	流动性强的行业、中小企业、新员工
2. 无固定期限	保密性强、技术复杂、需要保持人员稳定的岗位	协商一致； 或法定情形出现	大型企业、成长型企业、核心员工、老员工
3. 完成特定工作为期限	难以确定工作时间的生产经营项目	协商确定	如建筑业等特定行业、销售等特定工作任务

2. 工作内容和工作地点条款

（1）工作内容。工作内容条款是劳动合同的核心条款，它是用人单位使用劳动者的目的，也是劳动者为用人单位提供劳动以获取劳动报酬的原因。工作内容的约定一般需要满足两个原则：一是具体原则，约定的工作内容和岗位应当是具体的，不能是抽象的技术职或管理职这样的表述；二是明确原则，约定的工作内容和岗位应当是明确的，可以在岗位说明书中找到相应职务担当的具体内容。

（2）工作地点。工作地点条款是《劳动合同法》新增加的必备条款。在约定工作地点的时候，注意要因人而异，也应当遵循具体和明确原则，不能把普通岗位的工作地点设置为不确定的多个。当然，对于销售和市场人员、跨地域职能部门管理人员，可以在劳动合同中约定多个工作地点。

实例条款参考：

2. 工作内容和工作地点条款

2.1 甲方根据生产经营需要，安排乙方在________部门从事________工作。乙方应履行本岗位的工作职责，按时、按质、按量完成其本职工作。

2.2 乙方的工作地点在______。随着甲方经营范围的扩大，甲方在与乙方协商一致后，可委派乙方至其他城市工作。

2.3 甲方根据经营需要、乙方工作能力、工作表现及身体状况等因素，可依法合理变更本条中规定的乙方工作部门、工作内容及工作地点。

3. 工时和休息休假条款

（1）工作时间条款

工作时间主要是指工作时间和加班加点制度。对于加班加点制度的条件与计算规则等法律都有明确的规定。就工时制度而言，目前中国内地主要有标准工时制、不定时工时制、综合计算工时制三种。企业可以根据具体实际选择。

表6：标准工时制、不定时工时制和综合计算工时制比较分析

比较种类	标准工时制	不定时工时制	综合计算工时制
性质特征	按工作时间定工作量	直接确定工作量	按工作时间定工作量
适用范围	一般劳动者	特定的三类人员	特定的三类人员
主要内容	8小时/天，40小时/周	无固定时间要求	一个周期内平均8小时/天，40小时/周
生效程序	不需要劳动局批准	需要劳动局批准	需要劳动局批准
加班计算	按加班时间计算加班费	除法定节假日外，无加班费	按一个周期加班时间计算加班费

Tips 小贴士：中国内地工时制度

标准工时制度，也称为标准工作制度，是由立法确定一昼夜中工作时间长度，一周中工作日天数，并要求各用人单位和一般职工普遍实行的基本工时制度。标准工时制是标准和基础，是其他特殊工时制度的计算依据和参照标准。因此标准工时制具有至关重要的意义，也是各国劳动立法中的重要内容。

标准工时制中的标准并不是一成不变的，随着社会的发展，标准也在不断发展和提高。根据国务院《关于职工工作时间的规定》，我国目前实行的是每日工作 8 小时、每周工作 40 小时的标准工时制。任何单位和个人都不得擅自延长职工的工作时间。细心的读者会发现，这一制度与《劳动法》的规定并不相同。《劳动法》第 36 条规定："国家实行劳动者每日工作时间不超过八小时、平均每周工作时间不超过四十四小时的工时制度。"显然在这里每周工作时间的上限多了四个小时。如何看待这多出来的四小时呢？根据劳动部的有关规定，如果用人单位安排的工作时间每周超出 40 小时但不足 44 小时，不作为延长工作时间处理，但是劳动行政部门有权要求用人单位改正。因此，虽然在这四个小时内用人单位不须向员工支付加班工资，但这只能作为特殊或偶然的情况对待，用人单位不应将每周工作 44 小时作为计算加班工资的基础，如果这样做了，劳动部门有权要求用人单位改正并按每周工作 40 小时的标准执行。

特殊工时制是相对标准工时制而言的，国务院《关于职工工作时间的规定》第 5 条规定："因工作性质或者生产特点的限制，不能实行每日工作 8 小时、每周工作 40 小时标准工时制度的，按照国家有关规定，可以实行其他工作和休息办法。"这里的"其他工作和休息办法"指的就是特殊工时制。作为一项制度，特殊工时制包括许多种具体的工时制度，我国已实行的主要有：不定时工时制、综合计算工时制、缩短工时制、计件工时制。

不定时工时制也称为不定时工作制。它是指因工作性质和工作职责的限制，劳动者的工作时间不能受固定时数限制的工时制度。标准工时制、缩短工时制、综合计算工时制都是一种定时工作制，是依据工作时间来计算劳动量，不定时工作制是一种直接确定职工劳动量的工作制度。对于实行不定时工作制的职工，用人单位应按《劳动法》的规定，参照标准工时制核定工作量并采用弹性工作时间等适当方式，确保职工的休息休假权利和生产、工作任务的完成。按照劳动部《关于企业实行不定时工作制和综合计算工时工作制的审批办法》（劳部发〔1994〕503 号）第 4 条的规定，企业对符合下列条件之一的职工，可以实行不定时工作制：（一）企业中的高级管理人员、外勤人员、推销人员、部分值班人员和其他因工作无法按标准工作时间衡量的职工；（二）企业中的长途运输人员、出租汽车司机和铁路、港口、仓库的部分装卸人员以及因工作性质特殊，需机动作业的职工；（三）其他因生产特点、工作特殊需要或职责范围的关系，适合实行不定时工作制的职工。

综合计算工时制也称为综合计算工时工作制。它是以标准工作时间为基础，以一定的期限为周期，综合计算工作时间的工时制度。实行这种工时制度的用人单位，计算工作时间的周期可以是周、月、季、年，但其平均日工作时间和平均周工作时间应与法定标准工作时间基本相同。用人单位在保障职工身体健康并充分听取职工意见的基础上，采用集中工作、集中休息、轮休轮调等适当方式，确保职工的休息休假权利和生产、工作任务的完成。按照劳动部《关于企业实行不定时工作制和综合计算工时工作制的审批办法》（劳部发〔1994〕503 号）第 5 条的规定，企业对符合下列条件之一的职工，可实行综合计算工时工作制：（一）交通、铁路、邮电、水运、航空、渔业等行业中因工作性质特殊，需连续作业的职工；（二）地质及资源勘探、建筑、制盐、制糖、旅游等受季节和自然条件限制的行业的部分职工；（三）其他适合实行综合计算工时工作制的职工。

缩短工时制，也称为缩短工作制。它是规定劳动者每个工作日的工作时间少于标准工作日长度或每周工作天数少于标准工作天数的工作时间制度。适用这种制度的主要是从事特别艰苦、繁重、有毒有害、过度紧张的劳动者以及在哺乳期的女员工。如我国法律规定，有不满 1 周岁婴儿的女职工，每日可在工作时间内有 1 小时哺乳时间。

计件工时制也称为计件工作制，是以工人完成一定数量的合格产品或一定的作业量来确定劳动报酬的一种劳动形式。从某种意义上说，计件工作的劳动者实行的是一种特殊类型的不定时工作制。《劳动法》第 37 条要求：对实行计件工作的劳动者，用人单位应当根据标准工时的规定，合理确定劳动定额和计件报酬标准。

需注意的一点是：企业实行综合计算工时制或不定时工时制必须得到政府劳动行政部门的批准，并办理有关手续。同时，综合计算工时制或不定时工时制的审批通常具有时间限制，申请时效届满后，企业需要重新申请方能继续实行特殊工时制。

（2）休息休假条款

休息休假权也是劳动者的基本权利，有关法律法规也对休息休假制度作了明确的规定。而对于这些法律法规有明确规定的，企业只需在自己的规章制度中做出详细说明即可，对于劳动合同条款设计而言，则可以简要约定。

实例条款参考：

3. 工时和休息休假条款

3.1 甲方实行标准工时制，具体工作时间由甲方制定或变更。每天的劳动时间不包括午餐及休息时间。

3.2 甲方可根据部分岗位特征、业务状况，经劳动行政部门批准，实行不定时工作制或综合计算工时工作制。

在本合同期内，乙方所在岗位经劳动行政部门批准实行不定时工作制或综合计算工时工作制，则本合同约定的工作时间自动变更为不定时工作制或综合计算工时工作制。

3.3 甲方可以根据工作需要安排乙方加班，甲方将依法支付超时工作的劳动报酬，或给予调休。

加班须根据相关规定办理加班申请手续。

3.4 乙方所在工作岗位申请不定时工作制或综合计算工时工作制后，加班报酬按照相关法律执行。

3.5 乙方享有国家规定的法定节假日和婚假、丧假等假期。

4. 劳动报酬条款

劳动报酬条款是企业根据劳动者劳动岗位、技能及工作数量、质量，以货币形式支付给劳动者的工资以及其他货币性福利待遇。在劳动报酬中，工资是其中最为重要的部分，是缴纳社会保险的依据和基础。根据《关于工资总额组成的规定》第3条的规定，工资总额是指各单位在一定时期内直接支付给全单位全部职工的劳动报酬总额。

对于劳动报酬的工资部分，各地方工资相关立法均有当地最低工资的规定，并且会逐年提高其最低工资标准。劳动者在法定工作时间内提供了正常的劳动，其所在企业应支付最低劳动报酬。因此，劳动合同中约定的工资标准不得低于当地的最低工资标准。需要指出的是，支付最低工资的前提是在法定工作时间内提供了正常劳动，如果劳动者每月事假较多，导致无法提供劳动合同约定的正常劳动，则其实发工资在最低工资之内也并不违反相关法律法规的规定。

就劳动报酬条款而言，企业还可以与员工约定，由企业在工资之外为劳动者提供其他货币性福利待遇。需要指出的是，企业在进行劳动报酬条款设计时，应当注意明确劳动报酬的具体数额或计算方法及支付日期，以及该劳动报酬是税前还是税后部分。结合《劳动合同法》，企业特别需要注意的是及时足额发放工资。为预防法律风险，我们通常建议企业将发放工资的时间由期日改为期间，这样可以防止委托银行网络升级等临时性意外导致按期支付不能。

实例条款参考：

4. 劳动报酬条款

4.1 乙方正常出勤并在规定的工作时间内保质保量完成甲方安排的工作任务后，有权获得劳动报酬。

甲方实行岗位绩效工资制度，乙方工资收入 = 岗位工资 + 奖金 + 津贴。甲方根据乙方的工作岗位和实际技术业务水平，确定乙方的月岗位工资收入标准为______元；乙方奖金与其工作数量、工作质量、服务水平、出勤率等实绩挂钩；津贴按国家和公司的相关规定执行。其中，试用期月工资为人民币______元。

4.2 甲方发薪期为次/当月______日至______日。甲方有合理解释迟延支付劳动报酬的，不属于拖欠乙方工资。工资支付方式按照甲方规定执行。

4.3 本条第一款所列乙方收入为税前收入，乙方应依法缴纳个人所得税。

4.4 甲方有权根据自身经营状况、经济效益及乙方的业务能力、绩效情况、岗位、地点变化等对乙方的劳动报酬进行合理调整，包括提高或降低，乙方愿意服从甲方的决定。

4.5 奖金、津贴根据甲方内部规章制度执行。甲方有权根据需要制定、修改、完善或废止奖金、津贴制度。

5. 社会保险条款

在企业日常劳动人事管理中，遇到社会保险事项时经常会遇到“五金”“三金”的说法。我们所说的“五金”通常是指“养老保险、医疗保险、工伤保险、失业保险、生育保险”，“三金”通常是指“养老保险、医疗保险、失业保险”。“三金”是由企业和个人按照有关规定的比例共同承担，而另外“两金”即工伤保险和生育保险则完全是由企业承担的，个人不需要缴纳。事实上，更完整的说法是“五险一金”，也即“养老保险、医疗保险、工伤保险、失业保险、生育保险和住房公积金”。住房公积金与社会保险一样，也是企业的法定义务。依据有关规定，住房公积金按照相应的比例由企业和个人共同承担。

《劳动合同法》规定，用人单位应当依法为劳动者缴纳社会保险，否则劳动者有权解除劳动合同，并可以按照实际工龄要求用人单位支付经济补偿金。如果因为企业没有缴纳社会保险致使劳动者遭受损失的，企业还应当承担赔偿责任。企业在劳动合同约定和日常劳动人事管理中，需要明确依法缴纳社会保险是企业的法律义务和责任，务必敦促劳动者配合企业做好社会保险缴纳工作，防止法律风险的发生。

实例条款参考：

5. 社会保险条款

5.1 甲方应按照国家和××市有关规定，按比例为乙方缴纳社会保险和住房公积金，乙方也应当按比例缴纳其应承担的部分，并由甲方在工资内代为扣除。乙方保证其将及时向甲方递交办理社会保险和住房公积金的有效凭证，如因乙方迟延递交而造成的任何后果，乙方应承担相应责任。

5.2 乙方因病或非因工负伤期间待遇按法律、法规及相关规定执行。

5.3 乙方因工负伤及女职工孕期、产假和哺乳假等待遇按法律、法规及相关规定执行。

5.4 甲方将根据公司相关规定，结合乙方的工作岗位、工作地点向乙方支付或调整其他补贴及福利费用。具体标准由甲方制定。

6. 劳动保护、劳动条件和职业危害防护条款

劳动保护、劳动条件和职业危害防护是指在劳动合同中约定的用人单位为劳动者

所从事的劳动必须提供的生产、工作条件和劳动安全卫生保护措施，即用人单位保证劳动者完成劳动任务和劳动过程中安全健康保护的基本要求，包括劳动场所和设备、劳动安全卫生设施、劳动防护用品等。用人单位不仅必须为劳动者提供必需的劳动条件和劳动保护，而且必须提供符合国家规定的劳动安全卫生条件和劳动保护。另外，对于职业危害防护方面的规定，有关法律法规作了比较明确的表述。

劳动保护、劳动条件和职业危害防护条款覆盖面很广，并且大部分为国家强制性规定。从企业设计劳动合同条款的角度来看，就必要性而言，这些具体的规定并不必然要写入劳动合同中；就可能性而言，这些庞杂的规定也很难纳入一纸劳动合同中。我们建议企业在设计这些约定时可以简要叙述，并约定具体可参照国家有关法律法规。

实例条款参考：

6. 劳动保护、劳动条件和职业危害防护条款

6.1 甲方为乙方提供符合国家规定的劳动安全卫生标准的工作环境，确保乙方在人身安全及人体不受危害的环境条件下从事工作。

6.2 甲方根据乙方岗位实际情况，按照国家有关规定向乙方提供必要的劳动防护用品。

6.3 甲方将按照国家及当地政府的相关规定，积极采取职业病防护措施，确保乙方的人身安全及人体不受危害。

7. 法律、法规规定应当纳入劳动合同的其他条款

《劳动合同法》在规定劳动合同的必备条款时，特别写明了一条兜底的叙述，即“法律、法规规定应当纳入劳动合同的其他事项”。这是一种法律条文行文的技巧，与其他相关法律法规的规定相补充。通常情况下，在法律、法规有规定或法律、法规并不禁止的情形下，企业与劳动者可以就相关事项进行明确约定。

（二）劳动合同有效与无效判定

只要劳动合同的双方当事人意思表示一致，劳动合同即可成立。劳动合同具备法律上的形式要件和实质要件后，劳动合同即可生效。所谓形式要件，一是指劳动合同以书面形式订立，二是指具备法定的必备条款；所谓实质要件，一是指合同内容条款不存在违反法律、法规的情形，二是指合同订立不存在欺诈、胁迫或乘人之危违背相对方真实意思表示的情形。根据民法合同原理，合同中部分条款无效并不影响其他条款的有效，这一原则在《劳动合同法》中亦有体现。

案例 12：没有法定必备条款是否意味着劳动合同无效？

2016 年 4 月，上海某科技公司设立研发部，招聘了一位研发部经理。由于公司以前没有这个岗位，公司薪资制度没有关于研发部经理薪资的规定。人事经理在代表公司与该研发部经理订立劳动合同时，并没有特别约定薪资一项，只是口头上说

明根据工作绩效具体确定，但双方最后还是签署了这份为期3年的劳动合同。此后，其薪资按照研发部每月业务对公司的具体效益给付。6个月后，公司对该研发部经理的表现不满意，意欲解除该研发部经理的劳动合同，在征求研发部经理本人意见时，研发部经理表示不愿与公司协商解除合同，希望继续工作直至劳动合同期满。公司总经理向人事经理征询意见，人事经理突然想到双方劳动合同中没有约定薪资，而薪资属于劳动合同法定必备条款。没有法定条款的劳动合同无效，所以双方存在的是事实劳动关系。公司终止事实劳动关系只需要提前30天通知即可，无须找出其他的理由。

专家分析

《劳动合同法》规定了劳动合同应当具备的条款，尤其是工作岗位和薪资待遇条款不仅是必备条款，而且是极为重要的条款。但是，缺少必备条款的劳动合同是否就无效呢？法律没有明确规定缺乏必备条款就是无效劳动合同，所以公司人事经理的主张是没有法律依据的。劳动合同成立并有效的依据是劳动合同双方当事人意思表示一致，且没有违背法律、法规的规定，劳动合同若干条款的欠缺并不影响劳动合同的有效。本节案例中，劳动合同中对薪资事项没有约定，可以视为约定不明，并不影响劳动合同的效力。至于薪资事项约定不明的处理，通常是按照双方再行协商的办法执行；若协商不成，适用集体合同规定；没有集体合同或者集体合同未规定劳动报酬的，实行同工同酬。本节案例中，研发部经理薪资的公平处理应当按照前6个月的薪资水平来合理推定。至于人事经理所说的双方形成事实上的劳动关系，这种说法是没有法律依据的。

实务指南

实践中，企业在订立劳动合同时，应当注意法定必备条款的齐整充实。特别是薪资待遇、工作地点、工作岗位等条款尤其应当细致推敲后确定，不能认为约定得留有余地，以后发生争议时企业的斡旋空间更大。而实际上，法定必备条款没有约定，不仅不利于企业在以后争议发生时更为主动，而且会导致企业在劳动争议处理中承担更多的责任。

关联法规

第18条　劳动合同对劳动报酬和劳动条件等标准约定不明确，引发争议的，用人单位与劳动者可以重新协商；协商不成的，适用集体合同规定；没有集体合同或者集体合同未规定劳动报酬的，实行同工同酬；没有集体合同或者集体合同未规定劳动条件等标准的，适用国家有关规定。

第81条　用人单位提供的劳动合同文本未载明本法规定的劳动合同必备条款或者

用人单位未将劳动合同文本交付劳动者的，由劳动行政部门责令改正；给劳动者造成损害的，应当承担赔偿责任。

——《劳动合同法》

案例 13：劳动合同中约定自主调整工作地点无效？

郭女士是上海人，家人也都生活在上海，她本人一直在医药行业从事销售工作。后来郭女士跳槽到一家浙江制药公司上海分公司，并与制药公司签订了劳动合同。由于医药销售工作可能需要根据市场发展情形变动地点，公司在劳动合同中特别约定公司可以根据生产经营需要随时变动员工的工作地点。郭女士在订立合同时没有特别留意这一点。工作了半年以后，公司通知她需要到浙江总部所在地区从事销售工作，理由是浙江总部市场进一步扩大，需要各分公司销售人员支持，郭女士考虑到自己家在上海，当时也正是出于这一点考虑才到上海分公司任职的，但是公司不同意她的说法，并指出劳动合同中已有约定公司可以随时调整其工作地点。郭女士在咨询专业机构后，向公司提出，约定可以随时调整员工工作地点的条款无效，但公司并不认可这种说法。

案例 14：劳动合同中的禁止结婚约定无效？

24 岁的张小姐与北京某咨询管理公司签订了一份劳动合同，双方约定，考虑到咨询管理公司的工作性质，张小姐在 3 年合同期间不得结婚，否则以自动离职处理，并要支付违约金 5000 元。但张小姐的恋爱已经谈了 5 年，深得双方父母的认可。这段时间，两家人都将结婚提上日程，尤其是男朋友态度坚决："如果今年再不结婚，双方就此分手。"不堪压力的张小姐只得向公司表示了自己的想法，可公司根本不同意："当时是签订了合同的，如果非要结婚，就要按照劳动合同的约定，支付违约金 5000 元。"

专家分析

依据劳动法的通常法理，调岗调薪以及调整工作地点需要具有充分合理性。企业自主决定任意调整员工岗位、薪资和工作地点是得不到法律支持的。同时，婚姻自由作为宪法规定的公民基本权利之一，任何组织或个人都不得干涉，企业自然不享有上述权力。在企业劳动人事管理实践中，很多企业出于内部管理的需要，往往会在劳动合同中约定一些比如企业可以根据需要变动员工的职位、严禁办公室恋爱、不容许结婚和怀孕等不合法的条款。而这样的条款不仅不具有法律上的效力，反而会承担法律风险。依据《劳动合同法》的规定，劳动合同排除劳动者权利或违反法律、行政法规强制性规定的条款无效或部分无效。劳动合同无效，由劳动争议仲裁机构或者人民法院确认。

无效劳动合同不仅不被法律所承认，而且订立无效劳动合同的企业还应承担以下法律后果：其一，劳动合同自始无效。尽管劳动关系自实际用工之日起建立，但是劳动合同约定的条款没有法律上的效力。其二，企业应当支付劳动者相应的工资。劳动合同被确认为无效后，企业对劳动者付出的劳动，一般可以参照本企业同期、同工种、同岗位的工资标准支付劳动报酬。其三，企业应当赔偿劳动者损失，由于企业的原因订立的无效合同，给劳动者造成损害的，应当赔偿劳动者因合同无效所造成的经济损失。

实务指南

劳动合同的每个条款都要按照《劳动合同法》重新审核，否则一旦出现与法律相冲突的条款，用人单位将承担法律责任。除了删除所有直接与法律相冲突的条款，还应当注意劳动合同中是否存在免除用人单位责任，排除劳动者权利的条款。如“用人单位可以单方调整工资”“用人单位可以随时调整岗位”等在《劳动合同法》施行后会被认定为免除用人单位责任或排除劳动者权利的条款，而不具法律效力。

1. 在劳动合同中利用可备条款明确用人单位的管理权利。如在试用期条款中约定用人单位的试用期考核权利、在保密条款中约定用人单位的保密规定、在培训条款中约定劳动者培训后在企业的服务期限。

2. 在法定可备条款之外根据需要另行约定用人单位管理权利的可备条款。劳动纪律、违反劳动合同的责任这两项是《劳动法》规定的必备条款，《劳动合同法》虽然不再作为必备条款，也未作为法定可备条款，但也未禁止对此进行约定。因其规定的内容多为用人单位的权利、员工的义务，从用人单位角度考虑，这两项应保留在劳动合同中。

3. 在劳动合同中避免可备条款增加用人单位义务。例如关于福利待遇，用人单位有权自行确定和调整福利待遇种类，但如果在劳动合同中具体约定了某项福利待遇，那么合同履行期间用人单位就必须提供该项待遇，此时用人单位的一项自主权利就变成了必须履行的义务，增加了用人单位负担。

关联法规

第26条　下列劳动合同无效或者部分无效：

（一）以欺诈、胁迫的手段或者乘人之危，使对方在违背真实意思的情况下订立或者变更劳动合同的；

（二）用人单位免除自己的法定责任、排除劳动者权利的；

（三）违反法律、行政法规强制性规定的。

对劳动合同的无效或者部分无效有争议的，由劳动争议仲裁机构或者人民法院确认。

第 27 条　劳动合同部分无效，不影响其他部分效力的，其他部分仍然有效。

第 28 条　劳动合同被确认无效，劳动者已付出劳动的，用人单位应当向劳动者支付劳动报酬。劳动报酬的数额，参照本单位相同或者相近岗位劳动者的劳动报酬确定。

第 86 条　劳动合同依照本法第二十六条规定被确认无效，给对方造成损害的，有过错的一方应当承担赔偿责任。

——《劳动合同法》

四、试用期条款的约定与试用期考核

劳动合同的试用期，一般是指在劳动合同期限之内，劳动者和用人单位为了互相了解和考察的特定时间。试用期约定并非劳动合同的法定必备条款，属于劳动合同中双方自主约定的范畴。试用期在法律上一般具有三层含义：其一，试用期是双方约定的互相考察以决定是否建立正式劳动关系的期限。双方可以在法律允许的上限内任意约定试用期的长短以及是否延长或缩短，这在非常大的程度上是基于双方的自由合意。其二，在试用期间，双方解除劳动合同的要件并不一致。用人单位解除劳动合同必须证明员工不符合录用条件这一试用期特定解除条款（当然，试用期作为正常劳动关系的阶段形态，用人单位对于过失性解除和非过失性解除亦可适用），劳动者解除则并不需要任何理由。也就是说，试用期权利更多地把握在劳动者手中。其三，试用期解除需要履行相应的法律程序。用人单位在试用期解除劳动合同必须满足：（1）劳动合同、规章制度等文本中存在录用条件的表述；（2）有证据证明劳动者不符合录用条件，包括考核报告以及其他证据；（3）解除行为在试用期届满前做出；（4）解除通知书在试用期届满前送达劳动者。劳动者则必须提前 30 天通知用人单位方能解除。

（一）试用期约定的误区分析

基于对试用期约定这个所谓“解除劳动合同万能法宝”的错误认识，很多企业在实践中往往会滥用试用期约定，出现任意约定试用期、任意延长或缩短试用期、在试用期内任意解除劳动合同等错误做法，在《劳动合同法》背景下，这往往会遭受法律上的不利后果，增加企业的管理成本。其实，试用期约定是一把“双刃剑”，既在相当程度上约束着劳动者，同时也在很大程度上约束着用人单位。

案例 15：先签试用期合同再签劳动合同?

2018 年 4 月，广州某服装有限公司经过笔试和面试后，决定招用王女士。王女士提出签订三年期的劳动合同，公司人力资源经理却对陈女士说：“按照公司的规定，凡是新招用的职工要先签订三个月的试用合同，试用期间工资只有正常工资的一半，试用期过后且合格者才能签订正式的劳动合同。”王女士为了获得这份来之不易的工作，于是签订了这份试用合同。工作后不久，王女士发现，公司在试用期没有为其缴纳社会保险，于是向公司进行了反映。公司答复说，试用期间公司无须承担缴纳社会保险的责任。王女士不服，认为该公司的做法违反了《劳动合同法》的规定，于是到监察大队举报。监察大队根据调查的事实，依法责令该服装有限公司立即纠正签订试用合同的违法行为，并责令企业依法补发法定最低限度的比例工资。同时，要求公司为这些尚未缴纳社会保险的试用员工补缴社会保险。

专家分析

招聘新员工时，企业为了占据主动，往往不同试用期内的员工签订正式的劳动合同或只签订试用期合同，待试用期过后再与劳动者签订劳动合同。其实，这种做法是违反法律规定的。劳动者和用人单位建立劳动关系，就应当签订劳动合同。试用期是劳动者和用人单位劳动关系的一种表现形式，所以也应当签订劳动合同。试用期过后再与劳动者签订劳动合同，不仅是违法的，而且也可能将自己套牢。

现行法律规定，企业同员工未签订劳动合同但存在劳动关系的作为事实劳动关系仍受法律保护，而作为事实劳动关系，企业要终止必须提前 30 天通知员工并应依法补偿。法律还规定，只签订试用期合同的，试用期不成立，该试用期即为劳动合同期限。显然，试用期内不签劳动合同或只签试用期合同，企业本来是想防止被套牢，实际上恰好被套牢。因此，此种做法不可取，正确做法是同新进员工签订劳动合同，劳动合同中包含试用期的内容。

关于试用期的工资约定，应当不低于正常工资的 80%。此外，许多企业认为试用期内双方的劳动关系尚未最终确定，所以企业不需为试用期内的员工缴纳社保费，其实不然。试用期内双方的劳动关系虽未最终稳定，但确已形成，因此法律明确规定企业应为试用期内的员工缴纳社保费。

表 7：劳动合同期限与相应试用期期限对照表

劳动合同期限	试用期期限
以完成一定工作任务为期限	不得约定试用期
3 个月以下	不得约定试用期
3 个月以上 1 年以下	不得超过 1 个月
1 年以上 3 年以下	不得超过 2 个月
3 年以上	不得超过 6 个月
无固定期限	不得超过 6 个月

案例16：调整工作岗位能否再次约定试用期？

2019年3月，上海某大型制造公司生产部小何头脑聪明，做事灵活，技术业务也掌握得比较好，深得生产部经理的赏识。某日，公司负责生产的副总经理与生产部经理交谈时，向生产部经理表示了最近其专职秘书调到关联公司任职，需要新招用一名年轻人做其专职秘书。生产部经理出于公心，马上向副总经理推荐了小何，副总经理听取了生产部经理对小何的介绍后，随即同意从生产部一线调小何到副总经理办公室任专职秘书。几日后，公司人事部通知小何到人事部办理手续并变更劳动合同。小何看到合同变更协议书上写明，工作岗位从制造工程师变为副总经理秘书，薪资相应向上调整一级，但是重新约定试用期3个月。小何觉得此种安排不合理，认为自己刚进公司的时候，公司设置过一次试用期，此时变更工作岗位不应当再次设置。人事部经理答复说，调整新工作岗位均需重新约定试用期，公司历来惯例如此。并且，不同工作岗位有着不同的工作要求，设置试用期也是情理之中。

专家分析

试用期是公司用来考核员工是否符合工作要求的重要依据，尽管试用期条款并非劳动合同的必备条款，但大部分企业都会选择在劳动合同中与劳动者约定试用期条款。在试用期适用实务中，也伴随着出现一些新问题：比如，员工被调整工作岗位能否重新约定试用期，员工离职后又回到原公司工作能否再行约定试用期，等等。

通常认为，劳动者在同一岗位上只能约定一次试用期。至于劳动者在不同岗位上调动，能否重新约定试用期，没有特别明确的法律规定。《劳动合同法》明确规定，同一用人单位与同一劳动者只能约定一次试用期。这其中有两层意思：一是同一用人单位与同一劳动者可以约定一次试用期；二是同一用人单位与同一劳动者只能约定一次试用期。这种要求意味着在具体企业和具体员工个体之间，无论是劳动关系建立还是存续期间工作岗位调动，甚至是离开原企业后又重新回来工作的，企业也只能约定一次试用期。

实务指南

实践中，企业往往习惯在员工调任新岗位的时候和员工约定试用期，这从法律上讲，是一种错误的做法。企业在调整员工岗位需要重新考察的时候，需要注意以下问题：

一是试用期次数只能是一次。依据以前的法律规定和实务习惯，同一用人单位对同一劳动者的同一岗位只能约定一次试用期。但是对于同一劳动者如果岗位变化，单位还是可以与劳动者再行约定试用期的。而依据《劳动合同法》，则不可以。这包括此后企业与员工续订劳动合同时，工作岗位发生重大变化，也不能再约定试用期了。

二是进行相关处理方式变通。新法规定，同一用人单位与同一劳动者只能约定一次试用期，但没有规定企业不能依据岗位、绩效和薪资等人力资源管理指标对员工设置相应的转岗考核期。所以相应的变通做法是，对调整岗位或重新任职的员工进行岗位管理、绩效考核和薪资管理的制度考评，并依据这些制度给予相应的处理。当然，这种做法仍然要以合理合法为基础。

案例 17：企业可以随时延长或缩短试用期吗？

2015 年 7 月，北京某特大型国有企业每年响应国家号召大量招录应届毕业生，并且历来实行灵活有效的劳动人事管理制度。对于新毕业的大学生，首次签订劳动合同时，合同期限统一为 3 年，且试用期也统一为 3 个月。同时，企业根据试用期内这些新进员工的具体表现，决定是否维持、延长或缩短其具体的试用期。2 个月后，公司人事部面临了几例特别的试用期问题。一是研发部的小陈，公司认为小陈表现不太理想，决定延长其试用期 2 个月，也即总共 5 个月的试用期；二是市场部的小张，公司认为小张在 2 个月期间请了长达 1.5 个月的病假，公司无法完成对其正常考察，决定也延长其试用期 2 个月，使有效考察期恢复到 3 个月整；三是办公室的小刘，公司认为其表现优异，最近执笔的一份工作报告受到了集团公司董事长的亲自表扬，决定将其从原来的 3 个月试用期缩短为 2 个月，并即刻转正。但是，企业的这三项决定都遭到了三位当事员工的反对。小陈认为，其在公司的工作表现有目共睹，公司延长试用期是因为他心直口快的性格让某些部门领导不满意，故意为难他，且延长试用期应与其本人商量；小张认为，自己请病假也是迫不得已，并且病假期间他也按时完成了企业布置的相应工作，不能简单地以其患病而故意延长其试用期；小刘认为，企业与其约定试用期，一方面是企业考察他，但另一方面其也有考察企业的权利，目前其尚未最终决定是否继续到企业工作，所以企业不能单方面缩短其试用期。

专家分析

试用期条款是劳动合同的条款之一，合同条款的修改变更必须经合同主体协商一致。试用期是劳动关系双方进行互相考核、增进了解的特殊阶段，这种考核与了解的权利对于劳动者和用人单位是对等的，因此试用期一经约定，非经合同双方协商一致，不能由任何一方随意延长或缩短。

在本节案例中，小陈和小张的情况虽然不完全一样，但也都属于单位单方面延长试用期的情形。特别是小张，即使是因为其请病假没有按时上班，但只要劳动合同中没有试用期患病等相应情况的后延处理约定，员工也可以主张按期转正。在员工同意的情形下，企业才可以变更试用期期限。小刘的情况则有其特殊性，属于单位单方面缩短试用期的情形。企业通过此种方式要求员工在原定的试用期内承担试用期之后的正式合同期的义务，无疑侵害了员工在试用期内自由选择用人单位的权利。公司单方面宣布小刘提前转正享受正式职工的待遇，也应该与小刘协商重新修订合同。否则，小刘并不因单位决定提前转正而丧失试用期的“特权”，他仍享有随时解除合同且不承担违约责任的权利。

实务指南

关于试用期约定，《劳动合同法》首先明确了试用期应当包括在劳动合同期限以内，这与先前的法律规定相一致。《劳动合同法》做出的新规定，特别是对企业在试用期约定时做出了新的约束性规定，主要有以下几个方面。对于企业而言，尤其应当重视。

1. 关于单独订立试用期合同。很多企业存在一个误区，可以单独设置一个试用期合同，等试用期合同期满以后再签订正式的劳动合同。依据《劳动合同法》，单独约定的试用期合同，试用期合同不成立，该期限就是劳动合同的期限。此种情形下，法律视为用人单位放弃试用期。

2. 关于试用期上限与劳动合同期限的关系。《劳动合同法》将试用期上限与劳动合同期限重新进行了排列。而且进一步规定，以完成一定工作任务为期限的劳动合同或者劳动合同期限不满 3 个月的，不得约定试用期。

3. 关于试用期工资下限。《劳动合同法》对试用期工资待遇作了下限规定，主要是两点约束：一是试用期工资最低不得低于本单位同岗位最低档工资或者劳动合同约定工资的 80%；二是按照 80% 的比例计算出来的最低工资还不得低于用人单位所在地的最低工资标准。

4. 关于试用期的社会保险。试用期属于劳动合同履行期间，按照《社会保险法》的规定，企业应当为试用期员工办理社保缴纳手续。实务中，一些企业等试用期员工转正后方为其缴纳或补缴社会保险的做法是存在法律风险的。

5. 关于试用期违法约定的法律责任。先前的法律对违法约定试用期的情形，没有特别的法律责任规定。《劳动合同法》则具体作了规定，违法约定的试用期无效，已经履行的，由用人单位以劳动者月工资为标准，按违法约定的试用期的期限向劳动者支付赔偿金。

关联法规

第 19 条　劳动合同期限三个月以上不满一年的，试用期不得超过一个月；劳动合同期限一年以上不满三年的，试用期不得超过二个月；三年以上固定期限和无固定期限的劳动合同，试用期不得超过六个月。

同一用人单位与同一劳动者只能约定一次试用期。

以完成一定工作任务为期限的劳动合同或者劳动合同期限不满三个月的，不得约定试用期。

试用期包含在劳动合同期限内。劳动合同仅约定试用期的，试用期不成立，该期限为劳动合同期限。

第 20 条　劳动者在试用期的工资不得低于本单位相同岗位最低档工资或者劳动合同约定工资的百分之八十，并不得低于用人单位所在地的最低工资标准。

第 83 条　用人单位违反本法规定与劳动者约定试用期的，由劳动行政部门责令改正；违法约定的试用期已经履行的，由用人单位以劳动者试用期满月工资为标准，按已经履行的超过法定试用期的期间向劳动者支付赔偿金。

——《劳动合同法》

第 15 条　劳动者在试用期的工资不得低于本单位相同岗位最低档工资的 80% 或者不得低于劳动合同约定工资的 80%，并不得低于用人单位所在地的最低工资标准。

——《劳动合同法实施条例》

Tips 小贴士：实习期、见习期与学徒期

在企业日常劳动人事管理过程中，经常会遇到实习期、见习期、学徒期等看似相同而实质不同的概念名词，这些概念名词在产生原因和性质特点等方面上都有自己不同的含义，也在人事管理过程中发挥着不同的作用和功能。

1. 实习期。实习期一般分为两类情况：一类是实习人员根据法律法规的要求在单位通过实践进行一定专业训练的期限。实习期一般以一年为限。这类实习人员一般与单位都建立劳动关系，实习目的在于从工作中增强从事这些专业工作的熟练度，以便将来能够较为独立地从事这样的职业。如律师、医师、专利代理人等。对于该类实习人员，用人单位应与其签订劳动合同，用人单位应按照实习人员实际工作情况向其支付劳动报酬，且劳动报酬不得低于当地最低工资标准。另一类是实习人员出于教学需要在单位进行社会实践的行为，如大学生的毕业实习的期限。这类实习人员一般与用人单位不建立劳动关系，实习的目的在于让学生接触社会，实践自己在书本上学到的理论知识。这类实习人员由于与用人单位没有劳动关系，当双方发生争议时，不能按劳动争议纠纷解决，只能按照民法上的合同关系来处理。因此，这类人员到单位实习时，最好与单位订立一份《实习协议》，在协议中明确约定实习期限、实习内容、实习报酬等。

2. 见习期。见习期制度是我国针对应届毕业生进行业务适应及考核的一种制度，适用于用人单位招收应届毕业生，包括高等学校本、专科毕业生及技校毕业生等，根据相关规定，用人单位招收上述毕业生后，原则上都要安排见习，期限为一年。对入学前已从事一年以上有关专业实际工作，经所在单位批准，可免去见习期。见习期满如果合格，则对该职工办理转正手续，为其评定专业职称，聘任相应职务，确定工作岗位。如果见习期满，达不到见习要求的，可延长见习期半年到一年，或者降低工资标准，表现特别不好的，可予以辞退。根据劳动部办公厅《对〈关于劳动用工管理有关问题的请示〉的复函》（劳办发〔1996〕5 号）的规定，大中专、技校毕业生新分配到用人单位工作的，仍应按原规定执行为期一年的见习期制度，见习期内可以约定不超过半年的试用期。

3. 学徒期。根据劳动部办公厅《对〈关于劳动用工管理有关问题的请示〉的复函》（劳办发〔1996〕5 号）相关规定，学徒期是针对某些工作岗位的新招工人，为了让其熟悉业务、提高工作技能的一种培训、学习期限。学徒期制度也是计划经济分配体制的一种产物，至今在一些技术岗位上仍然沿用。学徒期限一般根据工作岗位、技术等级要求来确定。虽说学徒期是新进员工学习、接受培训的期限，但该期限应包含在劳动合同期内，且在劳动合同中可以同时约定试用期和学徒期。在学徒期内，用人单位应当按照劳动合同的约定为学徒工安排工作岗位，并支付劳动报酬及缴纳社会保险金。

需要指出的是，以上实习期、见习期和学徒期等概念均不是劳动法上的特有名词，《劳动合同法》也没有对其进行专门调整。企业在掌握以上期间的时候，要注意对实习期内的当事人区分具体情况，辨明是否属于劳动法调整的范畴。见习期和学徒期如果与试用期重合，按照相应试用期的规定办理，如果不与试用期重合或与试用期无关，则并不另外受《劳动合同法》的特别调整，按照正常劳动关系的期间处理。

（二）试用期考核与解除要件

试用期作为劳动合同双方当事人考察试用并据以决定是否继续保持劳动关系的重要阶段，双方当事人特别是用人单位往往需要在此期间通过各种方式考察相对方。如果在试用期间，双方当事人发现相对方不符合录用条件或主观预期，均可以按照法定的程序来解除劳动合同。当然，由于当前劳动力市场供大于求的特定状况，更多的时候是用人单位以劳动者不符合录用条件来解除劳动合同。

案例 18：试用期考核不合格可以随时解除合同?

赵先生是一名工程设计人员，2016 年 3 月 20 日应聘进入一家外资企业（以下称 A 公司）从事工程设计工作，岗位是设计工程师，赵先生与 A 公司签订的劳动合同期限是 3 年，约定试用期是 2 个月。赵先生上班的第一天，A 公司人力资源部的人事专员对其进行了入职培训，包括员工手册的讲解，同时，将设计工程师岗位的具体职责以及考核标准告知了赵先生，并经其签收确认。根据 A 公司的规定，在试用期届满前的一周内对赵先生进行了考核，按照考核标准，赵先生没有合格。因此，2016 年 5 月 19 日，A 公司发出解除合同的通知，解除理由是赵先生在试用期内考核不合格。赵先生认为自己在 2 个月的试用期内，工作认真负责，做好了分内之事，不存在不符合录用条件的情况，A公司的做法有问题，损害了自己的利益，在与A公司协商不成的情况下，向A公司所在区的劳动争议仲裁委员会申请了劳动仲裁，要求恢复与A公司的劳动关系。

专家分析

企业在与员工约定试用期条款后，对于试用期的员工往往要进行试用期考核，以决定是否继续录用。但是企业往往会存在一个误区，即试用期内只要对员工进行了考核而员工考核结果不合格，企业则当然有权利将其解雇。而实际上，依据《劳动合同法》的规定，用人单位试用期解除劳动合同有三种情形：一是不符合录用条件，二是过失性解除，三是非过失性解除。其中，第一种情形和第二种情形可以随时解除，并不需要支付经济补偿金；第三种情形需要提前30天通知，并需要支付经济补偿金。通常企业使用第一种情形，以不符合录用条件解除。在本节案例中，公司没有特别说明公司的录用条件，解除劳动合同时也没有将考核不合格与录用条件相关联，所以公司解除劳动合同是没有明确法律依据的。就本节案例而言，如果公司在员工手册或劳动合同中特别约定试用期考核不合格属于不符合录用条件的情形，则公司获得胜诉的机会将大为增加。

实务指南

企业在试用期解除劳动合同时，一定要有关于录用条件的前置性约定或说明。这种约定或说明，或者在劳动合同中，或者在入职须知、员工手册中体现。而一旦企业规章制度明确规定了员工的录用条件，而且在试用期的考核过程中，能够举出大量充分的证据证明赵先生在试用期内不符合岗位录用条件，那么企业就能在劳动人事管理中占据主动。

1. 什么可以作为录用条件。录用条件的确定往往因人而异，总体上讲，可以将以下三类因素确定为录用条件：一是能力因素，如学历、经历、资质、绩效，还包括试用期考核成绩等；二是态度因素，如遵章守纪状况等；三是身体因素，有无特殊疾病等；四是法律因素，有无原单位的解除劳动合同证明、劳动手册等。值得注意的是，未婚未育等侵权性条件或乙肝病毒携带者等歧视性条件，不能作为录用条件的内容。至于患有精神病是否可以作为录用条件中的要求，答案是肯定的。依据劳动部办公厅《对〈关于患精神病的合同制工人解除劳动合同问题的请示〉的复函》（劳办发〔1995〕1号）的相关规定，“企业招用合同制工人在试用期发现患有精神病不符合录用条件的，可以解除劳动合同”。

2. 录用条件的具体内容。有下列情形之一的，可以在合同中约定为试用期内不符合录用条件：（1）伪造学历、证书与工作经历的；（2）个人简历、求职登记表所列内容与自然情况不符的；（3）经体检发现患有传染性、不可治愈以及严重疾病的；（4）器官残缺或肢体残缺，以及填写虚假体检信息的；（5）不能按时按量完成工作任务的或者经试用期考核成绩不合格的；（6）拒绝接受领导交办的临时任务的；（7）非因工负伤无法在工作时间内提供劳动的；（8）有任何违反公司规章制度规定行为的；（9）其他不符合录用条件的情形。

3. 录用条件的披露方式。披露录用条件的方式有很多，但都需遵循书面形式，一般可以有以下几种：招聘广告、岗位说明或描述、入职登记表、劳动合同、规章制度、特别约定，等等。

关联法规

第21条　在试用期中，除劳动者有本法第三十九条和第四十条第一项、第二项规定的情形外，用人单位不得解除劳动合同。用人单位在试用期解除劳动合同的，应当向劳动者说明理由。

——《劳动合同法》

（三）试用期解除的法定程序

《劳动合同法》实施以后，“证据”和“程序”这两个法律名词在企业劳动人事管理中的分量将逐渐加重。试用期解除作为劳动合同解除的一种形式，在证据和程序要求上也非常严格。企业要在试用期解除劳动合同，需要有充分的证据证明员工不符合先前已经披露给员工的录用条件，同时还需要符合法律上规定的各种程序上的要求。

案例19：违反法定程序的试用期解除无效

上海某外资公司与员工钱某签订了三年期的劳动合同，劳动合同期限为2016年3月5日至2018年3月4日，其中试用期为3个月，从2016年3月5日到6月4日。在此员工试用期届满次日，也即2016年6月5日，公司对其在试用期内的表现进行了考核，得出的结论为不合格。公司照此结论通知此员工之后，员工钱某对其考核结果并没有提出异议，相关的事实也予以认可。在此种情况下，公司拟依据《劳动合同法》关于试用期内公司可以辞退员工的规定，对员工钱某进行辞退，此时，员工钱某提出异议，认为自己的试用期已经过了，公司已经没有权利再辞退他了。

专家分析

员工钱某的说法是有法律依据的。很多公司对员工有试用期考核的做法，这种考核的主要目的在于，通过考核确定此员工是否符合公司聘用的要求。但是在实践中，有一部分公司对员工的考核结果，往往会在员工的试用期满之后，才能够拿出来。其原因之一是，有的公司认为试用期考核应当是对员工整个试用期表现的考核，只有在试用期满了之后，才能得出实际的考核结论；原因之二是，这种考核，实际的考核者往往是此员工的直接领导，但是对员工的处理是由公司的人力资源部进行的，考核结果也许会在试用期满之内得出，但是这种结论到达人力资源部门，并且由人力资源部门出具最终的公司决定，往往也需要一定的时间，结果就导致了当公司得知考核不合格并且决定要辞退该员工时，往往试用期已经过了。一旦过了试用期，即使公司有充分的证据证明员工不符合公司的录用条件，也是不能再依据劳动法赋予公司在试用期辞退员工的权利来辞退员工了。

实务指南

企业在试用期通过考核不合格的方式解除劳动合同，一般需要满足四个法律要件：一是相关劳动合同等书面规则中存在录用条件约定或规定；二是有证据证明员工在试用期不符合录用条件；三是在员工试用期届满之前进行考核；四是解除劳动合同通知书要在试用期届满之前做出。企业要想回避解除遭遇法律不能的这种风险，其中一个很重要的修正就是由人力资源部门配合业务部门，对新员工试用期的考核时间重新做出界定，务必在试用期届满之前，得出员工的考核结果，并且留出合理的时间供公司来决定是否辞退该员工。也即，试用期考核务必在试用期内做出，并将相关解除通知书书面送达员工。

关联法规

第43条 用人单位单方解除劳动合同，应当事先将理由通知工会。用人单位违反法律、行政法规规定或者劳动合同约定的，工会有权要求用人单位纠正。用人单位应当研究工会的意见，并将处理结果书面通知工会。

——《劳动合同法》

五、事实劳动关系的防治与证据保全[①]

劳动合同既是确立劳动者和用人单位劳动关系，明确双方权利义务的协议，也是对劳动法律法规项下双方的权益进行合意化配置和保护的法定依据。然而在劳动人事实践中，很多企业往往不愿与员工订立书面劳动合同，甚至有的员工出于各种考虑自己本身也不愿意订立书面劳动合同。然而，在劳动法上，劳动者与用人单位建立劳动关系并不以订立书面劳动合同为前提，而是以开始事实上的用工为判定标准。用工可以是直接在企业从事实际劳动，也可以是到企业报到等间接准备活动。事实劳动关系，是指无劳动契约或无有效之劳动契约，而为劳务之给付，此种情形于劳动契约失效时最为常见。[②] 事实劳动关系状态的结束有多种形式，比如双方补签劳动合同，使得劳

---

① 目前有观点认为，《劳动合同法》实施以后，“事实劳动关系”将成为历史名词，原有概念将会被“没有书面劳动合同的劳动关系”而取代。但此处从实务的角度出发，依然还是延续此称呼。

② 参见黄越钦：《劳动法新论》，中国政法大学出版社2003年版，第87页。

动合同覆盖整个事实劳动期间，明确期间权利义务归属。[①]

（一）事实劳动关系的法律责任

事实劳动关系是指用人单位与劳动者没有订立书面合同，但双方实际履行了劳动权利义务而形成的劳动关系。其认定要件有三个：一是用人单位和劳动者双方主体适格；二是用人单位与劳动者之间存在管理和被管理的关系；三是劳动者提供报酬性业务劳动。实践中，事实劳动关系分为两种类型：一种是自始即无合同类，即劳动者与用人单位建立劳动关系时即未签订书面劳动合同而形成的事实劳动关系；另一种是合同到期未续签类，即劳动者与用人单位本来有劳动合同，但该期劳动合同到期后未及时续签也未明确终止而形成的事实劳动关系。前种类型的数量往往多于后者，并且在遭遇劳动争议时企业更为被动，企业应当多加注意。后种类型的情形在实践中也有不少，多数是由企业过失所导致的，企业也应加以防范。

案例 20：事实劳动关系与劳务关系的判定

李先生与北京某科技有限公司维持了三年的劳动关系，但是一直没有签订劳动合同。在此期间，李先生的月薪是9000 元，但是每月都扣发 20% 作为风险抵押金。2012 年 9 月，李先生跳槽，并去北京市海淀区劳动争议仲裁委员会提起仲裁，要求单位支付未签订书面劳动合同的双倍工资以及要求公司与之签订无固定期限劳动合同，并同时要求公司返还风险抵押金。公司在提交答辩状期间对劳动仲裁的管辖权提出异议，认为李先生与公司之间的关系是劳务关系，双方所产生的纠纷是民事纠纷，应向人民法院起诉，所以请求驳回李先生的仲裁申请，转由法院判决处理。北京市海淀区劳动争议仲裁委员会经审查后，认为尽管原告没有提交劳动合同，但提供了工资单等其他相关证据证明劳动关系的存在，所以认定原告与被告之间的关系是一种劳动关系，据此驳回了被告的管辖异议。

专家分析

事实劳动关系本来是一种劳动关系，但是由于它没有书面合同，所以劳动关系中的很多权利义务无法确定，这固然对单位有很多好处，可同时对单位也有很多弊端。在具体的劳动争议实践中，依据基本的举证规则，劳动关系是否存在需要由劳动者来承担，不过相关法律法规规定则在某种程度上减轻了劳动者的举证责任。只要劳动者

---

① 在这一点上，之前不同地方劳动合同立法各有不同。上海市和江苏省的劳动合同条例分别规定，双方中任何一方提出终止劳动关系，劳动者随时可以通知终止事实劳动关系，用人单位可以提前30 天通知终止。《劳动合同法》实施后，事实劳动关系被认为是没有书面劳动合同的劳动关系，用人单位应当支付双倍工资给劳动者，1 年后仍不签订书面劳动合同的，视为双方已经建立无固定期限劳动关系。

提供了工资单、工作服、工作证等能间接证明存在劳动关系的证据，劳动仲裁委就对劳动关系存在的主张予以支持。

实务指南

在劳动争议仲裁和诉讼实务中，认定劳动关系和劳务关系会采取更加有利于保护劳动者的基本原则，所以企业在处理劳动关系和劳务关系事项时应特别注意：

1. 按照主体识别用工关系。按照现有的法律政策规定，尚未毕业的大学在校生、处于实习期的中等专业学校（中专、技校、职校）“三校生”、退休返聘职工等都不属于劳动关系的适格主体，相关权利义务的调整按照民事劳务关系处理。企业与这些人员建立用工关系或聘用关系时，应明确此种用工关系或聘用关系的普通民事属性。

2. 通过约定明确用工关系。由于《劳动合同法》并不排除双重劳动关系的建立，所以对于兼职人员的用工关系的认定仍有一定的分歧。另外，对于个人承包或个体经营的装修、加工等个体劳务人员，在认定其与企业之间建立的权利义务关系属于民事雇佣还是劳动关系时也有一定的分歧。对于此类人员，建议通过聘用合同或劳务合同的约定对用工属性进行明确，以减少不必要的法律风险。

关联法规

第 10 条 建立劳动关系，应当订立书面劳动合同。

已建立劳动关系，未同时订立书面劳动合同的，应当自用工之日起一个月内订立书面劳动合同。

用人单位与劳动者在用工前订立劳动合同的，劳动关系自用工之日起建立。

第 82 条 用人单位自用工之日起超过一个月不满一年未与劳动者订立书面劳动合同的，应当向劳动者每月支付二倍的工资。

用人单位违反本法规定不与劳动者订立无固定期限劳动合同的，自应当订立无固定期限劳动合同之日起向劳动者每月支付二倍的工资。

——《劳动合同法》

一、用人单位招用劳动者未订立书面劳动合同，但同时具备下列情形的，劳动关系成立。

（一）用人单位和劳动者符合法律、法规规定的主体资格；

（二）用人单位依法制定的各项劳动规章制度适用于劳动者，劳动者受用人单位的劳动管理，从事用人单位安排的有报酬的劳动；

（三）劳动者提供的劳动是用人单位业务的组成部分。

二、用人单位未与劳动者签订劳动合同，认定双方存在劳动关系时可参照下列凭证：

（一）工资支付凭证或记录（职工工资发放花名册）、缴纳各项社会保险费的记录；

（二）用人单位向劳动者发放的“工作证”、“服务证”等能够证明身份的证件；

（三）劳动者填写的用人单位招工招聘"登记表"、"报名表"等招用记录；

（四）考勤记录；

（五）其他劳动者的证言等。

其中，（一）、（三）、（四）项的有关凭证由用人单位负举证责任。

三、用人单位招用劳动者符合第一条规定的情形的，用人单位应当与劳动者补签劳动合同，劳动合同期限由双方协商确定。协商不一致的，任何一方均可提出终止劳动关系，但对符合签订无固定期限劳动合同条件的劳动者，如果劳动者提出订立无固定期限劳动合同，用人单位应当订立。

用人单位提出终止劳动关系的，应当按照劳动者在本单位工作年限每满一年支付一个月工资的经济补偿金。

——劳动部《关于确立劳动关系有关事项的通知》

第7条　用人单位与其招用的已经依法享受养老保险待遇或领取退休金的人员发生用工争议，向人民法院提起诉讼的，人民法院应当按劳务关系处理。

第8条　企业停薪留职人员、未达到法定退休年龄的内退人员、下岗待岗人员以及企业经营性停产放长假人员，因与新的用人单位发生用工争议，依法向人民法院提起诉讼的，人民法院应当按劳动关系处理。

——最高人民法院《关于审理劳动争议案件适用法律若干问题的解释（三）》

案例21：上海某汽车公司清洁工要求补偿案

2008年3月，上海某外资大型汽车公司决定辞退一批没有签订书面劳动合同的员工。赵阿姨是其中的一名临时工，从2002年1月开始就一直在公司从事保洁工作。此次公司人事部通知赵阿姨其工资结算至2008年3月底，并从4月起不需要再到公司上班了，双方解除此种非正式的劳动关系。公司还告知，如果赵阿姨希望继续在公司工作，则需要通过公司指定的劳务派遣公司订立劳动合同，并以派遣工的形式进入公司。赵阿姨认为不能就这样简单地了结劳动关系，让6年多来的工作贡献化为虚有。经咨询相关法律人士后，赵阿姨向汽车公司提出了四项主张：一是要求公司终止事实劳动关系支付代通知金1个月的工资；二是要求公司支付6年多来的经济补偿金共计6个半月的工资；三是要求公司为其补缴6年多来的全部社会保险；四是要求公司支付2008年2月、3月两个月间因没有订立书面劳动合同而导致的双倍工资，即再支付2个月工资。

专家分析

依据《劳动合同法》等相关法律法规规定，赵阿姨的以上几项请求都有法律依据。第一项请求，用人单位终止事实劳动关系需要提前30天通知，不提前30天通知的则需要另行支付1个月工资的代通知金；第二项请求，用人单位终止事实劳动关系，需要支付相应工龄的经济补偿金；[①] 至于第三项请求，本身就是企业的法定义务，自无问题；关于第四项请求，则是依据《劳动合同法》的规定，建立劳动关系但未订立书面劳动合同的，应当承担支付劳动者双倍工资的惩罚。

实务指南

在《劳动合同法》出台以前，很多企业选择不与劳动者签订书面劳动合同可能有各种原因：逃避缴纳社保、逃避工伤责任、逃避经济补偿金责任等。这种做法严重侵犯了劳动者的合法权益，所以《劳动合同法》重典治乱，对用人单位不订立书面劳动合同规定了严格的法律责任。从另一方面讲，用人单位和劳动者之间的事实劳动关系究竟从何时开始建立，即事实劳动关系的起始点如何确定，也非常重要。比如，某员工被企业正式录用，手续已经办理完毕，但过了半个月该员工仍在等单位通知报到上班。在此状态下，如果确定办理录用手续为起始点，则双方已经形成事实劳动关系；而如果确定用工之日为起始点，则双方尚未形成事实劳动关系。依据《劳动合同法》第 7 条的规定，劳动关系的起始时间明确为用工之日。

关联法规

第 7 条　用人单位自用工之日起即与劳动者建立劳动关系。用人单位应当建立职工名册备查。

第 10 条　建立劳动关系，应当订立书面劳动合同。

已建立劳动关系，未同时订立书面劳动合同的，应当自用工之日起一个月内订立书面劳动合同。

用人单位与劳动者在用工前订立劳动合同的，劳动关系自用工之日起建立。

第 14 条第 3 款　用人单位自用工之日起满一年不与劳动者订立书面劳动合同的，视为用人单位与劳动者已订立无固定期限劳动合同。

第 82 条第 1 款　用人单位自用工之日起超过一个月不满一年未与劳动者订立书面劳动合同的，应当向劳动者每月支付二倍的工资。

——《劳动合同法》

---

① 依据法律规定，劳动合同期满后未签订书面劳动合同但又实际履行的，一般以原劳动合同条件确定双方的权利义务关系。但不能以原合同期限推定为新的劳动关系的期限。劳动合同期满后形成的劳动关系，其履行期限在法律上处于不明确状态，法理上将其定性为不定期合同。鉴于有关规定对此种情况结束劳动关系是否给予经济补偿金不明确，之前上海市和最高人民法院的司法解释是一样的，即任何一方都有权终止事实劳动关系而无须补偿；但劳动和社会保障部的规定却认为如果由用人单位提出解除事实劳动关系的，应给予劳动者经济补偿。《劳动合同法》则明确规定用人单位不订立书面劳动合同的法律后果是向劳动者支付双倍工资，1 年以后则视为双方已订立了无固定期限劳动合同。

（二）事实劳动关系的风险预防

既然《劳动合同法》对事实劳动关系的形式瑕疵采取了极为严苛的否定立场，并规定了一系列不利于用人单位的法律责任，那么作为企业而言，最正确和最合理的应对方法就是设法避免事实劳动关系的发生。以后在劳动人事管理实践中，企业往往会格外注意去订立、续订和管理劳动合同。在实务中，很多时候非因用人单位本身的原因，可能发生书面劳动合同没有签订或签订不能的情形，而此时如果依法承担相应的法律责任，那么对企业来说可能是非常不公平和不合理的。而此后作为配套细则的《劳动合同法实施条例》则对因劳动者原因导致不能签订劳动合同的，授予了用人单位终止劳动关系的权利。

案例 22：员工本人不愿意订立书面合同处理

2017 年 5 月，江苏苏州某机械制造公司招用一批外地员工。在入职后一周内，公司人事部安排这些新员工与公司签订 3 年期书面劳动合同。大部分员工按照公司要求签订了 3 年期的书面劳动合同，但仍有部分员工不愿意与公司签订 3 年期的书面劳动合同，他们的理由是，签订 3 年期劳动合同限制他们以后找工作，所以他们希望不签订书面劳动合同，以后想离职的时候可以随时离职。人事部经理告知这些员工，他们在签订了 3 年期的劳动合同后，依然可以提前 30 天行使单方解除权，对他们影响不大。但是如果不签书面劳动合同，公司要承担向劳动者支付双倍工资的惩罚。这些不签劳动合同的员工并不听取人事部经理的意见，坚持不签书面劳动合同。

专家分析

在《劳动合同法》背景下，不签订书面劳动合同对企业成本的影响较大。《劳动合同法》明确规定，用人单位自用工之日起超过一个月不满一年未与劳动者订立书面劳动合同的，应当向劳动者每月支付二倍的工资。而这里并没有特别说明是企业原因还是员工原因不能签订书面劳动合同，所以即使员工主动表示不签订书面劳动合同，企业也不一定因此而免除双倍工资赔偿的责任。根据《劳动合同法实施条例》第 5 条和第 6 条的规定，因员工自身原因导致不能订立书面劳动合同的，企业有权终止劳动关系，且对于实际用工超过 1 个月的员工须支付相应经济补偿金。如果此种情形下，企业并不采取终止劳动关系的措施，而继续使用该员工，则不能免除其支付双倍工资的责任。在劳动人事管理实践中，因员工原因不能签订书面劳动合同的情形不在少数，所以企业应当采取各种应对措施，务必防患于未然。

案例 23：劳务派遣协议引致的事实劳动关系

北京某电子系统公司与劳务派遣公司之间的劳务派遣协议即将到期，决定将其一名通过劳务派遣公司派遣来的员工李某退回劳务派遣公司，但李某主张自己与劳务派遣公司无任何关系，而与该电子系统公司存在事实劳动关系，并进一步要求电子系统公司支付五年工龄的经济补偿金及补缴欠缴的社会保险费。电子系统公司后经查实，由于自己的合作伙伴劳务派遣公司管理上的不规范和严重缺失，导致五年来李某与劳务派遣公司根本无任何劳动合同，未为李某缴纳任何社会保险费，也几乎没有对李某采取管理行为，当然也没有任何书面的证明双方建立劳动关系的证据。该电子系统公司以前也曾多次要求该员工提交其与劳动派遣公司的劳动合同，但李某均借故推托，却一直没有引起电子系统公司的重视。李某因此将电子系统公司告上仲裁庭。

专家分析

劳务派遣作为一种新的用工方式，有着充分的便利性和灵活性，被许多企业广泛采用。依据劳动法上的基本原理，劳务派遣建立的是一种三方关系，即派遣企业作为用人单位与劳动者建立劳动关系，然后由派遣企业将劳动者派遣至实际用工企业，实际用工企业与派遣劳动者之间建立的并非一般劳动关系，而是一种用工关系。实际用工企业采取劳务派遣的方式可以有效外包劳动人事管理服务，节省人力资源成本，甚至可以转移或规避员工管理上的法律风险。但是，这些受益都是建立在良好的劳务派遣业务秩序和优质派遣企业基础上的，如果作为实际用工企业受托方的劳务派遣企业存在管理上的缺失，很有可能导致派遣员工和实际用工单位之间建立事实劳动关系，使实际用工企业遭受巨大的用工法律风险，并且带来大量的员工补偿金等赔付损失。

实务指南

事实劳动关系之所以被《劳动合同法》严格限制，主要原因在于此前劳动合同书面化程度太低。其实，对《劳动合同法》下企业劳动人事管理而言，书面化和证据化将是企业劳动合同管理的大方向。劳动者入职后不签订劳动合同或者企业本身管理疏漏导致没有及时签订书面劳动合同，企业将面临各种各样的法律风险，并承担较重的法律责任。预防和控制事实劳动关系的主要策略有以下几个方面：

1. 调整招聘流程。企业应当调整当前“先录用后签合同”的做法，转变为“录用同时签合同”的方式。其实，劳动合同的内容在双方招录过程中已经基本确定，将这些约定书面化为劳动合同对双方并无实体上的影响，也无手续上的繁杂。

2. 确定录用条件。对于各种因客观原因无法在录用时签订劳动合同的员工，可以在劳动合同中明确约定，1 个月内不签订书面劳动合同的视为不符合录用条件，作为试用期考核的重要依据。如果确属员工本人原因不愿意签订书面劳动合同的，企业可以解除劳动关系。

3. 及时终止关系。对于经企业书面通知后，新录用员工仍不及时与企业订立书面劳动合同的，企业应当书面通知该员工终止劳动关系。若发现未签书面合同仍处于1个月宽限期时，及时通知终止劳动关系，此时无须支付经济补偿金；若发现未签书面合同已超过1个月时，则需支付相应的双倍工资并支付相应的经济补偿金。

4. 规范劳务派遣。首先，企业应当选择运转规范的劳务派遣企业；其次，要监督派遣企业的服务质量及履约情况，监督其与派遣员工签订书面合同；最后，注意留存和审查与派遣企业合作过程中产生的各种合同、约定和表单等内容。通过上述行为，防止名义上的派遣用工关系转变为实质上的事实劳动关系。

5. 合同到期预警。劳动合同管理是企业劳动人事管理中的重要一环，劳动合同到期终止或续签是劳动合同管理的重要组成。建议企业设立预警机制，也即固定时间或者员工到期前30—40天作为预警时间，由专人或办公系统自动提醒人事部处理。

6. 合同到期顺延。企业也可以与员工在劳动合同中约定，本期劳动合同到期时，如无另外特别协商，劳动合同自动顺延，顺延时间为本期劳动合同期限。这样处理的话，可以防止万一人事部门出现疏漏，也不至于出现没有合同约定的情形。

7. 及时补签合同。如果事实劳动关系一旦形成，此时最合理的补救方法就是及时补签合同。补签合同还应当注意以下两点：一是补签劳动合同的合同期限应从实际用工之日起算，这样与《劳动合同法》的规定一致；二是补签劳动合同的内容应与事实劳动关系期间的劳动待遇一致，保证员工愿意补签。

关联法规

第5条　自用工之日起一个月内，经用人单位书面通知后，劳动者不与用人单位订立书面劳动合同的，用人单位应当书面通知劳动者终止劳动关系，无需向劳动者支付经济补偿，但是应当依法向劳动者支付其实际工作时间的劳动报酬。

第6条　用人单位自用工之日起超过一个月不满一年未与劳动者订立书面劳动合同的，应当依照劳动合同法第八十二条的规定向劳动者每月支付两倍的工资，并与劳动者补订书面劳动合同；劳动者不与用人单位订立书面劳动合同的，用人单位应当书面通知劳动者终止劳动关系，并依照劳动合同法第四十七条的规定支付经济补偿。

前款规定的用人单位向劳动者每月支付两倍工资的起算时间为用工之日起满一个月的次日，截止时间为补订书面劳动合同的前一日。

第7条　用人单位自用工之日起满一年未与劳动者订立书面劳动合同的，自用工之日起满一个月的次日至满一年的前一日应当依照劳动合同法第八十二条的规定向劳动者每月支付两倍的工资，并视为自用工之日起满一年的当日已经与劳动者订立无固定期限劳动合同，应当立即与劳动者补订书面劳动合同。

——《劳动合同法实施条例》

第二章　员工的管理与规章制度的制定

本章导读

合法制定的规章制度不仅可以促进企业有效实施人力资源管理，同时在处理劳动争议时还可以帮助企业确证处理员工的合理性。在本章的阅读中，读者可以了解以下法律要点：

1. 规章制度与劳动合同存在效力位阶高低之分。规章制度尽管需要经由民主程序和公示环节，但毕竟是企业单方面制定的；而劳动合同则是企业与员工双方平等协商达成的合意，效力位阶更高。处理具体劳动争议时，应员工请求，劳动合同可以优先于规章制度适用。

2. 新法律环境下，企业管理员工更重要的手段是绩效考核制度。绩效考核不仅是管理学上企业实施有效运营的制度基础，而且也是法律学上企业非过失解除劳动合同的法律前提。对于绩效考核不能符合企业要求的员工，企业可以依据法定程序调整岗位或解除合同。

3. 为了因应绩效管理的要求，在企业人力资源管理中，员工薪资岗位的调整已经常态化。但是，类似薪资岗位等劳动合同事项的变动，却受到法律的严格管控。企业对员工薪资岗位进行调整，需要提供足够合理正当的理由，并依照法定的程序进行劳动合同的变更。

4. 员工享有国家规定或者企业另行补充的休息休假权。企业要求员工延长劳动时间不仅需要员工本人的同意，而且还应当接受国家劳动标准的最长时限的规制。国家规定的公休假、法定节假、法定年休假、婚丧假、产假、探亲假等，企业应依法保障员工享受。

5. 企业规章制度的制定和修改都需要经过法律规定的严格程序。民主环节和公示环节作为规章制度程序合法化的两个重要环节，决定了规章制度在法律上的有效性。企业在制定或修改规章制度的过程中，需要更多地设计员工参与环节，确保规章制度在执行中的有效性。

企业规章制度，是指用人单位为加强劳动人事管理，在本单位实施的保障劳动者依法享有劳动权利和履行劳动义务的行为准则。企业规章制度范围广泛，包括劳动人事方面，包括会计财务方面，也包括市场销售方面等。本书所称的规章制度，则主要是指劳动人事规章制度。从企业管理的角度而言，规章制度同时也是对企业不特定的员工进行约束的规范性文件，对企业具有非常重要的意义。规章制度，具体而言有三个方面的含义：其一是确保企业实现合法规范化运作，保障企业按照国家法律、法规和政策的规定合法运营；其二是促进企业人力资源管理效率提升，按照绩效管理和稳健经营的要求提高企业利润率；其三是预防和节制可能发生的劳动争议，通过规章制度的规范减少劳动争议案件发生的隐患。

一、规章制度与劳动合同的协调与补充

按照国际劳工组织（ILO）特别委员会对之所下定义，规章制度或曰就业规则、雇佣规则等，是指“供企业之全体从业人员或大部分从业人员适用，专对或主要对就业中从业人员的行动有关的各种规则”①。规章制度是针对企业大多数人制定的普遍适用性规则。从历史上看，近代集体协商制度尚未发达之时，用人单位规章制度在调整劳动关系方面发挥着重要作用。集体合同制度发达之后，对劳资关系的调整转由集体合同来替代，这个时候规章制度的地位和功能似乎略有下降，但是规章制度仍旧是用人单位管理员工的重要规范。规章制度与集体合同在内容上有所交叉，但总体上前者侧重于对劳动生产的组织以及劳动者的管理，而后者则主要侧重于规定本单位范围内的最低劳动标准。规章制度、集体合同、劳动合同一起构成了企业运作和劳动人事管理的主要依据。

（一）规章制度的结构组成和主要内容

规章制度是企业实行自主管理的重要规范，但我国目前尚无专门关于用人单位规章制度的法律。劳动部《关于对新开办用人单位实行劳动规章制度备案制度的通知》（劳部发〔1997〕338 号）（已废止）曾规定劳动规章制度的内容主要包括：劳动合同管理、工资支付管理、社会保险、福利待遇、工时休假、职工奖惩以及其他劳动管理。当然，企业也可以根据自身生产经营和劳动人事管理的特点，在法定内容之外指定其他一些相关的内容，如员工的招聘与培训制度、考核标准、晋升条件、工资分级等制度。

在《劳动合同法》的立法框架下，企业规章制度主要分为两大部分：一是属于劳动者切身利益相关范畴的部分，主要是指劳动报酬、工作时间、休息休假、劳动安全卫生、保险福利、职工培训、劳动纪律以及劳动定额管理等；二是不属于劳动者切身

---

① 黄越钦：《劳动法新论》，中国政法大学出版社 2003 年版，第 136 页。

利益相关范畴的部分，主要是日常管理、生产工艺、环境卫生方面的规章制度。对于前者，属于《劳动合同法》严格调整的范畴，企业应当特别留意；对于后者，属于一般劳动人事管理上的范畴，并不受《劳动合同法》的专门调整。

在涉及劳动者切身利益的各项规章制度中，绩效考核管理、薪资岗位管理和休假福利管理是最为重要的三个方面。就前两项制度而言，绩效考核是客观评估和处理劳动合同期间员工具体表现的重要依据，而在此基础上可以依据薪资岗位管理制度对员工薪资岗位进行合理公平的处理和调整。企业在劳动人事管理中具有的最大自主权或者说最希望行使的自主权莫过于对特定情形下的员工进行调岗调薪，而这种调整的合法性即体现在规章制度的合理制定和合法使用上。就休假福利制度而言，随着《职工带薪年休假条例》等一系列休假福利性法规政策的出台，国家重视对劳动者的侧重保护政策取向进一步加强，以后休假福利制度不仅是企业吸引人才的主要依凭，同时也是国家法定的一种社会责任。

案例24：企业有劳动合同就不需要规章制度？

江苏常州某民营企业人力资源部经理在听完当地劳动局的培训课程后，开始认识到企业制订规章制度的重要性。于是向公司总经理反映："在《劳动合同法》背景下，企业需要制订规章制度，通过内部规则规范企业的劳动人事管理和指导约束员工的行为。"总经理开始非常赞同，并安排人力资源部经理联合行政部及其各业务部门予以配合。此后几天，公司开中层干部会议，在讨论规章制度制订过程中，生产部的经理虽然不反对建章立制，但是他认为规章制度是多此一举。他的理由是：其一，公司近几年来没有规章制度，但是生产经营依然顺利；其二，本身每个员工都签有劳动合同，再行制订规章制度是否必要值得考虑；其三，制订规章制度一方面约束员工，另一方面也约束企业自身，企业目前处于初创期，很多地方不规范，规章制度如果弄得不好，企业的用工管理效率反而受到影响。总经理听后，让人力资源经理好好分析比较规章制度的必要性，整理成报告，等下月中层会议再议。

专家分析

"老板决定，员工执行"是企业特别是民营企业过去管理体制的常态。《劳动合同法》在规章制度制订上将其予以改变，老板必须先向员工"打报告"，企业的规章制度管理体系发生了彻底的变化。目前企业规章制度的内容主要有几种类型：其一，没有成文规定。此类企业主要依赖企业文化进行管理，注重管理的灵活性，对员工的行为按照一般的道德标准和日常管理进行评判，大量外商投资企业为此种类型。其二，有行为规范无处罚措施。此类企业只在规章制度中列明员工所应遵守的行为规范、应当履行的基本义务和应当具备的职业道德，要求员工遵守，但没有对员工违反这些制度后如何进行处理作出规定，中国内地许多企业在学习西方企业管理制度时也采取了此种做法。其三，有行为规范亦有处罚措施。此类企业不仅在规章制度中规定了员工可为和不可为的行为规范，而且还针对不可为的行为规定了详细处罚规则和实施办法。目前，中国内地企业能做到如此规整严密的还比较少。

实务指南

《劳动合同法》对企业规章制度构建产生了全面影响，企业应当予以谨慎应对。按照《劳动合同法》的要求，对规章制度的内容重新审视，制定规章制度时遵守法定的程序并根据企业实际进行设计，对违纪员工的处理按照法律的要求进行操作。具体而言，就过失性解除合同事项而言，企业可以从以下三方面入手拟订规章制度内容。

1. 对法律已有明确规定处理方式的行为不必列入规章制度。法律对劳动者的部分过失行为直接规定用人单位可以解除劳动合同，在法律已经有明确规定的情况下，企业的规章制度不必对此种行为再做详细规定。例如对劳动者的刑事犯罪行为，如其被追究刑事责任，用人单位可以直接解除劳动合同，不必按严重违纪处理。

2. 将国家原有明确规定但现由用人单位自行规定的内容列入规章制度。在《劳动合同法》实施后，由于严重违纪解除必须依据规章制度进行，因此劳动者虽然有违法行为，但如未被追究刑事责任，企业不能直接解除劳动合同。所以，企业有必要将部分法律规定的违法行为引入规章制度，使之成为规章制度的一部分。

3. 对法律有提示的规定在规章制度中细化。企业需要在劳动合同解除争议中承担举证责任，所以企业应当谨慎处理，《劳动合同法》体现了书面化管理的立法思路，书面化管理也应成为企业适应新法的基本方式。《劳动合同法》关于过失性解除情形的规定，是对企业规章制度制订的一种提示，企业可以根据法律的提示设计自己的规章制度。

关联法规

第 4 条第 1 款、第 2 款　用人单位应当依法建立和完善劳动规章制度，保障劳动者享有劳动权利、履行劳动义务。

用人单位在制定、修改或者决定有关劳动报酬、工作时间、休息休假、劳动安全卫生、保险福利、职工培训、劳动纪律以及劳动定额管理等直接涉及劳动者切身利益的规章制度或者重大事项时，应当经职工代表大会或者全体职工讨论，提出方案和意见，与工会或者职工代表平等协商确定。

——《劳动合同法》

（二）规章制度与劳动合同的相互关系

企业规章制度订立的法律依据主要是与企业组织法相关的法律、法规，是企业依企业自主权形成的。劳动合同（含集体合同）订立的依据也主要是劳动法及相关法律、法规，是劳动者与企业经协商一致而形成的。企业规章制度只要不与国家法律、法规相悖，一旦双方签订劳动合同，并经一定程序告知了劳动者，双方都应当遵守。

与此同时，规章制度与劳动合同既有差异，又互相联系。就两者之间的区别而言，主要存在以下几个方面：一是法律性质不同，前者是企业自主单方制定的普遍适用性规则，后者则是双方协商约定的具体适用性协议；二是成立依据不同，前者成立依据《公司法》等相关企业立法，而后者成立依据《劳动合同法》等劳动立法；三是生效程序不同，前者生效要经过民主程序和公示程序，后者只要双方意思表示一致即可；四是功能作用不同，前者作用在于约束企业经营管理的规则性，而后者作用则在于约束劳动合同订立的双方；五是法律效力不同，依据相关司法解释，当规章制度的规定与劳动合同的约定不一致时，后者效力优于前者。就两者之间的联系而言，规章制度与劳动合同相辅相成，共同确定双方的权利义务关系。

表 8：规章制度与劳动合同的主要区别

	规章制度	劳动合同
法律性质	单方法律行为	双方法律行为
成立依据	公司法等企业立法	劳动合同法等劳动立法
生效程序	民主程序和公示程序	双方平等协商
功能作用	规范企业秩序，确保自主经营	确定劳动关系，明确权利义务
法律效力	相对较低	相对较高

案例 25：劳动合同与规章制度不一致时如何处理？

王小姐于 2017 年 12 月 29 日进入某外资公司工作，合同期 2 年。双方签订的劳动合同中约定，每年年底，公司将对其进行业绩考评，并根据考评的结果发放当年的年终奖。2018 年 12 月，该公司人事经理召集部分职工代表，经过充分协商、讨论，制订了新的年终奖制度，并通过公司的公告栏进行了公示。新制度规定，从 2019 年 1 月 1 日起，公司将根据员工的工作时间实行年底双薪制度，即只要当年工作时间满 12 个月，且至当年 12 月 31 日仍在职的员工，就可以获得年底双薪作为奖励。旧的年终考评奖励制度将不再执行。2019 年 11 月 28 日，公司通知王小姐，双方的劳动合同将于 12 月 28 日终止，公司将不再与其续签劳动合同。王小姐应允，但要求公司按劳动合同约定支付她当年的年终考评奖金，公司只同意按照王小姐的实际工作时间，支付王小姐 12 月的工资，按照新的年终双薪制度，拒绝支付王小姐任何年终奖金。

王小姐认为，虽然新的规章制度实行年底双薪制度，但是自己和单位的劳动合同签订在前，而规章制度更改在后，因此单位仍应该按照双方劳动合同的约定履行义务。况且，自己也为公司干满了一年。公司方认为，虽然公司和王小姐在劳动合同中约定了年终考评奖金，但是公司已采用了新的年终双薪制度来代替旧的年终考评奖金制度，并将新制度纳入了规章制度中，公司还公示了《关于实行新的年终奖制度的通知》。王小姐早已知道，但从来没有提过任何反对意见，应该视为对新制度的默认。而根据新的规定，只有当年工作时间满 12 个月，并且至当年 12 月 31 日仍在职的员工，才可以获得年底双薪作为奖励。由于王小姐不符合当年 12 月 31 日仍在职的条件，因此不同意支付王小姐任何年终奖金。双方因此产生争议，王小姐提起了劳动争议仲裁。

专家分析

此节案例主要涉及劳动合同与规章制度的效力判定问题。本案中双方的劳动合同和公司的规章制度都有关于年终奖的相关内容，双方争议的焦点即在于年终奖的发放到底应该以哪个为准。劳动合同的订立和变更是双方行为，它是双方当事人意思一致而产生的合意，劳动合同变更也需要双方协商一致。规章制度是用人单位单方制订并用于规范其生产经营秩序的一种内部规则，属于用人单位依法享有的经营管理自主权的范畴，是单方行为。在劳动法学领域内，不管是从法律权利的本源上看，还是从倾斜保护弱势劳动者群体的理念来说，双方行为都具有比单方行为更高的效力。如果说上述只是法理分析的话，那么于 2006 年 10 月 1 日起正式实施的最高人民法院《关于审理劳动争议案件适用法律若干问题的解释（二）》则明确规定：用人单位制定的内部规章制度与集体合同或者劳动合同约定的内容不一致，劳动者请求优先适用劳动合同约定的，人民法院应予支持。这事实上是赋予了劳动者优先选择权。

实务指南

从企业的角度来把握最高人民法院《关于审理劳动争议案件适用法律若干问题的解释（二）》的理解，主要应注意两点：一是发生争议时规章制度与劳动合同两者内容有冲突时，法院采用的判案标准依据“劳动者请求”。换句话说，劳动者想选择劳动合同时，劳动合同的效力就高于规章制度。如果劳动者选择使用规章制度时，规章制度的效力就高于劳动合同。二是如果劳动者无请求适用标准时，人民法院可依据其他法律法规，或者依据法理来选择适用。

当然，企业也可以主动采取一些应对措施，来预防和控制规章制度与劳动合同不一致的处理问题。以下几种方式便常常被企业采用：

1. 直接约定规章制度作为劳动合同的附件。比如，劳动合同最后一条可以表述为：“本公司员工手册作为劳动合同的一部分，与劳动合同同等有效。”此时，企业内部规章制度即同劳动合同具有同等效力。

2. 在劳动合同中约定指引性条款。企业可以在劳动合同中约定，“工资增长幅度以及奖金发放等，以企业员工手册的相应规定为准”。这样，劳动合同的此部分内容全部参见作为附件的员工手册的规定，这样也可以避免两者之间发生冲突。

3. 依据规章制度及时变更劳动合同。规章制度在企业实际管理过程中往往会经常修改，此时可能会出现之前签订的劳动合同与修改后的规章制度不一致。此时，企业需要及时变更劳动合同中的条款，这样也可以避免两者之间的冲突。

关联法规

第16条 用人单位制定的内部规章制度与集体合同或者劳动合同约定的内容不一致，劳动者请求优先适用合同约定的，人民法院应予支持。

——最高人民法院《关于审理劳动争议案件适用法律若干问题的解释（二）》

（三）规章制度在劳动争议处理中的适用

规章制度是规范相关劳动关系的建立、运行的规则，既保障劳动者享有用人单位的各项劳动权利，制约和规范劳动者在工作场所的行为，涉及劳动者的具体利益，也是支撑劳动合同制度运行的重要依托。劳动关系的特点决定了劳动者在用人单位工作期间，有权利享有保障，也有义务遵守工作规则。正由于规章制度约束劳动者本身，所以涉及劳动者切身利益的劳动争议往往会经常发生。规章制度在劳动争议中起什么作用？什么样的规章制度可以被劳动仲裁委员会或人民法院承认？企业如何用好规章制度的制定权？这些都是企业极为关注的问题。

案例26：规章制度在劳动争议案件中的作用

吴某于2014年3月被聘为某商业银行支行行长助理，双方在劳动合同中约定：支行根据经营需要，有权调动吴某工作岗位，吴某有权反映本人意见但必须服从调动。2015年年底，吴某以购买私房为由向该行小金库借款1万元，一直未还。第二年，该行上级机关撤销其行长助理职务，并书面通知其到下属营业部工作，吴某表示异议。在银行两次找其谈话后其均未到岗位工作。此后，吴某还协助已被免职的原支行行长隐瞒单位账外账，并从中支取现金购买超市礼券等。2016年12月，吴某因涉嫌职务侵占罪被逮捕。2017年6月，检察院做出不起诉决定后，吴某被释放。2017年12月19日银行根据该行的《员工奖惩办法》等规定做出给予吴某违纪解除劳动合同的处理决定。吴某遂申请仲裁，但未获支持，后诉至法院，法院判决也未支持其请求。

专家分析

用人单位制定的规章制度能否作为人民法院审理案件的依据？对这个问题，要看具体情况，不能一概而论。根据最高人民法院相关司法解释规定，用人单位根据《劳动法》第4条之规定，通过民主程序制定的规章制度，不违反国家法律、行政法规及政策规定，并已向劳动者公示的，可以作为人民法院审理劳动争议案件的依据。据此，企业的规章制度在解决劳动纠纷时必须具备合法的条件和制定程序才能适用。在本节案例中，根据被告银行《员工奖惩办法》等有效规章制度的规定，违反本行及金融行业有关规定而造成严重差错事故的，或者虽非严重差错事故，但在规定时间内该上报而隐瞒不报的，应给予违纪解除劳动合同处理。这一项规定并不违反我国劳动法律、行政法规的有关规定，因此应当是有效的，在本案中可以直接适用，银行据此对其做出解除劳动合同的决定是有依据的。

案例27：违法的规章制度无效及其处理

刘某是上海某大型国有公司职工，2007年2月，其与公司签订了5年期劳动合同。2007年3月，刘某与朋友外出办事，向公司请假7天，18天后回公司上班。公司办公室认为，刘某超过假期11天，属无故旷工，根据本公司规章制度，无故旷工满10天应予除名，对旷工职工处以标准工资15%的罚款，报公司总经理同意后，正式做出除名及罚款决定。刘某不服，向劳动争议仲裁委员会申诉，劳动争议仲裁委员会审理后做出裁决：1. 撤销该公司做出的除名决定；2. 维持对该职工进行罚款的决定；3. 刘某被除名后到仲裁裁决生效期间，公司应补发刘某的工资并承担由此造成的损害赔偿责任。此外，还建议当地劳动保障局，对该公司制定的规章进行监督检查。劳动保障局监察部门随即对该公司进行检查，给予警告并责令立即纠正关于职工旷工满10日即予除名的规定。

专家分析

根据《劳动合同法》第4条第1款的规定，“用人单位应当依法建立和完善劳动规章制度，保障劳动者享有劳动权利、履行劳动义务”。所以，用人单位有权依据自身情况制定规章制度，规范日常工作秩序和职工奖惩。《劳动合同法》第80条则规定，“用人单位直接涉及劳动者切身利益的规章制度违反法律、法规规定的，由劳动行政部门责令改正，给予警告；给劳动者造成损害的，应当承担赔偿责任”。可见，制定规章制度是用人单位的权利，但用人单位制定规章制度，不得违反法律规定，否则不仅无效，还要承担相应的责任。另外，《劳动合同法》第38条还规定，用人单位的规章制度违反法律、法规的规定，损害劳动者权益的，劳动者可以随时通知用人单位解除劳动合同。

本案涉及职工奖惩问题，《企业职工奖惩条例》（国发〔1982〕59号）（已废止）（以下简称《条例》）第16条规定：“对职工罚款的金额由企业决定，一般不要超过本人月标准工资的20%。”第18条规定：“职工无正当理由经常旷工，经批评教育无效，连续旷工时间超过15天，或者一年以内累计旷工时间超过30天，企业有权予以除名。”本节案例中刘某旷工 11 天，并不属于《条例》中可以除名的情况。公司规章制度中旷工 10 天可以除名的规定是违反《条例》规定的，所以刘某主张撤销除名决定以及要求劳动局责令改正有关规章制度是有法律依据的。

需要特别指出的是，本节案例中关于连续旷工 15 天才可以除名是特别适用于公有制企业的，也即《条例》中所称的全民所有制企业和城镇集体所有制企业。《条例》制定的时间是 1982 年，距离 2007 年已经有 20 余年，尽管此种严格的劳动者保护已经不太适应现代企业经营管理的实际情况，但是对于公有制企业依然是有效的。不过，2008 年 1 月，国务院已经废止了此《条例》。[①] 以后，公有制企业的奖惩条例可以参照已经废止的《条例》处理，也可以根据企业具体情况自主制订。而对于外资企业和民营企业而言，只要规章制度有明确规定，一般而言，连续旷工 3 天，企业即可行使解除权。

实务指南

企业在实际操作过程中，经常会使用规章制度，但往往对用规章制度预防劳动争议的重要性不足，认为规章制度只是引导企业管理员工的手段，而没有进一步发现规章制度合法性及合理性是企业劳动争议处理的关键因素。企业在制定规章制度过程中，应特别注意以下几点：

1. 规章制度的规定要符合法律规定。规章制度作为企业管理员工的重要规则文件，自然涉及员工的劳动权利义务，所以也必然受到劳动立法的调整。企业在制定规章制度的时候，务必注意相关规定不得与法律法规相抵触，否则不仅不能据此处理员工，员工反而能基于此而解除劳动合同。比如，企业不能规定女职工在职期间不能结婚和怀孕，不能规定员工请产假扣除工资，不能规定上班时间不能上洗手间等，这些违反法律、法规规定的制度不具有适用上的效力。

2. 规章制度的规定要具有公平合理性。《劳动合同法》规定，员工严重违反企业规章制度的，企业可以解除劳动合同。但是对于严重违反规章制度的理解，有两重判断，一是员工行为严重违反规章制度；二是规章制度本身应具有合理性。此种合理性应该从每个企业的具体实际、岗位特征、职务因素和员工表现等一系列具体情况来做具体分析。比如对于一般企业而言，规章制度规定抽烟一次属于严重违纪太严苛，有失公平，但对于化工企业这样的规定则不能说没有合理性。对于偶尔迟到或擅自离岗不应视为严重违纪，但是长期消极怠工，或者屡教不改，则属于严重违纪。

---

① 根据 2008 年 1 月 15 日国务院《关于废止部分行政法规的决定》（国务院令第 516 号）的规定，《企业职工奖惩条例》（1982 年 4 月 10 日国务院公布）已被 1994 年 7 月 5 日中华人民共和国主席令第 28 号公布的《中华人民共和国劳动法》、2007 年 6 月 29 日中华人民共和国主席令第 65 号公布的《中华人民共和国劳动合同法》代替，也即 2008 年 1 月 15 日后，《企业职工奖惩条例》不再适用。

3. 规章制度的规定应符合法定的程序。与劳动合同生效要件不同的是，规章制度之所以能够适用于劳动者，是因为规章制度通过某种形式公示或直接告知了劳动者本人。同时，《劳动合同法》规定，涉及员工切身利益的规章制度还应当经过民主程序，所以规章制度在法定程序上需要经历民主程序和公示程序两个步骤。两个步骤中缺少任何一个，规章制度的效力就可能会受到程序法上的制约。

关联法规

第19条　用人单位根据《劳动法》第四条之规定，通过民主程序制定的规章制度，不违反国家法律、行政法规及政策规定，并已向劳动者公示的，可以作为人民法院审理劳动争议案件的依据。

——最高人民法院《关于审理劳动争议案件适用法律若干问题的解释》

第80条　用人单位直接涉及劳动者切身利益的规章制度违反法律、法规规定的，由劳动行政部门责令改正，给予警告；给劳动者造成损害的，应当承担赔偿责任。

——《劳动合同法》

二、新法下的规章制度之绩效考核规则

企业作为市场经济条件下的营利性主体，必须保持敏锐的市场目光、良好的管理水平和灵活的应变能力以适应日益激烈的市场竞争。而在企业人力资源管理领域，就体现为对员工绩效的严格考核，对专业人员的优胜劣汰，对岗位设计的灵活使用。绩效管理与考核对于企业提高工作效率、提升员工素质、促进员工职业发展、完善企业管理体系有着不可替代的影响和作用。而企业的这些管理上的需求以及相应的绩效考核规则却又与《劳动合同法》追求稳定的书面化及长期化劳动合同管理法律理念有着必然的冲突。企业人力资源管理必须以法律为基础，而绩效管理对企业又事关核心竞争力，两者必须互相平衡。在法律必须遵守的前提下，企业有必要探寻在法律条文背景下人力资源管理运作的可能空间，在《劳动合同法》的基础上对原有的绩效考核以及相应的岗位薪资等制度做出相应的调整。

（一）试用期的考核制度

一般而言，绩效考核规则可以分为两个阶段，试用期阶段和正式合同阶段。在新员工入职时，企业可以与新员工约定试用期，考核员工是否符合用人单位的用人标准，在试用期之后的正式合同期里，用人单位则可以对劳动者能否胜任工作、是否履行职责进行相应的考核。在试用期内，企业除了严格遵守法律规定的期限规定以及待遇规定以外，还应该熟练掌握试用期解除的法定依据和操作技巧。就试用期考核制度而言，企业在试用期解除劳动合同最常使用的理由是“试用期考核不合格”，而“试用期考核不合格”这个理由并不必然直接是企业得以在试用期解除劳动合同的法定理由。

案例28：试用期考核不合格辞退败诉案

陈小姐应聘某电子科技公司的行政文员之职，经过笔试面试后，进入公司报到上班。入职当日，公司与陈小姐签订了2年的劳动合同，并约定了2个月的试用期，试用期考核合格后予以转正，但劳动合同中并未特别约定录用条件。陈小姐非常珍惜这份工作，除了不迟到不早退外，还每天都提前30分钟上班，把当日全部工作做完后才下班，甚至有时直到深夜。1个多月后，公司人事部突然通知陈小姐其试用期考核成绩不合格，并向其发出解除劳动合同通知书。陈小姐不服，向公司人事部讨要说法，人事部向其出具了试用期考核表，在考核表中有考勤考核、技术操作、主管评分等若干项目，其考核等级总评为D（不合格），但对每个项目的具体评分则没有写明。于是，陈小姐向当地劳动争议仲裁部门申请仲裁，经过审理，仲裁裁决该公司解除劳动合同违法并予以撤销。

专家分析

对试用期内解除劳动合同，《劳动合同法》对劳动者和用人单位区别对待。劳动者解除限制较少，《劳动合同法》第37条规定劳动者在试用期内解除劳动合同只需要提前三日通知用人单位即可，无须解除理由；用人单位则需要在劳动者不符合录用条件下予以解除。录用条件是用人单位确定所要聘用劳动者的最终条件，也是法律上许可的解除条件。用人单位在劳动者不符合录用条件时，可以解除劳动合同，不需要提前通知，也不需要支付经济补偿金，不过此时用人单位需要有证据证明劳动者不符合录用条件。同时，《劳动合同法》第21条要求用人单位在解除劳动合同时要向劳动者说明解除理由。本节案例中，该电子科技公司的问题在于两点：一是试用期考核结果存在合理性问题，二是并未明确将试用期考核合格设置为录用条件。对于前者，考核制度如果不遵循公正合理原则，这样的考核结果往往是不能被法律所接受的。对于后者，尽管劳动合同中提到试用期考核合格后予以转正，但并未明确此即为录用条件。①

《劳动合同法》第21条规定，在试用期中，劳动者如果出现严重违纪、严重失职、利益冲突、欺诈、被追究刑事责任等过失性解除情形和经过培训调岗不能胜任工作、医疗期满不能从事安排工作等两种非过失性解除情形，用人单位可以解除劳动合同。也就是说，企业在试用期解除劳动合同时，可以通过不符合录用条件、过失性解除情形、非过失性解除情形三种方式进行。当然，对企业而言，最常使用的主要是前两种

---

① 对于劳动合同中约定“试用期考核合格后予以转正”此条款的认识，习惯上认为是属于劳动合同中约定录用条件的一种。但严格意义上讲，劳动合同中最好明确约定录用条件一项，比如可以约定，“以下情形为不符合录用条件：……（3）试用期考核不合格的……”

方式，第三种方式的出现概率和使用适宜性不高。①

实务指南

企业在考核制度方面往往会区分考核评估的特点，将考核制度分为试用期和正式合同期两个阶段。在设计试用期考核时，企业应当注意把握以下几个要点：

1. 试用期业绩任务制订与业绩考核。作为考核制度的第一步，企业应该明确该员工试用期内的工作任务和目标，并将其作为试用期结束时的考核依据，经由双方认可后签订试用期协议。试用期协议可以明确约定具体的考核标准与依据，以及确定是否正式录用的条件。而在试用期间，如果员工在试用期结束以前经过考核没能达到企业要求，企业人事部门应及时在试用期结束前书面通知该员工依据此考核结果解除劳动合同。在试用期内，法律认可劳资双方双向选择的状态，因此包括企业在内的任何一方都可以有条件地提出解除试用关系。

2. 试用期解除的法定依据和程序。在试用期考核结束后，如果员工考核结果为不合格，不符合约定的录用条件，那么企业是否可以随意解除劳动合同呢？其实不然。企业在试用期行使法定解除权，亦须遵守法定的举证和依程序进行的法律规定，企业尤其要做好依据和程序两方面的事项。其一，法定的依据。公司必须有明确的录用条件，也即达到什么标准方予转正，反之要有劳动合同终止的规定或约定。其二，经过法定的程序。企业最好有试用期不合格通知书，告知对方，且此通知书及解除劳动合同通知书最迟在试用期最后一天送达，在此之前还需通知工会。

关联法规

第 39 条　劳动者有下列情形之一的，用人单位可以解除劳动合同：

（一）在试用期间被证明不符合录用条件的；

（二）严重违反用人单位的规章制度的；

（三）严重失职，营私舞弊，给用人单位造成重大损害的；

（四）劳动者同时与其他用人单位建立劳动关系，对完成本单位的工作任务造成严重影响，或者经用人单位提出，拒不改正的；

---

① 在过失性解除中，企业遇到的主要是《劳动合同法》第 40 条规定的第 1 项和第 2 项情形。在第一种情形下，即医疗期满不能从事原工作也不能从事用人单位另行安排的工作，试用期本身时间就很短，医疗期甚至会长过试用期。如果劳动合同中约定病假（医疗期）期间试用期中止，医疗期满后不能从事原工作及另行安排的工作，此时可以按照不符合录用条件解除合同。在第二种情形下，即不能胜任工作且经过培训或调岗后仍然不能胜任工作的，企业需要承担证明员工不能胜任工作且经过培训后仍然不能胜任工作等多项证据义务，且此时甚至还需支付经济补偿金。

（五）因本法第二十六条第一款第一项规定的情形致使劳动合同无效的；

（六）被依法追究刑事责任的。

——《劳动合同法》

（二）正式合同期间的考核制度

《劳动合同法》规定，劳动者不能胜任工作的，用人单位可以予以培训或者调整工作岗位，劳动者仍然不能胜任工作的，用人单位可以单方解除劳动合同。用人单位的绩效管理体系也应当以此项规定为依据进行设计。按照《劳动合同法》的规定，以不能胜任工作为由解除劳动合同需要满足三个条件：（1）劳动者被证明不能胜任工作；（2）经过培训或者调整工作岗位；（3）仍然不能胜任工作，这涉及绩效管理体系中的业绩目标制订、业绩考核、业绩改进等多个环节。通过对这些环节科学合理的设置，可以合法有效地对员工进行基于管理目的的考核。

1. 不能胜任工作与业绩目标制订

业绩目标是用人单位对劳动者工作绩效的具体要求，由用人单位根据单位的具体需求以及劳动者的实际情况来制订。人力资源管理对如何制定业绩目标有着多样化的要求，例如部分企业要求业绩目标符合 SMART 原则，即具体的（Specific）、可测量的（Measurable）、可接受的（Accepted）、现实的（Realistic）、有时间限制的（Time-line），符合 SMART 原则的业绩计划有助于企业对员工的绩效进行目标管理。《劳动合同法》中对业绩计划的制订并无具体的规定，但《劳动合同法》以及劳动争议处理机制关于非过失性解除的特别规定对业绩计划的制订会产生间接的影响。比如，企业在依据绩效管理制度辞退员工时，应当证明“员工不能胜任工作”“经过培训或调整岗位”“仍然不能胜任工作”，负有三重举证义务；企业在对有失职行为的员工解除劳动合同时需要证明该员工的行为构成严重失职并且损失重大；等等。①

案例 29：对不能胜任工作员工的认定与管理

2017 年 4 月某日夜晚，上海某老牌金店发生一起盗窃案件，张某所在柜台的数十万铂金首饰被犯罪分子洗劫一空。次日，公安机关对盗窃现场进行了勘查，发现张某所在柜台损失最为严重，其中一个原因是张某玻璃柜台的电子锁没有关好。几天后，金店决定对张某做出处理决定，理由是张某不具备销售员的业务能力和基本安保能力，不能胜任销售员工作，记大过 1 次，处以 5000 元罚款，并将其调整岗位

---

① 最高人民法院《关于审理劳动争议案件适用法律若干问题的解释》第 13 条规定，“因用人单位作出的开除、除名、辞退、解除劳动合同、减少劳动报酬、计算劳动者工作年限等决定而发生的劳动争议，用人单位负举证责任”。《劳动争议调解仲裁法》第 6 条规定，“发生劳动争议，当事人对自己提出的主张，有责任提供证据。与争议事项有关的证据属于用人单位掌握管理的，用人单位应当提供；用人单位不提供的，应当承担不利后果”。

至后勤部门。张某不服，认为自己作为一位售货员，工作职责仅在于销售金器货物，并无保管货物之法定义务。即使是因疏忽丢失货物，也应追究保安而不是自己的责任。金店认为，售货员不仅有销售金器货物的义务，同时也应当做好日常的货物保养和安全防范。双方发生劳动争议，张某将金店告上了仲裁庭。

专家分析

不能胜任工作和失职都是员工不能满足业务上和职责上要求的情形，是员工客观上和主观上不符合工作岗位要求的状况。但不能胜任工作和失职有着不同的法律含义，不能胜任的性质是一种客观情况，故法律要求给予改善机会即培训或调整岗位，不能改善者才可以解除劳动合同。而失职是一种主观过失，表现为劳动者未履行工作职责，严重者可以解除劳动合同。处理员工应该识别员工主观上的过失，如果并非员工主观原因，此时一般为过失；如果员工客观上因为能力、知识和技能等方面不能充分满足工作的需要，即使主观上没有过失，也可以认定为不能胜任工作。本节案例中，张某的问题主要在于失职，而非金店所称的不能胜任工作。当然，不能胜任工作和失职的认定都需与业绩目标相联系，不能胜任工作判定的前提是存在工作要求和指标，失职判定的前提是存在任职岗位的工作职责。所以，包括岗位职责在内的工作业绩目标对于企业而言非常重要。

实务指南

企业在制订业绩目标时应当与法律规定相结合，通过具体的岗位设置、职业素养、主客观要求等多方面的要素设计，将具体细致的岗位要求和企业劳动人事实际相结合，更好地管理和指导员工从事岗位本职工作。企业在制订业绩目标时，应当注意以下要点：

1. 业绩目标计划由企业根据经营计划、岗位职责和员工能力确定。企业应当制订全面的岗位职责说明，用人单位制订的业绩目标计划应当建立在岗位职责的基础上，将短期目标、中期目标与长期目标相结合，全面概括并细化对员工各方面的要求。

2. 业绩目标制订应当与员工进行充分的沟通，并要求员工予以确认。企业制订的业绩目标计划应当明确地告知劳动者。劳动争议处理中，企业在许多情形下均需承担举证责任。所以，企业在制订业绩计划过程中，应当将有关书面文件交由员工签署，确认其知晓。

3. 业绩目标应当明确而细致，具有可操作性。企业制订业绩目标时应当使员工易于理解，单位易于考核，可列明具体的任务和数量、质量要求。业绩目标计划作为用人单位制定的文件应当清楚明确，避免模糊歧义，否则在业绩评估时很难有效操作。

4. 明确告知员工无法完成目标的法律后果。因企业的奖惩特别是惩戒制度而引起的劳动争议案件是劳动争议的高发地带。为降低法律风险，企业制订业绩目标规划时应当告诉员工不能完成计划会承担何种责任，这样可以事先预防并指导员工的行为。

2. 不能胜任工作的认定与业绩考核

业绩考核评估是企业的内部管理行为，贯穿于人力资源管理的全过程，但单方的考核评估结果有时候难以获得双方的认可，所以存在发生劳动争议的风险。无论是阶段性考核还是临时性评估，企业的业绩评估内部结果都应当与通用的法律标准相联系。企业可以与劳动者约定业绩考核评估结果不合格为“不能胜任工作”的情形之一，而企业业绩考核评估的过程也就是证明劳动者能否胜任工作的一个过程。在司法实践中，对于业绩考核评估的证明要求有量化、细化、外化的特点。工作任务完成情况的量化分析较易成为判定是否不能胜任的依据，无法量化的主观评估则难以被司法部门采纳；对具体工作任务是否完成的评估较易得到司法部门的认可，对员工工作情况的笼统评价较难为司法部门接受；客户意见可以作为判定是否不能胜任的依据；而上级对下级的评估则很难为司法部门采纳。

案例 30：定性化考核能认定员工不胜任工作吗？

2018 年年初，某企业根据绩效考评制度考评所有员工的上年度工作。操作工张某的考评表上表述其不足之处为“工作责任心不强，缺乏团队精神，不能有效配合班组开展工作”。考评表由班组长、车间主任签字确认。公司考评委员会根据考评表认为其不能胜任工作，予以调整工作岗位。人事部门负责绩效面谈，在面谈中向其出示了考评表并告知其将被调整工作岗位，限两日内到新部门报到，重新上岗后一个月内将再次考核，如仍不能胜任工作，将依法解除劳动合同。面谈内容在面谈表中均做了书面记录，张某阅后签字。

张某到新岗位上岗一个月后，公司考核认为：“人际沟通能力不足，工作主动性、责任心较差，影响班组整体工作成绩”，做出不能胜任工作的考核结果。公司与张某解除了劳动合同，遂引发劳动争议。张某诉诸劳动争议仲裁委员会，认为企业做出的不胜任工作的考核结果不合理，不能据此解除劳动合同，要求恢复工作。

专家分析

此案的争议焦点为，定性化考核员工能否胜任工作是否合理。张某与公司签订劳动合同并明确约定了岗位。在劳动合同履行过程中未经双方协商一致不能随意变更合同条款，更不能随意解除劳动合同。按照《劳动合同法》第 40 条第 2 项的规定，劳动者不能胜任工作，经过培训或者调整工作岗位仍不能胜任工作的，可以解除劳动合同，但需要提前 30 日通知并支付经济补偿金。如何认定劳动者不能胜任工作？原劳动部《关于〈中华人民共和国劳动法〉若干条文的说明》（劳办发〔1994〕289 号）中解释，“不能胜任工作”是指不能按要求完成劳动合同约定的任务或者同工种、同岗位人员的工作量。用人单位不得故意提高定额标准，使劳动者无法完成。张某与公司签订的劳动合同中并没有约定岗位的任务标准，因此，考核该员工是否胜任工作可以以同工种或同岗位人员的工作量为标准。公司做出的考核结果并不是基于张某工作岗位的工作内容，“工作责任心不强，缺乏团队精神、沟通能力不足”等均属于定性描述，主观性较大，且公司没有采用定量的考核指标，不能据此就认定其不能完成本职工作。所以，公司做出不胜任工作的考核结果是不合理的，公司不能据此解除劳动合同。

实务指南

劳动立法在保护劳动者权益的同时，也赋予了企业用工自主权，企业可以依法制定包括劳动纪律、薪酬福利、考核、晋升等各种管理制度，以保证企业的正常运行。因此，依据绩效考核制度，企业可以依法自主确定员工是否胜任工作。但是，企业不能滥用此权力，在法律上必须受到限制。此种背景下，企业应注意对劳动法的定性规定进行量化，特别是像何谓“不胜任”这样的标准，以便于企业日常管理和预防纠纷，发生纠纷后也有明确的行为依据。但同时应建立相应的补救机制，给予员工合理的补偿金或者采取其他补救措施。

1. 业绩考核评估应当将主观评价与客观数据相结合。业绩考核评估中，用人单位应当按照业绩目标进行考核，将业绩目标进行细化拆分，就每项具体工作任务完成的数量、质量和收益进行考核，对工作数量完成不足、质量不合格或产生负面影响的可以认定为不合格。业绩考核结论不能全部运用定性化描述，不仅要考核员工工作态度，而且还需结合工作的产量、质量、合格率、成本消耗等做定量化考核。

2. 业绩考核应当尽可能地收集辅助材料，由于劳动争议中用人单位负有举证责任，所以用人单位在评估过程中应当尽可能收集可以作为证据使用的辅助材料，如员工的业绩报表、客户的投诉信函等。考核开始前可以要求员工提交任务报告或定期述职，所有报告应通过书面形式并有员工签字。

3. 业绩考核应当要求员工确认，可以将事实调查和性质认定环节拆分。用人单位应当要求员工在业绩考核的文件上签字确认，这样证明员工认可业绩考核的结果。不过业绩考核不佳的员工常常会拒绝在考核结论上签字，对此用人单位可以将业绩考核的过程予以延长，将事实调查和性质认定环节拆分，在考核之后无须立即得出考核结论。

4. 针对业绩考核企业还应建立相应的补救机制，给予员工合理的补偿金或者采取其他补救措施。对于不能胜任工作的员工，本着人性化的管理理念，企业负有培训教育员工、提高其知识技能的义务，或者调整工作岗位，使得人岗匹配；仍不能胜任工作的才给予解除劳动合同并支付经济补偿金。

3. 不能胜任工作员工的处理与业绩改进

企业制定绩效考核制度必须明确每个岗位的具体工作内容、任职资格及绩效标准，一方面使员工对工作内容、工作目标有清晰的了解，明确努力方向；另一方面有明确的标准才能考核员工的工作，才能有针对性地开展绩效辅导及激励措施、奖优罚劣，在提高员工个人绩效水平的同时推动企业整体运营效益的提高。而对于业绩考核不符合企业要求的员工，企业要有适当的处理方式以达到改进绩效的目的。

案例 31：不能胜任工作的员工拒绝调岗被解职

李先生在几年前通过朋友介绍，进入北京某航空通信有限公司工作。由于该公司为高科技企业，所以企业对员工的要求极高，员工对于新的 IT 理论和技术知识要有良好的学习和接受能力。近几年，李先生所在的研发一部实行工作团队制度，研发一部分为三个研发小组。由于李先生研发能力的欠缺，几次研发项目都因其而进程延迟。2019 年 6 月，研发一部对三个研发小组进行半年度考核，李先生考核为不合格。由于三个研发小组组长都不愿意李先生加入其团队，研发一部经与公司人事部和公司售后服务部协商，由公司人事部发出通知，调整李先生的工作岗位至售后服务部。但李先生不愿意到售后服务部上班，并没有在人事部规定的时间到售后服务部报到。公司人事部在多次敦促李先生报到后，李先生仍不愿意到售后服务部上班。公司于是认定李先生的行为构成了连续旷工，并依据公司规章制度对其发出了解除劳动合同的通知书。李先生不服，认为公司违法调整其岗位在先，自己不上班的行为不属于旷工，单位无权解除其劳动关系。

专家分析

依据《劳动合同法》第 40 条的规定，劳动者不能胜任工作，经过培训或者调整工作岗位，仍不能胜任工作的，企业可以提前 30 天通知劳动者或者另行支付 1 个月工资以后解除劳动合同。当员工依据企业合法有效的绩效考核制度被考核为不合格时，企业可以认为其不能胜任工作。对不能胜任工作的员工，可以认为其工作能力达不到原岗位的要求，此时企业可以调整其工作岗位，工作岗位可以平级调整也可以向下调整，同时调整工作岗位时应在调岗通知书上注明调整原因为不能胜任工作。由于对不能胜任工作的员工进行岗位调整是企业的合法权利，企业可以将员工拒绝调整的行为规定为严重违纪行为，予以解除劳动合同。如果在劳动纪律中有此规定，本案例中的企业完全可以按照严重违纪解除劳动合同，不会导致败诉。当然，企业对于不能胜任工作的员工，也可以采取培训的方式对其进行能力提升，如果培训后仍然不能胜任，企业也有权依法解除其劳动合同。

实务指南

对业绩不符合企业要求的员工，企业需要有适当的处理方案即如何进行业绩改进并可以综合运用各种绩效改进方式以达到提高绩效的目的。对不能胜任工作的员工进行岗位调整是企业依法享有的权利，可以通过以下几种方式进行员工的绩效改进和处理：

1. 企业可以对初次考核不合格的员工进行岗位调整。对不能胜任工作的员工进行岗位调整是企业依法享有的权利，但企业在行使权利时应当注意：首先，岗位调整应当合理，与员工原工作存在联系。企业在调整岗位时应当遵守合理性原则，其调整方式是针对员工的不足做出的。其次，企业应当完善劳动合同和规章制度，对员工拒绝调整的行为予以合法应对。由于用人单位对不能胜任工作员工的工作调整多为向下调整，所以常常会遇到员工抵触情况，对此应如何应对，法律并未明确规定。这就需要企业通过相关约定和规定来应对，比如企业可以规定员工拒绝调整的行为为严重违纪行为，予以解除劳动合同。

2. 企业可以对初次考核不合格员工进行培训。对不能胜任的员工，如果企业没有其他岗位可以调整，也可以通过培训的方式予以绩效改进。对不能胜任工作员工的培训应当注意以下三个方面：首先，培训内容应当与员工工作不足有关。对不能胜任的员工的培训不同于普通员工的培训，培训的目的是让员工发现自己的不足并了解改进的途径，因此培训的内容应当有适当的针对性。其次，培训的形式和待遇应当事先约定或通过规章制度规定。培训的形式可以包括在岗培训和离岗培训。培训形式一般可以由企业自行选择，但培训期间待遇如有变化则需要企业和员工协商一致。最后，培训应当保留培训档案或培训确认书。这些培训文档的记录，是为了预防以后可能发生的劳动争议，保留相关的法律证据。

3. 在对初次考核不合格员工进行调岗或培训以后，员工仍然考核不合格的，企业可以单方解除劳动合同。对于没有业绩改进希望的员工，企业一般将其淘汰，但应在提前 30 天通知和支付经济补偿金的前提下解除劳动合同。

4. 企业还可以通过其他方式进行相关处理。企业可以采取协商解除、合同变更、薪酬调整、合同终止等多种方式对初次考核不合格的员工进行处理。比如，企业可以与不能胜任工作的员工进行协商，在员工自愿的前提下，解除劳动合同并支付经济补偿金；企业也可以与员工协商，通过变更合同等方式将员工的薪酬和合同期限进行调整变更。

关联法规

第 40 条　有下列情形之一的，用人单位提前三十日以书面形式通知劳动者本人或者额外支付劳动者一个月工资后，可以解除劳动合同：

（一）劳动者患病或者非因工负伤，在规定的医疗期满后不能从事原工作，也不能从事由用人单位另行安排的工作的；

（二）劳动者不能胜任工作，经过培训或者调整工作岗位，仍不能胜任工作的；

（三）劳动合同订立时所依据的客观情况发生重大变化，致使劳动合同无法履行，经用人单位与劳动者协商，未能就变更劳动合同内容达成协议的。

——《劳动合同法》

案例 32：员工被末位淘汰制度淘汰无效

2017 年 7 月，刘先生应聘某电器销售公司销售经理后被正式录用，其与公司在劳动合同中约定销售业绩连续 3 个月排名末位时劳动合同自行终止。后刘先生因业务量考核排在倒数被“末位淘汰”，公司提出劳动合同已经终止，刘先生应当办理相应离职手续。刘先生认为公司的做法不合理，故向公司所在地劳动争议仲裁委员会申请仲裁。刘先生认为，公司在劳动合同尚未到期的情况下提前解除劳动合同，没有法律依据，现请求裁决公司支付经济补偿金。公司则认为“淘汰”刘先生是依据双方之前签订的劳动合同之约定，当约定的终止条件出现，劳动合同即行终止，而非“解除”合同，故公司无须支付经济补偿金。

专家分析

末位淘汰制是企业在实践中经常会采取的一种管理手段，其目的是激励和刺激员工尽最大可能地达成相应的特定业绩。企业往往会根据自身的总体规划和各部门的具体目标，结合各个岗位的实际情况，设定一定的绩效考核体系指标，并以此指标体系为标准，对一段时期内员工的工作绩效进行考核，根据考核结果淘汰落后的员工。末位淘汰制对提高员工工作效率、激发员工工作潜能有着积极的意义，但在实施过程中也会面临一些问题。比如员工压力过大甚至是不堪重负而离职、企业评估标准不科学导致整个淘汰体制的基础存在不公，等等。而这其中最主要的矛盾在于仅因表现末位而将员工解聘，与中国内地的劳动法律存在冲突。从法律层面而言，单位在没有采取欺诈、胁迫或乘人之危的情形下约定劳动合同终止条件是受到法律许可的。① 但在《劳动合同法》出台后，则特别禁止了企业在劳动合同中约定劳动合同终止的条件。所以本节案例中刘先生所签劳动合同中约定的终止条件是无效的。进一步而言，即使员工在考核中处于末位，企业也不能通过非过失性解除的形式来解除劳动合同。

实务指南

末位淘汰作为激励创造精神的人力资源管理的重要方式，却受到了中国内地劳动法的严格约束。企业提倡和实施鼓励创造精神和争创良好业绩的人力资源管理模式，是适应市场经济需求和激烈竞争社会的必然反映和客观要求，但是人力资源管理应

---

① 《劳动法》第 19 条规定，“劳动合同应当以书面形式订立，并具备以下条款……（六）劳动合同终止的条件……”第 23 条规定，“劳动合同期满或者当事人约定的劳动合同终止条件出现，劳动合同即行终止”。

当纳入劳动法律的规制范畴内。我们建议，在实行优胜劣汰的绩效激励机制时，必须考虑劳动法的相关规定，对于末位淘汰等管理模式，可以通过稍加改进的方式进行处理。

1. 建立以业绩为主要考核依据的绩效考核制度。排在末位的员工不可以解除劳动合同，但并不意味着企业不可以对员工的工作实绩进行考核评估。企业可以将序列标准和业绩标准相结合，制订序列和业绩相结合的考核制度，并以此进行考核。企业根据这些考核评估结果，对员工的业绩进行相应的排定，评定相应的业绩等次并提出相关改进建议。这样，对于排名末位的，可以通过考核的方式分别进行处理。比如，可以简单设置为 A、B、C 三个等级的评价标准，其中，A 表示完全胜任工作，B 表示基本胜任工作，C 表示不能胜任工作。如果某员工确实属于不能胜任工作的，评级为 C 的，企业此时可以安排该员工进行培训或调整该员工的岗位，取得员工本人培训或调岗的确认书后，在下一个考核期间，经过考核仍然不合格的，企业此时完全可以行使非过失性解除权，即提前 30 天解除合同或者额外支付 1 个月工资后解除劳动合同。

2. 与相关的岗位、级别和薪酬管理制度相配合。对于员工而言，岗位或级别的提升、薪酬的增加无疑是提高员工干劲和增进员工创造力的最好方式。末位考核制度尽管受到法律上的约束，但是如果双方经由公平合理的约定来对末位考核进行相关的岗位、级别和薪酬调整，则法律上依然是予以认可的。对于绩效考核而言，如果仅仅只有绩效考核而没有与绩效考核制度相结合的岗位和薪酬管理制度，考核评级对员工以及人力资源管理的作用并不明显。岗位和薪酬管理制度可以如此规定，对于连续三次考评成绩为 A 的，晋升一个岗位级别或职等级别，递增一个薪酬等级，或是对于整年度考评成绩在 B 以上的，自然递增一个薪酬等级。同时，对于考评成绩为 C 的，进行调岗处理，调岗的原则是最为相似的岗位。这样的岗位和薪酬管理制度与绩效考核相结合，才是人力资源管理中绩效激励机制最好的选择。

Tips 小贴士：末位淘汰制

“末位淘汰”是“舶来品”。它源自美国，如 GE、惠普都推行了末位淘汰制。这是与在 GE 中做人力资源管理的杰克·韦尔奇有着密切关系的，他创制了“活力曲线”，为“末位淘汰制”奠定了基础。末位淘汰制自 20 世纪 90 年代传入中国内地后，在最大限度地挖掘员工潜力，达到个人绩效的最大化方面有着积极的意义，被很多内地的用人单位广泛采用。中国内地一些知名大企业在推行这套制度时，取得了一些成果。比如：海尔集团的“三工并存、动态转换”，万向集团的“阶梯式用工、动态式管理”以及山东潍坊电业局的“分线管理”等。所谓“末位淘汰”，是指用人单位根据其具体目标和企业战略，结合各个具体职位的实际情况，制定的绩效考核指标体系，并以此为标准对员工进行考核。根据考核结果对绩效靠后的员工进行淘汰，而不管这些员工的绩效水平是否高于组织绩效考核标准线的绩效管理制度。换句话说，末位淘汰制度，就是用人单位自己制定一个考核标准，然后对员工进行考核，经过考核后将排名相对靠后的人员予以淘汰、辞退的一种管理方法。

目前，一些与国际接轨的国内企业，也积极效法国外管理经验；甚至一些在国内知名度很高、业绩良好的公司，也纷纷实行起了末位淘汰制，将末位淘汰与企业绩效管理、薪酬设计并列为企业管理的新的理念、新的热点。这些是国内各行各业推行“末位淘汰制”的思想基础。就连一些政府机构、新闻媒体和高等学府也都纷纷在自己的组织内部实行这种管理制度，好像已经到了是否实行末位淘汰制度，就是衡量一个组织是否先进、有无改革锐气、有无竞争力的一项重要标准的“新的时代”。但由于中国内地很多组织既不具备完善的管理系统，也缺乏将末位淘汰制度与其他管理手段相匹配的技术与思路，特别是我国的一些企业，在没有建立很好的调动员工积极性、提高组织效率的制度和机制的前提下，如果随意实行末位淘汰制度，不仅会事与愿违，而且还极有可能违反劳动法律的相关规定，做出侵害劳动者合法权益的事来。

国外大企业实行末位淘汰制时，并不随便将绩效考核末位的员工辞退，而是进行换岗或再培训，这主要是考虑到辞退员工将增加企业更多费用。如选择和聘用新员工的费用；为新员工适应本单位的工作，需要支付一定的培训费用；新员工尚未适应期间，对企业的工作会造成一定的损失；为了防止被辞退的员工心存不满，企业也需要支付一定的费用。考虑到末位淘汰制在绩效管理中的作用以及劳动法对劳动权的保护，末位淘汰制的实行需注意以下几点：（1）企业制定末位淘汰制的规章制度，应当履行职工民主程序，即征求工会或职工代表的意见，或者交由职工代表大会审议通过；（2）建立一套科学和客观公正的绩效考核标准和程序；（3）用薪酬管理的方式，通过薪酬体系设计配合末位淘汰制来激发员工主观能动性和竞争意识；（4）对于绩效确实不佳的员工，如果是因为不适合所在工作岗位，可以采取调整工作岗位或进行培训，经调整工作岗位或培训，仍不能胜任工作的，用人单位可以依据《劳动合同法》第40条的规定，提前30天以书面形式通知劳动者解除劳动合同，并支付相应的经济补偿金；（5）在劳动者符合《劳动合同法》第42条禁止解除劳动合同的法定情形时，用人单位不得以末位淘汰为理由，解除劳动合同。

关联法规

第13条　用人单位与劳动者不得在劳动合同法第四十四条规定的劳动合同终止情形之外约定其他的劳动合同终止条件。

——《劳动合同法实施条例》

三、新法下的规章制度之薪资岗位规则

《劳动合同法》在对劳动合同制度进行全面整合的同时，也对工资制度进行了规定，加强了对工资制度的立法干预，这些都对企业的薪酬管理产生直接影响。同时由于《劳动合同法》对用工制度做出大量新的规定，使企业在用工上的自由度大为降低，也间接迫使企业对薪资制度做出一定调整。薪资制度和岗位制度是企业人力资源管理的基本制度，企业可以通过薪资调控能力降低用工管理难度。面对新法对薪资岗位制度直接和间接的影响，薪资岗位制度设计有必要与企业用工制度和劳动合同制度相结合，共同应对立法的最新调整。

（一）薪资管理制度

《劳动合同法》在一定程度上限制了企业在工资分配和工资水平确定上的自主权利：要求企业在劳动合同中与员工清楚地约定劳动报酬的标准，一旦约定不明就会以国家标准代替企业标准；限制企业单方调整工资的权利，改为企业和员工协商的形式。《劳动合同法》的规定有利于保障员工在劳动合同期间获得稳定的工资保障，但对企业的薪资管理产生一定的压力。如果劳动合同期限较长或者是一份无固定期限劳动合同，当企业的经济效益、人力成本或者员工提供劳动的价值发生变化时，如何控制薪资成本、发挥薪资的激励作用，则成为人力资源管理必须解决的问题。

1. 薪资管理制度与企业自主权

在企业的人力资源成本中，最大的支出部分是薪资成本，其中包含国家法定的各种保险与福利。在知识经济时代，企业为了引领人力资源优势并主导企业的核心竞争力，必然会在薪资成本方面存在较大的开支。如何在合法的前提下，通过削减人力成本为企业创造更多的利润，是企业面临的重大挑战之一。企业作为市场主体，拥有自行投资和决策、自行经营和管理的权利，同时也面临效率、公平和合法性等一系列问题。企业的薪资管理思路，首先是合乎相关法律法规的规定，其次是在此基础上运用薪资规则和财务方法来激励员工发挥创造性，并有效规避可能的法律风险。

企业薪资结构组合设计应当适应中国内地的法律制度和人文环境。由于《劳动合同法》的规定迫使企业必须在劳动合同中约定工资标准，而且一旦约定，企业就不能自行调整，而人力资源管理又需要保证单位在薪资上的自主权，为了在法律规定和人力资源管理中寻求平衡，复合式薪资结构应成为企业的首选。在具体操作上企业应当将劳动报酬的一部分作为固定工资，在劳动合同中明确约定；同时增加工资中与业绩考核相关部分的比例，这部分比例并不约定具体数额，而是与员工约定按业绩考核发放。按此处理时，当企业效益下滑或者员工业绩不佳时，企业可以调整工资部分的业绩考核部分，对固定部分仍然正常发放。

案例33：试用期可以支付半薪工资并不用支付社保费吗？

江苏苏州某台资企业，为了控制人力成本特别是企业流动人员成本的开支，在规章制度中规定试用期支付给员工相当于同岗位正式职工工资50%的薪资，其理由是新员工试用期主要是岗前的培训和教育，本身并不为企业创造价值。同时，其规章制度还规定，新员工在试用期内的社会保险暂不缴纳，如果员工能够通过试用期考核，将补缴试用期间的社会保险。如果新员工不能通过试用期考核，则企业在解除劳动合同的同时，并不负补缴试用期间社会保险的义务，其理由是新员工不能按期转正，说明该员工不符合企业生产经营要求，不能为企业创造贡献，所以企业并不需要为其补缴社会保险。此种制度实行了5年之久，并未有人提出异议。2016年2月1日，制造部新员工小李因未通过3个月的试用期考核，被企业解除劳动合同。2016年2月12日，小李即向当地劳动仲裁部门提出申诉，要求企业补齐其试用期至少相当于同岗位正式职工工资80%的薪资，同时要求该企业为其补缴3个月试用期的社会保险。而后，劳动仲裁部门支持了小李的请求。

专家分析

尽管企业作为市场主体，有自主决定员工薪资制度的权利，但是法律依然对企业的最低工资标准和如何支付工资等做出了相应的规定。中国内地的工资分配制度由国家决定转为企业决定、市场调节后，由于利益驱动，开始出现工资拖欠克扣现象。《劳动法》规定，工资应当以货币形式按月支付给劳动者本人。劳动部门和各地予以进一步细化完善，形成了我国的工资支付保障制度，主要包括三个部分：其一，工资支付形式。劳动部规定，工资应当以法定货币支付，不得以实物及有价证券替代货币支付。工资应足额支付，不得克扣。其二，工资支付期限。劳动部规定，工资至少每月支付一次，工资必须在用人单位与劳动者约定的日期支付。如遇节假日或休息日，则应提前在最近的工作日支付。其三，工资支付程序。劳动部规定，用人单位应将工资支付给劳动者本人，并应向劳动者提供一份其个人的工资清单。

在本节案例中，企业首先违反了法律规定的试用期工资标准。试用期工资应严格遵照《劳动合同法》的规定，所招用新员工“在试用期的工资不得低于本单位相同岗位最低档工资或者劳动合同约定工资的百分之八十，并不得低于用人单位所在地的最低工资标准”。小李甚至可以在企业解除劳动合同之前，抢先向企业提出解除劳动合同并要求企业支付其3个月工龄的相应经济补偿金。同时，社会保险作为国家和企业对劳动者履行的社会责任，具有强制性、保障性、福利性和普遍性等特点，企业在员工存在劳动关系期间即应履行相应缴纳义务，并承担相应法律责任。

实务指南

企业在设计和执行薪资制度时，需要了解《劳动法》《劳动合同法》以及工资相关立法中的相关规定，对员工的薪资制度设计做到符合合法、合理、科学和效率四大原则。具体而言，企业需要注意如下几个方面：

1. 采取合法的工资支付形式。工资应当以货币形式向本人支付。本人因故不能领取工资的，可以由其委托亲属或他人代领。企业也可委托银行代发工资，并保留两年的员工签收工资记录表备查。

2. 在合法周期内支付工资。工资应当按月支付。按月支付可以有两种实施方式，一是选择固定的期日，二是选择相对灵活的期间，其中后者对企业更为有利。即便是企业支付年薪的，也需要按月预付，而后到期结算。如果是实行周、日、小时等工时制的，可以按照周、日、小时等形式支付工资。如果双方依法解除或终止劳动合同的，应在劳动合同解除或终止时一次性付清工资。

3. 兼顾公平原则和效率原则，奖勤治懒。企业需要实行同工同酬，但这并不意味着吃大锅饭，不同劳动价值量和不同贡献度的劳动行为应当依据企业的实际特点予以区别对待。在等量价值、等量报酬的基础上实现按劳分配、按贡献大小分配并与同工同酬原则相结合，奖勤治懒，奖优治劣，多劳多得，少劳少得。

4. 发挥工会协调作用，化解欠薪危机。除非企业发生特别重大的客观情况或遭遇严重不可抗力，企业均应按时足额支付给员工劳动报酬。企业首先应合理调控资金流，及时向员工薪资账户拨付相应款项，而一旦遭遇特别情形时，应依法按照法律要求严格履行协商或告知程序，征求职工代表大会或工会意见，控制欠薪的法律风险。

5. 依法缴纳社会保险。根据《社会保险法》的规定，企业应当自行申报、按时足额缴纳社会保险费，非因不可抗力等法定事由不得缓缴、减免。员工应当缴纳的社会保险费由用人企业代扣代缴，用人单位应当按月将缴纳社会保险费的明细情况告知本人。企业不能以在试用期等其他非法定理由免除社保缴纳义务。在实务操作中，企业要及时做好社保登记、及时缴纳社保费并向社保经办机构沟通员工变动的相关信息。

关联法规

第 20 条　劳动者在试用期的工资不得低于本单位相同岗位最低档工资或者劳动合同约定工资的百分之八十，并不得低于用人单位所在地的最低工资标准。

——《劳动合同法》

第 50 条　工资应当以货币形式按月支付给劳动者本人。不得克扣或者无故拖欠劳动者的工资。

——《劳动法》

第 58 条第 1 款、第 3 款　用人单位应当自用工之日起三十日内为其职工向社会保险经办机构申请办理社会保险登记。未办理社会保险登记的，由社会保险经办机构核定其应当缴纳的社会保险费。

国家建立全国统一的个人社会保障号码。个人社会保障号码为公民身份号码。

第60条第1款　用人单位应当自行申报、按时足额缴纳社会保险费，非因不可抗力等法定事由不得缓缴、减免。职工应当缴纳的社会保险费由用人单位代扣代缴，用人单位应当按月将缴纳社会保险费的明细情况告知本人。

第63条第1款　用人单位未按时足额缴纳社会保险费的，由社会保险费征收机构责令其限期缴纳或者补足。

——《社会保险法》

第5条　工资应当以法定货币支付。不得以实物及有价证券替代货币支付。

第6条　用人单位应将工资支付给劳动者本人。劳动者本人因故不能领取工资时，可由其亲属或委托他人代领。

用人单位可委托银行代发工资。

用人单位必须书面记录支付劳动者工资的数额、时间、领取者的姓名以及签字，并保存两年以上备查。用人单位在支付工资时应向劳动者提供一份其个人的工资清单。

第7条　工资必须在用人单位与劳动者约定的日期支付。如遇节假日或休息日，则应提前在最近的工作日支付。工资至少每月支付一次，实行周、日、小时工资制的可按周、日、小时支付工资。

第9条　劳动关系双方依法解除或终止劳动合同时，用人单位应在解除或终止劳动合同时一次付清劳动者工资。

——《工资支付暂行规定》

Tips 小贴士：中国内地"五险一金"制度

按照《社会保险法》和《住房公积金管理条例》的相关规定，每个职工可以享受养老、医疗、失业、生育和工伤五项保险和住房公积金，也即通常所称的"五险一金"。其中"五险"即指养老保险、医疗保险、失业保险、工伤保险和生育保险，这五项保险即"五险"，而"一金"指的是住房公积金。其中养老保险、医疗保险、失业保险，这三种险是由企业和个人共同缴纳，住房公积金也是由企业和个人共同缴纳；工伤保险和生育保险完全是由企业承担的，个人不需要缴纳。

1. 基本养老保险。中国的基本养老保险制度实行社会统筹与个人账户相结合的模式。职工应当参加基本养老保险，由用人单位和职工共同缴纳基本养老保险费。基本养老保险基金由用人单位和个人缴费以及政府补贴等组成。企业应当按照国家规定的本单位职工工资总额的比例缴纳基本养老保险费，记入基本养老保险统筹基金。职工应当按照国家规定的本人工资的比例缴纳基本养老保险费，记入个人账户。个人账户不得提前支取，记账利率不得低于银行定期存款利率，免征利息税。个人死亡的，个人账户余额可以继承。基本养老金由统筹养老金和个人账户养老金组成。参加基本养老保险的个人，达到法定退休年龄时累计缴费满15年的，按月领取基本养老金。个人跨统筹地区就业的，其基本养老保险关系随本人转移，缴费年限累计计算。个人达到法定退休年龄时，基本养老金分段计算、统一支付。另外，企业还可试行补充养老保险，补充养老保险是基础养老保险之外的一种养老保险。在企业正常缴纳基本养老保险之后，国家鼓励企业根据自身的财务状况自主决定为部分或全部员工缴纳补充养老保险，以维持和增加员工的士气。

2. 基本医疗保险。职工应当参加职工基本医疗保险，由用人单位和职工按照国家规定共同缴纳基本医疗保险费。参加职工基本医疗保险的个人，达到法定退休年龄时累计缴费达到国家规定年限的，退休后不再缴纳基本医疗保险费，按照国家规定享受基本医疗保险待遇；未达到国家规定年限的，可以缴费至国家规定年限。符合基本医疗保险药品目录、诊疗项目、医疗服务设施标准以及急诊、抢救的医疗费用，按照国家规定从基本医疗保险基金中支付。参保人员医疗费用中应当由基本医疗保险基金支付的部分，由社会保险经办机构与医疗机构、药品经营单位直接结算。个人跨统筹地区就业的，其基本医疗保险关系随本人转移，缴费年限累计计算。另外，企业还可试行补充医疗保险，补充医疗保险是基础医疗保险之外的一种商业保险。在企业正常缴纳基本养老保险之后，国家鼓励企业根据自身的财务状况自主决定为部分或全部员工购买补充医疗保险，以进一步增进员工福利。

3. 工伤保险。工伤保险是指劳动者在生产经营活动中或在规定的某些特殊情况下遭受意外伤害，患职业病并因此造成死亡，暂时或永久丧失劳动能力时，劳动者及其遗属获得必要物质补偿，既包括受伤害职工的医疗、康复费用，也包括其生活保障所需的一种社会保险。职工应当参加工伤保险，由用人单位缴纳工伤保险费，职工不缴纳工伤保险费。用人单位应当按照本单位职工工资总额，根据社会保险经办机构确定的费率缴纳工伤保险费。职工因工作原因受到事故伤害或者患职业病，且经工伤认定的，享受工伤保险待遇；其中，经劳动能力鉴定丧失劳动能力的，享受伤残待遇。工伤职工符合领取基本养老金条件的，停发伤残津贴，享受基本养老保险待遇。基本养老保险待遇低于伤残津贴的，从工伤保险基金中补足差额。职工所在用人单位未依法缴纳工伤保险费，发生工伤事故的，由用人单位支付工伤保险待遇。用人单位不支付的，从工伤保险基金中先行支付。2010年12月20日，国务院对《工伤保险条例》进行了最新修订，并自2011年1月1日起施行。

4. 失业保险。失业保险是指国家通过立法强制实行的，由社会集中建立基金，对因失业而暂时中断工资收入的劳动者提供物质帮助的一种社会保险。职工应当参加失业保险，由用人单位和职工按照国家规定共同缴纳失业保险费。失业人员失业前用人单位和本人累计缴费满 1 年不足 5 年的，领取失业保险金的期限最长为 12 个月；累计缴费满 5 年不足 10 年的，领取失业保险金的期限最长为 18 个月；累计缴费 10 年以上的，领取失业保险金的期限最长为 24 个月。重新就业后，再次失业的，缴费时间重新计算，领取失业保险金的期限与前次失业应当领取而尚未领取的失业保险金的期限合并计算，最长不超过 24 个月。失业人员在领取失业保险金期间，参加职工基本医疗保险，享受基本医疗保险待遇。失业人员应当缴纳的基本医疗保险费从失业保险基金中支付，个人不缴纳基本医疗保险费。职工跨统筹地区就业的，其失业保险关系随本人转移，缴费年限累计计算。

5. 生育保险。生育保险是指国家通过立法确立的在职妇女因生育子女而暂时中断劳动时，由国家和社会及时给予生活保障和物质帮助的一项社会保险。职工应当参加生育保险，由用人单位按照国家规定缴纳生育保险费，职工不缴纳生育保险费。用人单位已经缴纳生育保险费的，其职工享受生育保险待遇；职工未就业配偶按照国家规定享受生育医疗费用待遇。所需资金从生育保险基金中支付。生育保险待遇包括生育医疗费用和生育津贴。生育医疗费用包括生育的医疗费用、计划生育的医疗费用和法律法规规定的其他项目费用。在女职工生育享受产假、计划生育手术休假等情形时，可以按照国家规定享受生育津贴。生育津贴按照职工所在用人单位上年度职工月平均工资计发。

6. 住房公积金。住房公积金，是指国家机关、国有企业、城镇集体企业、外商投资企业、城镇私营企业及其他城镇企业、事业单位、民办非企业单位、社会团体（以下统称单位）及其在职职工缴存的长期住房储金。职工个人缴存的住房公积金和职工所在单位为职工缴存的住房公积金，属于职工个人所有。住房公积金的管理实行住房公积金管理委员会决策、住房公积金管理中心运作、银行专户存储、财政监督的原则。住房公积金应当用于职工购买、建造、翻建、大修自住住房，任何单位和个人不得挪作他用。住房公积金的存、贷利率由中国人民银行提出，经征求国务院建设行政主管部门的意见后，报国务院批准。单位应当到住房公积金管理中心办理住房公积金缴存登记，经住房公积金管理中心审核后，到受委托银行为本单位职工办理住房公积金账户设立手续。每个职工只能有一个住房公积金账户。职工个人缴存的住房公积金，由所在单位每月从其工资中代扣代缴。

表 9：“五险一金”缴纳比例参考一览表

项目名称	单位缴纳比例	个人缴纳比例
基本养老保险	20%	8%
基本医疗保险	6%	2%
失业保险	2%	1%

续表

生育保险	1%	0
工伤保险	0.5% -2%	0
住房公积金	企业和个人分别在不超过上一年度月平均工资 12% 的幅度内可以不计征税收	

特别说明：不同地区缴纳社会保险的比例有所不同，具体适用时参照当地规定执行。

案例 34：如何理解各地规定的最低工资标准？

陈女士是上海某大型跨国医药企业的人力资源部总监，刚刚从亚太区调任中国区执掌人力资源系统。近期在中国区人力资源经理会议上，她注意到各地所称最低工资标准的规定存在差异。比如江苏苏州工厂 2012 年 6 月开始执行的最低工资标准为 1320 元（江苏省一类地区）、上海中国区总部 2012 年 4 月开始执行的最低工资标准为 1450 元、北京分公司 2013 年 1 月开始执行的最低工资标准为 1400 元的实际扣除项目存在些许的不同。江苏的最低工资标准包含员工个人所缴纳的社会保险，但不包含住房公积金，而上海和北京的最低工资标准则不包含员工个人应缴纳的社会保险和住房公积金，实际上上海的最低工资标准除了在数额上高以外，在扣除项目上水平也比较高。同时，针对全国各地各工厂和办事处报告上来的薪资争议案件，与会的人力资源经理也有自己不同的看法。比如，因员工事假、病假产生的出勤空缺日，在薪资计算时可能导致其按实际出勤日计算的最终薪资低于最低工资标准，是否应当增补到最低工资标准？部分工厂因为订单空缺、设备维护等原因致使员工整月临时停工的，是否需要按照最低工资标准予以支付？部分关联企业和 OEM 工厂支付给员工的工资在扣除食宿费用后低于最低工资标准，或是必须加班后收入水平才达到最低工资标准，是否应当建议采购部门按照社会责任标准将其排除在供应商之外？等等。

专家分析

最低工资标准，是劳动者在法定工作时间或依法签订的劳动合同约定的工作时间内提供了正常劳动的前提下，用人单位依法应当支付的最低劳动报酬。关于最低工资标准的相关问题，主要集中在以下几个事项上：一是对最低工资标准的内涵和特征的理解；二是员工缺勤是否受到最低工资标准的约束；三是食宿、服装等相关费用能否在最低工资中扣除；等等。

首先，最低工资标准具有三大特点：其一，最低工资标准是指劳动者在法定工作时间或依法约定的工作时间内提供劳动从而获得的劳动报酬，因此超时工作所得的加班工资不能纳入最低工资标准；其二，最低工资标准是劳动者在正常劳动情况下获得的劳动报酬，因此劳动者在一些特殊岗位上提供劳动所获得的津贴不能纳入最低工资标准，如中班、夜班、高温、低温、井下、有毒有害等津贴；其三，最低工资标准是最低劳动报酬，一些非劳动报酬的福利不能纳入最低工资标准。这三大特点决定了最低工资标准的内涵有着很大的区别，最低工资标准要剔除一些常见的工资项目。同时，各地政府根据自己的实际情况，可能会对社会保险等项目是否含在最低工资标准内作出规定。

其次，对于员工在工作日缺勤是否应享受最低工资标准的强制保护，则应按照情况区别对待。劳动者缺勤可以分为三种情形：一是劳动者行使法定的休息休假权利而缺勤或者因依法参加社会活动而缺勤的，如劳动者休年休假、探亲假、婚假、丧假、参加选举、出任人民法院证人等，此时用人单位应当正常支付工资。二是劳动者因个人原因缺勤，如旷工、事假等，此时用人单位可以不支付工资，如因此导致劳动者月工资低于最低工资标准的亦属合法。三是劳动者因病缺勤，但由于劳动者是因个人原因缺勤，故病假工资标准可以适度低于最低工资标准，劳动部和各地一般规定病假工资不得低于最低工资标准的 80% 。在劳动者未提供正常劳动的情况下，用人单位支付的工资可以低于最低工资标准。一般而言，正常劳动是指劳动者只要正常出勤，并在用人单位指挥下工作，均可认为是正常工作，对于劳动者因工作能力等原因未完成工作任务的，只要劳动者正常工作，其工资不应低于最低工资标准。①

最后，对于食宿及服装费用能否在最低工资中扣除，法律并无明确规定。如果此种费用被规章制度或劳动合同明确为补贴、福利或劳保措施，则不能在工资中扣除。如果此种费用并无此种规定或约定，在公平合理的范围内，应该可以予以扣除。

实务指南

在国家规定有最低工资标准对劳动者劳动报酬进行最低限度的行政干预的前提下，企业既要节约生产经营成本又要遵守国家最低工资规定。对此，企业可以从以下几个方面着手应对：

1. 了解和掌握各地最低工资标准。各地的最低工资标准并不一致，而且定期更

① 在实践中会出现企业停工、停产导致劳动者不能正常劳动的情况。对此，劳动部和各地均规定，停工、停产在一个工资支付周期内的，用人单位应按劳动合同规定的标准支付劳动者工资；停工、停产时间超过一个工资支付周期的，如果劳动者提供了正常劳动，用人单位支付的劳动报酬可以降低，但不得低于当地的最低工资标准。对停工、停产时间超过一个工资支付周期而且劳动者没有提供正常劳动的，用人单位如何支付工资，各地规定并不统一。比如北京等地规定允许低于最低工资标准支付，而厦门等地则不允许低于最低工资标准支付。此种各地差异的情形，在《企业工资条例》出台后将会得到统一。

新，企业应当予以关注。最低工资标准一般采取月最低工资标准或小时最低工资标准，前者适用于全日制就业劳动者，后者适用于非全日制就业劳动者。最低工资在适用时有一个前提，即劳动者应当提供正常劳动，如非企业原因劳动者不能提供正常劳动的，则不受最低工资标准的约束。

2. 熟悉各地最低工资标准扣除范围。如果支付的工资总额较高，但有一部分属于扣除范围，则仍然可能违反最低工资标准。企业需要了解当地的最低工资标准扣除范围，相应地对工资项目予以调整，将属于扣除范围的工资项目调整为扣除范围外的工资项目。并且，对于伙食住宿等费用开支，应明确规定或约定是否为补贴或福利，以减少法律风险。①

3. 掌握各地区规定是否允许异地适用最低工资标准。企业应该对各地区是否允许异地适用最低工资标准予以注意，在工资较低地区大量用工时，应尽量使用当地注册的机构与员工订立劳动合同，避免工资较低地区的员工适用工资较高地区的最低工资标准。

4. 根据最低工资标准来合理控制用工成本。最低工资标准作为政府对劳动力价格的强制性规定，企业只要满足此要求即为合法。对于劳动密集型的制造企业，可以用足最低工资标准的底线政策，在制定企业工人薪资结构时可以将最低工资标准作为基本工资，从而在满足法律要求的前提下有效地、最大化地节省劳动用工成本。

关联法规

第3条　本规定所称最低工资标准，是指劳动者在法定工作时间或依法签订的劳动合同约定的工作时间内提供了正常劳动的前提下，用人单位依法应支付的最低劳动报酬。

本规定所称正常劳动，是指劳动者按依法签订的劳动合同约定，在法定工作时间或劳动合同约定的工作时间内从事的劳动。劳动者依法享受带薪年休假、探亲假、婚丧假、生育（产）假、节育手术假等国家规定的假期间，以及法定工作时间内依法参加社会活动期间，视为提供了正常劳动。

第13条　用人单位违反本规定第十一条规定的，由劳动保障行政部门责令其限期改正；违反本规定第十二条规定的，由劳动保障行政部门责令其限期补发所欠劳动者工资，并可责令其按所欠工资的1至5倍支付劳动者赔偿金。

——劳动和社会保障部《最低工资规定》

---

① 在实践中，不少低收入员工是以包吃包住的形式和企业约定工资，这种情况属于企业通过补助伙食、住房等支付给劳动者，这些非货币收入不属于工资范围，也不包含在最低工资内。企业支付员工工资时不能将上述包吃包住费用折合成工资在最低工资内扣除。企业对此应尤其注意。

案例35：员工加班加点的薪资计算基数可以自行约定吗？

江苏苏州园区某两家日资电子、电工企业互为关联企业，生产同样品牌的电子产品零部件。两家企业制造部的助理工程师薪资结构相同，均为如下计算方式：基本工资（2000元）+岗位补贴（1000元）+浮动绩效工资（0－500元）。两家企业关于加班工资的处理方式也相同，即按照基本工资2000元作为加班费的计算基数。电子企业与制造部操作工约定加班费计算基数为基本工资2000元，而电工企业与制造部操作工则没有此种约定。随后，两企业分别有一名员工离职，并同时对企业此种加班费计算方式表示异议，均向公司主张加班费计算基数至少应当按照基本工资2000元加上岗位补贴1000元之和3000元来计算。两名员工同时向当地劳动监察部门进行投诉，当地劳动监察部门责令该电工企业按照3000元基数标准重新计算加班费，并向该员工补发了加班费的相应差额，而对电子企业则未作处理。

专家分析

在劳动人事管理实践中，加班工资计算方法及其计算基数一直是争议的焦点。通常而言，对于加班工资计算的方法，主要是指加班工资计算的倍率问题，也即是按150%、200%还是300%来计算加班费工资。通常情况下的加点，是按照不低于员工小时工资的150%支付；休息日产生的加班，又不能安排补休的，按照不低于员工日工资或小时工资的200%支付；法定休假日产生的加班，则需要按照不低于员工日工资或小时工资的300%支付。

对于加班费计算基数问题，则处理起来相对复杂些。通常需要分为两个步骤处理：首先是基础工资也即用以处理计算加班费的月工资确定，实践中有的是在劳动合同中直接约定加班费计算基数，有的则没有明确约定。根据有关规定，确定加班工资的计算基数时，劳动合同中对工资有约定的，按不低于劳动合同约定的工资标准确定。但如果按上述办法确定的加班工资计算基数低于最低工资的，则要按最低工资标准确定。

其次则是在月工资确定的基础上，如何进一步确定日工资及小时工资。根据劳动和社会保障部的最新规定，职工全年工作时间为250天，计薪工作时间为261天，由此确定，职工月工资除以21.75后折算成日工资，再除以8后则折算成小时工资。然后，在此基础上进一步计算职工的加班费。

实务指南

如何在劳动人事管理中采取妥善方法，在法律规定的框架内最大化减少用工成本，削减加班费开支，一向是企业特别是成本控制型的制造企业特别关注的事项。我们建议，企业至少可以采取以下几种方式予以应对和处理：

1. 调整员工薪资模式，实行复合式薪资结构。法律并未对薪资结构做出限定，所以企业可以对自己的薪资事项进行自行设计。一般而言，单一工资制相对固定，结构单一，强调团队整体和长期考评。复合工资制工资包括多个组成部分，有相对固定的，如岗位、职务、技能工资等；也有相对浮动的，如提成工资、绩效工资、月奖金等，注重及时考核，强调薪酬对员工的激励作用。通常情况下，稳定的工资有助于增加员工的安全感，保持团队稳定；弹性工资有助于对员工及时进行激励，进而增加用工的灵活性。

2. 在复合制薪资结构基础上，在劳动合同中约定加班费计算基数。目前各地关于加班费计算基数的办法不同，所以各地关于加班费计算的方式和口径也多有不同，[①]但基本上许可在法律允许的范围内自行约定加班费计算基数。加班费计算基数最好与基本工资相一致，同时将工资结构中固定部分视情况调整为工资外的补贴津贴，这样才会合理控制加班费计算基数，并将风险降到最小。

3. 对不同类型员工实行综合计算工时制和不定时工作制。对于季节性生产和比较特殊的行业，企业可以实行综合计算工时制度，将加班时间平摊到淡季等其他区间，这样也能有效控制加班费的开支。对于管理人员而言，必要时可以实行不定时工作制，既然没有固定工作时间，没有考勤制度，当然也就不存在加班费的问题了。但是，不定时工作制需要与良好的工作规则和绩效管理制度相配套。

4. 实行加班审批制度。由于企业具有法定的对员工的管理权，所以员工的日常劳动也应纳入企业的管理中来。企业可以实行这样一种制度，员工在工作时间之外进行劳动，需要提前征求上级主管或特定部门的意见，经过审批后加班方为有效，这样也可以避免很多员工不经许可加班从事非工作相关事宜的状况发生，也间接减少了加班费开支。

5. 实行加班费预发制度。对于一些经常需要加班而又无法申请不定时工作制的企业，管理研发、精算等从事高知识技术含量的工作人员而言，可以实行加班费的预发制度。也即在员工每月实得收入为应发月工资和月工资加班费预发，而一旦员工提出加班费异议时，可以首先用加班费预发部分冲抵。此种方法直接减少了加班费计算的基数。

关联法规

第 13 条　用人单位在劳动者完成劳动定额或规定的工作任务后，根据实际需要安排劳动者在法定标准工作时间以外工作的，应按以下标准支付工资：

（一）用人单位依法安排劳动者在日法定标准工作时间以外延长工作时间的，按照不低于劳动合同规定的劳动者本人小时工资标准的 150% 支付劳动者工资；

---

① 比如在《劳动合同法》出台之前，上海市一直将没有劳动合同约定下正常出勤工资的 70% 作为可以参考的加班费计算基数，而其他地方则并没有这种规定。

（二）用人单位依法安排劳动者在休息日工作，而又不能安排补休的，按照不低于劳动合同规定的劳动者本人日或小时工资标准的200%支付劳动者工资；

（三）用人单位依法安排劳动者在法定休假节日工作的，按照不低于劳动合同规定的劳动者本人日或小时工资标准的300%支付劳动者工资。

实行计件工资的劳动者，在完成计件定额任务后，由用人单位安排延长工作时间的，应根据上述规定的原则，分别按照不低于其本人法定工作时间计件单价的150%、200%、300%支付其工资。

经劳动行政部门批准实行综合计算工时工作制的，其综合计算工作时间超过法定标准工作时间的部分，应视为延长工作时间，并应按本规定支付劳动者延长工作时间的工资。

实行不定时工时制度的劳动者，不执行上述规定。

——《工资支付暂行规定》

Tips 小贴士：制度工作时间与制度计薪时间

2008年1月3日，劳动和社会保障部发布了《关于职工全年月平均工作时间和工资折算问题的通知》（劳社部发〔2008〕3号），其中对职工加班工资折算办法是这样规定的：根据《全国年节及纪念日放假办法》（国务院令第513号）[①] 的规定，全体公民的节日假期由原来的10天增设为11天。据此，职工全年月平均制度工作天数和工资折算办法分别调整为：

1. 平均制度工作天数。年工作日为250天［365天－104天（休息日）－11天（法定节假日）＝250天］；季工作日为62.5天［250天÷4季＝62.5天/季］；月工作日为20.83天［250天÷12月＝20.83天/月］；工作小时数的计算：以月、季、年的工作日乘以每日的8小时。

2. 日工资、小时工资的折算。按照《劳动法》第51条的规定，法定节假日用人单位应当依法支付工资，即折算日工资、小时工资时不剔除国家规定的11天法定节假日。据此，日工资、小时工资的折算：日工资为月工资收入÷月计薪天数；小时工资为月工资收入÷（月计薪天数×8小时）；月计薪天数为（365天－104天）÷12月＝21.75天。

以北京市为例，按照目前职工月平均工资3008元计算，如果某劳动者2008年春节长假七天都加班，那么前三天是法定节假日（即初一、初二、初三）拿三薪，每天加班费为3008÷21.75×300%＝414.9元，后四天是双休日调休（即初四到初七）拿

---

① 根据《关于修改〈全国年节及纪念日放假办法〉的决定》（国务院令第644号）的规定，自2014年1月1日起，春节假期由此前规定的“除夕、初一和初二”调整为“初一、初二和初三”。

双薪，每天加班费为 3008 ÷ 21.75 × 200% = 276.6 元。2008 年该劳动者春节期间的总加班费为 2351.1 元，而调整前的 2007 年计算方法应为 2444.5 元，降低了 3.8% 左右。

案例 36：依照规章制度扣除员工工资合法吗?

2018 年 1 月，北京某电子科技集团公司人事总监王先生注意到，根据薪资处提交上来的报告数据，最近一次发放工资时，本公司有 3 个员工的本月工资受到了公司的特别处理。这 3 名员工分别是销售部的小李、制造部的小张和工程部的小陈，并且各自扣薪的原因和额度各有不同。其中，销售部小李是因为没有完成部门制订的业绩指标，按照规章制度的约定扣除了相应比例的工资；制造部小张是因为没有按照设备操作规程操作机器，导致生产出一批废板，给企业带来 3 万元损失，公司依据规章制度按照总损失额 5% 的比例要求其逐月从工资中扣回；工程部小陈则是由于本月请了 5 天事假，公司依据规章制度扣除了 5 个工作日的工资。因为前段时间王总监曾参加过一次《劳动合同法》研讨会，听与会专家介绍以后扣除员工工资应当合法有据，于是其告知薪资处刘经理，让其核实扣减工资的依据，并校验扣减工资的合法性。刘经理查阅了相关法律法规，并在规章制度中找到了相关的明确规定，告知王总监公司行为不违反法律法规规定。

专家分析

根据劳动法基本常识，企业无故克扣工资是违反法律规定的行为。除了法律规定的企业需要为员工代缴个人部分社会保险、个人所得税、法院裁定代扣的抚养费及赡养费等法定事项外，企业在什么情况下可以合法地扣减员工工资呢？扣减工资有无法定额度或比例的限制呢？这些与企业和员工实质利益密切相关的问题也将在《劳动合同法》框架下有法可依。对于以下三种情形，企业可以在法律许可的范围内适当地扣减工资：第一，如果劳动者由于个人不努力没有完成工作的，用人单位可以扣减工资，但所剩不能低于最低工资标准；第二，劳动者由于违反劳动纪律或由于故意或重大过失给用人单位造成损失的，用人单位可以扣减工资，但是扣减工资的比例不能超过月工资的 20%，可以逐月扣除，最后累加；第三，劳动者请事假可以相应扣除未提供正常劳动这些工作日对应的工资。

实务指南

企业在管理员工的过程中往往会贯彻奖勤罚懒的原则，给业绩突出、表现良好或给企业奉献较大的优秀员工给予特别的奖励，比如升职、加薪等，而对没有完成任务、表现不好或给企业造成损失的，则给予相应的处理和责罚，比如调岗、相应幅度地降低薪水，但是这些行为可能会造成对劳动法的违反，那么实务中企业应如何处理员工薪水扣减法则呢？这里有几个方面的原则要提请企业关注并采纳。

1. 加法与减法相结合原则。管理员工既可以有不同的思路，也可以将原有扣减工资的制度进行改进。比如原来将每月6000元的工资，每迟到一次扣减50元，调整设置为5600元基本工资，还有400元的考勤奖金，每周全勤即发100元，每月四周全勤发400元。企业实际支付的薪资成本不变，但是效果却由负约束转变为正激励。

2. 相关记录证据保留原则。《劳动合同法》背景下，员工的劳动法意识逐渐加强，企业处理员工薪资等关系员工切身利益事项时，应谨慎操作。比如，对员工没有完成工作任务的薪资调整，要有业绩确认书等材料；对员工进行损失追偿处理，必须要有损害赔偿证据及员工过失关联性证明；对员工事假工资进行扣除，要先核实考勤证明；等等。

3. 损失计核适度处理原则。对于员工进行损失追偿处理时，应综合考虑过失员工过失程度、损失必然性以及负担能力等方面的因素，平衡考虑损失与赔偿之间的关联比例。员工作为企业招用的雇员，除特别故意外，一般不应对因工作行为导致的事故损失负全部责任，但是企业处理时也应当注意公平程度和合理性。既要适度地惩戒员工，同时也不要给员工过重的负担。

4. 严格遵守法律法规原则。对员工进行奖惩特别是惩罚历来是劳动立法关注的事项。何时可以进行惩罚以及如何进行惩罚不仅是一个企业自主权的问题，而且也是一个法律性问题。企业的处理行为是否合法，一是要依据国家和地方法律法规的强制性规定，二是要掌握好合理性的程度。不同企业对管理秩序要求的严格程度不同，相关法律法规难以全面规定，但是企业必须在法律法规许可的合理性要求下操作和执行。

关联法规

第16条　因劳动者本人原因给用人单位造成经济损失的，用人单位可按照劳动合同的约定要求其赔偿经济损失。经济损失的赔偿，可从劳动者本人的工资中扣除。但每月扣除的部分不得超过劳动者当月工资的20%。若扣除后的剩余工资部分低于当地月最低工资标准，则按最低工资标准支付。

——《工资支付暂行规定》

2. 特殊情形下的工资支付规则

在劳动人事管理实践中，除了正常安排一般情形下企业员工的薪资事项外，还会遇到一些特定事项的妥善处理。比如说休病假期间的员工、女员工的“三期”、销售人员等特别职位类型的员工，还有不同的用工方式下的事项处理等，都采取了不同的工资支付规则。这些情形下员工薪资的处理，需要遵循国家和地方有关立法规定以及企业自身的规章制度，企业应当引起足够的重视与关注。

案例37：员工休病假情形下的工资支付

2009年7月，时为应届大学毕业生的李某进入浙江杭州某保健食品有限公司工作。该公司经济效益较好，同时也为全体员工依法缴纳社会保险，李某对自己的工作也一直很满意。但天有不测风云，2016 年 3 月，李某因患上一场大病而住院治疗。住院期间，公司以已为李某及时足额缴纳医疗保险费为由，停发了李某的工资，要求李某到医疗保险经办机构申请有关医疗待遇。6 月中旬，公司决定发给尚在住院的李某相当于 7 个月工资的经济补偿金并与李某立即解除劳动关系。李某认为，公司侵害了其合法权益，委托代理人向所在地劳动争议仲裁机构提出申请，请求仲裁机构责令公司补发住院期间的病假工资、迟延支付病假工资的赔偿金，并撤销解除劳动关系的决定。劳动争议仲裁机构受案后经查，裁决公司补发李某住院期间的病假工资，并责令其向劳动者支付迟延支付病假工资的赔偿金，并撤销立即解除劳动关系的决定。

专家分析

基本医疗保险制度，是国家对劳动者权益进行保护的一种基本社会保险制度。基本医疗保险制度是保障职工基本医疗需求的制度，参保职工患病或非因工负伤后，从基本医疗保险基金中享受的待遇只能是按规定报销医疗费用，包括药品费用、诊疗项目费用、医疗服务设施费用，但不能申请病假工资及治疗期间其他生活方面的补助。本节案例中，企业为员工缴纳医疗保险，是法律规定的义务和责任。企业依法缴纳社会保险，并不意味着免除企业的其他义务，企业向员工支付病假工资，是劳动法规定的企业法定责任。

根据劳动部《关于贯彻执行〈中华人民共和国劳动法〉若干问题的意见》的规定，职工患病或非因工负伤治疗期间，企业应当支付病假工资，工资标准可以低于当地最低工资标准，但不能低于最低工资标准的 80%。国家和地方有关规定或者企业规章制度规定的病假工资待遇高于此规定的，按照国家和地方有关规定或者企业规章制度的规定执行。所以，浙江杭州这家公司对医疗保险所承担的义务以及自己的法定责任在认识上还存在偏差，这也直接导致了其在劳动争议仲裁中败诉。同时，企业没有任何理由在员工法定医疗期内解除劳动合同也是违法的，所以仲裁机构一并撤销了解除决定。

实务指南

员工在法律规定的医疗期内，企业在管理上应当特别注意。医疗期作为国家对劳动者权益进行特别保护的一种体现，是国家立法给企业的一种强制性义务和责任，企业不得也不能违反和规避。但是在遵守法律规定的前提下，企业也可以根据自身情况做出相应的规定，做到用工成本、员工福利和国家规定的有机统一。

1. 医疗期规定是国家对企业的强制性要求，所以企业既不得违反，也不得通过规章制度或劳动合同予以排除。国家根据劳动者在本单位的工作年限以及累计工作年限赋予了劳动者一定期限的法定医疗期间，最短 3 个月，最长 24 个月，企业应严格按照医疗期的要求设计自身的病假制度。

2. 国家对医疗期和病假工资做的都是底线基准要求，此基准要求之上的病假制度安排和薪资设计均是合法有效的。企业可以在国家规定的医疗期基准以及病假工资基准之上规定员工的福利医疗期和病假工资，也可以只满足国家规定的医疗期标准和最低工资标准。特别是对于成本控制型的企业而言，达到国家规定已经非常不易，此时相关规定仅达到国家规定基准即可。

3. 为了体现企业福利，企业可以根据内部实情对休病假员工薪资进行合理调控。对于一些福利待遇相对较好的企业而言，在设计医疗期的时候，可以参照国家标准执行或者在国家标准之上执行，比如可以设计特别福利医疗期、有薪特别病假等。而对于病假工资设计而言，对于不同工作年限的员工，可以设计出以最低工资80%到全额满勤工资为区间的阶梯形病假工资体系。

关联法规

第17条　工人职员疾病或非因工负伤停止工作连续医疗期间超过六个月时，根据劳动保险条例第十三条乙款的规定，病伤假期工资停发，改由劳动保险基金项下，按月付给疾病或非因工负伤救济费，其标准如下：本企业工龄不满一年者，为本人工资百分之四十；已满一年未满三年者，为本人工资百分之五十；三年及三年以上者，为本人工资百分之六十。此项救济费付至能工作或确定为残废或死亡时止。

第18条　工人职员的本人工资低于该企业的平均工资者，领取疾病或非因工负伤救济费时，如其所得救济费数额低于该企业的平均工资百分之四十，应按平均工资百分之四十发给，但不得高于本人工资。

——劳动部《劳动保险条例实施细则修正草案》

59. 职工患病或非因工负伤治疗期间，在规定的医疗期间内由企业按有关规定支付其病假工资或疾病救济费，病假工资或疾病救济费可以低于当地最低工资标准支付，但不能低于最低工资标准的80%。

——劳动部《关于贯彻执行〈中华人民共和国劳动法〉若干问题的意见》

第5条　企业职工在医疗期内，其病假工资、疾病救济费和医疗待遇按照有关规定执行。

——劳动部《企业职工患病或非因工负伤医疗期规定》

第85条　用人单位有下列情形之一的，由劳动行政部门责令限期支付劳动报酬、加班费或者经济补偿；劳动报酬低于当地最低工资标准的，应当支付其差额部分；逾期不支付的，责令用人单位按应付金额百分之五十以上百分之一百以下的标准向劳动者加付赔偿金：

（一）未按照劳动合同的约定或者国家规定及时足额支付劳动者劳动报酬的；

（二）低于当地最低工资标准支付劳动者工资的；

（三）安排加班不支付加班费的；

（四）解除或者终止劳动合同，未依照本法规定向劳动者支付经济补偿的。

——《劳动合同法》

第3条　劳动者依据劳动合同法第八十五条规定，向人民法院提起诉讼，要求用人单位支付加付赔偿金的，人民法院应予受理。

——最高人民法院《关于审理劳动争议案件适用法律若干问题的解释（三）》

Tips 小贴士：病假工资和疾病救济费

根据《企业职工患病或非因工负伤医疗期规定》（以下简称《医疗期规定》）第5条规定，企业职工在医疗期内，其病假工资、疾病救济费和医疗待遇按照有关规定执行。具体而言：

1. 病假工资。根据劳动部《关于贯彻执行〈中华人民共和国劳动法〉若干问题的意见》（以下简称《劳动法意见》）第59条规定，职工患病或非因工负伤治疗期间，在规定的医疗期间内由企业按有关规定支付其病假工资或疾病救济费，病假工资或疾病救济费可以低于当地最低工资标准支付，但不能低于最低工资标准的80%。关于病假期间的工资支付问题，由于相关规定相对模糊，实务中的处理口径也不一致。原则上，病假工资的支付最低下限不得低于最低工资的80%。对于国有企业而言，仍适用1953年《劳动保险条例实施细则修正草案》第17条、第18条的严格规定；但对于外资企业和民营企业而言，可以根据企业自身经由民主程序制订的规章制度进行处理。在上海等地的地方性口径还规定，经计算后得出的病假工资超过上年度当地社会平均工资的，可按上年度当地社会平均工资执行。

2. 疾病救济费。《医疗期规定》第5条对病假工资与疾病救济金的规定为并列方式，但《劳动法意见》第59条对此的规定却是选择方式。从二者规定的时间看，前者规定时间在先，后者规定时间在后，根据《立法法》第92条规定，同一机关制定的规章，新的规定与旧的规定不一致的，适用新的规定。对于病假工资与疾病救济金应适用《劳动法意见》的规定，即只能适用其一，即或适用病假工资，或适用疾病救济金。但不论适用哪一种待遇，均不能低于最低工资标准的80%。对此，各地的做法不一。如山东省劳动厅转发劳动部《关于发布〈企业职工患病或非因工负伤医疗期规定〉的通知》（鲁劳发〔1995〕67号）第1条规定，企业职工因病或非因工负伤，在医疗期内，停工累计不超过180天的，由企业发给本人工资70%的病假工资；累计超过180天的，发给本人工资60%的疾病救济金。据此，只要企业职工因病或非因工负伤累计不超过180天的，病假工资与疾病救济金同时适用。上海市劳动和社会保障局《关于本市企业职工疾病休假工资或疾病救济费最低标准的通知》（沪劳保保发〔2000〕14号）第1条则规定，企业支付职工疾病休假期间的病假工资或疾病救济费不得低于当年本市企业职工最低工资标准的80%。也就是说，病假工资与疾病救济费只能适用其一，不能同时并用。

案例38：销售人员款到提成制度是否有效？

刘某在本市一家公司从事销售工作，2016年6月公司通知与其终止劳动关系，刘某在办理手续时提出5月、6月均有相关的销售业绩，要求公司支付2016年5月、6月的销售提成款，公司则表示，销售款尚未到账，所以，个人的提成无法支付。什么时候款项到账，什么时候付款。如付款时员工已离开公司的，就无法兑现。刘某与单位协商未果，将公司告上仲裁庭。庭审中，公司称，对刘某在2016年5月、6月的销售业绩无异议，对刘某提出的应提成数也无异议，但公司以《销售员补充合同》为证，说明该合同约定销售员应将当月所发生业务的账款收齐并结清，个人的提成部分，公司将在十个工作日内给予兑现。公司认为刘某所作出的业绩销售款并未到账，所以不符合公司支付提成的条件。另外，刘某已经不再是公司的员工，也无须前往追讨应收账款，故不同意支付其销售提成。刘某则认为，既然公司认可该销售清单，认可提成数，就应以此来支付清单上记载的销售提成，现在是公司提出与其终止劳动关系，所以不能以"不是公司员工"一句话就把这笔费用抹掉。

专家分析

提成工资制，是企业根据员工业绩的一定比例计发员工劳动报酬的工资计算方式。该工资制度有利于激发员工的工作积极性，提高工作效率，对企业而言，可以减轻一定的经济负担，减少企业运营成本。而在不同类型的员工中，销售人员是最可能适用提成工资制的群体。同时与销售人员提成工资制度相结合的制度还有款到提成等辅助规则。本节案例即涉及款到提成制度，实际上涉及两点：一是企业与销售人员约定款到提成是否有效？二是此案应最终如何处理其权利、义务与责任？

对于第一个问题，企业与销售人员款到提成制度是否有效，取决于企业规章制度的规定或双方劳动合同中的约定。在销售人员薪资管理实践中，为了防止部分销售人员通过虚假合同等方式骗取公司提成款，同时也为了与相关财务管理制度相一致，特别规定了款到提成制度。这个制度从合理性上讲是有相当说服力的，同时这种制度比较科学地分配了坏账风险和责任机制。但是从法律性上讲，判断薪资制度是否合法的依据是员工是否提供了相应劳动，如果提供了相应劳动，则需要有相应的劳动报酬。款到提成并不是从实体上克扣或减少提成薪资，而是如何去认定"款到"时点。如果员工离职，货款即使晚于离职时间到账，也应支付给离职员工。

对于第二个问题，对于销售人员而言，其与企业在权利义务与责任方面的分配如何，是一个比较重要的问题。在尚未离职期间，销售人员应当依据企业规定或劳动合同约定主导或协助企业催款或收款，并对销售合同的真实性承担举证说明责任。在销售人员离职以后，依然承担对自己先前处理的应到账款项协助企业催款的义务，这种义务可以是基于通常法理产生的，也可以通过规定或约定的形式表现。如果主要是由于离职员工的不配合，而导致款项无法入账的，该款项是无法计算提成的，同时该员工还应在自己过失范围内承担相应的赔偿责任。

实务指南

对于销售人员的管理，特别是销售人员的薪资管理，款到提成制度一向被认为是比较科学合理的制度。应如何完善销售人员的提成工资制度，在激励销售人员的同时又能防止相关争议是企业最为关心的问题。就提成工资制而言，企业需要在制定规章制度或订立劳动合同时注意以下事项：

1. 明确提成制度的具体含义及提成计算方式。企业采取提成工资制的，应当在劳动合同中明确约定该员工的薪资计算方式是提成工资制。同时，企业还应明确规定或约定相关提成基数、提成比例及相应计算方式。比如，提成基数是以销售款为准、折算销售款为准还是以每笔实际利润为准，提成比例是固定比例提成制、累进比例提成制、固定额度提成制还是浮动额度提成制，计算方式是简单的基数乘以比例还是基数加权乘以比例，等等。

2. 明确提成给付时间和给付方式。提成制度不仅包括提成计算方式，同时还包括提成给付时间和方式。给付时间可以是“约到提成”即凭销售合同申请给付提成，也可以是“款到提成”即凭财务到账记录领取提成。给付方式可以是现金给付，或者支票给付，或者预先在月薪中给付，或者按实际销售时间给付。

3. 明确不能达到基准提成指标时的薪资待遇。在采取提成制度时，企业往往会规定一个最低提成销售额，也即员工必须完成此最低指标方可申请提成。但此时应注意，不能将员工实得的基础薪资约定为零。在员工提供了正常劳动的情况下，即使该员工没有任何销售业绩或者销售业绩未达标，企业也需要支付工资，且不低于当地最低工资标准。当然，企业可以通过提成工资季度平衡、提成底薪最低工资保底等方式予以调整。

关联法规

第 6 条　计件工资是指对已做工作按计件单价支付的劳动报酬。包括：

……

（三）按营业额提成或利润提成办法支付给个人的工资。

——国家统计局《关于工资总额组成的规定》

第 12 条第 2 款、第 3 款　实行计件工资或提成工资等工资形式的用人单位，在科学合理的劳动定额基础上，其支付劳动者的工资不得低于相应的最低工资标准。

劳动者由于本人原因造成在法定工作时间内或依法签订的劳动合同约定的工作时间内未提供正常劳动的，不适用于本条规定。

——劳动和社会保障部《最低工资规定》

案例39：女职工“三期”薪资支付管理

方小姐于2018年1月进入江苏苏州某纺织集团有限公司制造部工作，其后不久方小姐怀孕，次年3月，方小姐育有一女。由于育后身体虚弱，经公司批准，休了为期6个月的哺乳假。方小姐怀孕期间、生育期间及哺乳期间，公司以不能按时出勤为由给方小姐降了一级基本工资，方小姐要求公司做出解释。公司人事部以公司规章制度为由，指出公司对方小姐进行相应工资调整是依规处理，任何员工均不会例外。方小姐不服，向当地劳动争议仲裁委员会提出申诉，要求补发工资。公司举证公司规章制度中明确规定，女职工孕期、产期和哺乳期间，企业可以根据情况，将该女职工工资按照同岗位最低职位工资发放，但不得低于最低工资。公司对方小姐等一线员工实行的是计件工资制，怀孕和生产期间没有工作量，本不应当支付工资，但公司还是进行了酌情处理。方小姐作为熟练工，在公司里的同岗位职等工资中属于二级基本工资，由于其进公司时间不长就怀孕，所以公司将其工资向下调整至一级基本工资是合理的，同时此基本工资也高于当地最低工资标准。最后，劳动争议仲裁委员会裁决方小姐在孕期、产期和哺乳期间的工资按照公司满勤工资或江苏省规定的“三期”特定工资比例下限发放，要求公司补发了方小姐的“三期”工资差额。

专家分析

女职工“三期”劳动保护是国家对女性职工进行特别关怀的重要措施。加上经期，女职工特殊生理期间实际上为“四期”。这些特殊生理期间，法律法规规定了企业的特别义务，也即不得降低其基本工资，同时还应给予其相应的劳动保护待遇。就女职工“三期”工资待遇而言，国务院《女职工劳动保护特别规定》规定，企业不得在女职工怀孕期、产期、哺乳期降低其基本工资，或者解除劳动合同。

相对而言，国务院制定的《女职工劳动保护特别规定》（国务院令第619号）是从全国层面来进行展开的，各地方政府制定的本地方女职工劳动保护立法则更为具体，比如《江苏省女职工劳动保护特别规定》（省政府令第122号）第17条规定，如经单位批准，女职工可以休不超过6个月的哺乳假，且工资待遇不得低于最低工资标准的80%。

实务指南

对于处于“三期”的女职工而言，企业应当首先注意给予相关薪资待遇不仅是企业应当承担的社会责任，而且还是国家法律法规规定的法定责任。而对于女职工“三期”

工资待遇的基数判断而言，其相应工资待遇应当被认为是出勤工资，即以该员工正常出勤所得工资为基准进行计算。有些企业采取发放基本工资的做法存在一定的风险，但就技术层面而言，如果员工工资仅分为基本工资和其他出勤补贴两块，发放基本工资的做法仍具有相应的合理性。对于女职工较多的企业而言，尤其要注意以下事项的处理：

1. 对女职工薪资进行特别管理。由于女职工管理的特殊性，企业可以对女职工薪资进行专门的管理，对工资结构进行调整和优化，在保障女职工法定福利的情形下，也尽量在法律允许的范围内设定薪资结构，节省用工成本。当然，如果企业效益较好，也可以适当增加对女职工的薪资待遇福利。

2. 依法为女职工缴纳生育保险。生育保险作为女职工的一项福利待遇，实际上也给企业缓冲了女职工“三期”特别是产期工资的开支。同时，生育保险待遇是一种社会保险待遇，企业可以通过缴纳生育保险的方式将社会责任成本转移。至于产假工资和生育津贴，多数地方都是认可冲抵制的，即可用生育津贴冲抵产假工资部分。

关联法规

第 5 条　用人单位不得因女职工怀孕、生育、哺乳降低其工资、予以辞退、与其解除劳动或者聘用合同。

第 8 条　女职工产假期间的生育津贴，对已经参加生育保险的，按照用人单位上年度职工月平均工资的标准由生育保险基金支付；对未参加生育保险的，按照女职工产假前工资的标准由用人单位支付。

女职工生育或者流产的医疗费用，按照生育保险规定的项目和标准，对已经参加生育保险的，由生育保险基金支付；对未参加生育保险的，由用人单位支付。

——《女职工劳动保护特别规定》

第 17 条　经本人申请，用人单位批准，女职工可以休不超过 6 个月的哺乳假，待遇不得低于当地最低工资标准的 80%，超过 6 个月的，待遇由双方协商确定。

——《江苏省女职工劳动保护特别规定》

3. 常见薪资争议的法律对策

劳动关系与一般的民事关系的区别在于其不同的特点：其一，隶属性。即劳动关系的建立与存续，均以劳动者接受用人单位的管理为前提。其二，人身性。即劳动关系的建立与存续，必须以劳动者本人亲自履行劳动合同为基础。其三，经济性。即劳动关系的建立与存续，均以用人单位向劳动者支付劳动报酬为条件。也正是因为劳动关系的这三大特点，导致了劳动争议的高发性和集中性，而劳动争议案件中最易发生的，也即是薪资待遇争议。由于薪资待遇事关劳动者切身利益，所以在各地劳动仲裁部门审理劳动争议案件中的比例一直居高不下。而这些薪资争议的主要体现，则反映在两个方面：一是规则或约定不明情形下劳动报酬的确定；二是特殊情形下薪资待遇的调整和变更。

案例 40：员工离职仍有权要求企业支付年终奖吗？

张先生于 2015 年 5 月进入上海某合资公司工作，2017 年 9 月离职。2018 年 3 月，他得知公司发放 2017 年年终奖后，认为自己也应拿到一半奖金，理由是年终奖既然是对于员工在一年中为公司工作的回报与奖励，如果员工按劳动合同和公司的规定完成了自己的工作任务，公司就不能歧视离职员工，应当贯彻同工同酬的原则，付给离职员工相应数额的奖金。但他的要求却遭到公司的拒绝，因为公司规定只有在发放年终奖时仍然在册的员工才能享受年终奖，而张先生已经离职，无权再拿年终奖；而且，国家的法律法规对于年终奖的发放目前并没有明确的规定，因此，只要不违反法律规定和劳动合同的约定，企业完全有权自主决定年终奖的发放范围和发放方式。张先生不服，向劳动争议仲裁委员会提起仲裁。仲裁委员会审理后最终裁决：公司有权自主制订年终奖分配方案，但是由于本案中公司规章制度和劳动合同都没有对年终奖进行明确规定，因此，按照同工同酬的原则，张先生应当得到相应的年终奖。

专家分析

年终奖核算与发放一向是企业与员工特别是离职员工争议最多的问题之一。而关于年终奖事项存在诸多焦点问题，此处仅只分析与本案有关的两个问题。其一，年终奖是否属于劳动报酬？其二，员工离职后是否有权获得年终奖？

对于第一个问题，在本节案例中，仲裁委根据《劳动法》规定的“同工同酬”原则裁决张先生获得相应的年终奖，关键的一点是把年终奖界定为劳动报酬的一种而不是福利，那么年终奖到底是否属于劳动报酬呢？根据国家统计局《关于工资总额组成的规定》的有关规定，年终奖是奖金的一种，似乎可以进而认为也是工资的一部分，属于劳动报酬的范围。但从法律属性上讲，工资与年终奖毕竟不同，《劳动法》严格约束的仅是工资部分，年终奖则完全不同，它属于劳动法私法性质的内容，《劳动法》并没有规定公司必须给员工发放年终奖，因此公司完全有权决定不发放年终奖，也有权自主决定年终奖发放的具体标准、范围和方式。

从另一角度来看，在司法实践中，对于年终奖的争议往往首先要看集体合同、双方的劳动合同中有没有合理的约定，如果没有约定，则看用人单位有没有明确的有关薪资奖金方面的规章制度。如果企业有比较明确的规章制度，对员工的薪水组成和奖金办法有细致的分类和规定，那么年终奖可以作为特别福利或特别奖励而区别于一般薪酬。如果企业没有此方面具体的规章制度，那么如何界定年终奖的属性则要看具体案例的实际情况，在无法判断一些企业工资和年终奖界限的时候，仲裁员或法官有一定的裁量权，很有可能做出劳动者提出的年终奖请求属于劳动报酬的裁决，导致企业败诉。本案就是其中一例。

对于第二个问题，一般而言，年终奖争议一般发生在离职员工与原公司之间。对于没有制定相关规章制度的企业而言，在劳动仲裁时承担年终奖的风险要高一些。对于已经明确制定规章制度规定年终奖在离职后不予发放的企业来讲，分为两种情形：一是劳动者在做满一年后离开公司，这时年终奖的考核依据已经确定，只是在实际计核和发放时员工已离开公司；二是劳动者在公司没有做满一年，其年终奖的请求主要是按照一年业绩的月份比例来比照。对于这两种情形，前一种情形劳动者要求企业支付年终奖得到仲裁认可的可能性大于后者。但只要企业具体细致地在属性上规定了年终奖不属于劳动报酬，在发放条件上明确了离职后没有年终奖，那么企业的败诉风险则要小许多。而本节案例属于后一种情形，败诉属于很自然的事情。

实务指南

在年终奖问题上，建议企业要充分利用好规章制度、劳动合同等有效工具。在对年终奖属于法定的劳动报酬的理解上还存在分歧的情况下，企业可以在对劳动报酬进行一般规定之外，另行详细明确年终奖的发放范围、发放标准和发放方式。企业还可以规定，年终奖是员工的一项特殊福利，而非一般的劳动报酬，是企业依据员工绩效考核做出的一种激励方式，从而明确本企业年终奖的基本属性。这些内容，企业可以通过制定和完善有关规章制度的方式来进行，也可以直接在与员工签订的具体劳动合同中加以约定。完善的年终奖制度不但有利于提高公司的凝聚力和员工工作积极性，也能更好地维护公司的合法权益，减少不必要的争议和麻烦。

关联法规

第 4 条　工资总额由下列六个部分组成：（一）计时工资；（二）计件工资；（三）奖金；（四）津贴和补贴；（五）加班加点工资；（六）特殊情况下支付的工资。

第 7 条　奖金是指支付给职工的超额劳动报酬和增收节支的劳动报酬。包括：（一）生产奖；（二）节约奖；（三）劳动竞赛奖；（四）机关、事业单位的奖励工资；（五）其他奖金。

——国家统计局《关于工资总额组成的规定》

案例 41：依据规章制度调薪与劳动合同的变更

2018 年 1 月，赵某进入某保健品公司上海销售公司，任市场拓展部经理。2019 年 1 月，在公司举行的市场与销售业绩总结分析会上，总经理认为赵某主导的市场拓展和公关工作效果不明显，也导致了上海地区同级别销售经理中的业绩乏善可陈。于是，总经理决定将赵某的薪资向下降低 3 个级别，即从原来的 12000 元调整为 6000 元，并要求其在随后下一个季度好好表现，并向其表示，如果接下来两个季度市场工作仍不见起色，公司将与其解除劳动合同。而赵某认为，2018 年度的销售业绩不明显，最重要的原因是受到市场的影响，另外，销售薪酬制度不合理也导致了销售人员积极性不高。并且，自己当时签订的劳动合同岗位是市场拓展部经理，并没有特别提到要到政府和医院负责公共关系。总经理做出减薪处理的真正目的在于逼走自己，选任现在自己手下任职的总经理妻弟接任该职。于是，其向总经理提出这种减薪行为不合理，但是总经理未予任何答复。赵某于是将公司告上仲裁庭。仲裁庭经审理后裁决，公司减薪行为违法，应补发相应工资给赵某。

专家分析

通常而言，调整岗位与调整薪水是相互关联的，属于劳动合同的变更事项，企业首先对员工进行向下的岗位调整，而后随之向下调整该员工的薪水，以适应调整后岗位的水平。但实践中，也有部分单纯调整薪水引发的劳动争议，比如本节案例，即是一起典型的调薪劳动争议案件。企业出于生产经营的需要，可能会面临对部分员工的工作岗位以及薪酬进行调整的情况，但是企业进行调岗调薪要有法定或约定的基础。如果双方协商一致，调整员工的薪酬，是出于自愿的劳动合同变更，一般也不会发生争议。

对于企业单方面调整员工薪酬而言，特别要注意合理性原则。这种合理性体现在：（1）规章制度或劳动合同对薪酬调整有相应的规定或约定；（2）企业有相应的证据来证明此种薪酬调整是合理适当的。在本节案例中，即便是由于赵某本人能力不佳而导致公司销售业绩跟不上，如果规章制度或劳动合同中没有设置相应的绩效和薪酬调整事项，公司的这种减薪行为也是受法律严格约束的。本节案例中，企业没有提供关于调整薪酬方面相应的规章制度规定事项和劳动合同约定条款，最终导致了败诉。

实务指南

在实务中，企业遇到工作业绩或表现不好的员工，会采取减薪的方式进行处理，但是这其中暗含了诸多的法律风险。企业要想在调整员工薪酬方面占据主动地位，未雨绸缪，尤须注意以下处理原则和操作要领：

1. 在劳动合同和规章制度中明确相关事项。例如，在“劳动报酬”条款或薪资管理专章中可以约定或规定，“甲方可根据实际经营状况、内部规章制度、对乙方的考核结果，以及乙方的工作年限、奖惩记录、岗位和工作内容变化等，相应地调整乙方的工资水平，但不可低于所在地的最低工资标准”。需要提醒的是，此种约定或规定并不必然导致调薪行为的正当性。欲使这些约定或规定取得法律上的合理性，则还需对具体的薪资调整办法做出公平、合理和细致的约定或规定。

2. 通过协商一致的原则处理合同变更事宜。调整薪酬行为属于劳动合同的变更，所以最好能取得双方当事人的一致意见。如果是对员工进行加薪，员工一般没有太大意见，容易达成一致。而如果下调工资，则需要尽量与员工进行沟通。员工与企业就是否应当调整或调整幅度有不同看法时，应尽量寻求适当妥协下的协调处理。否则，一旦这种协调不成功，而又不能依据相关法定渠道进行处理，给企业带来的相应成本会相对较大。对员工的调薪面谈，应当根据不同的员工性格和实际工作情况进行差异化的处理。

3. 在保留相关证据的前提下进行适当调薪。如果与员工的沟通存在困难，或员工根本不愿意正视自身存在的过失或能力胜任问题，则企业需要事先保留涉及员工过失或能力胜任问题的相关证据。企业只有在取得这些证据后，才可以依据劳动合同或规章制度的约定或规定，按照合理性原则，采取相应的调薪行为。此种调薪行为，应在劳动合同约定的范围内进行，即使产生争议，也仅涉及劳动合同履行过程中的一些认识问题，否则又将涉及劳动合同的变更，需要双方协商一致。

（二）岗位管理制度

岗位管理制度对人力资源管理层面上的重要性是不言而喻的，但是就法律上的重要性而言，并未引起企业的相当注意和足够理解。《劳动合同法》文本中涉及的岗位管理的规定主要有：（1）劳动合同中必备条款之“工作内容”的约定；（2）薪资约定不明时参照相同或相近岗位同工同酬原则处理；（3）涉及非过失性解除之前的法定调整岗位的程序；（4）劳务派遣中的岗位约定事项。对于企业而言，最为关注的涉及岗位管理的部分是劳动合同中工作岗位的约定，以及何时可以、如何调整员工的工作岗位。岗位管理在企业劳动人事管理实践中产生过很多问题，这种情况在《劳动合同法》实施以后将变得更为明显。

案例 42：岗位设定不明确导致的法律风险

2010 年 1 月，广东东莞某港资电子配件企业为了在《劳动合同法》实施背景下更好地管理员工，避免以后因订单需要或工作安排另行安排岗位带来的法律上的潜在麻烦，故将所有员工的劳动合同统统分为甲、乙两类：甲类是管理技术职岗位，乙类是工勤技能职岗位。甲类岗位主要是指企业的行政管理人员和技术人员，乙类岗位主要是指企业的操作和工勤人员。并且，在企业与所有员工签订的劳动合同中，工作内容一项统统只被约定为甲、乙两类。该企业认为，不管企业如何变动员工的具体岗位，只要其工作内容所属的类别不发生变化，则不构成法律上的调整岗位。同时，该企业还以工勤岗位为例指出，由于企业的主要业务是电脑主机零部件的生产，采取订单作业的方式，员工没有具体的岗位说明，今天这批货需要做主板切割，明天那批货需要做零件焊接，所以也没法去约定切割工、电焊工等具体工种和岗位。请问，这种岗位约定或曰岗位管理方式是否存在法律上的风险？[①]

① 笔者应邀在给这家企业来自香港地区的部门经理以上中高层管理人员做主题内训时，其副总经理面对《劳动合同法》表示出相当的担忧，认为新法对于员工调岗的要求过于苛刻，令企业难以接受。笔者建议其对岗位管理制度予以完善，细分技术工种和非技术工种岗位，作为应对思路。

专家分析

目前很多企业不重视岗位管理，往往在劳动合同中直接约定具体岗位的名称、工作内容和岗位工资标准。《劳动合同法》实施后，对变更劳动合同的岗位，在法律上要求双方必须协商一致，否则应按照原劳动合同继续履行。这种背景下，很多企业矫枉过正，像本节案例所描述的企业一样，采取极为抽象的方式进行管理，认为这样正好巧妙合理地规避了法律规定。而事实上，这种抽象的规定，在法律上会被认为是岗位约定不明确，最后岗位确定可能是按照实际履行原则来处理。比如说，管理职员由人事经理变为人事副经理的时候，企业认为岗位未变，依然是管理职，而员工则会按照实际履行原则指出之前从事的是管理职中的人事经理职，企业变动其职位应与其协商一致，这种情形下企业依然面临调岗上的法律困境。

又比如，对于今天从事主板切割的员工而言，明天企业安排其去做元件电焊，员工可以说不同意，因为他的工作岗位就是切割工种的岗位，企业调整其从事更高技术含量和难度的电焊工种，他难以胜任，也不愿意从事。此种情况下，企业亦不能强制其从事电焊工作，也不能以拒不服从工作安排为由惩罚该员工或解除合同，因为员工本身亦无违反劳动合同的行为，其仅是要求按照原岗位约定进行履行。所以，企业如此处理造成的法律风险是显而易见的。企业的正确做法是合理设定岗位职责和岗位管理制度，比如管理职岗位可以分为采购、研发、工程、人事、总务、销售、财务等不同的具体岗位，而不同的具体岗位上再设定相应的职位等；又比如工勤岗位，则可以细分为技术性工勤岗位比如电焊、检测、油漆等技术性工作，以及普通性工勤岗位如包装、装卸、切割等简单工种。本节案例中，由于该企业强调一人多岗，则可以在劳动合同中约定具体的岗位种类。这样，在约定的多种岗位上进行调整，就不会涉及劳动合同岗位的实际变更。

实务指南

岗位设定和岗位管理涉及企业的具体生产经营和劳动人事状况，不同的企业有着不同的岗位安排和工种制度，但是作为存在共性的岗位管理原则，以下原则方法以及操作细节可以被企业参考和采用：

1. 将员工的劳动合同和岗位协议进行拆分管理。对于劳动合同期限较长或为固定期限的劳动合同而言，企业可以选择采用岗位聘任制。岗位聘任制是指企业可以将劳动合同期限和工作岗位期限分别予以规定，一般合同期限较长，岗位期限较短，如需要调整岗位的，在岗位到期后重新予以聘任原岗位或新的岗位。这样劳动合同和岗位合同相互辅助配合，不仅免除了固定期限劳动合同订立次数的法定限制，同时也对长期劳动关系下的岗位管理做出了合理的阶段性分配和处理。

2. 在岗位协议中对员工岗位要素进行明确约定。岗位协议应对员工在该岗位的聘用期限、聘用办法、考核标准、聘用标准等进行详细的规定，并制定《岗位说明书》。通常而言，岗位可分为管理岗位、专业技术岗位和工勤技能岗位等类型。管理岗位指担负领导职责或管理任务的工作岗位；专业技术岗位指从事专业技术工作，具有相应专业技术水平和能力要求的工作岗位；工勤技能岗位指承担技能操作和维护、后勤保障、服务等职责的工作岗位。同时，企业还可以根据实际工作需要设置特设岗位，用于聘用急需的高层次人才等特殊需要。

3. 注意绩效考核、薪资管理与岗位制度相配合。岗位聘任制在实施中应当与绩效考核制、岗位工资制相结合。企业可以将固定工资分为多个部分，其中一部分为岗位工资，每个岗位的工资各异，再在此基础上依据绩效表现设置浮动工资。企业和员工可以约定基本工资和在岗工资，并约定员工在岗位到期时将依据绩效考核制度重新设置新的岗位。同时双方还可以在劳动合同中对在岗不同绩效的工资待遇进行约定。双方可以在劳动合同中对不同工作绩效情形下的工资待遇进行约定。在员工正常在岗工作时，企业按照约定标准支付基本工资、岗位工资，并按考核结果发放绩效工资。

关联法规

第 35 条　用人单位与劳动者协商一致，可以变更劳动合同约定的内容。变更劳动合同，应当采用书面形式。

变更后的劳动合同文本由用人单位和劳动者各执一份。

——《劳动合同法》

第 13 条　劳动合同法施行后，因用人单位经营期限届满不再继续经营导致劳动合同不能继续履行，劳动者请求用人单位支付经济补偿的，人民法院应予支持。

——最高人民法院《关于审理劳动争议案件适用法律若干问题的解释（四）》

四、新法下的规章制度之休假福利规则

休假福利制度是涉及劳动者切身利益的又一重要方面，休息休假构成了劳动者在劳动报酬等物质性待遇之外的另一项特定人身性待遇，而福利待遇与休息休假相配合，更好地保证了劳动者的社会权利。休息休假是劳动者在劳动关系存续期间内，不必从事生产和工作而自行支配的时间。休息休假是劳动者在法定工作时间之外用以消除疲劳，进行业务学习、参加社会交往和从事家庭事务等所占用的时间。从根本上讲，劳动者的休息休假权利是人身权利和自由的延伸，为了防止劳动者为了生存而丧失人格尊严和自由，法律规定了劳动者的休息休假，来维护其基本的人身自由，使其能够体面地劳动。福利制度则是企业为了更好地留住员工，在给予员工更多物质性和人身性待遇的同时，也为企业人力资源储备带来更多的竞争力。

（一）休假管理制度

休假管理制度作为规章制度的重要组成部分，对公休日、法定节假日、年休假、病假、丧假、婚假、探亲假、事假、女职工孕假、产假和哺乳假等假期做出相应的规定。在这些假期中，部分是国家强制的带薪法定假期、部分是企业可以自主安排的带薪或无薪假期。就日常劳动人事管理实践而言，年休假和病假管理是当前企业尤为关注的事项。这些事项主要体现在，企业如何贯彻国务院最新颁布出台的《职工带薪年休假条例》、企业应如何进行病假管理设计以及如何处理长病假员工等一系列问题。

1. 带薪年休假管理制度

在 2008 年 1 月 1 日以前，职工年休假制度停留在口号宣讲阶段。2008 年 1 月 1 日以后，《职工带薪年休假条例》正式施行，职工年休假开始在立法规定上落到实处。2008 年 2 月 15 日，《机关事业单位工作人员带薪年休假实施办法》颁布施行；2008 年 9 月 18 日，《企业职工带薪年休假实施办法》颁布施行。年休假制度不仅是政府机关公务员和参照公务员管理的事业单位的法定权利，同时也是各种所有制企业员工的法定权利。这种权利是国家法律赋予的，企业不能随意地予以取消或缩减。

案例 43：员工申请法定带薪年休假就必须许可？

田女士是上海市某韩资对外贸易公司的财务部会计，截至 2018 年 1 月，她已在公司工作了两年。2018 年 1 月，田女士的丈夫因公到香港出差，田女士欲一同前往旅游，于是向公司财务部申请休带薪年休假 5 天。公司财务部和人事部联合答复她，公司目前尚未在公司规章制度中补充规定职工带薪年休假制度，尽管公司能够承诺她可以依据年休假条例给予其相应的年假，但是由于公司正在整理账簿和财务资料，人手非常紧张，现在不能批给她年休假，希望她能理解。另外，人事部经理还告知，对于财务部员工而言，现在即使请无薪事假都不可能批下来。田女士认为，带薪年休假是国家规定的劳动者享有的权利，公司不批给其年休假是违反国家年休假条例规定的。于是，田女士决定向劳动监察大队投诉。

专家分析

《职工带薪年休假条例》规定，职工在企业连续工作 1 年以上的，依法享受带薪年休假。企业应当保证职工享受年休假，且职工在年休假期间享受与正常工作期间相同的工资收入。职工累计工作已满 1 年不满 10 年的，年休假 5 天；已满 10 年不满 20 年的，年休假 10 天；已满 20 年的，年休假 15 天。单位确因工作需要不能安排职工休年休假的，经职工本人同意，可以不安排职工休年休假；对职工应休未休的年休假天数，单位应当按照该职工日工资收入的 300% 支付年休假工资报酬。

本节案例中，田女士已在公司工作了两年，依法应当享有 5 天的年休假。在田女士休假期间，应享受同正常工作期间相同的工资待遇。在这一点上，企业一般也无异议。但是对于年休假怎么休，则确有不同的理解。员工是否随时可以请年休假？企业是否必须批准？企业是否可以要求员工的事假、病假优先冲抵年休假？当年度本人不申请年休假或不申请年休假结转下一年使用的视为自动放弃？等等。就目前年休假制度而言，企业可以把握以下两个方面的原则：一是年休假国家法定原则。年休假法定原则不仅指年休假的天数法定，而且还指年休假的延转、免除等情形法定及违法责任法定。二是年休假企业调控原则。企业可以在国家规定的法定天数情形下，结合员工意愿和企业自身情况，自主安排员工年休假计划及年休假请假销假制度。

实务指南

带薪年休假制度作为国家新的强制休假制度，将对以后企业的休假福利制度产生深远的影响。对企业而言，加强对《职工带薪年休假条例》的理解和运用，在法律法规规定和许可的范围内合理安排职工年休假制度，无论是从人力资源管理的角度，还是从合法性经营的角度来看，都是非常重要的。企业可以在如下方面改进和完善自己的年休假管理制度：

1. 依法定程序制定有效的年休假制度。企业要在国家年休假立法颁布后，进一步制定或改进规章制度的相关规定，在规章制度中明确规定年休假制度。依据《劳动合同法》和《职工带薪年休假条例》的规定，企业制定年休假具体制度时，应当经职工代表大会或者全体职工讨论，提出方案和意见，与工会或者职工代表平等协商确定。

2. 相应调整和改进现行的年休假制度。国家法定标准是1年工龄以上的员工才享有年休假，也就是对于1年以内工龄的员工，企业可以根据自身情况，自主决定是否给予其年休假。再就是，对于享受年休假待遇的员工，给予视同正常工作期间相同的工资，并非给予最低日工资或基本工资即可。至于年休假期间是否需要支付绩效工资部分，则可以依据规章制度自行处理。

3. 进行年休假制度事项的自主性设计。《职工带薪年休假条例》是国家强制性规定，企业必须遵守。而对于国家对年休假特别事项的规定，企业也应该注意掌握，根据企业实际情况，充分利用好这些年休假特别规定。比如，在带薪事假设置方面，企业要考虑员工的工龄以及相应的年休假期，综合设置带薪事假；又比如，在带薪病假设置方面，企业要考虑员工的工龄、相应的年休假期以及国家法定医疗期，统筹设置带薪病假；等等。

4. 利用工会协商机制灵活处理年休假。对于一般行业的单位而言，按照国家规定安排年休假比较适宜。对于劳动密集型、制造业等高体力劳动强度行业而言，最好实行强制年休假制度，因为年休假工资的成本更高。对于知识密集型、高科技等高智力劳动强度行业而言，如果确实不能安排年休假，则可以通过工会协商机制，将年休假集中安排在春节前后等非繁忙工作时间，或是在员工同意的基础上补发年休假工资。

5. 特别注意法定情形的法律责任科罚。企业应严格依照法律规定来安排和调节员工的年休假，并通过专门的规章制度来予以明确。如果企业没有依法为员工安排年休假或强制取消年休假，或没有依法支付年休假工资，特别是在受到相关部门责令通知后仍不执行的，300%的年休假工资和赔偿金对于企业而言，这种法律责任的实际成本更高。

关联法规

第2条 机关、团体、企业、事业单位、民办非企业单位、有雇工的个体工商户等单位的职工连续工作1年以上的，享受带薪年休假（以下简称年休假）。单位应当保证职工享受年休假。职工在年休假期间享受与正常工作期间相同的工资收入。

第3条 职工累计工作已满1年不满10年的，年休假5天；已满10年不满20年的，年休假10天；已满20年的，年休假15天。

国家法定休假日、休息日不计入年休假的假期。

第4条 职工有下列情形之一的，不享受当年的年休假：

（一）职工依法享受寒暑假，其休假天数多于年休假天数的；

（二）职工请事假累计20天以上且单位按照规定不扣工资的；

（三）累计工作满1年不满10年的职工，请病假累计2个月以上的；

（四）累计工作满10年不满20年的职工，请病假累计3个月以上的；

（五）累计工作满20年以上的职工，请病假累计4个月以上的。

第5条 单位根据生产、工作的具体情况，并考虑职工本人意愿，统筹安排职工年休假。

年休假在1个年度内可以集中安排，也可以分段安排，一般不跨年度安排。单位因生产、工作特点确有必要跨年度安排职工年休假的，可以跨1个年度安排。

单位确因工作需要不能安排职工休年休假的，经职工本人同意，可以不安排职工休年休假。对职工应休未休的年休假天数，单位应当按照该职工日工资收入的300%支付年休假工资报酬。

——《职工带薪年休假条例》

第4条 年休假天数根据职工累计工作时间确定。职工在同一或者不同用人单位工作期间，以及依照法律、行政法规或者国务院规定视同工作期间，应当计为累计工作时间。

第5条 职工新进用人单位且符合本办法第三条规定的，当年度年休假天数，按照在本单位剩余日历天数折算确定，折算后不足1整天的部分不享受年休假。

前款规定的折算方法为：（当年度在本单位剩余日历天数÷365天）×职工本人全年应当享受的年休假天数。

第10条 用人单位经职工同意不安排年休假或者安排职工年休假天数少于应休年休假天数，应当在本年度内对职工应休未休年休假天数，按照其日工资收入的300%支付未休年休假工资报酬，其中包含用人单位支付职工正常工作期间的工资收入。

用人单位安排职工休年休假，但是职工因本人原因且书面提出不休年休假的，用人单位可以只支付其正常工作期间的工资收入。

第11条 计算未休年休假工资报酬的日工资收入按照职工本人的月工资除以月计薪天数（21.75天）进行折算。

前款所称月工资是指职工在用人单位支付其未休年休假工资报酬前12个月剔除加班工资后的月平均工资。在本用人单位工作时间不满12个月的，按实际月份计算月平均工资。

职工在年休假期间享受与正常工作期间相同的工资收入。实行计件工资、提成工资或者其他绩效工资制的职工，日工资收入的计发办法按照本条第一款、第二款的规定执行。

第12条 用人单位与职工解除或者终止劳动合同时，当年度未安排职工休满应休年休假的，应当按照职工当年已工作时间折算应休未休年休假天数并支付未休年休假工资报酬，但折算后不足1整天的部分不支付未休年休假工资报酬。

前款规定的折算方法为：（当年度在本单位已过日历天数÷365天）×职工本人全年应当享受的年休假天数－当年度已安排年休假天数。

用人单位当年已安排职工年休假的，多于折算应休年休假的天数不再扣回。

——人力资源和社会保障部《企业职工带薪年休假实施办法》

2. 病假管理制度

非因工负伤，需要停工休息的，企业应当依法给予病假，并且在医疗期内不能解除劳动合同。由于病假期间不需要工作也可以获得报酬且企业不得随意解除和终止劳动合同，同时部分医疗机构没有规范的病假证明管理制度，所以有时不需休养的员工也可以轻易获得病假证明，可能会出现“小病大养”甚至“无病装病”现象。另外，由于个人诚信和就业文化等方面的影响，员工因各种原因不愿意上班工作时，也常常会采取请病假方式。这种现象既增加了企业成本，同时也容易对企业正常的管理秩序造成消极影响。而《劳动合同法》进一步加强了医疗期解除的作用，这就要求企业必须加强病假管理，制订和完善相应的病假管理制度。

案例44：公司规定员工指定医院就医方可认定病假？

上海某国有大型公司职代会通过了劳动纪律，规定职工开具病假证明，必须到指定医院就诊，其他医院开具的病假证明一律不予认可，停工期间按旷工处理。方小姐患病一年多来一直递交所在区医院开具的病假证明，公司便告知其应遵守规章制度，此后方小姐一直未按规定交病假单，公司拒收方小姐递交的由区医院开具的病假证明单，对其做出了旷工处理。方小姐认为自己已在区医院就诊并开出病假单，公司无理拒收，要求撤销辞退决定、恢复劳动关系、支付病假工资等。公司认为，为加强病假管理，经职代会讨论通过的指定医院制度可以作为管理员工的规章制度。方小姐明知道公司规定，仍然拒交病假单，故对方小姐做出的违纪辞退决定是正确的。法院经审理后认为，职工可以到市内建立医疗保险结算关系的所有医疗机构就诊，公司的规定损害了员工就医的基本权利，是无效条款，判决双方恢复劳动关系，公司支付病假工资。

专家分析

员工在病假期间可以享受医疗期费用报销和病假工资两项待遇。我国原来执行企业医疗保险制度，由企业负担职工的医疗费用，20世纪90年代以后开始推行医疗保险社会统筹制度，员工患病就医的医疗费用可以通过医疗保险基金报销。如果企业没有为员工缴纳医疗保险，则医疗费用由企业承担。病假工资则仍由企业负担，目前各地均规定病假工资的最低标准不得低于最低工资的80%。依据劳动部有关规定，病假工资计算公式为：工资基数×支付比例×病假时间。

就工资基数而言，依照劳动部规定，病假工资以本人的工资为计算基数。对于支付比例，劳动部按照职工在本企业工龄来确定支付比例，职工疾病或非因工负伤连续休假在6个月以内的，本企业工龄不满2年的按本人工资60%计发；已满2年不满4年的，按本人工资70%计发；已满4年不满6年的，按本人工资80%计发；已满6年不满8年的，按本人工资90%计发；已满8年及8年以上的，按本人工资100%计发。职工疾病或非因工负伤停止工作连续医疗期间超过6个月的，本企业工龄不满1年的，按本人工资40%计发；已满1年未满3年的，按本人工资50%计发；3年及3年以上的，按本人工资60%计发。①

---

①《劳动保险条例实施细则修正草案》实际上是一个没有生效的法律文本，同时《劳动保险条例》也被随后出台的《工伤保险条例》等法规代替，但是《修正草案》中关于医疗期工资的规定还是通常作为一种合理的办法，被多数地方性立法和企业规章制度所吸收和采纳。当然，关于工资计算基数，不同地方有不同规定。比如《上海市企业工资支付办法》则规定，劳动合同、集体合同可以约定病假工资基数，如果没有约定，该计算基数就应当是劳动者所在岗位正常出勤月工资的70%，且该基数不得低于政府规定的最低月工资标准。

表 10：职工医疗期病假工资一览表

	工龄计算	病假工资
连续休假 6 个月以内	连续工龄不满 2 年	按本人工资的 60% 计发
	连续工龄满 2 年不满 4 年的	按本人工资的 70% 计发
	连续工龄满 4 年不满 6 年的	按本人工资的 80% 计发
	连续工龄满 6 年不满 8 年的	按本人工资的 90% 计发
	连续工龄满 8 年及以上的	按本人工资的 100% 计发
连续休假超过 6 个月	连续工龄不满 1 年的	按本人工资的 40% 计发
	连续工龄满 1 年不满 3 年的	按本人工资的 50% 计发
	连续工龄满 3 年及以上的	按本人工资的 60% 计发

实务指南

1. 调控病假薪酬待遇与病假补贴。作为企业而言，有必要根据自身情况制订相应的病假工资制度，具体而言可以从两个方面入手：其一，充分用足病假工资政策，按照底线标准设计病假工资体系。这样使得长期混病假、“小病大养”的员工将遭受较大的经济损失，减少企业的经济成本。其二，设立大病补贴，对确有重病的员工，企业予以适当补贴，以保障员工的生活，体现企业的社会责任。

2. 规范病假申请程序与销假手续。医疗期存在的前提是员工确实患病且需要停工休息，没有病假自然也没有医疗期，病假是职工患病或非因工负伤，经医生建议、企业批准停止工作治病休息的期间。单位应当加强日常病假管理，建立严格的请假程序。

疾病可以分为慢性病和急症，企业可以分别设定不同的请假程序。对慢性疾病，可以实行事先请假制，即规定职工应先递交书面休假申请，同时提供医院病历、病假建议单等材料，病假申请经单位职能部门批准后员工才可以离岗休息。对于急症应由员工先行就诊同时口头通知企业，就诊后一定时限内补交书面休假申请、医院病历、病假建议单、急诊挂号单等材料。

对于没有履行请假程序或请假未被批准即离岗休息的，均属于擅自缺勤行为，分别予以处理，对确实患病但因客观原因没有及时请假的，企业可以要求其补办请假程序，对擅自离岗且未患病或病情轻微无须休息的员工，企业可以作事假或旷工处理。

3. 细化病假管理流程与请假审核。通常员工出于对自己身体负责，会选择最合适的医疗机构，但由于部分医疗机构没有规范的病假证明管理制度，所以有时无须休养的员工也可以轻易获得病假证明。

为防止员工滥用病假，企业可以从三个方面着手予以解决：其一，企业可以将定点医院治疗制度改为指定医院复查制度，对于员工长期请病假、反复请病假或企业认为病假可疑的，可以安排员工到指定医院复查，并规定是否给予病假、病假期限以复查结果为准。其二，加大惩处力度，企业可以将虚报病假、利用“假病假，真兼职”行为作为严重违纪行为处理。其三，福利引导。企业对在医疗保险之外予以设计福利种类，比如补充医疗保险、就医路费报销、医疗津贴等，这些福利只适用于在指定医院治疗的员工，通过这些措施引导员工就医。

4. 长病假员工的劳动合同处理。对于长期病假员工，可以结合医疗期的法定期间，对于超过法定医疗期的员工，可以要求其以申请事假的方式给予其相应的治疗期间，同时也可以依据相关法律法规规定，在履行法定程序并支付经济补偿金等款项后与其解除劳动合同。对于在法定医疗期间的员工，企业当然也可以通过协商一致的方式与其解除劳动关系。

根据《劳动合同法》的相关规定，劳动者患病或者非因工负伤，医疗期满后，不能从事原工作也不能从事由用人单位另行安排的工作的，用人单位可以解除劳动合同，但是应当提前30日以书面形式通知劳动者本人或额外支付1个月工资，并依法支付经济补偿金。经济补偿的具体数额，按照员工在本单位的工作年限，每满1年发给相当于1个月工资的经济补偿金，同时还应发给不低于6个月工资的医疗补助费。患重病和绝症的还应增加医疗补助费，患重病的增加部分不低于医疗补助费的50%，患绝症的增加部分不低于医疗补助费的100%。

关联法规

第16条　工人职员疾病或非因工负伤停止工作连续医疗期间在六个月以内者，根据劳动保险条例第十三条乙款的规定，应由该企业行政方面或资方按下列标准支付病伤假期工资：本企业工龄不满二年者，为本人工资百分之六十；已满二年不满四年者，为本人工资百分之七十；已满四年不满六年者，为本人工资百分之八十；已满六年不满八年者，为本人工资百分之九十；已满八年及八年以上者，为本人工资百分之百。

第17条　工人职员疾病或非因工负伤停止工作连续医疗期间超过六个月时，根据劳动保险条例第十三条乙款的规定，病伤假期工资停发，改由劳动保险基金项下，按月付给疾病或非因工负伤救济费，其标准如下：本企业工龄不满一年者，为本人工资百分之四十；已满一年未满三年者，为本人工资百分之五十；三年及三年以上者，为本人工资百分之六十。此项救济费付至能工作或确定为残废或死亡时止。

——劳动部《劳动保险条例实施细则修正草案》

Tips 小贴士：职工医疗期规定

为了保障企业职工在患病或非因工负伤期间的合法权益，国家实施了医疗期制度。医疗期是指企业职工因患病或非因工负伤停止工作治病休息不得解除劳动合同的时限。劳动者患病或非因工负伤，企业应依法给予一定的医疗期，并在医疗期内负有保障其医疗和生活的义务。医疗期未满不得解除伤病职工的劳动合同。医疗期的长度根据职工本人连续工龄和本单位工龄分档次确定。最短不少于3个月，最长一般不超过24个月；难以治愈的疾病，经医疗机构提出，本人申请，劳动行政部门批准后，可适当延长医疗期，但最多为6个月。

原劳动部《关于贯彻执行〈中华人民共和国劳动法〉若干问题的意见》（劳部发〔1995〕309号）第76条规定，依据劳动部《企业职工患病或非因工负伤医疗期的规定》（劳部发〔1994〕479号）和劳动部《关于贯彻〈企业职工患病或非因工负伤医疗期的规定〉的通知》（劳部发〔1995〕236号），职工患病或非因工负伤，根据本人实际参加工作的年限和在本企业工作年限的长短，享受3—24个月的医疗期，对于某些患特殊疾病（如癌症、精神病、瘫痪等）的职工，在24个月内尚不能痊愈的，经企业和当地劳动部门批准，可以适当延长医疗期。

具体规定如下：

1. 医疗期计算

（1）实际工作年限10年以下的，在本单位工作年限5年以下的为3个月；5年以上的为6个月。

（2）实际工作年限10年以上的，在本单位工作年限5年以下的为6个月；5年以上10年以下的为9个月；10年以上15年以下的为12个月；15年以上20年以下的为18个月；20年以上的为24个月。

2. 累计病休计算

医疗期3个月的按6个月内累计病休时间计算；6个月的按12个月内累计病休时间计算；9个月的按15个月内累计病休时间计算；12个月的按18个月内累计病休时间计算；18个月的按24个月内累计病休时间计算；24个月的按30个月内累计病休时间计算。

医疗期计算应从病休第一天开始，累计计算。如，应享受3个月医疗期的职工，如果从1995年3月5日起第一次病休，那么该职工的医疗期应在3月5日至9月5日之间确定，在此期间累计病休3个月即视为医疗期满。其他依次类推。病休期间，公休、假日和法定节日包含在内。

表11：劳动部规定的职工医疗期一览表

总工作年限	本单位工作年限	应给予的医疗期	累计病休时间计算
10年以下	5年以下	3个月	6个月
	5年以上	6个月	12个月

续表

10 年以上	5 年以下	6 个月	12 个月
	5 年以上 10 年以下	9 个月	15 个月
	10 年以上 15 年以下	12 个月	18 个月
	15 年以上 20 年以下	18 个月	24 个月
	20 年以上	24 个月	30 个月

注：病假工资、疾病救济金不低于当地最低工资标准的 80%。国家或地方另有规定的，从其规定。

3. 职工医疗期待遇

（1）企业职工在医疗期内，其病假工资、疾病救济费和医疗待遇按照有关规定执行。

（2）企业职工非因工致残和经医生或医疗机构认定患有难以治疗的疾病，在医疗期内医疗终结，不能从事原工作，也不能从事用人单位另行安排的工作的，应当由劳动鉴定委员会参照工伤与职业病致残程度鉴定标准进行劳动能力的鉴定。被鉴定为一级至四级，应当退出劳动岗位，终止劳动关系，办理退休、退职手续，享受退休、退职待遇；被鉴定为五级至十级的，医疗期内不得解除劳动合同。

（3）企业职工非因工致残和经医生或医疗机构认定患有难以治疗的疾病，医疗期满，应当由劳动鉴定委员会参照工伤与职业病致残程度鉴定标准进行劳动能力的鉴定，被鉴定为一级至四级的，应当退出劳动岗位，解除劳动关系，并办理退休、退职手续，享受退休、退职待遇。

（4）医疗期满尚未痊愈者，被解除劳动合同的经济补偿问题按照有关规定执行。

4. 特殊疾病的医疗期

根据目前的实际情况，对某些患特殊疾病（如癌症、精神病、瘫痪等）的职工，在 24 个月内尚不能痊愈的，经企业和当地劳动行政部门批准，可以适当延长医疗期。

Tips 小贴士：中国内地休息休假制度

1. 带薪休假制度

根据《劳动法》《工资支付暂行条例》《职工带薪年休假条例》等法律法规规定，劳动者依法享受法定节假日、年休假、探亲假、婚假、丧假休假期间，用人单位应按劳动合同规定的标准支付劳动者工资。

（1）法定节假日。法定节假日，是指国家统一规定的用以开展纪念、庆祝等活动的休息时间。各国法定节日一般从三个方面规定，政治性节日，如国庆节、解放日等；宗教性节日，如国外的圣诞节等；民族习惯性节日。根据《劳动法》第 40 条及国务院新修订的《全国年节及纪念日放假办法》的规定，法定节假日可以分为三类，第一类是属于全体劳动者的节假日。属于全体劳动者的节假日一共11天，分别是：元旦（公历1月1日），放假一天；春节（农历初一、初二、初三），放假三天；国际劳动节（公历5月1日）放假一天；国庆节（公历10月1日、2日、3日），放假三天；清明（公历4月5日前后）、端午（农历五月初五）、中秋（农历八月十五），各放假一天。这些节日适逢公休假日，顺延补假。第二类是属于部分劳动者的节日：妇女节（公历3月8日）、青年节（公历5月4日）、建军节（公历8月1日）等，为了便于开展纪念活动，有关公民可以放假半天。具体来说，妇女节（公历3月8日），妇女放假半天；青年节（公历5月4日），14周岁以上的青年（至28周岁）放假半天；中国人民解放军建军纪念日（公历8月1日），现役军人放假半天。第三类是属于少数民族的节日，由少数民族自治区的人民政府，根据各民族习惯，自行决定。

《劳动法》第40条还进一步规定：用人单位在元旦、春节、国际劳动节、国庆节、法律法规规定的其他休假节日，应当依法安排劳动者休假。用人单位安排劳动者在法定休假日工作的，应依法支付加班工资，不得以补假代替加班工资，以切实保护劳动者的休息权。

另外，根据《全国年节及纪念日放假办法》的规定，二七纪念日、五卅纪念日、七七抗战纪念日、九三抗战胜利纪念日、九一八纪念日、教师节、护士节、记者节、植树节等其他节日、纪念日，均不放假。

（2）带薪年休假。带薪年休假，是指劳动者每年享受的连续休假期间，在年休假期间工资照付。根据新颁布的《职工带薪年休假条例》（以下简称《条例》）第2条的规定，“机关、团体、企业、事业单位、民办非企业单位、有雇工的个体工商户等单位的职工连续工作1年以上的，享受带薪年休假（以下简称年休假）。单位应当保证职工享受年休假。职工在年休假期间享受与正常工作期间相同的工资收入”。同时，《条例》第3条还明确了年休假的长短。“职工累计工作已满1年不满10年的，年休假5天；已满10年不满20年的，年休假10天；已满20年的，年休假15天。国家法定休假日、休息日不计入年休假的假期。”至于年休假的具体实施，《条例》第5条规定，“单位根据生产、工作的具体情况，并考虑职工本人意愿，统筹安排职工年休假。年休假在1个年度内可以集中安排，也可以分段安排，一般不跨年度安排。单位因生产、工作特点确有必要跨年度安排职工年休假的，可以跨1个年度安排。单位确因工作需要不能安排职工休年休假的，经职工本人同意，可以不安排职工休年休假。对职工应休未休的年休假天数，单位应当按照该职工日工资收入的300%支付年休假工资报酬”。

（3）探亲假。探亲假，是指职工享有保留工作岗位和工资而分居两地，又不能在公休日团聚的配偶或父母团聚的假期。根据《国务院关于职工探亲待遇的规定》（以下简称《规定》），享受探亲假必须具备以下要件：A. 主体要件。探亲假的主体是国家机关、人民团体和全民所有制企业、事业单位的固定职工。B. 时间要件。探亲假的时间条件为工作满一年。C. 事由要件。一是探望配偶，法定事由是与配偶不住在一起，又不能在公休假日团聚；二是探望父母，法定事由是与父亲、母亲都不住在一起，又不能在公休假日团聚的。D. 例外规定。职工与父亲或与母亲一方能够在公休假日团聚的，不能享受探望父母的待遇。

根据《规定》，探亲假按照不同情形有着不同的期限安排。A. 职工探望配偶：每年给予一方探亲假一次，假期为 30 天。B. 未婚职工探望父母：原则上每年给假一次，假期为 20 天。如果因为工作需要，本单位当年不能给予假期，或者职工自愿两年探亲一次的，可以两年给假一次，假期为 45 天。C. 已婚职工探望父母的：每四年给假一次，假期为 20 天。另外，《规定》还明确了以下一些要点：A. 探亲假期是指职工与配偶、父母团聚的时间，单位可以根据实际需要给职工路程假。B. 上述假期均包括公休假日和法定节日在内。C. 凡实行休假制度的职工（例如学校的教职工），应该在休假期间探亲。如果休假期较短，可以由本单位适当安排，补足其探亲假的天数。D. 职工在规定的探亲假期和路程假期内，按照本人的标准工资发给工资。E. 职工探望配偶和未婚职工探望父母的往返路费，由所在单位负担。F. 已婚职工探望父母的往返路费，在本人月标准工资百分之三十以内的，由本人自理，超过部分由所在单位负担。

对于非国有企事业单位的职工是否有探亲假，国家无明确规定。因此，非国有企业可以根据本单位的实际情况，自主决定是否参考国务院的相关规定制定本单位有关探亲假的规章制度。

（4）婚丧假。婚丧假，是指劳动者本人结婚以及劳动者的直系亲属死亡时依法享受的假期。我国《婚姻法》规定，结婚年龄，男不得早于 22 周岁，女不得早于 20 周岁。晚婚晚育应予鼓励。因此，职工享受婚假的前提是，达到上述法律规定的结婚年龄，且与配偶正式办理了结婚登记手续。丧假的条件是，职工的直系亲属死亡。此外对请丧假范围的划定，有的地方直接规定除直系亲属死亡时可给丧假外，岳父母和公婆死亡时也可给予丧假。

根据 1980 年 2 月 20 日国家劳动总局、财政部发布的《关于国营企业职工请婚丧假和路程假问题的通知》的规定，职工本人结婚或职工的直系亲属（父母、配偶、子女）死亡时，可以根据具体情况，由本单位行政领导批准，酌情给予 1－3 天的婚丧假；职工在外地的直系亲属死亡时需要本人去外地料理丧事的，可以根据路程远近，另给予路程假，但是途中的车船费等，全部由职工自理。目前国家还没有对非国有企业婚丧假做出具体规定，地方一般有规定，并且为了鼓励计划生育，各地对大龄晚婚青年的婚假均有奖励假期的规定，除了国家规定的 3 天假期外，各地一般另给 7 天左右的有薪假期。

2. 其他假期

（1）事假。职工因事请假期间的待遇，国家现行法律规范中没有具体规定。因此，关于职工因私事请假期间的待遇问题，可以由用人单位根据本单位的实际情况通过内部规章制度加以规定。有的单位规定按计时工资标准的一定比例支付待遇，有的单位则规定事假期间没有任何待遇。这些规定都与国家法律规范不抵触，因而都是有效的。职工因私事请假，没有为用人单位提供正常劳动，用人单位向其支付一定的生活费是可以的，不向其支付任何待遇也是可以的，工资照发也可以，具体如何操作可由用人单位在规章制度中规定。

（2）病假。职工因病或非因工负伤请假休息期间的工资计算的法律依据是1951年2月26日由政务院公布、1953年1月2日政务院修正颁布的《中华人民共和国劳动保险条例》和与此相配套并于1953年1月26日由劳动部颁布的《中华人民共和国劳动保险条例实施细则修正草案》。其中规定，职工因病或非因工负伤停止工作医疗时，其停止工作连续医疗期在6个月以内的，按连续工龄的长短发给病伤假工资。

表12：员工假期一览表

种类	名称	天数	前提	待遇	备注
带薪假期	法定节假日	全体公民的，为11天；部分公民的，半天或1天；少数民族的，依据当地规定。其中，属于部分公民放假的假日（妇女节、青年节、建军节），如逢公休日，则不补假。		原待遇	
	年休假	累计工作已满1年不满10年的，年休假5天；已满10年不满20年的，年休假10天；已满20年的，年休假15天。	工作满1年	原待遇	
	探亲假	探望父母20天，探望配偶30天	工作满1年且父母配偶不在同地	原待遇	
	婚假	3天，晚婚10天。（各地具体规定不同）双方晚婚，双方享受，一方晚婚，一方享受。	达到法定婚龄；晚婚年龄男为25周岁，女为23周岁	原待遇	结婚双方两地工作的，可给予路程假
	丧假	3天（直系亲属）；1－3天（岳父母、公婆）	直系亲属或岳父母、公婆去世（地方性规定）	原待遇	外地的可给予路程假

续表

<table>
<tr><th>种类</th><th>名称</th><th>天数</th><th>前提</th><th>待遇</th><th>备注</th></tr>
<tr><td rowspan="4">其他假期</td><td>事假</td><td></td><td>企业自主决定</td><td>因私事需要请假，经企业批准</td><td>企业自定</td></tr>
<tr><td rowspan="2">病假</td><td>根据工龄确定</td><td>因病或非因工负伤</td><td>法定</td><td>地方有规定的，执行地方规定</td></tr>
<tr><td>一般 12 个月，特殊的可以延长，延长不超过 12 个月</td><td>患职业病或工伤</td><td>原待遇</td><td></td></tr>
<tr><td>女职工假期</td><td colspan="4">参见本书第三章</td></tr>
</table>

（二）特殊福利待遇设计

许多企业为了挽留优秀的员工，往往通过提供专业技术培训机会等非物质性待遇来稳定员工，如研修、旅游或给予特殊荣誉，或是提供物质性特殊福利待遇来吸引员工，如福利住房、大额借款等。当然，提供专业技术性培训，企业可以与员工约定服务期，所以在此点上留人自无异议。但应注意的是，按照原来的法律规定，企业可以在提供特殊待遇的同时与劳动者约定服务期，如上海、江苏此前就有此规定。但是《劳动合同法》规定只允许就出资培训约定服务期，因此员工享受了此种待遇仍可以自由离职且不用支付违约金，有付出无回报。所以企业在《劳动合同法》背景下合理设计特殊福利待遇事项，就变得格外重要。

案例 45：住房、汽车等特殊福利待遇的安排

2009 年 1 月，上海某美资软件开发公司通过校园招聘，与上海某理工名校的 5 名计算机专业的应届博士毕业生签订了就业协议，并约定 7 月正式到公司报到。而在 2009 年 1 月到 7 月之间的这段时间，这 5 位学生以实习生的身份，进入到该公司参与项目的研发。经过 6 个月的实习观察，公司觉得这 5 位博士生专业基础扎实、思维细密灵活，适合研发工作，而公司最近开发的一个项目，可能需要 3 年到 5 年

的集中攻关方能完成，同时这种IT项目的开发，最忌讳的是研发人员离职和临时换人，于是公司决定通过给予特殊福利待遇的方式留住这5位年轻的技术人员。2009年7月，公司与这5位刚刚取得博士学位的毕业生签订了为期5年的服务期协议，并约定，对于其中2位家在上海的毕业生，公司除支付年薪外向其提供价值30万元的轿车一辆并办理好相关牌照，而对于3位家在外地的毕业生，公司除支付年薪外同时向其提供价值35万元的产权公寓房一套。如果员工不满服务期即离职，则需按照实际服务年限占服务期年限比例乘以35万元的数额支付违约金。2010年6月，公司聘请专业咨询公司对其规章制度和劳动合同进行审查，咨询公司提出该协议在《劳动合同法》实施后可能存在法律风险。

专家分析

《上海市劳动合同条例》第14条规定，“劳动合同当事人可以对由用人单位出资招用、培训或者提供其他特殊待遇的劳动者的服务期作出约定”。也即是说，上海市允许企业给员工设置服务期有三种情形：一是出资招用；二是提供培训；三是提供其他特殊待遇。本节案例中，企业提供给这5位员工的汽车和住房等待遇，是其他一般员工所不享有的，应属于企业提供给这5位员工的特殊待遇。那么，企业与他们基于这些特殊福利待遇订立的服务期合同也应当是有效的。值得注意的是，依据新法优于旧法和法律优于法规的法律适用原则，2008年1月1日以后，2008年1月1日施行的《劳动合同法》将会优先适用于2002年5月1日施行的《上海市劳动合同条例》。依据《劳动合同法》的规定，设置服务期的情形只能是提供出资培训，出资招用和提供其他特殊待遇不能再设置服务期了。

根据本节案例，提出一个问题：如果该份服务协议是在2007年12月31日之前签订的，那么到2008年1月1日以后，这份协议的法律效力如何呢？按照“法不溯及既往”的法律适用原则，该服务期协议在新法实施以后依然需要继续履行。但是如果2008年1月1日以后，因其中一方不愿意履行而导致争议发生时，此时处理争议的依据是《上海市劳动合同条例》还是《劳动合同法》呢？实务中的观点普遍认为基于保护劳动者的基本立场，此时应适用《劳动合同法》处理争议。不过也有观点认为，应适用当时订立协议时所依据的《上海市劳动合同条例》。

实务指南

在新的法律背景下，出资招用以及提供住房、汽车甚至是户口等特殊福利待遇已经不能再设置服务期了。那么，在诸多留人手段受到限制的情形下，企业可以尝试设计新的留人手段。企业应当尽量设计长期支付型的福利待遇，避免提供一次性福利待遇。

1. 垫款及担保提供等间接性福利待遇。以住房为例，企业可以实行员工垫款，企业在服务满一定年限时予以报销；将有关待遇的福利性质改为债权债务限制，如将企业给予员工实物或补贴改为员工向第三方借款，企业予以担保等。

2. 民事债务免除等直接性福利待遇。企业可以调整自己的福利制度，将提高住房、汽车为内容的劳动福利变为公司就员工私有住房、汽车等提供借款为主要内容的民事债务。例如企业和员工的借款协议应按照普通民事协议方式和内容起草，包括利率、还款办法和期限等。而不应将特殊福利待遇与服务期相捆绑。

3. 阶段性支付或阶段性享受形式。即企业的福利待遇为分期支付，员工在职才可以享受，离职则无法享受，变事先享受为事后受益，以丧失预期利益代替违约金，如利用年金、补充保险、期股、期权吸引员工，在给予有关待遇时对具体制度进行设计，使员工只有服务到一定期限才可以获得该项福利。

4. 补充经济公积金制度、企业年金制度。企业可以在国家或地方规定的法定住房公积金基础上制订企业自己的补充公积金制度，作为员工福利，并详细约定享有此项福利的资格、额度及丧失条件等事项。同时，企业还可以规定企业年金制度。就根据员工的工龄、贡献、职务等各方面的标准和程序，规定员工享受年金待遇的有关事项。

关联法规

第 14 条　劳动合同当事人可以对由用人单位出资招用、培训或者提供其他特殊待遇的劳动者的服务期作出约定。

——《上海市劳动合同条例》

第 22 条第 1 款　用人单位为劳动者提供专项培训费用，对其进行专业技术培训的，可以与该劳动者订立协议，约定服务期。

——《劳动合同法》

五、规章制度之制订与修改的法定程序

《劳动合同法》除了在实体方面对规章制度做出约束外，还在程序方面对用人单位的规章制度进行了特别的规定。《劳动合同法》在制定过程中曾经考虑，对“直接涉及劳动者切身利益的规章制度，应当经职工代表大会或全体职工大会的讨论通过”。就讨论通过的问题，常委会的委员们存在不同意见。一方面意见认为，不仅仅是规章制度，还有一些涉及职工切身利益的重大事项的决定也应当经职工代表大会讨论通过。另一方面意见认为，企业的规章制度不少是属于企业的自主经营权的范畴之内，而且在整个企业建立过程中，在规章制度制定的过程中，如果完全规定由职工代表大会讨论通过在操作上会有很多困难。

综合权衡各方面的意见后，《劳动合同法》第 4 条才修改为目前的条文表述。这一表述对于程序部分规定的要点如下：一是明确了参与制定规章制度的劳动者代表主

体为职工代表大会或职工代表。二是对制定规章制度做出了民主程序和公示程序的具体规定。三是完善了规章制度修改程序，即经由职工或工会提出不适当之协商动议。

（一）规章制度的法定制定程序

程序是正义的保障，有时候程序正义比实体正义还要显得重要。对于规章制度的制定而言，内容合法首先是规章制度在实体上得以存在的前提，但程序要件也非常关键。由于规章制度的制定是企业用工权利的主要表现形式，因此法律对规章制度的制定程序一般不作出完整的规定，只是规定某些必须包含的程序。法律规定的程序是法定程序，其余的为非法定程序，属于企业自主的范畴。法定程序包含两大步骤，一是民主程序，二是公示程序。

1. 民主程序

就规章制度制定的民主程序而言，依据《劳动合同法》第4条的规定，主要包含以下几层观点：一是纳入此程序的规章制度内容，法律上的这种严格程序只适用于特定内容，也即有关劳动报酬、工作时间、休息休假、劳动安全卫生、保险福利、职工培训、劳动纪律以及劳动定额管理等直接涉及劳动者切身利益的规章制度或者重大事项；二是规章制度制定的民主参与主体，《劳动合同法》明确为职工代表大会或职工代表以及工会或职工代表；三是规章制度制定的民主参与阶段，以上的两个主体也即职工代表大会或职工代表以及工会或职工代表，分别在讨论和协商两个环节参与；四是民主参与的最终决定，即由企业按照与劳动者和工会协商的意见来最终确定。

规章制度制定整个民主程序的主要流程如下：（1）将草拟的规章制度或重大事项决议的内容交给职工选举出的职工代表大会讨论，没有职工代表大会的企业可将草案交由全体职工讨论；（2）让职工代表大会或者全体职工提出方案和意见；（3）待职工的方案和意见反馈到用人单位后，要进行分析加工，充分吸收来自各方面的意见和建议；（4）修改草案后再与工会或者职工代表平等协商，最终确定。前述程序虽然复杂，但却必须严格照此操作，否则会存在规章制度程序瑕疵导致前功尽弃的风险。

对于企业而言，在《劳动合同法》框架下完成民主程序，必须前置性地存在以下组织机构以及相关制度：一是职工代表大会。企业应当依据相关法律法规的规定成立职工代表大会，并建立起职工代表大会制度和审议决议办法。目前，部分地方出台了企业民主管理条例，[①] 指导企业成立职工代表大会并规范其运行，国家层面的立法也在准备之中。二是工会。工会法已经明确规定了企业应当成立工会，并且在《劳动合同法》背景下没有工会就无法完成解除劳动合同的通知程序。三是平等协商制度。职工代表大会和工会作为主体建立后，更为重要的是企业的平等协商制度，尽管企业在

① 比如，江苏省、山西省、湖北省、吉林省、天津市、广东省、上海市等地方人大常委会都已制定或正在制定各地关于企业民主管理方面的地方性法规。

规章制度和重大事项方面最终还是有决定权的，但是平等协商制度也是法律所要求的。

2. 公示程序

公示原则是现代法律法规生效的一个要件，在如今的审判实践中，公示程序尤其得到裁判人员的关注，即使一个规章制度，或是企业对员工的一个惩戒约束，在内容以及其他方面都合法，而没有公示，也不会得到仲裁员和法官的采用。在《最高人民法院关于审理劳动争议案件适用法律若干问题的解释》中就有规定，“用人单位根据《劳动法》第四条之规定，通过民主程序制定的规章制度，不违反国家法律、行政法规及政策规定，并已向劳动者公示的，可以作为人民法院审理劳动争议案件的依据”。《劳动合同法》第4条中也有“用人单位应当将直接涉及劳动者切身利益的规章制度和重大事项决定公示，或者告知劳动者”的规定。由此可见，平等、透明、明晰的公示程序是执行《劳动合同法》，维系和谐劳动关系的重要原则之一。

案例46：规章制度没有经过公示程序不生效

章某是上海某汽车工业有限公司零部件装配流水线上的一名操作工，2018年2月底由于原材料供应紧张公司宣布停工停产，章某便休息在家。3月14日，公司电话通知章某第二天回公司调试机器，并利用现有设备和模具进行试验直至试生产。3月15日，章某回公司调试机器的时候和部门主管发生了矛盾，一气之下擅自离开了公司。在之后的几天内，章某均未在公司露面，公司与章某也未有任何联系。4月6日，公司在公告栏里张贴了公司决定给予章某除名处分的通告，理由是“员工章某由于连续旷工15天（3月15日—4月5日），严重违反公司的规章制度”，并举证公司《员工手册》中规定有“连续旷工15天，公司可以解除劳动合同”，即日起解除与章某的劳动合同。章某不服，认为公司举证的《员工手册》根本不存在，自己从来不知道公司有这份《员工手册》，自己也从来没有签收过该《员工手册》。后章某向当地劳动仲裁委申请仲裁，仲裁裁决公司不能依据没有经过公示的规章制度处理员工，所以撤销该除名处分决定。

专家分析

本节案例中，看似公司给予章某违纪解除劳动合同的通知做通告的行为是正确的，但实际上这个行为却是不当行为。在越来越多的企业认识到“公示”的重要性时，还应当考虑到如何公示才算做到真正有效的公示。在实践中，如何公示确实是难题，其必须以使利害有关的当事人知道为第一原则。在上述案例中，用人单位仅仅采用了通告方式，此方式仅在直接送达、邮寄送达等均无效的情况下方能适用。单位在张贴通告之前并没有将单位做出的这个违纪除名的书面通知送达、邮寄给劳动者，也没有通过其他方式告知劳动者，因此，单位的这个通告行为是不当的，没有做到法律上要求的公示或直接告知当事人，故不能得到法律的支持。作为企业的人事管理者或者是具体执行者，在日常劳动人事工作中一定要细心谨慎，务必将事关当事人的通知、决定等送到本人手中，获取相应的签收证据或工会的见证证明，而不仅仅只是通告一贴，高高挂起。否则，不能做到真正符合法律要求的“公示”和“告知”。

实务指南

与之前的劳动立法规定相比，《劳动合同法》主要对规章制度制订的民主程序进行了调整和修改。《劳动合同法》规定，用人单位通过民主程序制定的规章制度，不违反国家法律、法规及政策规定，并已向劳动者公示的，可以作为人民法院审理劳动争议案件的依据。归纳起来，用人单位规章制度发生法律效力的要件大致包括三个方面，即制度条款内容合法合理、民主程序和公示程序。所谓民主程序是指公司制定重要的规章制度时，应当听取公司工会的意见，并通过职工代表大会或者其他形式听取职工的意见和建议。公示程序则是指企业应当按照法律的规定，通过某种程序将规章制度或重大事项的内容使劳动者知晓。

关于公示程序的具体实施，可以说，公示或直接告知员工的方式有很多种，在实践中可以设计以下几种方式：其一，在劳动合同中约定员工手册等规章制度作为劳动合同的一部分，并表述“《员工手册》等规章制度已经确实收到并详细阅读，且愿意遵守履行”；其二，在企业的告示栏、指定公示地点全文张贴告示，并经过工会见证；其三，将规章制度或者决定、通知全文向每个员工发放并签收；其四，通过企业内部局域网络进行全文公示和阅读，并经过工会见证；其五，组织各部门员工分批参加规章制度培训班并考核结业；等等。无论哪种公示或告知方式，其目的都在于让员工知晓，以便在实际劳动过程中遵守执行。当然，在劳动人事实践中，企业还要根据实际情况来选择合适的方式，务必取得能够证明已经公示或直接告知员工的证据。

关联法规

第4条 用人单位应当依法建立和完善劳动规章制度，保障劳动者享有劳动权利、履行劳动义务。

用人单位在制定、修改或者决定有关劳动报酬、工作时间、休息休假、劳动安全卫生、保险福利、职工培训、劳动纪律以及劳动定额管理等直接涉及劳动者切身利益的规章制度或者重大事项时，应当经职工代表大会或者全体职工讨论，提出方案和意见，与工会或者职工代表平等协商确定。

……

用人单位应当将直接涉及劳动者切身利益的规章制度和重大事项决定公示，或者告知劳动者。

——《劳动合同法》

（二）规章制度的法定修改程序

规章制度制定或重大事项决策以后，随着时间的推移、具体情况的变化以及立法的不断更新，总会有不符合实际情况或者最新法规政策的地方，这样就涉及一个规章制度修改的问题。《劳动合同法》对规章制度的制定规定了严格的程序，同时也对规章制度的修改特别是职工方动议的修改做出了程序性规定。一般而言，规章制度的修改发起可能会分为两种情形：一种是企业方动议的发起，另一种是劳动者方动议的发起。对于第一种情形，由于企业方的主动，所以修改本身并不成为问题，主要是此后的具体修改过程仍应遵循严格的民主和公示程序。对于第二种情形，由于规章制度的最终决定权在企业方，所以规章制度一旦制定后，劳动者方如果没有法律上的明确授权，是很难启动修改程序的。《劳动合同法》第4条第3款规定，“在规章制度和重大事项决定实施过程中，工会或者职工认为不适当的，有权向用人单位提出，通过协商予以修改完善”。这是法律正式赋予工会或职工的权利。

案例47：职工提出规章制度修改动议应予支持

2017年2月，北京某航空制造企业委托某专业咨询公司对其全套规章制度进行修改和调整。2017年3月，该企业委托的专业机构将全套规章制度形成修改初稿，并开始向全体员工征求意见。2017年4月，该企业将员工提出的各项意见汇总后，组织工会就规章制度初稿的进一步修改进行协商，工会在此期间提出了相应意见。2017年5月，该企业在充分考虑员工及工会意见后，根据专业机构的最终建议意见书，完成企业全部规章制度的整套最终定稿，并向企业全体员工公示。2017年6月，经过修改的整套规章制度开始在企业内部正式实施。2017年7月，该企业赵某等部分员工提出，规章制度部分内容不甚合理，希望企业能重新检讨规章制度部分内容，进行进一步修改。该企业认为，尽管员工方有民主参与的权利，但是规章制度的最终决定权还在企业，认为赵某等员工可以书面反映意见，但企业没有义务专门就企业认为合理的规定重新进行讨论。赵某等员工不服，向当地劳动部门投诉，认为企业的这种说法侵害了职工方的规章制度修改提议权。不久，当地劳动局发出整改通知书，责令该企业与员工协商解决规章制度修改相关问题。

专家分析

在《劳动合同法》的制定过程中，就有规章制度的“单决”和“双决”两种意见。立法者最后采取了折中立场，也即规章制度制定或修改贯彻双方民主协商基础上的“单决制”。不过，这种“单决制”的前提是劳动者方与企业方的民主协商，这种程序设置是法律上的强制性要求，并不因“单决制”的实质特点而转变。企业在规章制度的实施过程中，要注意听取和吸收员工方提出的各种意见和建议，这不仅是从法律应对的角度提出的，也是从企业改善员工关系和倡导激励员工机制的立场来判断的。

对于员工方提出的各种意见和建议，特别是涉及规章制度修改的部分，应当制定相应的提案、协商及修改机制和程序。

实务指南

通常，企业可以在规章制度制定以后，依据《劳动合同法》的有关规定以及公司的具体实际，实施规章制度修正的提案、反馈、协商和修改机制，其大致流程如下：

1. 提案。员工对于企业制定的规章制度可以按照公司提供的格式意见书或自行提供的意见书反映情况和提出意见，人事部门要做好相应的备案和适时提请讨论工作。

2. 反馈。公司对于员工提出的各种建议或意见，应该做好记录，并按照相应的时间期限给予反馈，表示公司的谢意以及公司对此种建议或意见的处理。比如告知其暂时不予处理、正在提交相关部门讨论或适时逐级提交至总经理考虑等。

3. 协商。对于重要的、合理的或确实紧迫的规章制度修改意见，应当及时采纳，或者经由提出意见的员工或者工会进行充分而必要的协商，然后决定是否采纳。

4. 修改。企业经自行调整或协商一致取得意见后，可以启动修改程序，通过对具体内容规定的修改以及随后的法定公示程序，使得修改以后的规章制度能够从法律上生效。

关联法规

第4条第3款　在规章制度和重大事项决定实施过程中，工会或者职工认为不适当的，有权向用人单位提出，通过协商予以修改完善。

——《劳动合同法》

第三章　特殊员工处理与专项协议签订

本章导读

对员工进行适当和必要的分类，是企业人力资源管理中较为常见的做法。如何对员工进行法律上的分类，又如何按照这些分类实施有效的管理？在本章的阅读中，读者可以了解以下法律要点：

1. 企业可以按照法律是否有特别调整，而将员工分为一般员工和特殊员工。前者主要是指按照劳动法一般原则进行规范和调整的员工；后者则主要是指按照劳动法上的特殊要求分别适用相应规则的员工。分类管理可以有效预防和控制员工管理过程中的法律风险。

2. 特殊劳动关系并非学理上的特定概念，而是对在劳动人事管理实践中出现的特殊用工现象的承认。特殊劳动关系员工具体包括退休返聘人员、企业停薪留职人员、未达到法定退休年龄的内退人员、下岗待岗人员以及企业经营性停产放长假人员等。法律上分别对其作出了区分性的规制。

3. 中国内地目前的特殊工时制主要有综合计算工时制和不定时工作制两种。综合计算工时制并非不产生加班费，只是说员工工时可以在核定的周期内平摊折算。不定时工作制不计算工时，企业只需依据工作业绩核算劳动报酬。两种特殊工时制均需经由劳动部门的批准。

4. 新法律格局下，企业加大人力资本的投入需要承受一定的法律风险。企业可以通过与员工订立培训协议的方式，与受训员工约定服务期，并约定不满服务期离职的违约金。法律对违约金的数额和比例作了限制性规定。企业应特别注意培训协议条款的设计和操作。

5. 企业可以通过与员工订立保密协议，确定商业秘密的范围、员工违约行为以及相应的法律责任。对于部分涉及商业秘密的核心员工，企业还可以通过与其订立竞业限制协议的方式建立商业秘密保护机制。离职员工履行竞业限制义务，是以企业支付竞业限制补偿金为前提的。

在企业日常劳动人事管理过程中，基于各种原因，往往会对员工进行具体的分类。比如说，按照工龄的长短将员工分为老员工和新员工；按照对企业的贡献度和价值影响力将员工分为核心员工和非核心员工；按照生产技术和管理上的专业性，将员工分为一线直接员工和管理人员；等等。对于法制化背景下的员工分类而言，可以按照法律对劳动者是否有特别调整或约束而主要分为一般员工和特殊员工。前者主要是指按照劳动法一般原则进行规范和调整的员工；后者则主要是指按照劳动法上的要求分别适用相应规则的员工。对于一般员工，则主要适用劳动法上的通常条款以及规章制度、劳动合同的一般规定；对于特殊员工，则主要适用劳动法上的特别条款以及规章制度、专项协议的特别规定。对员工的这种法律上的分类，可以使得企业劳动人事管理脉络化、类别化和专门化。

一、特殊员工的分类与特殊员工管理思路

特殊员工是企业劳动人事管理对象中的重要组成部分，按照劳动法上的调整类别，又可以分为标准劳动关系中的特殊员工、特殊劳动关系员工、特殊工时制员工、培训服务期员工、商业秘密与竞业限制员工等五类。其中，标准劳动关系中的特殊员工是指建立了标准劳动关系但是在管理上显示出特殊性的员工，比如未成年工、女职工、军人、外国人、残疾人等。在不同性质或行业的企业里，这些员工在企业中的比例有所不同，比如，纺织服装等制造业企业女职工比较多，国防系统企业的军人比较多，高科技及涉外企业的外国人比较普遍，简单加工业企业的残疾人比较普遍。这些特殊员工管理，也构成了企业劳动人事处理中的普遍难题。

（一）未成年员工管理思路与操作

按照中国内地有关法律、法规的规定，未成年工是指年满16周岁，未满18周岁的劳动者。未成年工的特殊保护是针对未成年工处于生长发育期的特点，以及接受义务教育的需要，而由国家强制采取的一些特殊劳动保护措施。未成年工的劳动保护工作进展，是衡量国家社会文明程度的一个重要标准和参考依据，也是现代企业劳动人事管理水平和法律遵从度的重要体现和客观反映。重视并加强未成年工劳动保护工作，是现代企业义不容辞的社会职责。企业需要在成本节约、盈利安排和社会责任中找到合适的平衡点，在守法经营的基础上，更好地维护员工利益并同时提高盈利能力。

案例48：未成年工可以享受成年工待遇而无须承担相应义务？

李某是山西省某国营煤矿的职工，在2015年的一次事故中身亡。李某在这家煤矿已经连续工作了20年，家庭生活全靠他一个人支撑，当他因工死亡后，家庭经济陷入极度贫困的境地。煤矿决定录用李某16岁的儿子到煤矿工作，同时也可以解决其家庭困难。李某的儿子与厂房签订了为期2年的劳动合同，最开始做的是后勤保

障工作。由于工作任务紧，工厂就安排李某的儿子下煤井与工人一起挖煤，而且是加班加点上夜班。李某的儿子觉得自己的体力不足以承担如此繁重的工作，因此向领导提出自己是未成年工，请求享受不同于成年工的劳动保护待遇，但是却被领导以任务繁重，人手少为由拒绝，同时还表示，其所领的工资待遇与成年工无异，从事同样的工作内容是贯彻同工同酬原则。于是李某的儿子打电话向当地劳动监察部门进行咨询并投诉，劳动监察部门责令该企业对违法安排未成年工超强度体力工作作出改正，并对该企业未成年工用工状况进行了检查。

专家分析

《劳动法》第 58 条规定，国家对未成年工实行特殊劳动保护。未成年工是指年满 16 周岁未满 18 周岁的劳动者，其正处于生长、发育时期，人体器官尚未定型，身材一般不高，体力较弱，抵抗力差，耐力差，睡眠较多，所以对未成年工首先要保护其安全和健康，其次才是尽劳动义务。1994 年 12 月 9 日劳动部发布的《未成年工特殊保护规定》第 2 条第 2 款规定，未成年工的特殊保护是针对未成年工处于生长发育期的特点以及接受义务教育的需要而采取的特殊劳动保护措施。李某的儿子属于《劳动法》规定的未成年工，用人单位应依法给予特殊的劳动保护。本节案例中，李某的儿子未满 18 周岁，依法享有《未成年工特殊保护规定》等法规规定的特殊劳动保护待遇，煤矿安排他下井及强迫他加班加点工作的行为，严重违反了有关法律、法规的规定。

实务指南

未成年工作为企业劳动人事用工的一种，有其合理存在的意义。但是未成年工管理在很多方面还是和成年工存在较大区别的，企业在管理操作实务中，一方面要认真安排和分配好工作内容，安排正常工作给未成年工；另一方面企业也要特别注意保护好未成年工的合法权益。

1. 做好用工登记制度。根据原劳动部发布的《未成年工特殊保护规定》，对未成年工的使用和特殊保护实行登记制度。用人单位招收使用未成年工，除符合一般用工要求外，还需向所在地的县级以上劳动行政部门办理登记。劳动行政部门根据未成年工健康检查表、未成年工登记表，向企业核发未成年工登记证。

2. 依法保障劳动权益。企业有义务对未成年工进行有关的职业安全卫生教育和培训，并不得安排其从事法律禁止的劳动。与其他成年人一样，未成年人职工享有选择职业、就业、取得劳动报酬、休息休假、接受职业技能培训及享受社会保险和福利等权利。用人单位还应当对未成年工进行定期健康检查。具体的检查时间是：（1）安排工作岗位之前；（2）工作满 1 年；（3）年满 18 周岁，距前一次的体检时间已超过半年的。一般情况下，企业不能安排未成年工夜班工作。

3. 严格禁止使用童工。所谓童工，是指未满 16 周岁，与单位或者个人发生劳动关系从事有经济收入的劳动或者从事个体劳动的少年、儿童。也就是说，我国最低就业年龄为16周岁，如果文艺、体育和特种文艺单位需要招用未满16周岁的未成年人，必须按照国家有关规定，履行审批手续，并保障其接受义务教育的权利。

4. 部分用工情况例外。应注意的是，未满16周岁的少年、儿童，参加家庭劳动或学校组织的勤工俭学和省、自治区、直辖市人民政府允许从事的无损于身心健康的、力所能及的辅助性劳动，不属于童工范畴。

关联法规

第3条　用人单位不得安排未成年工从事以下范围的劳动：

（一）《生产性粉尘作业危害程度分级》国家标准中第一级以上的接尘作业；

（二）《有毒作业分级》国家标准中第一级以上的有毒作业；

（三）《高处作业分级》国家标准中第二级以上的高处作业；

（四）《冷水作业分级》国家标准中第二级以上的冷水作业；

（五）《高温作业分级》国家标准中第三级以上的高温作业；

（六）《低温作业分级》国家标准中第三级以上的低温作业；

（七）《体力劳动强度分级》国家标准中第四级体力劳动强度的作业；

（八）矿山井下及矿山地面采石作业；

（九）森林业中的伐木、流放及守林作业；

（十）工作场所接触放射性物质的作业；

（十一）有易燃易爆、化学性烧伤和热烧伤等危险性大的作业；

（十二）地质勘探和资源勘探的野外作业；

（十三）潜水、涵洞、涵道作业和海拔三千米以上的高原作业（不包括世居高原者）；

（十四）连续负重每小时在六次以上并每次超过二十公斤，间断负重每次超过二十五公斤的作业；

（十五）使用凿岩机、捣固机、气镐、气铲、铆钉机、电锤的作业；

（十六）工作中需要长时间保持低头、弯腰、上举、下蹲等强迫体位和动作频率每分钟大于五十次的流水线作业；

（十七）锅炉司炉。

第6条　用人单位应按下列要求对未成年工定期进行健康检查：

（一）安排工作岗位之前；

（二）工作满一年；

（三）年满十八周岁，距前一次的体检时间已超过半年。

——劳动部《未成年工特殊保护规定》

第94条　用人单位非法招用未满十六周岁的未成年人的，由劳动行政部门责令改正，处以罚款；情节严重的，由市场监督管理部门吊销营业执照。

第95条　用人单位违反本法对女职工和未成年工的保护规定，侵害其合法权益的，由劳动行政部门责令改正，处以罚款；对女职工或者未成年工造成损害的，应当承担赔偿责任。

——《劳动法》

（二）女职工管理思路与操作实务

对女职工实行特殊保护，是世界各国立法的普遍取向。女职工因其身体结构和生理特征上的特殊性，往往在劳动和工作中遇到一些特殊的困难，同时还承担着生育和抚育婴幼儿的天职，各国劳动法律、法规因此都给予女性劳动者特别的福利和关怀。而另一方面，由于女职工有着和男职工不同的工作韧性和作风，所以往往会受到服装、精密器件制造业等特定行业或者秘书、翻译、检测员等特定职位用工企业的关注和青睐，女性从业人员也越来越多地参与众多行业，甚至成为一些行业和职位的主流构成。然而，正是国家对于女职工的这种强制性保护，也使得企业在管理女性员工时往往会更为谨慎和小心，更需注意依法操作，避免不必要的争议和麻烦产生。

案例49：女职工对经济性裁员的特别应对

2007年10月，江苏南通一家生产电脑和手机键盘等零部件的美资企业由于经营管理不善和市场竞争力的加剧，财务赤字高居不下。于是，在香港的母公司决定对该企业进行裁员50%的处理，并根据裁员以后公司的表现，决定进一步安排。南通公司旋即开始着手裁员的前期处理工作，并于2007年11月向工会和员工正式宣布裁员，并公示裁员及员工补偿方案。由于这家美资企业在当地的福利待遇还不错，且该公司大部分职位为一般操作性职位，被裁员工离开公司以后就业竞争力较小，所以很多员工不希望在此次裁员中被处理掉。该企业的一部分女职工经内部紧急磋商以后，采取了一个令人啼笑皆非的办法，即在正式裁员实施之前，想尽办法让自己怀孕。30天以后，南通公司按照公示以后的裁员方案宣布裁员时，其中的20余位女职工提出异议。她们拿出医院出具的诊断证明，证明其在最近一段时间被诊断为怀孕，希望公司将她们从此次裁员名单中去除。公司管理层积极向劳动行政部门咨询，确定对这些员工不能实施裁员。

专家分析

这是一起涉及女职工裁员的非常特殊的裁员案件。女职工在法定“三期”（孕期、产期、哺乳期）内，用人单位不仅不能随意解除其劳动合同，而且还需依法给予女职工相应的薪资福利待遇。根据《劳动合同法》第42条的规定，女职工在孕期、产期、哺乳期的，用人单位不得依照本法第40条（非过失性解除）、第41条（经济性裁员）的规定解除劳动合同。所以从合法性应对而言，这些女员工的做法并不违反法律规定。

通常，在女职工劳动人事管理实践中，女职工权益受侵害的情况比较多，比如在“三期”调整岗位、调整薪资甚至解除合同，很少会遇到女职工充分利用自己的合法权益甚至是故意行使法定保护权而对抗企业的情况。在处理本节案例的过程中，企业后来依法去除了裁员女职工的名单。

实务指南

在女性员工劳动人事管理实践中，企业尤其应做到严格遵守法律、法规规定，并在可能的范围内给予女性员工特别的福利待遇。依据相关法律、法规的规定，企业在管理女职工时，应特别注意以下事项：

1. 注重女职工禁忌从事的劳动，合理安排女职工岗位。《劳动法》第59条规定，禁止女职工从事国家规定的第四级体力劳动强度的劳动。按照2012年4月18日国务院第200次常务会议通过并于2012年4月28日公布施行的《女职工劳动保护特别规定》的附录列示，女职工禁忌从事的劳动范围包括：（1）矿山井下作业；（2）体力劳动强度分级标准中规定的第四级体力劳动强度的作业；（3）每小时负重6次以上、每次负重超过20公斤的作业，或者间断负重、每次负重超过25公斤的作业。

2. 注重女职工“四期”特殊劳动保护，妥善安排“四期”劳动。女职工“四期”是指经期、孕期、产期和哺乳期，企业需要给予特殊保护。（1）经期保护。用人单位不得安排女职工从事《女职工劳动保护特别规定》附录列示的女职工在经期禁忌从事的四类劳动范围。（2）孕期保护。用人单位不得安排女职工从事《女职工劳动保护特别规定》附录列示的女职工在孕期禁忌从事的十类劳动范围。女职工在孕期不能适应原劳动的，用人单位应当根据医疗机构的证明，予以减轻劳动量或者安排其他能够适应的劳动。对怀孕7个月以上的女职工，用人单位不得延长劳动时间或者安排夜班劳动，并应当在劳动时间内安排一定的休息时间。怀孕女职工在劳动时间内进行产前检查，所需时间计入劳动时间。（3）产期保护。女职工生育享受98天产假，其中产前可以休假15天；难产的，增加产假15天；生育多胞胎的，每多生育1个婴儿，增加产假15天。女职工怀孕未满4个月流产的，享受15天产假；怀孕满4个月流产的，享受42天产假。[①]（4）哺乳

---

① 女职工产假期间的生育津贴，对已经参加生育保险的，按照用人单位上年度职工月平均工资的标准由生育保险基金支付；对未参加生育保险的，按照女职工产假前工资的标准由用人单位支付。女职工生育或者流产的医疗费用，按照生育保险规定的项目和标准，对已经参加生育保险的，由生育保险基金支付；对未参加生育保险的，由用人单位支付。实务操作中，生育津贴的领取一般由用人单位领取，但也有许可女职工本人自行领取的。对于女职工本人自行领取生育津贴而用人单位已照常支付产假工资的，女职工本人应将其中一份退还用人单位，即不能同时取得生育津贴和产假工资。对此，建议用人单位规章制度中应作相应规定，以免不必要的操作争议。另外，《社会保险法》施行后，各地出台了一些地方性执行文件，导致各地执行生育保险政策不尽一致，用人单位在实务操作中应予以注意。

期保护。用人单位不得安排女职工从事《女职工劳动保护特别规定》附录列示的女职工在哺乳期禁忌从事的两类劳动范围。对哺乳未满 1 周岁婴儿的女职工，用人单位不得延长劳动时间或者安排夜班劳动。用人单位应当在每天的劳动时间内为哺乳期女职工安排 1 小时哺乳时间；女职工生育多胞胎的，每多哺乳 1 个婴儿每天增加 1 小时哺乳时间。

3. 留意和掌握与女职工解除或终止劳动合同之法定例外。《女职工劳动保护特别规定》第 5 条规定，用人单位不得因女职工怀孕、生育、哺乳降低其工资、予以辞退、与其解除劳动或者聘用合同。另外，依据《劳动合同法》的规定，只有女职工符合《劳动合同法》第 39 条规定的严重违纪、严重失职等过失性情况时，企业才可以解除劳动合同。其余情形，比如《劳动合同法》第 40 条规定的过失性解除、第 41 条规定的经济性裁员、第 44 条规定的期满终止等，均不得对女职工适用，至少需要等到孕期、产期、哺乳期等“三期”届满方能处理。

关联法规

第 42 条　劳动者有下列情形之一的，用人单位不得依照本法第四十条、第四十一条的规定解除劳动合同：

……

（四）女职工在孕期、产期、哺乳期的；

……

第 45 条　劳动合同期满，有本法第四十二条规定情形之一的，劳动合同应当续延至相应的情形消失时终止。但是，本法第四十二条第二项规定丧失或者部分丧失劳动能力劳动者的劳动合同的终止，按照国家有关工伤保险的规定执行。

——《劳动合同法》

第 47 条　用人单位应当根据妇女的特点，依法保护妇女在工作和劳动时的安全、健康以及休息的权利。

妇女在经期、孕期、产期、哺乳期受特殊保护。

——《妇女权益保障法》

第 4 条第 1 款　用人单位应当遵守女职工禁忌从事的劳动范围的规定。用人单位应当将本单位属于女职工禁忌从事的劳动范围的岗位书面告知女职工。

第 5 条　用人单位不得因女职工怀孕、生育、哺乳降低其工资、予以辞退、与其解除劳动或者聘用合同。

第 6 条　女职工在孕期不能适应原劳动的，用人单位应当根据医疗机构的证明，予以减轻劳动量或者安排其他能够适应的劳动。

对怀孕 7 个月以上的女职工，用人单位不得延长劳动时间或者安排夜班劳动，并应当在劳动时间内安排一定的休息时间。

怀孕女职工在劳动时间内进行产前检查，所需时间计入劳动时间。

第7条　女职工生育享受98天产假，其中产前可以休假15天；难产的，增加产假15天；生育多胞胎的，每多生育1个婴儿，增加产假15天。

女职工怀孕未满4个月流产的，享受15天产假；怀孕满4个月流产的，享受42天产假。

第8条　女职工产假期间的生育津贴，对已经参加生育保险的，按照用人单位上年度职工月平均工资的标准由生育保险基金支付；对未参加生育保险的，按照女职工产假前工资的标准由用人单位支付。

女职工生育或者流产的医疗费用，按照生育保险规定的项目和标准，对已经参加生育保险的，由生育保险基金支付；对未参加生育保险的，由用人单位支付。

第9条　对哺乳未满1周岁婴儿的女职工，用人单位不得延长劳动时间或者安排夜班劳动。

用人单位应当在每天的劳动时间内为哺乳期女职工安排1小时哺乳时间；女职工生育多胞胎的，每多哺乳1个婴儿每天增加1小时哺乳时间。

第11条　在劳动场所，用人单位应当预防和制止对女职工的性骚扰。

第13条　用人单位违反本规定第六条第二款、第七条、第九条第一款规定的，由县级以上人民政府人力资源社会保障行政部门责令限期改正，按照受侵害女职工每人1000元以上5000元以下的标准计算，处以罚款。

用人单位违反本规定附录第一条、第二条规定的，由县级以上人民政府安全生产监督管理部门责令限期改正，按照受侵害女职工每人1000元以上5000元以下的标准计算，处以罚款。用人单位违反本规定附录第三条、第四条规定的，由县级以上人民政府安全生产监督管理部门责令限期治理，处5万元以上30万元以下的罚款；情节严重的，责令停止有关作业，或者提请有关人民政府按照国务院规定的权限责令关闭。

附录：女职工禁忌从事的劳动范围

一、女职工禁忌从事的劳动范围：

（一）矿山井下作业；

（二）体力劳动强度分级标准中规定的第四级体力劳动强度的作业；

（三）每小时负重6次以上、每次负重超过20公斤的作业，或者间断负重、每次负重超过25公斤的作业。

二、女职工在经期禁忌从事的劳动范围：

（一）冷水作业分级标准中规定的第二级、第三级、第四级冷水作业；

（二）低温作业分级标准中规定的第二级、第三级、第四级低温作业；

（三）体力劳动强度分级标准中规定的第三级、第四级体力劳动强度的作业；

（四）高处作业分级标准中规定的第三级、第四级高处作业。

三、女职工在孕期禁忌从事的劳动范围：

（一）作业场所空气中铅及其化合物、汞及其化合物、苯、镉、铍、砷、氰化物、氮氧化物、一氧化碳、二硫化碳、氯、己内酰胺、氯丁二烯、氯乙烯、环氧乙烷、苯胺、甲醛等有毒物质浓度超过国家职业卫生标准的作业；

（二）从事抗癌药物、己烯雌酚生产，接触麻醉剂气体等的作业；

（三）非密封源放射性物质的操作，核事故与放射事故的应急处置；

（四）高处作业分级标准中规定的高处作业；

（五）冷水作业分级标准中规定的冷水作业；

（六）低温作业分级标准中规定的低温作业；

（七）高温作业分级标准中规定的第三级、第四级的作业；

（八）噪声作业分级标准中规定的第三级、第四级的作业；

（九）体力劳动强度分级标准中规定的第三级、第四级体力劳动强度的作业；

（十）在密闭空间、高压室作业或者潜水作业，伴有强烈振动的作业，或者需要频繁弯腰、攀高、下蹲的作业。

四、女职工在哺乳期禁忌从事的劳动范围：

（一）孕期禁忌从事的劳动范围的第一项、第三项、第九项；

（二）作业场所空气中锰、氟、溴、甲醇、有机磷化合物、有机氯化合物等有毒物质浓度超过国家职业卫生标准的作业。

——《女职工劳动保护特别规定》

第 12 条　女职工妊娠七个月以上（按二十八周计算），应给予每天工间休息一小时，不得安排夜班劳动。如工作许可，经本人申请，单位批准，可请产前假两个半月。

第 16 条　女职工生育后，若有困难且工作许可，由本人提出申请，经单位批准，可请哺乳假六个半月。

第 18 条　女职工在产假期间的工资照发。按本规定享受的产前假和哺乳假的工资按本人原工资的百分之八十发给。单位增加工资时，女职工按规定享受的产前假、产假、哺乳假，应作出勤对待。

——《上海市女职工劳动保护办法》

第 11 条　用人单位应当给予孕期女职工下列保护：

……

（四）怀孕不满 3 个月和 7 个月以上的，不得延长劳动时间或者安排夜班劳动，并每日安排不少于 1 小时工间休息；

（五）怀孕不满 3 个月需要保胎休息或者怀孕 7 个月以上且上班确有困难的，应当根据医疗机构的证明安排其休息。

前款第三项、第四项情形下有劳动定额的，减少相应的劳动量；第五项情形下休息期间的工资按照劳动合同或者集体合同约定计发，但不得低于当地最低工资标准的80%。

女职工怀孕后，经本人申请，用人单位同意安排其在孕期休息的，休息期间的工资由双方协商确定，劳动合同或者集体合同另有约定的，从其约定。

第17条 经本人申请，用人单位批准，女职工可以休不超过6个月的哺乳假，待遇不得低于当地最低工资标准的80%，超过6个月的，待遇由双方协商确定。

——《江苏省女职工劳动保护特别规定》

Tips 小贴士：女职工特殊假期

女职工特殊福利待遇中的重要一项就是女职工的特殊假期，其中主要包括保胎假、产前假、产假、哺乳假等。其中产假是法定的，其他假期需要根据相关法律、地方性法规以及企业规章制度的相关规定享有。

1. 保胎假。《国家劳动总局保险福利司关于女职工保胎休息和病假超过六个月后生育时的待遇问题给上海市劳动局的复函》（1982年）中规定，女职工按计划生育怀孕，经过医师开具证明，需要保胎休息的，其保胎休息的时间，按照本单位实行的疾病待遇的规定办理。尽管当时出台的这个文件针对的是国有企业，但是实践中很多企业都参照了这一精神进行处理。

2. 产前假。部分地方性法规对此有规定，如《上海市女职工劳动保护办法》第12条规定，妊娠7个月以上，如工作许可，经本人申请，单位批准，可请产前假，产前假2.5个月。请产前假期间，应作出勤对待，未请产前假的，每天工间休息1小时，不安排夜班，给予正常上班待遇。《江苏省女职工劳动保护特别规定》第11条也有类似规定，但具体内容有所不同。需要指出的是，除医疗机构另行开出休假证明外，请产前假的条件有三个，即工作许可、本人申请、单位批准。

3. 产假。《女职工劳动保护特别规定》第7条规定："女职工生育享受98天产假，其中产前可以休假15天；难产的，增加产假15天；生育多胞胎的，每多生育1个婴儿，增加产假15天。女职工怀孕未满4个月流产的，享受15天产假；怀孕满4个月流产的，享受42天产假。"所谓产前假15天，系指预产期前15天的休假。国家规定产假98天，是为了保证产妇恢复身体健康，因此，休产假一般不能提前或推后。若孕妇提前生产，可将不足的天数和产后假合并使用；若孕妇推迟生产，可将超出的天数按照病假处理。此外，女职工产假期满，因身体原因仍不能工作的，经过医务部门证明后，其超过产假期间的待遇，按照职工患病的有关规定处理。

（1）关于产假处理。女职工的产假可以适当延长。《人口与计划生育法》第25条规定：“符合法律、法规规定生育子女的夫妻，可以获得延长生育假的奖励或者其他福利待遇。”各地方规定不一，企业具体适用可参照所在地方的地方性法规处理。如《上海市人口与计划生育条例》第31条规定，符合法律法规规定生育的夫妻，女方除享受国家规定的产假外，还可以再享受生育假60天，生育假享受产假同等待遇。《北京市人口与计划生育条例》第19条规定，按规定生育的，除享受国家规定的产假外，享受延长生育假60天。《江苏省女职工劳动保护特别规定》第12条也有类似规定。

（2）关于男职工护理假。女职工生育的，其配偶可以休护理假，多个省份人口与计划生育条例中都规定了晚育者丈夫休护理假的时间，具体时间不一。《上海市人口与计划生育条例》第31条规定，符合法律法规规定生育的夫妻，男方享受配偶陪产假10天，配偶陪产假期间的工资，按照本人正常出勤应得的工资发给。《江苏省人口与计划生育条例》第27条则相应规定为不少于15天。

4. 哺乳假。哺乳假也多见于地方性法规中，如《上海市女职工劳动保护办法》第16条规定：“女职工生育后，若有困难且工作许可，由本人提出申请，经单位批准，可请哺乳假六个半月。”哺乳假成立的四个法定要件分别是：存在困难、工作许可、本人申请、单位批准。《江苏省女职工劳动保护特别规定》第17条则相应规定为6个月。

5. 流产假。流产假属于产假的一种。《女职工劳动保护特别规定》第7条第2款规定：“女职工怀孕未满4个月流产的，享受15天产假；怀孕满4个月流产的，享受42天产假。”地方性规章对此有不同规定的（一般会比全国性规定更注重保护女职工权益），需要按照地方性法规执行。如《上海市女职工劳动保护办法》第14条规定，妊娠3个月内自然流产或子宫外孕者，给予产假30天；妊娠3个月以上，7个月以下自然流产者，给予产假45天。《江苏省女职工劳动保护特别规定》第12条规定，“怀孕不满2个月流产的，享受不少于20天的产假；怀孕满2个月不满3个月流产的，享受不少于30天的产假；怀孕满3个月不满7个月流产、引产的，享受不少于42天的产假；怀孕满7个月引产的，享受不少于98天的产假”。

就上述女职工假期而言，只有产假和流产假是法定假期且企业需要支付正常工资，其他假期不是法定的，企业可以在规章制度中作出规定，即本单位职工能否享受以及如何享受其他女职工特殊假期。

表13：女职工假期及待遇一览表

假期种类	享受条件	具体期限	工资待遇	主要依据
保胎假	医院证明需休假	2.5个月	按病假待遇	劳动部复函
产前假	经单位同意	2.5个月	原工资或 最低工资80%	地方性规定

续表

产假	正常生育	98 天	原工资（生育保险支付）	国务院法规
	难产	增加 15 天		
	多胞胎生育每多 1 胎	增加 15 天		
流产假	怀孕未满 4 个月流产的	15 天		
	怀孕满 4 个月流产的	42 天		
哺乳期		1 年	原工资	
哺乳假	经单位同意	6.5 个月	原工资 80%	地方性法规

说明：1. 以上假期的前提是符合国家计划生育规定；

2. 以上各假期的享受条件、期限及工资计发，地方性立法有规定的，按照地方性立法执行。

Tips 小贴士：女职工及其待遇常见问题及解答

1. 如何理解“不得在女职工怀孕期、产期、哺乳期解除劳动合同”？

答：实行劳动合同制的女职工，在合同期未满的情况下，任何企业和个人都不得以怀孕、生育和哺乳为由，解除其劳动合同。

2. 什么是国家规定的第三级、第四级体力劳动强度？

答：是指国家标准《体力劳动强度分级》（GB3869－83）中规定的第Ⅲ、Ⅳ级的体力劳动强度。体力劳动强度的大小是以劳动强度指数来衡量的，劳动强度指数是由该工种的平均劳动时间率、平均能量代谢率两个因素构成的。劳动强度指数越大，体力劳动强度也越大。反之，体力劳动强度就越小。标准中规定：劳动强度指数小于15，体力劳动强度为Ⅰ级；大于15，小于20，为Ⅱ级；大于20，小于25，为Ⅲ级；大于25，为Ⅳ级。若需了解某工种劳动强度的大小，可请当地劳动部门劳动安全卫生检测站实地测量和计算。

3. 什么是夜班劳动？

答：夜班劳动系指在当日22点至次日6点从事劳动或工作。

4. 如何理解“一般不得安排其从事夜班劳动”？

答：一般都应执行本规定。对于女职工比较集中的企业，不安排其从事夜班劳动确有困难的，请当地劳动部门批准，可以暂放宽执行，但要在较短时间内积极创造条件实施本规定的要求。

5. 如何理解“孕妇产前检查算作劳动时间”？

答：为了保证孕妇和胎儿的健康，应按卫生部门的要求做产前检查。女职工产前检查应按出勤对待，不能按病假、事假、旷工处理。对在生产第一线的女职工，要相应地减少生产定额，以保证产前检查时间。

6. 如何理解产前休假 15 天的规定？

答：女职工产假 98 天，分为产前假、产后假两部分。即产前假 15 天，产后假 83 天。所谓产前假 15 天，系指预产期前 15 天的休假。产前假一般不得放到产后使用。若孕妇提前生产，可将不足的天数和产后假合并使用；若孕妇推迟生产，可将超出的天数按病假处理。

7. 休产假能否提前或推后？教师产假正值寒暑假期间，是否能延长寒暑假休假时间？

答：国家规定产假天数，是为了能保证产妇恢复身体健康。因此，休产假不能提前或推后。至于教师产假正值寒暑假期间，能否延长寒暑假的时期，则由主管部门确定。

8. 女职工流产应休息多长时间？

答：根据《女职工劳动保护特别规定》第 7 条第 2 款的规定，女职工怀孕未满 4 个月流产的，享受 15 天产假；怀孕满 4 个月流产的，享受 42 天产假。

9. 哺乳期满，有的婴儿身体特别虚弱，或正值夏季，可否适当延长哺乳期？

答：女职工哺乳婴儿满周岁后，一般不再延长哺乳期。如果婴儿身体特别虚弱，经医务部门证明，可将哺乳期酌情延长。如果哺乳期时正值夏季，也可延长 1－2 个月。

10. 如何理解劳动部门对执行本规定的权力？

答：各级劳动部门对本规定的实施有监督检查权。当女职工劳动保护的权益受到侵害时，劳动部门应受理女职工的申诉。

11. 如何理解女职工违反了国家有关计划生育规定，应当按照国家有关计划生育规定办理？

答：女职工违反了国家有关计划生育规定，生育待遇应按照计划生育规定处理。

（三）军人员工管理思路与操作实务

依据《宪法》和《兵役法》等有关法律、法规的规定，服兵役是每个公民应尽的义务。国家有关部门和各级政府每年都要为复员军人、军队转业干部的安置工作颁发专门文件，并投入相当大的财力、人力做好这项工作。企业、事业单位等用人单位应本着对现役军人合法权益高度负责的态度，严格依法办事，妥善处理适龄青年应征以及入伍军人复员、转业以后的劳动就业问题，维护入伍军人和退伍、转业军人的合法劳动权益。尽管军人员工或员工应征入伍的比例在普通企业不高，但是在国防系统诸多企业事业单位、地方性劳动密集型企业、国有及国有控股企业中则比较多地存在员工入伍以及退伍、转业军人的劳动就业问题。

案例 50：员工应征入伍后劳动关系的处理

张某 2008 年 7 月进入江苏常州某外资纸品制造公司工作，并与公司签订了为期5年的劳动合同。2009年2月张某请假回家探亲期间，经由父亲说服和安排，其被当地征兵工作机构批准光荣入伍。张某入伍后，向所在公司打电话说明情况，并将有关入伍材料邮寄到公司人事部，希望入伍期间保留劳动关系。2009年4月，公司出于应对金融危机下市场竞争并减少用工成本的考虑，准备裁减一部分人员。公司研究决定，对张某采取“N+1”的方式协商解除合同。张某不同意，希望继续保留劳动关系。公司不以为然，后以张某不在岗为由单方面解除了张某的劳动合同。张某不服，将此事投诉到服役部队，部队后来将此事转交给张某公司所在地的劳动行政部门。当地劳动监察大队经过调查取证核实情况后，认定公司解除张某劳动合同的行为无效，责令公司改正违法行为，恢复与张某的劳动关系。

专家分析

实践中，我国一些企事业单位认为职工参军入伍后，由于职工不在企业，且个人身份已经发生改变，所以认为用人单位已经与这部分职工不再存在劳动关系，并拒绝对在职职工入伍后执行优抚政策，当职工从军队退伍后，用人单位也不再愿意接受这部分职工，不愿继续履行原来的劳动合同。还有的企业为了省事，想出折中的办法以买断工龄等方式对自己应尽的义务一推了之，这种做法不仅严重伤害了在职职工入伍战士的感情，同时也违反了我国法律、行政法规关于保护军人特殊劳动权益的规定。

我国法律法规对在职职工入伍的军人与原单位之间的劳动关系以及待遇问题有明确的规定。《军人抚恤优待条例》第33条第2款规定：“义务兵和初级士官入伍前是国家机关、社会团体、企业事业单位职工（含合同制人员）的，退出现役后，允许复工复职，并享受不低于本单位同岗位（工种）、同工龄职工的各项待遇；服现役期间，其家属继续享受该单位职工家属的有关福利待遇。”《征兵工作条例》第27条规定：“被批准服现役的应征公民，是机关、团体、企业事业单位（含集体所有制单位）职工的，由原单位发给离职当月的全部工资、奖金及各种补贴。”由此可见，在职职工入伍后，依法享受劳动保险优抚待遇，不能终止原劳动合同。如果复转军人参军前尚未参加工作，享有何种特殊劳动权益呢？按照我国法律规定，复原退伍军人、军队转业干部由政府部门初次安置进单位时，双方当事人按照《劳动法》《退役士兵安置条例》及相关规定签订劳动合同。军龄应视作同一用人单位的连续工作年限，但复员退伍军人、军队转业干部领取安置费后自谋出路的除外。

实务指南

军人在社会上有着特别的地位，但是对军人的劳动人事管理，应遵守相关法律法规规定妥善处理和合理安排。对于军人员工到企业就业以及员工参军等情形，应当特别注意处理，提前预防以后出现劳动争议。企业在与其建立劳动关系及中止劳动关系时应注意把握以下几点：

1. 与参军职工协商，合法中止合同。原劳动部办公厅《关于职工应征入伍后与企业劳动关系的复函》（劳办发〔1997〕50 号）规定："职工应征入伍后，根据国家现行法律法规的规定，企业应当与其继续保持劳动关系，但双方可以变更原劳动合同中具体的权利和义务条款。按照《兵役法》《退役士兵安置条例》的有关规定，义务兵入伍前原是国家机关、人民团体、企业、事业单位正式职工，退伍后原则上回到原单位复工复职。在全面实行劳动合同制度后，对应征入伍的职工，仍应执行上述规定。同时按照《军人抚恤优待条例》的规定，执行义务兵优待办法。"如果企业有职工应征入伍，企业可与职工协商要求中止劳动合同的履行。这里的中止履行，是指劳动合同因故暂停履行，待职工退伍后恢复履行。需要指出的是，随着国家对退伍军人安置工作的改革发展，目前退伍军人安置工作采取了自主就业、安排工作、退休、供养等更加多元化的方法。

2. 录用退伍军人，可享税收优惠。用人单位在面向社会招聘劳动者时，如在同等条件下优先录用自谋职业的城镇退役士兵，将获得国家的特殊待遇。我国为鼓励企业安置退伍军人，规定为安置自谋职业的城镇退役士兵就业而新办的服务型企业和商贸企业，当年新安置自谋职业的城镇退役士兵在职工总数的 30% 以上，并与其签订 1 年以上期限劳动合同，经县级以上人民政府部门认定的，由税务机关审核，这两类企业都可以在 3 年内免征营业税及其附征的城市维护建设税、教育附加和企业所得税。

3. 注意确定与军人劳动期限的长度。原劳动部颁发的《关于实行劳动合同制度若干问题的通知》（劳部发〔1996〕354 号）中规定，复员、转业军人初次就业的，如果本人提出订立无固定期限的劳动合同，应当与其订立无固定期限的劳动合同。按照这个规定，只有对初次就业的复员、转业军人，如果本人提出订立无固定期限劳动合同的，才应当与之订立无固定期限的劳动合同。但是，如果退伍军人入伍前已经就业，入伍后仍和原单位保持着劳动关系，退伍后仍从事原岗位工作，不能认为是初次就业。这种情况下如果退伍军人提出与之订立无固定期限的劳动合同，用人单位可以拒绝。

关联法规

2. 在固定工制度向劳动合同制度转变过程中，用人单位对符合下列条件之一的劳动者，如果其提出订立无固定期限的劳动合同，应当与其订立无固定期限的劳动合同：

（1）按照《劳动法》的规定，在同一用人单位连续工作满十年以上，当事人双方同意续延劳动合同的；

（2）工作年限较长，且距法定退休年龄十年以内的；

（3）复员、转业军人初次就业的；

（4）法律、法规规定的其他情形。

——劳动部《关于实行劳动合同制度若干问题的通知》

职工应征入伍后，根据国家现行法律法规的规定，企业应当与其继续保持劳动关系，但双方可以变更原劳动合同中具体的权利与义务条款。按照《兵役法》、《退伍义务兵安置条例》的有关规定，义务兵入伍前原是国家机关、人民团体、企业、事业单位正式职工，退伍后原则上回原单位复工复职。在全面实行劳动合同制度后，对应征入伍的职工，仍应执行上述规定。同时按照《军人抚恤优待条例》的规定，执行义务兵优待办法。

——劳动部办公厅《关于职工应征入伍后与企业劳动关系的复函》

Tips 小贴士：军人员工连续工龄与初次就业

1. 关于连续工作年限的认定

工作年限也叫“工龄”，就是一个人“参加工作的年限”。在工龄中至少有三种不同但又相互联系的说法：本单位服务的工龄、连续工龄和累计工龄。本单位服务工龄比较好理解，就是在同一家单位工作的时间（一般情况下是连续的，特殊情况下也可能中断，比如离开若干年时间后又回到这家单位。因此即使在同一家单位，也可能出现本单位连续服务的年限和累计服务年限）。连续工龄是指从现在往前推没有断过的工作时间。就目前来说，这三种不同的工龄有着不同的作用：退休后领取养老金基本按累计工龄（当前都必须是缴纳社会保险费），其中1993年前工作年限视为缴费年限。而病假工资的计算则按连续工龄累计。

在三种工龄中，为本单位服务的工龄用处相对最多：解除劳动合同经济补偿和医疗期都以单位服务年限为计算依据。单位接收了复员退伍军人、军人转业干部，那么不论他当了多少年的兵，军龄都作为本单位服务的年限。这个规定体现了国家对复员退伍军人、军队转业干部的优待和保护。

经济补偿金按劳动者在本单位的工作年限计发，因此，企业与劳动者解除劳动关系计发法定的经济补偿金时，退伍、转业军人的军龄也应当计算为“本单位工作年限”。

2. 关于初次就业的认定

指第一次就业，如果复员退伍军人、军队转业干部被安置部门安置进了一家单位，由于各种原因离开这家单位后另找一份工作。即使他后来的工作符合政府安置条件，但是由于已经不是初次，所以他的军龄不能视作这家公司的连续工作年限，有关本单位服务年限可以享受的待遇，他也只能从进入这家单位开始计算。但是他的军龄能算入累计工作年限。由于就业选择方式越来越多，复员退伍军人、军队转业干部原来完全由政府“包下来”的方法已经不是唯一的安置方式。有不少的复员退伍军人、军队转业干部通过自己的各种渠道而落实就业。从 2001 年起，有关部门对复员退伍军人、军队转业干部安置进行了改革，增加了领取安置费后自谋出路的方式。

（四）外籍人员/港澳台人员就业的管理思路

随着改革开放的不断深入，特别是加入 WTO 以及北京成功申办奥运会以后，大量外商投资企业特别是技术密集型企业进入我国投资设厂，带来了部分外籍工作人员，主要负责高级管理、技术工程、研究开发等业务，外籍人员在我国就业的人数日益增多。近年来，部分外资企业已经开始将外国人安置到普通管理人员、技术人员的岗位上。与此同时，中国的国有和民营企业也越来越重视先进技术和管理经验的重要性，陆续聘请了很多外国人从事管理、技术和营销工作，一些优秀的外国人也因此进入了本土企业工作。部分珠三角的企业为了降低用工成本，解决当前“用工荒”的难题，也开始从低劳动力成本的国家和地区招聘普通工人。而依据我国相关法律法规规定，外国人在我国就业必须经过合法审批。

案例 51：非法聘用外国人从事培训遭受行政处罚

2012 年年底，部分大学生向广东深圳外事和教育主管部门反映，几名外国人在某市开办英语培训班，其开设的培训课程收费高昂，但是培训质量不尽如人意，他们怀疑这些外国人的身份不合法。接到举报后，当地公安分局、教育局和劳动局组成联合调查小组。经调查发现，位于深圳的某教育服务有限公司曾在寒假期间组织多个英语培训班，其中有多名外国人到培训班上课，这些外国人数量较多，居住分散，就业情况复杂。外管民警通过逐一对分散居住的外国人和公司法人及财务人员进行传唤取证，查实了 7 名外国人非法就业和该教育服务有限公司非法雇用外国人的违法事实。经查，2012 年 2 月至 5 月，该教育服务有限公司在未办理外国人就业、居留等合法手续情况下，私自与 4 名美国人、2 名加拿大人和 1 名澳大利亚人签订合同，委派 7 名外国人到某市组织英语教学，并支付外国人非法从事教学活动的报酬。依据《〈外国人入境出境管理法〉实施细则》第 44 条相关规定，某市警方依法终止了双方非法雇佣、就业行为，并对该公司和 7 名外国人分别给予 500 - 8000 元的罚款；同时，对 7 名外国人采取缩短签证处理。

专家分析

外国人，是指依照《国籍法》的规定，不具有中国国籍人员。外国人在中国就业，是指没有取得定居权的外国人，在中国境内依法从事社会劳动并获取劳动报酬的行为。随着中国改革开放的不断深入，国际经济合作的不断发展，越来越多的外国人前来中国谋求个人发展，我国政府对外国人在中国的就业一直给予高度重视，从法规政策上给外国人在华就业进行适当的规制：一方面注重优先保障国内劳动者的充分就业、就业秩序和劳动者权益保障；另一方面也注重维护在华就业外国人的劳动权益保障。目前外国人在华就业的主要管理规定是1996年1月22日由劳动部、公安部、外交部、外经贸部发布，并于1996年5月1日起施行的《外国人在中国就业管理规定》。

首先，在中国就业的外国人必须办理就业手续。用人单位聘用外国人从事的应是有特殊需要，国内暂缺适当人选，且不违反国家有关规定的岗位。除经文化部批准持《临时营业演出许可证》进行营业性文艺演出外，用人单位不得聘用外国人从事营业性文艺演出。符合以下条件的外国人才可以在中国申请办理就业手续：（1）年满18周岁，身体健康；（2）具有从事其工作所必需的就业技能和相应的工作履历；（3）无犯罪记录；（4）有确定的聘用单位；（5）持有有效护照或能代替护照的其他国际旅行证件；（6）入境后取得外国人就业证和外国人居留证件。

其次，企业聘用外国人需报批。根据《外国人在中国就业管理规定》，外国人在中国就业由各省、自治区、直辖市人民政府劳动保障行政部门及其授权的地市级劳动保障行政部门负责管理。如果企业要聘用外国人，应填写《聘用外国人就业申请表》（以下简称申请表），向与劳动行政部门同级的行业主管部门（以下简称行业主管部门）提出申请，并提供下列有效文件：（1）拟聘用的外国人履历证明；（2）聘用意向书；（3）拟聘用外国人原因报告；（4）拟聘用外国人从事该项工作的资格证明；（5）拟聘用外国人健康状况证明；（6）法律、法规规定的其他文件。

再次，外国人得到许可证书后方可就业。未取得居留证件的外国人和来中国留学的外国人，未经中国政府主管机关允许，不得在中国就业。经行业主管部门批准后，用人单位应持申请表到本单位所在地区的省、自治区、直辖市劳动行政部门或其授权的地市级劳动行政部门办理核准手续。省、自治区、直辖市劳动行政部门或授权的地市级劳动行政部门应指定专门机构（发证机关）具体负责签发许可证书工作。发证机关应根据行业主管部门的意见和劳动力市场的需求进行核准，并在核准后向用人单位签发许可证。

复次，符合下列条件之一的外国人，可免办就业许可证和就业证：（1）由我国政府直接出资聘请的外籍转业技术和管理人员，或由国家机关和事业单位出资聘请，具有我国或国际权威技术管理部门或行业协会确认的高级技术职称或特殊技能资格证书的外籍专业技术和管理人员，并持有外国专家局签发的《外国专家证》的外国人。（2）持有《外国人在中华人民共和国从事海上石油作业工作准证》从事海上石油作业、不需登陆、有特殊技能的外籍劳务人员。（3）经文化部批准持《临时营业演出许可证》进行营业性文艺演出的外国人。另外，中央级用人单位、无行业主管部门的用人单位聘用外国人，可直接到劳动行政部门发证机关提出申请和办理就业许可证。外商投资企业聘雇外国人，无须行业部门主管批准，可凭合同、章程、批准证书、营业执照和《外国人在中国就业管理规定》第11条所规定的文件直接到劳动行政部门发证机关申领许可证。

最后，外国人的工资和福利待遇适用我国法律的规定。根据《外国人在中国就业管理规定》，用人单位支付在中国就业的外国人的工资和福利待遇，应按我国有关法律、法规的规定办理，其所支付的工资可由企业与外国就业者商定，但不得低于当地最低工资标准。对于外籍个人以下所得暂免征收个人所得税，企业在发放其工资收入时不应代扣代缴：（1）外籍个人以非现金形式或实报实销形式取得的住房补贴、伙食补贴、搬迁费、洗衣费；（2）外籍个人按合理标准取得的境内、外出差补贴；（3）外籍个人取得的探亲费、语言训练费、子女教育费等，经当地税务机关审核批准为合理部分；（4）外籍个人从外商投资企业取得的股息、红利所得。

本节案例中，该教育服务公司聘用外国人没有办理任何手续，属于法律规定的非法用工情形，理应受到法律的严厉制裁。企业依据法律有关规定依法聘用外国人，在办理外国人就业许可之后再让外国人提供劳务等服务，一方面可以保障企业的用工安全和外国人的劳动权益，另一方面也可以通过有关机关的审查，提前化解和避免后续可能存在的法律风险。

实务指南

在华定居的外国人和取得永久居留资格的外国人可以在中国就业或谋职。外国人应聘工作后，应履行聘雇合同或协议，不得私自接受其他单位的聘雇。如协议中止雇员另寻工作，应重新提出申请并获得批准，否则将视为非法谋职。外国人在一单位任职期满后转到另一单位时，应持原单位终止任职证明和新单位的聘雇证明到公安机关出入境管理部门办理变更手续，这些都是外国人在华就业的法定义务。而作为企业而言，处理外国人就业问题，尤须注意以下事项：

1. 依法办理相关手续。企业应依法申请外国人就业许可并获得批准，并协助办理和审查外国人在华就业证明。外国人被批准延长在中国就业期限或变更就业区域、单位后，应在 10 日内到当地公安机关办理居留证件延期或变更手续。

2. 及时签订劳动合同。劳动合同的期限最长不得超过 5 年。劳动合同期限届满即行终止，其就业证明即行失效。如需签订，该用人单位应在原合同期满前 30 日内，向劳动保障行政部门提出延长聘用时间的申请，经批准并办理就业延期手续。

3. 及时缴纳社会保险。根据人社部 2009 年 9 月 6 日发布，并于 2011 年 10 月 15 日起施行的《在中国境内就业的外国人参加社会保险暂行办法》，在华就业的外国人应当依法参加职工基本养老保险、职工基本医疗保险、工伤保险、失业保险和生育保险，由用人单位和本人按照规定缴纳社会保险费。用人单位招用外国人的，应当自办理就业证件之日起 30 日内为其办理社会保险登记。受境外雇主派遣到境内工作单位工作的外国人，应当由境内工作单位按照前款规定为其办理社会保险登记。

4. 依法管理外籍人员。聘用外国人需要签订劳动合同，同样适用中国内地的劳动法律法规。在中国内地就业的外国人的工作时间、休息休假、劳动安全卫生以及社会保障，按国家有关规定办理。有关外国人收入征税事项应遵守中国内地税务法律法规规定。

5. 妥善管理专业人员。根据劳动和社会保障部下发的《关于外国人在中国就业持职业资格证书有关问题的函》规定，外国人在中国就业应具有从事其工作所必需的专业技能和相应的工作经历；由于中国政府目前尚未与其他国家政府签订职业资格证书互认协议，所以外国人在中国从事国家规定的职业（工种），原则上必须持《中华人民共和国职业资格证书》。但是，外国人在中国从事具有外国特色的职业（工种），经劳动和社会保障部批准，如西式烹调师、西式面点师等，可持本国政府或行业协会颁发的职业资格证书就业或上岗。但该证书须经本国公证机关公证，公证证明应为中文或英文。

6. 依法解除劳动合同。被聘用的外国人与用人单位的劳动合同被解除后，该用人单位应及时报劳动保障部门、公安部门备案，同时交还该外国人的就业证和居留证件，并到公安机关办理外国人出境手续。

关联法规

第 97 条　外国人在中国境内就业的，参照本法规定参加社会保险。

——《社会保险法》

第 5 条　用人单位聘用外国人须为该外国人申请就业许可，经获准并取得《中华人民共和国外国人就业许可证书》（以下简称许可证书）后方可聘用。

第 24 条　因违反中国法律被中国公安机关取消居留资格的外国人，用人单位应解除劳动合同，劳动部门应吊销就业证。

——劳动部、公安部、外交部、外经贸部《外国人在中国就业管理规定》

第 3 条　在中国境内依法注册或者登记的企业、事业单位、社会团体、民办非企业单位、基金会、律师事务所、会计师事务所等组织（以下称用人单位）依法招用的外国人，应当依法参加职工基本养老保险、职工基本医疗保险、工伤保险、失业保险和生育保险，由用人单位和本人按照规定缴纳社会保险费。

与境外雇主订立雇用合同后，被派遣到在中国境内注册或者登记的分支机构、代表机构（以下称境内工作单位）工作的外国人，应当依法参加职工基本养老保险、职工基本医疗保险、工伤保险、失业保险和生育保险，由境内工作单位和本人按照规定缴纳社会保险费。

第 4 条　用人单位招用外国人的，应当自办理就业证件之日起30 日内为其办理社会保险登记。

受境外雇主派遣到境内工作单位工作的外国人，应当由境内工作单位按照前款规定为其办理社会保险登记。

依法办理外国人就业证件的机构，应当及时将外国人来华就业的相关信息通报当地社会保险经办机构。社会保险经办机构应当定期向相关机构查询外国人办理就业证件的情况。

——人社部《在中国境内就业的外国人参加社会保险暂行办法》

第14条 外国人、无国籍人未依法取得就业证件即与中国境内的用人单位签订劳动合同，以及香港特别行政区、澳门特别行政区和台湾地区居民未依法取得就业证件即与内地用人单位签订劳动合同，当事人请求确认与用人单位存在劳动关系的，人民法院不予支持。

持有《外国专家证》并取得《外国专家来华工作许可证》的外国人，与中国境内的用人单位建立用工关系的，可以认定为劳动关系。

——最高人民法院《关于审理劳动争议案件适用法律若干问题的解释（四）》

案例52：外籍高管与某跨国企业在华公司劳动争议案

James是上海某专业劳动法律师事务所的资深律师，近年来处理了好几起外籍高管与所在跨国企业在华公司之间的劳动争议，愈加感觉外籍管理人员在华发生劳动争议案件处理上的难度。最近的两个案例中，第一个案例是，某美资金融机构在华公司聘用了新加坡员工Tom，但三年后由于业绩不佳被公司考核为不合格，提前支付了1个月工资后即解除了其劳动合同。Tom认为该公司对其考核结果不公平，真实原因是其上司在人际关系上排挤他，其不认可公司的解除行为，要求公司支付相当于双倍经济补偿金的赔偿金。但公司认为聘用合同中明确约定公司有权以多支付1个月工资为对价解除劳动合同，且无须支付经济补偿金。第二个案例是，某知名德资电器企业在华公司聘用了某马来西亚员工Edward担任销售部总监，但半年以后公司即以组织架构发生调整为由提前30天解除了其劳动合同，并按照中国劳动法规定支付了经济补偿金。但由于Edward每月薪水8万人民币超过了上海市上年度社会平均工资的3倍（2009年标准为3566元×3＝10698元），所以实际支付的经济补偿金标准只有10698元，Edward实际所领受的补偿金也只有10698元，还不到其3个工作日的工资。Edward认为这种补偿标准难以接受，于是聘请律师到劳动争议仲裁委员会提起申诉。

专家分析

在这两起涉及外籍人员在华就业发生劳动争议的案件中，一般而言，涉及外籍人员的劳动争议相关问题主要有如下几个方面：一是争议发生时适用法律和管辖机构的问题；二是聘用期间的权利义务关系能否在适当范围内自由约定。对于第一个问题，有些外资公司往往会与外籍员工在聘用合同中约定选择适用法律和管辖机构的问题，特别是外资公司母公司与外籍人员同属一国时往往会约定其适用母国法律和母国法院处理。类似问题涉及国际私法的基本原则，但毕竟劳动法律关系不同于普通民事法律关系，原则上应在适用法律和管辖法院上遵循法院地法原则和属地管辖原则，双方不得约定排除中国劳动法管辖，并由所在地劳动仲裁机构和人民法院管辖。[①] 对于第二个问题，在上海等一些地方的司法实践中，允许双方可以就有关聘雇期限、岗位、报酬、保险、工作时间、解除聘雇关系条件、违约责任等事项，通过劳动合同约定。也即，双方可以在劳动合同中作出与中国劳动法不一致的约定。在这两起劳动争议中，最重要的裁判依据在于其聘用合同或劳动合同中是否对解除聘雇关系条件和经济补偿金事项等作出明确约定。如有明确约定，则按照相关约定办理；如无明确约定，则按照中国劳动法的相关规定办理。

实务指南

随着中国对外开放的进一步深入，企业对国际性人才的需求也日益增长，也开始逐步招用外籍人员担任管理和技术职位特别是高级管理和技术人员。企业在招用和管理这些外籍人员特别是处理劳动合同事项时，应当注意以下几个方面的事项：

1. 细致研议劳动合同条款。企业可以在与外籍人员订立的劳动合同中，就有关聘雇期限、岗位、报酬、保险、工作时间、解除聘雇关系条件、违约责任等事项的处理达成合意并形成相关条款。对于尚未具体约定的部分，根据实际情况加上“未尽事宜，按照中国劳动法处理”或者“未尽事宜，按照公平合理原则处理”等概括性语词。

2. 确定劳动合同使用语言。外籍人员与中国企业订立劳动合同，可以根据具体情况选择使用外文版和中文版的合同版本。但由于中国劳动法的中文语词可能与相关外文的语词不一一对应，容易产生不同理解或歧义。建议外文版本对中国劳动法相关语词进行界定；或在订立外文劳动合同之外另行订立中文版的劳动合同，并约定以中文版本为准。

3. 积极处理化解劳动争议。外籍人员与中国企业发生劳动争议以后，如何适用法律处理相关争议事项，目前的相关法律法规并不十分健全，所以，当劳动争议实际发

---

① 有学者认为，区别于可以“私法自治”的国际贸易、债权、票据等纯粹经济性质的合同关系，劳动关系中的经济关系从属于劳动者的劳动身份，与身份权不可分割，故更具特殊性。劳动法与一国社会经济制度、国家公共政策、经济基础、意识形态等密切相关，劳动者在劳动期间的职业安全、健康保障、工作时间、公共休假、最低工资保障、妇女儿童残疾人权益，特别是权利的救济等问题均关系到劳动者的切身利益，关系到国家的公共秩序。基于此，如发生劳动纠纷，必须由境内法院审理，并适用法院地法处理劳动争议。但另外一些学者则持不同意见，认为应当在一定程度上尊重外籍人员与本国公司之间权利义务关系的自由，以更好地保障劳资双方的实际利益。在司法实践中，也有部分地方持这种意见，比如上海等地，认可在强制性标准之外外籍员工可以与用人单位就劳动合同解除的条件、支付经济补偿金等相关事项进行合理的约定。

生时，专业人员也较难判决最终的处理结果。建议在可能的情况下，双方可以就争议事项事先通过沟通的方式化干戈为玉帛，事先以和解方式处理或者在司法程序中以调解方式解决。

关联法规

第2条第1款 中华人民共和国境内的企业、个体经济组织、民办非企业单位等组织（以下称用人单位）与劳动者建立劳动关系，订立、履行、变更、解除或者终止劳动合同，适用本法。

——《劳动合同法》

第2条 中华人民共和国境内的用人单位与劳动者发生的下列劳动争议，适用本法：

（一）因确认劳动关系发生的争议；

（二）因订立、履行、变更、解除和终止劳动合同发生的争议；

（三）因除名、辞退和辞职、离职发生的争议；

（四）因工作时间、休息休假、社会保险、福利、培训以及劳动保护发生的争议；

（五）因劳动报酬、工伤医疗费、经济补偿或者赔偿金等发生的争议；

（六）法律、法规规定的其他劳动争议。

——《劳动争议调解仲裁法》

第16条 用人单位与获准聘雇的外国人之间有关聘雇期限、岗位、报酬、保险、工作时间、解除聘雇关系条件、违约责任等双方的权利义务，通过劳动合同约定。

——上海市劳动局《关于贯彻〈外国人在中国就业管理规定〉的若干意见》

第26条 获准在本市行政区域内就业的外籍人员和台湾、香港、澳门人员的劳动权利义务，由用人单位的董事会或者管理机构确定后，在劳动合同中加以约定。

——上海市劳动和社会保障局《关于实施〈上海市劳动合同条例〉若干问题的通知》

Tips 小贴士：外籍人员在华如何纳税？

随着越来越多的外籍人员来华就业，外籍人员纳税问题成为用人单位比较关注的问题，外籍人员在华纳税主要涉及四个问题：一是居民纳税人和非居民纳税人的区分；二是根据新《个人所得税法》四项综合所得申报的问题；三是新《个人所得税法》施行后在2019年1月1日至2021年12月31日期间符合居民个人条件的，可以选择享受个人所得税专项附加扣除，也可以选择按照《财政部 国家税务总局关于个人所得税若干政策问题的通知》（财税〔1994〕20号）、《国家税务总局关于外籍个人取得有关补贴征免个人所得税执行问题的通知》（国税发〔1997〕54号）和《财政部 国家税务总局关于外籍个人取得港澳地区住房等补贴征免个人所得税的通知》（财税〔2004〕29

号）规定，享受住房补贴、语言训练费、子女教育费等津补贴免税优惠政策的问题；四是年收入 12 万元或两处以上取得工资、薪金的纳税申报问题。

表 14：外籍人员在华纳税简表

纳税人类型	居住时间	来源于中国境内所得		来源于中国境外所得	
		境内支付	境外支付	境内支付	境外支付
在中国境内无住所的外籍人员	不超过 90 天	●	○	○	○
	超过 90 天不满 183 天	●	●	○	○
	超过 183 天不满 6 年	●	●	○	○
	6 年以上	●	●	●	●
在中国境内有住所的居民纳税人		●	●	●	●

注：1. ●代表必须缴纳个人所得税，○代表无须缴纳个人所得税。

2. 在中国境内有住所的个人，是指因户籍、家庭、经济利益关系而在中国境内习惯性居住的个人。习惯性居住地是指个人因学习、工作、探亲等原因消除之后，没有理由在其他地方继续居留时，所要回到的地方，而不是指实际居住或在某一个特定时期内的居住地。

3. 现行税法中关于“中国境内”的概念，是指中国大陆地区，目前不包括香港、澳门和台湾地区。

4. 个人实际在中国境内工作期间取得的工资薪金，不论是由中国境内还是境外企业或个人雇主支付的，均属来源于中国境内的所得。

5. 个人实际在中国境外工作期间取得的工资薪金，不论是由中国境内还是境外企业或个人雇主支付的，均属来源于中国境外的所得。

Tips 小贴士：外国人在华如何缴纳社会保险？

随着越来越多的外国人来华就业，外国人缴纳社会保险问题成为用人单位比较关注的问题。外籍人员在华缴纳社会保险主要涉及七个问题：一是法律政策依据问题，二是适用对象问题，三是办理程序问题，四是待遇享受问题，五是争议处理问题，六是双边协议问题，七是法律责任问题。

其一，法律政策。外国人在华缴纳社会保险的法律政策依据主要是《社会保险法》和人社部《在中国境内就业的外国人参加社会保险暂行办法》（以下简称《暂行办法》）。《社会保险法》第 97 条规定：“外国人在中国境内就业的，参照本法规定参加社会保险。”2011 年 10 月 15 日起施行的《暂行办法》则对相关具体实施办法作了具体明确的规定。

其二，适用对象。这里主要涉及在中国境内就业的外国人、合法使用外国人的用人单位以及由境外雇主派遣到中国境内机构的外国人。

（1）在中国境内就业的外国人。依据《暂行办法》的规定，在中国境内就业的外国人，是指依法获得《外国人就业证》《外国专家证》《外国常驻记者证》等就业证件和外国人居留证件，以及持有《外国人永久居留证》，在中国境内合法就业的非中国国籍的人员。

（2）应当缴纳社会保险的用人单位。在中国境内依法注册或者登记的企业、事业单位、社会团体、民办非企业单位、基金会、律师事务所、会计师事务所等组织（以下称用人单位）依法招用的外国人，应当依法参加职工基本养老保险、职工基本医疗保险、工伤保险、失业保险和生育保险，由用人单位和本人按照规定缴纳社会保险费。

（3）由境外雇主派遣到中国境内机构的外国人。与境外雇主订立雇佣合同后，被派遣到在中国境内注册或者登记的分支机构、代表机构（以下简称境内工作单位）工作的外国人，应当依法参加职工基本养老保险、职工基本医疗保险、工伤保险、失业保险和生育保险，由境内工作单位和本人按照规定缴纳社会保险费。

其三，办理程序。依据《暂行办法》的规定，用人单位招用外国人的，应当自办理就业证件之日起30日内为其办理社会保险登记。受境外雇主派遣到境内工作单位工作的外国人，应当由境内工作单位按照前款规定为其办理社会保险登记。依法办理外国人就业证件的机构，应当及时将外国人来华就业的相关信息通报当地社会保险经办机构。社会保险经办机构应当定期向相关机构查询外国人办理就业证件的情况。

其四，待遇享受。依据《暂行办法》的规定，参加社会保险的外国人，符合条件的，依法享受社会保险待遇。在达到规定的领取养老金年龄前离境的，其社会保险个人账户予以保留，再次来中国就业的，缴费年限累计计算；经本人书面申请终止社会保险关系的，也可以将其社会保险个人账户储存额一次性支付给本人。外国人死亡的，其社会保险个人账户余额可以依法继承。在中国境外享受按月领取社会保险待遇的外国人，应当至少每年向负责支付其待遇的社会保险经办机构提供一次由中国驻外使、领馆出具的生存证明，或者由居住国有关机构公证、认证并经中国驻外使、领馆认证的生存证明。外国人合法入境的，可以到社会保险经办机构自行证明其生存状况，不再提供前款规定的生存证明。社会保险经办机构应当根据《外国人社会保障号码编制规则》，为外国人建立社会保障号码，并发放中华人民共和国社会保障卡。

其五，争议处理。依据《暂行办法》的规定，依法参加社会保险的外国人与用人单位或者境内工作单位因社会保险发生争议的，可以依法申请调解、仲裁、提起诉讼。用人单位或者境内工作单位侵害其社会保险权益的，外国人也可以要求社会保险行政部门或者社会保险费征收机构依法处理。

其六，双边协议。依据《暂行办法》的规定，具有与中国签订社会保险双边或者多边协议国家国籍的人员在中国境内就业的，其参加社会保险的办法按照协议规定办理。

其七，法律责任。依据《暂行办法》的规定，社会保险行政部门应当按照社会保险法的规定，对外国人参加社会保险的情况进行监督检查。用人单位或者境内工作单位未依法为招用的外国人办理社会保险登记或者未依法为其缴纳社会保险费的，按照《社会保险法》《劳动保障监察条例》等法律、行政法规和有关规章的规定处理。用人单位招用未依法办理就业证件或者持有《外国人永久居留证》的外国人的，按照《外国人在中国就业管理规定》处理。

Tips 小贴士：港澳台人员在内地/大陆就业如何管理？

为维护台湾、香港和澳门居民中的中国公民在大陆/内地就业的合法权益，人社部加强了内地用人单位聘雇台港澳人员的管理，2005 年 6 月 14 日制定了《台湾香港澳门居民在内地就业管理规定》（人社部令第 26 号）（已废止），并自 2005 年 10 月 1 日起施行。该规定主要涉及适用范围、就业许可、就业条件、办理就业证、社会保险、注销就业证、劳动争议、相关罚则等若干方面。

2018 年 7 月 28 日，国务院印发《关于取消一批行政许可事项的决定》（国发〔2018〕28 号），取消台港澳人员在内地就业许可。8 月 23 日，人力资源社会保障部颁布《关于废止〈台湾香港澳门居民在内地就业管理规定〉的决定》（人社部令第 37 号），废止《台湾香港澳门居民在内地就业管理规定》（人社部令第 26 号）。在内地/大陆求职、就业的港澳台人员，可使用港澳台居民居住证、港澳居民来往内地通行证、台湾居民来往大陆通行证等有效身份证件办理人力资源社会保障各项业务，以工商营业执照、劳动合同（聘用合同）、工资支付凭证或社会保险缴费记录等作为其在内地/大陆就业的证明材料。

2018 年 7 月 28 日起，台港澳人员在大陆/内地就业不再需要办理《台港澳人员就业证》。8 月 23 日起，各地不再受理《台港澳人员就业证》申请；对此前已受理申请但尚未发放证件的，及时告知用人单位无需再申请办理。2018 年 12 月 31 日前，处于有效期内的《台港澳人员就业证》仍可同时作为台港澳人员在大陆/内地就业证明材料；2019 年 1 月 1 日起终止使用。

二、特殊劳动关系与非标准化管理办法

特殊劳动关系并非一种学理上的概念，而是对劳动人事管理实践中出现的一种特殊用工现象的承认，比如因退休从现有岗位上退下来又发挥余热的老技术人员、特定历史时期协议保留社保关系的人员，等等。这种用工关系，是属于现行劳动法律调整的标准劳动关系和民事法律调整的民事劳务关系以外的一种用工关系，其劳动者一方面在用人单位从事有偿劳动、接受管理，但与另一用人单位存有劳动合同关系或不符合劳动法律规定的主体条件。特殊劳动关系的主体，主要有以下几种：一是协议保留社会保险关系人员；二是未达到法定退休年龄的内退人员；三是停薪留职人员；四是

下岗待岗人员；五是已经依法享受养老保险待遇或领取退休金的退休人员；六是企业经营性停产放长假人员；七是符合相关规定的其他人员。这些特殊人员由于其法律主体上的不完备性，在劳动权利义务分配上也与标准劳动关系有所差异，这也给企业劳动人事管理带来一定的问题和困难。①

（一）特殊劳动关系的法律定位

特殊劳动关系有以下两层意思：首先，特殊劳动关系是基于劳动而产生的权利义务关系，仍然是一种建立在劳动用工基础上的，以提供劳动接受报酬为基本权利义务为主要内容的劳动关系，不能简单等同于通常的双方完全自由平等的民事关系；其次，特殊劳动关系是一种特殊的劳动权利义务关系，不能以标准的法定劳动权利义务强制性规范去约束双方的行为，比如说退休返聘类这种特殊劳动关系在合同关系的终止程序、经济补偿金支付等方面迥异于标准劳动关系。特殊劳动关系作为一种事实上客观存在的法律关系，企业尤其需要重视的是如何处理和应对自身管理上遇到的特殊劳动关系，并在法律框架内有效使用好这些特殊劳动关系人员。

案例 53：聘用内退人员建立特殊劳动关系

2018 年 9 月，上海市普陀区的内退人员工程师赵先生退休后被浦东张江开发区某科技公司聘用，约定的是月薪 15000 元，并在每工作满 1 年时即支付给赵先生相当于 2 个月工资的奖金。2019 年 9 月，该公司并没有支付给赵先生 30000 元的奖金。赵先生不服，遂向该公司提出异议，而公司认为，赵先生在该聘用合同年度的项目研发中发挥的作用有限，每月支付其 15000 元工资已明显偏高，所以公司决定不支付其该项奖金。公司还认为，赵先生在其原来工作单位办理了内退，每月还从原单位领取一笔收入，赵先生的利益实际并未遭受特别损失。赵先生不服，于 2019 年 9 月向公司所在地劳动仲裁部门申请仲裁，而公司提出了管辖权异议，认为公司与赵先生之间的关系是一种民事劳务关系，仲裁部门不能受理此劳务关系争议案件。劳动仲裁部门以本案件属于特殊劳动关系为由驳回了公司的管辖权异议，并受理了该劳动争议案件。

---

① 2010 年 9 月 13 日，最高人民法院发布《关于审理劳动争议案件适用法律若干问题的解释（三）》（法释〔2010〕12 号），并于 9 月 14 日起正式施行，其第 7 条规定："用人单位与其招用的已经依法享受养老保险待遇或领取退休金的人员发生用工争议，向人民法院提起诉讼的，人民法院应当按劳务关系处理。"第 8 条规定："企业停薪留职人员、未达到法定退休年龄的内退人员、下岗待岗人员以及企业经营性停产放长假人员，因与新的用人单位发生用工争议，依法向人民法院提起诉讼的，人民法院应当按劳动关系处理。"该《解释（三）》将退休返聘人员与企业停薪留职人员、内退人员、下岗待岗人员、企业经营性停产放长假人员等一般特殊劳动关系进行区分，对前者按照劳务关系处理，对后者按照劳动关系处理。

专家分析

在中国内地现行劳动法律实践中，关于退休后的职工再与本单位或者其他单位建立用工关系的，权利义务关系的法律界定目前各地尚无统一的观点。目前有地方将此种权利义务关系视为劳务关系，相关处理也按照民事关系进行处理，而上海市等地区将其作为特殊劳动关系对待，作为劳动关系的特殊状态进行处理。特殊劳动关系的主要特征为劳动者在劳动过程中较完整地接受了使用单位的管理支配，但或因劳动者主体不符合现行劳动法律规定的构成条件，或因劳动者在用人单位从事劳动的同时与另一用人单位存有各种形态的劳动合同关系。长期以来，社会上将标准劳动关系以外的用工形态一概称为“劳务关系”，或将其完全排除在法定劳动标准适用范围以外，或简单归入标准劳动关系，既不利于保障劳动者的合法权益，又不利于妥善处理劳动争议。界定特殊劳动关系就是为了维护劳动力市场的正常秩序，理顺用工关系、明确劳动标准的参照适用、规范劳动争议处理的相应规则。因此，界定特殊劳动关系并非创制一种新的劳动法律关系，而是适应当前规范劳动力市场需要设置的市场规则。特殊劳动关系并不等同于标准劳动关系，而更多地接受普通民法的调整和规制。

实务指南

在实践中，管理特殊劳动关系人员是一件相对复杂的工作，特别是关于特殊劳动关系人员的甄别、建立聘用关系、特殊劳动关系人员的管理、薪酬待遇设计及特殊劳动关系人员的权利义务关系终结等事项，企业尤其应当予以重视。

1. 特殊劳动关系人员的聘用。依据相关规定，特殊劳动关系主要有如下七类：一是协议保留社会保险关系人员；二是未达到法定退休年龄的内退人员；三是停薪留职人员；四是下岗待岗人员；五是已经依法享受养老保险待遇或领取退休金的退休人员；六是企业经营性停产放长假人员；七是符合相关规定的其他人员。因为特殊劳动关系人员主体的特殊性，相关权利义务关系也具有特殊性。企业在意欲使用特殊劳动关系人员时，在招聘环节应注意审查相关证明，比如说退休证明、协保证明等；对于特殊劳动关系人员的选择，要从其任职经历和专业技术资格等方面进行统筹考虑，防止非特殊劳动关系人员被错误认定为特殊劳动关系主体，导致此后的法律风险。

2. 特殊劳动关系人员的管理。企业使用特殊劳动关系人员，大部分是希望这些人员能够为企业一展所长或者节约相关用工成本，为企业带来更多的发展和盈利机会。企业在管理特殊劳动关系人员的时候，既要避免其特殊性带来的负面影响和潜在风险，又要充分发挥特殊劳动关系人员的特殊性。比如说与退休返聘人员订立的聘用合同，可以充分发挥民事合同的灵活性，对解除和终止合同程序的安排、商业秘密的要求与保密协议的订立，违约金和经济补偿金、福利待遇的灵活处理等事项做出有利于企业或双方共赢的特别约定。但需要指出的是，对于内退、停薪留职、下岗待岗人员、企业经营性停产放长假人员等，则应按照劳动关系处理相关管理事项。

3. 特殊劳动关系人员的离职。特殊劳动关系人员作为企业聘用人员，也会有离开工作岗位的一天。在标准劳动关系员工管理过程中，员工离职或者说解除或终止聘用合同是一件非常复杂也非常容易产生争议的事情。对于特殊劳动关系人员的离职，企业特别需要做好事前、事中、事后三项管理。事前管理是指在聘用协议或劳务合同中约定解除或终止合同的条件和程序；事中管理是指对于双方在履行合同过程中发现的新情况、新问题等应充分进行协商，相应调整和变更合同终结条款；事后管理则是指当员工离职情形出现时，应严格按照合同的约定和法律的规定处理交接事项和后续安排。

关联法规

第7条　用人单位与其招用的已经依法享受养老保险待遇或领取退休金的人员发生用工争议，向人民法院提起诉讼的，人民法院应当按劳务关系处理。

第8条　企业停薪留职人员、未达到法定退休年龄的内退人员、下岗待岗人员以及企业经营性停产放长假人员，因与新的用人单位发生用工争议，依法向人民法院提起诉讼的，人民法院应当按劳动关系处理。

——最高人民法院《关于审理劳动争议案件适用法律若干问题的解释（三）》

一、本通知所称特殊劳动关系是现行劳动法律调整的标准劳动关系和民事法律调整的民事劳务关系以外的一种用工关系，其劳动者一方在用人单位从事有偿劳动、接受管理，但与另一用人单位存有劳动合同关系或不符合劳动法律规定的主体条件。

二、用人单位使用下列人员之一的形成特殊劳动关系：

1. 协议保留社会保险关系人员；
2. 企业内部退养人员；
3. 停薪留职人员；
4. 专业劳务公司输出人员；
5. 退休人员；
6. 未经批准使用的外来从业人员；
7. 符合前条规定的其他人员。

——上海市劳动和社会保障局《关于特殊劳动关系有关问题的通知》

（二）特殊劳动关系的区别对待

由于特殊劳动关系的本质仍然属于劳动关系，所以其法律调整依然部分受到劳动法的特别约束。而另一方面，特殊劳动关系的特殊性也导致了特殊劳动关系并不能完全适用劳动法上的劳动标准。最高人民法院《关于审理劳动争议案件适用法律若干问题的解释（三）》将退休返聘人员与企业停薪留职人员、内退人员、下岗待岗人员、企业经营性停产放长假人员等一般特殊劳动关系进行区分，对前者按照劳务关系处理，对后者按照劳动关系处理。那么，在实务中，这些特殊劳动关系究竟应当如何适用劳动标准，又为何适用这些劳动标准，就成为企业和特殊劳动关系人员最为关心的问题。

案例 54：退休返聘员工超时工作有无加班费？

老张原来是上海某建筑工程设计院的工程师，退休以后被某外资建筑师事务所聘为技术主管，负责建筑师事务所的部分建筑工程设计。老张进这家建筑师事务所的时候，曾与事务所签订过一份聘用协议。聘用协议就老张的工作岗位和职责、薪资待遇、协议的解除和终止等相关事项进行了简单而又明确的约定。最近一段时间，由于事务所的设计任务越来越多，老张不断加班，经常很晚才回到家里。但是接连几个月，事务所一直按照原待遇支付给老张薪水，并未特别发放加班费。于是，老张向事务所进行交涉，事务所承认老张经常加班，但那是因为其无法像其他年轻的同事一样高效率按时完成任务，所以事务所没有必要为其支付加班费。老张则认为事务所是故意不发放其加班工资，原因在于他在前几次设计会议上曾公开批评了设计总监，所以设计总监主导克扣其加班费。老张因此申请了劳动仲裁，并提供了加班证据记录，后仲裁裁定事务所按照考勤记录支付加班费。

专家分析

构成特殊劳动关系的劳动者如何参照适用劳动标准？依据上海市劳动局的相关规定，用人单位与劳动者构成特殊劳动关系，应当参照适用三方面的劳动标准：（1）工作时间。即必须执行法定的劳动者日、周工时制度，休息日制度及延长工作时间制度。（2）劳动保护。即必须执行法定的劳动安全卫生标准及发生工伤、职业病劳动者应当享受的待遇。（3）最低工资。即必须执行本市企业职工最低工资规定。那么，确定参照适用上述劳动标准的原则是什么？应当认为，确定特殊劳动关系参照适用劳动标准的原则是，与直接劳动过程密切相关。工作时间、劳动保护和最低工资是劳动保护标准中的三项基础，也是特殊劳动关系规制的三个主要方面。但需要进一步指出的是，根据 2010 年 9 月 14 日施行的最高人民法院《关于审理劳动争议案件适用法律若干问题的解释（三）》第 7 条的规定，用人单位与其招用的已经依法享受养老保险待遇或领取退休金的人员发生用工争议，向人民法院提起诉讼的，人民法院应当按劳务关系处理。所以，在解释（三）施行后，退休返聘人员的加班费除非事先通过聘用合同约定，否则可能无法获得法院系统的支持。

实务指南

对于企业而言，管理特殊劳动关系人员是一件相对比较复杂的任务。但是特殊劳动关系管理也有其灵活性，企业如果能够做到熟练掌握法律规定，应该可以妥当地管理特殊劳动关系员工。具体而言，主要应该从以下三个方面着手：

1. 掌握法律关于特殊劳动关系人员的特别规定。法律对特殊劳动关系人员进行专门调整有着明确的法律规定，无论是特殊劳动关系员工本人主张权益，还是劳动行政部门处理争议，此种法律关系均应遵循相关规定，并且只需满足这些规定，企业即属于合法管理与经营。对于退休返聘类的特殊劳动关系员工而言，则应作为民事劳务关系处理，管理上具有更大的灵活性；对于未达到法定退休年龄的内退人员、停薪留职人员、下岗待岗人员、企业经营性停产放长假人员等特殊劳动关系员工而言，则应作为劳动关系处理。

2. 充分利用好法律的规定灵活进行用工的设计。对于退休返聘类的特殊劳动关系员工而言，可以通过双方平等协商的方式进行处理，一般而言，法律并不另作相关的劳动法上的强制要求。所以，企业可以灵活设计用工形式，对于阶段性或项目性聘用的特殊劳动关系员工，解除或终止劳动关系的方面可以约定得简单些；对于经济补偿金等事项，则可以基于聘用合同的性质和特殊劳动关系用工模式而明确约定为无须支付经济补偿金。

3. 对于意外情形事先做好预防方案和应对策略。退休返聘类特殊劳动关系员工受到劳动法保护的程度比较简单，但是疏于管理和预案设计的话，也会给企业带来很多潜在问题。比如，商业秘密保护事项、工伤事项等，均可通过事先在合同中约定的方式进行预防性处理。而一旦此种问题发生，首先可以优先适用双方合同的约定。如果等到产生问题的时候，才临时进行磋商和处理，这样企业反而更为被动，所以企业要预防优先。

关联法规

第7条　用人单位与其招用的已经依法享受养老保险待遇或领取退休金的人员发生用工争议，向人民法院提起诉讼的，人民法院应当按劳务关系处理。

第8条　企业停薪留职人员、未达到法定退休年龄的内退人员、下岗待岗人员以及企业经营性停产放长假人员，因与新的用人单位发生用工争议，依法向人民法院提起诉讼的，人民法院应当按劳动关系处理。

——最高人民法院《关于审理劳动争议案件适用法律若干问题的解释（三）》

三、用人单位与劳动者形成特殊劳动关系，应当参照执行以下劳动标准：

1. 工作时间规定；

2. 劳动保护规定；

3. 最低工资规定。

形成特殊劳动关系的双方当事人可以协商约定有关的劳动权利义务。

——上海市劳动和社会保障局《关于特殊劳动关系有关问题的通知》

表 15：特殊劳动关系及相关用工关系法律调整机制比较一览

特殊劳动关系类型	用工法律关系识别	法律政策依据
1. 已经依法享受养老保险待遇或领取退休金的退休人员	劳务关系	司法解释（三）（明确为劳务关系）；上海市规定（明确为特殊劳动关系）
2. 协议保留社会保险关系人员	特殊劳动关系（工时、劳保、最低工资三项保护，其余合理约定）	司法解释（三）（明确下岗待岗人员为劳动关系）；上海市规定（明确为特殊劳动关系）
3. 未达到法定退休年龄的内退人员	劳动关系	司法解释（三）（明确为劳动关系）；上海市规定（明确为特殊劳动关系）
4. 停薪留职人员	劳动关系	司法解释（三）（明确为劳动关系）；上海市规定（明确为特殊劳动关系）
5. 下岗待岗人员	劳动关系	司法解释（三）（明确为劳动关系）；上海市规定（明确协保人员为特殊劳动关系）
6. 企业经营性停产放长假人员	劳动关系	司法解释（三）（明确为劳动关系）；上海市规定未涉及
7. 专业劳务公司输出人员	特殊的劳务关系（非劳动关系或用工关系，属性仍待进一步明确）	《劳动合同法》（劳务派遣专节）；司法解释（三）未涉及；上海市规定（明确为特殊劳动关系）

注：1. 司法解释（三）是指：最高人民法院《关于审理劳动争议案件适用法律若干问题的解释（三）》（法释〔2010〕12 号）；

2. 上海市规定是指上海市劳动和社会保障局《关于特殊劳动关系有关问题的通知》（沪劳保关发〔2003〕24 号），是司法解释（三）出台前国内为数不多的特殊劳动关系的地方性文件；

3. 上海市劳动和社会保障局《关于特殊劳动关系有关问题的通知》属于直辖市属行政机关的规范性文件，而最高人民法院《关于审理劳动争议案件适用法律若干问题的解释（三）》属于司法解释，相关用工法律性质的识别，上海市规定与司法解释规定不一致的，以司法解释为准。

（三）特殊劳动关系的特别管理

对于特殊劳动关系人员管理而言，在相关规定存在并有效掌握的情况下，企业用工其实存在相当的灵活性。但是，如果由于企业劳动人事管理不善或是由于政策法规的临时变动，企业在特殊劳动关系人员管理上依然还是存在相当的法律风险。最高人民法院《关于审理劳动争议案件适用法律若干问题的解释（三）》将退休返聘人员与企业停薪留职人员、内退人员、下岗待岗人员、企业经营性停产放长假人员等一般特殊劳动关系进行区分，对前者按照劳务关系处理，对后者按照劳动关系处理。企业在对此规定充分掌握的基础上，还应对一些特殊劳动关系的特别管理事项有所了解和认知。

案例 55：上海首例退休人员工伤认定案

陈老师退休后受聘上海商业会计学校，成为客座英语老师。她在校园走道上被迎面奔跑而来的一名学生撞倒在地，经医院诊断为左肱骨外科颈骨折。陈老师为退休人员，这次受伤到底算工伤还是民事侵权？学校和上海市黄浦区劳动局各执一词。2007 年 8 月 23 日，上海市黄浦区法院就全市首例退休人员工伤认定案做出一审判决，退休人员被事业单位聘用的，工作时受伤属工伤。上海商业会计学校承认陈老师确实在学校被撞骨折，但学校与她没有签订劳动合同，双方只存在民事劳务关系，不存在劳动关系，因此不符合申请工伤认定的条件。2006 年 8 月，陈老师直接向上海市黄浦区劳动局申请工伤认定。2006 年 12 月，区劳动局经调查核实后，于次年 1 月做出工伤认定结论。根据上海市劳动和社会保障局颁布的《关于特殊劳动关系有关问题的通知》，区劳动局认定商业会计学校与陈老师之间存在特殊劳动关系。商业会计学校认为区劳动局认定其与陈老师存在特殊劳动关系参照的依据不属于法律、行政法规，对其合法性表示异议，遂申请行政复议。2007 年 4 月，市政府给出了审查意见，认为《通知》不违反相关法律规定。据此，区政府维持区劳动局做出的关于陈老师的工伤认定。商业会计学校又向黄浦区人民法院提起诉讼，法院审查后认为，区劳动局具有做出工伤认定结论的法定职权。被诉工伤认定结论认定事实清楚，行政程序合法，适用法律正确，依法应予维持。

专家分析

这是一起特殊劳动关系人员遭遇工伤后向聘用单位索赔的典型案件，这也是上海市首例退休人员工伤认定案例。用人单位返聘退休人员，一般作为劳务关系处理，不会作为劳动关系看待；而工伤认定一般以认定双方之间存在劳动关系为前提，没有劳动关系就谈不上工伤的问题，至多作为民法通则中的人身侵权损害赔偿来处理。因此，针对退休人员，一般不存在工伤的问题。本案的特殊之处在于，在最高人民法院《关于审理劳动争议案件适用法律若干问题的解释（三）》出台之前，上海市的地方性口径将用人单位雇用退休人员等劳动者的关系界定为特殊劳动关系，在此基础上，相关执法和司法部门打破了认定工伤及劳动关系的传统劳动法理论，首次肯定了退休返聘人员的工伤。此案件如在该司法解释出台后发生，可能会作为一般民事侵权案件处理，也许不会被认定为工伤。

实务指南

1. 合理评估特殊劳动关系管理法律风险。与退休返聘类特殊劳动关系员工建立聘用关系，其权利义务关系的调整按照民事劳务关系处理，相关的人事管理也较为简单。但对于内退人员、停薪留职人员、下岗待岗人员、企业经营性停产放长假人员等特殊劳动关系员工管理而言，则适用劳动法调整权利义务关系，企业应当合理预见其法律风险。除非相关法规政策明确规定企业不承担责任，执法和司法实务中按照倾向保护劳动者的基本原则，企业往往需要承担相关责任。

2. 为特殊劳动关系员工购买社会保险或者雇主责任险。既然企业需要承担工伤保险待遇给付责任以及发生工伤事故后企业依法应承担的责任，企业应当依法履行包括工伤保险在内的社会保险缴纳义务，防止因工意外事故发生后过多责任的承担。不过，大多数情况下，一些特殊劳动关系员工的工伤保险很难缴纳或者说没有渠道缴纳，一般建议企业可以采取购买雇主责任险的方式，以单个员工合同或整体打包的方式与商业保险公司签订雇主责任险，防范潜在的法律风险。[①]

Tips 小贴士：聘用停薪留职、内退、下岗待岗及经营性停产放长假人员是否建立劳动关系？

最高人民法院《关于审理劳动争议案件适用法律若干问题的解释（三）》对此进行了明确，规定了停薪留职人员、内退人员、下岗待岗人员、企业经营性停产放长假人员与新用人单位之间的用工关系应认定为劳动关系。相应地，劳动者与新的用人单位之间因劳动关系产生的争议也应当适用劳动法律、法规。具体来说，第一，新的用人单位有缴纳社会保险的义务。在停薪留职、提前退休、下岗待岗、企业经营性停产放长假等情形下，劳动者与新用人单位建立用工关系的，应当由新用人单位与劳动者按照相关规定缴纳社会保险费用。第二，发生工伤事故时新的用人单位有赔偿的义务。根据相关政策、法规依据可知，在劳动者于新用人单位工作期间发生工伤事故的，应当由新用人单位承担工伤待遇的各项义务。第三，在劳动合同解除或终止后新的用人单位有补偿的义务。劳动者与新用人单位解除或终止劳动合同的，有关解除权的产生、行使以及解除或终止后的法律后果包括经济补偿金、赔偿金等事项，都应当适用《劳动法》和《劳动合同法》的相关规定。

关联法规

第 7 条　用人单位与其招用的已经依法享受养老保险待遇或领取退休金的人员发

---

① 目前存在一种说法，即建议为特殊劳动关系人员甚至是标准劳动关系人员购买人身意外险，来代替雇主责任险。企业采纳此种建议的法律风险比较大，因为人身意外险的保险人和受益人均为员工本人，员工对此种保险利益的取得并不因投保人为企业而必须抵充其基于工伤保险法律享有的工伤保险利益。员工在领受商业保险公司的赔偿后，依然可以向企业主张工伤保险立法上的工伤赔偿。

生用工争议，向人民法院提起诉讼的，人民法院应当按劳务关系处理。

第 8 条　企业停薪留职人员、未达到法定退休年龄的内退人员、下岗待岗人员以及企业经营性停产放长假人员，因与新的用人单位发生用工争议，依法向人民法院提起诉讼的，人民法院应当按劳动关系处理。

——最高人民法院《关于审理劳动争议案件适用法律若干问题的解释（三）》

三、特殊工时制度选择与法定程序要件

工时是指劳动者根据劳动合同的规定，为履行劳动义务而从事劳动的时间。根据《劳动法》、国务院《关于职工工作时间的规定》、《关于企业实行不定时工作制和综合计算工时工作制的审批办法》等规定，目前中国内地的工时制度主要分为两大类，即标准工时制度与特殊工时制度。特殊工时制度包括综合计算工时制度、不定时工作制度、计件工时制度，等等。标准工时制度，也称为标准工作制度，是由立法确定一昼夜中工作时间长度，一周中工作日天数，并要求各用人单位和一般职工普遍实行的基本工时制度。标准工时制度是工时制度的标准和基础，是其他特殊工作制度的计算依据和参考标准。根据国务院《关于职工工作时间的规定》的规定，中国内地目前实行的是每日工作 8 小时，每周工作 40 小时的标准工时制。[①] 任何单位和个人不得擅自延长职工的工作时间。

（一）综合计算工时制

综合计算工时制，是指单位以标准工作时间为基础，以一定的期限为周期，综合计算工作时间的工时制度。企业因生产特点不能实行标准工时制的，可以实行综合计算工时制，即分别以周、月、季、年等为周期，综合计算工作时间，但其平均日工作时间和平均周工作时间仍与法定标准工作时间基本相同。在实践中，除个别情况确属特殊的企业外，允许以年或季作为综合计算工时的周期外，劳动行政部门一般均掌握在以周或月为计算周期。

案例 56：综合计算工时制大量节省加班费开支？

江苏苏州某大型造纸制造型企业因生产季节性较强，经当地劳动行政部门批准，该企业实行以季为周期的综合工时制，核定劳动者每季度总工作时间为 502. 8 小时。

---

① 需要指出的是，每周工作 40 小时的规定与《劳动法》的相关规定并不一致。《劳动法》第 36 条规定：“国家实行劳动者每日工作时间不超过八小时、平均每周工作时间不超过四十四小时的工时制度。”根据《〈国务院关于职工工作时间的规定〉问题解答》的规定，“企业因生产经营需要延长工作时间是在每周 40 小时、还是在每周 44 小时基础上计算？答：……1997 年 5 月 1 日以后，一律应以每周 40 小时为基础计算”。所以，企业在实际操作中，应按照每周 40 小时的标准执行。

该企业根据综合工时制的批复，要求劳动者第二季度的 4 月和 5 月连续生产，6 月整月休息。然而，2018 年上半年因订单比以往都多，该企业劳动者连续 4 个月没有休息。该企业劳动者王某以工作时间总数超过 1200 小时，于 7 月提出集中休息一周，结果该企业人事部门的答复是，公司订单较多，在生产任务没有完成前，任何劳动者不得休息，因为公司实行的是综合计算工时制。王某咨询相关专业人员后，向当地劳动行政部门投诉，要求企业保障其相应休假权利并依法支付加班费。当地劳动监察大队调查属实后，责令该企业停止违法行为，要求保障职工最基本的休息权利，并依法支付加班费。

专家分析

本节案例中该企业人事部门的说法是不正确的，是对综合计算工时制的一种误读。该企业因生产任务需要，经工会和劳动者同意，安排劳动者在该季度的第一、第二月份完成 502.8 小时的工作，然后安排到第三季度整月休息。该企业这样的规定应视为是合法的，超过核定的总工时数应当视为延长工作时间，但对于这种打破常规的工作时间安排，一定要取得工会和员工的同意，并且注意劳逸结合，在保障员工身体健康的前提下完成生产任务。经劳动行政部门批准实行综合计算工时制的企业，在综合计算周期内总实际工作时间超过总法定标准工作时间的部分，视为延长工作时间，应按照不低于本人小时工资的 150% 支付加班工资；法定休假日安排劳动者工作的，应按照不低于本日工资或小时工资的 300% 支付加班工资。本节案例中，企业如果超过核定的工作时间，则需要征求工会和员工意见，并依法支付加班费。

生产实践中，企业违法延长工作时间的主要表现有：其一，未经劳动行政部门批准，对员工宣布实行综合计算工时工作制或不定时工作制；其二，超过劳动行政部门核定范围实行综合计算工时制或不定时工作制；其三，任意延长员工工作时间，且不作考勤或不作加班记录；其四，以规章制度方式减少考勤记录，达到延长工作时间的目的。遵纪守法的企业，应当特别注意按照法律规定谨慎管理和小心操作，避免不必要的法律风险发生。

实务指南

企业如果在合法的前提下，灵活使用综合工时制度，会节省大量的加班费开支和人工成本。但是，企业在申请和操作综合计算工时制时，往往会出现一些问题，也因此面临法律风险。企业在处理综合计算工时制时，尤其应注意以下几个方面的事项：

1. 就工时制度与工会进行协商。工时制度作为劳动者的重要劳动事项，涉及劳动者切身利益，企业在设计工时制度时，一方面要考虑到企业所在行业和员工具体岗位的特征，节省用工成本；另一方面也要就相关事项与工会或员工进行充分的协商，听取员工方的意见。

2. 采取变通方式保障员工权益。实行综合计算工时制并不意味着可以无视员工的法定权益。企业可以采取集中工作、集中休息、轮休调休、弹性工作时间等适当方式，确保员工的休息休假权利和生产、工作任务的完成。

3. 及时向所在地劳动部门申请。综合计算工时制作为一种特殊的工时制度，实行该制度需要经由当地劳动行政部门依法批准。企业在申请综合计算工时制时，应按照要求提交用工基本情况、综合计算工时岗位安排、工时计算周期、工会反馈意见等材料。

4. 注意证据收集，防患于未然。综合计算工时制管理中，也会出现各种纠纷和争议。从预防风险的角度而言，企业要对劳动者的上班时间、考勤规范等实际执行情况进行跟踪记录并反馈改进意见，同时也需要注意收集和保存有关记录、材料。

关联法规

第 6 条 对于实行不定时工作制和综合计算工时工作制等其他工作和休息办法的职工，企业应根据《中华人民共和国劳动法》第一章、第四章有关规定，在保障职工身体健康并充分听取职工意见的基础上，采用集中工作、集中休息、轮休调休、弹性工作时间等适当方式，确保职工的休息休假权利和生产、工作任务的完成。

——劳动部《关于企业实行不定时工作制和综合计算工时制的审批办法》

65. 经批准实行综合计算工作时间的用人单位，分别以周、月、季、年等为周期综合计算工作时间，但其平均日工作时间和平均周工作时间应与法定标准工作时间基本相同。

——劳动部《关于贯彻执行〈中华人民共和国劳动法〉若干问题的意见》

（二）不定时工时制

不定时工时制，也称不定时工作制，是指因工作性质和工作职责的限制，劳动者的工作时间不能受固定时数限制的工时制度。通俗地讲，不定时工作制就是每一工作日没有固定的上下班时间限制的工作时间制度。它是针对因生产特点、工作特殊需要或职责范围的关系，无法按标准工作时间衡量或需要机动作业的职工所采用的一种工时制度。其特点就是直接确定职工劳动量、无须确定上下班时间，可简单理解为只看工作结果，不问工作时间。不定时工时制不受《劳动法》第 41 条规定的日延长工作时间标准和月延长工作时间标准的限制，但用人单位应采用弹性工作时间的适当的工作和休息方式，确保职工的休息休假权利和生产、工作任务的完成。

案例 57：不定时工时制只需在规章制度中规定吗?

广东深圳某化工材料销售公司于 2019 年 5 月招聘程先生担任销售人员并与他签订了劳动合同，并商定程先生每月工资包括底薪和提成，另外支付外勤津贴。其中，提成要根据销售业绩来确定。劳动合同中还约定，程先生适用不定时工作制。2019

年5月到12月程先生的销售业绩一直不理想。程先生想改行，辞职前他提出要求公司发放加班工资，公司称约定实行的是不定时工作制，不存在加班费问题。他遂向劳动争议仲裁委员会提出了申诉，要求公司按照国家规定的标准支付加班工资，并向仲裁委提供了劳动合同书、签到表等证据。经仲裁开庭审理，查明该公司未经批准实行不定时工作制。仲裁委员会裁决支持了程先生的申诉请求，该公司按国家规定支付加班工资。

专家分析

关于实行不定时工作制员工的加班费问题，主要把握以下两点：一是劳动行政保障部门批准实行不定时工作制的企业，在实行不定时工作制岗位上工作的劳动者，可以不执行加班工资的有关规定；二是若在法定休假日提供了劳动，则企业应按规定支付加班工资。而按照劳动部的有关规定，实行不定时工作制等特殊工时制度必须经过劳动行政部门审批，该公司对销售人员实行不定时工作制虽然符合实行不定时工作制的前提条件，但未经主管部门批准，擅自与职工约定实行不定时工作制是违法的。因此，企业在没有申请及获批不定时工作制之前，以合同约定或规章制度规定特殊工时制度是存在巨大法律风险的。本节案例中，企业为自己的行为缺失支付了相当一大笔的加班工资。

实务指南

不定时工作制与综合计算工时制的申请及批准程序基本相同，需要上报企业劳动用工基本情况、岗位数量和性质、企业保障特殊工时制度员工的变通措施、工会的意见等。企业在操作不定时工作制的时候，还需注意以下问题：

1. 平衡考虑三种工时制，合理选择。标准工时制、不定时工作制和综合计算工时制没有绝对的优劣，企业需要根据实际情况予以选择。比如说，建筑工地上的翻斗车司机（非承包司机），应如何选择用工方法？标准工时制度似乎成本太大，不定时工作制又难以确定工作任务，综合计算工时制又难以合理评估其工作量，如何应对？此时完全可以通过岗位分析和计算比较的方式进行选择，看哪一种方式最优。①

---

① 笔者在江苏苏州进行培训的时候，一位建筑行业的企业学员提出在自己的工地上，翻斗车全部是自己投资购买的，司机则全部是雇用的，没有像有些小建筑企业那样翻斗车司机是车主，在施工上进行个人承包。此种情况下，他觉得对这些司机实行不定时工时制和综合计算工时制似乎均可，于是向笔者咨询自己的企业这些员工如何进行工时设计。笔者当时建议，该企业主可以先对司机岗位的实际工时进行调研，如果工程量能进行事先预估，且司机责任心和自主性较高，则采取不定时工作制，辅以工作绩效奖金制度，激励司机能够高效合理安排工程运输；如果工程量不能事先预估，且司机责任心和自主性不高，则采取综合计算工时制或直接采取计件工时制，但企业要注意加强对施工现场的督导和管理，防止极少部分司机耗时间带来消极后果。

2. 正确理解实施不定时工作制与减少加班工资的关联。目前存在一种说法，认为申请不定时工作制的主要目的在于减少加班费的开支。因为实行不定时工作制后，这些员工将不存在固定的工作时间，加班费也就无从谈及，不过不定时工作制更重要的目的在于有效地促进绩效提高，而非全部为减少成本开支。

3. 加强不定时工作制员工的有关管理。由于不定时工作制员工不再需要进行考勤记录，所以不定时工作制员工也无须遵守通常的“朝九晚五”工时安排。企业应加强会议沟通制度、绩效管理制度等各种相关制度的约束性，做到在增进员工积极完成工作业绩的同时，又能有效地对员工进行管理。

关联法规

八、实行不定时工作制的工资如何计发？其休息休假如何确定？

对于实行不定时工作制的劳动者，企业应当根据标准工时制度合理确定劳动者的劳动定额或其他考核标准，以便安排劳动者休息。其工资由企业按照本单位的工资制度和工资分配办法，根据劳动者的实际工作时间和完成劳动定额情况计发。对于符合带薪年休假条件的劳动者，企业可安排其享受带薪年休假。

——劳动部《关于职工工作时间有关问题的复函》

表 16：三种不同工时制度比较一览

	标准工时制	不定时工时制	综合计算工时制
1. 性质特点	工作时间定工作量	直接确定工作量	工作时间定工作量
2. 适用范围	一般劳动者	特定的三类人员	特定的三类人员
3. 主要内容	8 小时/天；40 小时/周	无固定时间要求	一般周期内平均 8 小时/天、40 小时/周
4. 审批与否	不需要批准	需要劳动部门批准	需要劳动部门批准
5. 加班规定	工作时超过时间就是加班；休息日、节假日安排劳动也是加班	一般不存在加班，只有法定节假日安排工作的才算加班	1 个周期超过法定标准时间属于加班；法定节假日安排工作也是加班

（三）计件工时制

所谓计件工时制，也称为计件工作制，是以劳动者完成一定数量的合格产品或一定的作业量来确定劳动报酬的一种劳动形式。其实，计件工时制也是直接确定劳动者的工作量，而不问劳动时间的一种工时制度。因此，从这个意义上讲，计件工作的劳动者实行的是一种特殊类型的不定时工作制。根据《劳动法》第 37 条的规定，对实行计件工作的劳动者，用人单位应当根据标准工时的规定，合理确定劳动定额和计件报酬标准。

案例 58：计件工时制就没有加班费之说吗？

2009 年 3 月，广东东莞某港资服装制品有限公司招收了大量外来务工人员，并与之签订了为期 1 年的劳动合同。服装公司对从事生产线操作的员工实行计件工资制度，每位员工按照自己的实际工作量的多少来领取工资。劳动合同履行期间，公司因产品订单不均衡，既有工作量安排不足的情况，又有要求员工在正常工作时间之外加班的情况。为平衡员工利益，在计算工资时，公司采取计时保底、计件做奖金的方式。即若员工不熟练，计件工资不够计时工资时，公司支付计时工资；当员工熟练，计件工资超过计时工资时，公司支付计件工资。1 个月后，当地劳动行政部门前来检查，审核员判定服装厂计件工资没有依法支付。审核员认为，若员工不熟练，以最低工资为底线支付计时工资并无问题。但计件工资超过计时工资时，则服装厂很可能未以计件工资的单价的 1.5 倍或 2 倍来支付加班工资。

举例而言，若某员工全月工时为 160 小时正班 +40 小时 1.5 倍加班，共生产产品 8000 件，而单价为 0.1 元，也即全月计件金额为 800 元（8000 ×0.1 元），此时公司支付员工计件工资。这种情况下员工计件工资应为：800 元/（160 +40 小时） = 4 元/小时。那么其计件工资为 4 元×（160 +40 ×1.5 小时） =880 元。即公司少支付了 80 元工资。基于此，劳动行政部门最后给予服装公司一个警告处分。

专家分析

如果采取计件工资的方式，只要按照一般的工作效率在规定的工作时间内所能完成的工作量，通过计算能超过当地最低工资标准，企业并不违反法律规定。依据《工资支付暂行规定》等相关政策法规的规定，用人单位在劳动者完成劳动定额或规定的工作任务后，根据实际需要安排劳动者在法定标准工作时间以外工作的，视为延长工作时间；实行计件工资的劳动者，在完成计件定额任务后，由用人单位安排延长工作时间的，也应依法支付加班工资。

那么，企业实行计件工资制度的，员工延长工作时间的工资该如何计算？《劳动法》第 37 条规定，对实行计件工作的劳动者，用人单位应当按照本法第 36 条规定的工时制度合理确定其劳动定额和计件劳动报酬。即计件工资以标准工资支付为计算基础。企业在实施过程中应同时注意，企业按计件工资计算的加班工资折算为小时工资后，不能低于按最低小时工资计算的加班工资。实行计件工资的劳动者，在完成计件定额任务后，由企业安排其在法定标准工作时间以外延长工作时间的，按不低于法定工作时间计件单价的 150% 支付工资报酬；在休息日工作的，按不低于法定工作时间计件单价的200%支付工资报酬；在法定节假日工作的，按不低于法定工作时间计件单价的300%支付工资报酬。

实务指南

对于企业而言，计件工作不能简单地以一个指标确定是否属于加班。未延长工作时间内劳动者多完成的任务，由企业向劳动者支付高效率劳动的报酬，不属加班工作。而企业要求劳动者延长工作时间，而且完成的任务不属于任务定额，只有这种情况下才能认定为加班。而在具体实行和推广计件工资时，企业应注意以下几点：

1. 实施计件工资的企业应具备相应条件。在实行计件工资的过程中，企业必须保证达到产品质量标准，不超过物质消耗定额，并使单位产品成本和工资成本有明显降低。实行计件工资制的企业，必须是经过产能整顿，管理秩序良好、生产任务饱满的企业，各种定额和统计、验收等基础工作比较妥当，各项经济技术指标比较先进。

2. 民主协商，合理确定劳动定额。实行计件工资的企业应当按照《劳动法》第36条、第37条的规定，本着先进和合理的原则确定劳动定额和计件单价，保证员工在法定工作时间内，提供正常的劳动能够完成的劳动定额，对计件单价进行合理的折算，使员工应得劳动报酬不得低于月最低工资。企业在生产新产品前，最好与企业工会或者职工代表民主协商，通过协商的办法制定科学合理的劳动定额，并折算出每道工序（或每件产品）的计件单价，在达成一致的情况下，告知每位员工，这样可以进一步规范计件工资制度，切实维护企业和员工的合法权益。

3. 按法律的限制性规定确定计件员工的加班时间。实行计件工资的员工在8小时工作时间内，完成了计件定额任务后，企业为了赶任务是否可以超过法定36小时的加班限制？答案是否定的。实行计件工资的员工在完成计件定额任务后，因企业生产经营需要，企业安排延长工作时间加班的，在与工会和员工协商后可以延长工作时间，但在加班时间上，一般每日不得超过1小时，因特殊原因需要延长工作时间的，在保障员工身体健康的条件下，延长工作时间每日不得超过3小时，每月不得超过36小时。

关联法规

第36条　国家实行劳动者每日工作时间不超过八小时、平均每周工作时间不超过四十四小时的工时制度。

第37条　对实行计件工作的劳动者，用人单位应当根据本法第三十六条规定的工时制度合理确定其劳动定额和计件报酬标准。

——《劳动法》

第 13 条　用人单位在劳动者完成劳动定额或规定的工作任务后，根据实际需要安排劳动者在法定标准工作时间以外工作的，应按以下标准支付工资：

……

实行计件工资的劳动者，在完成计件定额任务后，由用人单位安排延长工作时间的，应根据上述规定的原则，分别按照不低于其本人法定工作时间计件单价的 150%、200%、300% 支付其工资。

……

——劳动部《工资支付暂行规定》

四、人力资本投入与培训及服务期协议

人力资本投入是企业特别是大企业愿意着手推动的一个方向，经济社会发展到今天，企业的竞争更多地体现在人才的竞争上。人才的产生和吸纳主要有两个渠道：一是自己企业内部培养，人才着重从内部选拔；二是企业从外部寻找优秀人才，通过“猎头”的方式取得。这两种渠道各有优劣，前者的优点在于稳定员工并提高企业人才的忠诚度，缺点在于选才视野狭小；后者的优点是人才产生快并节省培养成本，但问题是忠诚度和适任性面临考验。当然，更多的企业愿意同时采取两种渠道。对于第二种渠道，主要是涉及商业秘密及竞业限制问题。而就第一种渠道而言，主要还是通过内部培训和外部培训等多方面技术培训的支持，提高员工管理能力和业务素质。而法律为了保证提供人力资本投入的企业在面临员工离职时减少损失，也规定了培训服务期规则。服务期其实是企业和员工双赢的留人模式，员工获得了企业的先行投入，企业可以要求员工在一定期限内不得辞职。《劳动合同法》选择了待遇限制型违约金模式，即通过在可设定服务期的情形上予以限定，以限制滥用违约金现象。

（一）试用期与培训服务期协议

试用期是企业劳动关系管理中一个非常特别的时期，有着特别的地位和作用。试用期是劳动合同当事人为了互相了解对方的情况而在劳动合同中约定的特定期限。劳动者的劳动技能往往不具有直接的外在表现形式，需要通过实际工作才能体现出来，同时，劳动者通过实际工作也能了解到在用人单位工作的具体情况，试用期是企业与新员工进行双向考察和熟悉了解的缓冲区。企业要考察新员工能否适应岗位的要求；新员工也要考察自己是否乐意在企业工作。应该说，试用期是对劳动合同当事人双方互利共赢的一个阶段，但也正是在这个阶段，企业和员工发生的争议数量相当多。

案例 59：试用期内签订的培训服务期协议无效？

浙江杭州某跨国公司下属的精密机械工程公司，是亚太地区最大的精密机械工程公司。2008 年 11 月，该公司通过校园招聘，招用了北京某重点大学机电工程系 5

位硕士毕业生，并于2009年6月与这5位硕士毕业生签订了劳动合同，劳动合同期限5年，其中试用期6个月。1个月以后，该公司收到芬兰总公司的通知，告知最近一段时间全球订单吃紧，总公司决定在中国杭州公司扩充产能，并增加机器和专业人员数量，要求杭州公司速派优秀技术人员赴芬兰，安排至芬兰最好的理工学院进行为期3个月的进修培训，掌握从芬兰运出的机械设备生产的理论基础和实践操作。公司收到通知后，管理层进行了磋商和研究，决定委派最近表现非常不错的5名硕士生赴芬兰，并与他们签订了培训服务期协议。协议约定，培训费用每人50万元，服务期5年，违约金按照服务年限平摊。2009年8月，5名年轻员工抵达芬兰，开始了紧张的培训。其间，5名员工参加了母校举行的校友会，席间有师兄学长建议他们能到芬兰工作，并成功说动了他们。2009年11月，5名员工以试用期为由，要求与公司解除劳动合同。公司不同意他们的看法，要求其按照培训服务期合同支付违约金。双方遂诉至劳动仲裁庭。

专家分析

根据《劳动合同法》等相关法律规定，企业可以与员工设定培训服务期，由企业委托第三方对员工进行专业技术培训，而要求员工必须服务满一定年限。否则，该员工将承担劳动合同约定的违约金。但是本节案例的问题在于，对于试用期的员工，能否约定培训服务期？如果法律不许可此期间培训服务期协议的存在，是否违背《劳动合同法》的立法意图？如果法律认可此期间培训服务期协议的效力，是否意味着不当约束了员工在试用期内的选择权？用人单位出资对职工进行各类技术培训，职工提出与单位解除劳动关系的，如果在试用期内，则用人单位不得要求劳动者支付该项培训费用。在本节案例中，至2009年11月，这5名员工依然还处于试用期，这家杭州公司并不能向其主张违约金事项。

实务指南

试用期员工的管理是一项特殊任务，企业应该格外注意和谨慎。在试用期内安排员工培训，需要注意以下事项：

1. 尽量不要安排试用期员工接受出资培训。对于安排员工进行培训而言，最好的办法是不选择试用期员工进行培训，以免发生法律风险。另外，试用期员工对各方面状况还不了解，甚至其本人是否有意留下也不好判断，所以试用期员工最好排除在培训名单之外。

2. 确实需要外派培训的要尽量争取提前转正。如果企业确实需要外派尚处于试用期的员工进行专业技术培训，则建议通过协商的方式缩短试用期，将其提前转正。待其成为正式员工以后，再将其派出培训。

3. 也可通过民事货币债权的方式变通处理。对于处于试用期的新员工而言，如果某些专业技术培训不仅是企业发展的需要，也是员工自身能力提高的迫切要求的话，企业可以通过民事借款的方式将款项借予员工，由员工自行参加培训，同时约定服务满一定年限后公司放弃该债权，也能间接地达到服务期的目的。

关联法规

第21条 在试用期中，除劳动者有本法第三十九条和第四十条第一项、第二项规定的情形外，用人单位不得解除劳动合同。用人单位在试用期解除劳动合同的，应当向劳动者说明理由。

第39条 劳动者有下列情形之一的，用人单位可以解除劳动合同：

（一）在试用期间被证明不符合录用条件的；

（二）严重违反用人单位的规章制度的；

（三）严重失职，营私舞弊，给用人单位造成重大损害的；

（四）劳动者同时与其他用人单位建立劳动关系，对完成本单位的工作任务造成严重影响，或者经用人单位提出，拒不改正的；

（五）因本法第二十六条第一款第一项规定的情形致使劳动合同无效的；

（六）被依法追究刑事责任的。

第40条 有下列情形之一的，用人单位提前三十日以书面形式通知劳动者本人或者额外支付劳动者一个月工资后，可以解除劳动合同：

（一）劳动者患病或者非因工负伤，在规定的医疗期满后不能从事原工作，也不能从事由用人单位另行安排的工作的；

（二）劳动者不能胜任工作，经过培训或者调整工作岗位，仍不能胜任工作的；

（三）劳动合同订立时所依据的客观情况发生重大变化，致使劳动合同无法履行，经用人单位与劳动者协商，未能就变更劳动合同内容达成协议的。

——《劳动合同法》

（二）服务期内员工与企业的法定及约定义务

在劳动合同存续期间，双方当事人均应当依照相关法律法规的规定和劳动合同的约定，依法履行自己的法定和约定义务。对企业而言，需要及时足额支付劳动报酬并依法缴纳社会保险，为员工提供安全的生产条件和劳动保护措施，等等；对员工而言，则应亲自、直接和全面地履行劳动义务，遵守企业规章制度和劳动纪律，等等。如果某一方或双方当事人违反合同的约定，给相对方造成损失的，应当承担损害赔偿责任。对于法律允许设立违约金的情形，企业可以依法与员工设置违约金条款，并在违约事实发生后向相对方主张违约金。这里有一种特殊情况，在约定的培训服务期内，如果员工不遵守规章制度，严重违反劳动纪律，被企业解除劳动合同，企业是否可以向该员工主张违约金？如果企业不按照法律法规规定或劳动合同约定向员工支付劳动报酬，员工能否得以解除劳动合同而不受违约金条款的约束？

案例 60：员工在服务期内被违纪解除是否需要支付违约金？

钱某是上海某日资生物医药有限公司的员工，2018 年 8 月进入该公司，不久以后被提升为研发部部长助理，后被公司选送到日本进行为期 1 年的培训，并签订有培训服务期协议。协议中明确了培训费用为 50 万元人民币，服务期为 3 年，违约金按照年限递减的方式处理。2019 年 11 月，钱某培训结束从日本回公司工作，1 个月以后又被提升为研发部部长。在钱某回国之前的这段日子里，该日资公司的一家竞争对手就已经开始与钱某进行联系，希望钱某回国以后能到其公司工作，并许诺工资待遇是钱某原公司的两倍。该竞争对手公司相关人员还告知钱某，服务期仅只是约定员工不得擅自在服务期内离职，并不能约束员工被动地被公司解除。钱某在担任研发部部长以后，故意发生研发事故，并经常迟到早退，甚至多次不参加公司的中层干部例会，后公司以严重违纪为由解除了与钱某的劳动合同，并要求钱某支付违约金。钱某不服，认为自己并非主动离职，不应承担服务期违约金。后双方诉至劳动仲裁庭。

专家分析

对于签订有培训服务期协议的双方当事人而言，均应依据劳动合同和培训服务期协议的约定诚信履行劳动义务，不得侵害相对方当事人的合法和正当的劳动权益。企业和员工作为劳动合同的当事人，在遵守劳动合同的相关约定的同时，还应遵守业已订立的培训服务期协议的相关约定。本节案例中，钱某的行为是一种恶意的违纪行为，在有充分证据证明的前提下，其被公司解除劳动合同自无问题。但是，公司是否有权向其追究相关责任？这里有两种法律责任需要讨论：一是基于违反培训服务期的约定而产生的违约责任；二是基于对相对方企业造成培训费损失的赔偿责任。对于前者，能否将其恶意违纪行为致被解除合同的事实作为违约事实，而主张违约金？《劳动合同法实施条例》第 26 条对此有明确规定，对于员工严重过失导致企业解除劳动合同的，不免除员工的违约责任。对于后者，则需企业举证其恶意违纪的行为以及恶意违纪行为导致公司解除其合同等相关损失存在，方可向该员工主张赔偿金。

实务指南

在实践中，企业管理服务期内的员工时，应该从订立培训服务期的时候即开始注意相关事项的约定，并在服务期协议履行期间做好相应的管控。具体而言，管理涉及服务期的员工，尤其要注意以下几个方面：

1. 订立服务期协议注意事项。在订立服务期协议时，应当充分留意协议条款的设计，将可能会遇到的各种情况进行列明，并配置相应的法律义务或责任承担。服务期内员工应当承担的义务事项主要有：严格遵守规章制度和劳动纪律；在服务期内不得任意解除劳动合同；变更相关约定需要与企业协商一致；等等。以后如果员工违反了这些约定，企业可以依约主张违约金。

2. 管理服务期员工注意事项。由于《劳动合同法》对书面劳动合同的严格要求，如果合同期届满而服务期尚未届满，此时企业应当及时与员工补签合同。当然，也可以在签订培训服务期协议时同时约定，劳动合同期限早于服务期期限的，自动延长至服务期期限。① 同时，对于处于服务期的员工，也需要依法执行正常的工资调整机制。服务期内员工管理发生异常，主要是员工提前解除合同、严重违纪被企业解除合同等事项。这里企业最容易被员工抓到的软肋是没有依法或依约履行相关义务，比如迟延发放工资、未依法缴纳社保等，此时员工若行使法定解除权，企业就难以主张违约金。所以，企业要注意对服务期员工的劳动人事检讨和查验，以防出现被动。

3. 服务期员工纠纷应对事项。对于依法合理设计的培训服务期协议而言，在服务期内发生纠纷，企业应积极面对。如果是员工自身原因导致服务期不能履行或者不需要履行的，应找出相应的证据，比如证明员工离职事实、员工违纪事实、员工被企业依法解除的事实、员工恶意行为导致企业受损的事实等相关书面材料，这样才能在纠纷应对中占据主动。根据《劳动合同法实施条例》第26条第2款的规定，若因员工过错行为被企业解除劳动合同的，员工并不因此免除承担违约金的相关责任。

关联法规

第22条　用人单位为劳动者提供专项培训费用，对其进行专业技术培训的，可以与该劳动者订立协议，约定服务期。

劳动者违反服务期约定的，应当按照约定向用人单位支付违约金。违约金的数额不得超过用人单位提供的培训费用。用人单位要求劳动者支付的违约金不得超过服务期尚未履行部分所应分摊的培训费用。

用人单位与劳动者约定服务期的，不影响按照正常的工资调整机制提高劳动者在服务期期间的劳动报酬。

——《劳动合同法》

第26条　用人单位与劳动者约定了服务期，劳动者依照劳动合同法第三十八条的规定解除劳动合同的，不属于违反服务期的约定，用人单位不得要求劳动者支付违约金。

---

① 有一种观点认为，服务期长于劳动合同期限的才会出现法律风险，如果服务期短于劳动合同期限，则无需作特别的约定。此种观点存在一些问题。服务期与劳动合同期限是两个不同的概念。服务期一般是单方面约束员工的，相关违约责任也主要是针对员工方；而劳动合同是同时约束双方当事人的，法律义务则更多地加在企业方。即便是无固定期限劳动合同，也有必要约定服务期，因为劳动合同期限往往只能约束企业，而员工提前30天即可解除合同。只有约定了服务期，才真正限制了员工解除合同的权利。

有下列情形之一，用人单位与劳动者解除约定服务期的劳动合同的，劳动者应当按照劳动合同的约定向用人单位支付违约金：

（一）劳动者严重违反用人单位的规章制度的；

（二）劳动者严重失职，营私舞弊，给用人单位造成重大损害的；

（三）劳动者同时与其他用人单位建立劳动关系，对完成本单位的工作任务造成严重影响，或者经用人单位提出，拒不改正的；

（四）劳动者以欺诈、胁迫的手段或者乘人之危，使用人单位在违背真实意思的情况下订立或者变更劳动合同的；

（五）劳动者被依法追究刑事责任的。

——《劳动合同法实施条例》

（三）出资培训及费用与违约金的法律约束

在实践中，当企业与员工就培训协议发生劳动争议时，常常就是否提供了培训发生争议。企业认为提供了培训，员工则认为自己所从事的只是业务工作。不同性质的认定在法律上的后果截然不同，如果认定是“业务工作”，则员工可以不返还“培训费”，甚至还可以向企业主张工资、社会保险等《劳动法》规定的权利。但如果认定为“培训”，则企业可以占据主动，向员工要求服务期。《劳动合同法》对出资培训作出了明确规定：(1) 企业为培训支付了培训费用，并且有支付凭证证明；(2) 企业支付的培训费是专项培训费用，而非安全、环保等通常非专项培训；(3) 企业为员工提供的培训必须是专业技术培训。一项培训同时满足以上三个要件时，方可设置服务期和违约金。

案例 61：对培训出资的理解及与违约金的对应关系

上海某日资感光器材生产企业一直注重员工的福利，希望员工与公司能够共同成长，并特别重视对员工的培训。每年公司都会组织员工去日本总部培训，甚至委托日本知名的理工学院对优秀员工进行学位深造。2018 年 1 月，公司又派出 2 名技术人员到日本总部学习，其中小陈到总公司进行新机种操作技术的学习，小刘被安排到东京大学进行短期项目培训，两人培训均历时 2 个月，性质为带薪全脱产培训，并签订有培训服务期协议，约定了服务期年限为 3 年，违约金为 10 万元。2018 年 3 月，这两名员工同时回国并返回公司上班，不久，这两名员工先后离职。并且，两位员工都提出了培训服务期协议的效力问题。小陈认为自己的所谓培训其实是一种业务上的正常安排，并非《劳动合同法》上所称的专业技术培训，所以根本不可以设置服务期和违约金。而小刘则认为，自己虽然签订有培训服务期协议，但是 2 个月的培训费不可能有 10 万元，所以其要求只有在公司出具培训发票的时候，方能按照发票上的数额支付相对应的违约金。现在公司拿不出发票，他也无法支付违约金。

专家分析

这是一起典型的培训服务期协议履行及违约处理的案例。在本节案例中，主要涉及两个问题：一是什么样的培训才是《劳动合同法》上认可的可以设置服务期的培训；二是如何在培训服务期协议中合理地约定服务期和违约金。

对于第一个问题，《劳动合同法》上认可的专业技术培训如何理解。一般而言，培训分为两种类型，一种是一般层次的职业技能培训，其目的是使员工能基本上适应企业的“生产要求”，也间接提高劳动者的技术素质，内容主要为一般岗位技能培训和特殊工种培训等。另一种为职业发展培训，在员工已经满足了本企业的基本要求的情况下，企业为提高员工技能素质所提供的培训。为员工提供职业技能培训是企业的法律义务，一般不能以此与员工约定服务期。职业发展培训实质是企业的一种高层次投资行为，是企业为了提高企业的竞争力，同时也为了留住人才所采取的一种措施。职业发展培训的具体内容可以分为专业技术培训和非专业技术培训，企业对专业技术培训可以约定服务期。对非专业技术培训，即使投入大量成本，也无法约定服务期和违约金。本节案例中，一是要判断两位员工的培训是否是专业技术培训，操作机器的培训一般不能认定为专业技术培训，所以小陈的服务期协议是无效的；二是要判断单位是否出资，如果公司无法举出出资证明，也将无法向小刘主张服务期和违约金。

对于第二个问题，《劳动合同法》对培训服务期的违约金设置与约定有明确的规定。劳动者违反服务期约定的，应当按照约定向单位支付违约金。违约金的数额不得超过用人单位提供的培训费用。单位要求劳动者支付的违约金不得超过服务期尚未履行部分所应分摊的培训费用。本节案例中，如果企业能够举证为员工提供过有发票等证据证明的出资状况，加上本身培训为专业技术培训，则是可以向违反服务期协议的小刘主张违约金的。至于员工未满约定的服务期离职的，如果对企业产生实际损失而违约金不足以弥补的，企业还可以向员工另外主张赔偿金。至于服务期的长短，则通常需要根据企业的实际情况进行处理，可以由双方按照公平自愿原则，来自由磋商和约定。

实务指南

企业在设计和履行员工培训服务期协议时应当格外注意，对于培训服务期协议的条款要认真斟酌，充分考虑各种合理性和合法性，使培训服务期协议真正起到应有的效果。具体而言，可以从以下几方面入手：

1. 关于培训性质。在培训协议中明确界定培训性质。企业在向员工提供培训时，应当事先签订培训协议，制订培训计划，并对培训的性质明确界定为专业技术培训。特别是对于资格认证、项目课程等性质相对模糊的培训类别，要通过协议条款的方式予以明确化。

2. 关于培训费。企业应当在培训协议中明确约定培训费的范围、培训费的构成及计算方式。培训费不仅包括学费等直接培训支出，还包括住宿费、差旅费、培训补贴等间接培训支出。培训到底是仅指直接培训费，还是包含直接培训费和间接培训费两项，也需通过协议约定。

3. 关于服务期。对于企业到底给受训员工设置或约定多长的服务期，还是要基于企业的实际情况和员工的性格特点来定，员工流动率低的企业可以约定得长些，反之则可设置短一些。根据对跳槽周期的合理预估，服务期通常以3－5年为宜，最长不要超过10年。

4. 关于违约金。按照《劳动合同法》的规定，未满服务期解除或终止劳动合同的员工，其违约金的数额不得超过企业提供的培训费用。企业承担的违约金不得超过服务期尚未履行部分所应分摊的培训费用。而至于是按年分摊还是按月分摊，则取决于双方的协议约定。

5. 关于证据留存。企业在培训过程中应当注意收集证据。具体包括：其一，出资的证据。企业应当在培训后收集有关费用单据，必要时可以要求员工签字确认。其二，员工接受培训的证据。企业可以要求员工按照约定填写培训记录，提交培训报告，载明培训时间。

关联法规

19. 各类企业要按《中华人民共和国职业教育法》的规定实施职业教育和职工培训，承担相应的费用。一般企业按照职工工资总额的1.5%足额提取教育培训经费，从业人员技术素质要求高、培训任务重、经济效益较好的企业可按2.5%提取……

——国务院《关于大力推进职业教育改革与发展的决定》

第22条第2款、第3款 劳动者违反服务期约定的，应当按照约定向用人单位支付违约金。违约金的数额不得超过用人单位提供的培训费用。用人单位要求劳动者支付的违约金不得超过服务期尚未履行部分所应分摊的培训费用。

用人单位与劳动者约定服务期的，不影响按照正常的工资调整机制提高劳动者在服务期期间的劳动报酬。

——《劳动合同法》

第16条 劳动合同法第二十二条第二款规定的培训费用，包括用人单位为了对劳动者进行专业技术培训而支付的有凭证的培训费用、培训期间的差旅费用以及因培训产生的用于该劳动者的其他直接费用。

第17条 劳动合同期满，但是用人单位与劳动者依照劳动合同法第二十二条的规定约定的服务期尚未到期的，劳动合同应当续延至服务期满；双方另有约定的，从其约定。

——《劳动合同法实施条例》

第6条 当事人在劳动合同或者保密协议中约定了竞业限制，但未约定解除或者终止劳动合同后给予劳动者经济补偿，劳动者履行了竞业限制义务，要求用人单位按照劳动者在劳动合同解除或者终止前十二个月平均工资的30%按月支付经济补偿的，人民法院应予支持。

前款规定的月平均工资的30%低于劳动合同履行地最低工资标准的，按照劳动合同履行地最低工资标准支付。

第7条　当事人在劳动合同或者保密协议中约定了竞业限制和经济补偿，当事人解除劳动合同时，除另有约定外，用人单位要求劳动者履行竞业限制义务，或者劳动者履行了竞业限制义务后要求用人单位支付经济补偿的，人民法院应予支持。

第8条　当事人在劳动合同或者保密协议中约定了竞业限制和经济补偿，劳动合同解除或者终止后，因用人单位的原因导致三个月未支付经济补偿，劳动者请求解除竞业限制约定的，人民法院应予支持。

第9条　在竞业限制期限内，用人单位请求解除竞业限制协议时，人民法院应予支持。

在解除竞业限制协议时，劳动者请求用人单位额外支付劳动者三个月的竞业限制经济补偿的，人民法院应予支持。

第10条　劳动者违反竞业限制约定，向用人单位支付违约金后，用人单位要求劳动者按照约定继续履行竞业限制义务的，人民法院应予支持。

——最高人民法院《关于审理劳动争议案件适用法律若干问题的解释（四）》

五、商业秘密保护与保密竞业限制协议

按照反不正当竞争法的规定，商业秘密是指不为公众所知悉，能为权利人带来经济利益、具有实用性并经权利人采取保密措施的技术信息和经营信息。商业秘密具有三个特点：其一，不为公众所知悉。这主要有两层意思，一是该有关信息不为其信息所属领域的相关人员普遍知悉，二是该信息在通常情形下不容易从公开或半公开的场合获得。其二，能为权利人带来经济利益，具有实用性。商业秘密必须具有商业价值，可以是现实的商业价值，也可以是潜在的商业价值，这些商业价值可以给权利人带来竞争优势。其三，经权利人采取保密措施。此种措施包括限定秘密公开范围、对于涉密信息载体采取加锁等防范措施，在涉密信息的载体上标有保密标或者采取保密码、签订保密协议、对于涉密的场所限制来访者等。

商业秘密是企业参与市场竞争的秘密武器，伴随着巨大而核心的经济利益，也存在相当的泄密产生的道德风险和法律风险。员工作为企业的内部成员，最有可能接触到企业的商业秘密，因此如何让自己的员工保密无疑是企业商业秘密保护的最重要的手段之一。在法律保护层面，除了反不正当竞争法、刑法等多种不同类型的法律对商业秘密进行保护，劳动立法也对企业商业秘密保护做出了相关的规定。

（一）商业秘密保护的法律手段

《劳动合同法》对商业秘密保护的规定主要是从合同约定的角度出发予以规定的，

主要包括保密义务和竞业限制两个方面。在理论和实践上，竞业限制往往与商业秘密的保护密切联系，竞业限制往往成为保护用人单位商业秘密的手段之一，通过竞业限制协议的签订，减少劳动者泄露、非法使用用人单位商业秘密的机会。甚至在某种程度上，人们会产生误解，认为竞业限制与商业秘密保护是一回事，或者说竞业限制仅仅是作为商业秘密保护的一个手段而存在。其实，从根本上说，竞业限制与商业秘密保护是既有联系又有区别的两个命题。竞业限制协议的存在可以是保护商业秘密的一个手段，但竞业限制本身并不等同于商业秘密保护；竞业限制的内容也不仅仅是保护商业秘密；反之，商业秘密的保护并不只有竞业限制一个途径。

Tips 小贴士：保密义务与竞业限制义务的主要区别

员工的秘密保护义务与竞业限制义务的区别点在于：其一，在功能取向上，保密义务的功能主要是保护企业商业秘密；而竞业限制的功能既可能是商业秘密保护，也可能仅只是约束其就业机会或应对竞争对手挖人。其二，在产生基础上，保密义务的产生基于法定，或者基于劳动合同的附随义务，不管双方是否有明示的约定，员工在职期间和离职以后均承担保守单位商业秘密的义务；而竞业限制义务则是基于双方之间约定而产生的，无约定则无义务。其三，在期限约束上，保密义务的存在是没有期限的，只要商业秘密存在，义务人的保密义务就存在；而竞业限制义务的存在是有期限的，在职竞业限制的期限是劳动合同的存续期间，离职竞业限制的期限由当事人约定。其四，在对价补偿上，员工承担保密义务不需要权利人支付保密费；而对于离职后履行竞业限制的劳动者，用人单位则需支付合理的补偿费。其五，法律责任形式不同。违反保密义务的员工，应当承担相应的民事责任，如果符合刑法等相关条文要件，则可能构成犯罪；而违反竞业限制义务的责任人则通常只需要依据约定承担民事责任。

表 17：保密义务与竞业限制义务的主要区别

	保密义务	竞业限制义务
1. 功能取向	商业秘密保护	商业秘密保护及其他
2. 产生基础	法定义务或合同附随义务	约定义务
3. 期限约束	没有期限	2 年以内的约定期限
4. 对价补偿	无须支付保密费	支付竞业限制补偿金
5. 法律责任	民事责任、刑事责任等	通常为民事责任

案例 62：没有保密协议是否就意味着员工不存在保密义务？

2011 年 1 月，宋某与辽宁大连某高新科技公司签订了为期 3 年的劳动合同，宋某在该公司专门从事软件开发工作。在公司就职期间，宋某接触到该公司开发软件的各种实用程序，这些程序是该公司多年来的技术经验积累，并采取相应的保密措施。但由于宋某是研发人员，其不可避免地会接触到这些实用程序。宋某有意无意地将这些实用程序下载到自己家中的笔记本电脑里。2013 年 12 月，宋某的劳动合同即将到期，与宋某现单位有竞争关系的另一家新成立的软件开发企业有意以高薪聘请宋某。2013 年年底，宋某从原单位离职，并进入后一家公司工作，从事同样的研究开发工作。由于宋某在实际工作中采用了原公司使用的各种实用程序，使得其在新公司的工作表现非常突出，公司也很快在市场中站稳了脚跟。但是由于这一家公司的产品分割了当地原有的客户市场，原公司的销售业绩大幅下滑。2014 年 3 月，原公司以宋某和新公司为被告向当地法院提起诉讼，认为两被告侵犯了其商业秘密，并依法要求其承担侵权责任。宋某和新公司则认为，宋某在原公司工作期间，并没有与原公司签订任何的保密协议或竞业限制协议，侵权一说不成立。

专家分析

本节案例的关键点在于，在没有相关协议约定的情况下，离职员工是否需要承担对原单位的保密义务。理论上，劳动者对于用人单位的商业秘密有保护的义务。劳动者这一保护用人单位商业秘密的义务来源于劳动者基于劳动合同而产生的忠诚义务。劳动合同不同于一般民事合同的特殊性在于，它在用人单位和劳动者之间建立了职业上的从属关系。劳动合同的特殊性质决定了劳动者的忠诚义务，即劳动者一方应当忠实于用人单位。劳动者忠诚义务主要包括三个方面：首先，劳动者应尽力避免或减少用人单位的损害，凡对用人单位可能发生损害的一切行为均不得作为。其次，劳动者应当保护用人单位的商业秘密。需要明确的是，不论用人单位与劳动者之间是否有明示的约定，劳动者均应承担保密义务。① 最后，劳动者的竞业限制义务。② 用人单位的

---

① 笔者在为企业提供咨询或培训的时候，很多学员都有一种困惑：既然保密义务是一种法定义务，那么为什么仍然需要签订保密协议呢？其实，保密义务是法定义务跟企业与员工签订保密协议并不矛盾。在保密协议是法定义务的前提下，保密协议是对该法定义务的一种具体化，一种结合企业实际的展开。比如说，何谓商业秘密，企业应予以明确，否则员工在泄密后可能以自己不知晓特定事项为商业秘密而抗辩；再比如说，某些边界性行为，比如消极泄露商业秘密，如果没有保密协议的具体化约定，泄密员工则可以主张自己没有泄密，理由是其不知道该种行为属于泄密的范畴。保密协议的作用就是堵上这个漏洞，将可能发生的泄密行为和视同泄密的行为统统进行预先约定，防患于未然。笔者在为一家股份制商业银行做人力资源合规化项目时设计过问卷调查，其中有“没有签订保密协议，是否负有保密义务？”一题，在 26 名提交问卷的基层管理人员中，有 24 人填选的是“作为诚信义务，同样具有”，其中又有 22 人复选“若通过保密约定，则法律效力更高，效果更好”。

② 参见黄越钦：《劳动法新论》，中国政法大学出版社 2003 年版，第 175 页。

商业秘密可因多种渠道而被泄露，如技术开发、委托加工、授权、买卖、代理等。本节案例中，虽然原公司没有与宋某签订保密协议或竞业限制协议，但由于保密义务是一种法定义务，所以宋某依然需要因泄露企业商业秘密而承担相应的法律责任。与此同时，与宋某建立劳动关系的后一家企业也应当承担连带赔偿责任。

实务指南

采取何种法律保护手段后，企业的商业秘密才可能万无一失呢？应当说，企业可以通过制度设计和妥善管理的方式尽可能地避免商业秘密外泄，就劳动法和劳动人事管理层面而言，主要有以下一些方法和措施可以采纳：

1. 约定保密条款。企业可以与员工在劳动合同中约定保密条款，就保守商业秘密的事项做出详细的约定。这是保护企业商业秘密最常见和有效的手段。保密条款不是劳动合同的必备条款，而是由企业和员工选择约定的条款，有保密要求的企业最好在合同中设计该条款。

2. 订立保密合同。企业可以同接触商业秘密的员工签订专门的保密协议。保密协议与保密条款的区别在于，前者是一个完整的合同，内容更为具体，而后者只是劳动合同的一部分，相对比较简略。企业通过与员工另行订立保密合同的方式，能具体明确地设定权利义务关系。

3. 制定规章制度。制定规章制度是企业管理的有效手段，企业可以通过制定保护本单位商业秘密方面的规章制度对员工进行约束，其形式可以是员工手册中的一章，也可以是专项规章制度。当然，该规章制度的规定必须合法，并应按照法定的程序征求工会意见并公示。

4. 约定竞业限制。相对企业而言，员工是流动的，掌握企业商业秘密的员工离开本单位后可能会泄露企业的商业秘密，特别是进入到竞争对手单位或是自行创业的员工，尤为如此。企业可以采取签订竞业限制协议的方式约束员工，但应当依法支付竞业限制补偿金。

关联法规

第23条　用人单位与劳动者可以在劳动合同中约定保守用人单位的商业秘密和与知识产权相关的保密事项。

对负有保密义务的劳动者，用人单位可以在劳动合同或者保密协议中与劳动者约定竞业限制条款，并约定在解除或者终止劳动合同后，在竞业限制期限内按月给予劳动者经济补偿。劳动者违反竞业限制约定的，应当按照约定向用人单位支付违约金。

——《劳动合同法》

Tips 小贴士：如何设计保密协议的内容

保密协议虽然不能设置违约金，但可以就保密范围、泄密行为等相关事项予以明确，利于预防和控制员工泄密风险。一般而言，保密协议内容设计应当合法完备、权责清晰，主要包括以下几个内容：

1. 商业秘密的范围。商业秘密的范围是保密合同的基础性条款。如果商业秘密范围约定不当，用人单位所有的保密努力都会付诸东流。笼统的商业秘密约定不利于商业秘密的保护，企业应当根据自身实际进行细化约定，其中有两个部分应当尤其注意：

（1）商业秘密的范围不仅仅局限于企业的秘密，有时也包括在用人单位生产运营过程中获得的其他企业的商业秘密。例如许多服务类企业由于业务需要常常会接触到客户的秘密信息。一旦员工予以泄露，企业就可能遭受客户索赔、交易取消等重大损失。

（2）注意约定商业秘密和知识产权的权利归属。商业秘密归属主体是签订保密合同应当明确的重要内容，就技术信息而言可以分为职务技术成果和非职务技术成果。职务技术成果的使用权、转让权属于企业，员工只享有技术成果的署名权。非职务技术成果的使用权、转让权属于完成技术成果的个人。对于员工在工作期间形成的商业秘密，一般根据其与企业业务、员工工作的相关性确定权利归属。企业可以通过在保密合同中约定权利归属来保护自己的技术秘密和知识产权。

2. 保密义务和泄密行为。保密协议可以从保密义务和泄密行为两个不同角度对员工在商业秘密保护中应履行的义务进行约定。员工的保密义务主要包括遵守保密制度、不泄露单位秘密以及不利用单位秘密牟利。泄密行为主要包括擅自把单位或第三人秘密泄露给他人、引诱他人窃取单位秘密、违反法定使用单位秘密，等等。

3. 保密待遇。对于负有保密义务的员工是否需要给予一定的保密待遇如保密费、津贴、补贴等，在实践中一直是一个有争议的问题。在保密待遇争论的背后其实是对于员工保守商业秘密应当是一项合同义务还是一项附随义务存在不同观点。① 在劳动法实践中，附随义务的观点通常得以采用。也即，员工对于企业的保密义务是一种法

---

① 第一种观点主要是认为员工保守商业秘密应当作为合同义务来理解，只有劳动合同有约定的情况下，员工才存在保密义务。相对应地，员工履行保密义务的同时，用人单位应当支付保密费等相应对价。第二种观点则认为，商业秘密应当作为劳动合同的附随义务来理解。附随义务是为履行给付义务或保护当事人人身或财产上利益，于契约发展过程中基于诚信原则而产生的义务。作为保密义务的附随义务，无须明文约定也必须遵守，这一义务即便在劳动者离职后也不得免除。按此观点，员工履行保密协议并不需要支付保密费。

定义务。这样，保密费的支付也就并不是企业要求员工遵守保密义务的强制性义务了。①

4. 违约责任。违约责任的形式包括违约金和损失赔偿两种，由于《劳动合同法》只允许就竞业限制约定违约金，所以保密协议在损失赔偿责任约定上应当主要为约定赔偿计算方法。比如，企业可以与签订保密协议的劳动者约定违反保密义务可能涉及的公司利益、当前可以预见的这种泄密行为所带来的损失、以后可能还会发生的损失，等等。这种提前约定损失赔偿计算方法可以解决发生争议以后企业举证困难的问题，目前在实践中已经被广泛采用。

（二）商业秘密保护与保密竞业限制协议

如前所述，企业商业秘密保护的手段很多，但是最为常见和首要的做法往往是与相关员工签订保密竞业限制协议。《劳动合同法》对企业的商业秘密保护作了专门的规定，“用人单位与劳动者可以在劳动合同中约定保守用人单位的商业秘密和与知识产权相关的保密事项”。“对负有保密义务的劳动者，用人单位可以在劳动合同或者保密协议中与劳动者约定竞业限制条款，并约定在解除或者终止劳动合同后，在竞业限制期限内按月给予劳动者经济补偿。劳动者违反竞业限制约定的，应当按照约定向用人单位支付违约金。”企业可以根据自身情况，灵活选择保密或竞业限制事项的约定。

案例63：企业能否在劳动合同期间提前支付竞业限制补偿金？

上海市松江区某德资工业电梯制造企业一向注重依法经营，在人力资源管理过程中坚持严格遵守劳动法，并受到当地劳动行政部门和工会系统的多次表彰。最近，因为一个仲裁案件的败诉，使得该公司中国区人力资源总监陈女士感觉非常不开心。情况是这样的：由于该公司掌握有全球工业电梯的核心技术，所有制造部的中国工程师均需与公司签订竞业限制协议。该协议中约定，制造部的工程师在离职后一年内不得入职与本单位生产或者经营同类产品、从事同类业务的有竞争关系的相关公司，公司则按照其离职日所在月薪资给予工程师竞业限制补偿金。该协议经过专业咨询公司的审读，没有任何法律问题。不过，公司在去年与公司工会进行例行座谈的时候，有工会委员提出竞业限制补偿金最好提前发放，这样工程师可以提前享受相关待遇，公司本身也不受损失，相反在员工离职后再逐月支付在操作上相当麻烦。后来，公司同意并在实际操作中采纳了这种做法。不久以前，从该公司离职的某位

① 不同地方对于保密协议存在不同的地方性规定，比如《深圳经济特区企业技术秘密保护条例》第19条规定，保密期限为技术秘密的存续期。在保密期限内，员工和业务相关人负有保密义务，但是该技术秘密已经公开或者另有约定的除外。所以，企业还需要主动了解企业所在地对于保密费的相关规定，从而避免保密协议无效或不订立保密协议带来的法律风险。

工程师跳槽到一家日资电梯制造公司，公司在规劝未果的情况下，将其告上仲裁庭。陈女士原本认为这场仲裁公司必定胜诉，结果仲裁庭上该工程师提出自己离职后没有得到竞业限制补偿金，所以自己免除竞业限制义务。尽管陈女士代表企业反复强调补偿金已提前支付，但仲裁庭后来仍然裁决公司败诉。

专家分析

这是一起企业履行竞业限制协议不当的典型案例。很多企业认为只要文本设计科学合法，那么就意味着没有法律风险。而实际上，对于竞业限制协议部分而言，不仅仅是一个订立的问题，而且还有一个合法履行的问题。企业在订立和履行竞业限制协议环节最容易出现的问题主要有以下几种情况：一是订立竞业限制时间选择，比如说在员工离职时提出订立竞业限制协议导致协商不成、离职以后订立竞业限制协议，等等；二是经济补偿金事项，比如说没有约定、约定不明确、在错误时间支付经济补偿金，等等，本节案例即是企业出现经济补偿金支付不当的情形；三是竞业限制主体设定事项，比如说全员签订竞业限制协议以及全员签订竞业限制协议导致的员工离职大量补偿金支付，等等；四是违约金约定事项，比如说没有约定违约金、过高或过低设置违约金导致违约金约定无效，等等；五是竞业限制期限事项，比如没有约定竞业限制期限、竞业限制期限过长或过短，等等。而在实践中，这些情形又经常发生，所以企业应该特别引起重视。任何一个错误或不当的行为，都将使得企业在竞业限制协议处理中变得被动。该节案例给了习惯合法经营的企业一个反思检讨的标本。

实务指南

企业在实际操作中，可以将保密事项和竞业限制事项放在同一个协议文本中约定，也可以分开约定。部分企业的做法是保密协议全员签订，竞业限制协议只针对特别的管理人员和技术人员，这种做法值得参考。就竞业限制事项部分，在签订或履行竞业限制协议或条款时尤其应该注意以下问题：

1. 选择约定方式。根据《劳动合同法》的相关规定，企业和员工既可以在劳动合同中约定竞业限制条款，也可以单独签订保密协议，还可以在劳动合同中将竞业限制条款和保密条款一同约定，抑或如前所述在单独协议中同时约定保密和竞业限制事项。这些约定方法均是有效的，企业可以根据情况自行处理。

2. 注意主体范围。竞业限制协议的相对方是负有保密义务的员工，对于不知悉或不可能知悉企业商业秘密的员工，企业不需要也不可以与之签订竞业限制协议。企业在选择签订竞业限制协议的时候，要把握好尺度，要限于高级管理人员、高级技术人员和确实负有保密义务的人员。这样不仅管理上更为简单，同时也避免了离职时的竞业限制补偿金开支。

3. 掌握竞业范围。《劳动合同法》规定，负有竞业限制义务的人员不能到与本单位生产或者经营同类产品、业务的有竞争关系的其他用人单位，或者自己开业生产或者经营同类产品和业务。竞业范围既包括自己生产经营，也包括到与本单位有竞争关系的其他用工单位。协议中要特别约定能够预计到的、在法律规定的范围内的所有可能区间。

4. 设置竞业期限。关于竞业限制的具体期限可以由双方进行协商确定，但最长不得超过 2 年。合理的期限是员工正常生活的保证，期限过长容易损害员工的合法权益。这样既尊重了双方视具体情况进行平等协商的权利，也符合法律上的公平合理原则。

5. 明确法律责任。竞业限制员工如果违反竞业限制约定的，应当按照协议的约定向企业支付违约金。当然，员工履行竞业限制义务的前提，是企业在解除或终止劳动合同后，在竞业限制期间内按月支付员工经济补偿。同时，如果员工违反劳动合同中约定的保密义务或者竞业限制，给企业造成损失的，还应承担赔偿责任。

6. 严格依约履责。竞业限制协议中约定的企业和员工的权利义务关系其实是对等的，作为企业而言，需要在解除或终止劳动合同后按月支付经济补偿金，而员工则需要履行竞业限制义务。但是，企业履行补偿金支付义务，不能图简便而自行设定为提前支付，而要严格按照《劳动合同法》和竞业限制协议的约定在员工离职以后按月支付。这里尤其需要注意三个细节：一是时间，即解除或终止劳动合同后；二是方式，须按月支付；三是证据，必须要有支付凭证。①

7. 应对情势变更。情势变更主要是指由于行业竞争的减弱，原来签订竞业限制协议的员工没有必要实行竞业限制，企业希望与员工解除竞业限制协议的情形。此时最好是由企业与员工进行协商处理，在支付相应的补偿费后解除合同。要注意的是，这里的补偿费不等于竞业限制补偿金，仅只是企业解除竞业限制协议的对价。

关联法规

第 24 条　竞业限制的人员限于用人单位的高级管理人员、高级技术人员和其他负有保密义务的人员。竞业限制的范围、地域、期限由用人单位与劳动者约定，竞业限制的约定不得违反法律、法规的规定。

在解除或者终止劳动合同后，前款规定的人员到与本单位生产或者经营同类产品、从事同类业务的有竞争关系的其他用人单位，或者自己开业生产或者经营同类产品、从事同类业务的竞业限制期限，不得超过二年。

——《劳动合同法》

---

① 对于一些企业学员提出员工离职后可能出现难以联络导致支付不能产生法律风险，笔者建议可采取以下方式处理：1. 在竞业限制协议中明确约定补偿金支付的员工不变账号或邮寄地址等具体资讯，并明确相关资讯变动时员工的及时书面告知义务；2. 在发生不能支付的情形下及时向公证机关提存或在适格报纸上发布公告；3. 约定在企业不正常支付情况下员工的合理催告义务，将相关支付不能的责任转移到存在过失或恶意员工身上；4. 其他适宜方式。

（三）违反保密竞业限制义务的责任追究

民事立法之所以对违反法律或违反约定的行为设置侵权责任和违约责任，其根本目的在于督促双方信守法律规定的事项或合同约定的内容，避免法律责任涉及具体当事人。在劳动法所涉及的保密与竞业限制相关规定中，也明确规定了相关违约主体的法律责任。可以这样讲，如果没有责任追究机制，那么保密竞业限制协议的约定也就失去了存在的意义。在商业秘密保护这一特定的领域里，不仅劳动法基于劳动合同及其所载明的权利义务关系对当事人违法和违约等不当行为做出责任追究，其他民法立法甚至是刑事立法也规定了侵犯商业秘密的责任追究机制。

案例 64：违反竞业限制义务的员工可能会被追究刑事责任?

2014 年 3 月，孙某进入上海某民营皮革制品有限公司工作，并在 2015 年 9 月被提升为副总经理，专职负责公司的产品销售工作。孙某在提升为销售副总之前，曾与公司签订了一份竞业限制协议。协议中约定，孙某在离职以后 2 年之内不得在同行业为竞争对手公司工作或自行经营皮革类制品，公司将在孙某离职以后 2 年内按月支付相当于其前 12 个月平均工资的工资。但如果孙某违反竞业限制义务，将视具体情况支付 20 万 -50 万元的违约金，并对违约时间及违约金数额进行了详细约定。2016 年 2 月，孙某经不住一家竞争对手公司的高薪条件诱惑，于 2016 年 3 月向原公司提出辞职，并在 4 月离开原公司。后来，其在竞争对手公司工作的行为被原公司知悉，原公司于是向孙某提出其违反竞业限制协议约定，应当依约支付违约金，但是孙某对其行为矢口否认。无奈之下，原公司向当地劳动争议仲裁委员会提出申诉，要求孙某支付经济补偿金 25 万元。但是，由于原公司及其代理人一直无法取得孙某在竞争对手公司工作的关键证据，案件一时陷入僵局。后来，原公司及其代理人决定向所在地公安机关报案，以侵害商业秘密对当事人造成 200 万元损失为由要求公安机关立案侦查。公安机关介入后，依法传唤了孙某，并进行了技术侦查。后孙某主动要求与原公司和解，孙某和现任职公司一共向原公司支付了 12.5 万元的抚慰费。

专家分析

在中国内地处理的海量劳动法案件中，企业作为原告胜诉率最低的案件类型之一就是竞业限制协议违约纠纷。对于企业而言，制订好竞业限制协议固然容易，但是预防和控制可能发生的违约风险更为重要。由于负有竞业限制义务的员工通常也都是接触到企业商业秘密的人员，极具市场竞争力，所以很多竞争对手都在盯紧这些人，并设法与他们站在一条线上，在物质和感情上帮助他们应对原企业加给他们的责任。而与此同时，这些涉密人员一旦离开原公司，将会背负竞业限制的义务，故其在离职后一旦想涉入竞业限制的行业，就会格外小心，注意相关情况的保密。在实践中，这些员工与服务单位并不建立看得见的劳动关系，只需要出具相关咨询意见，不用出勤，没有名片，也没有工资记录，相关报酬往往通过其他财务方式处理。这种情况下，这些员工不仅可以照拿竞业限制补偿金，同时原公司还很难找到和挖掘有力证据来证明其违约行为。所以，在处理竞业限制协议违约事项时，要更多地采取技术手段。比如采取在行业圈内进行隐蔽调查，或是委托专业机构人员进入其所服务单位进行隐蔽调查，或是在损失较大时向公安机关报案等方式。本节案例中，正是由于公安机关侦查压力的存在，才使得孙某愿意与原公司达成某种程度的谅解。

实务指南

面对签订有竞业限制协议的员工，除了加强对其进行以留人为目的的管理以外，还要客观面对其离职所必然带来的或然风险。作为企业而言，对于员工泄露或侵犯商业秘密的，不仅可以追究其侵权责任，还可以追究其违约责任，甚至还可以通过行政投诉、刑事报案等方式进行相应的应对。这些可选择的方法主要有：

1. 协商解决。协商解决是日常解决民事纠纷的方法。如果企业的商业秘密被侵犯，可以与侵权人进行调解、和解，要求停止侵权、恢复名誉并作适当赔偿。但是，企业应当注意到，如果采取行政、刑事和民事诉讼等法律途径解决纠纷，可能会造成商业秘密进一步扩散，所以协商解决是解决企业商业秘密被侵犯问题的首要方案。

2. 民事仲裁。企业在日常经济往来中，有时商业秘密会被客户泄露和侵犯。在此情况下，可以依据双方买卖合同、加工合同、转让合同或合作合同之中的仲裁条款申请仲裁。如果事先没有约定仲裁条款，但侵权行为发生后双方自愿达成仲裁协议的，也可到当地仲裁机构申请仲裁。

3. 劳动仲裁。劳动者违反劳动合同中约定的保密事项，对企业造成经济损失的，以及劳动者跳槽到新的用人单位，共同侵犯商业秘密造成原用人单位经济损失的，企业可以按照《劳动争议调解仲裁法》向当地劳动争议仲裁委员会申请仲裁。对仲裁裁决不服的，可以在15日内向人民法院起诉。这种方法属于劳动法上的救济，主要适用于职工流动违反保密协议、竞业限制协议等情况。

4. 行政投诉。《反不正当竞争法》第21条规定："经营者以及其他自然人、法人和非法人组织违反本法第九条规定侵犯商业秘密的，由监督检查部门责令停止违法行为，没收违法所得，处十万元以上一百万元以下的罚款；情节严重的，处五十万元以上五百万元以下的罚款。"因此，企业商业秘密被侵犯还可以寻求政府机关的保护，在向工商部门举报时应当提供商业秘密及侵权行为的有关证据，并且应当按照案件的重大、复杂程度，向不同管辖级别的工商行政部门提出。企业采取这种途径维权的，除了可以申请责令停止侵权以外，还可要求赔偿并返还载有商业秘密的资料。

5. 刑事报案。《刑法》第220条规定，"单位犯本节第二百一十三条至第二百一十九条之一规定之罪的，对单位判处罚金，并对其直接负责的主管人员和其他直接责任人员，依照本节各该条的规定处罚”。企业商业秘密被侵犯后，可以及时向所在地公安机关报案。因为商业秘密保护涉及的专业性非常强，所以企业在报案后应及时提交有关企业商业秘密方面的资料，并配合办案人员开展侦查工作。

6. 民事诉讼。《民法典》《反不正当竞争法》等法律规定，企业的商业秘密被他人侵犯的，可以向人民法院提起诉讼。作为原告当事人，企业应当准备相应的经营资料、协议文书等必要的证据，选择正确的适格被告或共同被告，在专业人员的配合和支持下，向适格的人民法院提起诉讼。

关联法规

第 4 条　县级以上人民政府履行工商行政管理职责的部门对不正当竞争行为进行查处；法律、行政法规规定由其他部门查处的，依照其规定。

——《反不正当竞争法》

第 219 条　有下列侵犯商业秘密行为之一，情节严重的，处三年以下有期徒刑，并处或者单处罚金；情节特别严重的，处三年以上十年以下有期徒刑，并处罚金：

（一）以盗窃、利诱、胁迫或者其他不正当手段获取权利人的商业秘密的；

（二）披露、使用或者允许他人使用以前项手段获取的权利人的商业秘密的；

（三）违反约定或者违反权利人有关保守商业秘密的要求，披露、使用或者允许他人使用其所掌握的商业秘密的。

明知或者应知前款所列行为，获取、使用或者披露他人的商业秘密的，以侵犯商业秘密论。

……

——《刑法》

第四章　员工的离职与法律风险的防范

本章导读

员工离职意味着企业与该劳动者的劳动关系在法律上的消灭。尽管员工离职不一定会给企业带来多大的麻烦，但是因为员工离职受到法律的特别调整，从而也会使企业面临相应的法律风险。在本章的阅读中，读者可以了解以下法律要点：

1. 在离职管理法律实务中，企业终结劳动关系和员工终结劳动关系有所不同。如果员工终结劳动关系，其需要的理由和经历的程序相对比较宽松。但如果是企业终结劳动关系，则要具备法律规定的理由，并经由严格的程序。相对企业而言，员工终结劳动关系的自由度更大。

2. 在员工解除劳动合同方面，员工首先享有任意解除权，即不需要任何理由即可提前30天解除劳动合同；其次，如果企业有违法事实在先，员工还可以行使法定解除权，并要求支付经济补偿金甚至是赔偿金。企业对法律赋予员工的这种相对自由的辞职权应有适当的应对。

3. 企业需要掌握好法律赋予企业的为数极少的法定解除权。过失性解除需要企业保留员工存在违章、违纪或不当行为的切实证据。非过失性解除对企业的绩效制度要求较高，同时必须严格遵循法定的程序。经济性裁员的实体和程序要求相对简单，但企业必须符合裁员的前提条件。

4. 新法律环境下，企业管理员工包括解除劳动合同的法律策略应有所调整。企业可以通过实施柔性化的管理，弥补规章制度和劳动合同的瑕疵和不足。如果在解除劳动合同过程中，遇有程序阻碍或取证困难的情形，企业可以通过协商一致的方式进行变通处理。

5. 跳槽是部分员工实现其职场规划的必由之路，同时也是人力资源流动的必然规律。企业需要设计良好的薪酬制度、激励机制和沟通渠道，想方设法留住优秀的员工。同时，企业也需要通过合理配置人力资源架构，行使必要的干预权，预防突发性跳槽给企业带来的被动。

“解雇”（dismissal）一词在中国内地极少见诸正式法律条文，与之相应的用语是“劳动合同的解除”及“辞退”。劳动合同的解除是指劳动合同订立后，尚未全部履行以前，由于某种原因导致劳动合同一方或双方当事人提前消灭劳动关系的法律行为。劳动合同的解除分为法定解除和约定解除两种。根据《劳动合同法》的规定，劳动合同既可以由单方依法解除，也可以由双方协商解除。劳动合同的解除，只对未履行的部分发生效力，不涉及已履行的部分。而所谓“解雇”，系指用人单位单方解除劳动合同之情形，可以是依法定情形解除，亦可因双方约定解除条件出现而解除。由于解雇是经济上占优势地位的用人单位一方的单方意思表示所导致的劳动关系之终结，其不仅涉及劳动者的权益，并且对劳动力市场秩序乃至整个社会的稳定都有一定的影响，因此，各国各地区劳动法都对解雇权的行使有着较为严格的限制，并且皆规定了相应的补偿制度。当然，从“离职”语词学的角度分析，“离职”不仅涉及“解雇”，同时还涉及包含“跳槽”在内的员工单方解除合同或双方协商解除合同。《劳动合同法》不仅赋予员工跳槽更大的自由权利空间，比如说减少了违约金设置的情形；而且在劳动者被动解除权方面，还作了进一步的权利上的扩张。就协商解除劳动合同情形，因为基于双方合意，《劳动合同法》只作了调整性的规定。①

一、员工的离职分类与法律风险分析

离职类型是指按照劳动合同的终结原因而进行的分类。劳动合同的终结分为终止和解除两种类型。劳动合同的终止，是指劳动合同的法律效力依法被消灭，亦即劳动合同所确立的劳动关系由于一定的法律事实的出现而终结，员工与企业之间原有的权利和义务关系不复存在。《劳动合同法》规定劳动合同终止的情形有两类：劳动合同期限届满和法律规定的劳动合同终止情形出现。劳动合同解除是指劳动合同生效以后，尚未全部履行以前，当事人一方或双方依法提前消灭劳动关系的法律行为。解除行为分为双方行为和单方行为。单方行为是指劳动合同的一方当事人，不须对方同意，单方面行使劳动合同解除权，可以分为企业单方解除或者员工单方解除。双方行为则无论是员工首先提出解除还是企业首先提出解除，只有双方同意，并且双方达成一致，方可解除劳动合同。不同类型的员工离职类型，也导致了企业不同的法律风险。

（一）员工离职的法律分析分类

员工离职作为劳动人事管理中的常见形态，企业也往往投入相当多的精力进行处

① 就协商解除劳动合同而言，《劳动合同法》与《劳动法》相比，仅只是特别区分了当事人孰方动议解除劳动合同对于支付经济补偿金的影响。如果是员工动议，则无经济补偿金，这与《劳动法》原来的规定存在细微的区别，不过这也正好是对《劳动法》此项不合理的规定部分进行了微调。因为员工动议协商解除与员工单方解除在权益分割上并无本质区别，实践中，还经常发生恶意员工将单方解除设计成协商解除，而索要经济补偿金的情形。

理。如何才能有效处理好员工离职事宜，提前规避法律风险，或是在发生争议时能迅速解决问题，这首先需要对员工离职的类型进行分析。员工的离职可以分为主动离职和被动离职两大类。从法律要求和管理难度上讲，主动离职包括员工单方提出解除以及员工主动提出动议与企业协商解除，相对而言风险最小，一般只需要注意保留好相关证据，就不会产生离职有效性和经济补偿金等事项的争议；对于被动离职而言，则又可以分为合法的被动解除和违法的被动解除，前者主要指企业的过失性解除，比如员工违纪等被解除、接受企业动议协商解除劳动合同等，后者则主要是指企业违反法律规定解除劳动合同。

案例65：员工辞职单位批准是协商解除还是单方解除？

周某是广东广州某科技有限公司的业务经理，由于他负责的业务部门市场收缩，部门逐渐出现亏损。在经过多次努力后，周某仍然不能扭转亏损局面。于是，他决定寻找其他的工作机会。一次偶然的机会，周某遇到了多年未见的同学孙某。孙某现在自己创办了一个公司，正缺人手，于是邀请周某到自己的公司工作。周某满口答应下来，回到公司后，他找到人力资源部经理，表明了自己因为感觉工作业绩不理想，准备解除合同的态度。人力资源部经理听了以后，向周某告知公司正准备撤销他所在的部门，同时还表示这段时间周某工作非常辛苦，大家都知道，并支持其找一个更能施展才华的平台。于是，周某向公司提交了辞职申请书，人力资源部经理代表公司对其辞职行为予以批准后，双方解除了劳动合同。后周某经人提醒，说凡是离职时公司予以批准的可以要求经济补偿金，于是他向原公司提出了要求经济补偿金的要求，但遭到了原公司人力资源部经理的拒绝。人力资源部经理认为，其行为是主动辞职行为，理所当然没有经济补偿金。

专家分析

这是一节员工与企业在协商一致的基础上解除劳动合同的典型案例。《劳动合同法》第36条规定，用人单位与劳动者协商一致，可以解除劳动合同。值得注意的是，实践中出现了很多提交辞职申请书后企业予以批准的案例，这种批准行为是否构成了双方合意的协商？如果这种辞职行为属于单方解除，那又何须企业予以批准？现在很多企业在文本规范化的同时，制作了固定格式的离职申请单或离职单，要求离职人员统一填写，并统一设置主管批准签字栏。这种情形下，有部分相对恶意的员工，就在公司设计的主管批准栏上做文章，认为提交离职申请单只是表明一种离职意向，若是公司予以批准，则构成双方的合意。甚至部分员工还在辞职后向公司索要经济补偿金，有的还得到了仲裁部门的支持。企业没有将员工单方解除和双方协商解除予以区别，也就产生了相关风险并导致了争议的发生。《劳动合同法》考虑到实践中这种问题的存在，特别明确了劳动者本人提出动议解除劳动合同的，用人单位不支付经济补偿金。

也就是说，如果企业有证据证明员工解除合同，即使是协商解除，但只要是员工本人动议，就无须支付经济补偿金。

实务指南

员工离职分类不仅是学理探讨和立法分析的问题，而且还具体涉及相关的法律责任和后果。企业在处理员工离职事宜时，特别应当具有证据意识，对可能对法律性质造成实质性影响的意思表示和相关事实用书面的方式予以确认并保存，预防和规避相关法律风险。

1. 辞职性离职注意保留书面文件。在辞职性离职中，由于员工主动提出结束劳动关系，企业一般法律风险较小，不需要提前通知，也不需要支付经济补偿金。此时企业应当注意保留员工辞职的证据，以避免发生争议。对员工提出解除的，应当要求其提交书面辞职报告，书面报告上面应当明确辞职原因为员工基于单方意愿。

2. 对员工解除应当审查辞职理由。员工的辞职理由多为个人原因，因此在辞职报告的理由中不应有企业违法、企业强迫其辞职等内容。如果辞职报告中有此类内容，企业应当要求员工予以修改。否则辞职性离职将转化为解雇性离职，企业需要支付经济补偿金。这点企业也应特别注意。

3. 提出协商解除应当在解除协议中注明。对于协商解除，企业提出解除动议属于解雇性离职，《劳动合同法》要求企业支付经济补偿金，而员工提出解除动议属于辞职性离职，企业无须支付经济补偿金。因此在协商解除时，对协商解除要签署解除协议，明确解除性质为协商解除，解除动议由员工提出。

关联法规

第 36 条　用人单位与劳动者协商一致，可以解除劳动合同。

第 37 条　劳动者提前三十日以书面形式通知用人单位，可以解除劳动合同。劳动者在试用期内提前三日通知用人单位，可以解除劳动合同。

——《劳动合同法》

第 10 条第 1 款　劳动者与用人单位就解除或者终止劳动合同办理相关手续、支付工资报酬、加班费、经济补偿或者赔偿金等达成的协议，不违反法律、行政法规的强制性规定，且不存在欺诈、胁迫或者乘人之危情形的，应当认定有效。

——最高人民法院《关于审理劳动争议案件适用法律若干问题的解释（三）》

表 18：员工离职情形结构图

离职类型				法律性质	补偿金	具体法条
解除	协商解除	企业动议解除			有	第 36 条、第 46 条
		员工动议解除			无	第 36 条、第 46 条
	单方解除	企业单方解除	即时通知解除	过失性解除	无	第 39 条、第 46 条
			预告通知解除	非过失性解除	有	第 40 条、第 46 条
			经济性裁员		有	第 41 条、第 46 条
			不得解除情形		—	第 42 条、第 46 条
		员工单方解除	即时通知解除	过失性解除	有	第 38 条、第 46 条
			预告通知解除	非过失性解除	无	第 37 条、第 46 条
终止	到期	企业降低劳动合同约定条件续订，员工不同意续订的			有	第 44 条、第 46 条
		企业不降低劳动合同约定条件续订，但员工不同意续订的			无	第 44 条、第 46 条
	用人单位主体资格消灭	企业被依法宣告破产的			有	第 44 条、第 46 条
		被吊销营业执照、责令关闭、撤销或者用人单位决定提前解散的			有	第 44 条、第 46 条
	劳动者主体资格消灭	员工开始依法享受基本养老保险待遇或者届满法定退休年龄的			无	第 44 条、第 46 条
		员工死亡，或者被人民法院宣告死亡或者宣告失踪的			无	第 44 条、第 46 条
	其他				无	第 44 条、第 46 条

说明：劳动合同到期终止，除企业维持或者提高劳动合同约定条件续订劳动合同，员工不同意续订的情形外，需要支付经济补偿金。

（二）员工离职的程序事项风险

在法律概念里，除实体法对相关主体进行权利义务的实质约束外，程序法也通过程序规则对当事人法定权益进行管控和调整。在离职管理中，无论是企业解除和终止劳动合同，还是员工解除和终止劳动合同，都要经过一定的离职程序。如果企业或者员工没有履行法律规定的程序，那么这种解除行为可能会面临法律效力的疑问。在企业劳动人事管理实践中，包括员工离职程序在内的各种程序性事项，都在劳动法上有着非常重要的作用。处理员工离职事宜，企业除了遵守劳动法关于解除和终止劳动合同的实体性规定以外，还需要了解和掌握程序性规定，预防和避免法律风险的发生。

案例 66：员工离职程序瑕疵导致损害赔偿责任

2016 年 6 月，北京某合资汽车制造企业招聘一批在京高校的应届大学生入职，主要从事工程技术和设备维护工作。小刘是这批大学生中的一员，在经过 2 个月的入职上岗培训后，被派往通州的生产基地上班。2017 年春节期间，小刘在与亲戚朋友聚会时，其舅舅告知其可以联系让他出国留学一段时间。小刘曾在此前考过 TOFEL，成绩还可以，所以打算在舅舅的帮助下申请出国留学，并向多所美国高校提出了申请，2017 年 3 月，有两所美国高校向小刘发出 offer，小刘随即向所在企业提出辞职。由于近几年来，该企业的新员工特别是本科以上学历员工的离职率高居不下，企业高层责令人力资源部认真检讨反思并切实降低离职率，所以人力资源部对于员工特别是新员工离职采取消极抵制的态度。小刘向企业提出辞职，企业人力资源部先是通过做思想工作进行挽留，在确实无法挽留的情况下，明确告知小刘，人走可以，但是档案不能转，离职证明也不会开。此后小刘尝试与人力资源部沟通，并进行工作交接，而人力资源部不予理会，于是小刘在向企业提交辞职信 30 天后离开了企业。由于小刘申请签证需要单位开具档案证明、离职证明等相关证明，而人力资源部不愿开具相关证明。最后，导致小刘无法在 offer 有效期内申请签证。小刘一怒之下，一纸诉状将企业告上了仲裁庭，要求赔偿相应损失。

专家分析

《劳动合同法》不仅对员工离职的条件和待遇等实体性内容予以明确，同时还对员工离职过程中的程序事项进行了相关规定。主要是涉及两个部分：一是员工的离职交接手续；二是企业的档案和社保转移、离职证明开具等义务。在工作交接环节，《劳动合同法》规定了员工有工作交接义务，员工应当按照双方约定办理交接手续。同时，《劳动合同法》将经济补偿金与办理交接相联系，如企业须因劳动合同解除、终止而向员工支付经济补偿的，应当在办理完毕工作交接手续时向员工支付。在离职过程中企业的义务和责任部分，《劳动合同法》规定，企业应当在解除或者终止劳动合同时出具解除或者终止劳动合同的证明，并在 15 日内为劳动者办理档案和社会保险关系转移手续。本节案例中，小刘依法提出解除劳动合同后，主动与人力资源部沟通进行工作交接，而人力资源部无故推诿，小刘得以免除相关法律责任承担。另外，企业未依照规定向小刘出具解除或终止劳动合同等书面证明，依据《劳动合同法》规定，小刘可以向劳动监察部门投诉，责令企业改正。同时，企业未按照规定出具书面证明对小刘造成损害的，企业还应当承担赔偿责任。

实务指南

无论员工因何种理由离职，均应当办理交接手续。离职交接有利于员工原工作的顺利进行，保护企业的利益不受损失。同时，企业也应遵守《劳动法》的相关规定，及时为员工办理离职证明、档案和社保关系转移等。企业尤其要注意以下事项的处理：

1. 细化工作交接管理。对于实践中部分员工拒绝进行工作交接的情况，企业应当从两个方面予以完善：一是在劳动合同中对工作交接进行约定。劳动合同中可以约定具体的工作交接条款，对员工的工作交接和离职具体程序进行细化。二是在员工办理工作交接时支付经济补偿金。《劳动合同法》将经济补偿金与办理工作交接相联系，如员工未如约履行工作交接义务的，企业可暂不支付经济补偿金。

2. 及时出具离职证明。在办理员工离职手续阶段，《劳动合同法》要求企业在解除或终止劳动合同时为劳动者出具解除或者终止劳动合同的相关证明。企业在解除或终止劳动合同时，一般会涉及解除或终止通知书和离职证明书两份文件。企业需要在日常管理中制作两份范本格式留用，并在员工离职时及时出具解除或终止劳动合同书和离职证明书，履行法律规定的附随义务与应然责任。

3. 及时办理档案和社保关系转移手续。中国内地对职工档案实行用人单位管理制度，社会保险也是由用人单位为职工建立账户、缴纳费用。因此在员工离职时，企业有为其办理转移档案和社会保险等手续的义务。《劳动合同法》也进一步明确，用人单位有办理档案转移手续的义务。劳动合同解除或者终止之日起 15 日内，用人单位应当为劳动者办理档案转移手续。①

4. 妥善进行文本保管。《劳动合同法》规定了企业的劳动合同文本保管义务，即使用人单位已经与劳动者解除或终止劳动合同，但对该劳动者的劳动合同文本，用人单位仍然应当保存二年以上备查。另外，从争议证据保留和举证责任承担等方面来讲，企业应当特别注意重要文书材料的日常性保存和备案，并借此完善必要书面材料的流程化管理。

关联法规

第 37 条　劳动者提前三十日以书面形式通知用人单位，可以解除劳动合同。劳动

① 《劳动合同法》第 49 条，规定国家采取措施，建立健全劳动者社会保险关系跨地区转移接续制度。2009 年以来，中国政府正在逐步推行各地社保转移接续的各种法规政策和制度措施。比如：2009 年 12 月 28 日，国务院办公厅转发人社部、财政部《城镇企业职工基本养老保险关系转移接续暂行办法》（国办发〔2009〕66 号）；人社部、卫生部、财政部联合发布《流动就业人员基本医疗保障关系转移接续暂行办法》（人社部发〔2009〕191 号）；等等。

者在试用期内提前三日通知用人单位，可以解除劳动合同。

第50条 用人单位应当在解除或者终止劳动合同时出具解除或者终止劳动合同的证明，并在十五日内为劳动者办理档案和社会保险关系转移手续。

劳动者应当按照双方约定，办理工作交接。用人单位依照本法有关规定应当向劳动者支付经济补偿的，在办结工作交接时支付。

用人单位对已经解除或者终止的劳动合同的文本，至少保存二年备查。

第84条第3款 劳动者依法解除或者终止劳动合同，用人单位扣押劳动者档案或者其他物品的，依照前款规定处罚。

第89条 用人单位违反本法规定未向劳动者出具解除或者终止劳动合同的书面证明，由劳动行政部门责令改正；给劳动者造成损害的，应当承担赔偿责任。

——《劳动合同法》

第24条 用人单位出具的解除、终止劳动合同的证明，应当写明劳动合同期限、解除或者终止劳动合同的日期、工作岗位、在本单位的工作年限。

——《劳动合同法实施条例》

第1条 劳动者以用人单位未为其办理社会保险手续，且社会保险经办机构不能补办导致其无法享受社会保险待遇为由，要求用人单位赔偿损失而发生争议的，人民法院应予受理。

——最高人民法院《关于审理劳动争议案件适用法律若干问题的解释（三）》

第12条 建立了工会组织的用人单位解除劳动合同符合劳动合同法第三十九条、第四十条规定，但未按照劳动合同法第四十三条规定事先通知工会，劳动者以用人单位违法解除劳动合同为由请求用人单位支付赔偿金的，人民法院应予支持，但起诉前用人单位已经补正有关程序的除外。

——最高人民法院《关于审理劳动争议案件适用法律若干问题的解释（四）》

Tips 小贴士：劳动合同的解除与终止

劳动合同的“解除”与“终止”是企业劳动人事管理中遇到频率最高的两个语词，也是企业比较容易混淆的两个概念。实际上，在中国内地劳动立法中，这两者有着完全不同的定义，具体表现在以下几个方面：

1. 行为性质不同。解除是主观所致的，即基于企业或员工一方或双方的主观意志而终结正在存续过程中的劳动关系，因此可以将解除定性为“主观为之”；终止则是客观导致的，即基于某些客观情况的出现而终结正在存续过程中的劳动关系，因此可以将终止定性为“客观所致”。

2. 出现概率不同。正是因为解除是一种“主观为之”，所以解除发生具有相当的偶然性，假如劳动合同正常履行期间一切正常且客观情况没有发生任何变化，则劳动合同在到期或其他法定情形出现后归于终止。也即是说，劳动合同不一定会发生解除情形。而终止则具有相当的必然性，如果劳动合同履行过程中没有发生解除的情形，则劳动合同必然归于终止。

3. 发生事由不同。解除的事由，可以是双方协商一致，可以是某一方存有过失，也可以是某一方情况发生了重大变化，也可以是无理由地提前 30 天通知。总之，解除的事由是严格法定的。而终止的事由，则是劳动合同期限届满，或企业或劳动者某一方主体消亡或丧失主体资格。

4. 行使程序不同。由于解除是主观为之，因此在程序方面法律的要求比较严格，比如提前通知的要求、工会监督程序的要求等；而终止是客观导致，在程序方面法律要求相对比较宽松，比如一般没有提前通知期和工会的监督程序的要求等。

5. 法律后果不同。这主要是涉及经济补偿金的支付。按照《劳动合同法》的相关规定，大部分的解除行为，包括协商解除、过失性解除、非过失性解除、经济性裁员等多种情形，均需要支付经济补偿金。而对于劳动合同的终止，除企业主动拒绝续订或者提出降低现有待遇与员工续订外，无须支付经济补偿金。

表 19：劳动合同的解除与终止的区别

	解除	终止
1. 行为性质	主观为之	客观所致
2. 出现概率	偶然性	必然性
3. 发生事由	严格法定	期满或主体（资格）消灭
4. 行使程序	严格约束	相对宽松
5. 法律后果	大多数情形支付经济补偿金	少部分情形支付经济补偿金

二、员工主动辞职权利的扩大与泛化

《劳动合同法》对于员工更加倾斜的特别保护，使得企业在法律上的弱势地位更为明显。其中一个很重要的表现就是用工风险的大量增长，主要体现在员工离职风险的进一步加强，也即员工主动辞职权利实质性扩大与泛化。具体而言，这种更为突出的离职风险主要体现在以下四个方面：一是强调并统一了员工的无因辞职权。该法进一步明确，员工只要提前 30 天即可解除劳动合同。二是取消了脱密期。企业不得再以脱密期为由限制员工的辞职权。三是增加了员工的有因辞职权。对于企业未依法缴纳社会保险费以及规章制度违法等情形，员工可以解除劳动合同。四是进一步限制了服务期。新法排除了出资招用和特殊福利待遇等情形下限制员工离职的服务期许可。新法实施以后，企业在管理员工离职事项时将更为复杂和被动。

（一）员工行使任意解除权

“劳动者提前三十日以书面形式通知用人单位，可以解除劳动合同”，这是《劳动合同法》第37条赋予员工的任意解除权，是《劳动合同法》赋予员工的一项基本权利，是对员工自主选择职业权利的肯定和具体化。这种规定的目的在于保护员工在劳动关系中的弱势地位，维护劳动自主的权利。辞职权是择业权派生出来的权利，它是一种形成权，即员工不需任何理由，只要做出辞职的意思表示即可成立。法律赋予员工这种辞职权，使得员工在现代市场经济时代中得以自由流动。但是，为了使员工在行使辞职权时，不给企业的生产经营造成非常不利的影响，新法特别设定一个程序规定，即要求员工提前30天书面通知企业。这样规定的目的，主要是让企业可以在30天内重新物色人选，调整生产和工作任务，采取补救措施等，以免因劳动合同的解除影响企业的生产经营活动，给企业造成不必要的损失。

案例67：高级管理人员提前30天就可以离职？

2018年6月，吴先生就任上海某美资货运物流公司副总经理，负责该公司在华东地区的日常经营事务。同年12月，其在银行工作的太太调往香港总行任职。吴先生与其太太商议后，决定前往香港发展，并于2019年2月向公司提出辞职，并在辞职信中表示希望能尽快办理交接手续，并在30天后正式离开公司。公司觉得事情特别突然，而且最近吴先生正全面负责某上海市政工程的配套项目，所以对其先行进行挽留。当公司感觉难以挽留吴先生时，便提出吴先生属于公司高级管理人员，并且执掌重大工程，不能仅提前30天即离开公司。于是，公司在其离职申请书上批注“不予同意”的字样。但是，由于吴太太的一直敦促，吴先生在多次书面催促公司安排相关人员与其进行交接未果后，便在30天以后离开了公司。由于吴先生的离职，导致其负责的项目一下子陷入停顿，公司为此损失了300多万元。公司以此为由，向吴先生开出了违纪解除劳动合同通知书，并要求吴先生赔偿其离职所造成的损失。吴先生对公司因自己离职遭受损失表示遗憾，但坚持认为自己并无过失，公司不及时与其进行交接才是损失产生的直接原因，拒绝赔偿相关损失。

专家分析

这是一节由于高管离职导致公司损失的典型案例。这节案例主要涉及三个问题：一是是否所有员工包括高级管理人员均只需提前30天即可单方解除劳动合同；二是如果因高管离职导致原企业经济损失的应如何处理；三是企业在遭遇高管跳槽时应如何进行紧急应对。

第一个问题涉及员工的任意解除权。目前，中国内地对劳动者的界定仍然采取广义的概念，即被单位雇用并提供脑力或体力等劳动以获取经济报酬而产生的法律关系。也就是说，在企业中总经理（含）以下全体位阶的员工都是劳动者。按照这个界定，公司高管亦属于《劳动合同法》上劳动者的范畴。尽管《劳动合同法》第 47 条就经济补偿金部分对高薪劳动者做出了处理上的区分，但这并不意味着高薪劳动者不属于劳动合同法调整的范畴，反而证实和确认了高薪劳动者作为劳动者的事实，因为其遵循劳动者解除或终止劳动合同后获得经济补偿金的权利，尽管这种权利受到了法律适当程度的削弱。依据《劳动合同法》第 37 条的规定，“劳动者提前三十日以书面形式通知用人单位，可以解除劳动合同……”除非该员工与企业签订有培训服务期协议或竞业限制协议，否则企业不得阻挠员工行使法定任意解除权。

第二个问题涉及赔偿金事项。通常而言，员工向企业承担违反劳动合同的赔偿责任，应当满足以下三个条件：（1）具有违反劳动合同的行为；（2）对企业造成实际经济损失；（3）员工具有主观上的过失。这三者需要同时满足才能要求员工依据损失大小和过失程度支付赔偿金。本节案例中，吴先生多次向企业书面提出办理工作交接的申请，这种行为表示了其作为高管对公司高度负责任的态度，并不存在特别过失，而公司不予理会和配合，才是本次损失的过失方。是故，吴先生在此节案例中已经尽到足够的注意和提醒义务，并不需要支付赔偿金。

第三个问题涉及企业的应急处理问题。一般而言，由于高管涉及企业经营管理的面比较大，涉及问题和工作交接相对比较复杂，所以高管离职通常会有一个较长的通知期，以利公司做好充分的准备，比如说重新提拔或物色接任人选、进行工作交接等。但是，《劳动合同法》再一次明确高管离职仍只需要提前 30 天即可解除劳动合同，所以企业依然相当被动。如果企业能够争取到与离职高管进行协商，就离职日期和有关安排进行约定处理，那么企业还能化被动为主动。但是企业若强制性约束高管人员离职，会产生两重消极后果，一是企业行为违法，二是对员工造成无法到新单位任职等相关损失的，应承担损害赔偿责任。

实务指南

中国内地的劳动立法，在程序上保障了员工的辞职权和重新选择就业的权利。企业在收受包括高级管理人员在内员工的离职申请后，应当依据法律的授权和法定程序认真保护自身的合法权益。企业尤其应当明确以下几个问题：

1. 确认书面手续。提前通知须有正式的相关书面手续。有的员工提出辞职后又反悔，由于企业当时只是收到其口头通知，所以只能让其继续留在企业，这必然会给企业管理带来不良影响。一般而言，员工解除劳动合同的提前通知应当采用书面形式。如果企业未收到其书面申请，而劳动者在发出口头通知后又不上班，企业可以要求其书面确认。如果此种行为给企业造成较大损失，那么企业即使以旷工为由处理与员工的关系也不过分。

2. 正常给予待遇。辞职员工在通知期应享受正常劳动待遇。如果离职员工履行了通知义务，而自通知之日起企业不按照相关规定执行岗位报酬福利政策，就等于利用了员工的无报酬劳动，获得报酬权是员工最主要的权利。实际操作中，《劳动法》规定的提前30天对企业来说是个头疼的问题。如果员工提前30天通知企业，按照法律规定，是不需要支付经济补偿金的，但一般的单位在员工提出辞职报告后都不愿意让这个员工继续在该单位待下去，所以往往会多开一个月薪水给他。

3. 强化离职管理。提前30天通知期不能用休假期抵扣。有的员工在提出辞职后，以休假等理由就不再到企业上班了。按照法律规定，员工既有解除合同前的通知义务，同时也有享受休假的权利，但问题是两者之间并不存在直接对等的联系。员工在履行了提前通知的义务后，并不表示其在最后的30天内能够随意安排自身的工作计划，作为一名员工，依然受到企业的行政管理和工作调度。

4. 掌握法律后果。如果员工擅自离职，企业可以考虑索赔损失。如果企业可以证明由于员工的违约行为而遭受了经济损失，那么企业可以就此种损失向员工主张赔偿。另外，企业可以在员工递交辞职信以后30天为其办理退工手续，在这30天内仍然要求员工履行劳动合同规定的义务并且行使企业作为用人单位的管理权。

案例68：员工在提交书面辞职书以后能否撤销？

赵女士是北京一家知名美资快速餐饮企业的门店店长，由于其女儿出国留学，其要出国伴读一段时间，2016年1月11日，赵女士向其主管经理提交了书面辞职信，并希望及时办理交接事项在30天以后离开公司。由于赵女士工作能力很强，其主管经理代表公司对其进行了挽留。公司在得知其女儿手续尚未最后办完时，告知其不如等其女儿的手续全部办完后再提此事，但公司也做了相应的准备，从其他直属店安排副店长来接替其工作。赵女士不置可否。2016年2月8日，赵女士的女儿告知母亲其签证可能这次办不了，赵女士也无须出去伴读。2016年2月9日，公司安排的接替其工作的新店长被任命，并将于2016年2月10日正式接替赵女士的工作。该日，赵女士上班时得知了这一任命消息，马上和其主管经理联系，希望撤销其先前做出的辞职行为。但由于新任命已经发出，公司没有同意其撤销请求。

专家分析

在实践中，通常会出现员工在辞职以后申请撤销或收回其辞职申请等一些特定情形，给企业劳动人事管理带来了一些判断上的困难。员工辞职后最有可能发生如下两种情形：一是由于情况变化或公司劝说而收回辞职申请；二是自己因各种原因后悔而在提出辞职30天后依然工作形成事实劳动关系。本案例即属于第一种情形。要分析的第一个问题是，员工能否收回其辞职申请？通常认为，劳动者单方解除权是一种形成权，也即不以相对人也就是企业的意愿及行为为基础，只要其提出书面的解除劳动合同书，该劳动关系即在 30 天以后得以解除。[①] 接下来还有两个实务性的问题。一是，如果公司同意其收回辞职意愿，劳动人事上应如何操作？二是，如果公司不同意其收回辞职意愿，劳动人事上又应如何操作？事实上，无论公司是否同意其收回辞职意愿，由于员工辞职的性质是行使单方形成权，30 天以后劳动合同即得以解除。如果公司有意留用该员工，应该在员工出具《撤销辞职声明》或在 30 天以后再次订立劳动合同；如果公司无意留用该员工，可发出通知，告知员工 30 天后劳动合同解除及其此前的交接手续办理事项。对于第二种情形而言，员工与企业之间形成了事实劳动关系，或是说没有劳动合同的劳动关系。那么，企业在此时会遇到一些法律风险。比如说依据《劳动合同法》，超过一个月企业没有和员工订立书面劳动合同的，需要向员工支付相当于二倍工资的赔偿。如果企业想继续使用该员工，应及时让该员工出具《撤销辞职声明》或重新订立劳动合同；否则，则应及时通知其办理交接事项并确定其 30 天以后劳动合同解除。

实务指南

按照《劳动合同法》的新规则，不订立书面劳动合同将会承受两倍工资的罚则，所以企业应根据员工提交辞职报告以后的行为区分情况进行处理，避免遭遇法律风险。具体而言，可以做好以下几个方面的管理：

1. 细化离职管理流程。企业应细化离职管理流程，对于主动辞职类的员工解除劳动合同的情形尤为要注意书面证据的确认和保留。员工向直接主管提交辞职报告时，不管其本人是否挽留该员工，[②] 该直接主管应及时知会人事部，做好离职备案和交接手续安排，并发出员工辞职相关事项告知书，明确告知其行为之相关后续处理，明确其权利与义务。

---

① 当然，多数情况下，除需要特别交接外，员工和企业都希望能尽快办理离职。员工希望及早地离开公司到新的工作岗位，企业也觉得留守时间该员工也不可能有所业绩。要求员工在 30 天以后离职是企业的法定权利，因为企业需要进行相关工作的交接与后续安排。不过，如果企业自愿放弃这种权利的话，应是被法律所允许的。实践中，有些员工认为，选择 30 天后离职也是自己的权利，可以有 1 个月的预期工资利益，企业提前让其在少于 30 天的时限内离职是损害其权益的行为，并主张企业如让其在 30 天以内离职，应补足 30 天的实得工资。通常认为，法律规定员工提前 30 天通知，可以解除合同。这种规定应理解为一种法律的强制性规定，员工与企业一方应当遵守。如果双方经协商一致，也可以就通知期进行调整。但若双方不能达成一致意见，则需要遵守 30 天的通知期。

② 有部分部门经理认为，对于自己愿意挽留的员工，应先进行挽留，挽留不成再向人事部知会，这样会给公司带来法律风险。因为作为部门经理等中层管理人员，其下属员工向其递交辞职报告即视为向公司递交，至于该部门经理或公司是否考虑挽留，在所不问，30 天以后即发生劳动合同解除的法律后果。

2. 及时处理劳动关系。对于提交辞职报告的员工，在做好备案存档处理后，应对员工进行分情况处理。假如公司有意挽留该员工，员工本人也愿意留下，则应及时订立新的劳动合同或作撤销辞职行为的相关手续，以避免后续认定为事实用工的风险。[①] 假如公司无意挽留该员工，则直接通知其办理交接手续即可。

3. 做好事后补签工作。对于需要挽留并挽留成功的员工，如因客观原因确实不能在30天内重新订立书面劳动合同或补充相关手续的，可以在30天以后及时与员工进行补签劳动合同或履行相关书面手续，消除业已存在的法律风险。

关联法规

第10条　建立劳动关系，应当订立书面劳动合同。

已建立劳动关系，未同时订立书面劳动合同的，应当自用工之日起一个月内订立书面劳动合同。

用人单位与劳动者在用工前订立劳动合同的，劳动关系自用工之日起建立。

第37条　劳动者提前三十日以书面形式通知用人单位，可以解除劳动合同。劳动者在试用期内提前三日通知用人单位，可以解除劳动合同。

——《劳动合同法》

（二）员工行使法定解除权

《劳动合同法》进一步扩大了员工行使法定解除权的情形，这使得企业在劳动人事管理时更为被动。依据《劳动合同法》第38条的规定，有下列情形之一的，劳动者可以解除劳动合同："（一）未按照劳动合同约定提供劳动保护或者劳动条件的；（二）未及时足额支付劳动报酬的；（三）未依法为劳动者缴纳社会保险费的；（四）用人单位的规章制度违反法律、法规的规定，损害劳动者权益的；（五）因本法第二十六条第一款规定的情形致使劳动合同无效的；（六）法律、行政法规规定劳动者可以解除劳动合同的其他情形……"同时，企业"以暴力、威胁或者非法限制人身自由的手段强迫劳动者劳动的"，或者"违章指挥、强令冒险作业危及劳动者人身安全的"，员工可以立即解除劳动合同，不需事先告知企业。

案例69：企业不支付奖金和津贴员工可以解除合同？

陈某是深圳一家电子制造企业的工程师，已经在这个企业工作2年了，每个月15日是其所在企业的发薪日。2017年1月15日，是新年第一个发薪日，但陈某在

---

① 员工行使单方解除权后，是否即视为不可撤销，并在30日以后必然发生劳动关系解除的法律后果？目前还有相当的争论。但在实务中，企业成功挽留员工后，常常将辞职信退回员工手中，视为该辞职未发生，从而使劳动关系恢复到原先的状态。企业不选择新订劳动合同，尽管在法理分析上可能存有疑问，但这种做法却相当普遍，也未见此后有太多争议。

看到这个月的工资条时却再也压抑不住内心的不满：公司已经连续3个月没有给他发奖金了，2个月没有发岗位补贴。陈某应聘进入该公司时，双方在劳动合同中约定：公司聘用陈某为工程师，月工资为6000元，月岗位津贴为2000元，月奖金根据经济效益以及陈某的工作表现考核发放。陈某带着3个月的工资条和劳动合同书与公司进行交涉，要求公司支付3个月的奖金和2个月的津贴。公司行政部主管苦笑着答复他，目前公司经营不善，我们也没有办法。现在正是困难的时候，希望你能与公司同甘共苦，等公司状况好转后，一定给你补上。经过多次交涉无效后，陈某向公司提出解除劳动合同，并要求公司立即办理退工手续，支付拖欠的奖金和津贴以及2个月的经济补偿金。公司表示陈某提出解除劳动合同应按规定提前30天通知，所以不同意立即办理退工手续，反而要求陈某继续工作一个月。于是争议产生，诉至所在地仲裁委员会。

专家分析

这是一节因公司经营困难不发奖金、津贴而引起的典型劳动争议案例。争议的焦点在于陈某是否可以因为公司没有支付奖金和津贴而解除劳动合同。《劳动合同法》第38条规定，用人单位未及时足额支付劳动报酬的，劳动者可以解除劳动合同。于是，本节案例中的焦点就在于，公司不支付奖金和津贴，是否属于《劳动合同法》规定的用人单位“未及时足额支付劳动报酬”的情形？在此节案例中，双方签订的合同中约定月工资为6000元，月岗位津贴为2000元，月奖金根据经济效益以及陈某的工作表现考核发放。因此在经济效益不佳的时候，公司可以少付或不付奖金，公司未支付陈某奖金并未违反合同约定。但是双方合同约定公司每月支付给陈某的岗位津贴是确定的，合同中并没有可以不支付津贴的约定。公司未按照合同约定支付津贴，构成了《劳动合同法》中规定的员工可以随时通知解除劳动合同的情形，因此陈某并不需要提前30天通知。

实务指南

本节案例所提到的未支付劳动报酬的情形其实在企业中并不少见，而且法律规定“未及时足额支付劳动报酬”本身就还有“及时”和“足额”两层意思，有时候会发生仅仅是因为企业延后1－2天支付工资时，也会发生法律风险。这里需要提醒企业特别注意《劳动合同法》第38条的规定，认真及时检视企业可能存在的不当行为，预防和化解法律风险。

1. 检视安全生产事项。企业平常注重检视企业在安全生产方面有无违反合同约定或法律规定的情况，如未按照劳动合同约定提供劳动保护或者劳动条件的，又如安全服装、夏季防暑降温安排、女职工的“三期”保护等，应及时进行整改安排。同时，将安全生产的责任通过职责分担的方式落实到相关负责人，并作为绩效考核的依据。

企业还应避免安全生产事项进一步转化为劳动关系处理上的被动，导致间接损失。

2. 检视工资社保事项。企业在支付工资时要注意两个要素，一是时间要素，“及时”支付；二是数额要素，“足额”支付。另外，企业需要特别重视社会保险费的缴纳，应当告知并强制员工依法缴纳社会保险费，防止法律风险产生。这里所谓依法缴纳社会保险费，也包含两个要素：一是行为约束，强制“缴纳”；二是内容约束，“依法”缴纳，包括依照相关规定，在规定的时间、按照规定的基数进行缴纳。

3. 检视规章制度规定。如果企业的规章制度违反法律、法规的规定，损害员工权益的，员工可以依法解除劳动合同。包括员工手册在内的规章制度难免百密一疏，但这“一疏”可能会导致员工单方面解除劳动合同，并且很有可能导致其他离职员工效仿。规章制度最好通过内部法律顾问和外部法律咨询的方式进行双重审查，尽最大可能确保企业规章制度没有发生抵触法律、法规的情形。

4. 检视主管行为规范。一般认为，现代企业不会发生企业强迫员工劳动的情况。但事实上也并非如此，强迫员工劳动的方式越来越隐性化，比如扣减津贴、奖金等多种方式。另外，一些企业主管人员还可能通过言语威胁方式单方面要求员工临时加班、实施任务管理和工作安排时对待员工态度粗暴，等等，诸如此类情形都属于此种强迫劳动的情形，会导致离职风险的发生。在实践中，企业很难做到《劳动合同法》第38条规定的上述全部事项，但是这并不意味着企业可以按照法不责众的原则进行应对。企业首先还是要谨慎做好自己的规章制度以及管理人员行为规范，使得相关人员的违法或然性最小化；其次在发生类似员工解除劳动合同的情形时，尽量通过协商解决的方式进行疏导，防止双倍经济补偿金的赔付。

关联法规

第38条　用人单位有下列情形之一的，劳动者可以解除劳动合同：

（一）未按照劳动合同约定提供劳动保护或者劳动条件的；

（二）未及时足额支付劳动报酬的；

（三）未依法为劳动者缴纳社会保险费的；

（四）用人单位的规章制度违反法律、法规的规定，损害劳动者权益的；

（五）因本法第二十六条第一款规定的情形致使劳动合同无效的；

（六）法律、行政法规规定劳动者可以解除劳动合同的其他情形。

用人单位以暴力、威胁或者非法限制人身自由的手段强迫劳动者劳动的，或者用人单位违章指挥、强令冒险作业危及劳动者人身安全的，劳动者可以立即解除劳动合同，不需事先告知用人单位。

——《劳动合同法》

案例70：企业违法在先员工就免除服务期和竞业限制义务？

2017年7月，同年从上海某理工高校毕业的赵某和李某同时进入上海张江科技园区某网络游戏企业，担任网络工程师。2017年11月，赵某被公司安排到美国斯坦福大学进行为期半年的培训，并签订有服务期协议。服务期协议约定，赵某必须为公司工作3年，否则承担违约金30万元人民币。2018年1月，李某被调入研发部核心一组，除了提高其工资待遇外，公司还与其签订了保密与竞业限制协议。保密与竞业限制协议约定，李某离职以后2年内不得从事与公司业务相同或类似的行业，公司在其离职以后发给其相当于现在工资的70%作为竞业限制补偿金。2018年10月，因公司和个人的一些原因，赵某和李某两位员工均有意离开公司，但是囿于两份协议的存在，也只好收敛了这个想法。2019年1月，此后一次偶然的机会，赵某听了一场关于新《劳动合同法》的讲座，老师讲到如果企业违法在先的，员工可以解除合同，并且这种解除是一种被动解除，无须承担先前约定的违约金。于是，赵某和李某仔细阅读了《劳动合同法》，并按照新法找出了公司的诸多不合理之处。比如，社会保险缴纳基数没有按照实际薪资计算而是按照最低一档工资计算，属于法律上所称“未依法为劳动者缴纳社会保险费的”；公司年休假制度规定事假优先用年休假抵扣，属于法律上所称“用人单位的规章制度违反法律、法规的规定，损害劳动者权益的”；等等。2019年2月，赵某和李某同时向公司发出解除劳动合同通知书，并详细列举了公司违法的事实以及据以解除合同的法律规定，同时还要求公司根据其实际工作年限支付相应的经济补偿金。但公司否认他们两人说法，断然拒绝了他们的要求，并要求其承担相应的违约责任。

专家分析

这是一节员工通过行使法定解除权达到间接免除违约金义务的典型案例。员工行使法定解除权是《劳动合同法》赋予员工的一项特别权利，只要法律规定的特定情形出现，员工就可以依法解除劳动合同。但是，这种权利如与先前签订的载有员工违约金义务的服务期或竞业限制协议相冲突，应如何看待和处理呢？如果签订有培训服务期协议或竞业限制协议并约定有违约金条款的员工，不是去认真履行相关协议的约定，而是紧盯企业违法行为或事实，而一旦这种情形出现，员工即得以有权解除合同？应当认为，包括《劳动合同法》在内的劳动立法就是一种苛求企业承担更多责任和义务的法律规则。只要员工解除劳动合同是依法进行的，法律就认可和保护这种权利，而不论潜伏在其行为背后的真正目的。《劳动合同法》施行后，一些地方裁审意见认为，为公平性起见，往往会以“是否已造成实际损害”和“员工事先有无通知其改进”作为员工可以解除的前置性要求。但作为企业而言，最好能避免此种因自身制度设计及管理本身带来的瑕疵和风险。

实务指南

在实践中，很多聪明的离职员工可能会寻找并穷尽法律赋予其的各种权利，并通过这些权利的行使来减轻或免除自己的相关责任。那么作为企业而言，则主要需要做好以下三个方面的准备和应对措施：

1. 通过自我审查弥补漏洞减少风险。如前所述，在《劳动合同法》背景下，企业应该认真检视自己企业的文本性规范、习惯性规范和企业管理法则等诸多方面的规定和行为，按照《劳动合同法》界定的违法行为进行比照。如果发现企业有所缺失的地方，应及时进行纠正和处理，一方面改进企业自己的行为规范，另一方面也减少企业可能面临的法律风险。

2. 通过及时沟通机制化解潜在风险。如果企业存在法律规定的这方面违法缺失状况，并且员工已经了解并提出意见，则需要与员工进行及时的反馈与沟通。如果签订有专项协议的部分员工以此为由解除劳动合同的，应及时与其协商处理，就员工的合法但可能不甚合理的要求进行互动，就相关问题和事项达成一个比较折中的结果。

3. 通过积极行使权利削弱不利影响。如果上述状况业已达成无法挽回的情形，那么，企业需要做的就是采取相应的补救措施。比如，公司可以通过损害赔偿的方式来向两位离职员工追究责任。但是，损害赔偿必须满足如下要件：一是有损害事实；二是损害是由员工的行为所造成；三是员工存在故意或重大过失；四是不存在法律法规予以免除责任的情形。不过，企业要举出以上证据比较困难，特别是过失性证据很难取得，可能需要专业人员的辅助。

关联法规

第38条　用人单位有下列情形之一的，劳动者可以解除劳动合同：

（一）未按照劳动合同约定提供劳动保护或者劳动条件的；

（二）未及时足额支付劳动报酬的；

（三）未依法为劳动者缴纳社会保险费的；

（四）用人单位的规章制度违反法律、法规的规定，损害劳动者权益的；

（五）因本法第二十六条第一款规定的情形致使劳动合同无效的；

（六）法律、行政法规规定劳动者可以解除劳动合同的其他情形。

用人单位以暴力、威胁或者非法限制人身自由的手段强迫劳动者劳动的，或者用人单位违章指挥、强令冒险作业危及劳动者人身安全的，劳动者可以立即解除劳动合同，不需事先告知用人单位。

第46条　有下列情形之一的，用人单位应当向劳动者支付经济补偿：

（一）劳动者依照本法第三十八条规定解除劳动合同的；

……

——《劳动合同法》

（三）员工违法解除劳动合同之应对

案例 71：员工未提前 30 天通知企业离职之法律追究

上海浦东新区某德资半导体制造企业与员工在劳动合同中约定，在提前解除劳动合同的情况下，员工依法需要提前 30 天通知对方。魏某是公司制造一部的部门经理，负责公司产品最关键器件的制造工艺，并且业务能力非常突出，同行业很多企业都希望不惜代价把他挖走。2017 年 12 月 20 日，魏某突然向公司提交了辞呈，并希望在两周左右的时间内办完交接。由于当时其正承担企业 IV 型新产品的试车制造，公司不希望他离职，也没有给予其相应的回馈意见。两周以后，魏某便不再到公司上班，公司制作一部现场群龙无首，相当混乱。公司人事部打电话联系他，他说自己已经在辞职书中明确说明两周以后离开公司，自己已经履行完通知义务，公司没有及时与其进行交接，过失不在自己。公司认为，即便是魏某自己提出离职，也应该提前 30 天通知，现在两周后即离开，也没有与公司商量，是违法的，至少是违反企业规章制度的，并责令魏某立刻回公司上班，先行处理生产工艺紧急事宜。

专家分析

这是一节劳动者违法解除劳动合同的典型案例。这里主要涉及两个问题：一是劳动者违反劳动合同的法律责任；二是用人单位可以要求劳动者承担的责任形式。对于第一个问题，劳动者违法解除劳动合同，是指劳动者违反法定或约定的劳动合同解除条件或程序，单方解除劳动合同的行为。《劳动合同法》为保障劳动者的自由择业权，赋予了劳动者单方解除劳动合同的权利，但是劳动者解除劳动合同并不是任意解除的，必须符合法定的条件和程序。否则，给企业造成损失的，必须承担相应的赔偿责任。对于第二个问题，企业可以要求劳动者实际履行，或是要求其承担损害赔偿责任。在本节案例中，企业既可以要求魏某及时回企业工作，否则予以纪律处分等相关处罚措施，也可以直接追究其擅自离职而对企业造成的产线瘫痪、产品质量瑕疵等相关损失的责任。

实务指南

在管理员工离职过程中，不少企业特别是劳动密集型企业都会遇到员工的不辞而别情形。而且在无法举出相关证据的情形下，企业追究违法解除劳动合同的员工的可能性和现实性都比较小。在实务处理中，企业可以通过以下一些措施进行相应应对：

1. 在订立劳动合同时向员工明示相应条款。在与员工订立劳动合同或辅导员工学习规章制度的时候，应当特别告知员工离职的提前通知义务，或是通过文本语句画线等方式进行提醒，或是在订立劳动合同或学习规章制度的时候，由人事部直接口头强调劳动者行使法定解除权的离职规则并通过书面条款或书面考试的方式予以书面证据化。

2. 制定或约定岗位违法离职预期损失评估。尽管企业除服务期和竞业限制外，不能和员工约定就员工违反解除劳动合同相应的违约金，但是这并不影响企业和员工之间可以就某一具体岗位员工离职可能带来的共同损失进行合理必要的预估，并在此后发生争议的时候而有一个可以遵循的赔偿计算方式的合意。

3. 完备离职手续进行充分警示与责任告知。员工离职往往会有一个常见的心态，也即“人之将走，其言也善”。但是，这也不排除有部分员工“人之将走，其行也恶”，故意不遵守法定提前通知期规定，不配合企业进行工作交接。对于这部分员工，一是要充分警示，并书面告知其法律义务；二是如果员工依然我行我素，则要积极收集证据，依法追究其责任。

关联法规

第37条　劳动者提前三十日以书面形式通知用人单位，可以解除劳动合同。劳动者在试用期内提前三日通知用人单位，可以解除劳动合同。

第50条第2款　劳动者应当按照双方约定，办理工作交接。用人单位依照本法有关规定应当向劳动者支付经济补偿的，在办结工作交接时支付。

第90条　劳动者违反本法规定解除劳动合同，或者违反劳动合同中约定的保密义务或者竞业限制，给用人单位造成损失的，应当承担赔偿责任。

——《劳动合同法》

三、企业合法辞退员工的法律路径

法律在赋予员工更多的任意解除权及法定解除权的同时，也相应给企业解除劳动合同设计了一些渠道和方式，这是法律为了调和劳资关系，平衡企业和员工利益而做出的规范性引导规则。但是，在劳动人事管理实践中，很多企业不会正确运用《劳动合同法》赋予的权利，因而在辞退员工时会不经意间犯下常识性错误，引发不必要的劳动争议，有的情形下甚至还会激化劳资双方的矛盾，影响企业和社会的和谐与稳定。作为企业，应当依法建立和完善规章制度，在严格遵守相关法律法规的前提下，制定员工应当遵循的劳动纪律，在保障员工依法享有劳动权利的同时，构建科学的离职管理系统。新法背景下，企业需要做到未雨绸缪，有备无患，即时辞退违纪员工和不合格员工，以保证企业正常、健康和快速发展。

（一）企业行使法定解除权之过失性解除

在员工存在法律规定的几种过失情形下，企业无须向员工预告就可以单方解除劳动合同，也无须支付经济补偿金，对此种解除一般称为过失性解除。按照《劳动合同法》的相关规定，过失性解除的情形分为以下六种：一是试用期解除；二是严重违纪解除；三是严重失职解除；四是利益冲突解除；五是欺诈解除；六是刑事责任解除。企业法定解除权中的过失性解除是《劳动合同法》赋予企业不多的解除劳动关系的权利，但也并非企业在遭遇这些情形时，即可顺利辞退员工。按照法律过失性解除的规定解除员工劳动合同的，还应当在证据和程序两方面做好相应的手段和措施。

案例72：与其他单位建立劳动关系能否解除劳动合同？

范某是北京军区某部队医院的聘用医生，年轻而且医术精湛，经常有其他医院请范某去会诊。2018年12月的某一天，范某的好友告知范某，北京某妇幼保健医院想请他过来帮忙完成一个课题，告知其利用休息时间过来进行研究就可以，不会对其现在的工作产生影响，报酬非常丰厚。范某认为这个提议不错，既可以进行研究，又可以增加自己的收入，何乐而不为？于是，范某与该妇幼保健医院签订了以完成某一医疗课题研究为期限的劳动合同。随着妇幼保健医院课题研究的不断深入，范某投入的时间和精力越来越多，在部队医院正常上班期间，特别是2019年1月到3月间，范某经常迟到、早退，医院分配给他的工作也不能按时完成。部队医院在了解情况后，院长找其谈话，告知其行为已经违反了医院的规章制度，对自身的工作造成严重影响，希望范某能尽快解除与妇幼保健医院的劳动合同。但是，范某认为课题研究很快就结束了，自己再坚持坚持就行了。等研究一结束，他就会像以前一样正常工作。为了尽快结束课题研究，范某投入的时间和精力更多。两周以后，部队医院向范某下达了解除劳动合同通知书。

专家分析

这是一节劳动者同时与两个用人单位签订劳动合同的典型案例。根据《劳动合同法》第39条第4项的规定，劳动者同时与其他用人单位建立劳动关系具备以下情形之一的，用人单位可以解除劳动合同：（1）对完成本单位的工作任务造成严重影响的；（2）经用人单位提出，拒不改正的。此两种情况下解除劳动合同，用人单位不需要支付经济补偿金。同时，这两种情况是一个选择关系而非并列关系，只要劳动者行为符合上述情形之一，用人单位即可予以解除。本节案例中，范某在北京军区某部队医院工作的同时，又与妇幼保健医院建立了劳动关系。由于范某在妇幼保健医院的课题研究中，投入的精力和时间过多，严重影响了其在部队医院的正常工作，院长代表医院与其谈话后范某仍不改正，也就是说，《劳动合同法》规定的两种情形，范某同时具备，因此医院与范某解除劳动合同是完全符合法律规定的。

实务指南

在劳动人事管理实践中，通常会出现员工与其他单位建立劳动关系的情况，这也是此次《劳动合同法》将此事项纳入法律规则的原因之一。依据《劳动合同法》的相关规定，员工在存在严重违纪、严重失职、建立多重劳动关系、追究刑事责任、欺诈导致合同无效等情形时，企业可以解除劳动合同。但是，在具体操作过程中，仍需注意以下事项：

1. 确实掌握相关证据。对于过失性解除，法律设立了严格的条件，企业行使该权利前应当根据所掌握的证据进行评估。对有证据证明的员工过失性行为，符合解除法定条件的，可以解除合同。但证据不足的，应按其他解除情况处理。此时企业应当继续收集证据或仅就证据可以证明的事实进行处理。为降低违法解除劳动合同的风险，企业也可以适当采取变通措施，尽可能采取协商解除，劝说员工辞职等方式与职工结束劳动关系。

2. 严格履行法律程序。企业在通过行使过失性解除权辞退员工时，应：（1）征求工会意见；（2）将解除劳动合同通知书文本交由员工签收。解除通知是企业用于解除或终止与员工的劳动合同的法律文本，可以用于判断双方劳动关系的解除时间。实践中常常出现员工拒绝签收的现象，企业应当加以预防，企业可以与员工在劳动合同中事先约定通信地址和通知方式。如果员工拒绝签收，企业可以通过邮寄方式发出通知。此时企业应当注意保留邮寄凭证。

关联法规

第26条　下列劳动合同无效或者部分无效：

（一）以欺诈、胁迫的手段或者乘人之危，使对方在违背真实意思的情况下订立或者变更劳动合同的；

……

第39条　劳动者有下列情形之一的，用人单位可以解除劳动合同：

（一）在试用期间被证明不符合录用条件的；

（二）严重违反用人单位的规章制度的；

（三）严重失职，营私舞弊，给用人单位造成重大损害的；

（四）劳动者同时与其他用人单位建立劳动关系，对完成本单位的工作任务造成严重影响，或者经用人单位提出，拒不改正的；

（五）因本法第二十六条第一款第一项规定的情形致使劳动合同无效的；

（六）被依法追究刑事责任的。

——《劳动合同法》

Tips 小贴士：企业过失性解除劳动合同的情形中，增加试用期内不符合录用条件企业单方面即时解除劳动合同的步骤

在劳动人事管理实践中，企业在行使法定的过失性解除权辞退员工过程中，往往会陷入一些误区，也导致了相关法律风险的产生。以下列举企业在解除劳动合同中比较常见的误区，并进行相应的法律适用解答。

1. 问：员工有违反劳动纪律或规章制度的行为，只要能够证明该事实，企业就可与之解除劳动合同？

答：错误。员工违反劳动纪律有一般违反和严重违反之分，只有在严重违反用人单位规章制度的情况下，企业才可以与员工解除劳动合同。同时，企业还应该举出员工违纪事实的相应证据。企业在单方解除劳动争议中往往因徒有片面之词却无证据可考而败诉，这体现了证据在诉讼中极为重要的地位和作用，但这并不意味着只要企业能够证明员工的违纪事实，在证据方面做到确实和充分，员工就可以被合法解除。满足了事实只是一方面，企业想要合法解除还需要符合“严重违纪”而非“一般违纪”。

“员工严重违纪”情形，企业正确解除劳动关系的步骤如下：step1. 发现员工严重违反企业规章制度—step2. 保留相关违纪证据—step3. 研判是否属于“严重”情形—step4. 将理由通知工会并征求意见—step5. 企业向该员工发出解除劳动合同书。

2. 问：只要员工给企业造成损失，就应承担全额赔偿责任？在员工存有严重过失的情况下，企业还可以即时与其解除合同？

答：错误。员工给单位造成损失是否应全额赔偿取决于员工的过失程度。一般情况下，只有员工基于故意或者重大过失给单位造成损失的才应当全额赔偿。与此同时，企业基于劳动者“严重失职，营私舞弊，给用人单位造成重大损害”而解除劳动合同需要满足两方面条件。员工除有“严重失职”或“营私舞弊”行为之一外，还需要具备另一要件“给用人单位造成重大损害”。如果员工给单位造成了损失，但尚未达到重大损失的程度，则单位解除合同不合法。①

“员工严重过失”情形，企业正确解除步骤如下：step1. 发现员工严重过失—step2. 确认是否造成“严重”后果—step3. 保留能证明员工过失及过失与损害之间因果关系的相关证据—step4. 将理由通知工会并征求意见—step5. 企业向该员工发出解除劳动合同书。

---

① 企业运用“劳动者造成重大损害”这一过失性解除权，应注意以下几点：（1）有严重失职和营私舞弊两种情况，且两者之间是二选一的关系；（2）严重失职包括严重过失和故意两种，排除一般过失；（3）营私舞弊的界定依照刑法；（4）员工给企业造成了确实存在的重大损害；（5）对于重大损害的存在，企业能够予以充分证明；（6）企业规章制度中对何谓“重大损害”有明确界定。

3. 问：某企业多年来以员工的忠诚作为企业发展的动力和源泉，却于某日得知员工甲也在另外一家公司工作，经理当即大怒，一纸解除通知书将该员工辞退，他这么做是否合法？

答：不合法。员工虽然与其他单位建立了劳动关系，形成了双重（或者多重）劳动关系事实，也触犯了该企业一直秉行的企业文化，但是在法律认定方面并不能确定该行为是否给原单位工作任务造成了重大影响，直接将其解除并不符合法律规定。员工建立双重（或者多重）只有满足“对完成本单位的工作任务造成严重影响”或“经用人单位提出，拒不改正”这两个选择性要件时，才可以解除劳动合同。

“员工建立双重（多重）劳动关系”情形，企业正确解除步骤如下：step1. 发现员工与其他用人单位建立劳动关系—step2. 确认是否“对完成本单位的工作任务造成严重影响”（如果是，直接跳到 step5）—step3. 对其提出警示，要求其与相关单位解除劳动关系（如果其解除，本步骤终止）—step4. 该员工拒不改正，依然与相关单位保持劳动关系—step5. 将理由通知工会并征求意见—step6. 企业向该员工发出解除劳动合同书。

4. 问：员工入职时提交了虚假材料，而对其进行面试的人事经理实际上已经知晓其真实情况。某日，员工与公司高层吵架，公司高层要求人事经理将其辞退，人事经理以提供虚假入职材料为由将其解除，是否合法？

答：不合法。《劳动合同法》规定，只有员工入职提供材料符合“以欺诈、胁迫的手段或者乘人之危，使对方在违背真实意思的情况下订立或者变更劳动合同的”，企业才可以解除合同。尽管员工本人提交了虚假材料，但其实企业知晓员工的真实情况，此种情形下不属于违反企业真实意思的情况，人事经理以此为由解除劳动合同不合法。

“员工欺诈入职”情形，企业正确解除步骤如下：step1. 发现员工入职材料虚假—step2. 确认有无必要对此员工进行处理（如果无必要，本步骤终止）—step3. 保留相关虚假入职证据—step4. 将理由通知工会并征求意见—step5. 企业向该员工发出解除劳动合同书。

5. 问：员工涉嫌盗窃罪被公安机关逮捕，其所在公司得知此消息后立即解除其劳动合同，这种做法是否正确？

答：错误。包括逮捕在内的刑事强制措施等是在一定时期内剥夺犯罪嫌疑人、被告人的人身自由并予以羁押的强制方式，它仅仅是一种强制措施，尚未上升至刑事责任，既然未上升至刑事责任，那么其是否构成犯罪并需要追究刑事责任尚需经过司法机关审判认定。在一切未决的情况下，由单位做出终局性的劳动关系处理不符合法律规定。企业此时能够做出的正确处理是依法中止劳动关系。

“员工被追究刑事责任”情形，企业正确解除步骤如下：step1. 发现员工被追究刑事责任—step2. 确认是否属于法律规定的追究刑事责任的情形（1. 被人民检察院免予刑事起诉的；2. 被人民法院判处刑罚的；3. 被人民法院依据刑法第 32 条免予刑事处分的）—step3. 取得或保留被追究刑事责任证明—step4. 将理由通知工会并征求意见—step5. 企业向该员工发出解除劳动合同书。

（二）企业行使法定解除权之非过失性解除

非过失性解除是指解除劳动合同时劳动者本身并无主观过失，但基于某些外部环境或者劳动者自身的客观原因，企业可以单方面解除劳动合同。这些法定理由主要有：（1）劳动者患病或者非因工负伤，在规定的医疗期满后不能从事原工作，也不能从事由用人单位另行安排的工作的；（2）劳动者不能胜任工作，经过培训或者调整工作岗位，仍不能胜任工作的；（3）劳动合同订立时所依据的客观情况发生重大变化，致使劳动合同无法履行，经用人单位与劳动者协商，未能就变更劳动合同内容达成协议的。企业在行使非过失解除权之前，应充分了解非过失性解除的法定要件和程序，避免陷入常识性误区，导致解除劳动合同行为不当或遭遇更大的法律风险。

案例 73：何谓客观情况发生变化时企业可以解除合同?

胡小姐于 2018 年 5 月被上海一家猎头公司相中，到上海某日资医药销售企业担任市场总监，基本月薪 2 万元。胡小姐在公司工作非常尽心和卖力，带领市场部全体员工在相对不景气的市场中杀开了一条“血路”。2020 年 3 月 1 日，公司总经理见到胡小姐告诉她，公司很感谢她所做的贡献，但是由于公司上年度整体业绩下滑，公司准备收缩战略，所以只能很抱歉地通知她，其岗位将被取消。随后，人事部发给她一张离职通知和经济补偿金结算表，让她一个星期内办理离职手续。公司给的经济补偿金虽然不少，但离职通知上的理由却让人不可理解，离职通知上陈述如下：“你与公司签订的劳动合同所依据的客观情况发生变化，致使原合同无法履行，公司正式通知与你解除合同。”胡小姐发现无论劳动合同中还是员工手册中都没有提及“客观情况发生重大变化”，遂决定到劳动争议仲裁讨个公道。

专家分析

本节案例争议的焦点有两个：一是怎样理解《劳动合同法》中规定的用人单位可以解除劳动合同的“客观情况发生重大变化”情形；二是依据“客观情况发生重大变化”情形解除劳动合同的法定程序如何？在本节案例中，首先，要弄清何谓“客观情况”。《劳动合同法》中没有明确规定，但不等于没有一个认定的标准，根据实践中的处理来看，“客观情况发生重大变化”是指用人单位发生转产、搬迁至很远的地方、技术改造、兼并、分立、被上级主管部门撤销等致使劳动合同无法履行或无法完全履行的情况。其次，客观情况发生重大变化，必须达到致使原劳动合同无法继续履行的程度。比如单位转产，原来的专业性员工的劳动合同就可能无法履行。但像行政、保安这些通用性岗位的员工，他们的合同仍然可以继续履行，用人单位不能简单直接地将这些员工辞退。最后，即使出现了“劳动合同订立时所依据的客观情况发生重大变化，致使原合同无法履行”的情况，用人单位意图解除劳动合同还需做到：（1）与劳动者进行必要的协商变更程序，也就是说，如果双方当事人经过协商能够就变更劳动合同达成协议，用人单位还是不能解除劳动合同；（2）提前30日以书面形式通知劳动者本人；（3）根据法律有关规定支付劳动者经济补偿金。

另外，在本节案例中，“战略收缩”并不是一个法律概念，公司解除行为是否合法，关键要看该战略收缩是否属于法律上所说的“客观情况发生重大变化，致使原合同无法履行”的情况。显然，胡小姐从事的市场工作具有一定通用性，即使公司采取收缩战略，胡小姐仍可以到公司其他部门继续工作，而不必然导致劳动合同无法履行。公司将业绩滑坡、订单减少等经营风险冠以“客观情况发生重大变化”的说辞，任意转嫁到劳动者身上，显然是不合法的。

实务指南

企业在行使《劳动合同法》赋予企业的非过失性解除权时，一定要注意正确理解法律的相关规定，在相关证据和法定程序两方面都应严格依法操作。在处理因客观情形发生重大变化时，应注意以下操作要点：

1. 研判是否属法定情况。企业应依据通常性原则和所在地的适法口径，判断自己企业的行为是否属于重大变化之情形。出现客观情况的原因可能是企业的，比如企业进行技术更新，导致全岗位操作技术含量大幅上升，现有员工无法适应的；也可能是员工自身的，比如因员工身体原因导致不能从事本行业工作的。研判的主要指标是：是否足以影响现有劳动技能、条件的变更和劳动合同的履行。①

2. 先行与员工进行协商。依据《劳动合同法》的规定，仅仅出现“客观情况发生重大变化”，还不足以导致企业可以解除劳动合同。企业有义务进一步和员工进行协商，就劳动内容和工作岗位等事项进行协商。只有与员工进行过协商且未能就变更合同协商一致的情况下，企业才可以行使法定的劳动合同解除权。

3. 协商不成应留存证据。《劳动合同法》背景下，企业劳动人事管理更为强调书面化和证据原则。企业因客观情况发生重大变化而与员工协商变更劳动合同，而协商不成的，应当制作相关证明文件，并交由员工签字，由员工本身对企业履行法定程序做出相应的法律确认。

---

① 企业理解“客观情况发生重大变化”，应注意和把握以下要件：（1）劳动合同订立时所依据的客观情况发生重大变化，一般包括发生不可抗力、用人单位重大搬迁、被兼并收购、重大资产转移等；（2）客观情况发生重大变化必须导致原合同无法履行；（3）用人单位与劳动者就变更劳动合同内容进行协商，但未能达成一致。

4. 解除应进行法定补偿。首先，企业可以选择提前30天通知劳动者本人和额外支付劳动者一个月工资这两种方式中的一种进行处理；其次，这两种方式的选择处理权在于企业，员工无权干涉或要求；最后，如果企业选择第一种方式进行处理，需要按照员工在本单位的工作年限，按照每满1年支付员工1个月工资收入的经济补偿金。

关联法规

第40条　有下列情形之一的，用人单位提前三十日以书面形式通知劳动者本人或者额外支付劳动者一个月工资后，可以解除劳动合同：

（一）劳动者患病或者非因工负伤，在规定的医疗期满后不能从事原工作，也不能从事由用人单位另行安排的工作的；

（二）劳动者不能胜任工作，经过培训或者调整工作岗位，仍不能胜任工作的；

（三）劳动合同订立时所依据的客观情况发生重大变化，致使劳动合同无法履行，经用人单位与劳动者协商，未能就变更劳动合同内容达成协议的。

——《劳动合同法》

第20条　用人单位依照劳动合同法第四十条的规定，选择额外支付劳动者一个月工资解除劳动合同的，其额外支付的工资应当按照该劳动者上一个月的工资标准确定。

——《劳动合同法实施条例》

Tips 小贴士：企业非过失性解除常见误区、厘清解答及操作步骤

在劳动人事管理实践中，企业在行使法定的非过失性解除权辞退员工过程中，也往往会陷入一些误区，这也客观上导致了相关法律风险的产生。以下列举企业在解除劳动合同中比较常见的误区，并进行相应的法律适用解答。

1. 问：只要员工医疗期满，用人单位就有权与之解除劳动合同？还是说员工医疗期满上班，不能从事原工作，用人单位才能将其解除？

答：两种说法都是错误的。医疗期满仅仅代表劳动者特殊保护期的结束，而非劳动合同期的结束。虽然医疗期满，但用人单位和劳动者仍处于正常的劳动合同期内，属于正常的劳动关系，双方的权利义务关系受《劳动法》等相关法律法规的调整和保护。很多用人单位认为“不得解除处于医疗期劳动者劳动合同”的潜台词就是当劳动者医疗期满后便可解除其劳动合同，这样的理解是狭隘而错误的。至于“员工医疗期满上班，不能从事原本职工作”，这种情形显示了员工劳动能力缺失的一种现实状态，即“劳动者患病或者非因工负伤，在规定的医疗期满后不能从事原工作”，但用人单位并非立刻享有劳动合同解除权，而需要调整劳动者的工作岗位，调整后如果劳动者仍不能从事该工作，用人单位才可以解除劳动合同。

“员工患病或者非因工负伤”情形，企业正确解除步骤如下：step1. 发现医疗期满后不能从事原工作—step2. 企业另行安排该员工其他工作—step3. 发现员工不能从事另行安排的工作—step4. 将理由通知工会并征求意见—step5. 企业向该员工发出解除劳动合同书—step6. 向该员工支付经济补偿金。

2. 问：劳动合同约定，员工不能完成销售指标属于不能胜任工作，单位有权解除劳动合同。企业根据此合同约定在员工未完成一季度销售指标的情况下解除了其劳动合同，做法是否正确?

答：劳动合同的解除条件系法定，用人单位和劳动者不能随意自行约定，否则无效。因此，当企业根据合同约定对员工做出解除处理时，如果员工认同，则罢；一旦员工不同意，企业的做法便会面临违法的追诉。通过劳动合同中对“不能完成销售指标属于不能胜任工作”的约定和以有效的绩效考核数据证明该员工确实不能胜任工作后，企业还需完成前置程序，即对劳动者进行培训或者调整岗位。至此，仍然不够，最终企业能否合法解除劳动合同还取决于结果要件，即“培训或调岗后能否胜任工作”，如果员工仍不能胜任，企业方可解除。

“员工不能胜任工作”情形，企业正确解除步骤如下：step1. 绩效考核后发现劳动者不能胜任工作—step2. 企业对其进行培训或者调整工作岗位—step3. 再次绩效考核后发现该员工仍然不能胜任工作或调整以后的工作—step4. 将理由通知工会并征求意见—step5. 企业向该员工发出解除劳动合同书—step6. 向该员工支付经济补偿金。

3. 问：某员工与某外资企业签订劳动合同，未约定劳动合同履行地。一年以后，该企业欲将营业地从上海浦东新区搬迁至嘉定区，但单位不提供班车。该员工不同意到松江工作，双方也未就变更劳动合同内容达成一致，请问该企业是否可以解除劳动合同?

答：可以。城市内部两个区域之间搬迁不同于两个城市之间的搬迁，前者相比较后者，客观情况的变化程度要小一些。但是，不同的城市大小不同，亦不能一概而论。就上海市而言，市区和郊区之间的距离并不短于某些相邻的城市间的距离，所以，如果所在单位不能提供班车，确实会给员工的日常上下班和正常生活造成很大的困难，此时，可以认定该类“迁址”属于“客观情况发生重大变化”。江浙沪一带的企业经常会发生厂房搬迁，而在厂房搬迁过程中最常见的问题之一就是，部分员工以合同变更未经协商为由，不愿意到新工厂上班。而企业反馈给笔者的情况通常是，这些员工本来就打算离职，而正好遭遇工厂搬迁情形，便会提出这种要求，意在获得相应的经济补偿金。① 另外，如果劳动合同对具体履行地进行了相应约定，则企业变更劳动合

① 笔者给企业的建议往往是，首先，判断企业能否进行工作地点调整有两个原则：一是确因生产经营和情势变更所需原则，比如董事会决议或所在地政府要求等；二是不影响员工正常生活工作原则，比如地理位置上的变化，公司通过提供班车等方式解决。如果企业满足以上两个原则，或辅之以员工适当的交通补贴或特别补贴，则应足以说明其调整工作地点的合理性。此时，员工如不服从相关安排，企业可以依据规章制度进行相应的处分，严重时可以解除劳动合同。当然，如果企业连班车或交通补贴等基本措施都没有采取，此时则不能处分员工，只能在与员工协商未果的情形下，支付相应的经济补偿金，方可解除劳动合同。

同履行地，需经由双方协商一致。

“客观情况发生重大变化”情形，企业正确解除步骤如下：step1. 发现客观情形发生重大变化—step2. 发现劳动合同无法履行—step3. 与员工进行协商变更劳动合同内容—step4. 与员工就变更劳动合同内容协商不成—step5. 将理由通知工会并征求意见—step6. 企业向该员工发出解除劳动合同书—step7. 向该员工支付经济补偿金。

（三）经济性裁员之法律风险控制

根据裁员依据的具体原因，通常可以将裁员划分为经济性裁员、结构性裁员和优化性裁员等三种类型。根据《劳动合同法》的相关规定，裁员专指经济性裁员。相较于《劳动合同法》的其他规制事项而言，《劳动合同法》关于裁员的规定确实让企业略感欣慰，因为《劳动合同法》与《劳动法》相比，裁员的情形和理由均进行了相应的扩大，让裁员不再像以前那样遥不可及。《劳动合同法》规定的裁员理由主要有四项，分别是：（1）依法进行破产重整；（2）生产经营发生困难；（3）情势变更仍需减员；（4）其他法定特别情形等。裁员的界定在《劳动合同法》中也有新规定，主要包括两种情况：（1）裁减人员 20 人以上的；（2）裁减不足 20 人但占企业职工总数 10% 以上的。《劳动合同法》还对企业实施裁员之后再次招用人员做了相关指引性规定。

案例 74：经济性裁员与通常集体解除合同之差异

刘某是上海某美资电子电气公司的一名普通员工，与公司签订了无固定期限的劳动合同。近年来，由于公司所在的行业竞争激烈，公司的经营状况日趋衰落。为摆脱困境，公司董事会决定做出裁员的计划。在征得工会意见之后，向全体员工公布了一项裁员计划，自该裁员计划公布之日起的一周内，由员工根据自愿向公司提出解除劳动合同，如果劳动者在此期间解除劳动合同则除了享受法定经济补偿金以外，公司还多支付两个月的工资作为额外补偿金。刘某考虑再三，决定向公司提出解除劳动合同，但是他申请解除劳动合同之时已经是一周以后了，公司根据实际情况批准了刘某的辞职，但是只给他支付了法定的经济补偿金，拒绝支付额外补偿金，公司的理由是，刘某在提交辞职申请之时，已经超过了公司规定的期间，不能享受到公司的额外补偿金。双方因此发生了争议，向劳动争议仲裁委申请仲裁。

专家分析

经济性裁员从广义上讲，也属于企业单方解除劳动合同的一种。相对而言，经济性裁员与非过失性解除劳动合同类似，不需要与员工进行协商一致，需要支付经济补偿金。但是经济性裁员毕竟不同于通常的集体解除合同，《劳动合同法》对经济性裁员有专门的规定。对其裁员的具体条件、实施程序和附带义务等都有着明确的规定。也正是由于经济性裁员涉及面广且具有集体处理的复杂性，所以企业在操作裁员项目时通常都会辅之以一些法律之外的特别措施，以确保达成裁员的良好效果。比如在此节案例中，公司安排了额外补偿金，以促使更多的员工尽早地与公司解除劳动关系，保障裁员步骤的顺利进行。不过，企业的做法只需要以法律规定为底线，在此之上企业的自主行为或与员工的自主约定，只要不违反法律规定，就应认可其效力。依据《劳动合同法》的规定，协商解除劳动合同和经济性裁员情形下，企业只需要按照实际工作年限向员工支付经济补偿金。企业自主让步做出的提前解除的额外补偿金支付，仅受企业有效声明的约束。所以在本节案例中，刘某的主张不能得到仲裁委的支持。

实务指南

由于每个企业实施经济性裁员的理由各异，裁员的对象也各不相同，所以企业实施裁员的具体程序和步骤也不尽相同。但通常而言，企业实施经济性裁员的典型程序和步骤如下：

1. 计划阶段。step1. 明确企业战略及目标，确定裁员的可行性与合法性—step2. 计划制订过程并进行合法性审查—step3. 为确保平稳裁员，制定公关与工会沟通策略—step4. 建立裁员管理协调联络小组—step5. 制定裁员时间表和进程节点安排图。①

2. 裁员筛选阶段。step1. 制定筛选标准，确定裁员对象—step2. 审查员工档案，进行法律意见基础上的裁员人员初选—step3. 确定管理层中可能被裁名单，评估裁员候选人—step4. 对名单进行合法性审查和人力资源评估—step5. 确定最优裁员名单和最应保留员工名单。

3. 实施阶段。step1. 确定经济补偿金及相关遣散费用整套方案，包括相关费用的计算依据、计算方式以及审定福利授予方案的合法性审查—step2. 确定新职介绍方案，目的在于为被裁员工提供建议和咨询服务，促进其早日再次寻找新的岗位—step3. 如有需要，确立重新雇佣战略和弱势雇员重新招用计划。

关联法规

第 41 条　有下列情形之一，需要裁减人员二十人以上或者裁减不足二十人但占企业职工总数百分之十以上的，用人单位提前三十日向工会或者全体职工说明情况，听取工会或者职工的意见后，裁减人员方案经向劳动行政部门报告，可以裁减人员：

（一）依照企业破产法规定进行重整的；

---

① 在笔者处理的中国内地裁员项目中，裁员最重要也最具本土化特色的部分就是，务必取得当地政府或开发区管委会的大力支持。中国内地特别是沿海城市各级政府或开发区管委会对于重要企业或影响面较广的裁员情形，一般会成立联合协调小组，成员由政府办、劳动局、公安局、商务局、财政局、总工会等部门或机构的相关负责人组成，协助企业处理裁员事宜，化解劳资矛盾并有效防范突发性事件的发生。

（二）生产经营发生严重困难的；

（三）企业转产、重大技术革新或者经营方式调整，经变更劳动合同后，仍需裁减人员的；

（四）其他因劳动合同订立时所依据的客观经济情况发生重大变化，致使劳动合同无法履行的。

裁减人员时，应当优先留用下列人员：

（一）与本单位订立较长期限的固定期限劳动合同的；

（二）与本单位订立无固定期限劳动合同的；

（三）家庭无其他就业人员，有需要扶养的老人或者未成年人的。

用人单位依照本条第一款规定裁减人员，在六个月内重新招用人员的，应当通知被裁减的人员，并在同等条件下优先招用被裁减的人员。

——《劳动合同法》

（四）解雇保护原则与企业应对策略

为了保护劳动者的合法权益，《劳动合同法》第 42 条对用人单位的非过失性解除合同和经济性裁员做了限制性规定。《劳动合同法》第 42 条规定，劳动者有（1）职业病未进行离岗检查的；（2）因工负伤被确认丧失劳动能力或部分失劳动能力的；（3）在医疗期内的；（4）女职工“三期”内的；（5）连续工作时间较长的；（6）其他情形时，用人单位不得以非过失性原因或经济性裁员原因解除劳动合同。《劳动合同法》第 45 条则规定，劳动合同期满出现以上 6 种情形时，应延迟至相关条件消失时方可终止。《劳动合同法》通过法律规定的形式直接对处于特定情形下的弱势员工进行了保护性规定，这也是世界各国劳动立法解雇保护理念在中国内地的具体化。企业在面临和处理这些弱势员工的情形时，应当承担相应的法律责任和社会责任，但同时也应针对企业自身具体情况做出相应的应对措施。

案例 75：农民工工伤后患病遭遇解除是否合法？

2016 年 5 月，农民工孙某进入浙江杭州某大型民营建筑企业工作，并与企业签订了为期 5 年的劳动合同。2018 年 2 月的某一天，孙某被公司派至某大学教学楼建筑工程工地施工。因为当时楼上正在进行电焊施工，防护措施不是很好，孙某被电焊火花灼伤了脸，被当地劳动行政部门认定为工伤，劳动能力鉴定委员会对他的伤残评定为 8 级伤残。医疗终结后，孙某回到公司工作，公司为了照顾他的身体为他安排了一个轻体力工作。但是，祸不单行，在新岗位刚工作 2 个月，孙某就又因患上肾炎住进了医院。经过了 4 个月的治疗和病休，孙某的肾炎眼看即将痊愈，但没想到此时公司突然给他发出了解除劳动合同通知书。孙某找到公司人事部进行理论，陈述自己是工伤人员，依据《劳动合同法》不能被解除劳动合同。公司答复说，公司解除合同并非因为工伤原因，而是由于其病假超过了法律上规定的医疗期，因此解除劳动合同。孙某不服，向当地劳动争议仲裁委员会申请仲裁，与建筑公司打起官司。

专家分析

本节案例争议的焦点在于建筑公司能否以超过医疗期为由解除工伤员工的劳动合同。《劳动合同法》第 40 条规定，“劳动者患病或者非因工负伤，在规定的医疗期满后不能从事原工作，也不能从事由用人单位另行安排的工作的”，企业可以提前 30 天通知员工本人或额外支付 1 个月工资后，解除劳动合同。从这一规定看，建筑公司的解除行为存在法律依据。但是，《劳动合同法》第 42 条规定，员工“在本单位患职业病或者因工负伤并被确认丧失或者部分丧失劳动能力的”，企业不得依据第 40 条的规定解除劳动合同。法律之所以这么规定，主要是考虑到职业病和工伤都是由劳动过程中的职业危害因素所致，因而企业对由此而丧失或部分丧失劳动能力的劳动者，负有保障其基本生活和劳动权益的义务，不得解除劳动合同。本节案例中，孙某被劳动能力鉴定委员会评定为 8 级伤残，属于部分丧失劳动能力的情形，符合《劳动合同法》第 42 条第 2 项保护的对象。所以，建筑公司解除与孙某劳动合同的行为是违法的。

实务指南

那么，在实践中，员工工伤解除劳动合同又应如何进行操作？根据《工伤保险条例》的规定，患职业病或者因工负伤并被确认丧失或者部分丧失劳动能力的，是指伤残等级为 1 至 10 级的工伤职工。如果劳动者不幸遭遇工伤，达到 1 至 10 级的，企业不得与劳动者解除劳动合同。1 级至 10 级工伤情况又分为三种情形：

1. 1 级至 4 级工伤。对于 1 级至 4 级工伤的，属于完全丧失劳动能力，企业需要与员工保留劳动关系，永久不能与员工解除劳动关系，员工退出工作岗位，享受相应的工伤待遇。这种情况下，企业与员工的劳动关系要保留到劳动者退休。

2. 5 级至 6 级工伤。对于 5 级至 6 级工伤的，属于大部分丧失劳动能力，企业不得提出与员工解除劳动关系，但是员工本人提出解除劳动合同的，企业可以与员工解除劳动关系，由企业支付一次性工伤医疗补助金和伤残就业补助金。

3. 7 级至 10 级工伤。对于 7 级至 10 级工伤的，属于部分丧失劳动能力，企业不得提出与员工解除劳动关系，但是员工本人提出解除劳动合同的，企业可以与员工解除劳动关系，由企业支付一次性工伤医疗补助金和伤残就业补助金。当然，如果劳动合同期满终止的，用人单位可以依据相关规定与其终止劳动关系，并支付相应工作年限的经济补偿金和相关待遇。

表 20：1－10 级工伤劳动合同解除操作表

工伤级别	劳动合同解除	相关待遇
1－4 级	不得解除	劳动关系保留到员工退休
5－6 级	一般不得解除，经员工提出可以解除	解除时由企业支付一次性工伤医疗补助金和伤残就业补助金
7－10 级	一般不得解除，劳动合同期满或经员工提出可以解除	终止或解除时由企业支付一次性工伤医疗补助金和伤残就业补助金

说明：一次性工伤医疗补助金和一次性伤残就业补助金的具体计算方法和数额，参见各地工伤待遇标准。

关联法规

第 42 条　劳动者有下列情形之一的，用人单位不得依照本法第四十条、第四十一条的规定解除劳动合同：

（一）从事接触职业病危害作业的劳动者未进行离岗前职业健康检查，或者疑似职业病病人在诊断或者医学观察期间的；

（二）在本单位患职业病或者因工负伤并被确认丧失或者部分丧失劳动能力的；

（三）患病或者非因工负伤，在规定的医疗期内的；

（四）女职工在孕期、产期、哺乳期的；

（五）在本单位连续工作满十五年，且距法定退休年龄不足五年的；

（六）法律、行政法规规定的其他情形。

第 45 条　劳动合同期满，有本法第四十二条规定情形之一的，劳动合同应当续延至相应的情形消失时终止。但是，本法第四十二条第二项规定丧失或者部分丧失劳动能力劳动者的劳动合同的终止，按照国家有关工伤保险的规定执行。

——《劳动合同法》

第 38 条　因工伤发生的下列费用，按照国家规定从工伤保险基金中支付：

（一）治疗工伤的医疗费用和康复费用；

（二）住院伙食补助费；

（三）到统筹地区以外就医的交通食宿费；

（四）安装配置伤残辅助器具所需费用；

（五）生活不能自理的，经劳动能力鉴定委员会确认的生活护理费；

（六）一次性伤残补助金和一至四级伤残职工按月领取的伤残津贴；

（七）终止或者解除劳动合同时，应当享受的一次性医疗补助金；

（八）因工死亡的，其遗属领取的丧葬补助金、供养亲属抚恤金和因工死亡补助金；

（九）劳动能力鉴定费。

第39条　因工伤发生的下列费用，按照国家规定由用人单位支付：

（一）治疗工伤期间的工资福利；

（二）五级、六级伤残职工按月领取的伤残津贴；

（三）终止或者解除劳动合同时，应当享受的一次性伤残就业补助金。

——《社会保险法》

四、柔性化策略与协商解除劳动合同

在《劳动合同法》背景下，员工被赋予了更多的权利和利益，而企业则被强加了相当的义务与责任。在中国内地此种劳资格局和社会民生政策环境下，企业管理员工的权利不是被增加了，而是被相应约束了。但是既然《劳动合同法》已经颁布，当前企业最务实也最明智的方法就是顺应《劳动合同法》的立法取向，在严格的法律规范框架内审慎行事，在守法经营的基础上通过内部成本集约和外部市场拓展来强化自己的市场竞争力。但与此同时，企业也应开始关注另外一种人力资源管理策略，即柔性化管理策略。这种策略在新的法律环境下，有着非常重要的功能和作用，能有效平衡企业和员工的利益，并通过共同利益体的格局和协商和谐共处的方式达成一种良好的劳资关系状态，同时还使得所有劳动人事操作均在法律许可的范围内进行，也提前化解和消融了企业潜在的法律风险。

（一）柔性化策略与企业劳动人事管理

对相对发达的沿海地区企业而言，非沿海地区的企业尊重和遵循《劳动合同法》的意识有待进一步提高。但是，通过实施柔性化策略，可以让企业在《劳动合同法》实施过渡期间通过相对人性化的操作，来使得企业的违法成本风险降至最低。企业实施柔性化策略与企业严格合法经营并不存在必然的矛盾，反而相辅相成。企业柔性化管理策略的主要功能有两项：一是在企业行为合法前提下，通过民主沟通和人性化管理，进一步融洽并构建和谐劳资关系，降低沟通成本；二是在企业可能略有不当的情形下，通过协商一致方式处理相关事项，并获得员工的谅解和信任，促进劳资和谐与共同利益，减少违法成本。

案例76：企业人文关怀与劳动法违法成本对比

上海某广告公司是一家经营规模比较小的公司，仅有4名员工。最近，因为多笔货款没有回笼，该公司的资金周转受到影响，可能接下来的连续2个月无法按时发放员工工资。按照法律规定，公司应当依照劳动合同的约定在规定的日期给员工支付劳动报酬。公司老板王先生心里比较不安，一是这种情况如果发生，可能导致法律上的风险，比如说员工解约及经济补偿金风险；二是管理上也有负面影响，毕竟工资开不出来可能也就不能很好地管理员工。王先生考虑再三后，于是就召集4名员工召开了一个小型会议，明确告知大家目前公司经营比较困难，可能接下来的2个月工资无法发放，只有等应收账款到账后才能发放，看看大家能否体谅公司，2个月后支付工资时，公司将另行支付银行同期存款利息。4名员工一直与王先生共事，觉得自己的老板事业心强，做事认真负责，可以信任，于是同意与公司共渡难关，并主动表示愿意以会议纪要的方式书面确认。王先生这才卸下心中的一副重担。

专家分析

本节案例主要讲的是一个柔性化管理与法律风险规避互为关联的企业典型。企业特别是中小企业可能由于各方面的影响和制约，难免在实践中会出现不能完全达到法律上所要求的情形。这个时候，企业往往可以通过相互协商以及主动告知的方式赋予员工更多的知情权和参与权，主动消弭可能发生的劳资矛盾。在本节案例中，如果企业不与员工主动沟通，在实际发薪日员工才得知不能领取工资，一般会对企业产生不满情绪，甚至会导致劳资争议。而这种争议一旦发生，也将意味着可能无法挽回，同时依据《劳动合同法》，这种争议最终使企业败诉而且需要承担严格的法律责任。而通过主动性的沟通和柔性化的管理，员工感觉能与企业共同进退，对企业的客观困难可能会采取宽容的方式予以谅解。进一层而言，这种柔性化管理的策略不仅适用于企业非正常情况的管理，还适用于员工的各种奖惩处理、考核评定等多个方面，均可以起到很好的效果。

实务指南

企业在实施柔性化管理过程中，应特别注意法律界限与人力资源管理界限，尤其应该注意把握以下几个要点：

1. 柔性化管理需要以法律为依据。《劳动合同法》背景下，企业实施柔性化管理依然需要以法律为依据。比如说协商解除劳动合同、企业是否行使单方解除权、是否提供特殊福利待遇等，可以在法律规定的前提下，企业在自主的范围内自行确定。

2. 柔性化管理需要贴合企业实际。不同的企业有着不同的法律文化，相应的处理方式也不同。比如说，成本节约型的制造型企业管理上要趋于严格；离职率高或年轻人多的行业则要更多地实施沟通互动和人性化策略；对于独立性强的员工，企业则应特别重视高度授权；等等。

3. 法律外柔性化管理不能被滥用。但是，企业也不能滥用柔性化管理，前述案例中提及的无须及时支付员工工资的承诺也依然面临法律风险。对于法律规定的强制性责任，不可以通过员工让步或弃权的方式进行处理，比如社保费缴纳责任、经济补偿金责任等。[①]

关联法规

第 38 条　用人单位有下列情形之一的，劳动者可以解除劳动合同：

……

（二）未及时足额支付劳动报酬的；

……

第 85 条　用人单位有下列情形之一的，由劳动行政部门责令限期支付劳动报酬、加班费或者经济补偿；劳动报酬低于当地最低工资标准的，应当支付其差额部分；逾期不支付的，责令用人单位按应付金额百分之五十以上百分之一百以下的标准向劳动者加付赔偿金：

（一）未按照劳动合同的约定或者国家规定及时足额支付劳动者劳动报酬的；

……

——《劳动合同法》

第 3 条　劳动者依据劳动合同法第八十五条规定，向人民法院提起诉讼，要求用人单位支付加付赔偿金的，人民法院应予受理。

第 10 条第 1 款　劳动者与用人单位就解除或者终止劳动合同办理相关手续、支付工资报酬、加班费、经济补偿或者赔偿金等达成的协议，不违反法律、行政法规的强制性规定，且不存在欺诈、胁迫或者乘人之危情形的，应当认定有效。

——最高人民法院《关于审理劳动争议案件适用法律若干问题的解释（三）》

（二）柔性化操作与协商解除劳动合同

《劳动合同法》第 36 条规定，“用人单位与劳动者协商一致，可以解除劳动合同”。这句话非常简单和普通，但是协商解除劳动合同却是《劳动合同法》赋予企业与员工

---

① 江苏常州一家民营企业董事长曾就自己企业年关潜在的劳动人事危机征求过笔者的意见。这家企业的生产一线员工计 250 名，员工全年加班无休（临时休假需要特别批准），而工资只按照当地最低工资标准发放，并且不支付加班费。《劳动合同法》出台后，他开始意识到，如果这些员工统统找其索要加班费的话，自己企业将难以承受数百万的巨额加班费补偿。笔者询问了其生产规模和盈利水平后，得知全员支付加班费意味着这家规模不大的工厂将面临关闭，对员工也未必是好事。于是，笔者给了其一个不是法律建议的柔性化操作建议，供其参考，希望其能绝处逢生，即在当年年底时给这些一线员工相当于 2 – 3 个月薪水的累计加班费或特别奖励，或者在可操作的框架内与员工集体协商，就延缓支付加班费达成意见，同时承诺在新的一年里逐步提高员工的工资待遇，并作保底比例的承诺。同时，笔者也明确告知其法律风险所在，其达到良好效果的前提是员工善意而温顺，如果有员工坚持主张要加班费的，企业依然必须依法支付。几个月后，笔者得到该企业董事长的反馈，表示效果明显，员工无一人提出权利请求。不过笔者依然还是暗示他，依据《劳动争议调解仲裁法》，时效风险依然存在。

平等协商的权利。由于协商解除劳动合同的适用范围广、法律强制性要求少、风险小、成本低以及影响好的多重特点，所以在劳动人事管理实践中，公司如果能正确运用协商解除劳动合同的策略，灵活使用协商解除劳动合同的各种技巧，则往往会在协助企业消除劳资紧张和化解劳动争议方面起到意想不到的效果。

案例 77：柔性化协商解除人事经理劳动合同

上海某著名美资日用化妆品公司近期遇到了一件麻烦事。该公司总经理 Mike 亲自招聘的一位人力资源总监 Jane 被下属发现伪造了美国高等院校的硕士文凭和在知名美资公司任职经理的经历。上海公司作为该美国总公司在亚太地区的运营机构，历年来公司运营非常正常，Mike 的工作业绩也被总公司高度认可。最近亚太地区人力资源总监易人，其从众多猎头公司提供的简历中发现了 Jane 的亮点，拥有美国知名学府的硕士文凭，同时又有在知名美资公司的工作经验。Mike 经过其亲自面试 Jane 后，发现其看起来不仅气质素养良好，而且英文非常流利，于是立即决定录用 Jane 作为亚太区的人力资源总监，并亲自将有关情况向其总公司进行通报，并极力推荐 Jane 担任该职位。现在 Jane 在公司工作满 1 年多，其直接下属反映 Jane 的学历和经历存在严重问题，经查实，Jane 只在美国一所普通公立大学获得过学士学位，回国后也只是在其所称的知名美资公司旗下的一个次级公司任职过人力资源经理。以这样的学历和经历，应不足以胜任亚太区人力资源总监的职位，并且这种丑闻一旦曝光，如果公司此时选择决定依据其提供虚假材料入职的事实直接解除其劳动合同，一则 Mike 很难向总公司和亚太地区所属公司解释，二则 Jane 很有可能不依不饶，依据其执掌人力资源管理的经验和职务，公司与其发生争议影响面太大。于是 Mike 征求相关人员意见后，决定与其协商解除劳动合同，让其在 2 个月内择一时间离开公司。

专家分析

通常而言，如果员工提供虚假材料入职，企业在掌握相关证据后，可以依据法律规定直接解除其劳动合同。但是，不同的情形也应区别处理。一方面，辞退员工本身就是一件复杂的事情，如果辞退员工时处理不当，会导致昔日同事反目成仇，给企业运营带来负面效应。另一方面，如果是辞退高级管理人员，本身就会给企业自身形象带来不好的印象，同时如果在辞退过程中发生争议，相关仲裁与诉讼事项的处理也会给企业带来更大的成本与麻烦。企业在辞退员工时，一定要注意区分技术性辞退和结构性辞退。比如一般员工出现严重违纪等过失性行为时，企业可以立即解除劳动合同，以儆效尤；但若某名高管人员或特殊荣誉员工存有严重过失性行为时，涉及面较广，此时企业要谨慎处理并考虑：是内部协商解决，还是公之于众直接解除合同。通常，协商解除的风险较小，员工抵触情形少，影响较好。当然，如果是企业主动协商解除会承担一定的经济补偿金成本，这个因素企业在实际操作中要适当考虑。[①]

实务指南

中国文化讲求和谐、平衡、协调，这在中国公司的管理文化中也有所体现，对于一些直接处理可能会导致不利后果的情形，公司可以灵活处理，通过协商解除的方式进行处理。通常而言，需要变通进行协商解除劳动合同的情形主要有：（1）过失性解除但证据不足的；（2）可以非过失性解除但操作成本太高的；（3）经济性裁员过程中需要激励员工解除合同的；（4）特别重要的、影响力大的员工的解除；（5）其他情形。在柔性化操作协商解除劳动合同过程中，应特别注意以下事项的处理：

1. 做好协商解除方案的预案。为避免造成紧张感，企业应当通知员工，并尽量避免周末、假日或者员工的重要纪念日当天通知员工。当员工进入指定的办公场所，可以直接告知其企业的处理决定，可用几句话描述公司处理他的理由。辞退告知最好不要超过半小时，切记注重事实，应重点强调这个决定做出是慎重做出并且是不可更改的。如果被处理的员工反应激烈，不要和员工辩论，而应是积极地倾听。可以用开放式问题与其谈话，并点头或用短暂沉默等方式配合员工的陈述，直到员工可以稍微冷静地接受这个现实。

2. 通知员工进行处理前面谈。要区分情况分别运用不同技巧，进行有效率的面谈：（1）过失性解除但证据不足的，应留取并固化已经取得的员工违纪证据，告诫或敦促员工与企业协商解除；（2）可以非过失性解除但操作成本太高的，要把握员工心态，互相陈述相互利益关系，晓之以理；（3）经济性裁员过程中需要激励员工解除合同的，可以通过阐述裁员背景及公司歉意以及诚意补偿的态度；（4）特别重要的、影响力大的员工的解除，则重点在于人情、道理、法律三方面结合的综合说服和处理。

3. 掌握员工协商解除的技巧。企业对待协商解除劳动合同，应像做一个重要项目一样，必须摆清事实并程序清楚，讲究适当的技巧和要领，才能收到比较理想的效果。比如，待员工稍微冷静以后，应与员工仔细讲述经济补偿的支付金额与具体算法，注

---

① 笔者处理的另外一个典型案例是，某日资企业的采购课女课长由于与供应商关系恶化，被举报索要回扣，并且回扣额初步估计在12万元。这名员工在该日资企业已经工作9年多之久，是位老员工，但同时也是位性格泼辣的员工。由于索要回扣被供应商举报是日资企业最不能容忍的事情，日方总经理、副总经理和管理部部长在知悉消息后连夜找到笔者咨询应对策略。笔者提供两种方案供日方总经理选择，一是直接解除劳动合同甚至向公安机关报案，并且可以此警示其他员工，问题在于相关证据没有查实且可能影响实在太大，且该员工性格非常泼辣，经初步沟通后拒不承认违纪事实，同时该员工工龄在全公司属于较长工龄，是建厂的第一批员工，其原来下属现在很多升任管理职位；二是协商解除劳动合同，影响最小，问题在于公司如此处理可能比较委屈，此事以后万一曝光会对公司处理员工造成被动，同时还需要支付经济补偿金。由于日方总经理不希望此事情变得不可控制，并念及该员工多年来的贡献，后来采取了规劝并协商解除劳动合同的方式进行处理。

意不要在已经商定好的条款上当场承诺增加任何内容，同时也不要承诺会“调查一下事后给予答复”，这样会把辞退程序复杂化，弄到难以收拾的地步。

关联法规

第36条 用人单位与劳动者协商一致，可以解除劳动合同。

第46条 有下列情形之一的，用人单位应当向劳动者支付经济补偿：

……

（二）用人单位依照本法第三十六条规定向劳动者提出解除劳动合同并与劳动者协商一致解除劳动合同的；

……

——《劳动合同法》

第24条 用人单位出具的解除、终止劳动合同的证明，应当写明劳动合同期限、解除或者终止劳动合同的日期、工作岗位、在本单位的工作年限。

——《劳动合同法实施条例》

第10条第1款 劳动者与用人单位就解除或者终止劳动合同办理相关手续、支付工资报酬、加班费、经济补偿或者赔偿金等达成的协议，不违反法律、行政法规的强制性规定，且不存在欺诈、胁迫或者乘人之危情形的，应当认定有效。

——最高人民法院《关于审理劳动争议案件适用法律若干问题的解释（三）》

五、跳槽预防及合同终止之风险控制

跳槽现象在企业中非常普遍，但是员工跳槽也给企业带来了相当的法律风险。员工跳槽给企业带来的影响主要有以下几个方面：一是涉及岗位任职人员重新调整；二是对相关工作任务的直接影响；三是可能涉及商业秘密的泄露；四是导致员工队伍不稳定因素增加；五是可能会给竞争对手增加竞争力；等等。同时，依据《劳动合同法》的相关规定，员工如无特别订立有服务期协议或竞业限制协议，一般只需要提前30天通知企业，就可以解除劳动合同。而相对应地，企业约束员工离职的违约金条款也被《劳动合同法》严格限制在培训和商业秘密保护方面，从这些规定来看，企业约束员工离职的法律手段非常稀少。同时，依据《劳动合同法》的最新规定，劳动合同的正常到期终止，除企业维持或提高原有劳动合同续订而员工不同意续订外，企业均需要支付给员工经济补偿金。这个新规定对企业的影响巨大，意味着企业用工成本里面又多增加了终止成本一项，也给企业终止合同操作带来了相应风险。

（一）员工跳槽离职法律风险防范

随着市场化程度逐渐加快，员工在不同企业间流动变得更为普遍，跳槽预防和留人安排也开始走进企业的视野。员工离职的原因各有不同，但归根结底是企业的利益与个人的利益不能有效平衡，或是说企业的发展与个人的发展不能达成一致。由于企业与员工之间利益和取向差异性的客观存在，员工跳槽也并不一定意味着企业存在留人机制上的问题，或说员工本人确实眼光太高的问题。作为新法背景下的企业应对而言，最重要也是最关键的法律风险防范策略就在于事前的跳槽离职预防，注意掌握好企业与员工的平衡协调之道。事实上，一旦员工正式提出辞呈，再进行挽留和相应行动已经没有太大意义。

案例78：米果公司核心员工集体跳槽案

2006年8月30日，某电脑报及部分网站上刊登了游戏米果网络科技（上海）有限公司对6位前雇员的“通缉令”，大致内容是该6名员工与公司存在竞业禁止协议，希望同行业企业不要雇用此6人，以免承担连带责任。继“真人通缉令”之后，米果公司针对2006年离职的游戏开发团队的主要员工，又举起劳动索赔的大旗。此案的被告童某、赵某等5位，都曾为米果公司的网游核心开发人员，离职前，他们正在开发、完善两款网络游戏。2006年7月、8月，游戏开发团队的领军人物赖某，突然被公司开除，引发争议，童某等人随后提出辞职。米果公司2006年年底在卢湾区法院诉称，童某等5人提出离职后，未经公司许可，便拒绝到公司上班，也不肯向公司指定的工作人员交接工作。公司与一马来西亚公司签约的升级游戏项目被迫中断，公司前期投入的开发费用也付诸东流，所以，向每个被告索赔提前离职造成的经济损失200万元，并请求判令5人履行交接手续。截至2007年年底，米果公司与离职员工间的诉讼案件已经达到了43起之多，其中13起为员工起诉公司，30起为公司起诉员工，员工起诉公司的13起中，已有7起结案，全部为员工胜诉；公司起诉员工的30起案件中，已撤诉1起，判决1起，判决的为员工胜诉。

专家分析

跳槽、离职在任何行业都是很普通的行为，业内主创人员离职甚至带着团队集体离职的事情也屡见不鲜，尽管干系重大，但像游戏米果公司这样对离职人员发出“业界封杀令”并动用法律手段追究责任的不多。本节案例中企业积极寻求合法的手段维护自己的合法权益，是值得肯定的，但任何维权行为均应符合法律的规定，并应有合法有效的证据，同时，亦应注意管理的尺度问题。从根本意义上讲，有效合理的用人机制才是留住人才的根本之道。一般而言，集体跳槽容易发生在新兴的行业，如IT业表现得最为典型，作为朝阳产业，IT业尚处于扩展阶段，急需大量人才，而这些人才又必须依靠团队才能发挥作用，例如IT的技术开发。因此，集体跳槽多发生在这样的新兴并迅速发展的行业，而传统行业发生较少。从职位上看，容易发生集体跳槽的有三种人：一是市场销售人员。销售业绩的创造依赖出色的领队人和一个优秀的团队，当领队人跳槽要再创辉煌时，需要过去那个早已默契、合作无间的团队给予支持。而新公司也明白，短期内的效益提高，一个人是不够的，得依靠一个团队。二是知名企业的高层管理者。一些中小型的成长企业，业务迅速发展，但管理滞后，特别渴望优秀的管理人才。那些知名企业的高层就成为他们的目标，与此同时，这些高层相应的团队才能更有效地执行其意志，所以集体跳槽情况比较多。三是技术研发人员。他们掌握了具有竞争力的核心技术，很多时候成为企业决胜的关键，也成为争夺的对象。

实务指南

现代人力资源的开发与管理强调员工的业绩，在把对人力资源开发作为组织效益的重要来源的同时，也把满足员工需求及保证员工个人发展作为组织的重要目标。对于在实践中挽留跳槽人员，应特别做好以下非法律事项的安排：

1. 依据规章制度实施管理。企业要认同员工的贡献，认同员工应有的地位和尊严。在良好和谐的劳动关系中，企业应当是与员工共同发展的。完善现代企业制度，要靠法律和规章制度来科学管理，企业要有人才计划和规划，对员工作长远打算，在经营管理上要制度化、规范化，依据规章制度来运作企业和管理员工。

2. 公平合理调整利益分配。员工利益和价值要靠薪酬激励回报来体现。企业的薪酬激励制度要公平合理，利益分享，企业不能简单地把员工当作实现自己企业目标的工具，而应把他们看作自己事业团队中的一员，把他们当作企业整体中不可或缺的工作伙伴。认同他们的工作价值，否则，激化劳资矛盾，其结果只能是两败俱伤。

3. 组织内部大胆授权管理。员工有自我实现的需要，企业应当在规章制度和职责体系框架下放手让下属和员工做事，不能总是指手画脚。同时，企业要时刻关注员工的工作，在授权上掌握平衡。既要适当放手让员工独立做事，又要适时关心员工，在其遇到困难时给予适当支持。

4. 细心留意员工跳槽前兆。员工跳槽一般不是突然性的行为，往往要经过一段时间的思考与掂量，方才会做出最后决定。企业应留意一些员工打算跳槽的前兆，采取相应措施，也许可以在其未作最终决定之前挽留员工。通常而言，跳槽前兆有如下几种：（1）该名员工一段时间内不时接听私人电话；（2）病假是最有可能的应聘借口；（3）情绪的 180 度大转变；（4）会议上的沉默不语；（5）其他。上述事例经常发生在我们周围。企业如果可以洞察其跳槽前兆，就可及时采取措施或加以挽留或安排接替人手，以保证公司的正常运作。

5. 因人而异实施跳槽挽留。对于某些类型的员工容易挽留，企业应根据员工不同的个性决定自己的下一步措施：（1）喜欢追求工作的成就感，独立性较强的劳动者渴望成功、晋升和物质的富有，这类辞职者不容易挽留；（2）喜欢安稳工作环境的员工，如果因为家庭原因则不易挽留，如属在工作中受到委屈，则容易挽留；（3）行动和思想的独立性都很强，能够坦诚直言，这类的劳动者在调整岗位后容易挽留；（4）个人主义色彩比较强烈，喜欢冒险的员工不容易挽留；（5）情感丰富，同时也比较情绪化的员工容易挽留；（6）非常具有工作意识，平时非常忠诚且有强烈团队认同感，能为企业着想，遵章守纪、乐于助人的员工，一旦做出辞职决定，很难进行挽留。

6. 未雨绸缪预先储备人才。员工流失在企业人力资源圈不可避免。对于普通员工而言，鉴于人才市场上人才供过于求，企业不担心找不到替代的人，也能很坦然地面对人员的离开。而对于精英员工，管理者应以最快的速度找到后备人才，也能失之不慌。这就需要企业平时要有前瞻性的招聘，包括招聘时有战略规划，进行人才储备和留存，这样才能未雨绸缪，防患于未然。

7. 谨慎妥善处理后续工作。企业管理者收到下属的辞职信时，首先应该体谅，然后与下属推心置腹地沟通，了解其离职的真实原因。同时，企业要注意安抚其他员工的情绪，防止其他员工产生不信任感、不满、惶恐、焦虑等消极情绪。企业最好尽可能公开、透明和坦率地处理人事，鼓励留下来的员工有更多的耐心，尽快消除他们的心理阴影。

（二）劳动合同终止法律风险防范

无论是按照劳动立法和法学理论上的学理界定，还是按照劳动人事实务操作上的客观分类，劳动合同的终结方式不外乎两种：解除和终止。解除与终止相比较，在性质、事由、程序和后果四个方面均不相同。在实务操作中，劳动合同的终止虽然不比劳动合同的解除烦琐和难度高，但由于其出现的更高频率及劳动合同的突破性规定，同样也引起了企业的高度重视。《劳动合同法》规定，劳动合同到期终止的，除企业提高或维持原有劳动待遇与其续订而员工拒绝外，均应依法按照该员工的实际工作年限支付经济补偿金。对于企业而言，在进行劳动合同终止管理时，应当特别留意两个事项：一是劳动合同到期终止（除员工拒绝续订外）支付经济补偿金；二是员工劳动合同终止的法定情形。特别是后者，往往也会引发相应的劳动争议，产生法律风险。

案例 79：员工退休劳动关系终止争议处理

郑某是上海市某纺织集团公司的一名无固定期限劳动合同制男性员工，于 2018 年 10 月 31 日满 60 周岁。由于 1 年前公司管理层曾与郑某就双方签署《内部退养协议》未能达成一致，公司管理层对郑某心有不满，再加上郑某通常在一些公开场合公开批评公司既定的建设和经营方针，公司管理层一再要求人力资源部在合适的时候处理该员工。2018 年 10 月 30 日，公司人力资源部向郑某发出书面终止劳动合同通知，告知郑某由于其已经达到法定退休年龄，故双方劳动合同自 2018 年 10 月 31 日起终止。郑某不服，要求公司为其办理退休手续，并坚持要求双方劳动关系应持续至退休手续办理完毕之日。双方发生争议后，郑某向所在地劳动监察部门进行投诉。

专家分析

本节案例中，公司的做法与员工郑某的要求，哪一个会得到法律的支持呢？依据《劳动合同法》第44条的规定，“劳动者开始依法享受基本养老保险待遇的”，劳动合同终止。实务中，很多企业认为“劳动者达到法定退休年龄”，劳动合同即可终止，并认为《劳动合同法》“劳动者开始依法享受基本养老保险待遇”的表述与“劳动者达到法定退休年龄”的表述含义一致，这也是本节案例中企业如此操作的原因。基于此，《劳动合同法实施条例》第21条明确规定：“劳动者达到法定退休年龄的，劳动合同终止。”即表明此种终止是法定的。从因果关系上看，“劳动者达到法定退休年龄”是前因，而“劳动者开始依法享受基本养老保险待遇”是后果，而且前者并非后者的充分必要条件，因为前者具备后，还需要依法办理相关退休手续，退休手续办完以后才真正意味着后者的出现。在本节案例中，劳动关系在员工达到法定退休年龄时终止，但企业应及时为该员工办理相关退休手续。①

实务指南

企业在处理员工劳动合同终止事项时，尤其要注意依法操作，避免法律风险的产生。一方面，企业需要书面确认劳动合同到期后员工的续签意向，并注明公司不降低其薪资待遇，若员工依然拒签，则要求其签署确认文书，否则将会面临支付经济补偿金的法定责任。另一方面，在具体实践中，还需要特别注意以下事项的处理：

1. 正确判定符合劳动合同终止情形。《劳动合同法》通过列举式规定的形式，将劳动合同终止的条件全部规定为法定，主要包括三种情况：一是劳动合同期满。二是劳动者主体资格消灭，包括：（1）劳动者已开始依法享受基本养老保险待遇；（2）劳动者死亡；（3）劳动者被人民法院宣告死亡或者宣告失踪的。三是用人单位主体资格消灭，包括（1）用人单位被依法宣告破产的；（2）用人单位被吊销营业执照的；（3）用人单位被责令关闭、撤销的；（4）用人单位决定提前解散的。

2. 合同期满终止根据需要提前通知。北京、江苏、浙江等地此前制定的地方性劳动合同立法规定，劳动合同期满应当提前30天通知，以保证员工的知情权。但是《劳动合同法》并未规定企业的提前通知义务，也就是新法并不要求企业承担此责任。不过，从人力资源管理透明度的角度而言，提前30天征求员工意见或通知终止是比较合适的。

3. 依法灵活办理相关条件确认手续。劳动合同终止相关手续的处理要体现出相应

---

① 在实务中，毕竟劳动者“达到法定退休年龄”和“劳动者开始依法享受基本养老保险”并不对等。有可能因为劳动者缴费年限未满而导致达到法定退休年龄而无法享受养老保险待遇。此种情形下，企业和员工可以协商在达到法定退休年龄之前一次性补缴相关年限的社保，或者在政策允许的范围内在达到法定退休年龄后继续缴费一段时间。

的灵活性。比如说，劳动合同期满后，是否续订劳动合同不应等到劳动合同期限正好届满的时候处理，无论员工愿意续订或拒绝续订，都应最好在期限届满前履行完订立或确认手续。再比如说员工即将达到退休年龄前，可以适当提前办理退休手续，以确保“劳动者达到法定退休年龄”和“劳动者开始依法享受基本养老保险待遇”在时间上的一致性。

4. 检视是否存在法定不得终止情形。对于存在（1）从事接触职业病危害作业的劳动者未进行离岗前职业健康检查，或者疑似职业病病人在诊断或者医学观察期间的；（2）在本单位患职业病或者因工负伤并被确认丧失或者部分丧失劳动能力的；（3）患病或者非因工负伤，在规定的医疗期内的；（4）女职工在孕期、产期、哺乳期的；（5）在本单位连续工作满 15 年，且距法定退休年龄不足 5 年的；（6）法律、行政法规规定的其他情形，应相应延迟终止。

5. 终止合同依然需要采取书面形式。尽管《劳动合同法》没有对企业终止劳动合同需要采取书面形式作出规定，但是依据最高人民法院《关于审理劳动争议案件适用法律若干问题的解释（二）》的相关规定，为了预防法律风险的产生，企业应当注意：（1）终止劳动合同通知必须是书面的；（2）终止劳动合同通知必须送达员工。

关联法规

第 44 条　有下列情形之一的，劳动合同终止：

（一）劳动合同期满的；

（二）劳动者开始依法享受基本养老保险待遇的；

（三）劳动者死亡，或者被人民法院宣告死亡或者宣告失踪的；

（四）用人单位被依法宣告破产的；

（五）用人单位被吊销营业执照、责令关闭、撤销或者用人单位决定提前解散的；

（六）法律、行政法规规定的其他情形。

——《劳动合同法》

第 21 条　劳动者达到法定退休年龄的，劳动合同终止。

第 22 条　以完成一定工作任务为期限的劳动合同因任务完成而终止的，用人单位应当依照劳动合同法第四十七条的规定向劳动者支付经济补偿。

——《劳动合同法实施条例》

第五章　劳资利益平衡管控与法律责任

本章导读

劳资关系管理是企业人力资源管理的重要组成部分。协调和促进劳资利益平衡，是法律规定劳资双方法律责任的主要考量。在本章的阅读中，读者可以了解以下法律要点：

1. 法律对劳资关系进行调整的基本准向是倾向于劳动者的“单保护”原则。在劳动法律的基本格局下，企业需要承担更多的既定义务和法律责任。劳动监察是政府对劳资关系进行检查和干预的主要手段。企业应当站在“法律弱势者”的立场上检讨技术层面的人力资源管理。

2. 相对而言，企业违反劳动法律的规定将受到更为严苛的罚则。企业规章制度的制定和执行以及劳动合同订立、履行、变更、解除和终止等绝大多数劳动人事管理环节，都受到法律的特别规制。企业需要具备相对较高的法律意识，接受更多的义务责任，承担更多的守法成本。

3. 经济补偿金是法律考虑劳资双方终结劳动关系后保障处于弱势地位的劳动者权益而设立的特别补偿。只有在员工主动辞职、员工存在过失、期满终止员工不续签、员工在劳动法上的主体资格消灭等四种情形下，企业才不需要支付经济补偿金。

4. 新法律背景下，企业仅可以与员工就培训服务期、竞业限制等事项约定违约金。就培训服务期而言，违约金的数额和比例受到法律的特别约束，需要符合公平原则。就竞业限制而言，双方可以自由约定相关责任事项，但仍需要以对价、公平、合理为前提基础。

5. 损害赔偿金带有一定的惩罚性，它以有侵权行为和损害事实的发生为前提。当企业的违法或不当行为构成对员工的权益侵害时，员工可以就相关损失向企业主张赔偿金。需要提醒的是，在员工违法或违约的特定情形下，企业也享有向员工主张损害赔偿金的权利。

《劳动合同法》的显著特征是劳动监察对劳动合同制度进行全面监督，劳动合同制度的合同化特征逐渐模糊，行政化的特征日益突出。具体体现为监督检查部门增加、劳动监察范围扩大、企业法律责任加重等三个方面。就监督检查部门而言，《劳动合同法》明确了建设、卫生、安全生产监督管理等有关主管部门有监督管理的职责和权限。就劳动监察范围而言，《劳动合同法》在原有劳动监察体制的基础上将"规章制度执行情况""用人单位与劳动者解除劳动合同的情况""劳务派遣单位和用工单位遵守劳务派遣有关规定的情况"等也列入了监察范围。就企业法律责任而言，《劳动合同法》在加大劳动监察力度的同时，大大加重了企业的法律责任，特别体现在罚款和赔偿金的使用上，在罚款种类进一步增加的同时，赔偿金使用更为广泛，赔偿金标准也进一步提高。

一、严苛化的《劳动合同法》与政府监督检查

近代社会劳动监察制度的建立以英国 1802 年的《学徒健康与道德法》为标志。1947 年，国际劳工大会通过了《工商业劳动监察公约》（第 81 号）和相应的《劳动监察建议书》，形成了劳动监督检查方面的基本文件。许多国家已经批准了该公约及建议书，并在本国的立法中系统规定了劳动监察制度。1993 年劳动部发布《劳动监察规定》，对劳动安全卫生以外的劳动法律法规内容的监察作了规定，明确了劳动行政部门的劳动监察职责。1994 年，全国人大常委会通过了《劳动法》，设有"监督检查"专章，进一步明确了劳动监察的机构和职责。2004 年《劳动保障监察条例》出台并施行，为劳动保障监察工作提供了更具可操作性的法律依据。新颁布的《劳动合同法》第六章就劳动合同制度实施的监督检查即劳动保障监察执法，其他部门的监督、社会监督等几个方面规定了劳动监察的相关事项。

（一）劳动监察的范围

《劳动合同法》第 74 条规定了劳动监察机构在劳动合同制度实施中的监督检查范围，包括劳动合同订立、履行、解除和终止各个方面。具体而言，主要涉及以下七个方面：（1）用人单位制订直接涉及劳动者切身利益的规章制度及其执行的情况；（2）用人单位与劳动者订立和解除劳动合同的情况；（3）劳务派遣单位和用工单位遵守劳务派遣有关规定的情况；（4）用人单位遵守国家关于劳动者工作时间和休息休假规定的情况；（5）用人单位支付劳动合同约定的劳动报酬和执行最低工资标准的情况；（6）用人单位参加各项社会保险和缴纳社会保险费的情况；（7）法律、法规规定的其他劳动监察事项。劳动监察是劳动行政部门介入劳动合同双方自治的重要方式，也是政府监督企业劳动人事管理、维护劳动者合法权益的主要手段。

案例 80：员工遭遇企业强迫长时间劳动向监察部门投诉案

2020 年 8 月，张某和王某进入上海某快运物流公司工作，担任搬运工。到了年底，快运物流公司认为工作量增大，因此要求员工加班。张某和王某作为新录用的员工，更是卖力工作，上班时间从早上 8 点到晚上 12 点，除去每天 1 个多小时的吃饭时间，每天工作时间平均为 14 个小时。其中，加班时间为 6 个小时。另外，该公司还强迫张某、王某等员工在元旦和周六、周日加班，但是并未向加班人员支付加班费。1 个月下来，张某和王某等员工均感觉身体极度疲劳，无法继续坚持下去，于是向该公司负责人反映情况，要求解决问题。但是负责人说公司是在自己的权限范围内根据实际情况安排员工的工作，到了年底，加班加点也是没有办法的事情，张某和王某不满意公司的做法，要求物流公司解决具体问题，但是该公司对两位员工的要求置之不理。于是张某和王某向所在地劳动监察部门举报，要求纠正物流公司的违法行为，保护其合法权益。

专家分析

就本节案例涉及的法律问题而言，主要是涉及劳动监察部门有权对企业遵守国家关于工时规定的情况进行监督检察。工作时间是员工在工作场所进行劳动耗费的时间。国家通过法律法规的方式规定工作时间的目的是保护员工健康权和休息权，发挥员工的生产积极性和创造性。《劳动合同法》第 17 条将工作时间和休息休假作为劳动合同的必备条款。《劳动合同法》第 31 条规定，企业不得强迫或者变相强迫员工加班；企业安排加班的，应当按照国家有关规定向员工支付加班费。本节案例中，物流公司的行为违反了法律、法规的有关规定，严重侵犯了张某和王某两位员工的休息权和健康权，为此，张某和王某向所在地劳动监察部门举报，要求纠正物流公司违法行为的做法是正确的。需要明确的是，依据《劳动合同法》第 85 条的规定，张某和王某还可以持有关证据，向所在地劳动行政部门举报，由所在地劳动行政部门责令物流公司限期支付他们加班费；物流公司逾期不支付的，可责令该公司按照应付金额 50% 以上 100% 以下的标准向他们加付赔偿金。

实务指南

《劳动合同法》规定以劳动监察作为监督劳动立法实施的主要方式，企业劳动人事管理的方方面面被纳入了监督范围。劳动监察时劳动行政部门作为国家机关的行政行为，企业只能被动接受，所以企业必须时刻做好应对劳动监察的准备。

1. 依法接受劳动监察。劳动监察是劳动行政部门依法履行职责的行为，企业应当予以相应的配合。监察人员有权进入企业的劳动场所进行检查，可以采取记录、录音、录像、照相或者复制等方式收集有关情况和资料。当然，企业有权要求监察人员出示相关证件，如认为监察人员与案件有直接利害关系或因其他原因可能影响案件公正处理的，可以申请监察人员回避。

2. 如实提供监察材料。劳动行政部门实施监督检查时，有权查阅与劳动合同、集体合同有关的材料，要求企业提供与调查、检查事项有关的文件资料，并做出解释和说明，必要时还可以发出调查询问书。企业应当如实提供有关情况和材料，不过，对于涉及商业秘密的材料，应当告知劳动监察部门，要求其保守在履行过程中获知的商业秘密。

3. 由专门人员接受调查询问。劳动行政部门有权就调查、检查事项询问有关人员，并制作调查笔录。企业人员在接受调查时所回答的内容将成为劳动部门做出处理的依据。因此如果劳动监察机构要求企业有关人员接受调查时，企业应当选择了解企业情况和劳动法律知识的人员接受调查。调查对象对所调查的问题和事件应当有统一的认识，避免自相矛盾。

4. 接受执行处理决定。对劳动监察部门在调查后的处理决定如果对企业不利，企业应当予以分析研究。如果劳动监察处理决定合理合法的，企业应当执行处理决定。对拒不执行的企业，劳动监察部门可以依法给予处 2000 元以上 20000 元以下的罚款。如果认为劳动监察处理决定与法不符的，企业可以申请行政复议或者提起行政诉讼。

5. 及时固化处理模式。员工由于在劳动监察中属于隐性主体，处于受益人地位而无须付出任何代价，故员工一般倾向于使用劳动监察维权。而企业在劳动监察中处于行政相对人地位，只能被动接受劳动行政部门监察，无法向劳动者主张任何权利，故企业应当对一些劳动纠纷进行审查，对其中员工有损害企业权益行为的纠纷，企业应当及时提起仲裁。当企业提起劳动仲裁后，劳动监察对员工的有关投诉就不再受理，而是交由劳动仲裁处理。

关联法规

第 31 条　用人单位应当严格执行劳动定额标准，不得强迫或者变相强迫劳动者加班。用人单位安排加班的，应当按照国家有关规定向劳动者支付加班费。

第 85 条　用人单位有下列情形之一的，由劳动行政部门责令限期支付劳动报酬、加班费或者经济补偿；劳动报酬低于当地最低工资标准的，应当支付其差额部分；逾期不支付的，责令用人单位按应付金额百分之五十以上百分之一百以下的标准向劳动者加付赔偿金：

……

（三）安排加班不支付加班费的；

……

第 95 条　劳动行政部门和其他有关主管部门及其工作人员玩忽职守、不履行法定职责，或者违法行使职权，给劳动者或者用人单位造成损害的，应当承担赔偿责任；对直接负责的主管人员和其他直接责任人员，依法给予行政处分；构成犯罪的，依法追究刑事责任。

——《劳动合同法》

第 11 条　劳动保障行政部门对下列事项实施劳动保障监察：

（一）用人单位制定内部劳动保障规章制度的情况；

（二）用人单位与劳动者订立劳动合同的情况；

（三）用人单位遵守禁止使用童工规定的情况；

（四）用人单位遵守女职工和未成年工特殊劳动保护规定的情况；

（五）用人单位遵守工作时间和休息休假规定的情况；

（六）用人单位支付劳动者工资和执行最低工资标准的情况；

（七）用人单位参加各项社会保险和缴纳社会保险费的情况；

（八）职业介绍机构、职业技能培训机构和职业技能考核鉴定机构遵守国家有关职业介绍、职业技能培训和职业技能考核鉴定的规定的情况；

（九）法律、法规规定的其他劳动保障监察事项。

第 30 条　有下列行为之一的，由劳动保障行政部门责令改正；对有第（一）项、第（二）项或者第（三）项规定的行为的，处 2000 元以上 2 万元以下的罚款：

（一）无理抗拒、阻挠劳动保障行政部门依照本条例的规定实施劳动保障监察的；

（二）不按照劳动保障行政部门的要求报送书面材料，隐瞒事实真相，出具伪证或者隐匿、毁灭证据的；

（三）经劳动保障行政部门责令改正拒不改正，或者拒不履行劳动保障行政部门的行政处理决定的；

（四）打击报复举报人、投诉人的。

违反前款规定，构成违反治安管理行为的，由公安机关依法给予治安管理处罚；构成犯罪的，依法追究刑事责任。

——《劳动保障监察条例》

Tips 小贴士：劳动保障监察与劳动争议仲裁的区别

劳动保障监察和劳动争议仲裁是处理劳动关系事项和维护劳动者权益的两种方式，在促进和谐劳动关系、防范和化解劳动争议方面有着共同的目的，但是两者之间依然存在显著的区别：

1. 机构组成及性质不同。劳动争议仲裁委员会是由劳动行政保障部门、同级工会组织和用人单位三方面的代表组成，其办事机构设在劳动保障行政部门的仲裁处（科），体现三方性，具有准司法性质；劳动保障监察机构则是劳动保障行政部门的行政职能机构或依法成立的事业组织，属于具体行政行为中的行政执法行为。

2. 处理方式和目的不同。劳动争议仲裁机构应劳动争议当事人的请求而开始仲裁程序，以处理纠纷、解决争议为目的；劳动保障监察对职权范围内的事项除接受任何组织或个人的举报及劳动者的投诉外，还要主动进行巡视检查，并以查处、纠正行政相对人违反劳动保障法律法规行为，督促其遵守劳动保障法律法规为目的。

3. 适用依据不同。劳动争议仲裁所依据的法律规范既可以是强制性规范也可以是任意性规范，并且还可以依据合法有效的合同条款、企业规章制度进行调解和裁决；劳动保障监察所依据的必须是强制性规范，即法律、法规和规章，不得以合同条款或企业内部规章制度作为处理决定的依据。

4. 处理形式不同。劳动争议仲裁无权对劳动争议当事人进行处罚，只能对劳动争议进行调解和裁决；劳动保障监察对违法的行政相对人则有行政处理和行政处罚权。

5. 救济途径不同。劳动争议当事人不服仲裁裁决，可以按照有关规定，向人民法院提起民事诉讼；行政相对人不服劳动保障监察做出的决定，则可按规定申请行政复议或提起行政诉讼。

6. 申请强制执行主体不同。劳动争议仲裁的调解书和仲裁书生效后，一方当事人不执行的，另一方当事人可以向人民法院申请强制执行；劳动保障监察的行政处理决定或行政处罚决定做出后，行政相对人不申请行政复议也不提起行政诉讼，又不履行的，劳动保障行政部门可以向人民法院申请强制执行。

表21：劳动争议仲裁与劳动保障监察的区别对比表

	劳动争议仲裁	劳动保障监察
机构组成及性质	政府、工会、企业三方面的代表	政府行政部门或机构
处理方式和目的	审理仲裁案件	接受投诉、巡视检查
适用依据	强制性规范、任意性规范	强制性规范
处理形式	调解、仲裁	行政处理、行政处罚
救济途径	民事诉讼	行政复议、行政诉讼
申请强制执行主体	劳动争议当事人	劳动监察机构

（二）劳动监察的方式

劳动监察方式是指劳动行政部门对用人单位遵守劳动法律、法规和规章情况实施劳动监察所采取的手段和形式。国家实施劳动监察的方式包括巡视检查、专项检查和举报专查。各地劳动部门每年年初确定开展检查的范围和重点，合理运用各种检查形式。

1. 日常巡视检查。日常巡查制度是指劳动行政部门监察人员按照制订的工作计划，以一定的周期和频率主动巡视用人单位及劳动场所，及时发现违法行为，并依法处理的过程。日常巡视检查的基本要求：一是巡视检查时至少应有两名监察员；二是劳动行政部门及监察人员应按照目标管理考核的要求，保证巡视检查企业的数量，一般要求专职监察员巡视用人单位不得少于50户；三是劳动行政部门应根据工作重点确定巡视检查的主要内容和检查的企业范围。

2. 审查用人单位按照要求报送的书面材料。劳动行政部门根据工作需要，要求用人单位定期或不定期报送劳动用工和社会保险方面的书面材料，并对书面材料进行审查。审查的内容主要是：用人单位报送的劳动管理规章制度，有关签订劳动合同，遵守有关最低工资标准、工资支付、工作时间及休息休假、参加社会保险等方面的书面材料。用人单位报送书面材料的时间由各地劳动行政部门确定，可以每年固定时间集中报送，也可以随时针对违法行为要求某个用人单位报送。一般经过准备、自查及审查三个阶段。对经审查合格的，发给合格证书；对存在违法时能够处理的，要依据有关法律法规进行处理。

3. 举报投诉调查。举报投诉调查是指劳动行政部门对于任何组织和个人有关用人单位违反劳动法律、法规行为的举报，以及劳动者认为用人单位侵犯其劳动权益的投诉，进行调查并作出处理的行政执法活动。劳动行政部门或者受委托实施劳动监察的组织设立举报、投诉信箱和电话，设立举报接待室，指定专人负责，建立健全接待举报制度，并为劳动者举报和投诉提供便利条件。对符合立案条件的举报投诉，劳动行政部门应当在规定期限内立案受理，并在60个工作日内完成对违法案件的调查工作。

4. 专项检查。专项检查是为了集中解决劳动法律、法规在执行过程中存在的突出问题，劳动行政部门根据工作需要，集中一定时间和人员，对一定范围的用人单位遵守劳动法律、法规的情况开展专项检查。专项检查具有规模大、范围广、影响强烈等特点，对于一些突出的违反劳动法律、法规的行为能够达到集中整治的效果。

（三）劳动监察的法定程序

根据《劳动合同法》《行政处罚法》《劳动保障监察条例》《关于实施〈劳动保障监察条例〉的若干规定》等规定，劳动行政部门查处用人单位的违法行为，主要遵循下列程序：

1. 立案受理。劳动行政部门及监察机构通过各种检查方式，发现用人单位有违反劳动法律、法规行为，需要调查处理的，应当予以立案。根据《关于实施〈劳动保障监察条例〉的若干规定》，对符合条件的投诉，劳动行政部门应当在接到投诉之日起5个工作日内依法受理，并于受理之日立案查处。

2. 调查取证。对已立案的案件，劳动行政部门应当全面、客观、公正地开展调查、检查，依照法律程序收集有关证据，正确行使调查、检查权。

3. 做出处理。《劳动保障监察条例》规定，对劳动保障违法案件自立案之日起60

个工作日内完成调查。确因案件复杂，在60个工作日内不能调查终结的，经劳动行政部门负责人批准，可以延长30个工作日。根据《劳动保障监察条例》第18条规定，劳动行政部门应对违反劳动保障法律、法规或者规章的行为，根据调查、检查的结果，做出以下处理：（1）对依法应当受到行政处罚的，依法作出行政处罚决定；（2）对应当改正未改正的，依法责令改正或者做出相应的行政处理决定；（3）对情节轻微且已改正的，撤销立案。发现违法案件不属于劳动保障监察事项的，应当及时移送有关部门处理；涉嫌犯罪的，应当依法移送司法机关。

4. 制作处理或处罚决定书。劳动行政部门做出处理或处罚决定，应当制作处理或处罚决定书。处理或处罚决定书应当加盖劳动行政部门的印章，并载明：当事人姓名、住址等基本情况；劳动行政部门认定的违法事实；适用的法律、法规和规章；处理或处罚决定的履行日期或者期限；当事人依法享有的申请行政复议或者提起行政诉讼的权利；做出处理或处罚决定的行政机关名称及日期。

5. 文书送达。劳动行政处理或处罚决定书应当在宣告后当场交付当事人；当事人不在场的，劳动行政部门应当在7日内依照《民事诉讼法》的有关规定，将劳动保障行政处理或处罚决定书送达当事人。

（四）劳动监察的违法处罚

根据《劳动合同法》《劳动法》《劳动保障监察条例》及《关于实施〈劳动保障监察条例〉的若干规定》，劳动行政部门对违反劳动法律、法规行为的处理形式有：

1. 依法责令改正。责令改正是对违反劳动法律、法规或者规章的用人单位给予的必须纠正其违法行为的一种强制性措施。对于经调查发现用人单位存在违反劳动法律、法规或者规章的行为，如未依法与劳动者签订劳动合同且没有主动改正的，由劳动行政部门依法责令改正。

2. 依法给予行政处理。劳动保障行政处理是指劳动行政部门对违反劳动法律、法规，拒不履行劳动保障法定义务的用人单位及其他组织，做出责令其履行法定义务的行政处理决定的行政行为。行政处理决定的内容主要是要求用人单位及其他组织履行清偿财产的义务，如支付拖欠劳动者的工资、缴纳社会保险费等。对用人单位及其他组织在法定期限内不履行行政处理决定，劳动行政部门可依法申请人民法院强制执行。

3. 依法给予行政处罚。劳动保障行政处理是指劳动行政机关对违反劳动法律、法规规定，但尚未构成犯罪的用人单位和其他组织及个人所给予的行政制裁。劳动行政部门对于应予以行政处罚的违法行为，必须按照行政处罚法规定的程序进行。劳动保障行政处罚主要有申诫罚、财产罚和行为罚。具体而言，主要有以下几类：一是警告。一般适用于对那些违反劳动行政管理法规程度轻微，对社会危害程度不大的行为。二是通报批评。一般通过报刊或政府文件在一定范围内公开对用人单位及其他组织的违反劳动法律、法规行为进行批评。三是罚款，是指行政机关依法强制违反行政管理法规的行为人在一定期限内缴纳一定数量货币的行政处罚行为。罚款是最常用的劳动保障行政处罚种类。

4. 撤销立案。劳动行政部门经过调查取证，认为用人单位违法事实不成立，或者违法情节显著轻微且已改正的，撤销立案。撤销立案必须符合法定的撤销立案条件，并且应严格遵守一定的程序规定，一般情形下，案件的撤销由劳动监察机构负责人批准。

5. 移送有关部门处理。劳动部门发现违法案件不属于劳动监督监察范围的，应当及时移送有关部门处理；涉嫌犯罪的，应当依法移送司法机关。向有关部门的移送，包括向公安、工商、卫生等行政部门的移送。向司法机关的移送，可以分为向人民法院的移送和向人民检察院的移送。

（五）其他机构的监督责任

《劳动法》第 87 条规定，县级以上各级人民政府有关部门在各自职责范围内，对用人单位遵守劳动法律、法规的情况进行监督。由于劳动法与其他法律部门内容有交叉，用人单位在实施劳动合同制度方面有的行为既违反了劳动法律，也违反了其他法律的有关规定。而且按照《劳动法》等法律、法规规定的部门职责，有些违反劳动保障法律、法规的行政处罚只能由特定的行政部门行使，也就是说由这些部门来进行监督。因此，《劳动合同法》也规定县级以上人民政府有关主管部门在各自职责范围内，对用人单位执行劳动合同制度的情况进行监督管理。

根据现行法律法规及规范性文件的规定，其他有关部门的监督可分为以下两类：一是企业主管部门或行业主管部门的监督。企业主管部门是对所属企业进行综合管理的行政机关，依法行使对企业进行协调、监督和管理，为企业提供服务的职责。其中的监督主要是对企业遵守国家法律、法规包括劳动法律、法规情况的监督。行业主管部门是指按照国家有关规定，负责对所属行业经营者进行管理的行政部门。通过加强对经营者的管理，防止违反法律、法规行为的发生，对已出现的违法问题积极进行调查处理。二是政府其他部门的监督。在劳动法律、法规执行方面涉及的政府其他部门，主要是指公安、建设、卫生、教育、安全生产监督、工商等部门。这些部门在其职责范围内承担着管理社会事务的职能，包括劳动保障监督职责。

就政府其他部门的监督而言，主要有以下几种监督形式：一是有关部门根据各自的职权开展的监督。其他有关部门在职责范围内进行执法活动时，对其中涉及用人单位遵守劳动法律、法规的情况进行监督。比如，工商行政管理部门依照国家规定对无照经营的情况进行监督，公安机关对因违反劳动法律、法规或者规章的行为引起的群体性突发事件的处理，等等。二是对劳动行政部门提出建议或移送的案件进行研究处理。比如，对打击报复劳动违法行为的举报人、投诉人的行为，构成违反治安管理法律、法规的，劳动行政部门建议公安机关依法查处，给予治安管理处罚。三是积极做好配合劳动行政部门开展的检查活动。比如，劳动行政部门经常与公安、工商、建设、人事等部门及工会组织开展的企业劳动用工情况检查、农民工劳动保障权益专项检查、社会保险征缴情况专项检查，等等，相关部门需要予以积极配合。

案例 81：其他机构也能监督企业劳动守法状况？

浙江省某建筑公司主要从事大型厂房的改建项目。2016 年 1 月建筑公司承揽了某化肥厂的改建工程，员工在改建工程中发现车间圆形筒仓内水泥粉尘浓度高，有呼吸不畅之感，必须有劳保用品才能防止粉尘作业损害身体健康。于是，单位 10 余名员工联名要求建筑公司依照劳动合同的约定发放劳保用品以保障劳动者的身体健康。建筑公司以本公司无此项开支为由拒绝发放，双方发生争议。员工赵某刚好听过市安全生产监察局开展的一次安全知识普及讲座，觉得市安全生产监察局应能管理这件事，于是告知公司相关负责人，公司再不解决这个问题，我们就让市安全生产监察局来管管你们。公司相关负责人则回应道，市安全生产监察局根本无权插手企业和员工之间的劳动合同问题。听了这话，员工们有些疑惑，他们只好向市安全生产监察局咨询。了解到这一情况后，市安全生产监察局很快派人来对公司的劳动条件进行检查，发现工作条件的安全卫生存在很大问题，于是责令企业对安全卫生条件进行改善。

专家分析

这是一节涉及安全生产监察主管部门对企业执行劳动合同制度情况进行监督检查的典型案例。劳动者从事的行业不同，决定了对劳动者的保护不仅是劳动行政部门的职责，而且是建设、卫生、安全生产监督管理等有关主管部门的职责。《劳动合同法》结合劳动用工的实际情况，对用人单位执行劳动合同制度的情况进行监督管理的主体作了扩大规定，即县级以上人民政府建设、卫生、安全生产监督管理等有关主管部门在各自职责范围内，对用人单位执行劳动合同制度的情况进行监督管理。就本节案例而言，安全生产监察主管部门对该公司进行执行劳动合同支付的监督管理是具备法律依据的。首先，执法主体合法。安全生产监察局为县级以上人民政府所属职能部门，有权在自己的职责范围内，对所管辖区内的建筑企业的安全生产规章制度进行检查。其次，检查内容合法。安全生产规章制度属于企业劳动合同制度的内容。最后，检查未超过职权范围。企业制定的安全生产规章制度为安全生产监督管理部门检查的内容。

实务指南

企业应遵守相关法律、法规规定，支持并配合劳动行政部门和相关授权部门对自己企业进行检查和行政执法，特别要约束本企业行政管理部门、相关主管人员和安全保卫人员依法妥善处理相关调查、检查事宜。如发现本企业存在相关问题，应主动接受相关部门和机构的整改意见，保持良好的政府公共关系和政企互动沟通渠道。

关联法规

第76条 县级以上人民政府建设、卫生、安全生产监督管理等有关主管部门在各自职责范围内，对用人单位执行劳动合同制度的情况进行监督管理。

——《劳动合同法》

第71条 建筑施工企业违反本法规定，对建筑安全事故隐患不采取措施予以消除的，责令改正，可以处以罚款；情节严重的，责令停业整顿，降低资质等级或者吊销资质证书；构成犯罪的，依法追究刑事责任。

建筑施工企业的管理人员违章指挥、强令职工冒险作业，因而发生重大伤亡事故或者造成其他严重后果的，依法追究刑事责任。

——《建筑法》

第14条 劳动合同履行地与用人单位注册地不一致的，有关劳动者的最低工资标准、劳动保护、劳动条件、职业危害防护和本地区上年度职工月平均工资标准等事项，按照劳动合同履行地的有关规定执行；用人单位注册地的有关标准高于劳动合同履行地的有关标准，且用人单位与劳动者约定按照用人单位注册地的有关规定执行的，从其约定。

——《劳动合同法实施条例》

二、用人单位违反《劳动合同法》的法律责任

劳动合同法律责任是由劳动合同法律规定的，对劳动合同违法行为人所采取的以补偿受到损害的合法利益、恢复被破坏的劳动合同法律关系或者秩序、维护劳动合同制度正常运行为目的，并与一定的制裁措施相联系的国家强制形式。劳动合同法律责任是劳动合同法律制度的重要组成部分。具体而言，违反《劳动合同法》的法律责任是指依据《劳动合同法》和有关法律、法规的规定，用人单位、劳动者、劳动行政部门或者其他有关主管部门及其工作人员，因违反《劳动合同法》所应承担的法律后果。由于用人单位在《劳动合同法》中被设定了更多的义务和责任，所以在三个主体的法律责任中，用人单位的法律责任更为常见。

（一）相关规章制度违法的法律责任

按照有关法律的规定，用人单位依据自身情况和实际需要，依法制定单位内部具有普遍约束力的行为规则、章程、措施和制度。《劳动合同法》第4条、《劳动法》第4条以及《全民所有制工业企业转换经营机制条例》规定，用人单位从本单位实际出发，为贯彻法律法规，强化内部劳动管理，可以制定各种岗位责任制、技术操作规程、安全卫生规程、产品质量检验和保证制度、交接班制度和奖惩制度等规章制度。用人单位在制定、修改或者决定直接涉及劳动者切身利益的劳动报酬、工作时间、休息休

假、劳动安全卫生、保险福利、职工培训、劳动纪律以及劳动定额管理等规章制度或者重大事项时，应当经职工代表大会或者全体职工讨论，提出方案和意见，与工会或者职工代表平等协商确定。

按照《劳动合同法》第80条的规定，用人单位制定的规章制度违反法律、法规规定的，应当承担下列法律责任：一是行政责任。用人单位制定的直接涉及劳动者切身利益的规章制度违反法律、法规规定的，由劳动行政部门责令改正，给予警告。二是赔偿责任。用人单位制定的规章制度违反法律、法规规定，给劳动者造成损害的，应当承担赔偿责任。

案例82：员工手册作为劳动合同一部分的效力如何？

2012年4月，陈先生进入北京某德资印刷机器制造公司，成为制造部的一般职位工程师，双方签订了为期4年的劳动合同。劳动合同对双方的权利义务做出了明确的约定：陈先生每月工资4000元，每日工作时间为8小时，超时工作按照法律规定支付加班费。合同签订后双方履行顺利。不久以后，随着该德资公司全球裁员及成本控制计划的进行，北京公司也开始面临着薪资结构重新调整的可能。2015年1月，该公司在未经公司职工代表大会或者工会同意的情况下做出了公司员工薪资体系调整规定，并纳入员工手册。根据该规定，一般职位工程师的薪资统一调整为4500元，全员实行不定时工时制，不再在8小时之外支付加班费。2015年3月，陈先生等公司普通员工认为，公司单方面制定的规章制度不仅违反了当初签订的劳动合同，而且由于加班现象相当普遍，公司不严格按照加班时间支付加班费，严重侵犯了他们的劳动报酬权。为此，陈先生向公司人力资源总监提出公司制定的规章制度违反劳动合同的约定，并要求公司按照原签订的劳动合同执行。人力资源总监告知陈先生，原来约定的劳动合同中有“员工手册等规章制度作为劳动合同的一部分，与劳动合同同等有效”这样的条款，所以公司并未违反劳动合同的约定。陈先生不服，向所在地劳动监察部门投诉。

专家分析

就本节案例而言，主要涉及三个方面的法律问题：一是公司的薪资体系调整规定是否合法？二是约定员工手册作为劳动合同一部分的做法效力如何？三是如果公司规定违法，应承担怎样的法律责任？对于第一个问题，公司的薪资体系规定作为公司的规章制度，应当同时具备法定的实质要件和程序要件，即内容合法、经由民主程序和公示程序后，才能被法律认可。公司规定通过适当提高薪酬待遇的方式来避免加班费的支出，是违反法律规定的，并且实施该制度之前并未向劳动局申请不定时工时制，实质内容也不符合不定时工作制的基本要求；同时，该制度并未经由法定的民主协商程序制定，所以不能被法律认可。对于第二个问题，则是企业常常采取的做法，员工手册作为劳动合同的一部分不是说不可以，而是说这个员工手册应是事先明确的规章制度，即在订立劳动合同时即能明晓其内容的规章制度，如果事后规章制度进行修改，则应保障规章制度是合法制定或已经再次征求员工的意见并与之协商一致。对于第三个问题，如果公司的相关制度违法，则有以下法律后果：（1）无效；（2）由劳动行政部门责令改正；（3）给劳动者造成损失的，应当承担赔偿责任。

实务指南

在实践中，企业通常认为制定规章制度属于自主经营权范畴，法律不应予以干涉。但实际上，如果企业规章制度违法或是制定程序没有经由民主环节和公示环节，则企业自主制定的规章制度依然是没有法律效力的。对于企业通常在劳动合同中约定，"员工手册等规章制度作为劳动合同的一部分，与劳动合同同等有效"，这样的约定看似非常严整，企业管理员工有规可依，也依然存在法律上的风险。尽管说遵守规章制度是员工接受管理的基本要求，但是规章制度本身是需要合法有效的。[①] 同时，由于国家和地方性的劳动立法、各种劳动政策的不断调整和变动，企业应及时依照这些新规定对员工手册等规章制度进行适时调整，以避免规章制度被动失效的情况产生。

关联法规

第 80 条　用人单位直接涉及劳动者切身利益的规章制度违反法律、法规规定的，由劳动行政部门责令改正，给予警告；给劳动者造成损害的，应当承担赔偿责任。

——《劳动合同法》

（二）订立劳动合同违法的法律责任

1. 订立劳动合同违反法律规定

根据《劳动合同法》第 81 条、第 82 条、第 86 条的规定，用人单位订立劳动合同违反法律规定主要有以下五种情形：一是未按照规定订立书面劳动合同的；二是提供的劳动合同文本未载明本法规定的必备条款的；三是未将劳动合同文本交付劳动者的；四是因用人单位过失订立无效劳动合同的；五是违反规定不签订无固定期限劳动合同的。

---

① 有部分人认为，劳动合同中约定的"员工手册作为劳动合同一部分，与劳动合同同等有效"条款，是绝对无效的。笔者认为，这样的说法也未免绝对。作为员工而言，只要是企业依法制定的规章制度，员工应需遵守，否则企业大小事宜的变动，都需经由变更劳动合同方能进行，也未免成本太大，也不符合《劳动合同法》关于规章制度实质"单决制"的立法原则。专业人员会给企业建议附加这一条款的目的，主要还是在于，将单方制定的规章制度变成双方合意的约定条款，以增强其法律上的效力。

针对用人单位订立劳动合同违反规定的具体违法情形，新法规定了相应的法律责任：一是责令改正。用人单位提供的劳动合同文本未载明《劳动合同法》规定的劳动合同必备条款或者用人单位未将劳动合同文本交付劳动者的，由劳动行政部门责令改正。二是赔偿责任。主要有以下几项：（1）提供的劳动合同文本未载明《劳动合同法》规定的劳动合同必备条款或者用人单位未将劳动合同文本交付劳动者，给劳动者造成损害的，用人单位应当承担赔偿责任；（2）自用工之日起超过1个月不满1年未与劳动者订立书面劳动合同的，应当向劳动者每月支付2倍的工资；（3）因用人单位原因订立的书面劳动合同被确认无效，给劳动者造成损害的，用人单位应当承担赔偿责任；（4）违反规定不与劳动者订立无固定期限劳动合同的，自应当订立无固定期限劳动合同之日起向劳动者每月支付2倍的工资。

2. 违反法律规定约定试用期

试用期是用人单位和劳动者相互了解、选择而约定的考察期，是劳动合同期限中一段特殊的期限。根据《劳动合同法》第83条的规定，用人单位违反规定与劳动者约定试用期的，承担下列法律责任：一是责令改正。用人单位违反规定约定试用期的，由劳动行政部门责令改正。二是赔偿金。用人单位违反规定与劳动者约定试用期，违反约定的试用期已经履行的，由用人单位以劳动者试用期满月工资为标准，按照已经履行的超过法定试用期的期间向劳动者支付赔偿金。

3. 扣押劳动者证件、档案等物品及要求提供担保

现实中，一些用人单位在与劳动者建立劳动关系时，要求劳动者交纳货币、实物等作为“入厂押金”，有的甚至扣留劳动者的居民身份证、暂住证和其他证明个人身份的证件，以此约束劳动者。对于这些条件，劳动者迫于就业压力，不得已而同意，否则用人单位就不予以录用。这种做法违反了国家关于劳动关系当事人平等、自愿和协商一致建立劳动关系的规定，侵害了劳动者的合法权益，必须予以制止。还有些用人单位在劳动者依法与其解除、终止劳动合同后，故意刁难劳动者，扣押劳动者档案或者其他物品不予返还，侵害了劳动者的合法权益，也妨碍了劳动力的合理流动。

对此，《劳动合同法》第84条规定：“用人单位违反本法规定，扣押劳动者居民身份证等证件的，由劳动行政部门责令限期退还劳动者本人，并依照有关法律规定给予处罚。用人单位违反本法规定，以担保或者其他名义向劳动者收取财物的，由劳动行政部门责令限期退还劳动者本人，并以每人五百元以上二千元以下的标准处以罚款；给劳动者造成损害的，应当承担赔偿责任。劳动者依法解除或者终止劳动合同，用人单位扣押劳动者档案或者其他物品的，依照前款规定处罚。”

4. 招用与其他用人单位保持劳动关系劳动者

在市场经济条件下，随着就业的市场化和多样化，劳动者就业越来越灵活多样，在对本职工作没有影响、劳动关系双方主体对劳动者兼职没有特别约定予以禁止的情况下，一个劳动者多重劳动关系本无可厚非。但在现实生活中，企业间恶性竞争的事例时有发生。连带赔偿责任，是指依照法律规定或者合同约定多数责任人之间具有连带关系，受损失人有权要求多数责任人中的任何一人向其赔偿损失，多数责任人中的任何一人都有向受损失人赔偿全部损失的责任。《违反〈劳动法〉有关劳动合同规定的赔偿办法》（劳部发〔1995〕223 号）进一步明确了连带赔偿责任的赔偿范围和责任者应当承担的赔偿份额。其第 6 条规定，用人单位招用尚未解除劳动合同的劳动者，对原用人单位造成经济损失的，除该劳动者承担直接赔偿责任外，该用人单位应当承担连带赔偿责任。其连带赔偿的份额应不低于对原用人单位造成经济损失总额的 70%。向原用人单位赔偿下列损失：（1）对生产、经营和工作造成的直接经济损失；（2）因获取商业秘密给原用人单位造成的经济损失，赔偿本条第 2 项规定的损失，按《反不正当竞争法》第 20 条①的规定执行。

（三）履行劳动合同违法的法律责任

1. 侵害劳动者工资报酬权益

《劳动合同法》第 85 条列举了用人单位侵害劳动者有关工资报酬的四种情形。一是未按照劳动合同的约定或者国家规定及时足额支付劳动者劳动报酬的；二是低于当地最低工资标准支付劳动者工资的；三是安排加班不支付加班费的；四是解除或者终止劳动合同，未依照本法规定向劳动者支付经济补偿的。该条还规定，用人单位侵害劳动者有关工资报酬合法权益的应当承担下列法律责任：一是责令限期改正。用人单位侵害劳动者有关工资报酬合法权益的，由劳动行政部门责令限期支付劳动报酬、加班费或者经济补偿；劳动报酬低于当地最低工资标准的，应当支付其差额部分。二是赔偿金。用人单位逾期不支付的，由劳动行政部门责令用人单位按应付金额 50% 以上 100% 以下的标准向劳动者加付赔偿金。

2. 强迫劳动和违反劳动安全卫生规范

《劳动合同法》第 88 条列举了用人单位强迫劳动者违反劳动安全卫生规范的四种违法情形：一是以暴力、威胁或者非法限制人身自由的手段强迫劳动的；二是违章指挥或者强令冒险作业危及劳动者人身安全的；三是侮辱、体罚、殴打、非法搜查或者拘禁劳动者的；四是劳动条件恶劣、环境污染严重，给劳动者身心健康造成严重损害的。

《劳动合同法》对此规定了以下三种法律责任形式：一是刑事责任。用人单位强迫劳动和违反劳动安全卫生规范的行为有可能构成强迫劳动罪、重大责任事故罪。二是行政处罚，主要是治安管理处罚。行使治安管埋处罚权的只能是国家公安机关，处罚的根据是《治安管理处罚法》。治安管理处罚一般分为警告、罚款、拘留。三是赔

---

① 现参见《反不正当竞争法》（2019 修正）第 17 条。

偿责任。用人单位强迫劳动和违反劳动安全卫生规范的行为，给劳动者造成损害的，用人单位应当承担赔偿责任。

案例 83：山西“黑砖窑”事件中黑窑主法律责任如何？

山西晋城市政府2007年6月21日发布消息称，截至6月20日，晋城市初步摸清该市共有小砖厂480个，其中有营业执照的153个，办理土地手续的306个。时任晋城市委书记李雁红向山西省政府督查组汇报时表示，在“打击非法用工，解救被拐民工”行动中发现，晋城市仍有2/3的小砖窑无营业执照。晋城、临汾、运城三个地级市是重点整治的黑砖窑地区。据记者调查，在山西永济一家叫屯里的黑砖厂干苦力的陈某事后接受记者采访时说，他们有十五六人，每天从凌晨3点干到晚上12点，有3个永济人当监工，谁要是不听话想逃跑的话就会被往死里打。他们吃饭时间是3分钟，吃的是馒头、咸菜和白菜汤，如果3分钟没有吃完，监工就不许吃了，继续干活，半个月前，他实在是干不动了，当时干活有些慢，监工顺手拿起一个铁锨就往他头上砸，他用手一挡，结果铁锨就把手腕子给砍了，肌腱当时就断了，血流满地。老板怕出事将他送到永济市一家医院治疗。谁知刚治疗到一半，媒体和政府曝光风暴来了，老板不但没有给其工资和身份证，还强行让他出院回家，只给了他100元和一张回西安的汽车票。

专家分析

本节案例是之前备受关注的山西“黑砖窑”事件，它反映了用工单位的诸多违法行为以及相关部门工作人员的失职渎职行为，根据不同主体承担不同的责任，对于用工单位而言，主要应承担以下一些责任：

1. 刑事、行政和民事赔偿责任。《劳动合同法》第88条规定：“用人单位有下列情形之一的，依法给予行政处罚；构成犯罪的，依法追究刑事责任；给劳动者造成损害的，应当承担赔偿责任：（一）以暴力、威胁或者非法限制人身自由的手段强迫劳动的；（二）违章指挥或者强令冒险作业危及劳动者人身安全的；（三）侮辱、体罚、殴打、非法搜查或者拘禁劳动者的；（四）劳动条件恶劣、环境污染严重，给劳动者身心健康造成严重损害的。”本节案例中，用工单位黑砖窑通过胁迫、诱骗等手段把劳动者拐骗过来，雇用打手以暴力、体罚、殴打、拘禁等手段强迫劳动者在高温、恶劣的劳动条件下劳动，非法限制他们的人身自由，致使劳动者的身心健康遭到严重损害，按照本条规定应当承担相应的刑事（强迫劳动罪、故意伤害罪、非法拘禁罪等）、行政和民事赔偿责任。

2. 依法支付劳动报酬和经济补偿金。《劳动合同法》第93条规定，对不具备合法经营资格的用人单位的劳动者已经付出劳动的，该单位或者其出资人应当依照本法有关规定向劳动者支付劳动报酬、经济补偿、赔偿金。案例事件中的用工单位大都没有取得营业执照，不具有合法的用工主体资格；而在这些从事体力劳动的这些劳动者，基本上都没有被支付过劳动报酬。由于劳动具有不可收回性，这一事件被依法查处以后，这些窑主或包工头应当向劳动者支付劳动报酬，并支付经济补偿金。

3. 责令纠正劳动违法行为。《劳动合同法》第 84 条规定，用人单位违反本法规定，扣押劳动者居民身份证等证件的，由劳动行政部门责令限期退还劳动者本人，并依照有关法律规定给予处罚。在山西黑砖窑事件中，像陈某这样被扣押了身份证等证件的劳动者不在少数，劳动行政部门应当责令这些窑主在规定的期限内将扣押的证件归还给劳动者本人，并依照有关的法律规定对这些窑主进行行政处罚。

实务指南

尽管黑砖窑事件的相关事项不可能在规范守纪的企业中产生，但企业也应当充分吸取教训。实践中，企业应对自己已经发生却没有留意的违法行为特别留意，避免和化解遭遇行政处罚和民事赔偿等法律风险的发生，尤其是如下几种情形的日常检视：

1. 是否有扣押劳动者居民身份证等证件。企业要时常检查人事部及其他各部门有否要求劳动者出具居民身份证并在一段时间内予以扣押或特别保管等临时扣押行为。当然，为员工临时集中代办或授权代办的法律规定的各种暂住证、行驶证等相关证件手续除外。

2. 是否有以担保或者其他名义向劳动者收取财物。部分企业为了防止员工突然离职而无法联系，于是让新进员工或从事出纳、会计、收银员等特种岗位的人员提供人的担保或物的担保，这些都是法律上所不被允许的。当然，企业为了便于紧急情况联系员工，要求员工填写本市的亲戚或朋友作为紧急联络人，则不应视为人的担保。

3. 是否有侮辱、体罚、殴打、非法搜查或者拘禁劳动者。在侮辱、体罚、殴打、非法搜查或者拘禁劳动者这五种违法行为中，侮辱、非法搜查这两项是部分企业适用最多的。前者主要是上司与下属之间发生误解或摩擦等情形，企业尤其要加强对主管人员的职业培训和修养拓展；后者主要是重要产品生产车间、超市等特殊工种等情形，企业可以在与员工和工会进行协商一致的前提下将相关搜查行为转化为安全检查行为。

关联法规

第 84 条第 1 款　用人单位违反本法规定，扣押劳动者居民身份证等证件的，由劳动行政部门责令限期退还劳动者本人，并依照有关法律规定给予处罚。

第 85 条　用人单位有下列情形之一的，由劳动行政部门责令限期支付劳动报酬、加班费或者经济补偿；劳动报酬低于当地最低工资标准的，应当支付其差额部分；逾期不支付的，责令用人单位按应付金额百分之五十以上百分之一百以下的标准向劳动者加付赔偿金：

（一）未按照劳动合同的约定或者国家规定及时足额支付劳动者劳动报酬的；

（二）低于当地最低工资标准支付劳动者工资的；

（三）安排加班不支付加班费的；

（四）解除或者终止劳动合同，未依照本法规定向劳动者支付经济补偿的。

第88条 用人单位有下列情形之一的，依法给予行政处罚；构成犯罪的，依法追究刑事责任；给劳动者造成损害的，应当承担赔偿责任：

（一）以暴力、威胁或者非法限制人身自由的手段强迫劳动的；

（二）违章指挥或者强令冒险作业危及劳动者人身安全的；

（三）侮辱、体罚、殴打、非法搜查或者拘禁劳动者的；

（四）劳动条件恶劣、环境污染严重，给劳动者身心健康造成严重损害的。

第93条 对不具备合法经营资格的用人单位的违法犯罪行为，依法追究法律责任；劳动者已经付出劳动的，该单位或者其出资人应当依照本法有关规定向劳动者支付劳动报酬、经济补偿、赔偿金；给劳动者造成损害的，应当承担赔偿责任。

——《劳动合同法》

第3条 劳动者依据劳动合同法第八十五条规定，向人民法院提起诉讼，要求用人单位支付加付赔偿金的，人民法院应予受理。

——最高人民法院《关于审理劳动争议案件适用法律若干问题的解释（三）》

（四）终结劳动合同违法的法律责任

1. 违法解除或者终止劳动合同

用人单位违反《劳动合同法》规定解除或者终止劳动合同主要有四种情形：一是未与劳动者协商一致而解除劳动合同；二是未出现可以解除或者终止劳动合同的情形而解除劳动合同，或者未按照《劳动合同法》规定的程序解除劳动合同；三是劳动者具有用人单位不得解除或者终止劳动合同的条件时解除劳动合同；四是违反了解除劳动合同应遵循的法定程序，比如通知工会、提前30天以书面形式通知劳动者等。《劳动合同法》对用人单位违法解除或者终止劳动合同的行为有两项处理：一是继续履行。用人单位违反本法规定解除或者终止劳动合同，劳动者要求继续履行劳动合同的，用人单位应当继续履行。二是支付赔偿金后劳动合同解除。用人单位违法解除或终止劳动合同后，劳动者不要求继续履行劳动合同或者劳动合同已经不能继续履行的，用人单位依法支付赔偿金后，劳动合同解除。用人单位支付赔偿金的标准是《劳动合同法》第47条规定的经济补偿金标准的二倍。

2. 违反规定未向劳动者出具解除或者终止劳动合同书面证明

劳动合同解除或者终止证明书又称离职证明书，即在劳动者离职后，用人单位向劳动者出具的，记载劳动者在该用人单位工作经历以及双方劳动关系不再存续的证明。由用人单位向劳动者出具离职证明书，许多国家的法律都对此作了规定。《劳动法》第99条规定，用人单位招用尚未解除劳动合同的劳动者，对原用人单位造成经济损失的，该用人单位应当依法承担连带赔偿责任。这引发了劳动者再次就业应持有离职证明书、原用人单位应为劳动者出具离职证明书的社会议论和呼声。《劳动合同法》明确了用人单位应当出具解除或终止劳动合同证明书的法定义务。

用人单位违反规定未向劳动者出具解除或终止劳动合同书面证明的，应当承担以下法律责任：一是行政责任。劳动行政部门对用人单位是否遵守《劳动合同法》规定，向劳动者出具解除或终止劳动合同的书面证明的情况可以实施劳动监察，对违反规定未向劳动者出具解除或终止劳动合同书面证明的，由劳动行政部门予以责令改正。二是赔偿责任。如果用人单位未依法给劳动者出具解除或者终止劳动合同的书面证明，劳动者因此而遭受损害的，例如未能及时足额享受失业保险待遇、再就业受到不利影响的，由用人单位向劳动者承担赔偿责任。

关联法规

第25条　用人单位违反劳动合同法的规定解除或者终止劳动合同，依照劳动合同法第八十七条的规定支付了赔偿金的，不再支付经济补偿。赔偿金的计算年限自用工之日起计算。

第27条　劳动合同法第四十七条规定的经济补偿的月工资按照劳动者应得工资计算，包括计时工资或者计件工资以及奖金、津贴和补贴等货币性收入。劳动者在劳动合同解除或者终止前12个月的平均工资低于当地最低工资标准的，按照当地最低工资标准计算。劳动者工作不满12个月的，按照实际工作的月数计算平均工资。

——《劳动合同法实施条例》

（五）特别用工形式违法的法律责任

1. 劳务派遣单位的行为违法

劳务派遣单位违反《劳动合同法》规定主要是指违反了下列规定：一是劳务派遣单位应当履行用人单位对劳动者的义务；二是劳务派遣单位与被派遣劳动者订立的劳动合同，除应当载明《劳动合同法》第17条规定的事项外，还应当载明被派遣劳动者的用工单位以及派遣期限、工作岗位等情况；三是劳务派遣单位应当与被派遣劳动者订立2年以上的固定期限劳动合同，按月支付劳动报酬，在无工作期间不得低于劳务派遣单位所在地人民政府规定的最低工资标准支付劳动报酬；四是劳务派遣单位派遣劳动者应当与接受以劳务派遣形式用工的单位订立劳务派遣协议，同时劳务派遣协议应当明确派遣岗位和人员数量、派遣期限，劳动报酬和社会保险费的数额与支付方式以及违反协议的责任；五是劳务派遣单位应当将劳务派遣协议的相关内容告知被派遣劳动者；六是劳务派遣单位不得克扣用工单位按照劳务派遣协议支付给被派遣劳动者的劳动报酬；七是劳务派遣单位和用工单位不得向被派遣劳动者收取费用；八是劳务派遣单位跨地区派遣劳动者的，被派遣劳动者享有的劳动条件和劳动报酬，应当按照用工单位所在地的标准执行；九是劳务派遣一般在临时性、辅助性或者替代性的工作岗位上实施。

针对劳务派遣单位的违法行为，《劳动合同法》第 92 条规定了两种责任形式：一是行政责任，即劳务派遣单位违反有关劳务派遣规定的，由劳动行政部门责令限期改正，逾期未改正的，按照每人 5000 元以上 10000 元以下的标准处以罚款，或者可以吊销其劳务派遣业务经营许可证。二是连带责任，即为了解决劳务派遣单位及用工单位对被派遣人员相互推诿不负责任的现象，《劳动合同法》规定，若用工单位给被派遣劳动者造成损害的，劳务派遣单位与用工单位承担连带赔偿责任。

2. 个人承包经营的行为违法

在实践中，有的具备用人单位资格的组织或个人为了规避直接用工的劳动法律义务，将其生产经营中的某个部分发包给某个个人，由承包人直接用工完成所承包项目并承担劳动法律义务，由于个人承包经营者履行劳动法律义务的能力一般弱于发包人，甚至不具有用人单位主体资格，时常使得劳动者权益得不到有效保障。

案例 84：选择项目承包人员失误带来法律风险

陈先生是江苏一家民营建筑公司的老总，公司规模不大，但是经济效益还不错。2018 年 12 月，陈先生通过招标获得了某市政工程的建筑工程项目。2019 年 1 月，根据建筑行业惯例，陈先生找了当地的一个建筑施工承包队，队长张某是外地人。陈先生将建筑工地的劳务工事务全部承包给张某，并与张某签订了承包合同。张某的建筑施工队聘用的全部是自己本乡人，陈先生认为施工队同乡之间应该不大会产生什么纠纷，同时自己已经将有关事务承包给他，于是对于属于承包事务内所有大小往来事项均交由其打理，自己并未特别去过问或监督。2019 年 3 月，地面工程第一期项目施工完毕，工程款已经下达。陈先生将其中的劳务工资款及时支付给承包队队长张某。不料，一周以后，自己到公司上班的时候，发现自己办公室门口围聚了一大批人，他们看到陈先生过来后义愤填膺，强烈要求陈先生支付给他们工资。陈先生很纳闷，劳务工资款不是第一时间已经支付给张某了吗？后来经了解才知道，张某已经卷款逃走，不仅没有及时向工人支付工资，而且还乘职务之便挪用了陈先生拨付的材料款。

专家分析

本节案例是一起承包方违法招用劳动者致其损害是否由发包方承担责任的典型案例。个人承包经营是经济体制改革中出现的使一些经营管理不善的企业扭亏为盈的一种措施。由于个体经营者可能一味追求经济利益，法律规定的赔偿责任又不明确。而且，个人承包经营者招用劳动者不属于劳动法律法规规定的合法用工形式，因为他们不是适格的主体，也很难追究其法律责任。也正是基于此种背景，《劳动合同法》第 94 条规定：“个人承包经营违反本法规定招用劳动者，给劳动者造成损害的，发包的组织与个人承包经营者承担连带赔偿责任。”从而将发包组织和个人承包经营者视为一个整体，对受侵害的劳动者承担连带赔偿责任。本节案例中，如果这些工人不能找到他们的队长张某讨到工资，那么他们有权要求陈先生所在的建筑公司承担连带的民事赔偿责任。

实务指南

在实践中，对于需要将有关项目或工程承包出去的企业，在《劳动合同法》新背景下，应特别注意承包经营可能带来的连带责任风险。尤其需要注意以下事项：

1. 慎重考虑用工方式。企业应认真考虑是否必须采取承包经营的方式，是否可以通过服务外包的方式处理，也就是说找有资质的企业处理而非个人承包经营。

2. 选择优质的承包经营者。在相对成熟的行业里，个人承包会成为一种惯例，这种时候选择个人承包经营者，则需要通过各方面考虑选择优质的、可信任的承包对象。

关联法规

第 92 条　违反本法规定，未经许可，擅自经营劳务派遣业务的，由劳动行政部门责令停止违法行为，没收违法所得，并处违法所得一倍以上五倍以下的罚款；没有违法所得的，可以处五万元以下的罚款。

劳务派遣单位、用工单位违反本法有关劳务派遣规定的，由劳动行政部门责令限期改正；逾期不改正的，以每人五千元以上一万元以下的标准处以罚款，对劳务派遣单位，吊销其劳务派遣业务经营许可证。用工单位给被派遣劳动者造成损害的，劳务派遣单位与用工单位承担连带赔偿责任。

第 94 条　个人承包经营违反本法规定招用劳动者，给劳动者造成损害的，发包的组织与个人承包经营者承担连带赔偿责任。

——《劳动合同法》

三、社会法与终结劳动合同的经济补偿金

经济补偿金是用人单位和劳动者在某些情形下解除或终止劳动关系，用人单位应向劳动者给付的作为相应补偿的一定数额的货币。经济补偿金制度主要是考虑劳资双方终结劳动关系后，为了保障处于弱势地位的劳动者的权益而设立的，它带有一定的补偿性。经济补偿金，包括劳动合同解除和终止时的经济补偿金、竞业限制经济补偿金等。这里所说的经济补偿金专指劳动合同解除和终止时的经济补偿金。

（一）经济补偿金的法定支付情形

根据《劳动合同法》的相关规定，劳动者向用人单位主张经济补偿金限于以下情形：（1）劳资双方协商解除劳动关系；（2）劳动者以用人单位以暴力等行为强制员工劳动或不支付劳动报酬为由解除劳动关系；（3）用人单位以劳动者患病或非因工负伤

医疗期满，不能从事原工作或调派工作为由解除劳动关系；（4）用人单位以劳动者不能胜任工作为由解除劳动关系；（5）用人单位以劳动合同订立的基础发生变更，双方不能达成协议为由解除劳动关系；（6）用人单位经济性裁员解除劳动关系。经济补偿金的标准是以劳动者在用人单位的工作年限为依据，每满一年给予劳动者本人一个月工资收入的经济补偿。若用人单位未按约支付经济补偿金，除全额支付经济补偿金外，尚需按应付经济补偿金的50%向劳动者支付额外经济补偿金。

案例85：何种情形不需要支付经济补偿金？

2007年7月，小赵从大学法学院毕业后，进入某日资胶片映像机器有限公司担任HR专员。当时正值国家颁布《劳动合同法》，公司管理部要求人事科认真学习《劳动合同法》，并及时向总经理、副总经理及各部门主管等公司高层讲解新法的要义。人事科科长认为小赵年轻聪明、理解能力强，又是法律专业毕业，于是把准备讲义的任务交给了小赵处理，小赵通读了《劳动合同法》全文，对该法的一些新规定进行了整理，结合一些书籍和资料，把一些对企业影响比较大的要点都进行了概括总结。但是，她也遇到了一个问题，即如何将经济补偿金的法定支付情形简要地向总经理等日籍高层主管阐述清楚，于是其向企业聘请的劳动法专业咨询机构寻求支持，以求得简明扼要的解答。

专家分析

经济补偿金一直是企业非常关心也非常头疼的问题。《劳动合同法》对经济补偿金的范围进行了相当的扩展。比如说，劳动合同到期终止也可能面临支付经济补偿金，对于非过失性解除的经济补偿金不再限制为12个月封顶，等等。在《劳动合同法》背景下，在劳动合同解除或终止时，企业向员工支付补偿金的情形增加为七大项，那么作为企业人力资源管理者而言，如何才能简便地理解经济补偿金的新规定呢？其实，完全可以通过反向思维的方式来记住这些经济补偿金支付情形，根据《劳动合同法》的法条整理，只有以下几种情况无须支付经济补偿金：（1）员工主动辞职以及动议协商解除劳动合同；（2）因严重违纪等行为被企业过失性解除的；（3）员工在劳动法上主体资格消灭的，比如依法享受基本养老保险待遇的、自然死亡、宣告死亡或失踪的；（4）劳动合同到期后公司不降低现有待遇续签而员工拒绝的。以上四种情形之外的其余解除或终止劳动合同的情形，企业均应依法支付经济补偿金。

实务指南

在离职管理实践中，劳动合同解除由于风险较高，出现概率较小，解除性补偿金属于偶然性成本。而劳动合同到期终止由于风险较低，企业经常采用，出现概率较高。劳动者规定企业期满终止支付经济补偿金，使经济补偿金成为企业的一种经常性成本，企业需要予以相应管理，对此可以有三种选择：

1. 财务预算中考虑经济补偿金因素。劳动合同到期终止经济补偿金虽然增加了解雇成本，但由于到期终止不再需要其他解雇理由，发生劳动争议的风险较小，所以仍然是企业解雇员工的首选方式。为此，企业有必要分析自身的人员流动率水平，对每年可能产生的经济补偿金进行测算并列入财务预算，做到未雨绸缪。

2. 员工待遇中考虑经济补偿金因素。企业可以自行承担劳动合同到期终止经济补偿金，也可以考虑在员工待遇的增量部分中予以解决。如将原有的年终奖金、工资上涨等待遇转用于经济补偿金；对新招用的员工在确定劳动报酬时也适当考虑经济补偿金因素。

3. 通过终止劳动合同或改变劳动合同主体减少存量经济补偿金。劳动合同到期终止经济补偿金是由于法律变化新增加的成本，对于与劳动者订立长期劳动合同的用人单位影响较大。此类用人单位由于雇用的员工工作时间相对较长，经济补偿金相对较高，负担较重。企业如确实无力承担，可选择一部分在新法实施前签订劳动合同的员工在劳动合同到期时终止合同，此时按照《劳动合同法》规定不需要支付新法实施前原有工龄的经济补偿金。对其中部分员工确实需要留用的，可以由派遣机构与其签订劳动合同，派遣到原单位工作。

关联法规

第46条 有下列情形之一的，用人单位应当向劳动者支付经济补偿：

（一）劳动者依照本法第三十八条规定解除劳动合同的；

（二）用人单位依照本法第三十六条规定向劳动者提出解除劳动合同并与劳动者协商一致解除劳动合同的；

（三）用人单位依照本法第四十条规定解除劳动合同的；

（四）用人单位依照本法第四十一条第一款规定解除劳动合同的；

（五）除用人单位维持或者提高劳动合同约定条件续订劳动合同，劳动者不同意续订的情形外，依照本法第四十四条第一项规定终止固定期限劳动合同的；

（六）依照本法第四十四条第四项、第五项规定终止劳动合同的；

（七）法律、行政法规规定的其他情形。

第85条 用人单位有下列情形之一的，由劳动行政部门责令限期支付劳动报酬、加班费或者经济补偿；劳动报酬低于当地最低工资标准的，应当支付其差额部分；逾期不支付的，责令用人单位按应付金额百分之五十以上百分之一百以下的标准向劳动者加付赔偿金：

（一）未按照劳动合同的约定或者国家规定及时足额支付劳动者劳动报酬的；

（二）低于当地最低工资标准支付劳动者工资的；

（三）安排加班不支付加班费的；

（四）解除或者终止劳动合同，未依照本法规定向劳动者支付经济补偿的。

——《劳动合同法》

第3条　劳动者依据劳动合同法第八十五条规定，向人民法院提起诉讼，要求用人单位支付加付赔偿金的，人民法院应予受理。

——最高人民法院《关于审理劳动争议案件适用法律若干问题的解释（三）》

第5条　劳动者非因本人原因从原用人单位被安排到新用人单位工作，原用人单位未支付经济补偿，劳动者依照劳动合同法第三十八条规定与新用人单位解除劳动合同，或者新用人单位向劳动者提出解除、终止劳动合同，在计算支付经济补偿或赔偿金的工作年限时，劳动者请求把在原用人单位的工作年限合并计算为新用人单位工作年限的，人民法院应予支持。

用人单位符合下列情形之一的，应当认定属于“劳动者非因本人原因从原用人单位被安排到新用人单位工作”：

（一）劳动者仍在原工作场所、工作岗位工作，劳动合同主体由原用人单位变更为新用人单位；

（二）用人单位以组织委派或任命形式对劳动者进行工作调动；

（三）因用人单位合并、分立等原因导致劳动者工作调动；

（四）用人单位及其关联企业与劳动者轮流订立劳动合同；

（五）其他合理情形。

第13条　劳动合同法施行后，因用人单位经营期限届满不再继续经营导致劳动合同不能继续履行，劳动者请求用人单位支付经济补偿的，人民法院应予支持。

——最高人民法院《关于审理劳动争议案件适用法律若干问题的解释（四）》

（二）经济补偿金的通常计算方式

根据《劳动合同法》第47条第1款的规定，经济补偿按照劳动者在本单位工作的年限，每满1年支付1个月工资的标准向劳动者支付。6个月以上不满1年的，按1年计算；不满6个月的，向劳动者支付半个月工资的经济补偿。第47条第2款规定：“劳动者月工资高于用人单位所在直辖市、设区的市级人民政府公布的本地区上年度职工月平均工资三倍的，向其支付经济补偿的标准按职工月平均工资三倍的数额支付，向其支付经济补偿的年限最高不超过十二年。”由此可以看出，《劳动合同法》不仅明确了经济补偿金的计算方式，而且也将经济补偿金的计算方式分为了两类，即一般劳动者经济补偿金的计算方式和高收入劳动者经济补偿金的计算方式。

1. 一般劳动者经济补偿金的计算方法。《劳动合同法》第47条第1款规定的计算方法就是针对一般劳动者，即经济补偿按照劳动者在本单位工作的年限，每满1年支付1个月的标准向劳动者支付。6个月以上不满1年的，按1年计算；不满6个月的，向劳动者支付半个月工资的经济补偿。结合《劳动合同法》第 47 条第 2 款和第 3 款的规定，这里的一般劳动者，是指劳动者在劳动合同解除或终止前 12 个月的平均工资不高于用人单位所在直辖市、设区的市上年度职工月平均工资 3 倍的劳动者。

一般劳动者经济补偿金的计算公式：经济补偿金 = 工作年限 × 月工资

2. 高收入劳动者经济补偿金的计算方法。《劳动合同法》第 47 条第 2 款规定的计算方法只是针对高收入劳动者的，即劳动者月工资高于用人单位所在直辖市、设区的市上年度职工月平均工资 3 倍的，向其支付经济补偿的标准按职工月平均工资 3 倍的数额支付，向其支付经济补偿的年限最高不超过 12 年。由此可见，法律对高收入劳动者的经济补偿设定了两个限制条件：一是计算经济补偿金的工资基数设限，即按照当地上年度月平均工资 3 倍计算；二是计算经济补偿的工作年限设限，即最高不超过 12 年，劳动者的工作年限超过 12 年的，也按照 12 年计算。

高收入劳动者经济补偿金的计算公式：经济补偿金 = 工作年限 × 当地上年度职工月平均工资 3 倍

此处需要说明两点：一是工作年限满 6 个月不满 1 年的，按照 1 年计算；不满 6 个月的按半年计算；二是月工资是指劳动者在劳动合同解除或者终止前 12 个月的平均工资。

关联法规

第 47 条　经济补偿按劳动者在本单位工作的年限，每满一年支付一个月工资的标准向劳动者支付。六个月以上不满一年的，按一年计算；不满六个月的，向劳动者支付半个月工资的经济补偿。

劳动者月工资高于用人单位所在直辖市、设区的市级人民政府公布的本地区上年度职工月平均工资三倍的，向其支付经济补偿的标准按职工月平均工资三倍的数额支付，向其支付经济补偿的年限最高不超过十二年。

本条所称月工资是指劳动者在劳动合同解除或者终止前十二个月的平均工资。

——《劳动合同法》

第 27 条　劳动合同法第四十七条规定的经济补偿的月工资按照劳动者应得工资计算，包括计时工资或者计件工资以及奖金、津贴和补贴等货币性收入。劳动者在劳动合同解除或者终止前 12 个月的平均工资低于当地最低工资标准的，按照当地最低工资标准计算。劳动者工作不满 12 个月的，按照实际工作的月数计算平均工资。

——《劳动合同法实施条例》

Tips 小贴士：经济补偿金计算基数及缴税事项

1. 经济补偿金计算基数。在解除或终止劳动合同过程中，部分企业在支付经济补偿时，仅依据员工工资项目的基本工资计算前 12 个月员工平均工资。其实，这种做法是不合法的。通常在实践中，多数企业在自己的财务中，将员工工资区分为基本工资、补助、津贴等不同项目，并出示给劳动者对应的工资条，在支付经济补偿金时，仅依据员工工资项目中的基本工资计算并支付员工经济补偿金的做法并不合法。因为支付给员工经济补偿金的工资包括基本工资和辅助工资，其中基本工资亦即是指按规定的工资标准计算的工资（包括实行结构工资制的基础工资、职务工资和工龄津贴），辅助工资为基本工资以外的工资。

根据劳动部《关于贯彻执行〈中华人民共和国劳动法〉若干问题的意见》第53条、国家统计局《关于工资总额组成的规定》第4条的规定，工资包括计时工资、计件工资、奖金、津贴和补贴、加班加点工资，特殊情况下支付的工资。国家统计局《〈关于工资总额组成的规定〉若干具体范围的解释》第3条第2项明确规定，补贴包括生活补贴和住房补贴。第4条明确规定，不属工资范围的收入包括：单位支付给劳动者个人的社会保障福利费、生活困难补助费、劳动保护方面的费用（如工作服，解毒剂，清凉饮料费用等）以及按规定未列入工资总额的各种劳动报酬及其他劳动收入（如创造发明奖、国家星火奖、自然科学奖、科学技术进步奖、合理化建议和技术改进奖及稿费、讲课费、翻译费等）。

2. 经济补偿金缴税事宜。经济补偿金缴税事宜。根据财政部、税务总局《关于个人所得税法修改后有关优惠政策衔接问题的通知》（财税〔2018〕164号）的规定，“居民个人取得全年一次性奖金，符合国家税务总局《关于调整个人取得全年一次性奖金等计算征收个人所得税方法问题的通知》（国税发〔2005〕9号）规定的，在2021年12月31日前，不并入当年综合所得，以全年一次性奖金收入除以12个月得到的数额，按照本通知所附按月换算后的综合所得税率表（以下简称月度税率表），确定适用税率和速算扣除数，单独计算纳税。计算公式为：应纳税额=全年一次性奖金收入×适用税率-速算扣除数。居民个人取得全年一次性奖金，也可以选择并入当年综合所得计算纳税。自2022年1月1日起，居民个人取得全年一次性奖金，应并入当年综合所得计算缴纳个人所得税”。

四、契约法与违反劳动合同的约定违约金

违约金是违反契约或合同约定的一方当事人对自己的违约行为所应承担违约责任的一种形式。在实际中，存在“违约金条款”被滥用的现象，用人单位不加区分地在劳动合同中约定“劳动者违约，应当支付违约金”；由于约定的违约金数额较大，劳动者在提出解除劳动关系时，最担心这种“违约金条款”，这也是产生劳资纠纷较多的一种情形。其实，无论是用人单位还是劳动者对劳动关系中的违约金条款的含义都并不是非常清楚。根据《劳动合同法》的相关规定，用人单位向劳动者主张违约金的情形只限于两种：一是劳动者违反服务期约定；二是劳动者违反保守商业秘密约定。

只有劳动者具有以上两种违约行为，用人单位才可以向劳动者主张违约金。除此以外的劳动者的其他违约行为，用人单位无权要求其支付违约金。而劳动者对用人单位主张违约金的权利，法律并没有特别的限制。

案例86：新法背景下天价违约金能否存在？

2003年7月，吴某与四川成都谭氏官府菜餐饮发展有限责任公司（以下简称谭氏官府菜）签订了为期10年的聘用协议。谭氏官府菜聘请其为菜系顾问，主要负责谭氏官府菜的开发研究、菜品创新以及厨艺人员的培训。由于该厨师长掌握谭氏官府菜的核心商业机密，谭氏官府菜特别与其约定，“除人力不可抗拒的因素外，吴某不得在聘用期内无故离职，否则将追究其违约责任，并承担500万元的经济损失”。与巨额违约金相对应的是，谭氏官府菜给其提供30万元的年薪，230平方米住房一套，雅阁轿车一辆，除此之外，还许诺丰厚的年终奖和提成，其10年总收入近500万元。

吴某在2004年6月底，在没有得到公司允许的情况下，单方面离职。谭氏官府菜随后通过法律途径向成都市劳动争议仲裁委员会提出劳动仲裁申请，向其提出了250万元的违约赔偿。2004年12月30日，市劳动仲裁委下达了裁决书，认为吴某违反协议约定，裁决吴某以现金形式一次性支付谭氏官府菜违约金250万元。吴某不服提起诉讼。青羊区法院经审理后认为，双方是在平等自愿、协商一致的情况下签订《聘用协议》的，其内容没有违反法律和行政法规，是合法有效的，吴某称其曾提交书面辞职报告并得到批准，但未向法院提交相关证据，故应认定其擅自离职。因此，2005年5月，法院做出判决：吴某在30日内以现金方式一次性支付谭氏官府菜违约金250万元。吴某不服又提起上诉。成都市中院认为，通过庭审查明，吴某离开谭氏官府菜提前解除劳动合同缺乏正当理由，其行为应系无故离职。谭氏官府菜于2004年8月30日申请劳动仲裁未过两个月的仲裁时效。2005年9月中院做出维持原判的终审判决。

专家分析

本节案例是一起关于违约金的典型案例，终审判决后在社会上曾引起较大轰动。尽管本节案例发生在《劳动合同法》颁布实施之前，但是其对于《劳动合同法》关于违约金的规定有重要意义。本节案例争议的焦点即在于约定的天价违约金是否违法。此处分别以《劳动合同法》实施以前和实施以后两种法律背景进行分析。

1.《劳动合同法》实施之前的分析。本节案例最终结果是法院判令吴某承担支付违约金的责任，这在《劳动合同法》实施之前是有依据的。劳动部1996年颁布的《关于企业职工流动若干问题的通知》第3条规定：“用人单位与职工可以在劳动合同中约定违约金。”“未经当事人双方协商一致或劳动合同中约定的工作任务尚未完成，任何一方解除劳动合同给对方造成损失的”，应按照有关规定承担赔偿责任。依据这一规定，当事人双方在劳动合同中约定违约金是合法的，只要是当事人双方真实意思表示一致的产物，且没有违反法律、法规的禁止性规定的，法律须对这一约定予以保护，须认定这一约定为有效。所以，法院如此做出裁决，是有法律依据和适用基础的。

2.《劳动合同法》实施以后的分析。此种情形下，本节案例争议的焦点有两个：一是双方是否可以约定违约金？二是双方约定的违约金是否合法？根据《劳动合同法》第25条的规定，劳动合同中约定违约金受到了限制，只有涉及商业秘密的竞业限制约定和培训服务期约定，方能约定违约金。本节案例中，尽管吴某所从事的菜系顾问涉及商业秘密，但是在公司没有吴某约定竞业限制协议或条款的情况下，并不能约定违约金。这样，也就谈不上违约金是否合法的问题。不过，如果确实因吴某离职导致商业秘密泄露或被以其他方式不正当使用的，公司可以要求吴某进行赔偿，但是这种责任形式是赔偿金形式而非违约金形式。有人认为，依据《劳动合同法》第23条的规定，涉及商业秘密的事项可以约定违约金。其实，这是一种误读。《劳动合同法》第23条规定，“用人单位与劳动者可以在劳动合同中约定保守用人单位的商业秘密和与知识产权相关的保密事项”。并未说明保密事项就可以约定违约金。而只是规定，“对负有保密义务的劳动者，用人单位可以在劳动合同或者保密协议中与劳动者约定竞业限制条款，并约定在解除或者终止劳动合同后，在竞业限制期限内按月给予劳动者经济补偿。劳动者违反竞业限制约定的，应当按照约定向用人单位支付违约金”。所以，从严格法律理解的角度而言，商业秘密事项只有约定竞业限制条款或协议的，才可以约定违约金，而仅仅以商业秘密为由约定违约金是没有法律依据的。

实务指南

在《劳动合同法》实施以后，企业可以约定违约金的情况大大减少，并且新法对违约金的具体约定也作了约束性规定，这给在人才竞争日益激烈的环境中紧张生存的企业带来了更大的被动。对于企业而言，在新法背景下使用违约金条款，尤其要注意把握以下几个方面的内容：

1. 谨慎使用违约金条款。违约金条款对于企业而言，虽然是一个有力的制约或平衡其员工的重要法律工具，但同时也会给企业带来法律风险。一个不受法律保护的违约金条款，即被法律认为无效，这样的约定不仅不能预防和解决员工行为选择问题，反而会因企业的错误信赖导致此后潜在离职风险的爆发。企业应当将违约金使用的范围，依法紧缩在培训服务期和竞业限制约定两个事项上。

2. 充分利用违约金约定。既然法律规定只有培训服务期和竞业限制条款才可以约定违约金，那么企业需要充分运用好法律的这一规定。企业要把培训服务期约定和竞业限制协议与企业留人计划、商业秘密保护等多种安排相结合，充分利用好违约金条款。核心人才可以通过安排培训、竞业限制等多重方式进行处理。比如说，新法对竞业限制的违约金的数额就没有特别规定，企业就应该好好使用，在掌握好合理性的基础上进行相应的自主设置。

3. 做好相应的证据保留。企业主张违约金需要满足一定的要件：一是劳动合同中有明确的约定；二是员工有违约行为发生；三是没有出现法律规定的例外情况。对于员工的违约行为，企业应先保留好相关证据，包括：（1）载明有违约金条款的书面劳动合同或专项协议；（2）能证明员工违约的具体证据，而后才能向当事员工主张违约金责任。

关联法规

第22条第1款、第2款　用人单位为劳动者提供专项培训费用，对其进行专业技术培训的，可以与该劳动者订立协议，约定服务期。

劳动者违反服务期约定的，应当按照约定向用人单位支付违约金。违约金的数额不得超过用人单位提供的培训费用。用人单位要求劳动者支付的违约金不得超过服务期尚未履行部分所应分摊的培训费用。

第23条　用人单位与劳动者可以在劳动合同中约定保守用人单位的商业秘密和与知识产权相关的保密事项。

对负有保密义务的劳动者，用人单位可以在劳动合同或者保密协议中与劳动者约定竞业限制条款，并约定在解除或者终止劳动合同后，在竞业限制期限内按月给予劳动者经济补偿。劳动者违反竞业限制约定的，应当按照约定向用人单位支付违约金。

第25条　除本法第二十二条和第二十三条规定的情形外，用人单位不得与劳动者约定由劳动者承担违约金。

——《劳动合同法》

三、用人单位与职工可以在劳动合同中约定违约金。解除劳动合同，应当按照《劳动法》的有关规定执行。未经当事人双方协商一致或劳动合同中约定的工作任务尚未完成，任何一方解除劳动合同给对方造成损失的，应按照《违反〈劳动法〉有关劳动合同规定的赔偿办法》承担赔偿责任。

——劳动部《关于企业职工流动若干问题的通知》

五、侵权法与违反劳动合同的法定赔偿金

损害赔偿金是侵权法上的概念，是指侵权方因其侵权行为给受损害方造成了损害所应承担责任的一种方式。损害赔偿金带有一定的惩罚性，以有侵权行为和损害事实的发生为前提。但在劳动关系中，劳动者向用人单位主张损害赔偿金一般是以用人单位具有不支付劳动报酬、不提供劳动待遇等侵害员工权益的行为，给员工造成损害为主。为平衡劳资双方的利益，用人单位也享有向劳动者主张损害赔偿金的权利，这种

请求权的行使一般是在劳动者违反规定或约定解除劳动合同，给用人单位造成损失的情形。赔偿范围一般包括用人单位为员工支出的招录费用、培训费用、所受的直接经济损失等。

（一）企业应如何正确运用赔偿金

案例87：未提前30日通知会导致员工支付巨额赔偿？

2018年2月，春节后的一天，上海某信息通信科技有限公司董事长兼总经理赵某来到办公室，发现自己案头多了一封信。打开一看，里面是自己最信任的助手小李的字迹，这是小李的一封辞职信。赵某一下子头就大了，自己公司开建3年多来，全靠小李的市场运作和经营能力，才有每年经营额200%的翻番速度。小李也从市场部经理助理、经理、总监，一直做到公司常务副总经理。去年年底，他本人还亲自送给小李一个大大厚厚的现金红包。小李在辞职信中还写道，为了减少自己离职对公司的震荡，他决定3天内即离开公司。总经理赵某经过反复思考掂量，还是理解了年轻人的想法，并主动找到小李，告知其自己同意其离职，同时希望其能继续工作1个月，以利于工作交接和下一步的公司人事调整。但小李却明确表示，自己已经注册开立了一家新公司，春节伊始，很多事情需要打理，不同意赵某的意见。赵某情绪非常沮丧，而在其去洗手间途中，正好听同事讲小李近日已经利用现有客户渠道接洽了一笔大业务，而年底前这家公司刚刚与赵某公司签订了意向性合同。3天后，小李离开了公司，赵某非常生气，于是向当地劳动仲裁部门提起仲裁，要求小李赔偿其损失。

专家分析

《劳动合同法》既规定了企业违法或违约的法定责任，同时也规定了员工违法或违约相应的责任承担。根据《劳动合同法》第90条的规定，员工未提前30天通知企业而擅自解除合同，给企业带来损失的，应当承担损害赔偿责任。在本节案例中，小李任职公司常务副总经理，系高级管理人员，其离职涉及公司很多重要事项的移交，以及财务相关事项的审计。所以，一方面，小李需要提前30天通知才可以解除劳动合同；另一方面，小李需要履行离职交接、离任审计这些必要手续以后方能解除劳动合同。小李没有履行提前30天解除劳动合同，就这些手续的遗漏或瑕疵导致公司正常业务无法进行等相关损失的，公司可以要求小李进行赔偿。同时，小李如果在离职之前违反公司法上竞业禁止义务的，给公司造成损失的，还应当依据公司法的有关规定承担民事赔偿义务。

实务指南

在实践中，高级管理人员的离职现象也非常普遍，而伴随高管离职的还可能有企业的巨额损失，企业应该做好相应的应对。通常而言，企业一般管理人员和技术人员没有提前30天通知企业而违法解除劳动合同，尽管不会带来较大损失，但是也会给企业造成相当的麻烦。具体而言，企业可以作如下应对。

1. 关于高管人员违法离职赔偿处理。对高管人员离职风险的预防，首先要做好保密协议和竞业限制协议的安排；其次是要明确约定相关违约金或赔偿金计算方法；最后是如果在前两步都没有做好的前提下，要采取相关方法获取损失证明据以主张赔偿金。

2. 关于普通员工违法离职赔偿处理。对于普通员工的离职，首先还是从规章制度上入手，对违法解除劳动合同的员工进行相应的处理或处罚；其次是与员工在劳动合同中明确约定岗位离职赔偿计算方法；最后是收集员工违法离职造成损失的证据以主张赔偿金。

关联法规

第90条　劳动者违反本法规定解除劳动合同，或者违反劳动合同中约定的保密义务或者竞业限制，给用人单位造成损失的，应当承担赔偿责任。

——《劳动合同法》

（二）赔偿金与违约金的竞合处理

在劳动争议处理实践中，通常会一方或双方同时发生违反劳动合同的约定和造成对方损失的情形，此种情况在学理上被称为违约责任与侵权责任的竞合。违约责任与侵权责任发生竞合时应如何处理，无论在学理上还是在实践中，都是一个相对复杂而棘手的问题。

案例88：企业对违约员工能同时主张违约金和赔偿金？

2018年4月，胡先生被公司送到国外培训，双方签订了为期5年的服务期协议，协议中规定：如果胡先生在培训结束后服务期不满5年即离开公司，需按比例赔偿培训费用15万元，并支付违约金10万元。在接受培训1年半后，他有了一个更好的工作机会，于是向公司提出了辞职。公司表示同意胡先生辞职，但是由于事先签订了服务期协议，胡先生必须赔偿10.5万元培训费，并支付10万元违约金才能离开公司，胡先生早知道公司会拿出这个撒手锏，于是举出他收集到的资料，想要证明公司不能同时向他主张违约金和赔偿金。但是公司也振振有词：违约金和赔偿金是我们双方同意的条款，既然当初签了字，现在就不能反悔。再说，法律并没有明确规定不能同时主张违约金和赔偿金。胡先生越想越觉得不对劲，我提前辞职固然是理亏，但是公司为我的培训、考试总共花了15万元，现在为什么要我赔20.5万元呢？服务期协议中的这个条款本身就不合理。于是他向劳动争议仲裁委员会提出仲裁申请。

专家分析

赔偿金和违约金都是违反劳动合同所应当承担的责任，当劳动者违约的同时又给用人单位造成损失的，用人单位如何主张违约金与赔偿金呢？由于违约金具有预定的赔偿性质，当约定的违约金过分低于员工违约给单位造成的损失，用人单位可以请求仲裁机构或法院予以适当增加。本节案例中，仲裁委员会经过认真调查后认为：服务期协议中虽可约定违约金和赔偿金，但是一方发生违约时，两者只能择一适用。由于胡先生在签订服务期协议后仅为公司工作了一年半，应当按照比例赔偿公司损失 10.5 万元，此数额高于违约金 10 万元，故公司可以要求胡先生支付赔偿金 10.5 万元。

实务指南

在实践中，因员工违法解除劳动合同导致违约责任和赔偿责任同时产生的，企业可以按照两者责任的评估比较以及自己的意愿而决定自己的求偿责任的形式和方法。具体而言，在预防和处理相关责任承担时，尤其要注意以下事项：

1. 合理设置违约金。企业可以在劳动合同中与员工就违约金相关事宜进行约定，就违约具体情况、违约金的具体数额、违约金的支付等事项做出约定。违约金具体数额的约定按照预估实际损失及适当惩戒相结合原则处理，不宜太低也不宜太高。

2. 补充赔偿金条款。在劳动合同约定违约金之后，可能会出现实际损害发生时违约金过低的情形，为预防和控制这种情况出现的风险，企业还可以在劳动合同中进一步约定补充赔偿条款，即“违约金不足以弥补实际损失的，员工还应当按照实际损失承担民事赔偿责任”。

关联法规

第 80 条　用人单位直接涉及劳动者切身利益的规章制度违反法律、法规规定的，由劳动行政部门责令改正，给予警告；给劳动者造成损害的，应当承担赔偿责任。

第 86 条　劳动合同依照本法第二十六条规定被确认无效，给对方造成损害的，有过错的一方应当承担赔偿责任。

第 89 条　用人单位违反本法规定未向劳动者出具解除或者终止劳动合同的书面证明，由劳动行政部门责令改正；给劳动者造成损害的，应当承担赔偿责任。

第 91 条　用人单位招用与其他用人单位尚未解除或者终止劳动合同的劳动者，给其他用人单位造成损失的，应当承担连带赔偿责任。

——《劳动合同法》

Tips 小贴士：经济补偿金、赔偿金与违约金

对于企业劳动人事管理而言，经济补偿金、赔偿金与违约金这“三金”是必须熟悉和掌握的基本概念，大部分的劳动争议案件处理也会涉及“三金”事项。但很多企业经常会混淆这三个概念，在与员工签订劳动合同时也会出现误用。

1. 法律性质。经济补偿金在性质上讲具有劳动贡献补偿和社会保障双重功能，其产生是基于国家法律、法规的规定，是国家干预劳动关系的法律结果。赔偿金则是指

企业或员工因违反合同约定或因自己的故意或过失，给对方造成实际损失即构成侵权行为时，承担给付对方一定数量的金钱的责任形式，也称为损害赔偿。违约金产生的基础则是双方协议或合同的约定，因此没有约定就不会有违约金的产生，其在性质上是对合法契约的保护。

2. 构成要件。由于经济补偿金是法定的，因此其构成要件主要是法律、法规的相关规定。赔偿金的构成要件主要有四个：一是当事人违反了劳动法律、法规；二是给对方造成了实际损失；三是责任方存在过失，包括故意和过失；四是这种过失与损失之间存在因果关系。违约金的构成要件则主要有两个：一是双方在劳动合同中有约定；二是违约金的约定不违反法律规定。

3. 责任主体。经济补偿金是国家法律强制的结果，其目的在于保护弱势的员工，所以经济补偿金的责任主体为企业，具有单一性，仅是企业对员工承担的一种责任，对于员工一方来讲，不存在由员工支付经济补偿金的情形。而违约金和赔偿金的责任主体是双方的，在违约金或赔偿金责任产生时，由企业或员工向相对方承担相应的责任。

4. 责任计算。经济补偿金是国家法律、法规的直接规定，计算经济补偿金的依据主要是《劳动合同法》第46条、第47条的规定，其中平均工资和连续工龄是计算经济补偿金的两个主要参数。违约金的计算依据和方式则主要是员工和企业之间的约定。赔偿金的计算依据则主要是劳动部《违反〈劳动法〉有关劳动合同规定的赔偿办法》（劳部发〔1995〕223号）及《劳动合同法》第七章有关条款的规定。

表22：经济补偿金与赔偿金、违约金区别一览表

	法律性质	构成要件	责任主体	责任计算
经济补偿金	法定赔偿	法定情形出现	企业	月平均工资×连续工龄*
赔偿金	填补赔偿	违反法律规定；存在损失；存在过失；损失与过失之间存在因果关系	企业或员工	实际损失（违法解除或终止劳动合同的为2倍经济补偿金）
违约金	约定赔偿	劳动合同有约定；约定合法	企业或员工	劳动合同约定

*说明：1. 经济补偿的月工资按照劳动者应得工资计算，包括计时工资或者计件工资以及奖金、津贴和补贴等货币性收入。劳动者在劳动合同解除或者终止前12个月的平均工资低于当地最低工资标准的，按照当地最低工资标准计算。劳动者工作不满12个月的，按照实际工作的月数计算平均工资。

2. 劳动者月工资高于用人单位所在直辖市、设区的市级人民政府公布的本地区上年度职工月平均工资3倍的，向其支付经济补偿的标准按职工月平均工资3倍的数额支付，向其支付经济补偿的年限最高不超过12年。

第六章　集体合同制与三方协商的实施

本章导读

集体合同制度不仅是市场经济体制下劳动关系调整体系的重要组成部分，也是促进社会和谐共生以及进一步稳定劳动关系的重要制度保障。在本章的阅读中，读者可以了解以下法律要点：

1. 平等协商指的是双方当事人为签订集体合同而开展的磋商活动。平等协商是集体合同签订过程中的一部分。集体合同所规定的劳动标准可以成为劳动合同的补充。企业应特别注意集体合同与个体员工劳动合同在内容上的协调性，避免不必要的麻烦和损失。

2. 工会的民主参与，是一种权益性的程序性参与，它首先是建立在工会对企业员工的权利维护基础之上的。在新法律背景下，工会被赋予了更多的民主性参与权利。这种民主参与制度设计的合理与否，不仅影响到企业实施民主管理的绩效，同时还会触发相应的劳资矛盾。

3. 三方协商机制解决的是有关劳动关系中的重大问题。就企业层面的三方机制而言，主要涉及工资水平、劳动条件、社会保险、职业培训、职业安全与卫生、工时休假等方面。三方机制并非可有可无，对于管理绩效良好的企业而言，通过实施三方机制可以有效调节劳资关系。

4. 在企业、工会和政府三方关系里，工会和职代会的职能和作用极为突出。工会依法维护员工的合法权益，对企业履行劳动合同、集体合同的情况进行监督。职代会则依法行使民主管理的权利，在规章制度制定、员工切身利益维护和代言方面起着与企业同等重要的作用。

集体合同是个别劳动关系发展到一定阶段的产物，是弥补个别劳动关系法律调整机制的缺陷，以均衡的目的重构劳动关系的重要法律依据。作为调整劳资关系的重要手段，集体合同已为世界各国普遍采用。在中国内地，集体合同制度是伴随改革开放和市场经济的发展而逐步建立和完善起来的。集体合同制度不仅是市场经济体制下劳动关系调整体系的重要组成部分，也是促进社会和谐共生以及进一步稳定劳动关系的重要制度保障。从政策话语层面讲，推行集体合同制度，对构建和谐劳动关系具有十分重要的意义。《劳动合同法》第五章第一节通过设置专节的方式对集体合同作了集中明确的规定。目前，江苏省、山西省、湖北省、吉林省、天津市、广东省、上海市等地方人大常委会已制定或正在制定各地关于企业民主管理方面的地方性法规，这对于促进企业民主管理，加强集体合同订立都具有重要的里程碑意义。

一、集体协商与集体合同的法律实效化

集体合同，又称集体协议。1951 年国际劳工大会通过的关于集体协议建议书（第 91 号建议书），对集体协议的定义是：以一个雇主或一群雇主，或者一个或几个雇主组织为一方，一个或几个有代表性的工人组织为另一方，如果没有这样的工人组织，则根据国家法律和法规的规定，由工人正式选举并授权的代表为另一方，上述双方之间缔结的关于劳动条件和就业条件的一切书面协议称为集体协议。2004 年新修订的《集体合同规定》则规定，本规定所称集体合同，是指用人单位与本单位职工根据法律、法规、规章的规定，就劳动报酬、工作时间、休息休假、劳动安全卫生、职业培训、保险福利等事项，通过集体协商签订的书面协议；所称专项集体合同，是指用人单位与本单位职工根据法律、法规、规章的规定，就集体协商的某项内容签订的专项书面协议。

（一）平等协商制与集体合同的订立

平等协商指的是双方当事人为签订集体合同而开展的磋商活动，在国外通常使用的是“集体谈判”一词。平等协商是集体合同签订过程中的一部分。签订集体合同必然经过平等协商，但平等协商并不一定导致集体合同的签订，只有在平等协商达成一致的情况下才会签订集体合同。集体合同的内容实际上是双方平等协商一致的成果的体现。通常而言，开展平等协商和订立集体合同应当坚持以下原则：一是合法原则。包括平等协商和订立集体合同程序合法和集体合同本身内容合法两个方面。二是平等原则。在平等协商和签订集体合同过程中，双方当事人地位平等。三是诚信原则。在平等协商和签订集体合同过程中双方当事人应保持诚实信用，如实公升资料，客观提供主张等。四是公平原则。集体合同的内容要兼顾双方的合法权益，公正地确定双方的权利义务，体现共赢。五是平和原则。在平等协商过程中，双方当事人要加强协商和沟通，减少对抗和冲突。

案例 89：职工方协商代表的独立性与集体合同效力

江苏苏州某日资化工制品企业，在成立后不久就按照我国工会法等相关法律法规规定成立了工会，并召开了全体职工代表大会，由全体职工选举副总经理兼管理部部长曾某担任工会主席。依据集体合同相关立法规定，该企业在与职工订立集体合同的过程中，经由企业和职工双方各自确立了 5 名协商代表。其中，副总经理曾某被确定为职工方首席协商代表，代表企业全体职工与企业进行民主的集体协商。但在集体协商过程中，曾某并没有摆脱自身管理者角色的束缚，不能切实地维护职工利益，而是多次以企业管理者的身份代表企业企图说服其他职工代表接受企业所开出的一些条件。企业很多职工对此表示不满，但同时也表现出无可奈何，认为企业是在通过不合理的人事安排来达到合法效果。

专家分析

本节案例涉及两个问题，一是在此种情形下订立的集体合同效力如何认定？二是在集体协商代表不能切实维护本方的权益时，职工应该如何处理？关于第一个问题，集体合同的订立要遵循平等协商原则，所以，集体合同规定中确立了双方集体协商代表对等原则。但是，在本节案例中，职工方的首席协商代表同时又兼任管理者角色时，会导致双方协商地位的不平等。因此，如果副总经理曾某不维护职工利益而达成集体合同，这样的集体合同在双方合意方面是存有瑕疵的，会影响集体合同的效力，劳动行政部门在审查时应该认定为程序违法。另外，集体合同的生效必须满足以下三个条件：一是订立集体合同的主体适格；二是集体合同的内容、形式和程序合法；三是关于集体合同事项的意思表示真实。如果订立集体合同的主体存在合法性或妥适性问题，将会导致集体合同的无效或存在效力上的瑕疵。关于第二个问题，对于不能切实维护职工方权益的集体协商代表，根据《集体合同规定》的规定，职工有权对协商代表进行监督，并可以更换协商代表。

实务指南

企业建立平等协商制度的第一个步骤就是确定平等协商代表，就相关事项与制度进行协商。对于平等协商代表的产生、职责及更换的有关规则，企业应当予以掌握和明确：

1. 平等协商代表的产生。平等协商双方的代表人数应当对等，每方至少 3 人，并确定 1 名首席代表。职工一方的协商代表由工会选派。未建立工会的企业，平等协商代表由本企业职工民主推荐，并经本单位半数以上职工同意后产生。职工一方的首席代表由本单位工会主席担任。工会主席可以书面委托其他协商代表代理首席代表。工会主席空缺的，首席代表由工会主要负责人担任。未建立工会的用人单位，职工一方的首席代表从协商代表中民主推荐产生。企业一方的协商代表，在用人单位层级的平等协商中由企业法定代表人指派，首席代表由单位法定代表人担任或由其书面委托的其他管理人员担任；在区域性、行业性平等协商中，协商代表和首席代表由企业推举产生。平等协商代表也可以外请专业人员担任，但应由首席代表出具书面委托，并且外请的代表人数不得超过本方代表人数的1/3。

2. 平等协商代表的职责。平等协商代表是指按照法定程序产生并有权代表本方利益进行平等协商的人员。其具体职责在于：（1）参加平等协商；（2）接受本方人员质询，及时向本方人员公布协商情况并征求意见；（3）提供与平等协商有关的情况和资料；（4）代表本方参加平等协商争议的处理；（5）监督集体合同或专项集体合同的履行；（6）法律、法规和规章规定的其他职责。

3. 平等协商代表的更换。工会可以更换职工一方协商代表；未建立工会的，经本企业半数以上职工同意可以更换职工一方协商代表。企业法定代表人可以更换企业一方协商代表。

关联法规

第51条　企业职工一方与用人单位通过平等协商，可以就劳动报酬、工作时间、休息休假、劳动安全卫生、保险福利等事项订立集体合同。集体合同草案应当提交职工代表大会或者全体职工讨论通过。

集体合同由工会代表企业职工一方与用人单位订立；尚未建立工会的用人单位，由上级工会指导劳动者推举的代表与用人单位订立。

——《劳动合同法》

第30条　工会可以更换职工一方协商代表；未建立工会的，经本单位半数以上职工同意可以更换职工一方协商代表。

用人单位法定代表人可以更换用人单位一方协商代表。

——劳动和社会保障部《集体合同规定》

第6条　企业行政负责人（含行政副职）、合伙人及其近亲属，人力资源部门负责人，外籍职工不得作为本企业工会主席候选人。

——中华全国总工会《企业工会主席产生办法（试行）》

Tips 小贴士：集体合同与劳动合同的关联比较

集体合同与劳动合同之间既有区别又有联系。集体合同是在劳动合同基础之上产生和发展的，先存在关于个体的劳动合同，后才有关于集体的集体合同。从内容效力上而言，集体合同是劳动合同的基本底限约束。但集体合同与劳动合同之间也有明显的区别。

其一，签订的目的不同。签订集体合同的目的是维护员工的整体合法权益，调整和改善群体劳动关系，促进企业和员工全体的共同发展；签订劳动合同的目的仅在于确定员工和企业双方之间单个的、具体的权利义务关系，针对的对象是特定明确的个体。

其二，签订的主体不同。集体合同的主体是企业与企业工会或者行业组织工会（没有组织工会的，由全体职工推选职工代表），而劳动合同的签订主体是企业与个人员工。

其三，合同的内容不同。集体合同不仅规定企业一般性的劳动权利义务，而且涉及劳动关系的各个方面，内容相当宽泛，具有整体性，当签订专项集体合同时，所涉及的内容又仅仅涉及劳动关系的某一个方面；劳动合同仅规定员工个人与企业双方之间的权利和义务，内容细致具体，针对性和可操作性相对较强。

其四，产生的效力不同。依据现有法律、法规的规定，集体合同的效力要高于劳动合同，当劳动合同与集体合同冲突时，应优先适用集体合同。劳动合同中规定的各项劳动标准不得低于集体合同的规定，否则无效，无效部分以集体合同标准代替。另外，从约束力来看，集体合同适用于企业全体员工，具有整体约束力，而劳动合同仅对员工个人具有约束力。

其五，责任的承担不同。在集体合同履行中，如企业违反集体合同时，应承担违约责任，包括承担赔偿经济利益损失的责任。但若工会一方不履行集体合同的约定，通常只能由上级工会给予批评教育，纠正违约行为，一般不承担经济赔偿责任。在劳动合同中，任何一方违约都可能会导致另一方提前解除劳动合同，同时如果因一方违约给另一方造成经济损失的，应该根据过失情况、因果关系、损失大小及赔偿能力等多方面因素给予相对方赔偿。

表23：集体合同与劳动合同区别对照表

	集体合同	劳动合同
相关立法	劳动合同法、集体合同规定	劳动合同法
签订目的	维护员工整体利益	明确双方个体权益
签订主体	企业与工会或者行业工会（无工会的为职工代表）	企业与员工个体
合同内容	涉及劳动关系有关的各个方面	仅涉及双方权利义务关系
法律效力	对企业、工会及其代表的全体员工均产生拘束力，集体合同效力高于劳动合同	对企业和员工个人产生拘束力，劳动合同不得违反集体合同规定
法律责任	企业违约承担包括经济损失赔偿在内的责任，而工会方违约通常只由上级部门纠正错误做法	违约可能导致一方解除合同，过失方需要承担相应的违约金责任及经济损失赔偿

（二）集体合同的内容、形式与期限

依据《劳动合同法》《集体合同规定》等相关法律、法规，根据不同所有制企业的具体情况，集体合同的主要内容包括：

1. 劳动报酬。劳动报酬主要包括：（1）用人单位工资水平、工资分配制度、工资标准和工资分配形式；（2）工资支付办法；（3）加班、加点工资及津贴、补贴标准和奖金分配办法；（4）工资调整办法；（5）试用期及病、事假等期间的工资待遇；（6）特殊情况下职工工资（生活费）支付办法；（7）其他劳动报酬分配办法。

2. 工作时间。工作时间主要包括：（1）工时制度；（2）加班加点办法；（3）特殊工种的工作时间；（4）劳动定额标准。

3. 休息休假。休息休假主要包括：（1）日休息时间、周休息日安排、年休假办法；（2）不能实行标准工时职工的休息休假；（3）其他假期。

4. 劳动安全与卫生。劳动安全卫生主要包括：（1）劳动安全卫生责任制；（2）劳动条件和安全技术措施；（3）安全操作规程；（4）劳保用品发放标准；（5）定期健康检查和职业健康体检。

5. 补充保险和福利。补充保险和福利主要包括：（1）补充保险的种类、范围；（2）基本福利制度与福利设施；（3）医疗期延长及其待遇；（4）职工亲属福利制度。

6. 女职工和未成年工特殊保护。女职工和未成年工特殊保护主要包括：（1）女职工和未成年工禁忌从事的劳动；（2）女职工的经期、孕期、产期和哺乳期的劳动保护；（3）女职工、未成年工定期健康检查；（4）未成年工的使用和登记制度。

7. 职业技能培训。职业技能培训主要包括：（1）职业技能培训项目规划及年度计划；（2）职业技能培训费用的提取和使用；（3）保障和改善职业技能培训的措施。

8. 劳动合同管理。劳动合同管理主要包括：（1）劳动合同签订时间；（2）确定劳动合同期限的条件；（3）劳动合同变更、解除、续订的一般原则及无固定期限劳动合同的终止条件；（4）试用期的条件和期限。

9. 奖惩。奖惩主要包括：（1）劳动纪律；（2）考核奖惩制度；（3）奖惩程序。

10. 裁员。裁员主要包括：（1）裁员的方案；（2）裁员的程序；（3）裁员的实施办法和补偿标准。

除上述之外，集体合同还须包括集体合同期限、集体合同变更、解除集体合同的程序、履行集体合同发生争议时的协商处理办法、违反集体合同的责任及双方认为应当协商的其他内容。

各国关于集体合同可以或应当以什么形式存在，都由立法明确规定。一般而言，集体合同为要式合同，必须采用书面形式。《集体合同规定》规定，用人单位与本单位职工签订集体合同，应当采取集体协商的方式。集体协商主要采取协商会议的形式，并且明确要求集体合同应当采用书面形式。口头形式的集体合同不具有法律效力。

集体合同的形式还有综合性集体合同与专项集体合同之分。综合性集体合同，其内容一般涉及劳动关系的各个方面；专项集体合同是指双方就协商的某项内容签订的专项书面协议。《劳动合同法》第52条规定："企业职工一方与用人单位可以订立劳动安全卫生、女职工权益保护、工资调整机制等专项集体合同。"根据《工资集体协商试行办法》（劳动和社会保障部令第9号）第3条的规定，企业依法开展工资平等协商，签订工资协议；已订立集体合同的，工资协议作为集体合同的附件，并与集体合同具有同等效力。

集体合同的期限，由当事人双方在法定最短和最长期限范围内自行协商约定。期满前经当事人协商一致可以延期，但延期也不得超过法定最长期限。《集体合同规定》只就定期集体合同作了规定，期限为1－3年，期满或双方约定的终止条件出现，即行终止。在合同约定的期限内，双方代表可对合同履行情况进行检查，每年可对合同进行修订。集体合同或专项集体合同期满前3个月内，任何一方均可向对方提出重新订立或续订的要求。

（三）集体合同的履行、变更与终结

集体合同的履行是指集体合同生效后，当事人双方按照合同约定的各项内容，全面地完成各自承担的义务，从而使合同的权利义务得到全部实现的整个行为过程。集体合同的履行是集体合同制度实现的基本形式，集体合同一旦生效，就具有法律效力，签约双方都要严格履行合同的协议，保证合同目的的实现。

集体合同的变更，是指在集体合同没有履行或没有完全履行之前，因订立集体合同所依据的主客观情况发生变化，原合同内容已不适应变化了的情况时，当事人对原合同中某些条款进行补充和修改。按照《集体合同规定》，集体合同期限为1－3年。在集体合同规定的期限内，合同双方当事人可以对合同履行情况进行检查，对一些不适应形势发展、变化的条款，任何一方当事人均可提出变更的要求，经协商一致可以变更或解除。所谓主客观情况发生变化，主要是指以下几种情况：一是用人单位因被兼并、解散、破产等原因，致使集体合同或专项集体合同无法履行的；二是因不可抗力等原因致使集体合同或专项集体合同无法履行或部分无法履行的；三是集体合同或专项集体合同约定的变更或解除条件出现的；四是法律、法规、规章规定的其他情形。在变更或解除集体合同时应遵守平等协商的程序。

集体合同的终结，是指合同期满、合同的目的已经实现或依法解除合同等而使合同法律效力消失。简单地说，就是结束集体合同关系。《集体合同规定》第38条规定，集体合同或专项集体合同期满或双方约定的终止条件出现，即行终止。一般有以下几种情形：一是集体合同的期限届满；二是集体合同当事人一方不复存在；三是集体合同依法或依协商解除。

二、工会程序参与和企业民主管理绩效

《劳动合同法》多处赋予了工会参与权利和监督权利，如企业制定规章制度要经过职工代表大会讨论，与工会进行协商；企业解除劳动合同要事先将理由通知工会；企业进行经济性裁员要听取工会意见；工会代表职工方进行集体协商并签订集体合同；等等。但是，也应当注意到，工会在参与企业生产经营决策、规章制度制定、解除劳动合同等企业管理过程中享有的法定权利更多的是一种程序上的参与权，这一方面是对企业在守法情形下自主经营管理的高度尊重，另一方面也是对工会权利在参与基础上的一种实质上的约束，也即工会享有的仅是提出意见和建议的权利。当然，在进行集体协商和订立集体合同时，工会与企业的地位应是对等的，并同时享有实体性咨议和程序性参与的权利。

（一）工会民主参与和企业管理绩效

工会的民主参与首先是建立在工会对企业员工的权利维护基础之上的。工会有关人员熟悉劳动法律、法规、国家规定，有能力帮助、指导劳动者签订、履行劳动合同。在签订劳动合同方面，工会的指导、帮助，不是代表或者代替劳动者签订劳动合同，而是通过宣传、讲解，使劳动者了解与签订劳动合同相关的规定，明确劳动合同内容对自己权利义务的重要影响，以及劳动合同签订的重要意义，从而能做到独立地反映自己的意思。在履行劳动合同方面，工会的帮助、指导体现在：工会有关人员通过宣传、讲解法律、法规、国家有关规定和劳动合同的内容，使劳动者明了自己的义务，做到不违反国家规定和劳动合同约定。同时使劳动者明了自己的权利，在权利受到侵害时可以选择的措施，以维护自己的合法权益。

在《劳动合同法》背景下，工会被更多地赋予了民主性参与的权利。尽管工会的民主参与对企业的决策与管理带来一定的约束，但从更大和更长远的意义上讲，企业也通过工会的依法监督和民主参与，客观上提高了企业的经营管理绩效。当前，中国内地政府正在全面开展集体协商要约行动，大力推进工资集体协商和签订工资专项集体合同，推动企业建立工资分配共决机制、工资正常增长机制和工资支付保障机制，合理调整和严格执行最低工资制度和实施最低小时工资标准，保证职工工资收入和福利待遇随着企业经济效益的提高同步增长。同时，围绕劳动安全、女职工权益保护等突出问题开展平等协商和签订专项集体合同。

（二）工会与企业集体协商机制的建构

工会代表劳动者与用人单位建立集体协商机制，是劳动者群体实现劳动权益的重要保障。在集体协商机制方面，工会代表企业职工一方与用人单位通过平等协商，可以就劳动报酬、工作时间、休息休假、劳动安全卫生、保险福利等事项订立集体合同。企业与劳动者签订劳动合同时，必须遵守集体合同规定的劳动标准，不能低于集体合同确定

的劳动标准。低于集体合同的部分视为无效。此外，集体合同所规定的劳动标准在一定条件下可以成为劳动合同内容的补充，即集体合同有规定而劳动合同未作规定，集体合同有明确规定而劳动合同规定不明确的情况下，集体合同的规定就可以视为劳动合同的内容。

案例 90：平等协商和签订集体合同的程序

2019 年 1 月，上海某美资空调设备有限公司准备在企业内建立工会，并借此契机建立集体协商机制。经公司管理部推荐和所在地总工会协调指导，Nancy 被选举为企业工会主席。此后她着手准备启动集体协商程序并签订公司的第一份集体合同。她为双方协商遴选好了适格的平等协商代表，但她一直不太清楚从哪一个环节启动集体协商程序。现在她是工会主席，这些问题还得由她来进行处理。于是她找到所在地总工会征询意见，总工会的相关负责人热情地接待了她，并向她详细讲解了平等协商和签订集体合同的流程。回到公司以后，按照总工会的说法并结合自己的公司的实际，Nancy 顺利主持了集体协商程序，并最终如其所愿签订了公司的第一份集体合同。

专家分析

集体合同成立和生效的前提是劳动者方与用人单位协商一致，双方就集体合同所涉及的内容达成合意。而集体合同的达成又依赖于集体协商机制的建立和启动，在实践中集体协商都必须遵循法律、法规规定的要求和程序。首先，集体协商应当召开协商会议；其次，形成集体合同草案后需要经过职代会的讨论；最后，集体合同草案要经由当地劳动行政部门的备案式审查后方才生效。

实务指南

平等协商和签订集体合同的程序包括提出协商要求、协商前准备、召开协商会议、形成集体合同草案、职代会审议、签字、报送、审查和公布等。

1. 提出协商要求。平等协商任何一方均可就签订集体合同或专项集体合同以及选骨干事宜，以书面形式向对方提出进行平等协商的要求。一方提出进行平等协商的要求的，另一方应当在收到平等协商要求之日起 20 日内以书面的形式给予回应，无正当理由不得拒绝进行平等协商。

2. 协商前准备。协商代表在协商前应进行下列准备工作：熟悉与平等协商内容有关的法律、法规、规章和制度；了解与平等协商内容有关的情况和资料，收集用人单位和职工对协商意向所持的意见；拟定平等协商议题，平等协商议题可由提出协商一方起草，也可由双方指派代表共同起草；确定平等协商的时间、地点等事项；共同确定一名协商代表担任平等协商记录员。记录员应保持中立、公正，并为平等协商双方保密。

3. 召开协商会议。平等协商主要采取协商会议的形式，协商会议由双方首席代表轮流主持，并按下列程序进行：宣布议程和会议纪律；一方首席代表提出协商的具体内容和要求，另一方首席代表做出回应；双方就商谈事项发表各自的意见，展开充分讨论；双方首席代表归纳意见。未达成一致意见或出现事先未预料到的问题时，经双方协商，可以中止协商。中止期限及下次协商时间、地点和内容由双方商定。

4. 形成集体合同草案。经过平等协商会议达成一致意见的，应当根据协商结果形成集体合同草案，经过双方协商代表确认后，由双方首席代表签字。

5. 职代会讨论通过。对于企业层级的集体合同草案，应提交职代会或全体职工讨论。职代会和全体职工讨论草案，应当有 2/3 以上职工代表或职工出席，且需经全体职工代表或职工半数以上同意，草案方获通过。

6. 首席代表签字。集体合同草案经讨论审议通过后，由双方首席代表签字。

7. 报送、审查与公布。集体合同签字后，要将合同文本报送劳动行政部门。劳动行政部门对于报送的集体合同内容、程序以及平等协商双方的主体资格的合法性进行审查，如果发现有违反国家法律、法规的内容和程序，可以指令当事人予以修改。如果未提出异议，15 日之后，集体合同即生效。集体合同生效后，用人单位应当将集体合同向全体职工公布。

关联法规

第 52 条　企业职工一方与用人单位可以订立劳动安全卫生、女职工权益保护、工资调整机制等专项集体合同。

第 54 条　集体合同订立后，应当报送劳动行政部门；劳动行政部门自收到集体合同文本之日起十五日内未提出异议的，集体合同即行生效。

依法订立的集体合同对用人单位和劳动者具有约束力。行业性、区域性集体合同对当地本行业、本区域的用人单位和劳动者具有约束力。

第 55 条　集体合同中劳动报酬和劳动条件等标准不得低于当地人民政府规定的最低标准；用人单位与劳动者订立的劳动合同中劳动报酬和劳动条件等标准不得低于集体合同规定的标准。

——《劳动合同法》

三、政府企业员工与三方协商对话机制

三方机制，是指由政府有关部门、工会组织和用人单位组织三方通过较为稳定的方式对劳动关系重大问题进行沟通协调的机制，在市场经济国家已经相当普遍。中国内地的三方机制始建于 20 世纪 90 年代。1990 年 9 月 7 日，全国人大常委会批准了国际劳工组织第 144 号公约《三方协商促进履行国际劳工标准公约》。从 1997 年起，海南、山西、广西等地区率先探索建立了协调劳动关系三方机制。2001 年 8 月 3 日，劳

动保障部、中华全国总工会和中国企业联合会、中国企业家协会在北京召开了国家协调劳动关系三方会议第一次会议，建立了国家以及协调劳动关系三方机制。目前，31个省、自治区、直辖市已经全部建立三方协调机制，市（地）和县（市）大多数也建立了三方协商机制，初步形成了中国内地三方协调机制组织体系的框架。

（一）三方机制的主要职责与三方对话

中国内地国家一级三方机制的主要职责包括：一是研究分析改革政策和经济社会发展计划对劳动关系的影响，判断劳动关系状况，预测劳动关系发展趋势；二是研究分析对劳动关系带有全局性影响的重大问题，在达成共识的基础上提出政策性意见和建设；三是对涉及调整劳动关系方面的法律、行政法规和国家政策提出意见和建议，并监督其实施；四是指导、推进地方建立三方协商机制和企业建立实施协商劳动关系机制；五是对具有重大影响的集体劳动争议和群体性事件进行调查研究，提出相应措施，并就预防提出可行性措施；六是有关劳动法律、法规和规章的宣传工作。三方通过联合调查研究、联合下发文件、联合进行部署、联合监督检查、联合开展培训等方式，逐步形成三方紧密配合、有关部门联动的工作格局，为协商劳动关系发挥了重要作用。

（二）企业三方机制的建立与民主协商

协调劳动关系三方协商机制，并不是《劳动合同法》首创的。《工会法》第35条第2款规定，各级人民政府劳动行政部门应当会同同级工会和企业方面代表，建立劳动关系三方协商机制，共同研究解决劳动关系方面的重大问题。《劳动合同法》将上述规定中的“同级工会”变更表述为“工会”，这样就扩大了参与协调劳动关系协商机制中代表员工利益的工会范围，使之更具有可操作性。

案例91：三方协商机制如何建立与实施?

2013年1月，江苏无锡某日资电池制造有限公司发生了一件非常严重的制程异常事件。从管理部呈报的材料来看，在公司启动了电池制造二部以后，陆续招用了包括李某在内的300多名女工进入该部从事现场操作，并与之签订了劳动合同。但是，该电池制造二部正常运转3个月后，李某等新入职的300多名女工中好多人出现了头晕、恶心等症状。公司安排她们分别到当地的职业病防治医院进行例行检查后，才知道是电池制造中的某原料化学物质超标，造成化学物质中毒而导致的。近期，这些女工找到管理部要求解决，公司管理部在调查后发现主要原因在于供应商近期提供的原料出现异常，便告知女工们公司正在找相关供应商协商解决，希望女工们先安心工作，等事情一有眉目便告知女工进展情况。女工们认为这是公司的缓兵之计，根本不愿意着手解决这个问题，于是向当地劳动行政机关反映。当地劳动局的负责人非常重视，会同当地总工会和以该公司为会长单位的电池制造企业联合会，就女工提出的问题进行协商。三方经过讨论和研究，认为原料化学物质超标是行业内涉及劳动关系的重大问题，于是决定，就本地区该行业的职工健康情况进行普查，如果发现有类似的职业病，应严格按照《工伤保险条例》办理。另外，严令督促各家企业改进生产工艺，严把质量关，重视劳动安全卫生状况，并就相关安全卫生事项加强与职工的交流和沟通。最后，这起异常事件得到了较妥善的处理和解决。

专家分析

根据《工会法》和《劳动合同法》的相关规定，三方协商机制解决的是有关劳动关系中重大问题，比如劳动立法、相关政策的制定、劳动就业、工资水平、劳动条件、社会保险、职业培训、劳动争议、职业安全与卫生、工时与休假、集体合同与劳动合同以及对产业行为的规范与防范等问题。在本节案例中，所涉及的就是劳动条件、职业安全卫生以及对产业行为的规范与防范问题。通过政府部门和当地工会以及企业联合会在三方协商机制下，认真协商与研究，最后找到解决问题的办法，促进了该地区、该行业劳动保护和职业安全卫生方面的工作，使员工的合法权益得到了保护，本地区的劳动关系也变得更为和谐。

实务指南

就中国内地的实际情况而言，三方协商机制目前还开展得不够广泛，很多细节性的规定也比较缺乏，很多企业也不愿使用这种机制来解决问题。不过，企业也可以通过此种方式的处理，主动化解有关问题。

1. 主动性地参与化解矛盾。企业在处理劳动争议和进行集体协商的时候，除了可以通过与员工或工会平等对话或谈判的方式进行解决，同时对于发生的重大劳动问题，还可以向当地的劳动行政部门反映，通过三方协商机制加以解决。

2. 认真执行有关决议政策。企业应特别重视通过三方协商机制定下来的决议和政策，并且应当严格遵守。另外，在执行过程中，遇到影响劳动关系的重大问题的时候，也可以考虑利用三方协商机制进行研究和解决。

关联法规

第5条　县级以上人民政府劳动行政部门会同工会和企业方面代表，建立健全协调劳动关系三方机制，共同研究解决有关劳动关系的重大问题。

——《劳动合同法》

第35条第2款　各级人民政府劳动行政部门应当会同同级工会和企业方面代表，建立劳动关系三方协商机制，共同研究解决劳动关系方面的重大问题。

——《工会法》

四、劳动关系的形成与履行的工会监督

根据《劳动合同法》第6条和第78条的规定，工会应当帮助、指导劳动者与用人单位依法订立和履行劳动合同，并与用人单位建立集体协商机制，维护劳动者的合法权益。工会依法维护劳动者的合法权益，对用人单位履行劳动合同、集体合同的情况进行监督。用人单位违反劳动法律、法规和劳动合同、集体合同的，工会有权提出意见或者要求纠正；劳动者申请仲裁，提起诉讼的，工会应当依法给予支持和帮助。根据《工会法》第2条第1款的规定，工会是中国共产党领导的职工愿结合的工人阶级群众组织，是中国共产党联系职工群众的桥梁和纽带。根据《工会法》第6条第1款的规定，工会的基本职责是维护职工合法权益、竭诚服务职工群众。按照《劳动合同法》的规定，工会在签订、履行劳动合同、集体合同方面以及维护劳动者合法权益方面负有重要职能和作用。

（一）工会监督劳动合同的履行

工会监督劳动合同的履行，主要体现在对用人单位处分职工的监督和单方解除劳动合同监督两个方面。关于对用人单位处分职工的监督。建立劳动关系即包含了用人单位对劳动者进行监督、管理、指挥，也就拥有对本单位进行奖惩的权力。劳动合同一方当事人对另一方当事人的惩罚，需要工会的监督。用人单位对职工的处理合法、合理，则工会维护正确的处分决定，通过协调和思想工作，教育并促使职工正确对待处分。如果用人单位对职工的处分缺少法律依据，或者缺少事实理由，或者处分不合理，那么工会就有权向用人单位提出意见，要求其重新做出处理决定。

关于对用人单位单方解除劳动合同的监督。按照《劳动合同法》第41条的规定，用人单位在进行经济性裁员时，应提前30日向工会或者全体职工说明情况，并提供有关生产经营状况的资料；将裁减人员方案征求工会或者全体职工的意见，并对方案进行修改和完善。按照《劳动合同法》第43条的规定，“用人单位单方解除劳动合同，应当事先将理由通知工会。用人单位违反法律、行政法规规定或者劳动合同约定的，工会有权要求用人单位纠正。用人单位应当研究工会的意见，并将处理结果书面通知工会。”同时根据《工会法》第22条第2款的规定，“用人单位单方面解除职工劳动合同时，应当事先将理由通知工会，工会认为企业违反法律、法规和有关合同，要求重新研究处理时，用人单位应当研究工会的意见，并将处理结果书面通知工会”。从这些规定看，用人单位解除劳动合同，工会认为不适当的，都有权提出意见。

（二）工会监督集体合同的履行

监督集体合同的履行，既是工会的法定权利，也是其法定责任。集体合同生效后具有法律约束力，当事人必须严格履行，任何一方不得随意变更、解除。基层工会组织负有督促企业及时、全面履行集体合同的责任。发现企业违反集体合同规定，侵犯

了职工的合法权益时，工会有权进行交涉，责成违约企业履行集体合同并承担违约责任。

案例 92：企业工会不能监督区域性集体合同的履行？

2008 年 12 月，小陈到广东惠州某台资印刷线路板有限公司工作，主要工作是从事印刷电路板的目镜检测。公司与其签订了劳动合同，合同期限为 3 年，约定月工资为 1200 元，如果工作业绩良好，产品良率高，则还有相应的特别补贴和奖金。于是，在公司就职期间，小陈一直非常认真地工作。到了 2009 年年底的时候，因为一次偶然的机会，她听到她的一位同乡讲，目镜监测员工工资福利待遇在全市范围内的电子行业集体合同中有约定，最低月收入应保证在 1500 元以上。小陈自己算了一下，即使加上公司每月发给自己的 150 元的补贴和奖金，每月实得收入也只有 1350 元。她注意到上次公司工会搞活动时的工会主席张大姐人很好，于是向其求助。张大姐得知此事后，立即找公司核实。但公司行政部认为，公司并没有参加这个所谓区域性集体合同，所以企业并不受此约束。同时还告知张大姐，即便是因区域性集体合同事项发生争议，也是所在区的总工会来与公司协商，企业的工会主席没有这个监督的权利。

专家分析

具体而言，本节案例涉及两个法律问题，一是区域性或行业性集体合同能否适用于本区域所在企业；二是企业工会是否有权监督区域性或行业性集体合同的履行。对于第一个问题，根据《劳动合同法》第 54 条的相关规定，依法订立的集体合同对企业和员工具有约束力。行业性、区域性集体合同对当地本行业、本区域的企业和员工具有约束力。所以，该区域性集体合同当然约束线路板公司。对于第二个问题，《劳动合同法》第 78 条规定，工会有权对用人单位履行集体合同的情况进行监督，企业违反劳动法律、法规和集体合同的，工会有权提出意见或者要求纠正。所以，工会有权对在该企业适用的区域性集体合同履行情况进行监督。当然，企业工会也可以通过层报所在区总工会依法进行监督和交涉。

实务指南

对于企业而言，除了需要认真协商和订立本企业的集体合同外，还应当了解和参与本区域、本行业的集体合同的协商与订立，并严格制定集体合同的有关规定。

1. 认真执行本企业和区域性、行业性的集体合同。除建筑业、采矿业、餐饮服务业等行业外，其他一些具有规模化生产的劳动密集型行业，在政府和相关机构的推动下，订立区域性或行业性的集体合同以后会比较常见。企业应及时参与这些集体合同的制定，至少要了解这些集体合同的相关内容，对相关权利义务按照该合同做相应的调整。

2. 及时与工会进行沟通，促进集体合同更好地履行。集体合同的执行过程中，不可避免地会出现一些问题，这些问题最好是通过协商的方式进行解决。同时，在履行集体合同发生争议的时候，尽可能地舒展工会渠道，进行基于理性的谈判和协调，并积极吸取改进建议，以便促进集体合同更好地履行。

关联法规

第 53 条　在县级以下区域内，建筑业、采矿业、餐饮服务业等行业可以由工会与企业方面代表订立行业性集体合同，或者订立区域性集体合同。

第 54 条第 2 款　依法订立的集体合同对用人单位和劳动者具有约束力。行业性、区域性集体合同对当地本行业、本区域的用人单位和劳动者具有约束力。

第 78 条　工会依法维护劳动者的合法权益，对用人单位履行劳动合同、集体合同的情况进行监督。用人单位违反劳动法律、法规和劳动合同、集体合同的，工会有权提出意见或者要求纠正；劳动者申请仲裁、提起诉讼的，工会依法给予支持和帮助。

——《劳动合同法》

五、主动性的企业职代会工会沟通渠道

在中国内地的计划经济时代，企业职工代表大会（以下简称职代会）与企业工会委员会（以下简称工会）是企业民主管理的重要组织机构。按照《全民所有制工业企业职工代表大会条例》第 3 条的规定，职工代表大会是企业实行民主管理的基本形式，是职工行使民主管理权力的机构。企业工会委员会是职工代表大会的工作机构，负责职工代表大会的日常工作。随着《劳动合同法》时代的来临，企业工会和企业职代会也被赋予新的法律职权和责任，在规章制度制定、集体合同签订、劳动者利益维护等一系列方面发挥着重要的作用。

（一）企业工会的组建及与企业的互动

严格遵守法律、法规是对企业最基本的要求，工会是依法维护劳动者合法权益的组织，在企业严格遵守法律、法规的情况下，工会和企业之间并不存在根本的冲突，同时还可以更好地促进企业依法进行生产经营决策和劳动人事管理。国家不仅鼓励企业建立工会，同时还通过立法的形式对组建工会的相关权责进行了明确的规定。

案例 93：沃尔玛在中国全面组建工会

自 1996 年在华设立分店以来，沃尔玛一直坚持其不组建工会的惯例。全国总工会与其进行了长达 10 年的博弈。2006 年，经过全国总工会的不懈努力，沃尔玛终于打破了不组建工会的先例。7 月 29 日，沃尔玛深国投百货有限公司晋江店工会成立暨第一次会员大会在泉州市举行。这标志着沃尔玛职工在中国建立了第一个工会

组织。8 月 12 日，沈阳沃尔玛百货有限公司党支部成立，由 3 名共产党员组成；同日，成立团支部，共有 16 名团员。这是全国成立工会组织的沃尔玛分店中首家成立党支部和团支部的。8 月 16 日，全国总工会基层组织建设部部长郭某才应邀赴深圳，与沃尔玛（中国）总部副总裁、首席行政长官孟某明等会谈，双方达成五项约定。截至 8 月 17 日，共有晋江、深圳、南京、福州、济南、沈阳、大连、南昌、青岛、武汉、太原等 11 个城市 19 家沃尔玛分店建立了基层工会组织。9 月 29 日，沃尔玛汕头南国店工会成立，这标志着两个月内全国 30 个城市中的 62 家沃尔玛分店全部建立了工会组织，共发展会员 6000 余名。实现了中国工会与沃尔玛（中国）公司达成的依法、和谐、快速、全面组建工会的目标。

专家分析

沃尔玛职工建会，无疑是我国外商投资企业依法建会工作的一次重大突破。这再次表明，在《工会法》面前，任何企业都没有拒建工会的“特权”，任何企业到了中国的土地上，就必须遵守中华人民共和国的法律。有远见的企业家应该正确认识并理解组建工会的意义——这既是尊重职工政治权利，维护职工合法权益的务实之举，也是企业不容推卸，必须履行的法定责任。当然，工会在限制企业管理权利，增加一定成本的同时，也对企业的管理有一定促进作用。比如说工会动员和组织职工积极发挥企业主人翁精神，努力完成生产任务和工作任务；工会积极贯彻企业的福利措施，组织职工开展文娱和体育活动；企业发生停工、怠工时，工会代表职工同企业进行协商，反映职工意见和要求并提出建设性意见；等等。本节案例中沃尔玛最终组建工会，从长远看，无论是对于促进沃尔玛合法经营本身，还是对于推动外企工会建设，都有着重要的里程碑意义。

实务指南

中国内地的工会与境外的工会存在本质区别，在工会被法律赋予大量管理参与权利的情况下，以合作代替对抗应当是用人单位的最佳选择。对用人单位而言，需要充分了解工会的权利和作用，通过与工会的合作，促进单位的民主管理，构建和谐劳动关系。

1. 尊重工会的自主权利，以合作代替对抗。企业要充分认识到工会在民主管理中的重要作用，在涉及具体经营管理的问题上，企业对工会的意见应当认真分析，对合理的意见应当听取。对企业无法接受的意见，企业也应当与工会进行充分的说明与沟通。

2. 支持工会的日常工作，让工会参与管理。企业在日常的工作中应注重与工会的合作，可以让部分合适的工会工作人员兼职从事管理工作。法律对企业的管理人员参与工会未作限制，仅规定企业主要负责人的近亲属不得作为本用人单位基层工会委员会成员的人选。

3. 及时足额地提供经费，并保障物质条件。《工会法》规定，建立工会的企业按每月全部职工工资总额的2%向工会拨缴经费；企业无正当理由拖延或者拒不拨缴工会经费，企业工会或者其上级工会还可以向当地人民法院申请支付令。同时，企业还应当为工会办公和开展活动提供必要的设施和活动场所等物质条件。

关联法规

第43条　工会经费的来源：

（一）工会会员缴纳的会费；

（二）建立工会组织的用人单位按每月全部职工工资总额的百分之二向工会拨缴的经费；

（三）工会所属的企业、事业单位上缴的收入；

（四）人民政府的补助；

（五）其他收入。

前款第二项规定的企业、事业单位、社会组织拨缴的经费在税前列支。

工会经费主要用于为职工服务和工会活动。经费使用的具体办法由中华全国总工会制定。

第44条　企业、事业单位、社会组织无正当理由拖延或者拒不拨缴工会经费，基层工会或者上级工会可以向当地人民法院申请支付令；拒不执行支付令的，工会可以依法申请人民法院强制执行。

——《工会法》

（二）企业职代会的地位及其沟通方式

企业职代会的主要功能在于依法行使民主管理的权利，就涉及员工切身利益的事项进行讨论，与企业协商确定相关规章制度。同时，企业工会与企业职代会的地位关系是一种常设性与非常设性、执行机构与决策机构、代表组织与被代表组织之间的关系。

案例94：《劳动合同法》实施后如何操作职代会组建？

上海某日资半导体企业管理层近期通过决议，准备依法组建工会和职代会，此任务被安排给管理部部长李先生处理。李先生接到任务后，立即成立公司工会和职代会筹建小组，就相关组建事宜查阅相关法律法规，并广泛征求公司各方面及员工意见。李先生认真研读了《劳动合同法》《劳动法》《工会法》的有关规定，对工会的成立与组建尚比较了解，对工会组成人员的遴选、工会的成立、工会的运行以及公司与工会关系的相关事项都已心中有数。但是他也发现，在目前通过各种渠道找到的各种法律法规中，很难找到关于企业职工代表大会或民主管理的相关规定，即便是能找到，也都是比较早的国营企业民主管理方面的规定，他对此非常困惑，不知道应如何正确处理职代会的组建事宜。于是其直接向所在地总工会咨询。

专家分析

在《劳动合同法》实施以后，企业职工代表大会在企业民主管理中有着更为重要的功能和作用。根据《劳动合同法》第4条的相关规定，企业在制定、修改或者决定有关劳动报酬、工作时间、休息休假、劳动安全卫生、保险福利、职工培训、劳动纪律以及劳动定额管理等直接涉及劳动者切身利益的规章制度或者重大事项时，应当经职工代表大会或者全体职工讨论，提出方案和意见，与工会或者职工代表平等协商确定。在规章制度和重大事项决定实施过程中，工会或者职工认为不适当的，有权向企业提出，通过协商予以修改完善。

实务指南

《劳动合同法》实施以后，职工代表大会如何召开？其提名权和相关议事程序如何处理？这些事项是企业非常关注的问题。以下简述企业新建职代会的产生和行使权利的方式：2007年6月《劳动合同法》发布以后，各地方纷纷出台了地方性企业民主管理条例。比如2007年7月至12月间，江苏、湖北、天津、山西等地都出台了相关的《企业民主管理条例》。各地的企业可按照相关地方性立法对代表人数、任职条件等具体事项进行实际操作。

1. 民主选举出职工代表。企业首要需要民主选举出职工代表。企业工会可先拟订并公布本企业的《职工代表大会代表产生办法》，让职工在公示期内提出建议和意见，并在公示期完毕后按照修改后的《职工代表大会代表产生办法》推选或选举职工代表。

2. 推选职代会筹备小组。在选举出职工代表后，由工会主持召开职工代表大会预备会议，全体职工代表出席，并在职工代表中推选产生职代会筹备小组。筹备小组的负责人可由工会负责人或其他在企业适宜的人选担任。

3. 筹备人员安排会议议程。当选后的筹备小组根据企业的实际情况，拟订《职工代表大会代表管理办法》《职工代表大会筹备小组规则》《职工代表大会议事规则》《职工代表大会代表提案规则》等所需的程序性的规范性文件。

4. 拟订职代会实体性文件。筹备小组拟定职代会所需的规范性文件，包括职代会主席、副主席、委员及相关机构负责人名单建议稿，《员工手册》《薪资管理与绩效考核办法》《集体合同》等规章制度及协议草案，其他重要的会议规范性文件，等等。

5. 召开企业第一届职代会。按照会议议程安排，审查相关规范性文件，并任命职代会主席、副主席、委员及相关机构负责人，作出《员工手册》《薪资管理与绩效考核办法》《集体合同》等规章制度及协议草案的职代会决议。

第七章　劳务派遣与用工模式的选择

本章导读

《劳动合同法》以立法的方式确认了劳务派遣为一种新的用工方式，这给该法出台之前事实形成但法律地位模糊的劳务用工形式作了合法性的正名。劳务派遣作为一种灵活用工方式，被非常多的企业广泛采用。在本章的阅读中，读者可以了解以下法律要点：

1. 劳务派遣关系是一种三方法律关系，企业应注意识别三方之间的相互权利义务。劳务派遣单位与用工单位之间订立劳务派遣协议，建立劳务派遣关系；劳务派遣单位与派遣员工之间订立劳动合同，建立劳动关系，劳务派遣单位是派遣员工在法律上的用工单位；实际用工单位与派遣员工之间则不成立直接的劳动关系，仅是实际用工关系。了解此种三方关系，对于准确把握三方间权利义务分配非常重要。

2. 劳务派遣用工应在岗位区分的基础上实施，不应在同一岗位上使用正式用工和派遣用工。根据《劳动合同法（修正案）》的规定，劳动合同用工是我国的企业基本用工形式。劳务派遣用工是补充形式，只能在临时性、辅助性或者替代性的工作岗位上实施。前款规定的临时性工作岗位是指存续时间不超过六个月的岗位；辅助性工作岗位是指为主营业务岗位提供服务的非主营业务岗位；替代性工作岗位是指用工单位的劳动者因脱产学习、休假等原因无法工作的一定期间内，可以由其他劳动者替代工作的岗位。企业应根据自身经营实际，区分“三性”岗位和非“三性”岗位，并相应归类设定为正式工岗位和派遣工岗位，分别实行用工管理。

3. 企业在使用劳务派遣用工时应贯彻同工同酬原则。针对《劳动合同法》出台前劳务用工中普遍存在的同工不同酬现象，《劳动合同法》在劳务派遣专章特别规定了同工同酬原则。所以，企业在正式工和派遣工薪酬分配方面应相应注意平等性的掌握。尽管同工同酬原则比较抽象，企业在正式工和派遣工的待遇管理方面，应特别注意遵从此一原则；至于在狭义工资之外的福利津补贴方面，也应注意分配上的合理性，差异不宜过大。

4. 企业作为用工单位应与劳务派遣单位对劳动者承担连带责任。依据《劳动合同法》和《劳动合同法实施条例》的相关规定，劳务派遣单位和用工单位违反法律法规规定，给被派遣劳动者造成损害的，劳务派遣单位和用工单位承担连带赔偿责任。实务中，用工单位一方面需要对自身直接招用的正式员工进行合法管理，另一方面也应按照劳务派遣相关规定对派遣员工进行有效管理。与此同时，考虑到控制承担连带责任的风险，企业应督促和监督劳务派遣单位对派遣员工进行合规操作。

5. 目前法律对劳务派遣退回的规定尚不明确，企业在订立劳务派遣协议时应注意尊重约定和贯彻公平性原则。按照《劳动合同法》的规定，派遣员工有过错性解除情形和满足非过错性解除之健康原因或能力原因无法履行合同情形时，用工单位可以将派遣员工退回劳务派遣单位，而后由劳务派遣单位解除派遣员工劳动合同。但对于客观情况发生重大变化及符合经济性裁员情形时能否退回，相关规定并不明确，企业可在平等自愿约定和把握公平合理性原则前提上，就退回相关事项在公平性基础上进行适当约定。

劳务派遣源于美国，成长于欧洲、日本，已有多年的历史。美国早在1971年就颁布了《人才派遣业的法律》，如今，人才派遣在欧、美、日本等国家已经很普遍很盛行，已成为西方国家和一些经济发达国家的主要用工形式。劳务派遣的称法很多，也叫“人力租赁”、“劳动派遣”、“工人派遣”、“临时劳动”（Temporary work）、“租赁劳动”（Leased work）等，是指用人单位可以根据自身工作和发展需要，通过劳务派遣公司，派遣所需要的人员。实行劳务派遣后，实际用人单位与劳务派遣组织签订《劳务派遣协议》，劳务派遣组织与劳务人员签订《劳动合同》，实际用人单位与劳务派遣员工之间只有用工关系，没有劳动关系。它是近年人才市场和劳务派遣公司根据市场需求而开办的新的人才服务项目，是一种新的用人方式，可跨地区、跨行业进行。我国劳务派遣业最近一些年方才兴起，《劳动合同法》对此设了专章专节进行规范，2012年《劳动合同法》修正时还特别对劳务派遣单位资质、同工同酬约定、“三性”岗位界定等作了进一步明确，《劳动合同法实施条例》对劳务派遣也有补充性规定。但总体而言，相关法律、法规和政策规定还需要进一步细化和明确。

一、新法下劳务派遣模式的取舍博弈

中国内地的劳动合同法在解雇保护上的严格程度在世界上也是屈指可数的，容易导致企业用工易进难出、产生冗员而又无法淘汰。在标准劳动关系严格化、固定化和书面化的情况下，企业的劳动用工风险进一步增加。而企业参与市场竞争客观上又要求及时淘汰业绩不佳、不适应企业发展的员工，由此不可避免地会产生矛盾。而降低劳动用工风险是劳务派遣的行业特点，劳务派遣可以在企业需要用工时及时提供大量劳动力，当企业不需要时，企业也可以退回到劳务派遣企业，不必继续雇用，大大增加企业的用工灵活性。但是，此次劳动合同法的出台，对于实际用工单位增设了“同工同酬”和“连带责任”两大条款，[①] 从某种程度上约束了企业采用劳务派遣用工模式，但与此同时也严格和规范了派遣行业的良性发展。

案例95：新法背景下企业是否需要使用派遣员工？

陆小姐已经在浙江温州一家大型皮鞋制造企业做了好几年的人力资源工作，最近被公司晋升为人力资源经理。前一段时间到上海参加劳动合同法实务培训班，头一次听说还有劳务派遣这回事儿，并且了解到她的不少同班的江苏和上海的人力资

---

① 此处所称“同工同酬”与“连带责任”条款分别指的是《劳动合同法》第63条和第92条。《劳动合同法》第63条第1款规定，“被派遣劳动者享有与用工单位的劳动者同工同酬的权利……用工单位无同类岗位劳动者的，参照用工单位所在地相同或者相近岗位劳动者的劳动报酬确定”。第92条则规定，“违反本法规定……给被派遣劳动者造成损害的，劳务派遣单位与用工单位承担连带赔偿责任”。

源经理学员所在企业都或多或少地使用了劳务派遣这种用工模式。但她也记得上次与授课老师交流互动的时候，老师提出劳动合同法背景下使用劳务派遣需要承担“同工同酬”和“连带责任”的风险，使用劳务派遣已经不像新法实施以前那样方便节省用工成本和规避法律风险了。这也让她对劳务派遣这种用工模式产生了疑惑，既然现在使用劳务派遣并没有怎么节省用工成本和减少法律风险，那又何必去采用呢？同时，劳务派遣这种用工模式既然在法律责任上与直接录用没有实质上的差异，那为什么立法还要去规定劳务派遣呢？带着这个问题，陆小姐还专门咨询了有关专家。

案例96：通用电气公司对非正式用工的使用情况①

美国雇主（尤其是大公司）都会认真考虑如何减少或控制用工中的各种法律风险。它们一般会考虑以下因素：(1) 职工的分类是否正确？(2) 其他联邦与各州政府部门采用什么标准？(3) 公司职工待遇中包括（尤其是不包括）哪些内容？(4) 公司的员工手册是否覆盖非正式职工？(5) 公司的责任保险是否覆盖使用非正式职工所带来的风险以及其他劳动法律风险。以通用电气公司的政策为例，它提出非正式职工的共同雇佣者须承担下列法律义务：找到代表非正式职工的职工代表并与其协商；允许非正式职工参加公司职工的工会选举；为正式职工支付工伤费用；为非正式职工故意或疏忽行为给第三方造成的损失提供补偿；为非正式职工失业保险而支付法定赔偿；对根据联邦或各州法律非正式职工提出或由非正式职工提出的歧视起诉做出反应；对涉及非正式职工某些违反联邦或各州所得税与雇佣税的行为负责；对有关公司待遇的要求作出答复。

通用电气公司的政策还规定，只有在下列情形下，才适合使用非正式职工：工作任务时重时轻，对人员的需要是短期性的；工作具有项目性质，可以在较短时间内（少于1年内）完成；外聘人员的成本低于内部人员；工作需要的专业知识技能没有长期的需要；工作不需要大量的训练或技能资格认证。它还规定，在下列情形下应避免使用非正式职工：需要大量的投入（如工作的完成需要12个月以上）的工作；涉及大量同客户打交道的工作；人力资源稳定性与低更换率至关重要的工作；工作内容极为敏感或机密的工作；需要大量培训或资格认证的工作；无法限于在某一时间限度内或某一项目内的工作。

专家分析

以上两节案例分别反映和体现了民营企业和美国企业关于劳务派遣（非正规就业、非正式用工）的认识深浅和各自看法。通过对现有立法的不断完善以及法院在司法实践中的积极探索，美国法律目前对非正式用工已经有明确和详细的规定，这就使得雇主在客观上有规可循。在美国著名的 Vizcaino 诉 Microsoft 案（联邦法院第九巡回

---

① 参见林晓云：《美国劳动雇佣法》，法律出版社2007年版，第60－73页。

法庭上诉案）之后，美国司法判例上确立了双重雇佣的学说，此后，联邦法院先后通过时代华纳案、Baystate Staffing 案、Zheng v. Liberty Apparel Co. Inc. 案、Moreau 诉法航公司案、Morrison v. Magic Carpet Aviation 案、Dunkin' Donuts Mid – Atlantic Distribution Center Inc. v. NLBB 上诉案、Coke v. Long Island Care At Home 案进一步扩大了双重雇主责任。这些司法判例使得那些原本想节省成本的雇主在草率地雇用临时工后给自己带来诸多的法律问题。不过，这也让负责管理与控制公司风险的雇主们特别重视使用非正式用工的合法性及成本负担。美国公司的非正式用工的规范化与当前中国内地劳务派遣启蒙发展的不规范形成了鲜明的对比。

中国内地的劳务派遣最早出现在 20 世纪 80 年代国务院《关于外国企业常驻代表机构聘用中国雇员的规定》中，该规定要求外国企业常驻代表机构聘用中国雇员必须通过外企服务单位办理，外企服务单位应当与中国雇员签订劳动合同。此后，在国有企业改制过程中，出现了为安置下岗职工而产生的劳务派遣和国内关联企业之间的劳务派遣等。随着近年来社会型劳务派遣机构像雨后春笋般发展起来，通过劳务派遣方式就业的员工也越来越多。总体而言，劳务派遣给用工企业带来的益处主要有二：一是剥离了劳动人事管理成本，相对减少了企业劳动人事方面的事务性开支；二是降低了劳动争议法律风险，因为劳动关系建立在员工与劳务派遣公司之间，相关责任由派遣公司承担。但是，劳务派遣也存在一些问题，比如，劳动关系不稳定、派遣员工与正式员工待遇不均衡、雇主责任不明确等。劳动合同法则对同等待遇原则和连带责任原则进行了明确规定。总体而言，依法规范使用劳务派遣，可以在享受优质高效的人力资源服务的同时，相对降低企业的劳动人事成本。

实务指南

《劳动合同法》明确了劳务派遣作为一种新的用工方式的合法性，但随后 2013 年修正后实施的《劳动合同法》则规定劳动合同用工是我国的企业基本用工形式，劳务派遣用工是补充形式，而只能在临时性、辅助性或者替代性的工作岗位上实施。与此同时，用工单位应当严格控制劳务派遣用工数量，不得超过其用工总量的一定比例，具体比例由国务院劳动行政部门规定。企业在使用派遣用工时应当注意选择派遣对象，并可以在以下岗位中采取劳务派遣形式：

1. 临时性工作岗位。临时性工作岗位是指存续时间不超过六个月的岗位。对于企业而言，特定的季节性加班、短期的项目性或订单性业务、临时性生产线、阶段性的质检与稽核安排、公司设立或项目运作前期筹备阶段、商务会议或庆典等非常态活动等情形下设定的工作岗位，时间不超过六个月的，可以认为是临时性工作岗位。

2. 辅助性工作岗位。辅助性工作岗位是指为主营业务岗位提供服务的非主营业务岗位。对于企业而言，特定的营销模块、市场模块、销售模块、后勤总务模块、制造模块、勤务模块、研发模块和人力资源模块等业务组成的部分或全部可以外包给专业化的公司处理，以提升专业技能绩效并有效控制常态人力规模。

3. 替代性工作岗位。替代性工作岗位是指用工单位的劳动者因脱产学习、休假等原因无法工作的一定期间内，可以由其他劳动者替代工作的岗位。对于企业而言，以往由于员工脱产学习或休假等情形导致新招人员无法长期雇用的尴尬状态得以缓解。类似情况发生时，企业可以设定替代性工作岗位，通过劳务派遣公司招聘替代性人员，满足短期用工需求。

关联法规

第63条　被派遣劳动者享有与用工单位的劳动者同工同酬的权利。用工单位应当按照同工同酬原则，对被派遣劳动者与本单位同类岗位的劳动者实行相同的劳动报酬分配办法。用工单位无同类岗位劳动者的，参照用工单位所在地相同或者相近岗位劳动者的劳动报酬确定。

劳务派遣单位与被派遣劳动者订立的劳动合同和与用工单位订立的劳务派遣协议，载明或者约定的向被派遣劳动者支付的劳动报酬应当符合前款规定。

第66条　劳动合同用工是我国的企业基本用工形式。劳务派遣用工是补充形式，只能在临时性、辅助性或者替代性的工作岗位上实施。

前款规定的临时性工作岗位是指存续时间不超过六个月的岗位；辅助性工作岗位是指为主营业务岗位提供服务的非主营业务岗位；替代性工作岗位是指用工单位的劳动者因脱产学习、休假等原因无法工作的一定期间内，可以由其他劳动者替代工作的岗位。

用工单位应当严格控制劳务派遣用工数量，不得超过其用工总量的一定比例，具体比例由国务院劳动行政部门规定。

第92条　违反本法规定，未经许可，擅自经营劳务派遣业务的，由劳动行政部门责令停止违法行为，没收违法所得，并处违法所得一倍以上五倍以下的罚款；没有违法所得的，可以处五万元以下的罚款。

劳务派遣单位、用工单位违反本法有关劳务派遣规定的，由劳动行政部门责令限期改正；逾期不改正的，以每人五千元以上一万元以下的标准处以罚款，对劳务派遣单位，吊销其劳务派遣业务经营许可证。用工单位给被派遣劳动者造成损害的，劳务派遣单位与用工单位承担连带赔偿责任。

——《劳动合同法》

Tips 小贴士：劳务派遣与相关用工模式的甄别

1. 劳务派遣与职业介绍

职业介绍是指职业介绍机构依法为用人单位和劳动者提供招聘、求职等服务，从而促成劳动者和用人单位签订劳动合同，建立劳动关系的行为。

职业介绍是促进劳动力供求双方实现双向选择和劳动力市场流动的重要环节。根据劳动和社会保障部颁布的《就业服务与就业管理规定》第45条规定，职业中介机构，是指由法人、其他组织和公民个人举办，为用人单位招用人员和劳动者求职提供中介服务以及其他相关服务的经营性组织。职业中介机构在三者关系中仅处于居间地位，它与接受服务的劳动者之间不存在劳动关系。《劳动合同法》第58条则规定，劳务派遣单位是本法所称用人单位，应当履行用人单位对劳动者的义务。劳务派遣公司并非单纯的中介机构，而是与被派遣的劳动者直接签订劳动合同、履行用人单位对劳动者义务的机构，这是两者之间最本质的区别。

2. 劳务派遣与工程承揽

两者的共同点是都与劳动者建立劳动关系，劳动成果属于第三方。但两者的区别仍很明显。工程承揽人拥有生产资料，大多数为直接雇佣，即使层层转包，仍然属于直接雇佣的范畴，不论其间接性管理如何，对员工的管理权、指挥权仍属于承揽人的权利范围。有时也会发生定作人指挥承揽人员工之事实，如装修承揽中，定作人偶尔会亲临现场指示员工按照其要求完成任务，但是这种指示是零星的，管理权仍属于承揽人，员工仍要向承揽人负责。

劳务派遣方则没有生产资料，是间接雇佣的典型，一旦派遣方将劳动者派遣到要派方，管理权、指挥权则由要派方行使，法律禁止再派遣，劳动者的劳动报酬和劳动保护由实际用人单位负责提供。

3. 劳务派遣与劳务中介

劳务中介是劳务经纪人通过为求职方与用人方提供信息，促使二者建立起雇佣与被雇佣关系的劳务活动。劳务中介机构（劳务经纪人）与求职方和用人方都是暂时的居间经济关系，为双方提供服务并向双方收取中介服务费。

劳务中介与劳务派遣的共同点是两者均不直接使用劳动者，而是向第三方输出劳动，从中收取费用。劳动中介与劳务派遣的区别在于：劳务派遣组织必须与劳务派遣人员签订劳动合同，建立劳动关系，其相互关系调整适用劳动法；而劳务中介组织主要是通过向企业和劳动者提供劳务信息服务，促成用人单位与劳动者双方建立劳动关系，并收取一定的劳务中介费用，劳动者与劳务中介组织不签订劳动合同，所以也不存在劳动关系，其相互之间的关系属于民事委托和居间关系，不在劳动法调整范畴。

4. 劳务派遣与业务借调

两者的共同点是与劳动者存在劳动关系并输出劳动者，由实际用人单位安排劳动者的工作，劳动成果属于第三方，合同到期后仍然回原单位工作。借调通常要订立借调合同，借调合同是指借调单位、被借调单位与借调职工之间，明确相互之间的权利和义务的协议。借调合同一般用于借调单位急需使用的职工。单位之间借调职工，有利于技术力量互通有无或者职工余缺调剂。在借调关系中，借调职工在被借调期内，与被借调单位保留劳动关系，但接受借调单位的工作指令，完成借调单位支配的工作或劳动任务。当借调合同期满后，被借调的职工返回被借调单位继续履行与被借调单位签订的劳动合同。

借调职工这种劳动或工作的方式，与劳务派遣相当相似，但两者之间的区别在于：借调职工通常发生在两个实际用人单位之间，而劳务派遣机构通常是以劳务派遣为主营业务的人力资源公司，它不从事任何能够实际使用劳动者的工程或项目，它与劳动者之间订立劳动合同的目的就是将这些劳动者派遣给其他用人单位使用从而获得一定的经济利益。可见，借调与劳务派遣区别的重点在于是否以从事劳动力派遣盈利。

5. 劳务派遣与人事代理、外包

两者的共同点是档案、职称、社保、税收、工资等均由第三方代办，实际用人单位安排劳动者的工作岗位。区别是劳务派遣单位与劳动者之间存在劳动关系，具有劳动法律规定的权利义务关系。人事代理、外包的机构与劳动者不存在劳动关系，人事代理、外包与劳动者的权利义务关系不是法律规定的，而是与实际用人单位约定的，不属于劳动法调整的范围。由于劳动合同法对劳务派遣这一用工方式的严格限制，企业一定会寻找新的替代方式，而人事代理、外包开始成为企业理想的选择之一。

二、劳务派遣关系三方主体法律分析

从逻辑关系和法律分析的角度看，劳务派遣其实涉及三个主体，一是实际从事工作的劳动者，二是派出该劳动者的劳务派遣机构，三是实际使用该劳动者的用工单位。这也导致了劳务派遣这种用工模式同时涉及三个法律关系，即劳务派遣单位与被派遣劳动者之间的劳动合同关系、劳务派遣单位与用工单位之间的派遣协议关系、用工单位与被派遣劳动者之间的劳动指挥管理关系。基于三方主体相互之间的法律关系不同，劳动合同法对不同法律关系的对应主体进行权利义务分配的方法也有所不同。

案例 97：劳务派遣中的三方关系与责任承担

2013 年 1 月 1 日，中复有限责任公司与大华劳动事务咨询服务公司签订了为期一年的《派遣协议》，委托大华公司提供人力资源，该公司与派遣人员签订劳动合同，办理社会保险，发放工资；双方约定中复公司与派遣人员之间无任何协议性或事实性的劳动或劳务关系等。2013 年 1 月，刘某与大华公司签订劳动合同，约定合同期限为 1 年。2014 年 1 月 5 日，刘某与大华公司的劳动合同到期，双方未续签新的劳动合同，刘某也没有被大华公司召回，而是继续在中复下属公司工作。2014 年 1 月 4 日，中复公司对刘某发出书面通知：根据其工作表现，认为她不适合担任储备店长职务，将其职位调整为组长，并相应调整其薪水。2014 年 1 月 6 日，刘某同时向中复公司和大华公司发出通知，称对其降职行为不能接受，在未恢复其岗位之前暂不上班，且于当日离开中复公司不再上班，亦未回大华公司。2014 年 1 月 19 日，中复公司向刘某发出通知，称其旷工 8 天，故受到立即终止服务关系的处分。2014 年 1 月 22 日，大华公司向刘某发出《辞退通知》，称因刘某无故旷工，公司不再与其续签劳动合同。2014 年 1 月 28 日，刘某向劳动仲裁委员会提出仲裁申请，要求撤销大华公司做出的辞退决定，解除劳动关系，并要求中复、大华两家公司支付经济赔偿金。

专家分析

本节案例争论的焦点在于劳务派遣的三方关系。并主要有两个层面：一是劳务派遣中三方当事人之间的法律关系问题；二是劳务派遣中三方当事人的权利和义务分配问题。就劳务派遣产生的三方法律关系而言，劳务派遣中只存在一重劳动关系，即劳务派遣单位与被派遣员工之间建立的劳动关系；用工单位与被派遣员工之间没有劳动合同关系，但有权接受被派遣员工提供的劳动，并对被派遣员工进行指挥与管理。在该节案例中，刘某和大华公司之间签有劳动合同，存在劳动关系，大华公司和中复公司之间签有《派遣协议》，约定了双方的权利义务，发生争议时，应根据该协议进行处理。刘某和中复公司之间不存在劳动关系，但是刘某应当接受中复公司的劳动管理。

就劳务派遣三方主体的权利和义务分配而言，大致分析如下：首先，劳务派遣单位与员工之间系劳动合同关系，劳务派遣单位应当承担劳动法规定的用人单位的全部义务，该义务为向被派遣员工支付劳动报酬以及对被派遣员工负有保护照顾、办理社会保险等义务。其次，劳务派遣单位与用工单位之间依据派遣协议成立民事合同关系，双方的权利义务应遵循私法自治的原则。无论劳务派遣单位与用工单位在派遣协议中如何分配其权利义务，该约定只对劳务派遣单位与用工单位有效，而对于被派遣员工并不生效。最后，尽管被派遣员工与用工单位之间并不存在劳动关系，但由于被派遣员工是向用工单位实际提供劳动，用工单位享有对员工的指挥监督权，相对应地，用工单位承担对员工负有的特殊保护照顾义务，主要包括：应当向被派遣员工提供安全卫生的工作环境和条件；应当保证其工资报酬不低于最低工资标准及与其他正式职工同工同酬；应当保护其人格权不受侵害等。①

① 需要特别指出的是，在本节案例中，至 2014 年 1 月 5 日刘某与大华公司的劳动合同即已到期，但双方并未续签劳动合同，此后刘某继续在中复公司工作。按照当前实务观点，刘某与中复公司之间建立了事实劳动关系。相关双方的权利义务关系按照事实劳动关系处理，而无须再经由大华公司进行退回或解除劳动合同。

实务指南

劳务派遣单位和用工单位应当签署派遣协议，对于双方的权利和义务做出明确的规定，发生争议时按照双方的约定来处理，但是双方的约定不得违反法律的规定，否则无效。劳动合同法的规定对劳务派遣中的劳动合同签订提出了全新的要求。一份形式完备的劳动派遣合同会大大降低企业在派遣过程中的法律风险，用工企业在签订劳务派遣合同时最关键的是注意派遣合同是否对权利义务关系细致明确，具体包括以下几个方面：

1. 明确其与派遣员工订约义务与解约义务。约定劳务派遣公司依法与派遣员工签订2年以上劳动合同的义务，并按照法律的规定进行相关事项的约定，防止派遣公司不签、迟签或违法签订劳动合同，而将相关法律风险转移到用工企业身上。双方还需要进一步约定派遣员工在哪些情形下可以退回劳务派遣公司及员工退回方式。

2. 明确其为派遣员工支付工资缴纳社保义务。合同中应该明确约定劳务派遣公司发放工资的日期，并约定未经用工企业同意，派遣公司不得以任何名目直接扣除员工工资；明确约定劳务派遣公司有缴纳社会保险的法定义务并承担没有缴纳社会保险的法律责任，防止劳务派遣公司不缴或漏缴社会保险。

3. 注重检核制度协议中关于同工同酬的约定。被派遣劳动者享有与用工单位的劳动者同工同酬的权利。用工单位应当按照同工同酬原则，对被派遣劳动者与本单位同类岗位的劳动者实行相同的劳动报酬分配办法。用工单位无同类岗位劳动者的，参照用工单位所在地相同或者相近岗位劳动者的劳动报酬确定。劳务派遣单位与被派遣劳动者订立的劳动合同和与用工单位订立的劳务派遣协议，载明或者约定的向被派遣劳动者支付的劳动报酬应当符合前款规定。

4. 明确约定工伤责任处理与违约事项处理。双方可以约定工伤事故、劳务纠纷如何处理，费用如何分摊。同时，双方还应当明确约定违约责任，用工企业在劳务派遣合同中应明确约定派遣公司违约时应如何支付违约金，在要求派遣单位承担所有损失的同时，用工企业还有权解除劳务派遣合同。

关联法规

第58条 劳务派遣单位是本法所称用人单位，应当履行用人单位对劳动者的义务。劳务派遣单位与被派遣劳动者订立的劳动合同，除应当载明本法第十七条规定的事项外，还应当载明被派遣劳动者的用工单位以及派遣期限、工作岗位等情况。

劳务派遣单位应当与被派遣劳动者订立二年以上的固定期限劳动合同，按月支付劳动报酬；被派遣劳动者在无工作期间，劳务派遣单位应当按照所在地人民政府规定的最低工资标准，向其按月支付报酬。

第 63 条　被派遣劳动者享有与用工单位的劳动者同工同酬的权利。用工单位应当按照同工同酬原则，对被派遣劳动者与本单位同类岗位的劳动者实行相同的劳动报酬分配办法。用工单位无同类岗位劳动者的，参照用工单位所在地相同或者相近岗位劳动者的劳动报酬确定。

劳务派遣单位与被派遣劳动者订立的劳动合同和与用工单位订立的劳务派遣协议，载明或者约定的向被派遣劳动者支付的劳动报酬应当符合前款规定。

第 65 条第 2 款　被派遣劳动者有本法第三十九条和第四十条第一项、第二项规定情形的，用工单位可以将劳动者退回劳务派遣单位，劳务派遣单位依照本法有关规定，可以与劳动者解除劳动合同。

——《劳动合同法》

第 29 条　用工单位应当履行劳动合同法第六十二条规定的义务，维护被派遣劳动者的合法权益。

第 32 条　劳务派遣单位违法解除或者终止被派遣劳动者的劳动合同的，依照劳动合同法第四十八条的规定执行。

第 35 条　用工单位违反劳动合同法和本条例有关劳务派遣规定的，由劳动行政部门和其他有关主管部门责令改正；情节严重的，以每位被派遣劳动者 1000 元以上 5000 元以下的标准处以罚款；给被派遣劳动者造成损害的，劳务派遣单位和用工单位承担连带赔偿责任。

——《劳动合同法实施条例》

三、劳务派遣公司的选择与风险控制

劳务派遣作为一种新型的用工形式，有其用工的灵活性、经济性等特点。但是由于中国内地经济迅速发展，部分人就利用原来劳动法律法规对劳务派遣这种用工形式的法律漏洞，随意成立劳务派遣公司，侵犯派遣员工的合法权益。尽管劳动合同法对劳务派遣公司设置了较高的出资门槛，但还是有些劳务派遣公司在相关资质、员工管理、经营水平等方面存在各种问题，所以企业应当加以认真甄别和细致遴选，避免因其违法行为导致自己承担连带赔偿责任。同时，当前社会上还存在一些与劳务派遣公司类似的公司和机构，它们的业务类型与劳务派遣大致相同，但是却并不具备劳务派遣的资格，这种情形也应引起企业足够重视。

案例 98：劳务中介机构与劳务派遣公司的用工区别

上海浦东新区某德资汽车公司在所在功能区街道劳动服务所订立协议，由街道劳务所派遣临时工 5 名，由公司按照每人每月 2200 元标准付给劳务所费用，劳务所对员工进行人事管理并发放劳动报酬。陈某由劳务所按此协议派至该公司工作，工资由劳务所发放。后陈某在工作中左足被压伤，被鉴定为八级伤残。伤愈以后陈某要求重新安排工作，支付工资等未果，遂发生劳动争议。陈某要求劳动争议仲裁机构裁令劳务所重新安排工作、支付工资等。但劳务所称，该所只是隶属于街道的一个职业介绍机构，业务范围为本市劳动力就业中介服务，其与陈某无劳动关系，故不存在为陈某安排工作等义务。公司则表示，公司已经按照工伤待遇标准承担了陈某的一切费用和生活补偿金，不接受陈某的其他主张。

专家分析

本案争议的焦点在于陈某与公司之间存在劳动关系还是与劳务所存在劳动关系。由于劳动合同法规定用工单位和派遣单位承担连带责任，用工单位使用劳务派遣这一形式用工时，首先要做的就是选择一家合适的派遣机构。对派遣机构最基本的要求就是具备法定的资质，即派遣机构依法建立并具有从事劳务派遣的业务范围。企业一旦选择了不具有法定资格的劳务派遣机构，则存在用工风险，司法实践中常常在此种情况下认定用工单位与劳动者之间存在劳动关系，江苏苏州、上海等地也有相关规定。例如案例中的争议处理机构即认为劳务所业务范围为劳动力就业中介服务，不具有从事派遣业务资格，认定陈某与公司存在事实劳动关系，公司需要承担用人单位义务。

实务指南

随着劳务派遣行业的发展，市场上出现了大量劳务派遣公司，但是这些公司鱼龙混杂，素质良莠不齐，用工企业可以考虑从以下几个方面去选择合适的劳务派遣公司：

1. 经营资格合法。这是对劳务派遣公司的底线要求。有的机构仅能从事职业介绍、人事代理业务，没有开展劳务派遣的法定资格，企业如果使用这类机构派遣的人员，则企业和派遣人员之间就会被认为建立了劳动关系，不仅不能达到降低用工风险的目的，甚至还可能使企业自身陷入劳动纠纷之中。企业可以通过审查营业执照等资质证书来确认劳务派遣公司是否有合法资质。根据修正后的《劳动合同法》规定，经营劳务派遣业务应当具备下列条件：（1）注册资本不得少于人民币200万元；（2）有与开展业务相适应的固定的经营场所和设施；（3）有符合法律、行政法规规定的劳务派遣管理制度；（4）法律、行政法规规定的其他条件。经营劳务派遣业务，应当向劳动行政部门依法申请行政许可；经许可的，依法办理相应的公司登记。

2. 风险转移程度。不同的派遣公司有不同的用工风险承受度，企业应该选择能承受较多风险的公司。具体而言，企业可以评估派遣公司有没有承担风险的责任意识，对不愿意承担风险的派遣公司予以排除；企业可以考察劳务派遣公司有没有预防风险的管理体系，对没有风险管理部门或机制的派遣公司予以排除；企业可以调查派遣公司应对风险的业务能力，对缺乏劳动法律问题处理经验和专业人员的派遣公司应予排除。

3. 服务管理能力。派遣公司可以在大量具体人力资源管理事务上为企业提供服务，如工资发放、社保缴纳、用工手续等，企业可以从服务项目种类、服务网络分布、公司规模大小、服务品牌知名程度等方面进行评估。企业在使用劳务派遣时需要考虑员工对派遣公司的接受程度，通常服务水平较高、规模较大的派遣公司容易被员工接受，与这样的派遣公司合作才可以将相关用人风险降到最小。

4. 人才资源储备。随着劳动力需求的日益增加，用工荒等新的问题开始出现，很多企业对劳务派遣公司提出了大规模提供劳动力的要求，而且随着高新科技的发展、生产工艺的改进，对劳动者素质的要求也日益提高。派遣企业除了要具备对现有人员进行管理的能力，还应该在社会资源和业务拓展等方面具有相当的竞争力，在人才流动和劳动力提供方面具有应急处理的能力。

5. 派遣员工成本。使用劳务派遣也就意味着需要另外支付服务费用给派遣公司，企业应当根据委托派遣公司的综合实力、风险转移程度和服务水平、当地的劳动力供求关系、同行业其他派遣机构平均服务费用等多方面来考虑和评估服务费用的高低，以利在满足规范管理和成本控制的双重条件下寻求良好的供应商伙伴。

关联法规

第57条　经营劳务派遣业务应当具备下列条件：

（一）注册资本不得少于人民币二百万元；

（二）有与开展业务相适应的固定的经营场所和设施；

（三）有符合法律、行政法规规定的劳务派遣管理制度；

（四）法律、行政法规规定的其他条件。

经营劳务派遣业务，应当向劳动行政部门依法申请行政许可；经许可的，依法办理相应的公司登记。未经许可，任何单位和个人不得经营劳务派遣业务。

第66条　劳动合同用工是我国的企业基本用工形式。劳务派遣用工是补充形式，只能在临时性、辅助性或者替代性的工作岗位上实施。

前款规定的临时性工作岗位是指存续时间不超过六个月的岗位；辅助性工作岗位是指为主营业务岗位提供服务的非主营业务岗位；替代性工作岗位是指用工单位的劳动者因脱产学习、休假等原因无法工作的一定期间内，可以由其他劳动者替代工作的岗位。

用工单位应当严格控制劳务派遣用工数量，不得超过其用工总量的一定比例，具体比例由国务院劳动行政部门规定。

第67条　用人单位不得设立劳务派遣单位向本单位或者所属单位派遣劳动者。

第92条　违反本法规定，未经许可，擅自经营劳务派遣业务的，由劳动行政部门责令停止违法行为，没收违法所得，并处违法所得一倍以上五倍以下的罚款；没有违法所得的，可以处五万元以下的罚款。

劳务派遣单位、用工单位违反本法有关劳务派遣规定的，由劳动行政部门责令限期改正；逾期不改正的，以每人五千元以上一万元以下的标准处以罚款，对劳务派遣单位，吊销其劳务派遣业务经营许可证。用工单位给被派遣劳动者造成损害的，劳务派遣单位与用工单位承担连带赔偿责任。

——《劳动合同法》

第30条　劳务派遣单位不得以非全日制用工形式招用被派遣劳动者。

第32条　劳务派遣单位违法解除或者终止被派遣劳动者的劳动合同的，依照劳动合同法第四十八条的规定执行。

——《劳动合同法实施条例》

四、劳务派遣员工的合法管理与使用

劳务派遣作为灵活就业的一种形式，在促进就业中有其固有的作用。但一旦它成为用人单位为规避雇主责任所选择的用工模式而风靡社会，同时法律对此又没有任何规制时，劳务派遣不仅不能发挥其应有的促进就业作用，反而会导致企业社会责任的缺失，损害劳动者劳动的尊严，导致全社会劳动者就业环境和劳动待遇的全面下降，这显然违背中国内地和谐社会构建的政策诉求以及国际劳工组织所倡导的“体面劳动”的发展目标。因此，劳动合同法在劳务派遣的相关立法规范上，通过制度设计，在鼓励和引导劳务派遣市场发展的基础上，最大限度地凸显充分就业的功能，强化用工单位的雇主责任，保障派遣员工享有劳动法规定的劳动权利。

案例99：酒店管理公司如何管理所属派遣员工？

2015年1月，某美国酒店管理公司派出以Andrew为首席代表的相关人员开始进军北京市场，在北京最繁华的地段找好入驻楼盘后，准备在最短的时间内使该酒店管理公司在北京的第一家五星级大酒店开业。美国公司要求大酒店必须在2个月内完成副总经理以下管理人员及全部辅助人员的招聘工作。Andrew感觉工作非常棘手，于是安排其助手到处寻找能够帮助其完成该任务的相关机构。此时，北京一家从事中高端人力资源派遣的公司进入了他们的视野。通过接洽和协商，双方签订协议，由该人力资源派遣公司在45日内完成所有适格的管理人员和辅助人员的招聘，并负责完成所有雇员招聘、劳动合同签订、社会保险登记并缴纳、个税处理等一系列的人力资源手续，美国酒店管理公司则一次性向其支付30万美元的费用，并在此后按年支付相应的人力资源管理费用。2015年3月，这家五星级大酒店正式营业，Andrew就任该酒店的首席执行官。但是此后的问题产生了，以Andrew为核心的管理团队发现管理上出现了难题，他该如何管理这个庞大的派遣员工队伍呢？

专家分析

从规范的劳务派遣用工模式来看，其主要的功能还是在于专业性。比如，秘书、司机、保洁、会务服务、翻译、初级会计、初等烹饪等一些相对简单而又有专业性的岗位，由人力资源公司进行提供比较合理。从专业性培养的成本来看，专业的人力资源公司可以对所属的秘书、翻译、会计人员进行集中培训，而如果由一个中小公司自己进行培训的成本难免太大。对于一些大的急需用人的公司而言，比如说本节案例中的大酒店，通过专业派遣公司派遣可以减少其招聘录用成本和相应的组织管理成本。无法想象 Andrew 带领相关人员分赴各地招聘大批所需人员的情形，然后在订立合同和办理社会保险等方面的手忙脚乱，同时其在中国的主要任务不是管理员工，而是通过市场运营保障大酒店的盈利，而正是因为专业的人力资源服务，使得 Andrew 省去这些烦恼。不过，作为实际用工单位的大酒店，也不能因此而免除了所有责任。在大酒店工作的员工薪资支付受到法律的特别保护，这些员工可以依据自己的资源依法组建工会，由于人力资源公司的过失造成在大酒店工作的员工损害的，大酒店也应承担连带赔偿责任。

实务指南

具体而言，作为实际用工单位的企业在进行派遣员工的管理时，应当严格依据劳动合同法和相关派遣立法规范的规定，特别是需要做好以下几个方面的处理：

1. 执行国家劳动保护标准。用工单位应当执行国家劳动标准，为派遣员工提供相应的劳动条件和劳动保护。

2. 告知其工作要求和劳动报酬。用工单位应当及时将派遣员工工作岗位的相关信息告知被派遣劳动者，包括工作内容、工作安全、工作禁忌、工作要求、劳动报酬等。

3. 支付加班费薪酬和福利待遇。如果派遣员工超过规定时间工作，用工单位应向其支付加班费；其所在岗位有绩效奖金和相关福利待遇的，派遣员工也有权享有。

4. 针对派遣员工进行岗位培训。根据工作岗位的现实需要，用工单位应组织在岗的派遣员工进行必要的培训，以保证其技术水平和业务能力能够适应工作岗位的要求。

5. 依法实行同工同酬和正常工资调整机制。用工单位应当按照同工同酬原则，对被派遣劳动者与本单位同类岗位的劳动者实行相同的劳动报酬分配办法。用工单位无同类岗位劳动者的，参照用工单位所在地相同或者相近岗位劳动者的劳动报酬确定。用工单位长期使用同一派遣员工的，应当实行正常的工资调整机制。

6. 不得再次派遣其他用人单位。用工单位应给派遣员工安排工作岗位，如工作岗位发生变更或因其他原因造成工作无法进行的，就应按照合同约定解除合同，不得再次转派。

关联法规

第59条第2款　用工单位应当根据工作岗位的实际需要与劳务派遣单位确定派遣期限，不得将连续用工期限分割订立数个短期劳务派遣协议。

第60条　劳务派遣单位应当将劳务派遣协议的内容告知被派遣劳动者。

劳务派遣单位不得克扣用工单位按照劳务派遣协议支付给被派遣劳动者的劳动报酬。

劳务派遣单位和用工单位不得向被派遣劳动者收取费用。

第61条　劳务派遣单位跨地区派遣劳动者的，被派遣劳动者享有的劳动报酬和劳动条件，按照用工单位所在地的标准执行。

第64条　被派遣劳动者有权在劳务派遣单位或者用工单位依法参加或者组织工会，维护自身的合法权益。

——《劳动合同法》

第29条　用工单位应当履行劳动合同法第六十二条规定的义务，维护被派遣劳动者的合法权益。

——《劳动合同法实施条例》

案例100：某在华跨国公司区分员工性质实行差异化福利是否违法？

2010年11月，某在华跨国公司将在中国内地雇用的研发业务部主管以下员工全部改为使用劳务派遣，这批较低职位的员工将在此次劳动合同到期后，不再续签劳动合同，在支付2011年1月1日至该期劳动合同届满之日内工龄对应的经济补偿金后，劳动关系终结。对于其中部分公司准备继续聘用的员工，该公司决定采用与当地外服公司合作的方式进行聘用，即通过劳务派遣方式完成雇佣。这些员工与外服公司订立劳动合同，该跨国公司与外服公司订立劳务派遣协议，这些员工以派遣员工的形式到公司继续工作。公司按年度向外服公司支付管理服务费，这其中包含了这些员工所谓的薪资福利待遇。

2011年6月，研发工程师赵某劳动合同到期终止，并与外服公司订立了劳动合同，继续在该公司工作。但是，在最近一次领取薪资的时候，发现在外服公司支付的薪资里面，没有以往每个季度末都支付的季度特别奖金。赵某遂向外服公司询问，外服公司告知其以后的福利待遇统一按照外服公司的标准处理，不再执行其前所任职公司的标准。赵某觉得无法接受外服公司的说法，因为自己只是变更了续签劳动合同的方式，福利待遇不应发生变化。于是赵某又找到该跨国公司HR经理，HR经理告知其与公司的劳动关系已经终结。

该HR经理进一步向赵某说明，目前他自己是以外服公司员工的身份进入公司工作，公司已经按照《劳动合同法》的规定执行了同工同酬原则，在基本薪水、岗位补贴、加班费等薪资事项方面与同一职位的正式员工完全一致，只是奖金方面存在一些差异，而公司奖金发放是法律外公司自主决定事务，且季度特别奖金与绩效及工作岗位并不相关，所以公司的这种行为是法律所容许的。

赵某遂向所在地劳动监察部门反映情况，劳动监察部门答复，用工单位应当贯彻同工同酬原则，但是否应给予同等福利待遇则是用工单位的自主权利，该跨国公司有权对奖金福利制度进行必要的设计、管理和调配。对于赵某所述情事，劳动监察部门无权干涉。后赵某通过仲裁渠道进行咨询和反映，也得到了相似的回应。

专家分析

此节案例中，某在华跨国公司通过用工方式的变更即劳务派遣来达成减少人力资源成本开支的效果。某在华跨国公司采取将现有员工转为劳务派遣的做法，劳动监察部门并未对其进行约束，而是默许了该公司的这种做法。在中国的司法体系下，除了严格遵守成文法的规定外，在具体审查案件过程中并不倾向于根据实质利益进行裁判，所以同工同酬只被限定在与工资有关的薪酬部分，而无关于奖金和福利。在中国内地《劳动合同法》和《劳动合同法实施条例》对劳务派遣相关规定还有待进一步完善的当下，劳动行政系统及人民法院系统均将会非常保守地执行现有的劳务派遣相关规定，而不会肆意地扩大解释或缩小解释。需要指出的是，自 2013 年 7 月 1 日起施行的《劳动合同法（修正案）》明确规定，劳动合同用工是我国的企业基本用工形式。劳务派遣用工是补充形式，只能在临时性、辅助性或者替代性的工作岗位上实施。2014 年 3 月 1 日施行的《劳务派遣暂行规定》对“三性”岗位的具体指向进行了说明，并明确了派遣劳动者数量不得超过其用工总量 10% 的规则。

实务指南

作为实务中的企业而言，如何掌握在合法性的基础上完成用工形式的转换和人工成本的节约是非常重要的问题。尽管《劳动合同法》和《劳动合同法实施条例》的规定尚未覆盖实务中所有的未决事宜，但是企业依然需要在现有的法律法规框架下谨慎行事，避免不必要的法律风险。

1. 用工单位的成本控制与同工同酬。基于公司的营利性特征，用工单位不可避免地要进行人力资源成本的有效管控，特别是一些辅助性、替代性和临时性的领域和岗位尤其如此。但是，《劳动合同法》第 63 条又特别强调了派遣员工享有与正式员工同工同酬的权利。在这种情形下，用工单位在选择劳务派遣的前提下管控人工支出的唯一办法就是在福利待遇开支上设计一些方案。这些方案可以是全员缩减福利待遇，也可以是正式员工与派遣员工分开对待。当然，企业也应选择一些优质的派遣公司，它们会给所属派遣员工特别福利，以抵充派遣员工因福利差距而对用工单位的信任度和贡献度降低，并缓解劳资矛盾的爆发。

2. 劳务派遣公司的同工同酬的平衡。派遣公司作为人力资源服务的供应商，有必要特别根据不同用工单位客户的需求去设计不同的薪资标准。这里存在两个实务问题：一个是如何保障其派遣员工与用工单位的同工同酬，一个是如何保障派遣公司内部派遣至不同用工单位的不同员工之间的同工同酬。对于前者，派遣公司可以通过劳务派遣协议的方式与用工单位达成一致，也可以通过在用工单位服务费或公司盈利中提取相当部分作为支出预备；对于后者，则主要依靠派遣公司科学合理的岗位管理办法和薪资规则进行统筹安排。

关联法规

第62条第1款　用工单位应当履行下列义务：

（一）执行国家劳动标准，提供相应的劳动条件和劳动保护；

（二）告知被派遣劳动者的工作要求和劳动报酬；

（三）支付加班费、绩效奖金，提供与工作岗位相关的福利待遇；

（四）对在岗被派遣劳动者进行工作岗位所必需的培训；

（五）连续用工的，实行正常的工资调整机制。

第63条　被派遣劳动者享有与用工单位的劳动者同工同酬的权利。用工单位应当按照同工同酬原则，对被派遣劳动者与本单位同类岗位的劳动者实行相同的劳动报酬分配办法。用工单位无同类岗位劳动者的，参照用工单位所在地相同或者相近岗位劳动者的劳动报酬确定。

劳务派遣单位与被派遣劳动者订立的劳动合同和与用工单位订立的劳务派遣协议，载明或者约定的向被派遣劳动者支付的劳动报酬应当符合前款规定。

——《劳动合同法》

第3条　用工单位只能在临时性、辅助性或者替代性的工作岗位上使用被派遣劳动者。

前款规定的临时性工作岗位是指存续时间不超过6个月的岗位；辅助性工作岗位是指为主营业务岗位提供服务的非主营业务岗位；替代性工作岗位是指用工单位的劳动者因脱产学习、休假等原因无法工作的一定期间内，可以由其他劳动者替代工作的岗位。

用工单位决定使用被派遣劳动者的辅助性岗位，应当经职工代表大会或者全体职工讨论，提出方案和意见，与工会或者职工代表平等协商确定，并在用工单位内公示。

第4条　用工单位应当严格控制劳务派遣用工数量，使用的被派遣劳动者数量不得超过其用工总量的10%。

前款所称用工总量是指用工单位订立劳动合同人数与使用的被派遣劳动者人数

之和。

计算劳务派遣用工比例的用工单位是指依照劳动合同法和劳动合同法实施条例可以与劳动者订立劳动合同的用人单位。

——《劳务派遣暂行规定》

五、劳务派遣常见法律纠纷处理应对

正是由于劳务派遣与正常用工模式相比具有灵活性，也使得因劳务派遣而产生相应的法律实务问题和劳动争议案件比较多。这些争议点主要存在于劳动关系的判断、同工同酬问题、加班费支付、社会保险费支付、经济补偿金承认、工伤事故赔偿等常见事项上。对于实际用工企业而言，除了严格依法进行派遣员工的招用与管理，同时还应注意对因劳务派遣产生的劳动争议处理技巧进行掌握，在预防劳务派遣争议的同时，也能对业已发生的劳务派遣纠纷进行妥善的应对和处理。

案例 101：派遣员工劳动关系的研判

2011 年 12 月，江苏苏州某台资服装公司与苏州工业园区某人力资源公司签订了劳务派遣协议，并做了一些简单的约定：人力资源公司输出包括李某在内的 300 名劳务人员从事操作工工作，劳务人员工作期间由服装公司管理，劳动报酬由服装公司发放，工资清单由服装公司提供给人力资源公司等。服装公司按月向人力资源公司支付包括员工工资在内的劳务费，再由人力资源公司将工资存入员工的工资卡。因李某不服从管理，违规操作，导致 5 台价值 15 万元的机器损坏，自己也被机器砸中右脚，后经工伤认定为 8 级。2013 年 1 月，服装公司将其退回人力资源公司，李某遂申请劳动仲裁，遂要求服装公司：1. 补发其低于同岗位其他员工的工资、基于该工资待遇相应少发放的加班费以及延迟支付劳动报酬的赔偿金；2. 缴纳其工作两年来的社会保险费用；3. 依据《工伤保险条例》享受相应工伤待遇；4. 支付违法解除劳动合同的双倍经济补偿金。李某认为其并未与人力资源公司签订劳动合同，其与服装公司存在事实劳动关系，并且事故发生主要是机器性能不好，自己并无过错，现被辞退，要求服装公司支付经济补偿。服装公司认为，李某是人力资源公司指派至其公司工作的，与服装公司不存在劳动关系，退回人力资源公司无须支付经济补偿金。

专家分析

这是关于企业在使用劳务派遣员工过程中比较常见的一节典型案例。在这节案例中，作为实际用工单位的服装公司而言，在签订劳务派遣合同和管理派遣员工的过程中，存在了太多的疏漏和瑕疵。首先，服装公司与劳务派遣公司签订的劳务派遣合同中，未明确约定工资和社会保险费的支付责任，这样一旦员工权益受到侵害，根据“连带责任”条款，用工企业应当承担连带责任。其次，服装公司与劳务派遣公司签订的劳务派遣合同，并没有就工伤责任事项做出约定，这样因工伤事故发生而产生的损害赔偿责任只能按照模糊的公平原则处理，并且由于劳务派遣企业没有依法缴纳工伤保险，工伤保险基金不能分摊相关损失。再次，对于派遣员工，服装公司没有贯彻同工同酬原则，使得员工要求相应的工资赔偿金。最后，服装公司作为现场管理单位，并没有留存员工违规操作的相关证据，使得劳务派遣公司的解除劳动合同面临证据上的拷问。

实务指南

在具体实践中，企业在采取劳务派遣模式、选择劳务派遣公司、管理派遣员工过程诸环节均会面临一些法律风险，企业应采取相应的应对思路和处理办法：

1. 在客观需要和符合法定情形时选择劳务派遣。在修正后《劳动合同法》的严格约束下，仅仅是因为选择劳务派遣会面临相当的风险。一方面，劳务派遣被限制在临时性、辅助性和替代性等符合法律规定的岗位上实施；另一方面，劳务派遣单位在派遣员工业务本身上会增加一道管理成本而使得相对总成本会提升。

2. 选择优质和专业的劳务派遣公司。选择劳务派遣公司不能仅仅从价格比对上进行成本分析，而且还要综合考虑管理能力、服务水平、专业素质、法律风险等各个方面。建议企业选择业内口碑较好、专业能力胜任和费用水平适中的劳务派遣公司。

3. 通过专门或通用规章制度管理派遣员工。对于派遣员工的管理，可以通过制定专门的规章制度或者参照本企业劳动合同员工的通用规章制度来处理，比如在劳动保护、工时休假和薪资福利等方面贯彻一体化原则。同时，通过劳务派遣合同的约定，将这些管理的规则通过劳务派遣公司与派遣员工的劳动合同加以明确。

关联法规

第63条　被派遣劳动者享有与用工单位的劳动者同工同酬的权利。用工单位应当按照同工同酬原则，对被派遣劳动者与本单位同类岗位的劳动者实行相同的劳动报酬分配办法。用工单位无同类岗位劳动者的，参照用工单位所在地相同或者相近岗位劳动者的劳动报酬确定。

劳务派遣单位与被派遣劳动者订立的劳动合同和与用工单位订立的劳务派遣协议，载明或者约定的向被派遣劳动者支付的劳动报酬应当符合前款规定。

第92条　违反本法规定，未经许可，擅自经营劳务派遣业务的，由劳动行政部门责令停止违法行为，没收违法所得，并处违法所得一倍以上五倍以下的罚款；没有违法所得的，可以处五万元以下的罚款。

劳务派遣单位、用工单位违反本法有关劳务派遣规定的，由劳动行政部门责令限期改正；逾期不改正的，以每人五千元以上一万元以下的标准处以罚款，对劳务派遣单位，吊销其劳务派遣业务经营许可证。用工单位给被派遣劳动者造成损害的，劳务派遣单位与用工单位承担连带赔偿责任。

——《劳动合同法》

案例 102："三期"女职工以不能胜任工作为由被解除劳动合同案

夏小姐于 2014 年 12 月与浙江杭州某人力资源有限公司签订劳动合同及外派协议，双方约定，劳动合同的期限为 2014 年 12 月 26 日至 2017 年 12 月 25 日。与此同时，夏小姐与某国有商业银行杭州分行签订聘用协议，并确定岗位为分行下属分理处柜面人员。2016 年 7 月，夏小姐在季度考核中的结果为不及格。原来，在夏小姐任职的第二季度中，发生多起与储户发生争执后被储户投诉的事件。随后，夏小姐被该分行安排进行技能和礼仪培训，但在此后的第三季度，夏小姐还是发生了被储户投诉的事件。2016 年 10 月 13 日，分行对夏小姐做出的考核结果再次为不及格。2016 年 10 月 15 日，夏小姐被该分行退回至人力资源公司。2016 年 10 月 17 日，人力资源公司向夏小姐发出解除劳动合同通知书，但夏小姐拒绝签收。同日，人力资源公司通过所在地邮局向夏小姐住所地寄送了该解除劳动合同通知书，并将依法应当支付的代通知金和经济补偿金支付到其工资账户。

2016 年 10 月下旬，人力资源公司又向商业银行杭州分行补派了一名女员工，填补夏小姐被辞退后的岗位。2016 年 11 月下旬，夏小姐来到人力资源公司，要求恢复其在商业银行杭州分行的工作，理由是她本人被医院检查出在 2016 年 10 月 16 日左右怀孕，而依据《劳动合同法》的相关规定，在"三期"期间不能因不能胜任工作而被解除劳动合同。夏小姐还向人力资源公司提交了所在地妇幼医院的诊断证明。人力资源公司遂找商业银行杭州分行协商，杭州分行表示此后补派的女员工已经正常上班且表现良好，无法再行接受夏小姐回来任职。人力资源公司遂安排夏小姐至某证券公司营业部工作，工资待遇基本相同，但遭夏小姐拒绝。此后不久，夏小姐即向所在地劳动争议仲裁委员会提起仲裁，以人力资源公司和商业银行杭州分行为被告，要求恢复劳动关系，返回原岗位工作。

专家分析

本节案例争议的焦点在于以下几个方面：一是劳务派遣单位的解除行为是否合法？二是夏小姐要求恢复劳动关系的请求是否合法？三是劳务派遣单位安排夏小姐转到证券公司工作的行为是否合法？四是劳务派遣单位与用工单位的相关责任如何承担？

关于劳务派遣单位的解除行为是否合法。依据《劳动合同法》第 40 条和第 65 条第 2 款的相关规定，被派遣劳动者出现先后两次被考核不合格情形的，用工单位可以将该被派遣劳动者退回劳务派遣单位，由劳务派遣单位依法解除劳动合同。在本节案例中，夏小姐符合《劳动合同法》第 40 条第 2 项规定的情形，经由用工单位退回后，劳务派遣单位可以在支付其1个月代通知金和对应工龄经济补偿金的前提下，依法解除劳动合同。

关于夏小姐要求恢复劳动关系的请求是否合法。尽管劳务派遣单位解除劳动合同在先，夏小姐发现自己当时怀孕在后，但是依据《劳动合同法》第42条的规定，作为用人单位的劳务派遣单位不可以以被派遣劳动者不能胜任工作为由实施非过错性解除。所以，当夏小姐证明劳务派遣单位解除劳动合同之前自己已怀孕时，劳务派遣单位应恢复其劳动关系，并依法支付夏小姐因解除行为而损失的工资收入。

关于劳务派遣单位安排夏小姐转到证券公司工作的行为是否合法。由于事后得知夏小姐在被解除劳动合同之前处于法定"三期"，所以劳务派遣单位恢复了与夏小姐的劳动关系。但是在此之前，劳务派遣单位已经向用工单位补派了另一位派遣劳动者，该被派遣劳动者已经实际用工，此时如果再让夏小姐回原岗位工作，则不甚合理。也有观点认为，在这种情形下被派遣劳动者依然有权要求回原来岗位工作。其理由是，既然是不得解除劳动合同的情形，所以事后不仅应恢复劳动关系，而且要恢复至原岗位。我们认为，从劳动关系的稳定性以及公平合理的角度考虑，夏小姐之前两次考核均不合格，此时由劳务派遣单位在合理适宜的基础上另行安排派遣岗位，应属合理。不过，劳务派遣单位依然负有在公平合理的基础上，派遣夏小姐至合适的、新的岗位工作的义务。劳务派遣单位将夏小姐转派至证券公司相似工作和相同待遇的岗位工作，应认为具有相应的合理性，也因此具备了合法性。

关于劳务派遣单位与用工单位的相关责任如何承担。这里需要提及一个时间细节，用工单位于10月15日将夏小姐退回劳务派遣单位，而夏小姐于10月16日左右怀孕，劳务派遣单位于10月17日解除夏小姐的劳动合同。也就是说，在用工单位退回之前，夏小姐尚未怀孕，如此时劳务派遣单位便解除劳动合同，则无后面恢复劳动合同的可能。此种情形下，则要看劳务派遣单位与用工单位之间的劳务派遣协议之约定。如果劳务派遣单位没有依约及时处理导致后续责任负担，则按照约定进行责任分担；如果劳务派遣单位是依约在约定的时限内做出解除行为的，则依照约定处理或在无约定的情形下由双方共同承担相应责任。

实务指南

在实际使用和管理被派遣劳动者的过程中，除了用工单位直接指挥和管理被派遣劳动者外，还有很多方面需要用工单位与劳务派遣单位联合行动，才得以达到法定的效果。比如，在培训方面，劳务派遣单位应先进行所在行业的基础培训，而这些被派遣劳动者被派至具体的用工企业后，用工单位再根据企业具体情形进行企业培训。在变更和解除劳动合同方面，则需要双方的共同配合才能达到法律上规定的效果。对于用工单位而言，尤其需要注意以下几个方面的事项：

1. 需要遵守法律规定的用工义务和责任。用工单位应当履行《劳动合同法》规定的相关义务：执行国家劳动标准，提供符合要求的劳动条件和劳动保护；及时告知被派遣劳动者的工作要求和劳动报酬；依法支付加班费、绩效奖金，提供与工作岗位相关的福利待遇；对在岗被派遣劳动者进行工作岗位所必需的培训；对连续用工的被派遣劳动者，实行正常的工资调整机制。

2. 订立和履行劳务派遣协议应具体细致。用工单位应特别注意在劳务派遣协议中约定双方关联行为的程序和责任分担。比如，调岗调薪的授权管理以及退回及解除和终止劳动关系时的相关权利义务，工伤保险责任承担的原则和比例，等等。在履行劳务派遣协议过程中，应本着互相协调、及时沟通的方式处理被派遣劳动者使用、管理及处分等相关事宜，避免因一方或双方的疏漏导致额外法律风险的出现。

3. 必要时建立被派遣员工用工管理守则。尽管用工单位与被派遣劳动者之间并不存在劳动关系，但是双方毕竟建立了直接用工关系，许多具体的权利义务需要在双方之间进一步明确。至于这些权利义务事项，或许已经在劳务派遣协议以及被派遣劳动者的劳动合同中加以约定，但是更多涉及用工单位实际和岗位管理等细致事项的安排，最好还是通过用工合同以及管理手册等方式予以完善。当然，无论是用工合同还是用工手册均应以员工签订或知晓为必要，同时以劳务派遣关系的存续为前提。

关联法规

第40条　有下列情形之一的，用人单位提前三十日以书面形式通知劳动者本人或者额外支付劳动者一个月工资后，可以解除劳动合同：

（一）劳动者患病或者非因工负伤，在规定的医疗期满后不能从事原工作，也不能从事由用人单位另行安排的工作的；

（二）劳动者不能胜任工作，经过培训或者调整工作岗位，仍不能胜任工作的；

（三）劳动合同订立时所依据的客观情况发生重大变化，致使劳动合同无法履行，经用人单位与劳动者协商，未能就变更劳动合同内容达成协议的。

第42条　劳动者有下列情形之一的，用人单位不得依照本法第四十条、第四十一条的规定解除劳动合同：

（一）从事接触职业病危害作业的劳动者未进行离岗前职业健康检查，或者疑似职业病病人在诊断或者医学观察期间的；

（二）在本单位患职业病或者因工负伤并被确认丧失或者部分丧失劳动能力的；

（三）患病或者非因工负伤，在规定的医疗期内的；

（四）女职工在孕期、产期、哺乳期的；

（五）在本单位连续工作满十五年，且距法定退休年龄不足五年的；

（六）法律、行政法规规定的其他情形。

第 62 条第 1 款　用工单位应当履行下列义务：

（一）执行国家劳动标准，提供相应的劳动条件和劳动保护；

（二）告知被派遣劳动者的工作要求和劳动报酬；

（三）支付加班费、绩效奖金，提供与工作岗位相关的福利待遇；

（四）对在岗被派遣劳动者进行工作岗位所必需的培训；

（五）连续用工的，实行正常的工资调整机制。

第 65 条第 2 款　被派遣劳动者有本法第三十九条和第四十条第一项、第二项规定情形的，用工单位可以将劳动者退回劳务派遣单位，劳务派遣单位依照本法有关规定，可以与劳动者解除劳动合同。

第 92 条　违反本法规定，未经许可，擅自经营劳务派遣业务的，由劳动行政部门责令停止违法行为，没收违法所得，并处违法所得一倍以上五倍以下的罚款；没有违法所得的，可以处五万元以下的罚款。

劳务派遣单位、用工单位违反本法有关劳务派遣规定的，由劳动行政部门责令限期改正；逾期不改正的，以每人五千元以上一万元以下的标准处以罚款，对劳务派遣单位，吊销其劳务派遣业务经营许可证。用工单位给被派遣劳动者造成损害的，劳务派遣单位与用工单位承担连带赔偿责任。

——《劳动合同法》

第 29 条　用工单位应当履行劳动合同法第六十二条规定的义务，维护被派遣劳动者的合法权益。

——《劳动合同法实施条例》

第八章　非全日制工与用工风险的控制

本章导读

非全日制用工是在就业形式发生了巨大变化，产业结构调整导致就业压力日趋严峻的形势下产生的一种灵活就业方式。在本章的阅读中，读者可以了解以下法律要点：

1. 在非全日制用工形态下，协议口头化、关系终止的无因化、随时化和无补偿化等特点，可以让企业便于管理而且降低成本。非全日制用工的工资小时化、用人单位多元化等特点则便于员工自主择业并且易于就业。对企业而言，非全日制用工是一种相对灵活的用工方式。

2. 非全日制用工也存在稳定性差、易侵害企业商业秘密等方面的缺点。企业要根据其实际情况来确定用工模式的搭配，不能过分使用非全日制用工。要在综合评估工作岗位、经营需要和员工素质等各方面要素后，确定非全日制用工在总体用工形式中的比例和规模。

3. 考虑到用工的灵活性，法律并不特别要求非全日制用工需要订立劳动合同。但从法律风险预防的角度来看，企业应尽可能订立非全日制用工的书面合同或者保存合同订立的证据。非全日制用工与实习生和学生兼职最大的区别在于是否形成了法律上的劳动关系。

4. 非全日制用工员工的养老保险、医疗保险等均包含在支付的劳动报酬内。企业依然需要为非全日制用工员工缴纳工伤保险，员工发生工伤后，用人单位承担的费用由发生工伤时实际用工的企业承担。企业也可以通过购买雇主责任险等商业保险的方式分担这种工伤风险。

非全日制用工是劳动者正常工作时间少于全日制正常工作时数标准，以小时计酬的用工制度。我国《劳动法》对于非全日制就业并没有作任何的规定，但是随着小时工为主要形式的非全日制用工的迅速发展，劳动者的权益无法得到有力的法律保障的现象不断出现，各地各部门逐步认识到对这一新型用工形式进行规制的重要性和迫切性，上海市率先以地方性法规的形式在《上海市劳动合同条例》中专章对非全日制用工进行了规定，劳动和社会保障部也于2003年出台了《关于非全日制用工若干问题的意见》，随后各地相继出台规定对非全日制用工进行规范。此次《劳动合同法》在各地立法基础上，对非全日制用工单列一节进行规定，是劳动合同立法的一个突破。

一、用工方式灵活化与非全日制用工制

非全日制用工是在就业形式发生了巨大变化，产业结构调整导致的就业压力日趋严峻的形势下产生的一种灵活就业方式。目前的灵活就业方式主要有：非全日制用工就业、临时就业和派遣就业三种，而非全日制用工又是其中最为灵活的就业形式，近年来，其在餐饮、超市、社区服务等领域发展迅速，但对其他的用人单位而言，尚未得到足够的认识和充分的运用。非全日制用工有着很多灵活的特点，比如说协议口头化、关系终止的无因化、随时化和无补偿化等，可以让企业便于管理而且成本降低，同时其工资小时化、用人单位多元化等特点则便于劳动者自主择业并且易于就业，也在客观上缓解了就业压力，从制度层面上拓宽了社会就业面。

案例103：麦当劳、肯德基涉嫌非法用工案

2007年3月，有记者在对广州的麦当劳、肯德基、必胜客等一些洋快餐厅暗访后报道，在这些洋快餐厅工作1小时只给5.3元，比本地非全日制职工最低小时工资标准的7.5元少3.2元之后，全国媒体争相报道。而麦当劳、肯德基均表示为员工提供的报酬符合国家有关规定，但均没有透露目前派遣员工的小时工资。肯德基方面表示知晓自2007年1月1日起实施的广东省非全日制工最低小时工资标准，同时其坚持认为自己的用工符合中国现行的法律法规，“我们（兼职工）既不属于全日制用工也不属于非全日制用工”，而该公司与其所聘用的计时工不在《劳动法》的调整范围之内，其工资水平也就根本不受广东省非全日制工最低小时工资标准限制。关于麦当劳和肯德基等企业提出学生兼职不受《劳动法》约束的说法，中华全国总工会认定这是没有法律依据的。我国《劳动法》明确规定，在我国境内只要劳动者在企业劳动并取得了工资，都属于事实劳动关系，因此必须按照规定执行当地最低工资标准。

专家分析

中国内地劳动法理论界和实务界普遍认为劳动用工方式包括全日制用工和非全日

制用工两种，这里不存在第三种方式。因此如果存在劳动关系，则必将划入其中一种。非全日制工作的劳动者与用人单位之间建立的是劳动关系，所签订的合同为劳动合同，在用人单位和劳动者的主体要求上与标准劳动关系完全一致。因此一些不属于劳动关系主体所从事的按照小时计酬的劳动并不能认为属于法定的非全日制用工。例如，按照劳动部的规定学生不能和单位建立劳动关系，学生从事的按小时计酬的工作，自然不属于《劳动法》意义上的非全日制用工，又如家庭雇主不属于《劳动法》规定的用人单位，所以家政服务中心的小时工，与家庭雇主之间也不是劳动关系，不属于《劳动法》意义上的非全日制用工。

但劳动部《关于非全日制用工若干问题的意见》中，对非全日制用工的界定并未排除在校学生的兼职行为，此类行为符合劳动关系特征，应当列入《劳动法》调整范围。另依据《劳动合同法》优于旧法的原则，也应适用后颁布的非全日制用工的规定。《劳动合同法》有关非全日制用工的规定也未排除大学生兼职行为，而且在《劳动合同法》颁布新闻发布会上，立法者明确表明大学生兼职行为属于非全日制用工，肯德基等快餐店的行为为非法用工。但是，关于大学生兼职的有关法律法规如何选择适用，此种行为如何进行法律认定，是否有充足的、明确的法律上的说服力，依然是实务处理上面临的主要问题。

实务指南

目前，中国内地绝大多数应届大学毕业生在毕业之前都已经到单位实习，这已经成为一个惯例。那企业应当如何对待这些实习生呢？建议区别三种情形：一是学校指派的实习。根据学校与企业之间签订的实习协议调整相关关系，不受《劳动法》约束。二是学生个人的打工。若此种打工行为符合非全日制用工条件，则按照非全日制用工立法的调整。三是毕业前的全职实习。这种情形下，因工作时间超过非全日制用工的限制，与全日制用工已无区别，但由于主体上的非适格性，客观上不能按照正式劳动者标准给予相应薪酬保障和福利待遇。当前关于这种毕业前的全职实习，相关法律法规规定不甚明确，建议企业参照全日制用工来处理相关待遇，除客观上无法给予的如社会保险等福利保障外，其余均可与正式员工同等对待。

关联法规

12. 在校生利用业余时间勤工助学，不视为就业，未建立劳动关系，可以不签订劳动合同。

——劳动部《关于贯彻执行〈中华人民共和国劳动法〉若干问题的意见》

第68条　非全日制用工，是指以小时计酬为主，劳动者在同一用人单位一般平均每日工作时间不超过四小时，每周工作时间累计不超过二十四小时的用工形式。

——《劳动合同法》

案例104：非全日制员工能否与多个企业订立劳动合同？

张阿姨原来所在的上海某国有服装企业因产业结构调整破产了，后经由一家职介所找工作，由于其技术好，同时被甲、乙两家老牌服装企业相中，并签订了非全日制用工合同，负责其中某个特定工艺的处理。工作了几年以后，她觉得这种方式很不错，两家公司工作任务都不是很重，工作时间又正好错开，互不影响。一天，职业介绍所的老朋友找到她，又给她介绍了一家新成立的丙服装企业，张阿姨觉得工作时间上有冲突，打算不接，但是考虑到丙企业开出了丰厚的薪水，张阿姨还是接下了这份工作。由于这家新成立的服装公司销量好、订单多，张阿姨一天要工作数十个小时，而且一干就是好多天。甲、乙两公司要求她去工作，但是由于她脱不开身，不得不把前两家的工作任务一再往后拖延，致使其中乙公司的交货期受到了影响。后来，乙公司知道张阿姨又与其他单位建立了劳动关系，于是告知张阿姨，“本公司并不反对你另外接活，但是不能耽误本公司的工作。如果你影响了我们的订单供货，是需要承担法律责任的”。张阿姨左右为难，不知如何解决。

专家分析

就本节案例涉及的法律问题而言，主要是法律是否允许非全日制员工与多个企业订立劳动合同。从事非全日制用工的劳动者可以与一个或者一个以上的用人单位订立劳动合同，是非全日制用工就业方式本身具有的弹性、非全时的特点决定的。非全日制用工的劳动者在同一用人单位一般平均每日工作时间不超过4小时，每周工作时间累计不超过24小时，自然可以与一个以上的用人单位订立劳动合同。但是，先订立的非全日制劳动合同较后订立的非全日制劳动合同具有优先的执行效力，后订立的劳动合同不得影响先订立的劳动合同的履行，这是公平原则、诚实信用原则在非全日制劳动合同履行过程中的具体体现。《劳动合同法》第69条也对非全日制用工员工可以建立多重劳动关系以及相应工作冲突处理等事项作了明确的规定。

关联法规

第69条第2款　从事非全日制用工的劳动者可以与一个或者一个以上用人单位订立劳动合同；但是，后订立的劳动合同不得影响先订立的劳动合同的履行。

——《劳动合同法》

二、非全日制用工劳动关系的简化管理

《劳动合同法》为促进非全日制用工的推广，规定了很多旨在简化劳动关系处理的条款。这些新的主要规定有：其一，对非全日制用工的劳动合同形式作了简化处理，用人单位和劳动者可以订立口头协议，也可以订立书面协议，这主要是从非全日制用

工灵活特性以及促进劳动合同便捷化的角度进行的立法设计。其二，对非全日制用工的试用期作了排除性陈述，明确规定非全日制用工不得约定试用期。中国内地目前通过非全日制就业方式从业的人员，主要依靠体力，从事简单的生产和服务，不仅劳动报酬低，而且劳动力的可替代性较强，其劳动权利相对而言更容易受到来自用人单位的侵害，更需要劳动法律的保护，所以《劳动合同法》规定非全日制用工不得约定试用期。其三，对非全日制用工终结方式作了灵活的规定。双方当事人任何一方均可随时通知对方终止用工，而且终止用工不支持经济补偿。此处的"随时终止"既包括劳动合同到期终止，也包括劳动合同未到期终止。

案例105：非全日制用工员工老赵能要到经济补偿金吗?

老赵在北京中关村一家电脑科技公司做维修工，主要负责办公设备及照明用电安全。工作时间为周一到周五下午4点上班，晚上7点下班，周六上午8点上班，中午12点下班。除上班时间外，如果有紧急情况，单位会通知他上班处理问题。工资是按小时计薪。公司给其他员工的一些福利老赵也享有，并且公司按月给他上社会保险。刚过完春节，老赵准备继续上班，但公司负责人告诉老赵总公司规定以后这类后勤工作统一都由总公司的后勤部门负责，所以就不用他了，让他到财务部结清工资后离开公司。同时，公司负责人觉得过意不去，叫财务按上月的工资标准又多给了他1个月的工资。但老赵觉得突然要解雇他就算多给他1个月的工资也不合理。他认为应按他的工作时间补偿，工作2年多得补3个多月，单位没提前1个月通知还得再加1个月，所以他向单位提出要求赔偿他共4个月的工资才行，如果单位不给，就到劳动部门去举报。但是单位没有答应他的要求，没给他再追加补偿。那么老赵提出的要求合理吗?

专家分析

《劳动合同法》第71条对非全日制用工终结方式作了灵活的规定，"非全日制用工双方当事人任何一方都可以随时通知对方终止用工。终止用工，用人单位不向劳动者支付经济补偿"。此处的"随时通知对方终止"既包括劳动合同到期终止，也包括劳动合同未到期终止。所以，在本节案例中，老赵不能获得经济补偿金，其请求也不会得到劳动仲裁部门的支持。

实务指南

在管理非全日制员工过程中，为了消除误解，减少纠纷，建议通过非全日制用工劳动合同的方式来明确双方的权利义务关系。比如，关于合同解除或终止的经济补偿问题，可以依据《劳动合同法》在具体条款中予以明确。

关联法规

第 69 条第 1 款　非全日制用工双方当事人可以订立口头协议。

第 70 条　非全日制用工双方当事人不得约定试用期。

第 71 条　非全日制用工双方当事人任何一方都可以随时通知对方终止用工。终止用工，用人单位不向劳动者支付经济补偿。

——《劳动合同法》

三、非全日制用工与其他用工的风险对比

由于《劳动合同法》在无固定期限劳动合同、劳动合同解除和终止、劳动合同签订与变更等方面新出台了大量细化规定，使企业使用全日制用工的风险和成本都大为增加。在全日制用工成本过高、风险过大的情况下，企业可以通过使用非全日制用工予以应对，具体可以从三个方面着手：

1. 对工作岗位进行评估。非全日制用工与标准劳动关系相比具有用工灵活、成本较低、风险较小的特点。企业对于业绩不好的员工可以随时更换，也不需要支付经济补偿。企业可以对用工岗位进行评估，对适合使用非全日制人员工作的岗位尽量使用非全日制员工。

2. 加强员工劳动合同管理。在非全日制用工中，一旦发生劳动争议，企业第一步要做的就是证明双方之间是非全日制用工关系，而劳动合同无疑是确定用工性质最好的证据。书面劳动合同有助于避免将非全日制用工与事实劳动关系相混淆，对企业而言有着减小用工风险的作用。因此虽然非全日制用工不强求签订书面劳动合同，但企业应当加强劳动合同管理，与员工签订书面劳动合同。明确用工性质为非全日制，并对各项待遇和劳动合同的结束进行约定，由于法律允许非全日制员工同时为一个以上的用人单位提供劳动，因此首先就存在各用人单位之间工作时间协调的问题，同时各单位之间可能会存在竞争关系，因此单位在使用非全日制员工时应对此予以注意，可以从三个方面着手解决。

首先，在招用非全日制员工时应当对其基本情况进行全面的了解，要求求职者说明在其他兼职单位的工作内容和工作时间等情况。对工作时间有冲突的以及在竞争对手、客户等有利益冲突单位工作的求职者不予录用。其次，注重商业秘密管理。对涉及商业秘密的工作岗位一般不宜使用非全日制员工，如确需使用的，应当与员工签订保密协议。最后，向员工说明单位不希望从事某些领域的兼职，要求员工在有其他工作单位后予以报告。如在日常管理中发现员工在企业不允许兼职的领域工作时，应及时与其结束劳动关系。

3. 注重地方性立法规定。《劳动合同法》对非全日制用工的社会保险、加班处理

等问题未作具体的规定，有待相关部门作进一步细化。企业应当研究当地对非全日制用工的社会保险规定和其他的保护政策并切实执行，以保障员工的基本权益。对加班问题，如当地法规未作规定的，企业应当与员工约定处理方法。

四、实习生、学生兼职与非全日制用工

企业在进行用工模式选择的时候，通常会考虑到成本因素，并依据相关劳动法及企业自身情况建立适合企业自身发展的用工制度。作为肯德基和麦当劳的投资人的百胜公司，真是很好地利用了中国内地的劳动法律法规的规定，在门店人员使用上大量安排实习生、学生兼职和非全日制员工，这样可以有效节省用工成本。但是需要指出的是，由于法律主体资格的不完整，实习生、学生兼职是不受《劳动法》调整的，其工资待遇是否需要遵循最低工资标准等方面各界还有不同意见。但是，对于非全日制用工形式而言，是需要遵守劳动法最低工资标准等相关劳动基准性规定的。

案例 106：非全日制用工工资低于最低工资标准案

朋友给于姐介绍了一份餐厅保洁的工作。约定中午工作 1.5 个小时，晚上 2.5 个小时，每小时工资 4 元。于姐觉得这家餐厅的各方面条件都令她满意，工作很简单，工资也不拖欠，于是就决定做下去。后来，朋友又给于姐介绍了一份送孩子上学的工作，工资是每小时 6 元，接送途中的时间都算工作时间。于姐觉得两不耽误就同意了。工作了一段时间，于姐觉得与送孩子上学相比，保洁的工作比较累，工资还低，希望餐厅能涨工资。餐厅老板说："涨工资是不可能的，劳动合同上就是按这个签的，劳动合同还未履行完，怎么能改呢？别人给钱高，那是考虑到孩子的安全事关重大，不是一样的工作，怎能要求拿一样的工资呢？你在我们这里工作我们很满意，如果你觉得工资低，那就另谋高就吧，我也不阻挡。"于姐觉得人家说得有道理，就没再提这件事情。可是过了一段时间，于姐无意中知道本市的最低小时工资标准是 4.36 元每小时，她觉得自己的工资不应低于市里的这个最低小时工资标准，于是找到了有关本市最低小时工资的规定，去找那家餐厅的老板，要求增加工资数额。

专家分析

《劳动合同法》就非全日制用工薪资支付进行了约束，并设定最低工资。最低工资标准是指劳动者在法定工作时间或依法签订的劳动合同约定的工作时间内提供了正常劳动的前提下，用人单位依法应支付的最低劳动报酬。最低工资标准包括月最低工资标准和小时最低工资标准，月最低工资标准适用于全日制就业劳动者，小时最低工资标准适用于非全日制就业劳动者。目前全国大部分地区已经制定了小时最低工资标准，并按照一定期间予以适当调整。《劳动合同法》第 72 条规定非全日制用工小时计酬标准不得低于用人单位所在地人民政府规定的最低小时工资标准。

实务指南

《劳动合同法》对非全日制用工设定了三项劳动标准，一是最高工时，二是最低工资，三是工资支付周期。在实践中，企业除了要遵守最低工资劳动标准外，还应遵守最高工时和工资支付周期的劳动标准：

1. 遵守最高工时标准。非全日制用工最显著的特点是劳动者在同一用人单位的工作时间少于全日制用工，我国目前全日制用工标准工作时间为每日不超过 8 小时，每周不超过 40 小时，如果劳动者的劳动报酬按小时计算，但工作时间为每日 8 小时、每周 40 小时，这种用工形式仍然是全日制用工。《劳动合同法》第 68 条规定非全日制用工形式中劳动者在同一用人单位每周累计不超过 24 小时，在每日工作时间上可以平均计算，平均每日工作时间不超过 4 小时。

2. 遵守工资支付周期。《劳动合同法》第 72 条对非全日制用工的劳动报酬结算作了规定。标准劳动关系规定劳动报酬至少每月支付一次，第 72 条缩短了非全日制用工的劳动报酬支付周期，要求劳动报酬结算周期最长不得超过 15 日。

关联法规

第 72 条　非全日制用工小时计酬标准不得低于用人单位所在地人民政府规定的最低小时工资标准。

非全日制用工劳动报酬结算支付周期最长不得超过十五日。

——《劳动合同法》

五、非全日制用工常见劳动争议的处理

在非全日制用工实践中，由于非全日制用工形式相对灵活、管理相对简单、法律规定相对清晰，通常不大会发生劳动争议。但是由于非全日制用工的这种高度灵活性，也导致了一些潜在的争议性事项出现。比如，在非全日制用工形式中，最为容易发生的争议就是工伤保险争议。

案例 107：非全日制用工员工无须缴纳工伤保险?

吕某与上海市某餐饮管理公司签订了非全日制劳动合同后，成了该公司的非全日制员工。其劳动合同约定，吕某每天的工作时间是 3 小时，公司按每小时 9 元的标准向吕某支付工资，该工资中包含了吕某的社会保险费。但吕某在领到工资时并没有委托当地的职业介绍机构为自己缴纳社会保险费。一个月后的一天，吕某在工作中发生工伤事故，造成右臂多处骨折，并失去部分功能。经有关部门鉴定后，评为伤残 6 级，符合部分丧失劳动能力的条件，应该享受工伤保险待遇。但因公司和

吕某本人均未参加社会保险，所以吕某的工伤得不到工伤保险经办机构提供的工伤待遇。无奈，吕某只得找公司交涉，但公司认为，公司按照国家规定向小时工吕某支付的工资中，包含了吕某应缴纳的社会保险费，是因为吕某擅自没有缴纳社会保险，才导致其如今无法享受工伤待遇的后果，责任在吕某，与公司无关，所以公司不应承担任何工伤赔偿。吕某自己向公司提出享受工伤待遇的要求遭到了拒绝，便向当地的劳动仲裁委员会提出了仲裁申请，要求公司给予其医疗费用报销、工伤津贴和一次性伤残补助金等相关的工伤待遇。

专家分析

吕某提出的仲裁请求能得到劳动争议仲裁委员会的支持，其理由如下：劳动和社会保障部在《关于非全日制用工若干问题的意见》（劳社部发〔2003〕12 号）中规定，企业在向非全日制职工支付的工资中，应当包含企业应当缴纳的基本养老保险费和基本医疗保险费比例之和。由此可见，企业在向非全日制员工支付的工资中，没有包括工伤保险费。企业在与非全日制员工存在劳动关系期间，必须按照国家有关规定为非全日制员工缴纳工伤保险费。本节案例中的公司违反了上述规定，未给吕某缴纳工伤保险费，致使吕某的工伤得不到社会保险经办机构给予的工伤待遇。因此，劳动争议仲裁委员会可以判令餐饮公司比照工伤保险的有关规定，承担吕某的工伤待遇，即付给其医疗费用报销、工伤津贴和一次性伤残补助金等相关工伤待遇。

实务指南

企业在使用非全日制用工时，应特别注意依照《劳动合同法》等相关法律法规的规定进行。为了防范潜在法律风险导致此后劳动争议的发生，企业在管理非全日制员工时应特别注意以下事项：

1. 关于劳动合同形式。尽管法律允许企业与非全日制员工建立劳动关系采取口头形式，但是为了事先明确相应的权利义务关系，防范因约定不明而产生争议的潜在风险，企业对长期使用的非全日制员工最好订立书面劳动合同，并就相关责任事先协商一致。

2. 关于劳动合同内容。就非全日制员工而言，在劳动合同中不得约定试用期。并且，通过书面合同，可以具体约定以下事项：比如，非全日制员工与其他单位建立劳动关系，应当通知企业，否则需要承担相应责任；非全日制用工双方当事人任何一方都可以随时通知对方终止用工；终止用工，用人单位不向劳动者支付经济补偿；等等。

3. 关于工时薪资事项。企业安排非全日制员工的工作时间平均每日不超过 4 小时，每周累计不超过 24 小时，否则会有被视为标准劳动合同而承担更多责任的法律风险。企业可以根据自身以及非全日制员工的实际需要约定薪资支付的方式和周期，但是非全日制用工薪资结算支付周期最长不得超过 15 日。

4. 关于社会保险事项。企业可以约定在小时薪资中包含了基本养老保险和基本医疗保险的费用，但是企业应当依法为非全日制员工缴纳工伤保险。非全日制员工发生工伤，依法享受工伤保险待遇；被鉴定为伤残5—10级的，经其与企业协商一致，可以一次性结算伤残待遇及有关费用。

关联法规

三、关于非全日制用工的社会保险

10. 从事非全日制工作的劳动者应当参加基本养老保险，原则上参照个体工商户的参保办法执行。对于已参加过基本养老保险和建立个人账户的人员，前后缴费年限合并计算，跨统筹地区转移的，应办理基本养老保险关系和个人账户的转移、接续手续。符合退休条件时，按国家规定计发基本养老金。

11. 从事非全日制工作的劳动者可以以个人身份参加基本医疗保险，并按照待遇水平与缴费水平相挂钩的原则，享受相应的基本医疗保险待遇。参加基本医疗保险的具体办法由各地劳动保障部门研究制定。

12. 用人单位应当按照国家有关规定为建立劳动关系的非全日制劳动者缴纳工伤保险费。从事非全日制工作的劳动者发生工伤，依法享受工伤保险待遇；被鉴定为伤残5-10级的，经劳动者与用人单位协商一致，可以一次性结算伤残待遇及有关费用。

——劳动和社会保障部《关于非全日制用工若干问题的意见》

第九章 劳动争议处理与调解仲裁实务

本章导读

劳动争议是指员工与企业之间因订立、履行或终结劳动关系而引起的纠纷，它是在劳动人事管理过程中经常面临的问题。在本章的阅读中，读者可以了解以下法律要点：

1. 调解是在员工和企业双方自愿的情况下经由法定的第三方解决劳动争议的一种方式。劳动争议的处理并非必须经由调解程序，当事人可以直接申请仲裁。调解协议具有合同上的执行力。部分案件达成调解协议后，企业拒不履行的，员工可持调解协议书向法院申请支付令。

2. 劳动争议由劳动合同履行地或者企业所在地的劳动仲裁委管辖，特殊情形下法律指定劳动合同履行地的劳动仲裁委管辖。劳动争议案件的时效为两年，自员工知道或应当知道权利受侵害之日起计算。部分小额劳动争议案件可以一裁终局，但这种终局法律效力只针对企业。

3. 劳动争议分为个体劳动争议和集体劳动争议，通常意义上的劳动争议是指个体劳动争议。《劳动争议调解仲裁法》调整的是个体劳动争议，《集体合同规定》则调整集体劳动争议。因订立集体合同引起的争议处理方式不同于因履行集体合同引起的争议处理方式。

4. 从长远的意义来看，企业应积极健全规章制度，实施企业民主管理，预先化解和提前避免劳动争议的发生。就具体劳动争议应对而言，企业应强化证据意识和程序意识，注重人事管理的书面化操作。规范化的企业，更应寻求劳资双赢和共生和谐，注重人本化沟通。

劳动争议，也称劳资争议，是指劳动者与用人单位之间，在劳动法调整范围之内，因适用法律、法规订立、履行、变更、终止或解除劳动合同以及其他与劳动关系直接相联系的问题而引起的纠纷。一般而言，根据争议主体的不同，劳动争议分为个别争议和集体争议两种：个别争议是指雇主与员工之间所发生的争议，其争议对象是私法上的权利，也是劳动合同上的内容，因而也可称为“权利争议”。集体争议是指雇主与劳动者团体即工会之间所发生的争议，其争议的对象是团体的利益，也就是有关集体协议的内容。集体争议是以劳动者团体即工会为主体的、在集体谈判过程中发生的争议。第十届全国人大常委会第三十一次会议于 2007 年 12 月 29 日通过并于 2008 年 5 月 1 日施行的《劳动争议调解仲裁法》主要是处理个别争议的，即调整和规制劳动者与用人单位之间的争议处理事项。至于集体合同争议，在实践中发生的状况相对较少，调整的规则主要是集体合同规定。

一、自愿原则及劳动争议和解与调解

尽管《劳动争议调解仲裁法》在仲裁时效延长、部分案件一裁终局、举证责任、审理时限、仲裁不收费等具体事项上作了突破性的规定，但是从总体上讲，这部 2007 年年终之前通过的关于劳动争议调解仲裁的新法律依然延续了 1993 年《企业劳动争议处理条例》和 1994 年《劳动法》以来形成的劳动争议处理机制下大多数的法律原则。比如说强调了双方在自愿协商的前提下达成和解协议的协商和解原则，保留了在处理劳动争议过程中出于自愿遵循着重调解的原则，延续了原有劳动争议处理体制下的“一裁二审”处理原则，等等。这些原则是劳动争议处理的一贯原则，特别是其中的和解与调解原则可以说是中国内地劳动争议处理实践的一大特色，在各地劳动争议仲裁机构实际处理劳动争议案件过程中也发挥了重要而积极的作用。

（一）自愿协调原则

调解是一种以柔性方式化解矛盾的机制，源于儒家文化，在我国具有悠久的历史传统，新中国成立后，调解制度得到了发扬光大。调解解决纠纷，成本低、及时、灵活，可以促使当事人尽快取得谅解，减少双方的对立情绪，防止矛盾激化，被称为“绿色”纠纷处理机制。在解决劳动争议中引入调解机制，把劳动争议解决在基层，化解在萌芽状态，使得劳动关系得以维持，有利于保护员工和企业双方的利益，有利于和谐劳动关系，可以说调解是一种最经济的劳动争议解决方式，而且从实际情况来看，大多数劳动争议案件是在调解中得到解决的。《劳动争议调解仲裁法》确定的着重调解原则包括两个方面的含义：一是在劳动争议处理中要贯彻调解处理的原则，在劳动争议提请调解组织调解以及仲裁处理过程中应优先进行调解；二是调解要坚持自愿原则，要在双方当事人自由、自主和自愿的基础上进行协商，达成一致的意见。调解自愿原则是劳动争议调解组织和劳动争议仲裁机构处理劳动争议的一条最为基本的原则，也是有效化解基层劳资矛盾，减轻仲裁机构和人民法院处理案件的讼累的重要保障。

案例108：协商解决劳动争议也是纠纷解决的处理方式

工程师老吴是北京某国有钢铁制造公司工作了十多年的老员工了，也是该公司每年评选的劳动模范。但是最近一段时间，老吴心情不是太好，因为在最近一次公司依照国家新规定的《职工带薪年休假条例》核定年休假的时候，给老吴核定的年休假比他自己认为的休假天数少了5天。原来，老吴在工作期间，曾经被公司外派到在外地的某下属公司5年，作为公司对下属公司的技术支持代表，并担任车间主任。此次公司在核定其工龄时，没有计算其外派期间的工龄。于是，老吴向公司行政部的福利主管小王沟通并反映意见，但是小王说这个核定工龄的办法是公司总办下达的，行政部负责执行，公司的所有外派工龄都不予承认，所以此次核定的工龄不好更改。老吴本来想再向公司总办反映意见，但是考虑到自己的劳模身份，公司每年都给其发放特别津贴，尽管是为自己的合法利益争取，但还是不好自己开口惊动公司领导。正好这天晚上的时候，任公司工会主席的老钱过来串门，老吴把自己的真实想法给老钱讲了，表明自己的为难。谁知老钱说这个不难，一口答应明天就代表这些有外派经历的员工去向总办反映。经过老钱的交涉，一周后，公司总办与这些外派员工达成和解，公司承认其外派工龄有效，并再次下文对原工龄认定办法进行了补充修改。

专家分析

通过本节案例可以看出，对于企业与员工的不同理解、矛盾和争议事项，不仅员工本人可以与用人单位进行交涉，而且工会也可以代表劳动者与用人单位进行协商，达成和解协议，以此解决纠纷。《劳动争议调解仲裁法》第4条规定：“发生劳动争议，劳动者可以与用人单位协商，也可以请工会或者第三方共同与用人单位协商，达成和解协议。”劳动者不仅可以通过工会与用人单位协商，也可以通过第三方与用人单位进行协商，达成和解协议。根据《劳动争议调解仲裁法》的相关规定，劳动争议发生后，当事人可以按照协商—调解—仲裁—小额案件和劳动标准案件一裁终局，其他案件提起诉讼的基本程序处理。其中，协商和调解是在双方当事人自愿的原则下选择进行的，当事人也可以直接申请仲裁，而仲裁是劳动争议处理的必经程序。

实务指南

对于企业而言，在处理劳资关系和应对劳动争议时也应尽量按照法律框架下的调解自愿原则先行处理，将矛盾及时通过协商斡旋的方式进行处理。具体而言，可从以下几个方面预防和处理劳动争议：

1. 建立企业内部调解组织。劳动争议调解委员会，是依法设在企业内部的、专门调解本企业劳动争议的群众性组织。企业可以根据自身具体情况设立企业内部的此种调解组织。通过相关矛盾事先化解程序，及时处理以后可能引发的劳动争议案件。

2. 完善企业申诉沟通机制。企业可以在规章制度中建立申诉沟通机制，对于绩效考核、调岗调薪和员工惩戒等容易发生争议的事项，可以通过申诉沟通机制，引导企业在向仲裁委员会提交申请之前即通过制度化的前置处理以化解矛盾。

3. 加强仲裁应诉管理流程。对于员工已经向仲裁委员会提请申诉的情形，应积极引导员工与企业及时沟通协调，通过协商斡旋的方式妥善处理相关事项，根据具体情况决定劝其撤诉，以避免相关争议最终经由仲裁委员会立案审理。

关联法规

第 4 条　发生劳动争议，劳动者可以与用人单位协商，也可以请工会或者第三方共同与用人单位协商，达成和解协议。

第 5 条　发生劳动争议，当事人不愿协商、协商不成或者达成和解协议后不履行的，可以向调解组织申请调解；不愿调解、调解不成或者达成调解协议后不履行的，可以向劳动争议仲裁委员会申请仲裁；对仲裁裁决不服的，除本法另有规定的外，可以向人民法院提起诉讼。

——《劳动争议调解仲裁法》

第 4 条　当事人在人民调解委员会主持下仅就给付义务达成的调解协议，双方认为有必要的，可以共同向人民调解委员会所在地的基层人民法院申请司法确认。

——最高人民法院《关于审理劳动争议案件适用法律若干问题的解释（四）》

（二）和解与调解

和解与调解共有一个“解”字，意涵均在于解决矛盾，化解争议。前者与后者的主要区别在于，和解是双方协商进行，不用经由第三人，其效力产生于双方当事人之间；而调解则需要工会、调解组织或劳动争议仲裁机构进行斡旋处理，最终达成解决方案，其效力经由法定程序后，具有法律执行力。关于和解，劳动争议仲裁调解法有两处规定，分别是：(1)《劳动争议调解仲裁法》第 4 条规定，发生劳动争议，员工可以与企业协商，也可以请工会或者第三方共同与企业协商，达成和解协议；(2) 第 41 条规定，当事人申请劳动争议仲裁后，可以自行和解。达成和解协议的，可以撤回仲裁申请。而关于调解，《劳动争议调解仲裁法》则有多处规定，主要贯穿在劳动争议处理原则、调解组织调解、仲裁机构调解这几个部分和程序中，在可能进行调解的时候，尽量先行调解。

案例 109：劳动争议调解组织调解的效力

2005 年 6 月，广东深圳某港资来料加工企业员工叶某，因工负伤被评定为 5 级伤残。2008 年 5 月，叶某与企业签订的劳动合同期满，企业终止了与叶某的劳动合同。双方因一次性辞退费问题发生争议，经所在镇劳动站劳动管理办公室调解，双方达成了调解协议，由企业支付给叶某一次性工伤辞退费135300元，计算标准按受伤时所在市上年度职工月平均工资2706元计算，支付50个月的工资，并由劳动管理办公室制作了调解书。后叶某通过咨询专业人员后得知，一次性工伤辞退费的支付，应以解除或者终止劳动合同时所在市上年度职工月平均工资计算。也就是说，叶某的一次性工伤辞退费应以2007年深圳市职工月平均工资计算支付50个月的工资。而调解时劳动站的工作人员告诉叶某，一次性工伤辞退费是按受伤时所在市上年度职工月平均工资计算。因赔偿所得差额较大，叶某对劳动站的调解反悔而向劳动争议仲裁委员会申请仲裁，要求企业支付一次性工伤辞退费差额。

专家分析

本节案例涉及劳动争议调解组织制作的调解书的效力。本节案例发生在2008年5月，正好是《劳动争议调解仲裁法》施行之后，应该适用《劳动争议调解仲裁法》的有关规定。在该法施行以前，由于此前施行的《劳动法》对基层调解组织制作的调解书效力没有具体规定，所以仲裁实务中存在两种观点，一是此种劳动站劳动管理办公室制作的调解书具有法律效力，劳动争议仲裁委不应再受理；二是只有国家授权的劳动争议仲裁委和人民法院制作的调解书才具有法律效力，劳动站劳动管理办公室制作的调解书不具有法律效力，一方反悔的申请仲裁，仲裁委应予受理。

《劳动争议调解仲裁法》进一步明确了基层调解组织制作的调解书只具有合同效力，而非法律效力。经调解达成协议的，应当制作调解协议书。调解协议书由双方当事人签名或者盖章，经调解员签名并加盖调解组织印章后生效，对双方当事人具有约束力，当事人应当履行。达成调解协议后，一方当事人在协议约定期限内不履行调解协议的，另一方当事人可以依法申请仲裁。同时，为了尽快解决劳动争议，督促企业履行调解协议内容，《劳动争议调解仲裁法》还规定，因支付拖欠劳动报酬、工伤医疗费、经济补偿或者赔偿金事项达成调解协议，用人单位在协议约定期限内不履行的，劳动者可以持调解协议书依法向人民法院申请支付令。需要注意的是，申请支付令与申请法院强制执行是两个不同的概念。申请支付令基于合法有据的调解协议或其他民事协议；而申请法院强制执行的是具有法律效力的法律文书。①

---

① 依据这些新规定，基层调解组织制作的调解书具有合同效力，如果达成调解的内容明显违反有关规定，内容显失公正，当事人就可以主张该合同内容无效，调解书无效，依法申请仲裁。本节案例中的叶某就可以依法申请劳动仲裁，维护其合法权益。此处仍需进一步强调的是，若是依法受理的劳动争议案件经由仲裁委员会调解而达成调解协议的，此种调解协议则具有法律上的拘束力。根据最高人民法院《关于审理劳动争议案件适用法律若干问题的解释（三）》第11条的规定，仲裁委员会作出的调解书已经发生法律效力，一方当事人反悔提起诉讼的，人民法院不予受理；已经受理的，裁定驳回起诉。

案例 110：仲裁委制作的调解协议在签收前仍可反悔

赵小姐从湖北省某理工高校生物系毕业后，与上海某合资生物制药公司签订了5年的劳动合同，成为该公司制程研发部的研发工程师。对于公司而言，这个时候正是某系列产品研发的攻坚阶段，公司发现赵小姐理论基础扎实、技术能力突出，又没家庭负担，于是总是会给她安排大量的工作任务。尽管几乎每天都要加班，赵小姐刚开始觉得研发任务紧，也可以通过这些研发任务的完成提高自己的业务水平，并未觉得有何不妥。但随着时间的推移，赵小姐自己也开始安排一些私人的事情，同时也准备在业余的时间学习一门外语，以提高自己的综合能力。于是，赵小姐向公司提出，希望公司能减少其工作量，并说明了理由。但是公司并不同意，认为赵小姐应当体谅公司的难处，但是赵小姐则认为自己在八小时工作时间内认真做好就可以了，如果没有其他安排，可以适当加班，但是不能长期加班。经双方沟通后，仍达不成一致意见。后赵小姐每天正常上班八小时后，按点下班，工作任务没有完成的，第二天再完成。公司对此非常不满，此后不久便解除了与赵小姐的劳动合同。赵小姐认为公司解除的行为没有法律依据，于是申请劳动仲裁。

仲裁庭受理案件后，开庭审理时，仲裁员征求双方意见是否愿意调解。公司此时自觉理亏，同意调解，赵小姐知道现在找工作不容易，也同意调解，双方愿意恢复劳动关系。仲裁庭决定庭审结束，不日将做出调解书。赵小姐出于对恢复劳动关系以后工作连续性的考虑，主动与公司进行了联系，希望能延续原来的项目继续工作。谁知此时公司的态度则非常蛮横，说："回来可以，不过原来的项目不要做了，先检讨一段时间再说。"赵小姐对公司的这种前后不一的行为非常气愤，在次日仲裁庭寄来调解书时拒绝签收，并直接打电话给仲裁员表示自己反悔，无意与公司进行调解，要求仲裁庭依法裁决公司解除劳动合同的行为违法，并依法支付双倍经济补偿金。仲裁委员会接受了赵小姐的意见，继续审理此案。

专家分析

《劳动争议调解仲裁法》第42条对劳动争议仲裁委员会进行调解的程序以及调解书的法律效力进行了明确的规定。该条规定："仲裁庭在作出裁决前，应当先行调解。调解达成协议的，仲裁庭应当制作调解书。调解书应当写明仲裁请求和当事人协议的结果。调解书由仲裁员签名，加盖劳动争议仲裁委员会印章，送达双方当事人。调解书经双方当事人签收后，发生法律效力。调解不成或者调解书送达前，一方当事人反悔的，仲裁庭应当及时作出裁决。"本案例中，仲裁庭依法对双方现行调解，此后达成了调解协议书。但是此后赵小姐在签收之前反悔，所以仲裁还是应依法恢复审理，做出裁决。

实务指南

企业在处理事实清楚、法律适用问题简易的劳动争议时，应当尤为注意对调解或和解原则的掌握。调解或和解不是向错误的权利屈服或向无理的员工示弱，而是依据处理效率和成本规则进行劳动争议的合理应对。通常而言，企业需要掌握以下处理要领：

1. 简单争议案件和解处理原则。对于事实清楚、法律关系明确的部分劳动争议案件，仅是因为员工的错误理解或是企业劳动人事操作失误等因素而形成，处理的原则可以是以讲事实摆道理的方法解决，无须也没有必要耗去双方的时间成本。

2. 证据准备不足调解处理原则。新法律背景下，劳动争议中的大部分举证责任均由企业承担，如果企业平时不注意规范管理和证据留存，会很容易在程序法上陷于不利的局面。此时可以通过第三方进行调解沟通，会比直接取得仲裁裁决结果效果更优。

3. 柔性化管理下调解优先原则。在秉承人本化管理的企业里，通常会致力于建构和谐的劳资关系，在进行劳动人事管理时也会贯穿柔性化操作原则，这种“和为贵”以及“劳资共赢”的企业文化，会促使企业优先以和解或调解方式处理劳动争议。

4. 恶意员工缠讼仲裁处理原则。对于部分恶意员工提出无理要求或是无法经由协商解决或调解处理的劳动争议事项，此时若企业完全没有责任，在证据上也没有任何瑕疵时，应积极正面地通过仲裁处理劳动争议事项，达成提高争议解决效率和惩戒其他员工的双重目标。

关联法规

第 4 条　发生劳动争议，劳动者可以与用人单位协商，也可以请工会或者第三方共同与用人单位协商，达成和解协议。

第 14 条　经调解达成协议的，应当制作调解协议书。

调解协议书由双方当事人签名或者盖章，经调解员签名并加盖调解组织印章后生效，对双方当事人具有约束力，当事人应当履行。

自劳动争议调解组织收到调解申请之日起十五日内未达成调解协议的，当事人可以依法申请仲裁。

第 15 条　达成调解协议后，一方当事人在协议约定期限内不履行调解协议的，另一方当事人可以依法申请仲裁。

第 16 条　因支付拖欠劳动报酬、工伤医疗费、经济补偿或者赔偿金事项达成调解协议，用人单位在协议约定期限内不履行的，劳动者可以持调解协议书依法向人民法院申请支付令。人民法院应当依法发出支付令。

——《劳动争议调解仲裁法》

第 11 条　劳动人事争议仲裁委员会作出的调解书已经发生法律效力，一方当事人反悔提起诉讼的，人民法院不予受理；已经受理的，裁定驳回起诉。

——最高人民法院《关于审理劳动争议案件适用法律若干问题的解释（三）》

案例111：员工可以直接持调解协议书向法院申请支付令

最近，张先生在调解员的主持下与自己供职的某纸品有限公司达成了调解协议，调解协议书明确约定："纸品公司在3日内一次性向张先生支付经济补偿金60000元，至此双方因劳动关系所生的权利义务关系全部了结。"调解员制作调解协议书后，张先生与纸品公司双方均在协议书上签字确认。但是3天后，纸品公司仍没有向张先生支付经济补偿金。张先生先后多次向公司提出交涉，但公司总是以不景气暂时没有赔偿能力为由给挡了回来。张先生这个时候想到了调解协议书，于是他准备向当地的基层人民法院提起诉讼，而法院立案庭负责接待的小刘法官告诉他，像他这种情形可以直接向法院申请支付令，由法院直接签发支付令，实施督促程序，更为简明快捷地处理纠纷，讨要相关款项。

专家分析

支付令是人民法院根据债权人的申请，督促债务人履行债务的程序，是《民事诉讼法》规定的一种法律制度。在劳动争议案件中引入支付令制度实际上是《劳动争议调解仲裁法》的一大创新，把劳动争议调解制度与民事诉讼制度有机地连接起来，给予员工尽可能多的保护。《劳动争议调解仲裁法》第16条规定了劳动者可以持调解协议书申请支付令的情形。依据该条"因支付拖欠劳动报酬、工伤医疗费、经济补偿或者赔偿金事项达成调解协议，用人单位在协议约定期限内不履行的，劳动者可以持调解协议书依法向人民法院申请支付令。人民法院应当依法发出支付令"的规定，张先生可以凭生效的调解协议书，向基层人民法院申请支付令。支付令下达纸品公司后，如果纸品公司既不主动履行债务，也不提出书面异议，人民法院规定的期限届满，张先生可向人民法院申请强制执行。需要特别指出的是，如果纸品公司提出书面异议，人民法院则会终结督促程序。此后，张先生可能还是需要先通过仲裁来寻求救济。

实务指南

在劳动人事管理过程中，由于员工对薪资制度的理解不同，企业不可避免地会遇到对部分工资事项存在争议的情形，甚至有时可能发生员工向法院申请支付令的情形，此时应相应区别对待：

1. 支付令基于员工自身理解申请。《劳动合同法》第30条第2款规定，企业拖欠或者未足额支付劳动报酬的，员工可以依法向当地人民法院申请支付令，人民法院应当依法发出支付令。但是，此种支付令的申请与签发是基于法律对劳动者的特别保护在程序上做出的相应的督促措施。企业可以书面对支付令提出异议，在人民法院裁定终结督促程序后，员工应先行提请劳动仲裁机构处理。

2. 支付令基于生效调解文书申请。《劳动争议调解仲裁法》第 16 条规定，因支付拖欠劳动报酬、工伤医疗费、经济补偿或者赔偿金事项达成调解协议，企业在协议约定期限内不履行的，员工可持调解协议书依法向人民法院申请支付令。人民法院应当依法发出支付令。此种支付令的申请与签发是基于生效法律文书在程序上做出的相应的督促措施。企业可以书面对支付令提出异议，在人民法院裁定终结督促程序后，员工可以直接向人民法院起诉。

Tips 小贴士：督促程序与支付令

督促程序是中国现行《民事诉讼法》中新增加的一种审判程序，是指人民法院根据债权人提出的要求债务人给付一定的金钱或者有价证券的申请，向债务人发出附条件的支付令，以催促债务人限期履行义务，如果债务人在法定期间内不提出异议，该支付令即具有执行力的一种程序。督促程序对方便当事人诉讼和方便法院办案，提高诉讼效率，节约当事人实现债权的成本，及时保护当事人的合法权益，具有重要的意义。

支付令是人民法院根据债权人的申请，督促债务人履行债务的法律文书。根据《民事诉讼法》的规定，申请支付令的程序是：（1）向人民法院提交申请书。劳动者向人民法院提交的申请书应当写明请求给付劳动报酬、工伤医疗费、经济补偿或者赔偿金的数额和所根据的事实、证据。由于劳动者申请支付令的前提是达成了调解协议，因此，劳动者一般只提供调解协议书就可以了。（2）向有管辖权的基层人民法院申请。《民事诉讼法》第 23 条规定："因合同纠纷提起的诉讼，由被告住所地或者合同履行地人民法院管辖。"调解协议具有合同的性质，因此，劳动者可以按照这一条确定申请支付令的管辖法院，选择用人单位所在地或者合同履行地基层人民法院管辖。（3）受理。一般来说，申请支付令属于本法列举的因支付拖欠劳动报酬、工伤医疗费、经济补偿或者赔偿金事项达成调解协议范围的，法院都应当受理。（4）审查和决定。劳动者申请支付令的依据是其与用人单位达成的调解协议，双方权利义务关系比较明确，因此，法院只审查调解协议是否合法就可以了。如果人民法院经过审查，认为调解协议合法的，应当在 15 日内向用人单位发出支付令；认为调解协议不合法的，就裁定予以驳回。比如调解协议违反国家法律、法规的强制性规定，是无效的，就不能发出支付令，应当裁定予以驳回。（5）清偿或者提出书面异议。支付令发出后，用人单位要么按照支付令的要求向劳动者支付拖欠的劳动报酬、工伤医疗费、经济补偿或者赔偿金，要么提出书面异议。如果异议成立，法院就会裁定终结督促程序，支付令自行失效。（6）申请执行。如果用人单位既不提出异议，又不履行支付令，劳动者可以向人民法院申请执行，人民法院应当按照《民事诉讼法》规定的执行程序强制执行。

关联法规

第30条第2款　用人单位拖欠或者未足额支付劳动报酬的，劳动者可以依法向当地人民法院申请支付令，人民法院应当依法发出支付令。

——《劳动合同法》

第16条　因支付拖欠劳动报酬、工伤医疗费、经济补偿或者赔偿金事项达成调解协议，用人单位在协议约定期限内不履行的，劳动者可以持调解协议书依法向人民法院申请支付令。人民法院应当依法发出支付令。

——《劳动争议调解仲裁法》

第17条　劳动者依据劳动合同法第三十条第二款和调解仲裁法第十六条规定向人民法院申请支付令，符合民事诉讼法第十七章督促程序规定的，人民法院应予受理。

依据劳动合同法第三十条第二款规定申请支付令被人民法院裁定终结督促程序后，劳动者就劳动争议事项直接向人民法院起诉的，人民法院应当告知其先向劳动人事争议仲裁委员会申请仲裁。

依据调解仲裁法第十六条规定申请支付令被人民法院裁定终结督促程序后，劳动者依据调解协议直接向人民法院提起诉讼的，人民法院应予受理。

——最高人民法院《关于审理劳动争议案件适用法律若干问题的解释（三）》

二、劳动争议仲裁中的相关处理规则

《劳动争议调解仲裁法》在坚持《劳动法》基本原则的前提下，根据经济和社会发展的要求，总结现行劳动争议处理制度的实践经验和不足，对劳动争议处理制度做了进一步完善，强化调解、完善仲裁、加强司法救济，及时妥善处理劳动争议，尽最大可能将劳动争议案件解决于基层，维护当事人合法权益。《劳动争议调解仲裁法》的颁布实施，将进一步完善劳动争议调解仲裁制度，为当事人特别是劳动者提供公正高效的法律救济，对发展和谐稳定的劳动关系，促进经济社会发展具有重大意义。

（一）劳动争议的范围

明确劳动争议的范围，对于依法受理和处理劳动争议案件，合法、及时、公正地保护当事人的合法权益，非常重要。《劳动争议调解仲裁法》总结多年来劳动争议处理的实践，明确下列劳动争议适用本法：(1) 因确认劳动关系发生的争议；(2) 因订立、履行、变更、解除和终止劳动合同发生的争议；(3) 因除名、辞退和辞职、离职发生的争议；(4) 因工作时间、休息休假、社会保险、福利、培训以及劳动保护发生的争议；(5) 因劳动报酬、工伤医疗费、经济补偿或者赔偿金等发生的争议；(6) 法律、法规规定的其他劳动争议。

案例112：哪些劳动争议可以向劳动争议调解仲裁机构申请仲裁？

小李2007年6月进入上海某物流公司做仓库装卸工，与公司签订了三年期的劳动合同。因为公司业务繁忙，小李工作基本没有固定的上下班时间，有时，值班经理一个电话，哪怕是半夜三更他也必须迅速赶到仓库开始工作。至于每月的工资，公司是以小李的装卸量来计发的。2010 年春节前，小李决定辞职，在办理退工手续后，小李要求公司按劳动法的规定支付他工作期间超过规定时间的加班工资。另外，根据 2009 年年底国家关于社会保险可以跨地区转移的规定，小李在核实公司未为其办理社保相关手续后，要求公司一并补缴。公司表示，小李的工作不能以规定的八小时计算，因此公司并未按固定工作时间计发工资，而是按其装卸量来计发的。工资已经按月结算清了，根本不存在加班工资问题。至于社保费补缴问题，公司则不予回应。小李想到向政府有关部门反映情况并帮助他解决问题，但他又不知道找哪一个部门处理，于是他向自己在司法学校做老师的表哥寻求答案。表哥告诉他这类案件属于因劳动报酬引发的劳动争议，可以向所在地劳动争议仲裁委申请仲裁，请求仲裁委依法维护其合法权益。

专家分析

依据《劳动争议调解仲裁法》第 2 条等条款的相关规定，在中华人民共和国境内的用人单位与劳动者发生的六类劳动争议，适用本法调整，劳动争议仲裁委员会应予受理。这些案件分别是：1. 因确认劳动关系发生的争议；2. 因订立、履行、变更、解除和终止劳动合同发生的争议；3. 因除名、辞退和辞职、离职发生的争议；4. 因工作时间、休息休假、社会保险、福利、培训以及劳动保护发生的争议；5. 因劳动报酬、工伤医疗费、经济补偿或者赔偿金等发生的争议；6. 法律、法规规定的其他劳动争议。在本案中，小李与单位发生的争议即属于第 4 项和第 5 项，属于《劳动争议调解仲裁法》的调整范围。小李可依法向劳动争议仲裁委员会申诉，主张自己的合法正当权利。需要指出的是，在实务中，社会保险争议往往被认为是社保行政管理部门的管辖事项而将其排除在劳动争议范围之外。需要指出的是，按照最高人民法院《关于审理劳动争议案件适用法律若干问题的解释（三）》的规定，劳动者以用人单位未为其办理社会保险手续，且社会保险经办机构不能补办导致其无法享受社会保险待遇为由，要求用人单位赔偿损失而发生争议的，人民法院应予受理。[①] 在本节案例中，小李就

---

① 《劳动争议调解仲裁法》确定了社会保险争议属于劳动争议，但是否应把所有的社会保险争议不加区别地纳入人民法院受案范围，确是一个在实践中争议广泛的问题。此次解释（三）进一步明确：用人单位、劳动者和社保机构就欠费等发生争议，是征收与缴纳之间的纠纷，属于行政管理的范畴，带有社会管理的性质，不是单一的劳动者与用人单位之间的社保争议。因此，对于那些已经由用人单位办理了社保手续，但因用人单位欠缴、拒缴社会保险费或者因缴费年限、缴费基数等发生的争议，应由社保管理部门解决处理，不应纳入人民法院受案范围。对于因用人单位没有为劳动者办理社会保险手续，且社会保险经办机构不能补办导致劳动者不能享受社会保险待遇，要求用人单位赔偿损失的，则属于典型的社保争议纠纷，人民法院应依法受理。

社保费补缴事项，应先行向社保行政管理部门进行投诉维权；若因企业原因导致不能补缴社保的，方得依法向仲裁委员会和法院主张权利。

关联法规

第2条 中华人民共和国境内的用人单位与劳动者发生的下列劳动争议，适用本法：

（一）因确认劳动关系发生的争议；

（二）因订立、履行、变更、解除和终止劳动合同发生的争议；

（三）因除名、辞退和辞职、离职发生的争议；

（四）因工作时间、休息休假、社会保险、福利、培训以及劳动保护发生的争议；

（五）因劳动报酬、工伤医疗费、经济补偿或者赔偿金等发生的争议；

（六）法律、法规规定的其他劳动争议。

——《劳动争议调解仲裁法》

第1条 劳动者以用人单位未为其办理社会保险手续，且社会保险经办机构不能补办导致其无法享受社会保险待遇为由，要求用人单位赔偿损失而发生争议的，人民法院应予受理。

——最高人民法院《关于审理劳动争议案件适用法律若干问题的解释（三）》

Tips 小贴士：企业自主改制、加付赔偿金争议、非法及挂靠用工争议是否属于劳动争议？

在实务中，对于企业自主改制、加付赔偿金争议、非法及挂靠用工争议是否属于劳动争议，存在多种理解。2010年9月13日，最高人民法院发布《关于审理劳动争议案件适用法律若干问题的解释（三）》，并于2010年9月14日正式施行。该司法解释对以上问题做出了明确规定。

1. 关于企业自主改制引发争议的处理。因企业改制引发的诸如下岗、买断工龄、提前退休等问题，由于没有明确法律规定，人民法院往往不予受理此类案件。针对企业改制过程中出现的特殊情况，特别是政府行为主导的企业改制，我们一直认为，企业职工下岗、整体拖欠职工工资是企业制度改革和劳动用工制度改革中出现的特殊现象，不是履行劳动合同中的问题，由此引发的纠纷，应当由政府有关部门按照企业改制的政策规定统筹解决，不属于劳动争议案件，不应以民事案件立案审理。但随着我国经济体制改革的逐步深入，不论是国有企业还是民营企业，其改制已越来越呈现出多元化特征，而不局限于政府或相关部门主导。对于企业自主改制引发的争议处理，完全是在法律规定的层面上进行，因此，对于这部分劳动争议案件，人民法院责无旁贷，应依法予以受理。因此，最高人民法院《关于审理劳动争议案件适用法律若干问题的解释（三）》第2条明确规定："因企业自主进行改制引发的争议，人民法院应予受理。"

2. 关于加付50%—100%赔偿金事项的处理。《劳动合同法》第85条规定了加付赔偿金，这一规定是否意味着只能由劳动行政部门做出处理？加付赔偿金问题规定在《劳动合同法》第85条，但对于加付赔偿金纠纷，司法实践中处于主流地位的观点却是应当去司法化，即不属于人民法院受案范围。对于《劳动合同法》第85条正确的理解应当是：对于用人单位拖欠劳动者劳动报酬、加班费或者经济补偿的，劳动者可以向法院起诉，要求用人单位支付劳动报酬、加班费或者经济补偿，同时也可以主张加付的赔偿金。但其加付的赔偿金如果想要获得法院的支持，必须有一个前提，即劳动者必须就用人单位拖欠其劳动报酬、加班费或者经济补偿的违法行为先向劳动行政部门投诉，劳动行政部门在责令用人单位限期支付后，用人单位仍未支付，此种情况下才存在加付赔偿金，如果未经过这一前提程序，劳动者直接主张加付赔偿金，人民法院是不予支持的。

3. 关于非法用工产生争议的处理。在实践中，劳动者付出劳动后，用人单位往往以自己不具备合法经营资格为借口逃避责任，并将此种用工关系认定为劳务关系，大大损害了劳动者合法权益。具体而言，不具备合法经营资格主要包括未办理营业执照、营业执照被吊销或者营业期限届满仍继续经营这三种情况。非法用工主体由于违反工商登记的规定，理应受到行政处罚，但行政违法行为不应影响到其民事行为的效力。只要非法用人单位与劳动者之间签订的不是违反法律强行性规定、违背社会善良风俗和社会公共道德的劳动合同，即便存在非法用工，也应当承认其劳动关系的存在。这样，当纠纷发生时，就可按照法律倾斜于劳动者的原则，由用人单位承担相应的责任，并且，当用人单位不存在或者无力承担责任时，出资人应当依法予以承担。

4. 关于挂靠用工产生争议的处理。在实践中，经常会有不具备合法经营资格的用人单位以挂靠等形式借用他人营业执照经营这一现象，当与劳动者发生劳动争议后，如何确定诉讼主体也是具体问题。就出借营业执照一方而言，由于其出借行为导致了劳动者有理由相信招用他的用人单位具备合法经营资格，甚至认为出借营业执照一方即是用人单位。正是基于这些足以使其产生合理认识的表象，劳动者才付出了劳动。因此，当劳动者因追索劳动报酬、经济补偿或者赔偿金与用人单位发生争议时，亦应当把出借营业执照一方列为当事人，并且要承担相应的责任。实践中还需要注意的是，不论以挂靠等形式出借营业执照是否为有偿，均不影响其作为当事人的地位。

关联法规

第2条　因企业自主进行改制引发的争议，人民法院应予受理。

第3条　劳动者依据劳动合同法第八十五条规定，向人民法院提起诉讼，要求用人单位支付加付赔偿金的，人民法院应予受理。

第4条　劳动者与未办理营业执照、营业执照被吊销或者营业期限届满仍继续经营的用人单位发生争议的，应当将用人单位或者其出资人列为当事人。

第5条 未办理营业执照、营业执照被吊销或者营业期限届满仍继续经营的用人单位，以挂靠等方式借用他人营业执照经营的，应当将用人单位和营业执照出借方列为当事人。

——最高人民法院《关于审理劳动争议案件适用法律若干问题的解释（三）》

（二）劳动争议处理体制

为了解决劳动争议处理周期长的问题，及时处理劳动争议、保护劳动者合法权益，《劳动争议调解仲裁法》按照合法、公正、及时、着重调解的原则，对现行劳动争议处理体制作了必要的改革完善，具体内容一是规定发生劳动争议，劳动者可以与用人单位协商，也可以请工会或者第三方共同与用人单位进行协商，达成和解协议。二是规定发生劳动争议，当事人不愿协商、协商不成或者达成和解协议后不履行的，可以向调解组织申请调解。三是当事人不愿调解、调解不成或者达成调解协议后不履行的，可以向劳动争议仲裁委员会申请仲裁。四是规定下列劳动争议仲裁案件，除本法另有规定的外，仲裁裁决为终局裁决，裁决书自做出之日起发生法律效力：（1）追索劳动报酬、工伤医疗费、经济补偿或者赔偿金，不超过当地月最低工资标准12个月金额的争议；（2）因执行国家的劳动标准在工作时间、休息休假、社会保险等方面发生的争议。五是规定当事人对实行“一裁终局”案件以外的其他劳动争议案件的仲裁裁决不服的，可以自收到仲裁裁决书之日起15日内向人民法院提起诉讼；期满不起诉的，裁决书发生法律效力。

案例113：针对具体案件的劳动争议处理程序是怎样的？

小刘、小王、小夏等三位小伙子是浙江省某市基层人民法院民事审判一庭刚刚录用的助理审判员，这一天如约来到该市劳动争议仲裁处处长的办公室，向仲裁处的朱处长请教劳动争议案件的处理流程。小刘代表三位年轻人说：“我们刚刚参加工作，最近正在庭里处理一些劳动争议案件，我们在学校接触劳动争议案件方面的知识比较少，在庭里审理劳动争议案件也只对诉讼阶段有些感性认识，这次过来特别向朱处长请教一下劳动争议调解和仲裁方面的事宜。”朱处长非常热情地接待了他们，并和他们边喝茶边聊天，向这些初任法官们详细讲解了劳动争议处理的整个流程，并认真回答了小伙子们的提问。

小刘整理了朱处长的讲解要点，包括如下一些主要内容：其一，从法律角度上来讲，处理劳动争议案件需要经过调解、仲裁和诉讼三个程序，但实际过程中也可以说是四个程序，包含协商和解程序。其二，就具体的每个程序而言，1. 协商和解是指双方当事人在发生劳动争议后应首先协商，或请工会或请第三方共同与用人单位进行协商，找出解决争议的办法；2. 调解程序是指基层调解组织对本单位发生的劳动争议案件进行调解，调解不是法律规定的必经程序，但是对于实际解决劳动争议也起着很大的作用；3. 仲裁程序是指当事人在法定的仲裁时效期限以内，以书面方式向劳动争议仲裁委员会申请仲裁，仲裁委员会依法受理并处理的过程；4. 诉讼程序是指如果当事人对仲裁裁决不服，可以自收到裁决书之日起15日内向人民法院起诉，人民法院依法受理和审判的过程。

Tips 小贴士：仲裁遗漏当事人是否需要重新仲裁？

在人民法院审理劳动争议案件实务中，会出现劳动争议仲裁机构作出的仲裁裁决遗漏了必须共同参加诉讼的当事人的情形，此时人民法院是否应通知当事人再次仲裁？最高人民法院《关于审理劳动争议案件适用法律若干问题的解释（三）》对此做出了明确规定。对于已经作出的仲裁裁决遗漏了必须共同参加诉讼的当事人的，仲裁机构不能自行追加或经当事人申请追加后重新仲裁。当事人可依照《劳动争议调解仲裁法》的规定，直接向人民法院提起诉讼后，经当事人申请或者法院依职权追加后一并参加诉讼。对于被追加的当事人应当承担责任的，人民法院就应当直接做出调解或依法判决其承担责任。

关联法规

第5条　发生劳动争议，当事人不愿协商、协商不成或者达成和解协议后不履行的，可以向调解组织申请调解；不愿调解、调解不成或者达成调解协议后不履行的，可以向劳动争议仲裁委员会申请仲裁；对仲裁裁决不服的，除本法另有规定的外，可以向人民法院提起诉讼。

第50条　当事人对本法第四十七条规定以外的其他劳动争议案件的仲裁裁决不服的，可以自收到仲裁裁决书之日起十五日内向人民法院提起诉讼；期满不起诉的，裁决书发生法律效力。

——《劳动争议调解仲裁法》

第6条　当事人不服劳动人事争议仲裁委员会作出的仲裁裁决，依法向人民法院提起诉讼，人民法院审查认为仲裁裁决遗漏了必须共同参加仲裁的当事人的，应当依法追加遗漏的人为诉讼当事人。

被追加的当事人应当承担责任的，人民法院应当一并处理。

——最高人民法院《关于审理劳动争议案件适用法律若干问题的解释（三）》

（三）劳动争议处理中的证据

《劳动争议调解仲裁法》规定，发生劳动争议，当事人对自己提出的主张，有责任提供证据。这是劳动争议举证责任的一般原则。同时，考虑到用人单位作为用工主体方掌握和管理着劳动者的档案、工资发放、社会保险费缴纳、劳动保护提供等情况和材料，劳动者一般无法取得和提供，因此对用人单位提供证据又做出了特别规定：

与争议事项有关的证据属于用人单位掌握管理的，用人单位应当提供；用人单位不提供的，应当承担不利后果。

案例 114：无纸化办公对举证责任带来的挑战

上海某大型外资连锁超市有限公司一贯秉承绿色节能的环保政策，在办公自动化方面表现卓越，所有采购、物流、销售、劳动人事等管理环节均实行无纸化办公。在该公司，不仅上下级之间交流采取电子邮件方式，连通知公告这些重要文件也通过公司网络进行。2019 年 5 月 8 日，该公司一名主管因不服其总经理对其工作的批评，由于该名主管工作表现一直得不到总经理的赞同，其对总经理的怨恨越来越深，并于当晚通过电子邮件的方式写了一封言语激烈的辱骂信，并利用公司信箱系统将该信发送给亚太区主管级以上管理职员。次日，总经理发现后，通过管理部办公系统向该主管邮箱发出了解除劳动合同通知书，并要求其即日办理手续离开公司。后该主管向当地劳动仲裁部门提出申诉，其代理人指出，作为该公司解除劳动合同的证据为公司 IT 部门提供的电子邮件，并非纸质证据，且不能证明其真实性。同时，该公司出具解除劳动合同通知书的方式亦是电子邮件，不能产生送达的法律效力。所以，公司的解除行为不仅证据不足，而且形式不合法。

专家分析

近年来，随着计算机技术、因特网技术在各领域的广泛应用，自动化办公（OA）、无纸化办公已在实践中逐步得到了运用。网络化办公、无纸化办公突出的特点是突破了传统意义上的工作方式和用工制度，但证据的认定和采信却是处理劳动争议案件所必须面对的问题。本节案例中，该名主管的违纪行为是通过网络做出的，尽管公司可以申请公证机关对电子邮件存在于公司电脑的事实进行公证，但这种公证效力并不及于确认该名主管做出了该违纪行为。也即公证也只能证明某种结果事实，但不能证明行为过程，而证据所需要证明的就是行为及过程。该名主管的代理人坚持认为自己的当事人没有发出该邮件，同时不排除公司 IT 部门经授意诬陷之可能，这种观点的基础是电子邮件无法作为强力的证据。通常认为，电子邮件、手机短信等电子形态的证据只有和其他相关证据相佐证时，才具有较强的证据效力。基于新调解仲裁法的规定，举证责任由公司承担，所以公司举证不能得到认可，就要承担法律上的不利后果。同时，该公司做出解除劳动合同通知书采取电子邮件的方式，在没有其他证据相佐证的前提下，也不能认定为法律上的送达。本节案例中，公司正确的做法应该是，先与员工谈话确认其违纪行为，并做好相应记录，而后方才可以据此解除劳动合同，并作出书面的解除劳动合同通知书交由本人签收或邮寄送达。

案例 115：公司不能提供特殊工时制批准文件承担不利后果

赵某是上海市某食品工业公司的副总经理，因离职相关事宜与公司发生了争议，并向所在区劳动争议仲裁委员会提起了申诉。赵某提出其任职两年来的加班费，公司均没有依法支付，并向仲裁庭提交了其两年来在公司工作的日志，上面详细记录了其上下班时间和节假日加班的具体情况。但是，该食品公司对其工作日志的记录不予认可，可也未提供赵某的考勤表。公司主张，赵某作为高级管理人员实行的是不定时工作制，并提供了公司当时与赵某签订的劳动合同。劳动合同上关于工时制度的约定是："实行标准工时制。经批准实行特殊工时制的，按特殊工时制的相关规定执行。"而赵某认为，公司根本没有向当地劳动局申请不定时工作制，所以其工时一直都适用标准工时制，故而存在加班费。仲裁庭于是让公司提供关于赵某所在岗位不定时工作制的劳动局批件，但是公司不能提供。此后不久，仲裁庭基于公司不能提供特殊工时制批准文件的事实，做出了支持赵某请求的裁决。

专家分析

根据《劳动争议调解仲裁法》第 6 条的规定，"发生劳动争议，当事人对自己提出的主张，有责任提供证据。与争议事项有关的证据属于用人单位掌握管理的，用人单位应当提供；用人单位不提供的，应当承担不利后果"。此案例中，赵某以工作日志的形式向仲裁庭提供了自己加班的证据，但公司却不能提供足以推翻赵某加班或证明虚构加班时数的相应证据。同时公司也不能提供证明赵某所在岗位实行不定时工作制的劳动局批件。也正是由于公司不能提供自己掌握的证据，所以公司承担了败诉的风险。至于具体哪些案件需要用人单位举证，最高人民法院《关于审理劳动争议案件适用法律若干问题的解释》对用人单位举证责任作了相应规定，对用人单位开除、除名、辞退、解除劳动合同、减少劳动报酬、计算劳动者工作年限等决定而发生的劳动争议，用人单位负举证责任。

实务指南

应该说，存在于网络上的各种客观事实，经过确认后是可以作为证据的，但在实践中难以解决的问题是如何认定相应证据的客观性、关联性和合法性。对于企业而言，应对新法背景下举证责任和证据要求有如下要点：

其一，熟悉证据规则预防为主。要熟悉劳动争议调解仲裁相关法律及证据规则的相关规定，对企业在大多数情况下需要承担举证责任的法律要求予以了解。同时，加强劳动人事制度和操作流程中的书面证据管理，并以争议预防为主要目的。

其二，注意已存客观证据保留。对于员工管理过程中业已形成的客观证据，比如员工填写的离职申请单、违纪确认单、离职及工资事项确认单、已经公示或分发的员工手册等书面形式的证据，应予以分门别类，注意保留，防范潜在的证据法律风险。

其三，注意主动获取客观证据。对于涉及员工档案、绩效考核、工资发放、员工口头辞职、申请社会保险费缴纳、劳动保护提供等情况的电子材料，应及时形成标准化或简式的书面确认单，定期或根据实际情况交由员工本人确认或签收。

关联法规

第6条　发生劳动争议，当事人对自己提出的主张，有责任提供证据。与争议事项有关的证据属于用人单位掌握管理的，用人单位应当提供；用人单位不提供的，应当承担不利后果。

第39条　当事人提供的证据经查证属实的，仲裁庭应当将其作为认定事实的根据。

劳动者无法提供由用人单位掌握管理的与仲裁请求有关的证据，仲裁庭可以要求用人单位在指定期限内提供。用人单位在指定期限内不提供的，应当承担不利后果。

——《劳动争议调解仲裁法》

第13条　因用人单位作出的开除、除名、辞退、解除劳动合同、减少劳动报酬、计算劳动者工作年限等决定而发生的劳动争议，用人单位负举证责任。

——最高人民法院《关于审理劳动争议案件适用法律若干问题的解释》

Tips 小贴士：加班费举证责任的分配

《劳动合同法》和《劳动争议调解仲裁法》颁布实施后，涉及加班费的劳动争议案件占了很大一部分。由于劳动者所能提供的加班证据极其有限，这类证据大都由用人单位持有，劳动者很难取得。在这种情况下，由劳动者举证证明其加班天数及加班费数额的多少，将置劳动者于不利之地。反之，若将加班费列入举证责任倒置的范围，由用人单位举证，当用人单位不提供加班证据或提供不出否认加班事实的证据，则推定劳动者所称的加班事实成立，这样既缺乏法律依据，也会诱使劳动者不顾客观实际随意主张加班费。因《劳动争议调解仲裁法》第6条规定了劳动争议适用“谁主张、谁举证”的原则，追索加班费案件也不应例外。劳动者主张加班费应当就加班事实举证，考虑到劳动者举证的实际困难，对劳动者的举证不能过于苛求，可适当减轻劳动者的举证责任，只要劳动者一方提出的基本证据或者说初步证据可以证明有加班的事实，即可视为其举证责任已经完成。劳动者提供的加班证据既可以是考勤表、交接班记录、加班通知；也可以是工资条、证人证言等，凡是能够证明其加班的证据都可以提供。同样，对于劳动者主张加班事实的证据由用人单位掌握管理的，劳动者仍然要对这一主张负有举证责任，当劳动者举证证明了加班事实的证据属于用人单位掌握管理后，用人单位即应当提供；用人单位不提供的，就应当承担不利后果。只有这样，才能避免劳动者滥用举证责任分配从而导致对用人单位极其不公正的后果。

关联法规

第9条　劳动者主张加班费的，应当就加班事实的存在承担举证责任。但劳动者有证据证明用人单位掌握加班事实存在的证据，用人单位不提供的，由用人单位承担不利后果。

——最高人民法院《关于审理劳动争议案件适用法律若干问题的解释（三）》

（四）劳动争议仲裁管辖

《劳动争议调解仲裁法》在总结以上规定执行情况的基础上，对劳动争议管辖做出了规定：一是规定劳动争议仲裁委员会负责管辖本区域内发生的劳动争议。这是明确劳动争议仲裁管辖的地域管辖。由于劳动争议仲裁委员会不按行政区划层层设立，因而其地域管辖也不按行政区划划分，而是按照设立时划分的管辖区域，管辖本辖区内发生的劳动争议。管辖地域可能与行政区划重合，也可能不重合。二是规定劳动争议由劳动合同履行地或者用人单位所在地的劳动争议仲裁委员会管辖。也就是说，发生劳动争议，申请人可以选择向劳动合同履行地或者用人单位所在地的劳动争议仲裁委员会中的任何一个劳动争议仲裁委员会提起仲裁申请。三是规定双方当事人分别向劳动合同履行地和用人单位所在地的劳动争议仲裁委员会申请仲裁的，由劳动合同履行地的劳动争议仲裁委员会管辖。也就是出现围绕同一争议双方当事人互为申请人和被申请人的两个争议案件时，由劳动合同履行地的劳动争议仲裁委员会管辖。

案例116：公司注册地与员工工作地不一致的，应由哪一地仲裁委管辖？

2018年某职业经理人甲与浙江某知名建筑工程公司A签订了劳动合同，约定A公司派甲至上海成立子公司B开发一房地产项目，并约定将该项目最终利润的10%作为对甲的奖励，甲的月薪为10000元人民币。2018年年底公司B正式成立，甲走马上任，任职B公司总经理，全面负责B公司工作，甲的工资由B公司发放。2019年年底项目临近尾声时，A公司通知甲因其有违规行为被停职并另行安排工作，但时逾一个月A公司仍未安排给甲新工作，且每月只发给甲生活费800元。甲要求恢复工作并补发工资未果，遂以A公司为被诉人向上海市某区劳动仲裁委员会提起仲裁。仲裁委以A公司在浙江为由决定不予受理。甲随即向该区人民法院提起诉讼，区法院受理后，A公司提出管辖权异议，要求将案件移送浙江某市某区人民法院审理，区人民法院裁定驳回了异议。A公司对该裁定不服，向上级人民法院提起了上诉，坚持要求移送管辖。

专家分析

在本案例中，主要的争议焦点在于管辖地如何确定。《劳动争议调解仲裁法》第21条规定："劳动争议仲裁委员会负责管辖本区域内发生的劳动争议。劳动争议由劳动合同履行地或者用人单位所在地的劳动争议仲裁委员会管辖。双方当事人分别向劳动合同履行地和用人单位所在地的劳动争议仲裁委员会申请仲裁的，由劳动合同履行地的劳动争议仲裁委员会管辖。"劳动争议仲裁委员会对本区域范围内发生的劳动争议案件存在管辖权，上海市某区劳动争议仲裁委员会不予受理案件的做法是错误的。此后，该案件起诉到该区人民法院，A公司提出管辖权异议，该区人民法院予以驳回的做法是正确的。劳动争议案件可以由劳动合同履行地或者用人单位所在地的劳动争议仲裁委员会管辖，也即本案既可以由上海市某区劳动争议仲裁委员会管辖，也可以由浙江省某市某区劳动争议仲裁委员会管辖。当双方主张不同的管辖机构时，则应以劳动合同履行地的劳动争议仲裁委员会管辖为准，在本案中也即以上海市某区劳动争议仲裁委员会管辖为准。

案例117：当事人能否约定或自行选择管辖法院?

2018年5月，在北京登记注册的某美资电子设备贸易公司在上海、广州等城市分别设立了办事处。其中，上海办事处首先成立，公司先后录用了几名上海籍员工，并均订立了劳动合同，其中何某被聘为上海办事处副主任。后来由于何某工作十分出色，受到公司总部的赏识，何某被公司召到北京总部，告知由于他的出色表现，公司决定提升他为广州办事处主任，同时免除其在上海办事处副主任的职务。另外，他的工资由公司总部每月从北京寄给他。何某表示同意，于是公司人事部便在何某的劳动合同上写了"工作岗位：广州办事处主任"几个字。何某在广州工作期间，与该公司发生了一些劳动纠纷。经与公司协商不成，向当地劳动争议仲裁委员会提出了管辖异议，声称该公司与何某的劳动合同中约定，一旦发生劳动争议，由北京市的所辖劳动争议仲裁委员会进行仲裁。

专家分析

《劳动争议调解仲裁法》关于仲裁的规定，一是改变了一般地域管辖的规定，企业劳动争议处理条例中一般由劳动争议发生地的劳动争议仲裁委管辖，而《劳动争议调解仲裁法》中规定既可以由劳动合同履行地，也可以由用人单位所在地的劳动争议仲裁委管辖；二是改变了特殊地域管辖的判断标准。企业劳动争议仲裁条例中确定特殊地域管辖的标准是企业和员工是否在同一地区，即如果企业在北京，员工是上海人，那么有权管辖的是北京的劳动争议仲裁委；如果企业在北京，员工是北京人，而员工被派到广州工作，那么是由广州的劳动争议仲裁委管辖。而《劳动争议调解仲裁法》确定特殊地域管辖的标准是双方当事人是否分别向劳动合同履行地和用人单位所在地的劳动争议仲裁委申请，如果分别申请了，就由劳动合同履行地的劳动争议仲裁委管辖，如果没有分别申请，那么以一方当事人申请为准。如果企业在北京，员工是上海人，员工申请劳动仲裁，既可以在广州，也可以在北京。但是，如果员工在广州申请劳动仲裁，企业在北京申请劳动仲裁，那么以劳动合同履行地的劳动争议仲裁委员会的管辖为准。本节案例中，公司可以就何某在上海申请劳动争议提出管辖权异议，但不能对何某在广州申请劳动仲裁提出管辖权异议，只能去广州进行劳动仲裁。

实务指南

在劳动争议处理实务中，管辖权是一个非常重要的事项。由于很多公司特别是一些大的公司在各地均有分支机构，《劳动争议调解仲裁法》对于劳动合同履行地管辖的新规定对于公司的应诉成本有很大的增加，比如需要更多的仲裁差旅费成本、更复杂的当地法规适用等。企业可以从以下几个方面予以处理：

其一，异地用工应加强预防控制意识。对于公司派驻外地的员工以及在外地分支机构聘用的当地员工，除了在日常管理中注重依法合规操作，还应当注意程序法上关于管辖权选择的有关规定。一是要注意对当地劳动法规政策的学习和掌握，二是要处理好一旦发生劳动仲裁后在当地或者员工选择地进行应诉的准备。

其二，劳动合同中进行特别管辖约定。应该讲，《劳动争议调解仲裁法》关于特殊地域管辖的规定排除了双方当事人约定管辖权。但从某种意义上，本着简便处理的原则，如果企业和员工都选择在企业所在地管辖，法律也并不加以干涉。所以企业还是可以在劳动合同中将争议管辖仲裁委员会约定为公司所在地劳动争议仲裁委的，客观上起到减少不必要麻烦的作用。

关联法规

第 21 条　劳动争议仲裁委员会负责管辖本区域内发生的劳动争议。

劳动争议由劳动合同履行地或者用人单位所在地的劳动争议仲裁委员会管辖。双方当事人分别向劳动合同履行地和用人单位所在地的劳动争议仲裁委员会申请仲裁的，由劳动合同履行地的劳动争议仲裁委员会管辖。

——《劳动争议调解仲裁法》

（五）仲裁时效与审理时限

为了更好地保护当事人尤其是劳动者的合法权益，《劳动争议调解仲裁法》对现行申请时效期间制度进行了完善：一是延长了申请时效期间。规定劳动争议申请仲裁的时效期间为一年，仲裁时效期间从当事人知道或者应当知道其权利被侵害之日起计算。二是针对实践中拖欠劳动报酬的问题比较突出，而劳动者在劳动关系存续期间往往不敢申请仲裁的情况，做出特别规定：劳动关系存续期间因拖欠劳动报酬发生争议的，劳动者申请仲裁不受上述仲裁时效期间的限制；但是，劳动关系终止的，应当自劳动关系终止之日起一年内提出。三是补充规定了时效中断制度。规定仲裁时效因当事人一方向对方当事人主张权利，或者向有关部门请求权利救济，或者对方当事人同意履行义务而中断。从中断时起，时效期间重新计算。四是完善了时效中止制度。规定因不可抗力或者有其他正当理由，当事人不能在时效期间内申请仲裁的，时效中止。从中止时效的原因消除之日起，时效期间继续计算。

为了提高劳动争议仲裁效率，更好地保护当事人的合法权益，《劳动争议调解仲裁法》缩短了劳动争议仲裁裁决的时限，规定仲裁庭裁决劳动争议案件，应当自劳动争议仲裁委员会受理仲裁申请之日起45日内结束。案情复杂需要延期的，经劳动争议仲裁委员会主任批准，可以延期并书面通知当事人，但是延长期限不得超过15日。逾期未做出仲裁裁决的，当事人可以就该劳动争议事项向人民法院提起诉讼。

案例118：仲裁时效是从终结劳动关系之日起计算吗？

2010年1月，广东东莞某港资模具设计有限公司工程设计部的设计工程师卢某离职。而此前两个月，即2009年10月间，和其共事的两名同事和好友即模具制造部的陈某、赵某也曾先后从该公司离职。2010年6月，卢某、陈某和赵某三人相约一起吃饭，席间陈某和赵某谈及2个月前两人曾在原公司领取2009年度的年终奖，并询问卢某有无领取年终奖。卢某表示从未听说公司发放年终奖一事。卢某于次日即向原公司问询年终奖事宜，公司答复只有目前在职的员工才可领取年终奖。卢某遂指出其旧同事陈某、赵某均有年终奖，公司此时答复陈某、赵某均为模具制造部员工，而其为工程设计部员工，年终奖因部门不同而有差异性。公司还进一步指出其已于1月离职，按照相应法律规定，其两个月时效已经过去，所以也不可能通过仲裁渠道获得所谓的年终奖。卢某不认可公司说法，认为仲裁时效应从其主张之日起计算且时效按新法规定为1年，故将公司诉至所在地劳动争议仲裁委。

专家分析

本节案例姑且不讨论在实体法上年终奖是否予以核发的问题，主要探寻从程序法的角度分析卢某的仲裁时效是否经过。这里涉及两个讨论子项：一是争议的仲裁时效适用2个月还是1年；二是争议的仲裁时效的起算日是卢某离职之日还是卢某向公司提出主张之日。对于第一个问题，按照程序法优先的法律适用原则，如何适用仲裁时效应按照当事人提起争议事项之日的法律规定，卢某提起劳动仲裁的时间是《劳动争议调解仲裁法》实施后，故适用新法的1年仲裁时效规定。对于第二个问题，主要涉及对劳动争议发生之日起的理解，法律条文中表述的“从当事人知道或者应当知道其权利被侵害之日起”语词分析来看，此节案例理解的关键是何时为“应当知道其权利被侵害之日”，卢某作为一般的工程设计人员，不可能知晓其离职后年终奖发放的事宜，同时公司亦不能举证其已告知卢某离职后概无年终奖，所以卢某不可能知晓年终奖发放事宜，故其向公司问询之日应被视为“应当知道其权利被侵害之日”，并作为计算时效的起点。很显然，该争议并未经过1年的仲裁时效。

案例119：仲裁时效中断后重新起算

2013年，上海市某电子信息技术公司通过猎头公司聘用杨某为公司项目经理，聘用期限为5年，期限届满前，如双方无异议，该聘用期限自动续延5年。聘用职位为公司新产品的研发和销售部门的项目经理。后因杨某工作表现优异，2015年7月，公司决定调任杨某为公司技术总监，负责整个产品研发部门。同时因杨某的工作涉及公司的一些核心商业秘密，遂与其签订了保密协议以及竞业限制协议并约定了较高的违约金。2018年12月，双方未就续签事项达成一致，杨某与技术公司的劳动合同终止，公司支付了竞业限制经济补偿金。2019年4月，公司发现杨某在另一家与自己有竞争关系的企业工作，遂要求杨某支付违约金。杨某同意支付，但考虑到违约金较高，要求公司给予6个月的宽限期。6个月后，公司主张违约金时，杨某以股票套牢为由，仍希望公司能够再给自己6个月宽限期，考虑到杨某的实际情况，公司同意了杨某的请求。但是，等再次给予的6个月宽限期满后，公司再次找到杨某时，杨某此时则认为违约金过高、不合理，拒绝支付。那么，此时如果公司提起劳动争议仲裁，是否已经超过了申诉时效？

专家分析

本案例涉及的主要问题是仲裁时效的中断。《劳动争议调解仲裁法》第27条第2款规定：“前款规定的仲裁时效，因当事人一方向对方当事人主张权利，或者向有关部门请求权利救济，或者对方当事人同意履行义务而中断。从中断时起，仲裁时效期间重新计算。”本案例中，技术公司多次向杨某主张权利，属于仲裁时效的法定中断情形。所以，技术公司向杨某主张权利的仲裁时效先后两次中断，此时公司提起劳动争议仲裁，并未超过法定的仲裁时效。并且，从最后一次宽限期满技术公司请求而遭杨某拒绝时，仲裁时效期间开始重新计算。即便是在此后1年以内技术公司提起仲裁，也未超过法定的仲裁时效。

案例120：仲裁时效中止，中止情形消失后时效继续计算

2018年5月15日，广州某建筑工程设计公司以严重违反公司规章制度为由，解除了与该公司员工程某的劳动合同。尽管程某在解除劳动合同后不久，即离开广州在上海找到了新的工作，但程某并不认为公司的解除行为合法有效。2019年5月13日，程某在办理职称评定准备相关材料的时候，发现其档案中有原单位注明其离职类型为“严重违纪”。程某认为原单位的这种表述很有可能影响其职称评定，因为特别注意到时效即将届满，于是马上购买了13日下午的机票准备飞往广州与原单位交

涉。但是意想不到的是，由于天气原因，原航班被迫取消，程某最终于14日晚飞抵广州。次日清早，程某即向原公司提出交涉，但公司未予回应。当天下午，程某即向当地劳动争议仲裁委员会申请仲裁，但仲裁委发现其行程刚好超过申诉时效1天时，明确告诉其时效已经经过，其申诉权利不再受法律保护。后程某几经向仲裁委解释，仲裁委工作人员告诉他如能提供当日误机的客观证据，可以按照时效中止处理。

专家分析

《劳动争议调解仲裁法》第27条第3款规定："因不可抗力或者有其他正当理由，当事人不能在本条第一款规定的仲裁时效期间申请仲裁的，仲裁时效中止。从中止时效的原因消除之日起，仲裁时效期间继续计算。"在本案例中，程某在时效即将届满的时候向原用人单位主张权利，但是由于天气原因航班延误，不得已在次日才得以进行相关权利主张。程某的此种延误应属于正当原因之理由，在其提供航空公司的相关证明文件或等仲裁委查明后，其仲裁时效应基于中止的特别情形而特别处理。程某于15日向公司交涉及向仲裁委申请仲裁并未超过法定时效，仲裁委应予受案处理。

实务指南

仲裁时效作为程序法上的重要事项，也是劳动争议案件处理的重要因素。劳动争议案件中，双方当事人主张权利的时间一旦超过仲裁时效，其请求权就不受法律的特别保护了。所以企业在日常劳动人事管理实践中，特别应当注意以下事项：

首先，细致办理离职手续。企业在提出与员工解除劳动合同时，最好采用书面协议的方式，由员工签注的方式声明离职时或最近一次款项发放后双方之间已不存在任何关于工资、加班费、休假、年终奖、经济补偿金等任何权益争议事项，以防范员工在离职后1年内对用人单位提起劳动仲裁。

其次，认真保管档案资料。出于对举证责任的承担以及对仲裁时效的双重考虑，企业对离职员工的包括规章制度培训记录、劳动合同、专项协议、日常填写表单等所有档案必须保留至少1年，特别是注意到特别原因导致仲裁时效法定中断或法定中止的情况，建议企业对离职员工的所有档案应至少保留2年。

最后，主动进行时效管理。对于企业内部已经发生的劳动争议，企业应根据情况处分处理。对于企业起诉员工的案件，应尽量把握不能超过仲裁时效，对于可能超过时效的案件可以通过发律师函等方式积极主张权利中断时效；而对于员工起诉企业的案件，则可以在时效方面进行技术安排以获取程序上的主动。

关联法规

第27条　劳动争议申请仲裁的时效期间为一年。仲裁时效期间从当事人知道或者应当知道其权利被侵害之日起计算。

前款规定的仲裁时效，因当事人一方向对方当事人主张权利，或者向有关部门请求权利救济，或者对方当事人同意履行义务而中断。从中断时起，仲裁时效期间重新计算。

因不可抗力或者有其他正当理由，当事人不能在本条第一款规定的仲裁时效期间申请仲裁的，仲裁时效中止。从中止时效的原因消除之日起，仲裁时效期间继续计算。

劳动关系存续期间因拖欠劳动报酬发生争议的，劳动者申请仲裁不受本条第一款规定的仲裁时效期间的限制；但是，劳动关系终止的，应当自劳动关系终止之日起一年内提出。

——《劳动争议调解仲裁法》

Tips 小贴士：仲裁机构逾期未受理或裁决，当事人能否直接起诉？

《劳动争议调解仲裁法》规定，劳动争议仲裁机构应当在45日内做出仲裁裁决，最迟可再延长15天。这是否意味着超过60日未做出裁决的，当事人可以直接向人民法院起诉？此前的实务处理相对比较混乱。我国目前的劳动争议处理实行的是“一调一裁两审”制度。仲裁是诉讼前置程序，不经仲裁，当事人不能直接向人民法院提起诉讼。案件通过调解和仲裁，有利于劳动争议能够尽可能在比较平和的气氛中得到解决，尽量减少打官司。所以，如果仲裁机构因为有正当事由而不能在法定期限内作出处理决定的，应当尽可能从时间上给予一定宽限，使劳动争议能够在最初阶段予以化解，而不必继续漫长的诉讼程序。这种做法有利于维护“一调一裁两审”制度的稳定，避免了该制度流于形式，从而防止大量劳动争议案件未经仲裁便径行进入审判程序。总结审判经验，本司法解释规定仲裁程序存在下列事由即为正当事由，即使逾期当事人也不能直接向法院起诉：（一）移送管辖的；（二）正在送达或送达延误的；（三）等待诉讼、评残结论的；（四）启动鉴定程序，或委托其他部门调查取证的；（五）因正当理由，案件正在劳动人事争议仲裁委员会等待仲裁的；（六）其他正当事由。

关联法规

第12条　劳动人事争议仲裁委员会逾期未作出受理决定或仲裁裁决，当事人直接提起诉讼的，人民法院应予受理，但申请仲裁的案件存在下列事由的除外：

（一）移送管辖的；

（二）正在送达或送达延误的；

（三）等待另案诉讼结果、评残结论的；

（四）正在等待劳动人事争议仲裁委员会开庭的；

（五）启动鉴定程序或者委托其他部门调查取证的；

（六）其他正当事由。

当事人以劳动人事争议仲裁委员会逾期未作出仲裁裁决为由提起诉讼的，应当提交劳动人事争议仲裁委员会出具的受理通知书或者其他已接受仲裁申请的凭证或证明。

——最高人民法院《关于审理劳动争议案件适用法律若干问题的解释（三）》

（六）部分裁决和先予执行

为了保障劳动者不因合法权益遭受用人单位侵害而致使生活受到严重影响，《劳动争议调解仲裁法》在总结现行劳动争议仲裁部分裁决制度和民事诉讼法中先予执行制度的基础上，规定仲裁庭裁决劳动争议案件时，其中一部分事实已经清楚，可以就该部分先行裁决。与此同时，仲裁庭对追索劳动报酬、工伤医疗费、经济补偿或者赔偿金的案件，根据当事人的申请，可以裁决先予执行，移送人民法院执行。仲裁庭裁决先予执行的，应当符合下列条件：（1）当事人之间权利义务关系明确；（2）不先予执行将严重影响申请人的生活。劳动者申请先予执行的，可以不提供担保。

案例 121：仲裁庭裁决案件应遵循审限规定

北京某文化传播有限公司新录用的文艺总监 Jason 的表现，一直不符合总经理 Mike 的要求。但是 Mike 也确实找不出 Jason 到底有什么问题，只是觉得双方不是很合拍，而文艺总监是一个非常重要的职位，其重要性居于各部门总监之首。Mike 觉得长期下去不是办法，Jason 的劳动合同 3 年以后才到期，而且 3 个月的试用期已过，单方解除劳动合同的做法并不可行。于是 Mike 委托行政总监 John 询问 Jason 的意见，其是否愿意协商解除劳动合同，公司愿意另行支付 3 个月工资作为补偿。但 Jason 表示不同意，认为如果公司支付其剩余 2 年零 6 个月的工资，他才愿意解除劳动合同。Mike 听到反馈后非常生气，于是给 John 指示："立即单方解除 Jason 的劳动合同，并安排保安不要让其进公司，就让他去仲裁委告，本人奉陪到底。" Jason 果然去劳动争议仲裁委员会提出申诉，仲裁委员会受理此案后依法进行了审理。此时的 Jason 非常着急，一方面其新工作尚未找到，而另一方面他也急于胜诉而咽下心中这口恶气。但是，从受案之日起 50 天过去了，仲裁委仍无任何裁决下达。于是，Jason 直接来到仲裁委找到负责其案件的仲裁员，询问为什么裁决还未下达，并与其交涉，若如此他将直接向法院提起诉讼而维护自己的权益。负责此案的仲裁员告诉他，由于该案中公司反诉其严重失职要求其赔偿损失，相对比较复杂和特殊，经仲裁委主任批准后进行了延期，由于其提供的送达地址不正确，所以仲裁委的延期通知刚刚被退回。该仲裁员还告诉他："反正人也过来了，正好把这份延期通知书领回去。"

专家分析

《劳动争议调解仲裁法》第 43 条规定了劳动争议仲裁委员会审理案件的期限。该条第 1 款规定："仲裁庭裁决劳动争议案件，应当自劳动争议仲裁委员会受理仲裁申请之日起四十五日内结束。案情复杂需要延期的，经劳动争议仲裁委员会主任批准，可以延期并书面通知当事人，但是延长期限不得超过十五日。逾期未作出仲裁裁决的，当事人可以就该劳动争议事项向人民法院提起诉讼。”也就是说，如果仲裁庭未在法定的期限内裁决案件，当事人可以向人民法院起诉，从而维护自己的权益。本案例中，Jason 质问仲裁员并表明将直接诉讼至法院的法律依据也就在于此。而仲裁庭经劳动争议仲裁委员会主任批准延长 15 天，也是在法律允许的范围内的。该条第 2 款还规定：“仲裁庭裁决劳动争议案件时，其中一部分事实已经清楚，可以就该部分先行裁决。”也就是说，对于比较复杂的案件，仲裁委可以在审限范围内，选择就该案件的某一部分争议事项先行裁决。

关联法规

第 43 条　仲裁庭裁决劳动争议案件，应当自劳动争议仲裁委员会受理仲裁申请之日起四十五日内结束。案情复杂需要延期的，经劳动争议仲裁委员会主任批准，可以延期并书面通知当事人，但是延长期限不得超过十五日。逾期未作出仲裁裁决的，当事人可以就该劳动争议事项向人民法院提起诉讼。

仲裁庭裁决劳动争议案件时，其中一部分事实已经清楚，可以就该部分先行裁决。

——《劳动争议调解仲裁法》

案例 122：哪些案件可以适用先予执行？

夏某是浙江某市港务公司的叉车司机，在最近一次的港口作业过程中，因操作不慎导致连车带人跌落海中，导致腿部粉碎性骨折，住进了医院。由于夏某家并不宽裕，仅有的 10000 元积蓄在第一阶段的抢修性手术中即已花完。夏某度过危险期后，因家里无法再支付继续治疗的费用，医院发出通知，告知如不及时缴款，将终止夏某第二阶段的手术。夏某的妻子心急如焚，找到港务公司，要求公司认定夏某为工伤。由于该港务公司将夏某一直作为临时用工处理，未为夏某缴纳工伤保险，而一旦夏某的伤害被认定为工伤，也就意味着公司将支付一笔巨大的工伤赔偿。于是港务公司以夏某的行为属于严重违章为由，不同意申请工伤，并且还威胁夏某的妻子说：“夏某的严重违章行为造成了叉车设备的严重损害，公司不追究夏某的设备赔偿责任已经很仁慈了，所以希望不要在工伤的事情上和公司过不去，否则公司将按照设备毁损程度，一分不少地向夏某主张赔偿。”夏某的妻子于是找到当地法律援助机构，聘请了一位律师寻求帮助，在律师的建议下，夏某的妻子依法向当地劳动行政部门申请了工伤认定，很快得出认定结论：夏某的负伤属于工伤。但是，港务公司仍然不愿意依法支付相关待遇。无奈之下，夏某的妻子将港务公司告上仲裁庭，要求公司依法支付工伤待遇。由于夏某的伤情不容耽误，而且近期医院很有可能停止对夏某的继续治疗，夏某妻子聘请的律师向仲裁委提出申请，希望能对夏某的工伤医疗费事项先予执行。仲裁庭在收到这一申请后，在案件还没有全部审理完毕的情况下，先行做出了先予执行工伤医疗费的裁决，并移送人民法院执行。

专家分析

《劳动争议调解仲裁法》第44条规定了劳动争议仲裁委员会可以裁决先予执行的案件类型以及相关事项。先予执行的着眼点是满足申请人的迫切需要。执行本应在仲裁裁决发生法律效力之后，而先予执行是为了解决一部分当事人由于生活或生产的迫切需要，在裁决之前采取措施以解燃眉之急。例如，本案例夏某请求工伤医疗费属于先予执行的类型，而且案情简单，不先予执行会严重影响夏某的身体健康和基本生活，满足先予执行的前提。又由于申请者是劳动者方，仲裁庭亦不需要要求夏某提供担保。仲裁庭裁决劳动争议案件，应当自劳动争议仲裁委员会受理仲裁申请之日起45日内结束，这段时间，如果不先予执行，必然使申请人耽误治疗时间，或者造成严重后果。先予执行制度的设立就是为解决这类问题。

但就劳动争议案件而言，仲裁委员会裁决先予执行的适用条件有以下几点：1. 案件范围为追索劳动报酬、工伤医疗费、经济补偿或者赔偿金的案件，除此之外的案件不能适用先予执行。这些案件都关系到劳动者的基本生存权益，本身具有一定的紧迫性。2. 应由当事人提出申请，仲裁庭不能主动依职权裁决先予执行。3. 仲裁庭裁决先予执行的，应当符合两个条件：首先，当事人之间权利义务关系明确。先予执行的实质是在判决前就实现申请人的部分或全部权利，它是以申请人胜诉为逻辑前提的，这就要求适用先予执行必须以当事人之间权利义务关系明确为条件。其次，不先予执行将严重影响申请人的生活，即先予执行具有必要性。4. 仲裁庭应做出裁决。5. 劳动者申请先予执行的，可以不提供担保。6. 对追索劳动报酬、工伤医疗费、经济补偿或者赔偿金的案件裁定先予执行的，移送人民法院执行。

关联法规

第44条　仲裁庭对追索劳动报酬、工伤医疗费、经济补偿或者赔偿金的案件，根据当事人的申请，可以裁决先予执行，移送人民法院执行。

仲裁庭裁决先予执行的，应当符合下列条件：

（一）当事人之间权利义务关系明确；

（二）不先予执行将严重影响申请人的生活。

劳动者申请先予执行的，可以不提供担保。

——《劳动争议调解仲裁法》

（七）终局裁决

为了及时公正地解决劳动争议，《劳动争议调解仲裁法》新规定了对部分案件实行有条件的“一裁终局”：一是规定下列劳动争议，除本法另有规定的外，仲裁裁决为终局裁决，裁决书自作出之日起发生法律效力：（1）追索劳动报酬、工伤医疗费、经济补偿或者赔偿金，不超过当地月最低工资标准12个月金额的争议；（2）因执行国家的劳动标准在工作时间、休息休假、社会保险等方面发生的争议。二是规定在两种情形下，以上仲裁裁决不是终局裁决：（1）劳动者对以上仲裁裁决不服的，可以自收到仲裁裁决书之日起15日内向人民法院提起诉讼；（2）用人单位有证据证明以上仲裁裁决有下列情形之一，可以自收到仲裁裁决书之日起30日内向劳动争议仲裁委员会所在地的中级人民法院申请撤销裁决：适用法律、法规确有错误的；劳动争议仲裁委员会无管辖权的；违反法定程序的；裁决所根据的证据是伪造的；对方当事人隐瞒了足以影响公正裁决的证据的；仲裁员在仲裁该案时有索贿受贿、徇私舞弊、枉法裁决行为的。人民法院经组成合议庭审查核实裁决有上述情形之一的，应当裁定撤销。仲裁裁决被人民法院裁定撤销的，当事人可以自收到裁定书之日起15日内就该劳动争议事项向人民法院提起诉讼。

案例123：员工在“一裁终局”后仍能起诉？

李阿姨是上海某国有商业银行从事办公室保洁的员工，其在该银行的工龄已有5年。李阿姨和该银行于2008年年初签订了最新的为期1年的劳动合同，约定的劳动合同期限至2008年12月1日届满，同时还约定了李阿姨的每月固定底薪为1000元。2008年11月1日，公司提出由于银行人力资源机构调整，其岗位不复存在，相关保洁工作统统承包给保洁公司处理，并在支付给李阿姨余下2个月工资后提前解除了劳动合同。李阿姨不服，认为银行提前解除劳动合同应按照其工作年限支付相应经济补偿金，并且银行属于违法解除劳动合同，故向银行主张5年工龄对应的相当于5个月工资双倍的经济补偿金，即10000元。公司认为，其劳动合同到期后银行将不予续签，无须支付经济补偿金。至于银行支付给李阿姨未实际到岗的2个月工资，是银行人性化的操作，如果必要，银行保留收回的权利。李阿姨于是向所在地劳动争议仲裁委提出申诉，要求银行支付其经济补偿金。不久以后，仲裁委做出了该银行应向李阿姨支付5000元经济补偿金的裁决。李阿姨对裁决书中裁决银行只支付1倍的经济补偿金不服，于3天后向浦东新区人民法院提起诉讼。银行代理人却认为，李阿姨的案件属于小额案件，适用《劳动争议调解仲裁法》上的“一裁终局”规定，劳动争议自仲裁委做出仲裁裁决书起，本案就了结了。如果李阿姨非得通过诉讼方式处理，银行方也会提出反诉。

专家分析

本节案例涉及对《劳动争议调解仲裁法》中“一裁终局”的正确理解。为了有效缩短劳动争议处理时间，降低维权成本，《劳动争议调解仲裁法》对于两类劳动争议案件实行“一裁终局”。一类是追索劳动报酬、工伤医疗费、经济补偿或者赔偿金，不超过当地月最低工资标准 12 个月金额的争议；另一类是因执行国家的劳动标准在工作时间、休息休假、社会保险等方面发生的争议。本节案例中 10000 元经济补偿金的标的小于上海当地月最低工资的 12 倍，属于第一类案件，也即属于“一裁终局”的范畴。但是“一裁终局”并不针对劳动者，仅只针对用人单位，员工依然享有依据“一裁二审”体制向所在地基层人民法院起诉的权利。也就是说，本节案例中，李阿姨是有权向浦东新区人民法院提起诉讼的。至于用人单位在“一裁终局”规定下的权利，限于在法定情形下，以程序不公等特定事由向仲裁委所在地中级人民法院提起诉讼。至于银行方代理人提出的反诉说法，则没有法律依据。

案例 124：用人单位不服一裁终局案件能否申请撤销?

陈某是华东某省某餐饮连锁企业的行政主管，因为和单位同事之间的关系不合，一直想离职另寻发展。但是，陈某又希望能在离职的时候找公司讨要一些补偿金，于是她认真研读《劳动合同法》，并对比公司劳动人事管理过程中存在的各种漏洞。她发现公司不仅考勤记录制度不完善，而且劳动合同管理也存在相当大的漏洞。于是她利用职务的便利，将自己的考勤记录修改为全勤，同时抽走了自己的劳动合同，并向所在区劳动争议仲裁委员会提出了仲裁申请，以公司未依法支付加班费为由要求解除劳动合同，并要求公司按照其提供的考勤记录支付加班费，并支付相应工龄的经济补偿金以及未签订书面劳动合同的双倍补偿。仲裁庭审理时，独任仲裁员赵某发现其提交的考勤记录证据可能存在问题，但也未明说。休庭后，赵某私下找到陈某，向其说明其制作伪证应承担相应的法律责任。陈某大惊，不过赵某随之暗示她，如果其愿意付出一些费用，他将做出有利于陈某的裁决。在陈某承诺愿意支付相关费用后，赵某做出了有利于陈某的裁决，裁决公司支付加班费、经济补偿金和赔偿金 9850 元，并且注明为终局裁决。公司接到相关裁决后大为疑惑，但因为公司自身管理也存在问题，准备就此作罢，履行仲裁裁决。此间正值企业更换办公场地，行政部的小张发现在公司档案柜中陈某的考勤记录原件，于是向公司行政部经理作了反映。行政部经理回想起当时仲裁完结后，陈某曾偷偷将一个信封交给仲裁员赵某，于是行政部经理怀疑这其中可能有伪造证据、行贿及枉法裁决的问题，于是在收到裁决书的第二个星期即向当地中级人民法院提出了申请撤销仲裁的请求。法院经调查核实情况后，做出了撤销仲裁裁决的裁定。

专家分析

《劳动争议调解仲裁法》第 49 条规定了用人单位不服一裁终局案件的裁决可诉请撤销的条件。该条规定：“用人单位有证据证明本法第四十七条规定的仲裁裁决有下列情形之一，可以自收到仲裁裁决书之日起三十日内向劳动争议仲裁委员会所在地的中级人民法院申请撤销裁决：（一）适用法律、法规确有错误的；（二）劳动争议仲裁委员会无管辖权的；（三）违反法定程序的；（四）裁决所根据的证据是伪造的；（五）对方当事人隐瞒了足以影响公正裁决的证据的；（六）仲裁员在仲裁该案时有索贿受贿、徇私舞弊、枉法裁决行为的。人民法院经组成合议庭审查核实裁决有前款规定情形之一的，应当裁定撤销。仲裁裁决被人民法院裁定撤销的，当事人可以自收到裁定书之日起十五日内就该劳动争议事项向人民法院提起诉讼。”在本案例的仲裁过程中，出现了第 4 项、第 6 项法定情形，公司方当事人依法在 30 天内提出申请撤销的请求，理应得到所在地中级人民法院的支持。

实务指南

一裁终局制仅限制用人单位，企业在部分案件中一旦仲裁阶段败诉将失去通过法院再扳回来的可能性。这些新规定对企业提出了新的挑战和要求，所以企业应当积极应对。

首先，必须在意识上重视劳动仲裁，并做好充分准备。要摒弃以前那种认为劳动仲裁只是走个形式，等到法院阶段才是真正开始审理的想法，同时要通过积极的行动将争议处理在仲裁环节。特别是对于小额争议案件，应注意效率和成本的平衡把握，及早解决问题。

其次，在具体应对仲裁案件时，应安排或聘请专业人员处理。对于一裁终局的案件，在仲裁阶段即应聘请律师或专业人员把关处理，提前设计应对思路，将劳动争议“一裁终局”带来的风险降至最低。

再次，对于仲裁程序和司法规则，要有一定的了解。对于什么样的案件以及什么样数额标的的案件实行“一裁终局”，要有相当的掌握程度。应按照“实际裁决”和“分项标准”原则而非“当事人请求”原则和“总额标准”原则来理解和把握“一裁终局”。

最后，对于仲裁裁决显失公平的情形，要依法主张权利。对于“一裁终局”的案件，若发现在适用法律法规有明显错误、管辖权有误、违反法定程序、伪造或隐瞒证据、仲裁员徇私舞弊等情形的，可以向仲裁委所在地中级人民法院申请撤销。

关联法规

第 47 条　下列劳动争议，除本法另有规定的外，仲裁裁决为终局裁决，裁决书自作出之日起发生法律效力：

（一）追索劳动报酬、工伤医疗费、经济补偿或者赔偿金，不超过当地月最低工资标准十二个月金额的争议；

（二）因执行国家的劳动标准在工作时间、休息休假、社会保险等方面发生的争议。

第 48 条　劳动者对本法第四十七条规定的仲裁裁决不服的，可以自收到仲裁裁决书之日起十五日内向人民法院提起诉讼。

第49条　用人单位有证据证明本法第四十七条规定的仲裁裁决有下列情形之一，可以自收到仲裁裁决书之日起三十日内向劳动争议仲裁委员会所在地的中级人民法院申请撤销裁决：

(一) 适用法律、法规确有错误的；

(二) 劳动争议仲裁委员会无管辖权的；

(三) 违反法定程序的；

(四) 裁决所根据的证据是伪造的；

(五) 对方当事人隐瞒了足以影响公正裁决的证据的；

(六) 仲裁员在仲裁该案时有索贿受贿、徇私舞弊、枉法裁决行为的。

人民法院经组成合议庭审查核实裁决有前款规定情形之一的，应当裁定撤销。

仲裁裁决被人民法院裁定撤销的，当事人可以自收到裁定书之日起十五日内就该劳动争议事项向人民法院提起诉讼。

——《劳动争议调解仲裁法》

第15条　劳动者依据调解仲裁法第四十八条规定向基层人民法院提起诉讼，用人单位依据调解仲裁法第四十九条规定向劳动人事争议仲裁委员会所在地的中级人民法院申请撤销仲裁裁决的，中级人民法院应不予受理；已经受理的，应当裁定驳回申请。

被人民法院驳回起诉或者劳动者撤诉的，用人单位可以自收到裁定书之日起三十日内，向劳动人事争议仲裁委员会所在地的中级人民法院申请撤销仲裁裁决。

第16条　用人单位依照调解仲裁法第四十九条规定向中级人民法院申请撤销仲裁裁决，中级人民法院作出的驳回申请或者撤销仲裁裁决的裁定为终审裁定。

——最高人民法院《关于审理劳动争议案件适用法律若干问题的解释（三）》

第2条　仲裁裁决的类型以仲裁裁决书确定为准。

仲裁裁决书未载明该裁决为终局裁决或非终局裁决，用人单位不服该仲裁裁决向基层人民法院提起诉讼的，应当按照以下情形分别处理：

(一) 经审查认为该仲裁裁决为非终局裁决的，基层人民法院应予受理；

(二) 经审查认为该仲裁裁决为终局裁决的，基层人民法院不予受理，但应告知用人单位可以自收到不予受理裁定书之日起三十日内向劳动人事争议仲裁委员会所在地的中级人民法院申请撤销该仲裁裁决；已经受理的，裁定驳回起诉。

第3条　中级人民法院审理用人单位申请撤销终局裁决的案件，应当组成合议庭开庭审理。经过阅卷、调查和询问当事人，对没有新的事实、证据或者理由，合议庭认为不需要开庭审理的，可以不开庭审理。

中级人民法院可以组织双方当事人调解。达成调解协议的，可以制作调解书。一方当事人逾期不履行调解协议的，另一方可以申请人民法院强制执行。

——最高人民法院《关于审理劳动争议案件适用法律若干问题的解释（四）》

Tips 小贴士：“一裁终局”的认定标准与请求事项处理

依据《劳动争议调解仲裁法》第 47 条第 1 项的规定，“追索劳动报酬、工伤医疗费、经济补偿或者赔偿金，不超过当地月最低工资标准十二个月金额的争议”属于一裁终局的劳动争议案件。但是，在实务中会出现两个问题：其一，“一裁终局”案件的认定，到底是以当事人请求的标的数额作为标准，还是以仲裁机构最终裁决的具体数额作为标准？其二，对于具体劳动争议案件中部分请求事项属于“一裁终局”情形，部分请求事项不属于“一裁终局”情形，应如何处理？

1. 关于“一裁终局”案件的认定。一裁终局制度是《劳动争议调解仲裁法》的最大亮点。遗憾的是，该条第 1 项是以“不超过当地月最低工资标准十二个月金额”作为认定一裁终局标准的限制条件，但是，这一金额是以劳动者仲裁请求数额还是以仲裁机构最终裁决数额为依据？此外，如果仲裁裁决涉及数项，是以数项之和为依据进行判断还是以分项计算数额为依据进行判断？在立法没有规定的情况下，需要司法解释做出明确规定，以统一裁判度，更好地发挥一裁终局制度的作用。首先，当劳动者申请的数额与仲裁机构裁决的数额不一致时，应以劳动人事争议仲裁委员会做出最终裁决的数额作为标准，判断是否超过当地月最低工资标准 12 个月金额。如果以劳动者申请的数额作为判断标准，由于劳动仲裁案件不收费用，很容易出现劳动者漫天要价，超过当地月最低工资标准 12 个月金额的现象，这将使一裁终局制度形同虚设。其次，如果仲裁裁决涉及数项，每一项均不超过当地月最低工资标准 12 个月金额，不论数项之和是否超过，该仲裁裁决都为终局裁决。

2. 关于请求事项中既有终局裁决事项又有非终局裁决事项的处理。为统一全国法院裁决尺度和认定标准，本着简便实用、易于操作和保护劳动者合法权益的处理原则，最高人民法院《关于审理劳动争议案件适用法律若干问题的解释（三）》规定，对于在同一仲裁中劳动者请求既有终局事项又有非终局事项的，应统一按照非一裁终局的原则处理，不能按终局事项和非终局事项分别处理。当事人（不论是劳动者还是用人单位）如不服本裁决，均可自收到裁决书之日起 15 日内向人民法院起诉。

关联法规

第 13 条　劳动者依据调解仲裁法第四十七条第（一）项规定，追索劳动报酬、工伤医疗费、经济补偿或者赔偿金，如果仲裁裁决涉及数项，每项确定的数额均不超过当地月最低工资标准十二个月金额的，应当按照终局裁决处理。

第 14 条　劳动人事争议仲裁委员会作出的同一仲裁裁决同时包含终局裁决事项和非终局裁决事项，当事人不服该仲裁裁决向人民法院提起诉讼的，应当按照非终局裁决处理。

——最高人民法院《关于审理劳动争议案件适用法律若干问题的解释（三）》

（八）生效调解书、裁决书的执行

关于执行制度，民事诉讼法作了具体规定。如发生法律效力的民事判决、裁定，当事人必须履行。一方拒绝履行的，对方当事人可以向人民法院申请执行。调解书和其他应当由人民法院执行的法律文书，当事人必须履行。一方拒绝履行的，对方当事人可以向人民法院申请执行。向法院申请强制执行时，应提交生效的法律文书，即调解书或裁决书的原件。

案例 125：生效劳动争议裁决书如何申请执行？

小屈作为江苏苏州某德资电梯制造公司的储备技术干部，在派往德国汉堡大学进修之前，与公司签订了为期 5 年的培训服务期协议。该培训服务期协议约定，小屈到德国接受培训后至少要为公司继续工作 5 年，如果小屈工作不满 5 年就离职的话，应以违约金 25 万元为基数，每工作满一年少支付 5 万元。到今年 5 月，服务期才履行完 2 年，其本人已经打算离开公司，并许诺依照约定支付违约金 15 万元。公司因此与小屈解除了劳动合同，并约定在 3 个月内支付违约金。此后，小屈来到了苏州某日资电梯制造公司继续工作。3 个月过去了，小屈并未按照事先的承诺支付违约金。于是，该德资公司向所在地劳动争议仲裁委员会申请仲裁，要求小屈依约支付违约金。仲裁委员会受理此案后，依法组成仲裁庭，经过审理，仲裁庭作出裁决，责令小屈于仲裁裁决生效后 10 日内向该德资公司支付违约金 15 万元。但是在仲裁裁决生效后的 10 日内，小屈依然没有支付违约金。于是，该德资公司向人民法院申请强制执行，人民法院经审查后受理了申请，并向小屈的现任职单位某日资电梯制造公司发出了协助执行通知书，要求该日资公司按月扣除小屈的部分工资，以支付德资公司的违约金。但是日资公司的负责人认为，小屈与原德资公司的纠纷与本公司没有关系，如果公司扣发了小屈的工资，会在很大程度上影响小屈的工作，而且小屈是公司作为专门人才引进的，可能会给企业生产造成不利影响，甚至会引发新的劳资纠纷，于是拒绝签收法院的协助执行通知书。

专家分析

该日资公司拒绝法院的协助执行的行为是不合法的。《劳动争议调解仲裁法》第 51 条规定了劳动争议案件生效调解书、裁决书的执行事项。该条规定："当事人对发生法律效力的调解书、裁决书，应当依照规定的期限履行。一方当事人逾期不履行的，另一方当事人可以依照民事诉讼法的有关规定向人民法院申请执行。受理申请的人民法院应当依法执行。"在本案例中，小屈没有依照仲裁的裁决支付违约金，德资公司依法申请强制执行，是有法律上的依据的。同时，依据《民事诉讼法》第 114 条"有义务协助调查、执行的单位有下列行为之一的，人民法院除责令其履行协助义务外，并可以予以罚款：……（三）有关单位接到人民法院协助执行通知书后，拒不协助扣留被执行人的收入、办理有关财产权证照转移手续、转交有关票证、证照或者其他财产的；……人民法院对有前款规定的行为之一的单位，可以对其主要负责人或者直接责任人员予以罚款；对仍不履行协助义务的，可以予以拘留；并可以向监察机关或者有关机关提出予以纪律处分的司法建议”的规定，所以，本案例中日资公司的行为不仅违法，而且还有可能被追究相应的法律责任。

实务指南

即便是注重依法合规经营的企业，由于各方面的原因，可能也会不可避免地发生劳动争议。同样，就劳动争议案件的整个处理流程而言，由于一方对已经生效的判决仍持异议，所以作为当事人的企业可能还会再经历执行程序。企业应该注意以下事项的把握：

1. 充分尊重仲裁机构或法院的生效判决。劳动仲裁委员会和人民法院分别作为准司法机构和司法机构，其依法做出的裁决或判决具有法律效力。一方当事人若不履行这些具有法律强制性的法律文书，可能会涉嫌触犯相关法律法规。对于拒不执行生效法律文书情节严重的，甚至会追究企业负责人和相关责任人的刑事责任。

2. 善于利用执行程序维护企业正当权益。在劳动争议案件中，企业一方可能是被申请人或被告，也可能是申请人或原告。作为后者，在劳动争议案件审结并在相关裁判文书生效后，若员工因各种无理理由拒不执行相关生效法律文书的，企业应积极向人民法院申请强制执行以维护自身合法正当的权益。

Tips 小贴士：起诉与撤裁发生矛盾时优先适用起诉程序

《劳动争议调解仲裁法》的规定，对于一裁终局的仲裁裁决，劳动者向基层法院起诉的同时，用人单位向中级人民法院申请撤销仲裁裁决，如何处理成为实务中一个问题。最高人民法院《关于审理劳动争议案件适用法律若干问题的解释（三）》对此予以了明确。劳动者向人民法院提起诉讼的同时，用人单位也向中级人民法院申请撤销，即上述两类异议程序同时启动时，是否应同时进行，还是由某一程序吞并另一程序，或者是在处理顺序上存在一定的先后关系，《劳动争议调解仲裁法》没有明确规定。另外，根据人民法院管辖第一审民事案件的有关规定，劳动者不服仲裁裁决应向基层人民法院提起诉讼，而根据《劳动争议调解仲裁法》的规定，用人单位申请撤销仲裁裁决应向劳动争议仲裁委员会所在地的中级人民法院提出，两类程序的管辖分属不同法院也增加了协调两类程序的难度。

第一，因用人单位申请撤销仲裁裁决的目的就是使纠纷进入诉讼，所以在两类程序关系的处理上，以采取诉讼程序吞并仲裁裁决撤销程序为宜。即劳动者就终局裁决向基层人民法院起诉，而用人单位向中级人民法院申请撤销仲裁裁决的，中级人民法院应不予受理。已经受理的，应裁定终结诉讼。基层人民法院审理案件时，对用人单位的抗辩应一并处理。第二，劳动者起诉后又撤诉的，经征询用人单位一方意见，用人单位要求继续审理的，人民法院可不予准许撤诉并仍对整个案件进行审理；用人单位也认为不需要继续审理的，可以准许劳动者撤诉。第三，劳动者因超过起诉期间被驳回起诉的，用人单位自收到裁定书之日起30日内可以向仲裁委员会所在地的中级人民法院申请撤销仲裁裁决。

关联法规

第51条　当事人对发生法律效力的调解书、裁决书，应当依照规定的期限履行。一方当事人逾期不履行的，另一方当事人可以依照民事诉讼法的有关规定向人民法院申请执行。受理申请的人民法院应当依法执行。

——《劳动争议调解仲裁法》

第18条　劳动人事争议仲裁委员会作出终局裁决，劳动者向人民法院申请执行，用人单位向劳动人事争议仲裁委员会所在地的中级人民法院申请撤销的，人民法院应当裁定中止执行。

用人单位撤回撤销终局裁决申请或者其申请被驳回的，人民法院应当裁定恢复执行。仲裁裁决被撤销的，人民法院应当裁定终结执行。

用人单位向人民法院申请撤销仲裁裁决被驳回后，又在执行程序中以相同理由提出不予执行抗辩的，人民法院不予支持。

——最高人民法院《关于审理劳动争议案件适用法律若干问题的解释（三）》

除以上外，《劳动争议调解仲裁法》还有一些新的规定。比如，第53条规定："劳动争议仲裁不收费。劳动争议仲裁委员会的经费由财政予以保障。"新规定直接减轻了劳动者的经济负担；第22条第2款则规定："劳务派遣单位或者用工单位与劳动者发生劳动争议的，劳务派遣单位和用工单位为共同当事人。"这条规定对于劳务派遣情形下的劳动争议当事人予以了明确；第20条则对仲裁员的任职条件做出了严格规定，有利于加强仲裁队伍的素质建设，提高仲裁质量；等等。这些新规定对完善中国内地劳动争议体制、公正及时解决劳动争议、保护当事人合法权益及促进劳动关系和谐稳定都会发挥重要的功能和作用。

三、集体合同争议与可选的解决方式

劳动争议的本质，是劳动者依据团结权进行团体交涉，进而行使争议权，以达到改善劳动条件之目的。为达到这一目的，劳动者的争议权最终落实在与雇主签订的集体协议中，因此争议权行使的目的在于缔结集体协议，凡不以缔结或修订集体协议为目的的行为，均不得称之为"集体争议"。集体争议是法律上具有特定含义与意义的

专有名词，并不是一切冲突、械斗、纠纷都可以称为正义行为。各国对劳资集体争议介入的程度不同，因而也就形成了制度上的差异。市场经济国家大都采当事人自主解决原则，国家处于援助地位。解决争议遵循的原则是诚实原则、自主性原则和政府积极合作原则。

（一）集体争议的处理方法

根据《劳动合同法》第 56 条的规定，因履行集体合同发生的争议，首先应该双方协商解决，协商解决不成的，有两种解决途径：一是申请仲裁，二是提起诉讼。与个别劳动争议解决应当先申请仲裁，不服仲裁裁决才能提起诉讼的程序不一样，在解决集体合同履行争议时，申请仲裁不是提起诉讼的前置程序。如果协商不成，工会可以向劳动争议仲裁委员会申请仲裁，也可以直接向有管辖权的人民法院提起诉讼。申请仲裁的，仲裁裁决为终局裁决，当事人不得再提起诉讼，如果工会直接向人民法院提起诉讼，则不得再申请仲裁。依据现行司法审判体制，人民法院审理劳动争议案件，实行两审终审制。除此之外，集体合同履行争议的仲裁申请人和诉讼提起人也不同于劳动争议。劳动争议仲裁和诉讼的提起人是劳动者，而集体合同履行争议仲裁和诉讼的提起人是工会。

案例 126：企业不履行集体合同遭遇仲裁案

天津市红桥区某棉纺集团现有员工 3246 人，所有员工都先后与企业签订了劳动合同，2005 年 8 月 5 日，棉纺集团与工会经平等协商签订了集体合同，并于 8 月 29 日经劳动行政部门审查批准。该集体合同规定："公司根据国家有关规定，为员工办理基本社会保险，并按时足额缴纳养老、工伤、生育、失业等保险费。工会有权监督，并向职工公开。"棉纺集团每月从职工工资中按规定扣缴了个人应缴的社会保险费，却没有及时上缴职工已缴给企业部分和企业应缴的社会保险费。截至 2007 年 2 月底，企业累计欠缴社会保险费 5219828. 71 元，其中养老保险费 4955140. 34 元、工伤保险费 132397. 22 元、生育保险费 28421. 39 元、失业保险费 103869. 76 元。2007 年 3 月，棉纺集团工会委员会向劳动争议仲裁委员会申请仲裁，要求棉纺集团补缴所拖欠的社会保险费。

专家分析

这是一起典型的用人单位不履行集体合同案例。《劳动合同法》规定，依法订立的集体合同对企业和所有劳动者都具有法律约束力，用人单位和劳动者都应当严格遵守集体合同的规定。《劳动合同法》第 56 条规定了工会对集体合同事项的两项权利：一是如果发生用人单位因违反集体合同而侵犯职工劳动权益的，工会可以依法要求用人单位承担责任；二是因履行集体合同发生争议，经协商解决不成的，工会可以依法申请仲裁或者提起诉讼。工会既可以首先要求用人单位依照集体合同的约定承担责任，不能达成一致时再向劳动仲裁部门申请仲裁或向人民法院提起诉讼，也可以直接就争议事项向劳动仲裁部门申请仲裁或向人民法院提起诉讼。本节案例中，棉纺集团不遵守集体合同的规定，未给单位员工缴纳社会保险费的做法违反了《劳动合同法》的规定，工会有权申请诉讼，用人单位应及时补缴所欠的社会保险费。

实务指南

作为企业而言，在订立和履行集体合同过程中，均应充分尊重工会或职工的意见，避免发生争议，具体而言，应从以下几个方面入手：

1. 首先要与工会或职工代表协商。在订立和履行集体合同过程中，应建立工会沟通渠道，防止相关争议的发生。对已经发生争议的部分，要积极进行协商达成一致，并认真履行集体合同的有关义务和责任条款。

2. 如果可以，应获得政府部门的介入。因为集体合同牵涉面较广，发生争议可能会造成突发群体性事件。在特定的突发群体性事件出现时，如果企业预计不能通过自己的管理有效处理的话，最合适的办法是争取当地政府的介入和斡旋。

3. 积极应对已经发生的仲裁和诉讼。对于职工已经通过法定救济对企业申请仲裁或提起诉讼的，应积极应对。如果企业在履行集体合同过程中没有出现违约或违法的行为，应通过收集证据和材料，及时进行仲裁诉讼的开庭审理。

关联法规

第 56 条　用人单位违反集体合同，侵犯职工劳动权益的，工会可以依法要求用人单位承担责任；因履行集体合同发生争议，经协商解决不成的，工会可以依法申请仲裁、提起诉讼。

——《劳动合同法》

（二）不同集体合同争议的处理

1. 因订立集体合同发生的争议处理

因订立集体合同所发生的争议，一般表现为集体合同当事人双方进行集体协商时，对于如何确定集体合同的劳动标准、工作条件等条款，因双方认识不一致而产生意见分歧。根据中国内地现行法律法规规定，因签订集体合同发生争议，由当地劳动保障行政部门组织有关方面协调处理。在这类争议中，双方所主张的权利义务事先并没有确定。争议之所以发生是因为双方当事人对这些有待确定的权利义务有不同的要求，争议的目的在于使一方或双方的某种利益得到合同的确认，从而上升为权利。劳动法律规定，因签订集体合同发生的争议，当事人协商解决不成的，当地人民政府劳动行政部门可以组织有关方面协调处理。

其处理程序可以分为以下步骤：

（1）申请。因签订集体合同发生争议，双方当事人不能自行协商解决的，当事人一方或双方可向劳动行政部门的劳动争议协调处理机构书面提出协调处理申请；未提出申请的，劳动行政部门认为必要时可视情况进行协调处理。

（2）推举或指定代表。协调处理因签订集体合同而发生的争议，双方当事人应各选代表3名至10名，并指定1名首席代表参加。企业代表，由其法定代表人指派，职工一方由工会代表；未建立工会的企业由职工民主推举代表，并须得到半数以上职工同意。在协调处理争议期间，企业不得解除职工代表的劳动关系。

2. 因履行集体合同发生的争议处理

因履行集体合同发生的争议，是指集体合同生效后在其有效期内，双方当事人因不履行、不完全履行或不适当履行集体合同，以及对集体合同的变更、解除、终止等问题发生的争议。《劳动合同法》第56条规定，“用人单位违反集体合同，侵犯职工劳动权益的，工会可以依法要求用人单位承担责任；因履行集体合同发生争议，经协商解决不成的，工会可以依法申请仲裁、提起诉讼”。其处理与因签订集体合同发生争议的差异，在于因履行集体合同发生的争议，其前提是有一个已经签订并具有法律效力的集体合同，这一集体合同条款中已经明确规定了双方的权利、义务，而争议也是由此而产生的。因此，劳动仲裁机构和人民法院都可以依据这一具有法律效力的集体合同来判断谁有违约行为，从而做出相应的裁判。

因此，当因履行集体合同发生争议时，由于争议就发生在用人单位与全体员工之间，如果争议双方协商解决不成，就无须再由企业的劳动争议调解委员会调解，而是可以直接向劳动仲裁部门申请仲裁；对仲裁裁决不服的，可以自收到仲裁裁决书之日起15日内向人民法院提起诉讼。

需要注意的是，在劳动争议处理中，要对员工一方人数在30人以上的按照特别程序处理。所谓的“特别程序”是指劳动仲裁机构在收到集体合同争议当事人申诉之日起，3日内就要做出受理或不受理决定的程序。决定处理的，应当组成特别仲裁庭，特别仲裁庭由3个以上的仲裁员单数组成。仲裁庭应当按照就地、就近的原则处理争议。仲裁庭在处理因履行集体合同发生的争议时，应自组成仲裁庭之日起15日内结束。案情复杂需要延期的，经劳动仲裁机构批准可以适当延期，但是延长的时间不得超过15日。

四、新法格局下劳动争议预防与控制

2008年1月1日施行的《劳动合同法》《就业促进法》以及2008年5月1日施行的《劳动争议调解仲裁法》构成了新的历史时期调整劳动关系的新的法律框架体系。在新的历史时期，劳动关系的和谐成为国家法律和社会政策的双重目标，而劳动关系的和谐是建立在劳动关系规范和劳资双方权益相对平衡的基础之上的，换言之，行为

规范与利益平衡是实现劳动关系和谐的基石。尽管企业可以从劳动力成本和管理成本各方面来看待和评论新的劳动法律框架，但毕竟从长远的角度而言，那种只追求企业单赢的格局，是不可能带来劳动关系和谐的，其结果必然因利益的过度倾斜而导致劳资纠纷与对抗，最终由单赢格局走向双损。在新的劳动法律框架下，为了预先防范和化解潜在法律风险并及时评估和控制可能发生或已经发生的劳动争议，中国内地的企业需要从不同的方面来进行整体性的应对。

（一）遵守法律规则和政策规定，注重法制化管理

在新的法律背景下，无论是从新法律对企业提出的更多法定义务的层面，还是从新法律对企业违法行为施以更多的法律责任的角度，企业人力资源管理的法制化管理已经成为一种必然的趋势。对于企业而言，主要需要做好以下几个方面的事项：

1. 人力资源部门的地位应在现有位阶上得到高位提升。企业经营管理规划中很重要的资源是人力资源，而新法框架下成本中很大部分是人力资源成本。人力资源管理不仅只涉及具体的劳动人事，而且还涉及企业的经营管理和财务成本，同时还对企业战略规划产生影响。

2. 企业人力资源部门应依法处理用人策略及具体事宜。人力资源部门在贯彻企业人力资源策略时，特别是在大规模招用和裁员时，应严格遵守法律规定。同时，在处理日常性劳动人事实务时，如员工劳动合同签订、变更、解除等环节，也都需要严格做到符合法律要求。

3. 企业高管和人力资源部门应及时进行相关法律培训。企业要安排进行经常性、有针对性的劳动法律法规学习和培训。特别是企业非人力资源部门对于劳动新法律法规资讯获知操作技巧，则需要通过人力资源部门安排内部培训或外部专业咨询服务机构进行内训。

4. 建立人力资源部门与非人力资源部门定期沟通机制。公司人力资源部门需要与非人力资源部门定期沟通，就本部门所属员工的有效管控进行协调和资讯共享。非人力资源部门及时获知劳动人事动态，遵守劳动法并提高管理绩效，促进本部门业绩。人力资源部门也可及早发现问题，预防相关劳动人事法律风险，并有效地、有针对性地处理相关劳动人事事宜。

（二）完善劳动合同和规章制度，注重契约化运行

在新的法律框架下，企业尤其要进一步健全、检讨和完善已审定的整套规章制度。企业应依据相关劳动法律、法规，重点完善员工手册内容，充实劳动合同管理制度、行为规范制度、奖励惩戒制度、工时休假制度、薪酬管理制度、绩效考核制度、岗位制度、保密制度、补充保险制度及工伤处理机制等，必要时制定新的劳动合同通用模本。

1. 建立企业员工书面劳动合同制度。企业应按照《劳动合同法》的要求，与建立劳动关系的员工及时订立劳动合同，并在此基础上进一步完善劳动合同管理，可以建立员工劳动合同档案制度，将员工的劳动合同订立、履行、变更、解除和终止各状况详加记录。

2. 及时依法更新企业相关规章制度。由于企业经营管理和人力资源状况的变化，又由于劳动法律制度的不断调整和变更，企业应及时依法更新本企业的相关规章制度。企业也可以在规章制度总则上注明相关制度与国家政策法规规定不一致的，以相关规定为准。

3. 执行规章制度制定民主公示程序。在新法律背景下，规章制度的制定要遵循特定的公示程序和民主程序，否则会存在规章制度效力上的瑕疵。同时，规章制度若未通过内部仔细审查而违反法律、法规规定的，给员工造成损失的，会遭遇被员工解除劳动合同的风险。

4. 实施核心特殊员工的专门化管理。对于参加培训或掌握企业商业秘密的核心员工，需要订立培训服务期协议或竞业限制协议的，应当进行专门化的管理。而对于试用期员工、女职工、非全日制员工等特殊员工，由于法律调整差异性的存在，企业也应安排进行专门管理。

（三）强化证据意识和程序意识，注重书面化操作

很多劳动争议案件的发生甚至是企业在最后环节的败诉，都归结于企业对于相关处理的证据掌握和程序注重不够。依据《劳动争议调解仲裁法》的规定，相当多的证据均要求作为用人单位的企业提供，这样一旦企业在行为时没有养成相应的细节性习惯，那么即便在客观事实上是存有法律依据的，也会面临法律上的不予认可。

1. 强化证据意识，防范潜在法律风险。企业在从事劳动人事管理过程中，实际上是格式文书的制定者和保管者，这也使得法律对企业的证据要求更为苛刻。依据《劳动争议调解仲裁法》的规定，由企业掌握与仲裁请求相关的证据，如果企业不能举证，则承担举证不能的后果。

2. 强化程序意识，保障处理程序规范。《劳动合同法》在很大程度上注重了程序性规定，比如说解除劳动合同需要通知工会、非过失性解除合同要经过多个步骤等，所以企业在平常进行员工处理时务必遵循法律强制性规定的程序规则。

3. 强化书面操作，依法留存备案材料。企业的书面化操作一方面是遵从《劳动合同法》的相关要求，另一方面也是为了保留劳动人事处理的相关证据。比如说劳动合同的变更与解除等，都应通过书面方式进行确认和备案，以防范可能发生的潜在风险。

4. 强化预防原则，未雨绸缪，防患未然。企业在新法背景下对劳动争议的防范，特别要着眼于以预防为主。在日常劳动人事管理中，要对平时的证据留存规范和程序操作要求进行经常性的检讨和检视，并及时归档相应的劳动人事档案，以预估劳动人事管理的风险。

（四）寻求劳资双赢和共生和谐，注重人本化沟通

在新的劳动法律体系下，相关立法规则侧重于维护处于弱势一方的劳动者的合法权益，以实现双方之间力量与利益的平衡，将构建一种“和谐稳定的劳动关系”，即合作的、长期的，而不是对抗的、短期的劳动关系。企业应在守法的前提下，充分运用劳资沟通机制，进行人本化管理和沟通，寻求劳资关系的双赢和共生和谐。

1. 视企业实际情况建立工会职代会制度。企业可以根据自身的劳动人事状况，适时建立工会和职工代表大会，首先通过形式主体的完善建构基本的民主管理框架。同时，也使得企业在规章制度制定和劳动合同解除等环节能够对应相应程序参与主体。

2. 促进经营管理和人事制度的民主参与。对于一些重要的劳动人事相关政策，如薪酬激励政策、加班费支付政策、公司病假、年假、事假等假期政策、福利待遇政策等，应额外制作相关详细说明，让员工了解公司的现有政策和做法，激励员工有效工作，并减少误解。

3. 注重劳动争议调解并缓和劳资矛盾。劳动争议有相当部分是由于双方对于规章制度规定或劳动合同约定的特定事项的理解不同，所以在劳动争议仲裁机构做出强制性的裁决之前，还是尽量争取协调解决，以使解决劳动争议更为彻底，同时也能有效缓解劳资矛盾。

4. 日常人力资源管理应注意人本化沟通。如果不作规章制度和操作惯例的专业化审查，企业的很多细节性操作都会产生法律风险。比如，特定情形下的调岗调薪，如果企业不能进行人本化的沟通和协商，如果员工坚持不进行劳动合同的变更，则相关处理非常难以进行。

第十章 劳动合同与专项协议示例与解读*

本章导读

1. 关于录用通知（offer letter）是否属于劳动合同，实务界有不同的看法。但通常认为，应区分具体情况来进行判定。如果录用通知只是一种单方意思表示，且并不一定具备劳动合同的必备条款，则不属于劳动合同；而录用通知一旦被员工签收确认后，且符合劳动合同的基本条款后，即符合劳动合同的实质要件。不过，依据《劳动合同法》第7条的规定，劳动关系的建立，依然还是从用工之日起建立。

2. 就保密协议而言，应特别注意保密协议不能直接约定违约金，约定的违约金条款无效；但可以在预期评估和公平原则的基础上约定赔偿金的范围和计算方法。培训服务期协议所涉及的培训应属于单位出资的专业技术培训，且违约金与培训费用应符合对等原则。竞业限制的人员通常限于高级管理人员和高级技术人员。竞业限制的期限不得超过2年。如果员工离职以后，用人单位没有依照约定支付竞业限制补偿金，则竞业限制协议不生效。

3. 对于一些特殊的民事合同协议而言，并不一定绝对不适用劳动法。比如，对于退休返聘人员、兼职人员和外籍人员的聘用协议而言，双方可以在法律法规政策允许的范围内就相关用工事项达成合理约定。再比如，对于劳务派遣中的劳务派遣协议和用工协议而言，很多内容都要参照劳动法的诸多实体规定。

4. 对于外籍人员与用人单位订立的劳动合同而言，在不违反公平原则的基础上，可以在非强制性劳动基准事项以外允许有更多的自主约定的空间，并不一定要严格遵守中国劳动法。但是，双方没有任何约定或者直接约定适用中国劳动法律的，则由中国劳动法律直接调整。

5. 根据《劳动合同法》的相关规定，用人单位应为劳动者建立职工名册，且要求已经解除或终止的劳动合同文本保留两年以上备查，企业应对合同文本进行编号，以利备查。《劳动合同法》尽管只对劳动合同文本保管有两年最低期限的规定，但基于企业在法律上举证责任倒置的惯例，建议企业将其他重要的合同协议文本也予以保存两年以上备查。

---

* 更多劳动合同范本及专项协议，请阅读王桦宇编著：《人力资源管理实用必备工具箱.rar（增订6版）》。

在民事法领域，契约自由和意思自治是非常重要的法律原则。也就是说，只要当事人经双方协商达成合意，就特定事项达成民事约定，而这项约定不违反法律规定和民法基本原则，就认为具有合同上的效力，双方均要受该合同约束，履行相关义务并享受相关权利。而在劳动法这个被称为特殊民事法的领域，劳动合同除了具有民事合同的通常特征外，还具有其相当的特殊性。这种特殊性主要体现在对劳动者的特殊保护，比如在用人单位解除合同的限制、违约金约定的限制等方面。在人力资源管理领域，涉及的合同协议主要是劳动合同，还包括称为集体合同的集体劳动合同。当然，人力资源管理领域的合同协议还包括聘用合同，即不属于劳动关系的民事劳务关系。近年来，随着用工形式的日益多元化，劳务派遣开始成为一种新的雇佣模式。这样，除了传统劳动合同和民事劳务协议以外，还有基于用工发展需要的劳务派遣模式，也因此产生了与劳务派遣有关的合同协议。

一、劳动合同示例与解读

（一）劳动合同示例

劳动合同

甲方（公司）：____________________

地址：____________________

法定代表人：____________________

乙方（员工）：____________________

身份证号码／护照号码：____________________

住址：____________________

邮编：____________________

联系电话：____________________

甲、乙双方就建立劳动关系及其权利义务等事宜，根据《中华人民共和国劳动法》与《中华人民共和国劳动合同法》等有关法律、法规和规章，在甲方已向乙方如实告知涉及劳动合同的有关情况基础上，双方本着合法、公平、平等自愿、协商一致、诚实信用的原则签订本合同，双方承诺共同信守本合同所列各条款。

第1条　合同的前提条件

1.1 甲、乙为本劳动合同的当事人。

1.2 甲方系在中华人民共和国注册的合法用工主体，具有用工资格。

1.3 乙方向甲方保证，在本劳动合同签订之时，与任何第三方不存在劳动关系或雇佣关系，亦非在有关竞业限制期限内，且乙方保证与原用人单位之间没有任何足以影响本合同生效和履行的事宜。

1.4 乙方保证受聘于甲方后，从事甲方交付的任何工作均不会侵犯此前曾受聘单位的商业秘密及其他合法权益。如有违反，乙方将自行承担相应的法律责任。

第2条　合同期限

2.1 甲、乙双方就合同期限选择以下______类劳动合同。

A. 有固定期限合同：本合同期限自______年______月______日起，至______年______月______日止。其中试用期为______个月，自______年______月______日起，至______年______月______日止。

B. 无固定期限合同：本合同期限自______年______月______日起履行，其中试用期为______个月，自______年______月______日起，至______年______月______日止。如终止条件出现，劳动合同即行终止。

C. 以完成一定工作任务为期限的合同：本合同自______年______月______日起履行，至____________工作完成时止，并以____________为该工作任务完成并终止合同的标准。

2.2 本合同试用期结束前，乙方未以书面形式通知甲方解除劳动合同的，甲方有义务以口头或书面形式通知乙方有关转正事宜；乙方试用期内不符合有关录用条件的或具有本合同第10.2.5条规定的情形时，甲方可解除劳动合同。

2.3 本合同期满，且不具有法定续签情形的，则本合同即行终止。

2.4 如本合同签订的起始日期与实际用工之日不一致，则甲、乙双方的劳动关系自实际用工之日起建立，劳动合同期与试用期期限亦自实际用工之日起计算。

第3条　工作内容及工作地点

3.1 甲方根据生产经营需要，安排乙方在______部门从事____________工作。乙方应履行本岗位的工作职责（见附件），按时、按质、按量完成其本职工作。

3.2 乙方的工作地点在______。随着甲方经营范围的扩大，甲方在与乙方协商一致后，可委派乙方至其他城市工作。

3.3 甲方根据经营需要及乙方工作能力、工作表现及身体状况等因素，可依法合理变更本条中规定的乙方工作部门、工作内容及工作地点。

第4条　工作时间和休息休假

4.1 甲方实行标准工时制，具体工作时间由甲方制定或变更。每天的劳动时间不包括午餐及休息时间。

4.2 甲方可根据部分岗位特征、业务状况，经劳动行政部门批准，实行不定时工作制或综合计算工时工作制。

在本合同期内，乙方所在岗位经劳动行政部门批准实行不定时工作制或综合计算工时工作制，则本合同约定的工作时间自动变更为不定时工作制或综合计算工时工作制。

4.3 甲方可以根据工作需要安排乙方加班，甲方将依法支付乙方超时工作的劳动报酬，或给予调休。

加班须根据相关规定办理加班申请手续。

4.4 乙方所在工作岗位申请不定时工作制或综合计算工时工作制后，加班报酬按照相关法律执行。

4.5 乙方享有国家规定的法定节假日和婚假、丧假等假期。

第5条 劳动报酬

5.1 乙方正常出勤并在规定的工作时间内保质保量完成甲方安排的工作任务后，有权获得劳动报酬。

甲方实行岗位绩效工资制度，乙方工资收入 = 岗位工资 + 奖金 + 津贴。甲方根据乙方的工作岗位和实际技术业务水平，确定乙方的月岗位工资收入标准为人民币______元；乙方奖金与其工作数量、工作质量、服务水平、出勤率等实绩挂钩；津贴按国家和公司的相关规定执行。其中，试用期月工资为人民币______元。

5.2 甲方发薪期为次/当月______日至______日。甲方有合理解释迟延支付劳动报酬的，不属于拖欠乙方工资。工资支付方式按照甲方规定执行。

5.3 本条第1款所列乙方收入为税前收入，乙方应依法缴纳个人所得税。

5.4 甲方有权根据自身经营状况、经济效益及乙方的业务能力、绩效情况、岗位、地点变化等对乙方的劳动报酬进行合理调整，包括提高或降低，乙方愿意服从甲方的决定。

5.5 奖金、津贴根据甲方内部规章制度执行。甲方有权根据需要制定、修改、完善或废止奖金、津贴制度。

第6条 社会保险及福利待遇

6.1 甲方应按照国家和__________省（区/市）有关规定，按比例为乙方缴纳社会保险和住房公积金，乙方也应当按比例缴纳其应承担的部分，并由甲方在工资内代为扣除。乙方保证其将及时向甲方递交办理社会保险和住房公积金的有效凭证，如因乙方迟延递交而造成的任何后果，乙方应承担相应责任。

6.2 乙方因病或非因工负伤期间待遇按法律、法规及相关规定执行。

6.3 乙方因工负伤及女职工孕期、产假和哺乳假等待遇按法律、法规及相关规定执行。

6.4 甲方将根据公司相关规定，结合乙方的工作岗位、工作地点向乙方支付或调整其他补贴及福利费用。具体标准由甲方制定。

6.5 培训员工、鼓励个人发展是甲方的政策之一，甲方会有计划地为乙方提供职业培训。除各种内部培训活动外，甲方也鼓励乙方自己参加一些外部的培训活动或课程。

如甲方提供专项培训费用对乙方进行专业技术培训的，则双方约定服务期至少为______个月。在服务期内，如乙方提出辞职或因过失被甲方解除劳动合同，乙方须向甲方支付违约金。

服务期违约金=（应服务月数－已服务月数）/应服务月数×培训费总额

如甲、乙双方另行签订培训协议的，该协议为本合同附件。存在冲突之处以另行签订的培训协议为准。

6.6 甲方可根据自身经营状况、经营效益等相应调整乙方的各项福利待遇。

第7条 劳动保护、劳动条件和职业病防护

7.1 甲方为乙方提供符合国家规定的劳动安全卫生标准的工作环境，确保乙方在人身安全及人体不受危害的环境条件下从事工作。

7.2 甲方根据乙方岗位实际情况，按照国家有关规定向乙方提供必要的劳动防护用品。

7.3 甲方将按照国家及当地政府的相关规定，积极采取职业病防护措施，确保乙方的人身安全及人体不受危害。

第8条 劳动纪律

8.1 甲方有权在不与法律法规相抵触的情况下，遵循民主原则，制定员工手册及其他各项规章制度。甲方依据前述制度对乙方进行劳动纪律的日常管理。乙方应严格遵守甲方制定的前述制度，否则甲方可根据单位规章制度，给予相应的处分。

8.2 甲方制定的各项规章制度将及时予以公示。甲方要求乙方认真阅读相关内容，以保证及时了解掌握甲方的各项信息。如乙方因不在公司而无法阅览，甲方要求乙方在返回公司出勤后的一周之内及时进行阅览。如出现因乙方未能及时阅览上述信息而造成的后果，由乙方承担一切责任。

8.3 在履行本合同期间，甲方可以对其员工手册及其他各项规章制度进行修订，或者制定新的规章制度。如果原规章制度与甲方新的制度不一致，乙方同意按照甲方新的规章制度执行。

8.4 乙方应妥善保管甲方财物，乙方因任何原因离职时，均须归还甲方财物，包括但不限于电脑、软件、光盘、技术文档等。如乙方因疏忽丢失或蓄意损坏甲方财物，应予以赔偿。

8.5 乙方保证其向甲方提供的所有信息、资料、证明等均属真实、有效，并承担相应责任。

8.6 乙方因尚未与原用人单位解除或终止劳动合同关系而致甲方损失的，应当予以赔偿。

第9条 保密及知识产权归属

9.1 甲、乙双方确认，乙方在履行工作职责时必然会接触到的甲方的商业秘密及与知识产权相关的保密事项，前述事项均属于甲方的财产和权利，乙方负有当然的保密义务。

9.2 从本合同生效之日起，乙方必须遵守甲方的任何保密规章、制度，履行与其工作岗位相应的保密职责。未经甲方书面同意或非为履行本合同项下的职责和义务，乙方不得向任何第三方（包括不得知悉该项秘密的甲方其他员工）泄露甲方的任何商业秘密。

9.3 甲、乙双方确认乙方因职务上的需要所持有或保管的一切记录着甲方秘密信息的任何形式的载体，均归甲方所有。

9.4 乙方在甲方任职期间，因履行甲方交付的工作任务或主要利用甲方的物质和技术条件、业务信息等完成的发明创造、计算机软件、技术秘密、著作权等，其相关的知识产权归属于甲方（应属于乙方的身份性权利除外）。

9.5 乙方保证，正确使用并妥善保管属于甲方或者虽属于他人但甲方承诺有保密义务的秘密信息，不得利用前述信息为自己或任何第三方牟利。除履行职务外，乙方承诺其在职期间及离职后，未经甲方书面授权，不得以泄露、告知、公布、发布、出版、传授、转让或者其他任何方式使任何第三方知悉属于甲方或者虽属于他人但甲方承诺有保密义务的秘密信息，也不得在履行职务之外使用这些秘密信息，直至甲方宣布解密或保密信息实际上已经公开。

9.6 甲、乙双方劳动关系解除或终止后，乙方必须将所有机密信息和资料及其复印件返还给甲方，并向甲方保证本人不再有任何使用该资料和信息的权利，并申明已将该资料和信息的所有原件及复印件退还给甲方。如甲方发现乙方未及时归还前述资料，造成甲方损失的，乙方必须承担相应的赔偿责任。

9.7 凡未经甲方书面同意或非为履行本合同项下的职责和义务而以直接或间接，口头或书面等形式提供给第三方涉及保密内容的行为均属泄密，造成甲方损失的，乙方必须承担相应的赔偿责任。

第10条 合同的变更、解除及终止

10.1 劳动合同的变更

10.1.1 本合同订立时所依据的法律、法规、规章或政策规定发生变化，本合同应变更相关内容。

10.1.2 由于不可抗力致使本合同无法履行，经双方协商同意，可以变更合同相关内容。

10.1.3 甲、乙双方协商一致，可以对本合同的部分条款进行变更。

10.1.4 甲方对乙方的工作岗位、工作地点或职务所做的调整，如果双方未签订书面变更合同或协议，且乙方自到岗后一个月内未提出书面异议的，视为乙方同意该调整。

10.2 劳动合同的解除

10.2.1 甲、乙双方经协商一致，可以解除本合同。

10.2.2 乙方解除本合同，应当提前三十日以书面形式通知甲方，辞职书呈交主管或人事部门，双方协商确定乙方最后工作日期。乙方在试用期内辞职的，须提前三日书面通知甲方。

10.2.3 甲方有法律、法规规定的情形的，乙方可解除劳动合同。

10.2.4 有下列情形之一的，甲方可以解除劳动合同，但是应当提前三十日以书面形式通知乙方或额外支付乙方一个月工资：

1）乙方患病或者非因工负伤，医疗期满后，不能从事原工作也不能从事由甲方另行安排的工作的；

2）乙方不能胜任工作，经过培训或者调整工作岗位仍不能胜任工作的；

3）劳动合同订立时所依据的客观情况发生重大变化，致使原劳动合同无法履行，经双方协商不能就变更劳动合同达成协议的。

10.2.5 有下列情形之一的，甲方可以随时解除劳动合同且不支付经济补偿金，双方依法办理退工手续：

1）乙方在试用期内被证明不符合录用条件的；

2）乙方严重违反劳动纪律或甲方规章制度的；

3）乙方严重失职、营私舞弊给甲方造成重大损害的；

4）乙方被依法追究刑事责任或被劳动教养的；

5）乙方被查实在应聘时向甲方提供虚假资料的；

6）乙方与其他用人单位建立劳动关系，对完成甲方的工作任务造成严重影响或者经甲方提出，拒不改正的；

7）以欺诈、胁迫的手段或乘人之危，使甲方在违背真实意思的情况下订立劳动合同而致本合同无效的；

8）法律、法规规定的其他情形。

10.3 有下列情形之一的，劳动合同终止：

1）劳动合同期满的；

2）甲方被依法宣告破产的；

3）甲方决定解散、被吊销营业执照、责令关闭或者被撤销的；

4）乙方开始依法享受基本养老保险待遇的；

5）乙方死亡，或被人民法院宣告死亡或者宣告失踪的；

6）法律、行政法规规定的其他情形。

10.4 乙方有下列情形之一的，甲方不得依据本合同第10.2.4条的规定解除或终止劳动合同；法律另有规定的从其规定：

1）乙方从事接触职业病危害作业的，未进行离岗前职业健康检查，或者乙方因疑似职业病在诊断或医学观察期间的；

2）乙方患职业病或因工负伤并被确认丧失或者部分丧失劳动能力的；

3）患病或者非因工负伤，在规定的医疗期内的；

4）女职工在孕期、产期、哺乳期内的；

5）在甲方连续工作满十五年，且距法定退休年龄不足五年的；

6）法律、行政法规规定的其他情形。

10.5 在解除或终止劳动合同时，甲方如需支付经济补偿金，按照法律法规执行。

10.6 在最后工作日前，乙方必须根据甲方的要求并配合所在部门及其他部门办理完所有的工作交接手续，包括但不限于：

1）归还所有代表公司员工身份的证明文件，如工作证、介绍信函、员工信息卡等；

2）归还所有公司文件、资料、记录、设备、工具、文具、通信设备等；

3）归还更衣箱、工具箱以及员工保管的所有公司的钥匙；

4）向继任者或公司指派的其他同事交代清楚所有工作；

5）与财务部门结算所有应付款项、应收款项；

6）____；

7）其他根据公司规定必须移交的物品。

办理工作交接的程序根据甲方的要求进行。工作交接完毕，由甲方在工作交接清单上签字确认。乙方不按规定办理交接手续，造成甲方损失的，甲方有权要求乙方赔偿。

第11条　违约及赔偿责任

11.1 在本合同期限内，如乙方接受由甲方提供出资的培训，或者约定竞业限制的，依照双方约定办理。乙方违约，应承担违约责任，乙方给甲方造成的损失超过违约金数额的，乙方还应赔偿超过违约金部分的损失。

11.2 甲、乙双方任何一方违反本合同规定，给对方造成损失的，应予以赔偿。

11.3 乙方侵占甲方财产给甲方造成损失的，乙方应返还相应财物，并赔偿甲方损失。没有法律规定或者合同约定获得甲方利益的，乙方应将所获不当得利返还甲方。

第12条　其他事项

12.1 本合同如与现行相关法律、法规、规章不一致，应以相关法律、法规、规章为准。如果相关法律、法规、规章进行变更，应以新的有效的法律、法规、规章为准。

12.2 本合同未尽事宜，双方另有约定的从其约定；双方没有约定的，遵照相关法律、法规、规章执行；法律、法规、规章没有规定的，双方应遵循平等自愿、协商一致的原则，另行签订协议作为本合同的补充协议。

12.3 因履行本合同产生的争议，甲、乙双方应友好协商，协商不成的，任何一方可向有管辖权的劳动争议仲裁委员会提起劳动仲裁。不服仲裁裁决的，可依法向人民法院提起诉讼。

12.4 释义：

本合同中所称“法律”“法规”“规章”，若未作特殊说明，系指中华人民共和国及甲方所在地的法律、法规、规章。

本合同中所称第三方，若未作特殊说明，系指除甲方、乙方之外的第三方。

12.5 本合同一式两份，经双方签字、盖章后生效，双方各执一份。两份合同具有同等法律效力。

乙方确认：

1. 劳动合同期内，乙方户籍所在地址、现居住地址、联系方式等发生变化，应当在3日内及时告知甲方。如乙方就以上事项变更事宜，没有及时通知甲方，甲方依此信赖送达法律文书，将视为已经送达。

2. 乙方在签订本劳动合同时，已详细阅看，对合同内容予以全面理解，并已知晓甲方的各类规章制度。规章制度包括但不限于《员工手册》《岗位说明书》等，作为劳动合同的附件，与劳动合同其他附件一起，与劳动合同同等有效。

甲方：________________________________　　　　乙方：________________

法定代表人或授权代理人：____________

签订日期：____________________________　　　　签订日期：____________

劳动合同续订书

本次续订劳动合同期限类型为________________期限合同，续订合同生效日期为______年______月______日，续订合同____________终止。

甲方（公章）　　　　　　　　　　　　　　乙方（签字或盖章）

法定代表人（主要负责人）或委托代理人

（签字或盖章）

签订日期：______年____月____日　　　　签订日期：____年____月____日

劳动合同变更书

经甲、乙双方协商一致，对本合同做以下变更。

1. ____

2. ____

3. ____

甲方（公章）　　　　　　　　　　　乙方（签字或盖章）

法定代表人（主要负责人）或委托代理人

（签字或盖章）

签订日期：______年____月____日　　　　签订日期：______年____月____日

（二）劳动合同文本解读

第 1 条　1.3 该条意在证明公司对此类员工的招用并无主观故意，以此避免员工因与原用人单位尚存劳动关系而致公司非法用工。

1.4 该条同上，意在避免涉及员工同原用人单位的商业秘密侵权纠纷。

第 2 条　2.1《劳动合同法》对于试用期期限做了明确的规定，公司应该予以充分的注意。

2.2《劳动合同法》明确了劳动关系建立的时间，即从用工之日起建立劳动关系，实践中，存在劳动合同签订的起始时间与实际用工之日不一致的情况，此时，单位应该注意试用期与合同期限的问题，特别是起止时间的问题。

2.4 操作中应尽量避免合同起始日与实际用工日分离的情形，如出现，建议另行补充书面约定。

第 3 条　3.1 建议将岗位说明书/岗位责任书作为劳动合同的附件，在签订劳动合同时一并签收。

3.2 根据《劳动合同法》，工作地点为劳动合同的必备条款，对其变更需要协商一致。

3.3 公司对员工进行岗位及工作地点调动，应当符合两方面要求：一是在劳动合同内进行调动权的约定，如本款；二是在实际调动时举证该调动行为具有充分合理性。对充分合理性的考察，应注意避免被认定为恶意报复或排挤等，公司在实际操作中可以将岗位调动与考核制度挂钩，以此作为充分合理性的依据。

第 4 条　实行不定时工时制和综合计算工时制的员工，在法定节假日加班的，用人单位也要按 300% 支付加班费。

第 5 条　5.1 根据《劳动合同法》，试用期工资不得低于单位相同岗位最低档工资及合同约定工资的80%，也不得低于当地最低工资，请公司注意。

5.2 因《劳动合同法》强调了拖欠工资的罚则，故建议将发薪日设置为一个合理的区间。

5.4 公司根据调岗、调整工作地点相应做出的调薪决定在劳动合同做出约定的同时，仍然需举证其合理性。如岗位调整带动的该岗位津贴的取消等。

第6条　6.1 建议社会保险和住房公积金相关手续都在签订劳动合同前或当时完成递交，特殊情形公司掌握允许其在入职后一段时期内提交，但要求其：1. 提交保证书，保证若干日内递交；2. 将前述手续作为试用期录用条件约定，如未能及时补交则适用不符合录用条件解除合同。

但需要提醒公司注意，特殊情形下存在以下风险，即宽允期内一旦该员工发生工伤，公司仍将承担工伤责任，且额外承担原由保险基金承担的部分。

6.5 此处对服务期进行约定，主要是为了避免单位为劳动者提供出资培训，但却没有签订培训协议的情况（如员工不愿签订或漏签）。如果另行签订了培训协议／服务期协议，则以签订的培训协议或服务期协议为准。建议公司对参加培训的员工应尽量签订培训协议。

第7条　对于入职前可能患有职业病的员工，建议在入职前进行职业病体检。

第8条　8.2 本条意在警示员工及时阅读规章制度，但并不能排除公司的公示义务。

第9条　劳动合同中设置的保密条款对于全体员工适用，对于核心技术人员、管理人员、销售人员等，建议另行签订保密协议和竞业限制协议。

第10条　10.2.2 此处涉及辞职流程，请单位确定辞职书呈交的部门，配合离职流程适用。

10.2.3 关于劳动者随时解除劳动合同的情况，由于《劳动合同法》有明确规定，因此，劳动合同中不做具体阐述。

10.6 根据新法规定，交接手续由双方约定，因此公司不仅要在规章制度及离职手续中规定，在劳动合同中也要进行约定。同时，需要注意，此条款横线处由公司根据实际情况予以增加。

关联法规

第12条　劳动合同分为固定期限劳动合同、无固定期限劳动合同和以完成一定工作任务为期限的劳动合同。

第13条　固定期限劳动合同，是指用人单位与劳动者约定合同终止时间的劳动合同。

用人单位与劳动者协商一致，可以订立固定期限劳动合同。

第14条　无固定期限劳动合同，是指用人单位与劳动者约定无确定终止时间的劳动合同。

用人单位与劳动者协商一致，可以订立无固定期限劳动合同。有下列情形之一，劳动者提出或者同意续订、订立劳动合同的，除劳动者提出订立固定期限劳动合同外，应当订立无固定期限劳动合同：

（一）劳动者在该用人单位连续工作满十年的；

（二）用人单位初次实行劳动合同制度或者国有企业改制重新订立劳动合同时，劳动者在该用人单位连续工作满十年且距法定退休年龄不足十年的；

（三）连续订立二次固定期限劳动合同，且劳动者没有本法第三十九条和第四十条第一项、第二项规定的情形，续订劳动合同的。

用人单位自用工之日起满一年不与劳动者订立书面劳动合同的，视为用人单位与劳动者已订立无固定期限劳动合同。

第15条　以完成一定工作任务为期限的劳动合同，是指用人单位与劳动者约定以某项工作的完成为合同期限的劳动合同。

用人单位与劳动者协商一致，可以订立以完成一定工作任务为期限的劳动合同。

第16条　劳动合同由用人单位与劳动者协商一致，并经用人单位与劳动者在劳动合同文本上签字或者盖章生效。

劳动合同文本由用人单位和劳动者各执一份。

第17条　劳动合同应当具备以下条款：

（一）用人单位的名称、住所和法定代表人或者主要负责人；

（二）劳动者的姓名、住址和居民身份证或者其他有效身份证件号码；

（三）劳动合同期限；

（四）工作内容和工作地点；

（五）工作时间和休息休假；

（六）劳动报酬；

（七）社会保险；

（八）劳动保护、劳动条件和职业危害防护；

（九）法律、法规规定应当纳入劳动合同的其他事项。

劳动合同除前款规定的必备条款外，用人单位与劳动者可以约定试用期、培训、保守秘密、补充保险和福利待遇等其他事项。

——《劳动合同法》

二、培训服务期协议示例与解读

（一）培训服务期协议示例

培训服务期协议

甲方：____________________
地址：____________________
邮编：____________________
法定代表人：____________________
乙方：____________________
地址：____________________
邮编：____________________
身份证件号码：____________________
电话：____________________

随着业务的扩充及不断发展，甲方经考证后，认为乙方具备相当的潜能及发展机会，同意出资赞助乙方参加下述培训；同时，乙方亦愿意接受这次培训的各项安排。就此，甲、乙双方在自愿平等的基础上，经协商一致签订本培训协议。

第一条　培训前准备

本培训协议的启动取决于公司为员工办理的诸如选择培训机构、与培训机构签订代理培训合同、培训资格认证、签证（如需要）、工作许可证（如需要）等培训所必要的手续是否办理完毕而确定。

第二条　开始时间

甲方提供的此次培训拟定于______年______月______日开始。

如遇签证办理情况、业务发展需要、工作安排或培训机构的日程等情形安排发生变化而致此次培训开始日期提前或延后，甲方有权变更前款所述培训开始日期，乙方应予以理解并接受，具体日期以甲方另行出具的书面通知所载日期为准。

第三条　培训期间

甲方提供的此次课程培训约______天／周／月。

如因培训成绩、业务发展、工作安排或培训机构的日程等之需，甲方有权缩短或延长前款所述培训期间并相应调整终止日期，乙方应予理解并接受，具体日期以甲方另行出具的书面通知所载日期为准。

第四条　培训地点

此次培训的地点为____________________。

甲方有权根据实际情况变更此次培训的地点，变更的地点以甲方另行出具的书面通知所载内容为准。

第五条　培训计划及内容

在此次培训中，乙方将接受一系列有关__________方面/内容的培训。具体的培训计划和课程安排详见附件。

甲方提供的培训将包括但不限于参观拜访、课堂教学（包括远程教学）、带教和在岗实践等各种形式，乙方对各种形式的培训均应认真参加。

乙方必须如期完成以上培训任务或培训计划，并获得相应的培训证书/培训机构的合格评估或满意评估。

乙方在培训期间，必须对自己的学习情况做出书面小结，定期向甲方汇报，并在培训结束回到甲方后______日内做出自我评价/学习小结。

第六条　劳动关系

乙方在培训期间，与甲方的劳动关系保持不变，双方的劳动权利义务将继续履行。

第七条　薪酬与个税

在培训期间，乙方的薪酬待遇：（选择适用者，请签名确认）

（1）保持不变，继续按原劳动合同及双方签订的协议履行。（　　　　）

（2）基本工资。　　　　　　　　　　　　　　　　　　　　（　　　　）

甲方依法为乙方代扣代缴根据国家及当地税收政策所评定的个人所得税。

第八条　福利计划

在培训期间，乙方将继续享受甲方提供的现有福利计划，包括社会保险及甲方提供的其他福利待遇。

第九条　交通费用

在培训期间，乙方为参加培训所支出的交通费用，将按如下方式缴付：（选择适用者，请签名确认）

（1）由甲方根据内部规定，实报实销。（　　　　）

（2）交通费由乙方自己承担。（　　　　）

如甲方承担交通费，则乙方应向甲方提供合法有效的票据证明，否则，甲方将不予承担。

第十条　其他津贴

甲方将视实际情况所需支付乙方合理的津贴，包括但不限于住宿补贴、餐费补贴、服装津贴以及生活补贴等。培训结束，乙方回到甲方工作地后，甲方将立即停止支付这笔费用。

各种津贴、补贴的具体数额由双方根据甲方的规定另行协商确定。

第十一条　附加保险

根据乙方的培训地点、培训内容的综合情况，甲方可适当考虑为乙方购买额外个人意外保险。

本条款不代表甲方在培训期间必须为乙方购买各类商业保险。

第十二条　年假（可选条款）

从培训开始之日起，乙方所享受的年假待遇不变。但在培训期间，乙方不可休假，除非培训时间连续超过______个月以上并经甲方事先批准。

第十三条　培训探亲假（可选条款）

如乙方在国外接受为期1年及以上的培训，乙方将有机会享有1次探亲假期。此探亲假只适用于乙方已在国外培训六个月以上，且探亲假时间最长不超过______天，包括在途时间。

第十四条　签证办理（可选条款）

甲方将根据培训国的政策为乙方办理签证，并承担相关的费用。

在外培训期间，乙方不能向所在国提交永久居住签证或任何其他类别的签证申请。

第十五条　培训费用

甲、乙双方确认，此次甲方为乙方安排的培训费用包括但不限于学费、各种津贴（包括交通津贴、住宿津贴、服装津贴、伙食津贴、通信津贴）、保险费、探亲费、签证办理费用以及其他相关培训费用。以下为此次培训费用的估算金额，最终以培训后实际发生金额为准：

（1）学费计人民币______元；

（2）津贴计人民币______元；

（3）其他培训相关费用计人民币______元。

上述所有有关的培训费用，均由甲方支付，但也不排除为乙方实际使用之便利，甲方委托其关联企业、培训机构或其他机构代为发放之可能。

第十六条　培训纪律和保密责任

乙方同意，在培训期间，严格遵守培训记录、恪守保密责任：

（1）乙方应严格遵守培训地的法律、法规和培训纪律，培训结束按期返回甲方工作；

（2）乙方应严格遵守甲方的规章制度及代培方的管理规程；

（3）不为个人目的，损害甲方公司及代培方的利益；

（4）对在培训期所接触的所有信息，包括但不限于：信息、资料、专有技术、程序、培训内容、培训课程、图纸等，乙方在培训期内、服务期内、劳动合同期内及劳动关系解除或终止后，均负有保密义务；

（5）乙方在培训期间所做出的任何发明、专有技术和诸如设计、文字的创造性成果均属职务成果，归甲方所有；

(6) 在培训期间的任何时候，乙方都不得在其他用人单位寻求工作机会。

第十七条 中途退学

如果乙方在培训期间因自身原因中途退出培训或辞职的，须退还甲方所有已经支付和必须再支付的培训费用。乙方的退款将包括但不限于学费、各种津贴、保险费、探亲费、交通费、通信费、签证办理费用以及其他与培训相关费用。

乙方中途退学后，将自己负责承担离开培训地的交通费和其他相关费用。

第十八条 培训中止

此次培训期间如遇特殊情形（如应征入伍等）乙方需暂停培训，则甲、乙双方权利义务的确定按劳动合同中止情形处理。

此次培训期间如乙方需暂停培训并返回甲方处工作，则甲、乙双方权利义务的确定按劳动合同正常履行情形处理，其中正常履行劳动合同的期间将从服务期内扣除。

第十九条 培训终止

在培训期间，若乙方一直无法达到预期培训目标，甲方即有权终止此次培训。

在终止培训时，交通费用将按如下方式选择适用：(选择适用者，请签名确认)

(1) 由甲方根据内部规定，实报实销。(　　　　)

(2) 交通费用由乙方自己承担。(　　　　)

如乙方培训期间，由于甲方或代培方原因需要终止培训的，甲方将提供交通费用，供乙方返回公司。

第二十条 回公司

完成培训后，乙方将回到甲方公司或其所属机构服务，甲方将报销乙方回到公司的交通费用以及实际发生的住宿费用、与培训相关的通信费用等其他可能发生的与公司业务或培训有关的费用。

乙方培训完成，回到甲方服务后，甲方有权根据乙方的工作能力适当调整乙方至相应的岗位和职位，但不排除回原岗位继续任职。

第二十一条 服务期要求

鉴于甲方提供的上述专业技术培训，乙方承诺在接受培训后，必须为甲方继续服务______月／年。

在此服务期间，如遇劳动合同期满，甲、乙双方应当续订劳动合同。因续订劳动合同的条件不能达成一致的，应按原劳动合同确定的条件继续履行至服务期终止之日；除有《劳动合同法》第三十八条情形外，乙方亦不得单方解除劳动合同关系。

如乙方系由劳务派遣单位派遣至甲方的员工，则在本条所述服务期内，如乙方与劳务派遣单位签订的劳动合同到期，则乙方必须续签该劳动合同，并继续派遣至甲方工作。

乙方的服务期届满后，本协议终止。

前述服务期未满之前，甲方书面放弃该服务要求的，服务期约定至此解除。

第二十二条　违约责任

在前述服务期内，乙方辞职或因乙方违反《劳动法》第二十五条或《劳动合同法》第三十九条被甲方解除劳动合同关系而无法达到服务期要求的，须根据服务时间按比例返还甲方培训费用，包括但不限于学费、各种津贴、保险费、探亲费、交通费、通信费、签证办理费用以及其他培训费用。

需返还培训费 =（应服务月数 – 已服务月数）/ 应服务月数 × 培训费总额。

上述应返还之培训费用，甲方可从应结算给乙方的工资、奖金、佣金及其他款项中直接扣除，或由乙方在解除或终止劳动关系之日向甲方支付。

第二十三条　附则

本协议一式两份，效力相当，甲、乙双方各执一份。

甲方（签字或盖章）：____________________

日期：____________________

乙方（签字或盖章）：____________________

日期：____________________

（二）培训服务期协议文本解读

第一条　培训前准备。避免因各类手续无法成功办理致培训取消而带来的法律责任。

第五条　培训计划及内容。第一款：具体的培训计划和课程安排可以作为培训协议的附件，在员工签订此协议时一并签收，课程表的设计上增加员工对该课程意见栏，用以证明员工已确认该培训。第二款：意在囊括各种培训方式，避免实践类培训被认定为工作的可能。第四款：为避免员工否认培训事实，建议要求其定期自己撰写书面培训小结，小结形式另行设计。本条所涉及的课程表或培训小结，原则上要求员工手写，至少应有其本人签名。

第七条　薪酬和个税。培训期间应发放工资，但具体发放标准双方可以约定。

第十二条至第十四条　此三条属于可选择条款，公司可根据培训实际情况，自主决定保留或删除。

第十五条　培训费用。第一款中的第（一）、（二）、（三）项可根据实际情况加以调整。第二款鉴于实践中往往存在关联公司提供培训，但用人单位并未向实际提供培训的关联公司支付培训费用的情形，在这种情况下，由关联公司支付的培训费用难以被计入公司的出资总额，相应地，将难以向员工主张赔偿。除非公司能够提供已向关联公司支付培训费用的凭证。

第二十一条 服务期期限。建议公司在培训结束后，另行签订有关服务期期限确认协议，明确具体的服务期起止时间。

第二十二条 违约责任。因是否实际出资和出资数额由公司承担举证责任，故需公司保留相关凭证。对委托关联公司培训或项目下的赠送培训，公司应尽量证明实际出资关系的存在。

关联法规

第22条 用人单位为劳动者提供专项培训费用，对其进行专业技术培训的，可以与该劳动者订立协议，约定服务期。

劳动者违反服务期约定的，应当按照约定向用人单位支付违约金。违约金的数额不得超过用人单位提供的培训费用。用人单位要求劳动者支付的违约金不得超过服务期尚未履行部分所应分摊的培训费用。

用人单位与劳动者约定服务期的，不影响按照正常的工资调整机制提高劳动者在服务期期间的劳动报酬。

——《劳动合同法》

三、保密协议示例与解读

（一）保密协议示例

保密协议

甲方：____________________

地址：____________________

邮编：____________________

法定代表人：____________________

乙方：____________________

地址：____________________

身份证号码：____________________

联系电话：____________________

鉴于乙方在甲方任职，且乙方的岗位特殊性，其必然接触到甲方的商业秘密，为保护甲方的合法权益以及乙方合理流动的权利，双方就乙方在任职期间及离职以后保护知识产权、保守商业秘密以及竞业限制等事项，签订本协议以资共同遵守：

第1条　关于知识产权

1.1 乙方在职期间及离开甲方后一年内，独自开发或与他人合作开发的与其在甲方期间的工作相关的所有知识产权（包括但不限于发明创造、著作权、商标权、域名权）都属于甲方所有（专属于乙方的人身权利除外）。但是，就甲方与第三方签订的委托协议而开发的知识产权，可根据该委托协议归第三方所有。

1.2 乙方在职期间，有义务将相关知识产权的全部信息报告给甲方。

在甲方的要求下，乙方应在合理范围内签署相关文件，提供相关材料，以协助甲方申请、转让或注册上述知识产权，并保证甲方在中国或其他国家对该知识产权拥有绝对权利。

1.3 甲方对于乙方在职期间所完成的发明创造，应根据相关规定给予乙方物质上或精神上的奖励。

1.4 乙方在职期间，不得擅自实施可能侵犯第三方知识产权的行为。

1.5 若因乙方的行为导致甲方遭受第三方的侵权指控时，甲方因此而承担侵权赔偿责任的，有权向乙方追偿。上述赔偿费用可以从乙方的工资报酬中按比例扣除。

第2条　关于保密

2.1 凡乙方在甲方任职期间而获取的（无论是直接还是间接的方式）可以给甲方带来经济利益或竞争优势的且不为公众所知悉的具体的经营信息与技术信息均属甲方的保密信息。

2.2 甲方的保密信息包括但不限于下列各项：

1）未被公众所知的有关甲方的产品、方法、工艺、改良、公式和设计等信息；

2）图纸（含草图）：包括但不限于产品图纸、模具图纸以及设计草图等；

3）研究开发的文件：包括但不限于记录研究开发活动内容的各类文件，比如会议纪要、实验结果、技术改进通知、检验方法等；

4）甲方计算成本的方式和公式；

5）甲方的业务和市场策略；

6）甲方（现有和潜在的）客户情况，包括但不限于客户名单等；

7）与研究项目、专有技术、价格、折扣、加价、营销、招标及经营策略等有关的信息，以及与甲方的知识产权组合及策略有关的信息；

8）____；

9）其他资料，包括其他与甲方的竞争和效益有关的商业信息、经营信息、技术信息、采购计划、供货渠道、销售计划、会计财务报表、价格方案、分配方案、计算机软件、数据库、技术指标、技术报告、检测报告、操作手册、技术档案、重要的管理方法、相关的函电等。

2.3 甲方的保密信息可以以物理的、化学的、生物的或其他任何形式所表现，如文件、甲方书刊、函件、图纸、磁盘、胶片、幻灯片、照片、录音带以及电子邮件等。

2.4 乙方的保密义务是基于其对甲方的忠实义务的要求。乙方在职期间应履行以下义务:

1) 严格遵守甲方规定的任何成文或不成文的保密规章制度,履行与其工作岗位相应的保密义务;甲方的保密规章制度没有规定或者规定不明确之处,乙方亦应本着谨慎、诚实的态度,采取任何必要、合理的措施,维护其于任职期间知悉或者持有的任何属于甲方或者虽属于他人但甲方承诺有保密义务的保密信息,以保持其机密性;

2) 不得以任何形式将甲方或者虽属于他人但甲方承诺有保密义务的保密信息泄露或公布给甲方以外的任何第三方;

3) 正确使用甲方或者虽属于他人但甲方承诺有保密义务的保密信息,不得在履行职务之外使用这些保密信息;

4) 不得利用甲方或者虽属于他人但甲方承诺有保密义务的保密信息为自己或任何第三方牟利;

5) 妥善保管甲方或者虽属于他人但甲方承诺有保密义务的保密信息。

2.5 乙方在离开甲方之后(无论乙方因何种原因离职),均不得以任何形式将甲方或者虽属于他人但甲方承诺有保密义务的任何保密信息泄露或公布给甲方以外的任何第三方。

2.6 乙方因职务上的需要所持有或保管的一切记录着甲方保密信息的文件、资料、图表、笔记、报告、信件、传真、磁带、磁盘、仪器以及其他任何形式的载体,均归甲方所有。

2.7 乙方应当于劳动合同终止、解除时或者于甲方提出请求时,按照甲方指定的方式、程序、时间和要求返还全部属于甲方的财物,包括记载着甲方保密信息的一切载体,不得扣留、带离、转移给他人或者销毁。

如记录着保密信息的载体由乙方自备,且保密信息可以从载体上消除或复制出来时,可以由甲方将保密信息复制到甲方所有的其他载体上,并把原载体上的保密信息消除;如无法从乙方自备载体上消除或复制出来时,乙方应同意将这些载体物的所有权转让给甲方,甲方须给予乙方相当于载体本身价值的经济补偿。

2.8 乙方有下列行为之一的,将被视为泄露甲方的保密信息:

1) 将甲方所有或者虽属于他人但甲方承诺有保密义务的保密信息擅自以抄录、复制、发送电子邮件或以其他任何形式携带出甲方控制范围或者提供给他人阅读、复制、传递;

2) 将甲方所有或者虽属于他人但甲方承诺有保密义务的保密信息以口头、书面或其他形式直接或间接地传递给甲方的竞争对手;

3) 未经甲方授权,擅自以甲方的名义或以甲方员工的身份对外发布、提供甲方所有或者虽属于他人但甲方承诺有保密义务的保密信息；

4）在离开甲方后，将在甲方获得的保密信息为其他企业、个人提供服务或牟利的；

5）通过其他任何途径或形式泄露、利用甲方所有或者虽属于他人但甲方承诺有保密义务的保密信息。

2.9 乙方如能提供明确并有说明力的证据，证明其行为属于下述性质之一的，将不受协议中有关保密义务的约束：

1）为履行其在甲方的职责并为甲方的利益所需要，在授权范围内正确合理地使用甲方的保密信息。

2）为履行强行性的法律义务（如国家安全机关指令）而使用或披露甲方的保密信息。在该种情形下，乙方使用或披露甲方保密信息的范围应仅限于为履行该强行性法律义务所必需或该强行性法律义务所明确规定的内容，且乙方应在此种使用或披露之前通知甲方，以便使甲方能够采取适当的保护性措施。

2.10 乙方在职期间，不得擅自使用任何属于第三方的技术秘密或其他商业秘密信息。

2.11 乙方违反保密义务，甲方可视情况，给予乙方相应的纪律处分，情况严重的，甲方可以解除与乙方的劳动合同。

乙方违反保密义务或因乙方的行为导致甲方遭受第三方的侵权指控的，给甲方造成损失的，甲方可以要求乙方承担赔偿责任，上述赔偿费用可以从乙方的工资报酬中按比例扣除；情节严重的，甲方将依法追究乙方的民事及刑事责任。

第 3 条　违约赔偿责任与争议解决

3.1 违约责任

1）乙方如违反竞业限制义务，甲方有权要求其立即停止违约行为。

2）由于乙方的违约行为造成甲方实际损失或必然发生的损失的，甲方有权要求乙方按照相应损失额承担赔偿责任。

3）乙方依照本协议约定承担赔偿损失和其他民事责任后，甲方仍保留通过司法途径追究乙方刑事责任的权利。

3.2 甲、乙双方在履行本协议过程中发生争议的，协商解决不成的，任何一方均有权向甲方所在地的劳动争议仲裁委员会申请仲裁。

第 4 条　其他

4.1 本协议订立、生效、解释、执行及争议解决适用中华人民共和国法律。

4.2 如订立本协议所依据的法律、法规、规章发生变化，本协议的相关内容以变更后的法律、法规、规章规定的内容为准。

4.3 如果此协议中的一个或多个条款被认定无效，则其余条款仍将具有约束力。

4.4 对本协议条款的修改须经双方协商一致并以书面形式确定。

4.5 本协议一式二份，双方各执一份，经双方签字盖章后生效，每份协议具有同等的法律效力。

4.6 本协议为甲、乙双方签订的《劳动合同》的重要组成部分，与《劳动合同》具有同等的效力。

4.7 甲、乙双方确认，在签署本协议前已仔细审阅过本协议的内容，并完全了解本协议各条款的法律含义。

甲方：____________________　　乙方：____________________

日期：____________________　　日期：____________________

（二）保密协议文本解读

第 1 条 1.2 此款是关于职务发明权属的确认，专利法中对此有明确的界定，此处意在强调，同时避免因委托开发时未作明确约定而产生的权属纠纷。如因发明创造归属而产生的纠纷，不属于劳动争议处理范围。由于员工属于职务发明创造人，虽然双方约定权属归公司，但专利法明确规定其拥有相应的专属人身权利。

1.3 根据专利法及其相关规定，员工职务发明创造，公司应该依据相关民事法律规定，给予奖励与报酬。

第 2 条 2.2 关于保密信息的界定，公司可以根据实际情况，调整保密信息的范围。

2.11 关于保密义务的规定应与纪律处分相结合，特别是涉及劳动合同解除的情况，应该在纪律处分中予以对应。根据《劳动合同法》规定，违反保密义务的不得设定违约金，但如果确实造成损失的，公司可以要求其承担赔偿责任。

关联法规

第 23 条　用人单位与劳动者可以在劳动合同中约定保守用人单位的商业秘密和与知识产权相关的保密事项。

对负有保密义务的劳动者，用人单位可以在劳动合同或者保密协议中与劳动者约定竞业限制条款，并约定在解除或者终止劳动合同后，在竞业限制期限内按月给予劳动者经济补偿。劳动者违反竞业限制约定的，应当按照约定向用人单位支付违约金。

——《劳动合同法》

四、竞业限制协议示例与解读

（一）竞业限制协议示例

竞业限制协议

甲方：____________________

地址：____________________
法定代表人：____________________

乙方：____________________
地址：____________________
身份证号码：____________________
联系电话：____________________

鉴于乙方在甲方任职，且乙方的岗位特殊性，其必然接触到甲方的商业秘密，为保护甲方的合法权益以及乙方合理流动的权利，双方就乙方在任职期间及离职以后保护知识产权、保守商业秘密以及竞业限制等事项，签订本协议以资共同遵守：

第1条　关于知识产权

1.1 乙方在职期间及离开甲方后一年内，独自开发或与他人合作开发的与其在甲方期间的工作相关的所有知识产权（包括但不限于发明创造、著作权、商标权、域名权）都属于甲方所有（专属于乙方的人身权利除外）。但是，就甲方与第三方签订的委托协议而开发的知识产权，可根据该委托协议归第三方所有。

1.2 乙方在职期间，有义务将相关知识产权的全部信息报告给甲方。

在甲方的要求下，乙方应在合理范围内签署相关文件，提供相关材料，以协助甲方申请、转让或注册上述知识产权，并保证甲方在中国或其他国家对该知识产权拥有绝对权利。

1.3 甲方对于乙方在职期间所完成的发明创造，应根据相关规定给予乙方物质上或精神上的奖励。

1.4 乙方在职期间，不得擅自实施可能侵犯第三方知识产权的行为。

1.5 若因乙方的行为导致甲方遭受第三方的侵权指控时，甲方因此而承担侵权赔偿责任的，有权向乙方追偿。上述赔偿费用可以从乙方的工资报酬中按比例扣除。

第2条　关于竞业限制

2.1 乙方在甲方任职期间，非经甲方事先同意，不得在生产、经营与甲方同类产品或提供同类服务或有竞争、供销及其他利益关系的企业、事业单位、社会团体等单位内担任任何职务，包括股东、合伙人、董事、监事、经理、职员、代理人、顾问等；不得在前述单位或机构拥有利益；不得自营或者为他人经营与甲方有竞争、供销或其他利益关系的业务。

2.2 竞业限制期限：自甲乙双方劳动关系终止或解除之日起______个月的期间内，乙方不得有下列行为：

1）到与甲方生产或者经营同类产品、从事同类业务的有竞争关系的任何第三方工作或拥有利益；

2）自行开业生产或者经营同类产品、从事同类业务；

3）为与甲方在产品、市场或服务方面直接或间接竞争的企业或者机构工作或者在这种企业、机构担任任何职务，包括股东、合伙人、董事、监事、经理、职员、代理人、顾问等，或虽然不担任职务，但为前述单位提供指导、咨询、协助或拥有利益；

4）与甲方的客户发生商业接触，该种商业接触包括为其提供服务、收取订单和发生可能直接或间接转移甲方的业务或对甲方的业务产生或将产生不利影响；甲方的客户为甲乙双方劳动关系终止或解除前一年已经属于甲方的客户，同时也包括在乙方离职时甲方正在评估、谈判、接触或准备发展的客户；

5）到甲方的供应商单位任职；

6）通过引诱、利诱、游说等方式干扰甲方与其他员工的劳动关系；

7）聘用或者促使他人聘用甲方员工；

8）其他有损甲方利益的行为。

2.3 在竞业限制期间内，乙方除须履行3.2条款所述义务外，还不得到以下与甲方有竞争关系的单位任职或拥有利益：

1）____________公司及其在中华人民共和国境内（包括港、澳、台地区）参股、控股的公司或其他经济组织；

2）____________公司及其在中华人民共和国境内（包括港、澳、台地区）参股、控股的公司或其他经济组织。

2.4 如果甲方不支付或无正当理由故意克扣竞业限制补偿的，则本协议约定的乙方的竞业限制义务自行终止。

2.5 经济补偿

1）标准：在竞业限制期间内，甲方应按照______元的标准每月向乙方支付竞业限制经济补偿。

2）支付方式：在竞业限制期限内，甲方按月向乙方支付竞业限制经济补偿；乙方可选择由甲方划入其银行账户，或至甲方领取，乙方选择____________。

3）乙方的义务：如乙方选择划拨方式，在其银行账户无法正常使用时，或由于其他任何个人原因导致甲方无法将补偿按时划入，乙方必须于______天内及时通知甲方变更支付方式或支付账号；如乙方选择至甲方领取方式，则应于每月______日前至甲方领取。

如因乙方任何个人原因而导致甲方无法按时支付补偿的，不免除乙方的竞业限制义务。

4）纳税：甲方负责为乙方代扣代缴由经济补偿所产生的税费，并直接在给乙方的经济补偿中予以扣除。

2.6 违约责任

1）乙方如违反竞业限制义务，甲方有权要求其立即停止违约行为。

2）乙方应当向甲方支付违约金，违约金的数额为______元。

3）由于乙方的违约行为造成甲方的实际损失超过违约金数额的，甲方有权要求乙方按照实际损失承担赔偿责任。

4）乙方依照本协议约定承担赔偿损失和其他民事责任后，甲方仍保留通过司法途径追究乙方刑事责任的权利。

2.7 竞业限制期间内，乙方如与其他任何用人单位建立劳动关系，或者担任其顾问，不论是兼职还是专职的，或者乙方如可能直接或间接从事任何业务经营，则乙方须将该用人单位的名称（姓名）、地址、业务经营情况通知甲方。

2.8 甲乙双方在履行本协议过程中发生争议的，协商解决不成的，任何一方均有权向甲方所在地的劳动争议仲裁委员会申请仲裁。

第3条 其他

3.1 本协议订立、生效、解释、执行及争议解决适用中华人民共和国法律。

3.2 如订立本协议所依据的法律、法规、规章发生变化，本协议的相关内容以变更后的法律、法规、规章规定的内容为准。

3.3 如果此协议中的一个或多个条款被认定无效，则其余条款仍将具有约束力。

3.4 对本协议条款的修改须经双方协商一致并以书面形式确定。

3.5 本协议一式二份，双方各执一份，经双方签字盖章后生效，每份协议具有同等的法律效力。

3.6 本协议为甲、乙双方签订的《劳动合同》的重要组成部分，与《劳动合同》具有同等的效力。

3.7 甲、乙双方确认，在签署本协议前已仔细审阅过本协议的内容，并完全了解本协议各条款的法律含义。

甲方：____________________ 乙方：____________________

日期：____________________ 日期：____________________

（二）竞业限制协议文本解读

第1条 1.2 此款是关于职务发明权属的确认，专利法中对此有明确的界定，此处意在强调，同时避免因委托开发时未作明确约定而产生的权属纠纷。如因发明创造归属而产生的纠纷，不属于劳动争议处理范围。由于员工属于职务发明创造人，虽然双方约定权属归公司，但专利法明确规定其拥有相应的专属人身权利。

1.3 根据专利法及其相关规定，员工职务发明创造，公司应该依据相关民事法律规定，给予奖励与报酬。

第 2 条 2.1 此款是关于在职竞业限制的约定，如果员工违反此条约定，不得要求其支付违约金，但可以依据规章制度对其进行纪律处分。

2.2 根据《劳动合同法》，竞业限制的期限不得超过 24 个月，此处请公司根据员工的情况，确定竞业限制的具体期间。本条款中第4）项至第7）项约定不属于新法中竞业限制范围，如果员工违反此项约定，公司不得要求其承担违约责任。

2.3 此处是为了强调竞业限制的范围，对于公司有特别要求的竞业限制对象，可以在此处予以明确，如果没有，则可以删除此条。

2.5 关于竞业限制经济补偿数额，新法没有明确规定比例，双方可以自行约定。一般可根据员工解除或终止前 12 个月平均工资为基数，约定适当比例。

2.6 对于违约金数额，《劳动合同法》没有规定，公司和员工可以进行约定，但应注意公平合理原则，不能畸高，否则仲裁机构和法院可酌情调整。

2.7 如果员工不履行通知义务，公司也不得要求其承担违约责任。

关联法规

第 23 条 用人单位与劳动者可以在劳动合同中约定保守用人单位的商业秘密和与知识产权相关的保密事项。

对负有保密义务的劳动者，用人单位可以在劳动合同或者保密协议中与劳动者约定竞业限制条款，并约定在解除或者终止劳动合同后，在竞业限制期限内按月给予劳动者经济补偿。劳动者违反竞业限制约定的，应当按照约定向用人单位支付违约金。

第 24 条 竞业限制的人员限于用人单位的高级管理人员、高级技术人员和其他负有保密义务的人员。竞业限制的范围、地域、期限由用人单位与劳动者约定，竞业限制的约定不得违反法律、法规的规定。

在解除或者终止劳动合同后，前款规定的人员到与本单位生产或者经营同类产品、从事同类业务的有竞争关系的其他用人单位，或者自己开业生产或者经营同类产品、从事同类业务的竞业限制期限，不得超过二年。

——《劳动合同法》

五、集体合同示例与解读

（一）集体合同示例

集体合同

本集体合同（以下简称本合同）由下列双方于______年______月______日在中华人民共和国______省（区、市）______ 市（区、县）签署：

1. ××有限公司（以下简称公司）；

2. ××有限公司工会（以下简称工会）代表受聘用的中国员工。

双方一致同意。

总　则

本合同应遵守《中华人民共和国劳动法》、《中华人民共和国劳动合同法》和《中华人民共和国工会法》以及国家和地方其他法律、法规的规定（以下简称法规）。上述规定应适用于外商投资企业而且是已公布和可以公开得到的。如与国家规定或地方规定有抵触，以国家或地方规定为准。

双方应全力以赴地合作，以便公司能有效地开展经营和管理。工会将支持公司制定有关绩效评估和劳动纪律方面的规章制度。公司管委会将制定出公司的价值观，并要求全体员工遵循和实践这些价值观，以便提高公司的生产率、效益和竞争力。

第一章　员工的招聘和录用

第一条　公司根据其人员需求招聘员工，招聘员工时应进行必要的考核或考试，择优录用。

公司的员工招聘及实施情况应向工会通报。

第二条　公司按岗位描述的要求聘用员工；员工按此要求受聘。

第三条　根据法律规定，公司与员工订立劳动合同后，公司应及时向劳动、人事行政部门指定的机构办理录用手续。

第四条　公司分别与员工订立期限为一年至五年的劳动合同，也可以与员工订立以完成一定工作任务为期限的劳动合同。员工的公司连续工作满十年的如员工愿意续签劳动合同的，则公司应当订立无固定期限的劳动合同；如果员工符合《劳动合同法》规定的其他应当签订无固定期限劳动合同情形的，则公司应当与员工订立无固定期限劳动合同。

第五条　新招聘的员工，试用期最长不得超过六个月；在试用期内，适用劳动合同的所有规章制度以及条款和条件。

第六条　员工在上班时间内应完全、尽力地履行职责；未经公司事先书面批准，员工不得受聘于或从事公司业务以外的任何职务。

第七条　公司根据生产和工作需要，以及依照员工的能力（专业、健康状况）和工作表现，可以变更员工的现任岗位；变更岗位，应办理岗位变更手续。

第八条　根据工作需要及国家适用法规，在与工会协商一致后，员工可以被要求缩短工作时间或提前退休、下岗和内部退休；但公司必须制定相应的规章制度。

第二章　劳动合同的解除和终止

第九条　公司和员工协商一致，劳动合同可以解除。

第十条　员工符合下列情况之一的，公司可以在不事先通知的情况下，单方面决定解除其劳动合同：

(1) 在试用期内，被证明不符合录用条件的；

(2) 严重违反劳动纪律或公司规章制度的；

(3) 严重失职、营私舞弊，对公司的利益造成重大损害的；

(4) 与其他用人单位建立劳动关系，对完成公司的工作任务造成严重影响或者经公司提出，拒不改正的；

(5) 以欺诈、胁迫的手段或乘人之危，使公司在违背真实意思的情况下与其订立个人劳动合同而致个人劳动合同无效的；

(6) 被依法追究刑事责任或劳动教养的；

(7) 法律、法规规定的其他情形。

第十一条　符合下列情况之一的，公司可以解除劳动合同，但应提前三十天以书面形式通知员工或额外支付员工一个月工资：

(1) 员工因病或非因工负伤，在法律规定的医疗期满后不能从事原岗位工作，也不能从事公司另行安排的工作的；

(2) 员工不能胜任工作，经过培训或调整工作岗位三个月后，仍不能胜任工作的；

(3) 劳动合同订立时所依据的客观情况发生重大变化，致使原劳动合同无法履行，经双方协商不能就变更劳动合同达成协议的。

第十二条　有下列情形之一，需要裁减人员数达二十人以上或者不足二十人但占企业职工总数百分之十以上的，公司应当提前三十天向工会或者全体员工说明情况，听取工会或者员工的意见后，裁减人员方案经向劳动行政部门报告，可以裁减人员：

(1) 依照企业破产法规定进行重整的；

(2) 生产经营发生严重困难的；

(3) 企业转产、重大技术革新或者经营方式调整，经变更劳动合同后，仍需裁减人员的；

(4) 其他因劳动合同订立时所依据的客观经济情况发生重大变化，致使劳动合同无法履行的。

裁减人员时，应当优先留用下列人员：

(1) 与公司订立较长期限的固定期限劳动合同的；

(2) 与公司订立无固定期限劳动合同的；

(3) 家庭无其他就业人员，有需要扶养的老人或者未成年人的。

公司依照本条第一款规定裁减人员，在六个月内重新招用人员的，应当通知被裁减的人员，并在同等条件下优先招用被裁减的人员。

第十三条　员工有下列情况之一的，公司不得依据本合同第十一条、第十二条的规定解除劳动合同：

(1) 员工从事接触职业病危害作业的，未进行离岗前职业健康检查，或者员工因疑似职业病在诊断或医学观察期间的；

(2) 员工因病或非因工负伤，在法律规定的医疗期内的；

(3) 员工因工负伤或患职业病在治疗或疗养期内的；员工在甲方患职业病或因工负伤被确认丧失或部分丧失劳动能力的；

(4) 女员工在孕期、产期、哺乳期内的；

(5) 员工在甲方连续工作满十五年，且距法定退休年龄不足五年的；

(6) 法律、法规规定的其他情形。

第十四条　员工解除劳动合同，应当提前三十天以书面形式通知公司；试用期内解除劳动合同的，应当提前三天通知公司。

第十五条　有下列情形之一的，员工可以随时通知公司解除劳动合同：

(1) 公司未按照劳动合同约定向员工提供劳动保护和劳动条件的；

(2) 未及时足额支付劳动报酬的；

(3) 未依法为员工缴纳社会保险费的；

(4) 公司的规章制度违反法律、法规的规定，损害员工权益的；

(5) 公司以欺诈、胁迫的手段或者乘人之危，使员工在违背真实意思的情况下订立或者变更劳动合同；或公司免除自己的法定责任、排除员工权利；或劳动合同违反法律、行政法规强制性规定，从而致使劳动合同无效的；

(6) 法律、行政法规规定员工可以解除劳动合同的其他情形。

公司以暴力、威胁或者非法限制人身自由的手段强迫员工劳动的，或者公司违章指挥、强令冒险作业危及员工人身安全的，员工可以立即解除劳动合同，不需事先告知公司。

第十六条　有下列情形之一的，劳动合同终止：

(1) 劳动合同期满的；

(2) 公司被依法宣告破产的；

(3) 公司决定解散、被吊销营业执照、责令关闭或者被撤销的；

(4) 员工开始依法享受基本养老保险待遇的；

(5) 员工死亡，或被人民法院宣告死亡或者宣告失踪的；

(6) 法律、行政法规规定的其他情形。

劳动合同期满，有本合同第十三条规定情形之一的，劳动合同应当续延至相应的情形消失时终止。但是，本合同第十三条第三项规定丧失或者部分丧失劳动能力员工的劳动合同的终止，按照国家有关工伤保险的规定执行。

第十七条 签订劳动合同的任何一方违反合同，给对方造成损害的，应根据经济损失大小，依法承担赔偿责任。

第十八条 有下列情形之一的，公司应当支付给员工经济补偿金。

(1) 员工依照本合同第十五条约定解除劳动合同的；

(2) 公司依照本合同第九条约定向员工提出解除劳动合同并与员工协商一致解除劳动合同的；

(3) 公司依照本合同第十一条约定解除劳动合同的；

(4) 公司依照本合同第十二条第一款约定解除劳动合同的；

(5) 除公司维持或者提高员工劳动合同约定条件续订劳动合同，员工不同意续订的情形外，依照本合同第十六条第一项约定终止固定期限劳动合同的；

(6) 依照本合同第十六条第二项、第三项约定终止劳动合同的；

(7) 法律、行政法规规定的其他情形。

第十九条 公司按照第十八条规定支付员工经济补偿金的，具体标准按照国家及地方的法规执行。

第二十条 劳动合同期满，经公司和员工双方协商一致，可以续订劳动合同。

第二十一条 工会有权监督个人劳动合同执行情况；公司制定和修改个人劳动合同标准文本，应听取工会意见。如果公司违反法律、法规、规章或者劳动合同，工会有权要求重新处理；员工申请调解、仲裁或者提起诉讼，工会依法给予支持和帮助。

第三章 劳动报酬

第二十二条 公司实行岗位等级工资制。员工的工资由岗位工资、绩效奖金（如有）、津贴（如有）组成。

加班工资及各种假期工资的计算基数为员工的岗位工资。

第二十三条 员工的工资将考虑以下因素每年进行调整：

(1) 公司经济发展的状况；

(2) 当地生活指数的变化；

(3) 当地人才市场的供求状况；

(4) 员工劳动贡献、岗位责任。

公司管理委员会应在听取工会意见的基础上，对工资调整幅度做出一致的决定，决定必须报告董事会。

第二十四条 公司管委会可以根据经济效益情况，决定从职工奖励及福利基金中提取一定的金额，按劳动贡献、岗位责任对员工进行年终分红。

第二十五条 公司的最低月工资标准不低于政府规定的最低月工资标准。

第二十六条 工资应当以现金或银行转账方式，按月足额支付给员工；发薪日由公司固定，但不迟于本月最后一天。

第二十七条 本企业员工工龄满十五年以上（含十五年），在退休前五年内，如因个人健康或工作需要而变更岗位，经人力资源部同意，其工资可以不低于原岗位的等级。

第四章 工作时间和假期

第二十八条 公司根据员工岗位的不同，实行不同的工时制度，包括标准工时工作制、综合计算工时工作制以及不定时工作制。每天工作时间不超过八小时，平均每周工作时间不超过四十小时（午饭及休息时间不包括在内）。具体按公司规定执行。

第二十九条 公司应控制员工的加班时间。确因生产经营或工作需要，经与工会和员工协商后可以延长工作时间，但不得违反法律、法规的规定，并应按法律、法规的规定支付延长工作时间的工资报酬或安排调休。具体按公司规定执行。

第三十条 员工在工作时间依法参加中国政府机关或社会团体的有关活动，须经公司主管部门同意、人力资源部批准方能离岗，工资照发。如有报酬，应上缴公司。

第三十一条 员工享受中国法定节假日和探亲假、婚假、丧假以及产假、计划生育等有薪假期；具体按公司规定执行。

第三十二条 员工享有公司提供的全薪年休假（不包括中国法定节假日和公司休息日）。年休假不得累积；年休假的时间由各部门主管按业务需要安排，原则上不能转至下一年。具体按公司规定执行。

第三十三条 员工因疾病或非因工负伤需要离岗休息，必须向公司提供认可的医疗机构或合格医师出具的诊断书证明；有关带薪病假及病假期间的工资，按有关法律法规执行。

第三十四条 在某些重大情况下员工可要求事假（最多三个日历日），但须经部门主管批准；超过三个日历日的，须人力资源部书面批准。未经正式批准而休假应视为旷工。

第五章 员工的培训

第三十五条 公司应建立在职培训制度，根据工作需要有计划地对员工进行职业培训，也可包括国外培训；并提供必需的培训经费。

第三十六条 从事技术工种的员工，必须经过培训、经考核合格者才能上岗。

第三十七条 经公司出资在国内、国外培训的员工，应与公司签订培训协议，并履行协议约定的服务期等事项，员工在服务期内辞职或自行离职或因违反《劳动法》第25条、《劳动合同法》第39条规定被公司解除劳动合同的，应根据公司制定的有关规定赔偿培训费用。

第六章　劳动安全和卫生

第三十八条　所有员工的安全和健康是公司的首要之事。按照中国政府劳动保护的有关规定，公司必须建立、健全劳动安全卫生制度，严格执行国家劳动安全卫生规程和标准，对员工进行劳动安全卫生教育，提供符合国家规定的劳动安全卫生设施与条件，采取必要的劳动保护措施。

第三十九条　从事特殊作业的员工必须经过专门培训，并取得特种作业的资格。

第四十条　员工在生产过程中必须服从安全管理人员的指挥，严格遵守安全操作规程。

员工对生产管理人员违章指挥、强令冒险作业，以及发现有危害员工生命或严重影响员工身体健康的不安全因素时，有权拒绝执行；工会有权要求公司及时采取措施解决。经劳动安全管理部门确认后，员工不承担由此而造成的任何经济责任。员工对危害生命安全和身体健康的行为，有权提出批评、检举和控告；工会应依法予以支持。

第四十一条　为了安全生产，公司应根据实际需要向员工发放劳动保护用品；员工必须按安全生产要求，合理使用劳动保护用品。

第四十二条　公司将组织被聘的员工在医院或指定诊所进行聘用前的体检；公司无义务聘用未通过体检的人。

对所有与公司签订了劳动合同的员工每年进行一次健康检查，并对从事有职业危害作业和从事饮食工作的员工每年进行一次专门健康检查。

第四十三条　每年夏季和冬季，为完成生产任务和保障员工身体健康，公司应分别采取防暑降温和防寒保暖措施。

第四十四条　公司应依法对员工在劳动过程中发生的伤亡事故进行统计、报告和处理，并及时通知工会；工会有权参与调查和提出处理意见。

第四十五条　为了确保所有员工及工作和生产场所的安全，防止妨碍他人工作，非公司员工如非因公事来访，不应该获准进入公司场所或公司控制的范围。设有接待处的办公室，访客将被甄别；在其他地点，不明来历的访客应该被查问。

第七章　女员工特殊保护

第四十六条　公司应按《中华人民共和国劳动法》《女职工劳动保护规定》等有关法规，对女员工采取特殊的劳动保护措施。

第四十七条　公司在晋职、晋级、评定专业技术职称等方面，无性别歧视。

第四十八条　公司不得以结婚、怀孕、产假、哺乳等为由，违反国家规定，降低女员工工资。

第四十九条 公司不得在女员工月经期间、怀孕期间安排从事高空、低温、冷水和国家规定的第三级体力劳动强度的劳动，对怀孕七个月以上和在哺乳期内的女员工，不得安排其延长工作时间、上夜班，或从事法律法规禁忌的劳动。

第五十条 公司对已婚女员工每年进行一次妇科普查工作。

第八章 保险和福利

第五十一条 公司依据政府有关规定，为员工办理以下各项社会保险和福利：

（1）养老保险；

（2）医疗保险；

（3）工伤保险；

（4）失业保险；

（5）生育保险。

员工有依法享受的权利和依法缴付税费的义务，并承担因不缴或迟缴税费而被处以的罚款。如公司为员工代理预扣税款，则由公司直接支付并从员工的薪金中扣除。

第五十二条 公司依据政府有关规定实施员工住房公积金制度。

第五十三条 公司为员工提供上下班的班车；费用由公司承担。

第五十四条 公司从税后利润中提取的员工奖励基金，必须用于对员工的奖励和集体福利；福利基金归集体所有。两种基金的使用由管委会决定。福利基金在工会监督下使用。

第五十五条 公司要创造条件、由管委会决定，为员工建立补充保险，如补充养老保险、特殊岗位人身安全保险等。

第五十六条 公司要与工会互相配合，为员工开展文体活动以及疗休养提供可能及合理的条件。

第九章 员工的奖惩

第五十七条 员工应履行公司规定的岗位职责，完成公司制定的各项经济指标。

第五十八条 对工作成绩表现突出、技术革新有成就以及对公司生产经营管理等方面提出有价值的合理化建议的员工，公司应给予荣誉和物质奖励。公司应制定专门的奖励制度。

第五十九条 员工在其合同期间的任何职务发明，权益属于公司。

第六十条 员工应严格遵守公司的各项规章制度，严格保守公司的技术秘密和商业秘密。公司对违反规章制度或泄密者，按有关规定给予处分和追究赔偿责任。

公司在制定有关劳动纪律及纪律处分的规章制度时，应听取工会的意见。

第十章　劳动争议

第六十一条　公司依法建立由员工代表、公司代表和公司工会代表组成的劳动争议调解委员会，预防和解决本公司的劳动争议，协调劳动关系。

第六十二条　劳动争议发生后，当事人应按《中华人民共和国企业劳动争议处理条例》规定，尽快协商解决；也可以向公司劳动争议调解委员会申请调解，或直接向劳动争议仲裁委员会申请仲裁；对仲裁裁决不服的，可以向人民法院提起诉讼。

第十一章　合同保障

第六十三条　为了保证本集体合同有效地履行，公司管委会应与工会建立定期协商制度，每半年一次，就双方关心的问题进行协商。

第六十四条　公司管委会在决定工资制度、员工奖惩、生活福利、劳动保护、社会保险等有关员工切身利益的问题之前，应听取工会的意见。

工会可以就员工的工资和福利、生产安全、劳动保护及社会保险等方面，向管委会提出建议。

第六十五条　在本合同期内，如签订合同的一方就集体合同的执行情况和变更提出商谈时，另一方应给予答复，并在七天内双方进行协商。经双方协商同意后进行修改的条款，作为本合同的附件执行。

第六十六条　因履行本集体合同发生争议，经双方协商解决不成的，工会可以依法申请仲裁、提起诉讼。

第十二章　附　　则

第六十七条　本合同有效期为三年，自______年______月______日至______年______月______日止；合同期满前六个月经双方协商签订新合同。

第六十八条　本集体合同未尽事宜，按中国政府有关法律法规的规定执行，或由双方协商后确定。

第六十九条　本合同用中、英文书写；两种文本表述不一致的，以中文文本为准。双方各签署贰份正本、肆份副本。每种文本双方各执壹份；副本呈__________所在地的劳动局备案。

第七十条　本合同经双方首席代表签字并报送劳动行政部门审查后生效。

××有限公司（章）	××有限公司工会（章）
首席代表：________________	首席代表：________________
______年______月______日	______年______月______日

（二）集体合同文本解读

第四条 劳动合同期限。明确约定劳动合同期限的参考期间，并对无固定期限劳动合同的订立条件和措施做了进一步的明确。

第七条 岗位调整。明确约定公司可根据生产经营需要和员工具体情况，合理变更员工现任岗位，但变更岗位应当办理岗位变更手续。

第二十三条 工资调整。明确约定员工工资调整的四项因素。并约定公司管理方应在听取工会意见的基础上，对工资调整幅度做出决定。

第二十四条 年终分红。明确约定公司可以根据经济效益情况从职工奖励及福利基金中提取一定的金额，按劳动贡献和岗位责任对员工进行年终分红。

第二十九条 加班时间控制。明确约定公司应当经与员工协商后方得延长工作时间，依法管控加班时间，并依法支付加班费或安排调休。

第三十八条 安全健康。明确约定并声明所有员工的安全和健康是公司的首要之事。公司应按照政府有关规定建立健全劳动安全卫生制度，提供符合国家规定的劳动安全卫生设施与条件，采取必要的劳动保护措施。

第四十八条 女职工保护。明确约定公司不得以结婚、怀孕、产假、哺乳等为由，违法降低女员工工资。

第五十四条 员工奖励基金。明确约定公司从税后利润中提取的员工奖励基金，必须用于对员工的奖励和集体福利，且福利基金在工会监督下使用。

第六十一条 劳动争议调解委员会。明确约定公司依法建立由员工代表、公司代表和公司工会代表组成的劳动争议调解委员会，预防和解决本公司的劳动争议。

第六十三条 定期协商制度。明确约定公司应与工会建立定期协商，间隔期限为半年。

第六十七条 集体合同期限与续签安排。明确预定集体和合同有效期为三年，且合同期满前六个月双方协商续签合同。

关联法规

第 51 条 企业职工一方与用人单位通过平等协商，可以就劳动报酬、工作时间、休息休假、劳动安全卫生、保险福利等事项订立集体合同。集体合同草案应当提交职工代表大会或者全体职工讨论通过。

集体合同由工会代表企业职工一方与用人单位订立；尚未建立工会的用人单位，由上级工会指导劳动者推举的代表与用人单位订立。

第 52 条 企业职工一方与用人单位可以订立劳动安全卫生、女职工权益保护、工资调整机制等专项集体合同。

第 53 条 在县级以下区域内，建筑业、采矿业、餐饮服务业等行业可以由工会与企业方面代表订立行业性集体合同，或者订立区域性集体合同。

第54条 集体合同订立后，应当报送劳动行政部门；劳动行政部门自收到集体合同文本之日起十五日内未提出异议的，集体合同即行生效。

依法订立的集体合同对用人单位和劳动者具有约束力。行业性、区域性集体合同对当地本行业、本区域的用人单位和劳动者具有约束力。

第55条 集体合同中劳动报酬和劳动条件等标准不得低于当地人民政府规定的最低标准；用人单位与劳动者订立的劳动合同中劳动报酬和劳动条件等标准不得低于集体合同规定的标准。

第56条 用人单位违反集体合同，侵犯职工劳动权益的，工会可以依法要求用人单位承担责任；因履行集体合同发生争议，经协商解决不成的，工会可以依法申请仲裁、提起诉讼。

——《劳动合同法》

六、劳务派遣协议示例与解读

（一）劳务派遣协议示例

劳务派遣协议

（供劳务派遣单位与用工单位订立使用）

甲方（劳务派遣单位全称）：____________________

法定代表人（或主要负责人）：____________________

注册地址：____________ 邮政编码：____________

联络地址：____________ 邮政编码：____________

联系电话：____________________

联系传真：____________________

E－mail：____________________

乙方（用工单位全称）：____________________

法定代表人（或主要负责人）：____________________

户籍地址：____________ 邮政编码：____________

联络地址：____________ 邮政编码：____________

联系电话：____________________

联系传真：____________________

E－mail：____________________

甲、乙双方根据《民法典》《劳动合同法》《劳动法》及相关法律法规的规定，本着平等自愿、诚实信用的原则，经协商一致就甲方根据乙方需要派遣劳动者，提供劳务服务，乙方向甲方支付相应费用事宜达成以下条款，以资双方共同遵守。

第一章　声明与承诺

第一条　甲方是依照中华人民共和国法律依法存续、合法经营，享有履行本合同相应派遣资质的中国法人。

第二条　乙方是依照中华人民共和国法律依法存续、合法经营，享有用工主体资格的用工单位。

第三条　甲方向乙方承诺：如其不具备本协议相应派遣资质；其派遣给乙方的劳动者不符合法律规定的要求；其提供给乙方派遣人员的所有材料、信息存在虚假情况的，甲方愿承担所有法律责任，对乙方造成损失的，乙方有权向其追偿。

第四条　乙方向甲方承诺：没有将延续用工期限分割订立数个短期劳务派遣合同的情形；不会将被派遣劳动者再派遣到其他用人单位，乙方违反的愿承担所有的法律责任，对甲方造成损失的，甲方有权向其追偿。

第二章　合作事项

第五条　甲方根据乙方的需要和要求（也可有甲方进行推荐），向乙方负责派遣符合条件的劳动者供乙方择优录用从事有关工作。甲乙双方建立劳务派遣关系；甲方与派遣到乙方的劳动者签订书面的劳动合同，建立劳动关系，承担对被派遣劳动者的用人单位义务。

第六条　签署本协议时，乙方需要甲方自签署本合同______日内派遣______人，具体的被派遣劳动者对应的工作内容、工作条件、工作地点、职业危害、安全生产状况、劳动报酬等相关信息（见附件 1）。

特殊岗位需要有资格证书的，所派遣劳动者应具备相应资格。

第七条　在协议的有效期内，乙方需要增加派遣人数的，需提前 15 日通知甲方，并应列出需被派遣劳动者的人数及对应的工作内容、工作条件、工作地点、职业危害、安全生产状况、劳动报酬等信息（见附件 2），甲方在接到通知 15 日内应按照乙方的要求派遣人员。

遇紧急情况，乙方急需使用劳动者的，需及时通知甲方，如是由甲方组织招聘的，乙方应按照______元 / 人次支付加急费用。

第三章　合同期限、派遣人员试用期 / 见习期

第八条　本协议自______年______月______日起至______年______月______日止。

如被派遣人员中派遣结束时间有超过本条第一款约定的终止时间的，本合同有效期自动延伸到该派遣人员结束时间。

第九条 被派遣劳动者的试用期按照以下约定执行：

（1）派遣期限在3个月以上不满1年的，试用期为1个月；

（2）派遣期限在1年以上不满3年的，试用期为2个月；

（3）派遣期限在3年以上的，试用期为6个月。

特殊用工与特殊人员的试用期由双方协商后确定。

试用期满之前乙方有权对被派遣劳动者按照录用条件对劳动者进行考核，对不符合录用条件的，乙方有权将其遣返回甲方。

第十条 被派遣劳动者的见习期按照以下约定执行：

（1）低于1年工作经验的高等学校本、专科学历毕业生，见习期为1年；

（2）有1年工作经验以上的高等学校本、专科毕业生，不安排见习期。

乙方应在见习期满之前对劳动者进行考核，达到见习要求的，应及时办理转正手续，按期为其评定专业技术职务的任职资格，聘任相应工作职务，确定工作岗位。达不到见习要求的，乙方有权将其遣返回甲方。

第四章 被派遣劳动者的工作地点与工作内容

第十一条 乙方安排甲方派遣的劳动者在______省（市）______市工作，如安排的派遣劳动者不在上述地址工作或有特殊要求的，乙方应在附件（见附件3）中列明。

乙方因生产经营的发展需要在征得甲方派遣劳动者的同意下可以变更工作地点，乙方变更了甲方派遣劳动者工作地点应及时通知甲方。

第十二条 乙方应明确拟派遣劳动者的工作岗位与职责，乙方因生产经营的发展需要在征得甲方派遣劳动者的同意下可以变更其工作岗位，乙方变更甲方派遣劳动者工作岗位应及时通知甲方。

甲方派遣的劳动者应服从乙方的安排，乙方据以考核甲方派遣劳动者规章制度应符合法律法规相关规定。

对不胜任工作岗位的劳动者经培训或调整其工作岗位后，其仍然不能胜任工作的，乙方有权将其遣返回甲方。

第十三条 甲方派遣的人员应在规定的工作时间内，以其全部时间精力按时、按质、按量完成乙方指派的工作任务，不得同时受聘其他单位或个人或为其他单位或个人服务，一旦发现，乙方有权将其遣返回甲方。

第五章 被派遣劳动者的工作时间与休息休假

第十四条 乙方应按照下列约定安排被派遣劳动者的工作时间，并要求派遣时向被派遣劳动者明确工时制度：

（1）执行标准工时制度的，平均每日工作时间不超过8小时，每周工作时间不超过40小时；

（2）获得劳动行政部门批准后，执行综合计算工时制度的，平均每日工作时间不超过8小时，每周工作时间不超过40小时；

（3）获得劳动行政部门批准后，执行不定时工作制度的，在保证完成乙方工作任务的情况下，派遣人员自行安排工作和休息时间。

第十五条　乙方执行标准工时制度时，应当保证劳动者每周至少休息1日，且连续休息时间不少于24小时。

实行综合计算工时制度和不定时工作制度的，由用工单位适当安排休息，不执行本条第一款规定。

第十六条　由于生产经营需要，在履行充分的告知义务的情况下，甲方所派遣劳动者未表示明确反对的，乙方可以安排其加班，并按法律、法规规定支付加班加点工资。

甲方派遣人员因完成工作任务的需要，确需要加班的，应当向主管领导提出书面的申请，说明加班的理由和时间，经主管领导批准后，方可视为加班，享受加班待遇。加班时间，以实际发生的时间为准。

乙方安排加班的，一般每日安排加班不超过1小时，因特殊原因需要延长工作时间的，在保障甲方派遣人员身体健康的条件下延长工作时间，但每日不得超过3小时，每月不超过36小时。

第十七条　有下列情形之一，乙方安排加班的，甲方派遣人员无正当理由不得拒绝加班，且不受本协议关于加班时间的限制：

（1）发生自然灾害、事故或者其他原因，威胁劳动者生命健康和财产安全，需要紧急处理的；

（2）生产设备、交通运输线路、公共设施发生故障，影响生产和公众利益，必须及时抢修的；

（3）在法定节假日和公休假日内工作不能间断，必须连续生产、运输或者营业的；

（4）必须利用法定节假日和公休假日的停产期间进行设备检修、保养的；

（5）法律、行政法规规定的其他情形。

第六章　派遣人员工资

第十八条　甲方与乙方协商确定乙方可采取：月薪制与年薪制，计件工资制、提成工资制、基本工资和绩效奖金相结合的工资分配制度等方式。甲方在获得乙方同意的情况下与被派遣劳动者协商工资数额与方式并在劳动合同中说明。

如乙方无特殊说明，被派遣劳动者的工资为税前工资。

被派遣劳动者在法定工作时间的工资不得低于乙方所在省（市）规定的最低工资标准。

第十九条 乙方对派遣人员的工资计算周期为每月______日至下月______日，乙方在每月______日前发放上月工资。

工资发放形式为第______种：

(1) 由甲方发放；

(2) 由乙方直接发放。

由甲方发放的，乙方每月______日前从银行足额划付到甲方账户，并提供被派遣劳动者工资清单，如遇国家法定节假日或休息日的，应在节假日前发放。

乙方因暂时经济周转困难或不可抗力，不能按照前款规定的时间支付工资报酬的，应当提前______天以书面形式告知甲方及其派遣的劳动者，并明确支付的日期。

甲、乙双方应当将发放工资的记录保存两年以上备查。

任何一方均不得克扣乙方按照劳务派遣合同支付给被派遣劳动者的劳动报酬。

第二十条 派遣人员在乙方连续工作的，乙方应当按照同工同酬的规定，为派遣人员实行工资调整。

第七章 被派遣劳动者劳动保护、劳动条件和职业危害防护

第二十一条 乙方应当根据国家有关法律、法规，建立、健全安全生产制度，完善安全生产条件，确保安全生产；甲方被派遣劳动者应当严格遵守乙方的劳动安全制度，严禁违章作业，防止劳动过程中的事故，减少职业危害。

第二十二条 乙方应当根据生产岗位的需要，按照国家有关劳动安全、卫生的规定为被派遣劳动者配备必要的安全防护措施，发放必要的劳动保护用品。

第二十三条 乙方应当根据国家有关法律、法规的要求，根据每个岗位的实际情况，提供符合法律、法规、岗位要求的生产工具与劳动条件。

第二十四条 甲乙双方共同负责教育派遣人员遵守国家和乙方规定的劳动安全制度，妥善保管乙方发放的劳动工具。

第二十五条 乙方应当根据国家有关法律、法规，建立、健全职业病防治责任制，加强对职业病防治的管理，提高职业病防治水平，按照国家有关法律、法规的规定为被派遣劳动者体检。

第八章 被派遣劳动者社会保险与福利待遇

第二十六条 甲方应自与被派遣劳动者签订劳动合同之日起30日内，按照国家和

地方有关规定为其办理社会保险等手续。

第二十七条　甲方应当按时、足额为被派遣劳动者缴纳各项社会保险费，不得拖欠、漏缴，其中被派遣劳动者应缴纳的社会保险费，双方商定按照下列第______种方式处理：

1. 由甲方负责发放被派遣劳动者工资待遇的，乙方负责按月向甲方结算其应支付的社会保险费部分，被派遣劳动者应自行缴纳部分由甲方在其工资待遇中扣缴。

2. 由乙方负责发放被派遣劳动者工资待遇的，乙方应负责按月将代甲方扣除被派遣劳动者应自行缴纳部分与乙方应支付部分向甲方结算。

甲方在缴纳各项社会保险费后应当及时向被派遣劳动者公示缴纳情况，同时应将缴纳各项社会保险费用的有效单据复印一份给乙方。

第二十八条　其他的保险福利待遇按照国家与乙方所在地及乙方的有关规定执行。

第九章　劳务派遣服务费

第二十九条　甲、乙双方经协商，按照第______种标准计算劳务派遣服务费：

（1）由乙方委托甲方发放被派遣劳动者工资，乙方按______元／人·月向甲方支付劳务派遣服务费。

（2）由乙方发放被派遣劳动者工资的，乙方按______元／人·月向甲方支付劳务派遣服务费。

第三十条　乙方每月应支付的劳务派遣服务费＝乙方当月实际使用的被派遣劳动者总数×派遣服务费标准（______元／人·月）。

派遣期限不超过半个月的，派遣期限按半月计算，派遣期限超过半个月不满1个月的，派遣期限按1个月计算。

乙方每月______日前采取下列第______种方式支付甲方劳务费及相关费用，甲方在收到钱款时必须开具正式发票。

（1）银行转账：甲方开户行：______________________________

账号：______________________________；

乙方开户行：______________________________

账号：______________________________。

（2）现金支付：甲方派人到乙方办公地点收取（　　）；乙方送到甲方办公地点（　　）。

（3）其他方式：______________________________。

第三十一条　甲、乙双方不得扣押劳动者的居民身份证和其他证件，不得要求劳动者提供担保或者以其他名义向劳动者收取任何财物和费用。

第十章　知识产权

第三十二条　甲方派遣的劳动者在派遣到乙方期间，由乙方主持、代表乙方意志创作，并由乙方承担责任的作品，乙方为作者，享有著作权。

主要是利用乙方的物质技术条件创作，并由乙方承担责任的工程设计图、产品设计图、地图、计算机软件等职务作品以及法律、行政法规规定或者合同约定著作权由乙方享有的职务作品，被派遣劳动者享有署名权，著作权的其他权利由乙方享有，乙方应根据实际情况给予被派遣劳动者适当奖励。

除本条第二款规定以外的其他职务作品，著作权由被派遣劳动者享有，但乙方有权在其业务范围内有限使用。被派遣劳动者自向乙方交付作品之日起两年内，未经乙方同意，不得许可第三人以与乙方使用的相同方式使用该作品，被派遣劳动者违反的，所得全部收益归乙方。

第三十三条　甲方派遣的劳动者在派遣到乙方期间，执行乙方的任务或利用乙方的物质技术条件所完成的发明创造申请专利的权利属于乙方；申请被批准后，乙方为专利权人。

第三十四条　甲方派遣的劳动者在派遣到乙方期间所产生的其他职务技术成果的使用权、转让权属于乙方，乙方应按照______%的比例以使用和转让该项职务技术成果所取得的收益对完成该项职务技术成果的个人给予奖励或者报酬，乙方订立技术合同转让职务技术成果时，职务技术成果的完成人与甲方享有以同等条件优先受让的权利。

第三十五条　完成技术成果的甲方派遣的劳动者有在有关技术成果文件上写明其是技术成果完成者的权利和取得相应的荣誉证书、奖励的权利。

第三十六条　本章未明确的内容，按照《民法典》《著作权法》《专利法》《商标法》等法律法规的规定执行。

第十一章　商业秘密保护

第三十七条　双方应保守对方的商业秘密保护，并采取有效的保密措施，不得泄露任何商业秘密给任何第三方。

保密期限自知晓对方的商业秘密时起到商业秘密已被公众知悉时止。

甲方应督促被派遣劳动者保守乙方的商业秘密。

本协议所指的商业秘密，包括但不限于：

(1) 设计、程序、产品配方、制作工艺、制作方法、管理诀窍、货源情报、产销策略、招投标中的标底及标书内容、技术方案、制造方法、工艺流程、技术指标、数据库、研究开发记录、技术报告、检测报告、实验数据、实验结果、图纸、样品、模型、模具、操作手册、技术文档、相关的函电，客户名单、行销计划、采购资料、定价政策、财务资料，等等；

（2）权利人依照法律、法规规定所享有的其他商业秘密。

第三十八条　在本协议终止后，由提供方送交给接收方或授权给接收方使用的一切保密信息，无论是书面的还是其他具体形式，以及接收方所做的复印件均需立即交还提供方，或者予以销毁，且有关销毁凭证应同时送交给对方。

第三十九条　法律责任

任何一方侵犯对方商业秘密但没有导致商业秘密为公众所知悉的，按照以下方法承担赔偿责任，具体损失赔偿标准为：

（1）损失赔偿额为一方因侵权行为所受到的实际经济损失，该损失包括但不限于为开发、培植有关商业秘密所投入的费用，因侵权行为导致依靠商业秘密取得的利润减少金额等。

（2）依照上述第一项计算方法难以计算的，损失赔偿额为侵权行为所获得的全部利润。

（3）依照上述第二项计算方法还是难以确定损失的，受害方有权要求侵权方支付不低于人民币30万元的赔偿金。

任何一方因侵权行为导致商业秘密为公众所知悉的，应根据商业秘密价值确定损害赔偿额。

一方因调查侵权行为而支付的包括但不限于律师代理费、调查费在内的合理费用，由侵权方承担。

甲方对于派遣人员因违反乙方保密制度或侵犯乙方商业秘密所造成的损失承担连带责任。

第十二章　被派遣劳动者的遣返、离职与再派遣

第四十条　甲方派遣的劳动者有下列情况的，乙方可随时遣返：

（1）在试用期间被证明不符合录用条件的；

（2）严重违反乙方的规章制度的；

（3）严重失职，营私舞弊，给乙方造成重大损害的；

（4）派遣人员在外兼职，对完成乙方的工作任务造成严重影响的，或者经乙方提出，拒不改正的；

（5）因《劳动合同法》第二十六条第一款第一项规定的情形致使劳动合同无效的；

（6）被依法追究刑事责任的。

第四十一条　出现《劳动合同法》第四十条所列情形的，乙方以书面形式提前30

天通知被派遣劳动者或者额外支付1个月工资的，乙方可遣返被派遣人员。

第四十二条 出现《劳动合同法》第四十一条的情况，乙方可在履行法定程序后遣返被派遣人员。

第四十三条 被派遣劳动者有《劳动合同法》第四十二条情形之一的，派遣期间，乙方不得退回甲方，派遣期满的，应当续延至相应的情形消失时终止。

第四十四条 发生《劳动合同法》第三十六条、第三十七条、第三十八条情况，被派遣人员与甲方解除劳动关系的，甲方应及时通知乙方，并将离职文件送乙方备案。

第四十五条 在发生被派遣劳动者被遣返或离职的情况下，甲方应及时与乙方协商再派遣事宜，甲方应按照乙方要求及时派遣符合条件的人员到乙方工作。

第四十六条 乙方在被派遣劳动者提前离职时应及时通知甲方，并协助提供相关的资料。

第十三章 甲方其他权利、义务

第四十七条 甲方应在向乙方派出劳动者前与拟派出的劳动者签订劳动合同，督促被派遣劳动者到乙方所在地二级以上医院或者乙方指定医院进行入职前的健康检查，被派遣劳动者持劳动合同、体检证明等相关文件到乙方办理入职手续。

第四十八条 甲方负责对所派遣的劳动者进行派遣前的政策、法律教育、职业道德培训，如实介绍乙方情况，并将本劳动合同内容告知被派遣劳动者。

第四十九条 甲方应定期或不定期到乙方了解被派遣劳动者的思想动态、工作表现、遵纪情况以及对乙方的合理要求，甲方尽力提供最佳服务。

第五十条 对于甲方派遣的劳动者因故意或重大过失对乙方造成的损失，乙方应当投相关保险。

第十四章 乙方的其他权利、义务

第五十一条 乙方对被派遣劳动者的职业道德规范、工作任务、技能培训、应达到的工作要求、应注意的安全事项、应遵守的各项纪律等履行告知、教育、管理、督查等义务。

第五十二条 乙方有权按照国家有关部门规定和制度、乙方各项规章制度给予甲方派遣的劳动者奖励和惩处。

第五十三条 乙方有权监督、检查、考核派遣人员完成的工作情况，并负责日常管理和岗位调配、确定和调整被派遣劳动者的工资标准。

第五十四条 乙方出资对被派遣劳动者进行专业技术培训的，乙方有权与其签订服务期合同，约定服务期及违约责任，并通知甲方。乙方也可通过甲方与被派遣劳动者签订服务期合同，约定服务期及违约责任。

第五十五条　乙方对接受的被派遣劳动者有优先续约使用权。

第十五章　违约责任

第五十六条　乙方不按照本协议的约定及时支付派遣服务费、社保、被派遣劳动者工资等款项的，除按本协议支付费用外，还应按日万分之二支付滞纳金。

第五十七条　如乙方未按照本协议的约定及时支付被派遣劳动者工资、社保等款项导致甲方承担相关法律责任的，甲方在承担相关法律责任后有权向乙方追偿。

第五十八条　未经乙方同意，甲方将在乙方服务过的被派遣劳动者在其离开乙方后的6个月内派往乙方有相同或类似业务企业的竞争单位，视为甲方违约，甲方应向乙方支付人民币______元作为违约金；若由于该违约行为给对方造成直接或者间接的损失（包括合理的调查费用、律师费用）高于上述约定违约金的，应当按照实际损失给予赔偿。

第五十九条　除本协议另有约定外，一方违反本协议的，应向对方支付人民币______元作为违约金；若由于该违约行为给对方造成的直接或者间接损失（包括合理的调查费用、律师费用）高于上述约定违约金的，应当按照实际损失给予赔偿。

第十六章　不可抗力

第六十条　任何一方遇有不可抗力而全部或部分不能履行本协议或迟延履行本协议的，应自不可抗力事件发生之日起5日内，将事件情况以书面形式通知另一方，并于事件发生之日起20日内，向另一方提交导致其全部或部分不能履行或迟延的证明。

本条所称“不可抗力”系指不能预见、不能避免或不能克服的客观情况，包括但不限于自然灾害如洪水、火灾、爆炸、雷电、地震和风暴等以及社会事件如战争、动乱、政府管制、国家政策的突然变动和罢工等。

第六十一条　遭受不可抗力的一方应采取一切必要措施减少损失，并在事件消除后立即恢复本合同的履行，除非此等履行已不可能或者不必要。

遇不可抗力的一方可全部或部分免除责任。

第十七章　争议处理

第六十二条　甲、乙双方在履行本协议中发生争议时，应先协商解决，协商不成的，按照下列第______种方式处理：

（1）提交甲方所在地仲裁委员会管辖；

（2）提交乙方所在地仲裁委员会管辖；

（3）提交有管辖权的人民法院管辖。

第十八章 其 他

第六十三条 本协议生效后，若甲、乙双方或一方变更名称、法定代表人或者主要负责人、投资人等事项，不影响本协议履行；若甲、乙双方或一方发生合并或分立等情况，本协议继续有效，由承继单位继续履行。

第六十四条 本协议未尽事宜，法律、法规、规章与政策有规定的，按法律、法规、规章与政策规定执行；法律、法规、规章与政策没有规定的，由双方友好协商以书面形式补充解决；本协议经甲、乙双方协商一致，可进行变更，变更应采取书面形式。

第六十五条 本协议条款与国家、一方所在地省（区、市）新公布施行的法律、法规、规章和政策规定发生冲突时，以新颁发的法律、法规、规章及政策规定为准。

第六十六条 本协议有中、英（俄、法、德）文两种版本，每种文本一式______份，其他文本与中文文本不一致的，双方确认以中文文本为准。

本协议正文双方各执两份，具有同等法律效力。

第六十七条 本协议采取第______种生效方式：

（1）自双方签字或盖章后生效；

（2）甲方向乙方派遣第一批符合乙方要求的劳动者后生效。

甲方（盖章）：
法定代表人、负责人：__________
或委托代理人：____________
______年______月______日

乙方（盖章）：
法定代表人、负责人：__________
或委托代理人：____________
______年______月______日

附件：（略）

（二）劳务派遣协议文本解读

第七条 用工单位在实际的用工中，往往会出现需要增派劳动者的情形，在合同中就要对此约定好具体的时间。鉴于招聘到一个合适的劳动者需要一定的时间，我们建议在合同中约定用工单位需要提前 15 日通知劳务派遣单位，劳务派遣单位在接到通知后应及时组织招聘并完成招聘手续向用工单位派遣劳动者。实际中有可能会出现用工单位在紧急情况下用工的情形，如果是由劳务派遣单位招聘的，依照公平原则，乙方应支付一定的加急费用，这种约定也符合社会公平理念。

第十条 有关见习期的规定主要见于 20 世纪 80 年代末期的《国家教育委员会、劳动人事部关于发出〈高等学校毕业生见习暂行办法〉的通知》《国务院批转国家教委关于改革高等学校毕业生分配制度报告的通知》两个法律文件。在实行劳动合同制度后，见习期制作为一种人事制度并没有被宣布取消，与试用期并存。但是除了在国家机关、国有企事业单位还在采用外，其他的用人单位已经基本上不使用该制度。

第三十七条　在劳务派遣用工模式下，被派遣的劳动者是劳务派遣公司的“人”，劳务派遣公司有义务督促其履行保守用工单位商业秘密的义务，这种督促义务可以通过签署保密义务、承诺书等方式来实现。对于派遣人员违反用工单位保密制度或侵犯用工单位商业秘密所造成的损失，劳务派遣公司应承担连带责任，这种约定可以督促劳务派遣公司加强对被派遣劳动者的管理，保护用工单位的权益。实践中，劳务派遣公司承担责任的能力都不强，向用工单位收取的服务费用也并不高。相对而言，比较好的解决方案就是由双方约定由一方或双方购买有关的保险，通过投保险的方式降低各方的风险。

第四十七条　《劳动合同法》对于未签订书面劳动合同的情况规定了很严厉的法律责任，并且如果没有书面合同的话，有可能导致派遣人员与乙方形成事实劳动法律关系、无固定期限劳动合同关系。故被派遣人员到乙方处办理入职手续时必须持有书面劳动合同。除对特殊行业可以设定对身体的特殊要求外，我国相关法律要求用工（人）单位不得随意以劳动者的身体健康状况为由拒绝招聘、辞退劳动者。但即使有上述的规定，也不妨碍用工单位了解劳动者身体健康状况，并根据劳动者的身体状况安排合适的工作岗位。

第五十五条　任何一个企业都希望自身的员工队伍稳定，都愿意使用熟悉的人员。在劳务派遣的用工模式下，用工单位的优先续约使用权是保障其人员稳定的有效手段之一。所谓优先续约使用权即在某一个被派遣人员期满后，如果其还与劳务派遣公司存在或签署劳动合同的，用工单位在同等条件下，有权优先续约使用，劳务派遣公司应当满足用工单位的要求。

第六十二条　本合同下的纠纷与劳动争议有一定的联系，如双方有时候会因甲方派遣的劳动者发生争议，从法律理论上说，甲方派遣的劳动者是代表甲方履行合同的内容，争议的本质是发生在派遣单位与用工单位之间，是平等的主体间争议而不是劳动争议，不受《劳动法》《劳动合同法》等法律有关要求必须经过劳动争议仲裁委员会裁决的前置程序规定的约束，根据我国法律的规定对于履行本合同发生的争议，可以由有管辖权的仲裁委员会或法院管辖。

七、非全日制用工合同示例与解读

（一）非全日制用工合同示例

非全日制用工劳动合同

（非全日制从业人员使用）

根据《中华人民共和国劳动法》《中华人民共和国劳动合同法》和有关法律、法规，甲乙双方经平等自愿、协商一致签订本合同，共同遵守本合同所列条款。

第一条 甲方________________________________

（一）法定代表人（主要负责人）或委托代理人__________

（二）注册地址________________________________

（三）经营地址________________________________

第二条 乙方____________ 性别____________

（一）居民身份证号码____________________________

或者其他有效证件名称____________ 证件号码________

（二）在甲方工作起始时间_____年_____月_____日

（三）家庭住址________________ 邮政编码________________

第三条 本合同于_____年_____月_____日生效。

第四条 乙方同意根据甲方工作需要，担任以下工作：

____

第五条 乙方的工作时间________________

第六条 乙方完成本合同约定的工作内容后，甲方应当以货币形式向乙方支付劳动报酬，劳动报酬标准为每小时_____元。甲方向乙方支付劳动报酬的周期不得超过15日。

支付劳动报酬的其他约定：________________________________

第七条 甲方应当按照_________省（区/市）工伤保险的规定为乙方缴纳工伤保险费。

第八条 甲方根据生产岗位的需要，按照国家有关劳动安全、卫生的规定对乙方进行安全卫生教育和职业培训，并为乙方提供以下劳动条件：

（一）____

（二）____

（三）____

第九条　甲方应当建立、健全职业病防治责任制，加强对职业病防治的管理，提高职业病防治水平。

第十条　甲乙双方可以随时终止劳动合同。

第十一条　甲方违反本合同的约定支付劳动报酬或支付的小时工资低于__________省（区/市）非全日制从业人员小时最低工资标准的，乙方有权向劳动保障监察部门举报。

第十二条　甲乙双方约定本合同增加以下内容：

（一）____

（二）____

（三）____

第十三条　双方因履行本合同发生争议，当事人可以向甲方劳动争议调解委员会申请调解；调解不成的，可以向劳动争议仲裁委员会申请仲裁。

当事人一方也可以直接向劳动争议仲裁委员会申请仲裁。

第十四条　本合同的附件如下：

（一）____

（二）____

（三）____

第十五条　本合同未尽事宜或与今后国家和地方有关规定相悖的，按有关规定执行。

第十六条　本合同一式两份，甲乙双方各执一份。

甲方（签字或盖章）____________　　　　乙方（签字或盖章）____________

法定代表人（主要负责人）或委托代理人

（签字或盖章）____________

日期：____________________　　　　日期：____________________

（二）非全日制用工合同文本解读

第四条　工作岗位。明确约定非全日制员工的工作岗位。

第五条　工作时间。明确约定非全日制员工的工作时间，工作时间的约定应遵循《劳动合同法》关于非全日制用工的相关规定。

第六条　劳动报酬和付酬期间。明确约定劳动报酬标准以及支付形式和时间。

第十条　终止合同。明确约定甲乙双方可以随时终止劳动合同。

关联法规

第68条　非全日制用工，是指以小时计酬为主，劳动者在同一用人单位一般平均每日工作时间不超过四小时，每周工作时间累计不超过二十四小时的用工形式。

第69条　非全日制用工双方当事人可以订立口头协议。

从事非全日制用工的劳动者可以与一个或者一个以上用人单位订立劳动合同；但是，后订立的劳动合同不得影响先订立的劳动合同的履行。

第70条　非全日制用工双方当事人不得约定试用期。

第71条　非全日制用工双方当事人任何一方都可以随时通知对方终止用工。终止用工，用人单位不向劳动者支付经济补偿。

第72条　非全日制用工小时计酬标准不得低于用人单位所在地人民政府规定的最低小时工资标准。

非全日制用工劳动报酬结算支付周期最长不得超过十五日。

——《劳动合同法》

八、聘用合同示例与解读

（一）聘用合同示例

聘用合同

甲方（公司）：____________________

地址：____________________

邮编：____________________

法定代表人／主要负责人：__________

乙方：____________________

身份证号码／护照号码：__________

住址：____________________

邮编：____________________

联系电话：____________________

（注：乙方联系地址如果有变化应及时通知甲方，否则甲方按照约定地址寄送视为送达乙方）

甲、乙双方就建立聘用关系及其权利义务等事宜，在甲方已向乙方如实告知涉及聘用合同的有关情况基础上，双方本着合法、公平、平等自愿、协商一致、诚实信用的原则签订本合同，双方承诺共同信守本合同所列各条款。

第一条〔合同的前提条件〕

1.1 甲、乙为本聘用合同的当事人。

1.2 甲方系在中华人民共和国注册的合法用工主体，具有用工资格。

1.3 乙方为下述聘用关系人员：

□退休返聘人员　□兼职人员　□台港澳人员　□外国人　□其他

1.4 乙方保证受聘于甲方后，从事甲方交付的任何工作均不会侵犯此前曾受聘单位的商业秘密及其他合法权益。如有违反，乙方将自行承担相应的法律责任。

第二条〔合同期限〕

2.1 甲、乙双方就合同期限约定如下：本合同期限自______年______月______日起，至______年______月______日止。其中试用期为______个月，自______年______月______日起，至______年______月______日止。

2.2 本合同期满，除非双方互有续签意思表示，否则本合同即行终止。

第三条〔工作内容及工作地点〕

3.1 甲方根据生产经营需要，安排乙方在__________部门从事__________工作。乙方应履行本岗位的工作职责（见附件二），按时、按质、按量完成其本职工作。

3.2 乙方的工作地点在__________。随着甲方经营范围的扩大，甲方在与乙方协商一致后，可委派乙方至其他城市工作。

3.3 甲方根据经营需要以及乙方工作能力、工作表现及身体状况等因素，可依法合理变更本条中规定的乙方工作部门、工作内容及工作地点。

第四条〔工作时间和休息休假〕

4.1 甲方实行标准工时制，具体工作时间由甲方制定或变更。每天的劳动时间不包括午餐及休息时间。

4.2 甲方可根据部分岗位特征、业务状况，经劳动行政部门批准，实行不定时工作制或综合计算工时工作制。

在本合同期内，乙方所在岗位经劳动行政部门批准实行不定时工作制或综合计算工时工作制，则本合同约定的工作时间自动变更为不定时工作制或综合计算工时工作制。

4.3 甲方可以根据工作需要安排乙方加班，甲方将依法支付超时工作的劳动报酬，或给予调休。

加班须根据相关规定办理加班申请手续。

4.4 乙方所在工作岗位申请不定时工作制或综合计算工时工作制后，加班报酬按照相关法律执行。

4.5 乙方享有国家规定的法定节假日和婚假、丧假等假期。

第五条〔劳动报酬〕

5.1 乙方正常出勤并在规定的工作时间内保质保量完成甲方安排的工作任务后，有权获得劳动报酬。

甲方实行岗位绩效工资制度，乙方工资收入=岗位工资+奖金+津贴。甲方根据乙方的工作岗位和实际技术业务水平，确定乙方的月岗位工资收入标准为（　　）级（　　）档；乙方奖金与其工作数量、工作质量、服务水平、出勤率等实绩挂钩；津贴按国家和公司的相关规定执行。其中，试用期月工资为人民币______元。

5.2 甲方发薪期为次/当月______日至______日。甲方有合理解释迟延支付劳动报酬的，不属于拖欠乙方工资。工资支付方式按照甲方规定执行。

5.3 本条第一款所列乙方收入为税前收入，乙方应依法缴纳个人所得税。

5.4 甲方有权根据自身经营状况、经济效益及乙方的业务能力、绩效情况、岗位、地点变化等对乙方的劳动报酬进行合理调整，包括提高或降低，乙方愿意服从甲方的决定。

5.5 奖金、津贴根据甲方内部规章制度执行。甲方有权根据需要制定、修改、完善或废止奖金、津贴制度。

第六条〔社会保险及福利待遇〕

6.1 除法律法规规定对双方缴纳社会保险另有规定外，甲方根据公司相关规定并结合乙方具体情况为乙方购买商业保险或其他保险，具体标准由甲方制定。

6.2 甲方将根据公司相关规定，结合乙方的工作岗位、工作地点向乙方支付或调整其他补贴及福利费用。具体标准由甲方制定。

6.3 甲方可根据自身经营状况、经营效益等相应调整乙方的各项福利待遇。

第七条〔劳动保护、劳动条件和职业病防护〕

7.1 甲方为乙方提供符合国家规定的劳动安全卫生标准的工作环境，确保乙方在人身安全及人体不受危害的环境条件下从事工作。

7.2 甲方根据乙方岗位实际情况，按照国家有关规定向乙方提供必要的劳动防护用品。

7.3 甲方将按照国家及当地政府的相关规定，积极采取职业病防护措施，确保乙方的人身安全及人体不受危害。

第八条〔劳动纪律〕

8.1 甲方有权在不与法律法规相抵触的情况下，遵循民主原则，制定员工手册及其他各项规章制度。甲方依据前述制度对乙方进行劳动纪律的日常管理。乙方应严格遵守甲方制定的前述制度，否则甲方可根据单位规章制度，给予相应的处分。

8.2 甲方制定的各项规章制度应及时予以公示。甲方要求乙方认真阅读相关内容，以保证及时了解掌握甲方的各项信息。如乙方因不在公司而无法阅览，甲方要求乙方在返回公司出勤后的一周之内及时进行阅览。如出现因乙方未能及时阅览上述信息而造成的后果，由乙方承担一切责任。

8.3 在履行本合同期间，甲方可以对其员工手册及其他各项规章制度进行修订，或者制定新的规章制度。如果原规章制度与甲方新的制度不一致，乙方同意按照甲方新的规章制度执行。

8.4 乙方应妥善保管甲方财物，乙方因任何原因离职时，均须归还甲方财物，包括但不限于电脑、软件、光盘、技术文档等。如乙方因疏忽丢失或蓄意损坏甲方财物，应予以赔偿。

8.5 乙方保证其向甲方提供的所有信息、资料、证明等均属真实、有效，并承担相应责任。

第九条〔保密及知识产权归属〕

9.1 甲、乙双方确认，乙方在履行工作职责时必然会接触到甲方的商业秘密及与知识产权相关的保密事项，前述事项均属于甲方的财产和权利，乙方负有当然的保密义务。

9.2 从本合同生效之日起，乙方必须遵守甲方的任何保密规章、制度，履行与其工作岗位相应的保密职责。未经甲方书面同意或非为履行本合同项下的职责和义务，乙方不得向任何第三方（包括不得知悉该项秘密的甲方其他员工）泄露甲方的任何商业秘密。

9.3 甲、乙双方确认，乙方因职务上的需要所持有或保管的一切记录着甲方秘密信息的任何形式的载体，均归甲方所有。

9.4 乙方在甲方任职期间，因履行甲方交付的工作任务或主要利用甲方的物质和技术条件、业务信息等完成的发明创造、计算机软件、技术秘密、著作权等，其相关的知识产权归属于甲方（应属于乙方的身份性权利除外）。

9.5 乙方保证，正确使用并妥善保管属于甲方或者虽属于他人但甲方承诺有保密义务的秘密信息，不得利用前述信息为自己或任何第三方牟利。除履行职务外，乙方承诺其在职期间及离职后，未经甲方书面授权，不得以泄露、告知、公布、发布、出版、传授、转让或者其他任何方式使任何第三方知悉属于甲方或者虽属于他人但甲方承诺有保密义务的秘密信息，也不得在履行职务之外使用这些秘密信息，直至甲方宣布解密或保密信息实际上已经公开。

9.6 甲、乙双方聘用关系解除或终止后，乙方必须将所有机密信息和资料及其复印件返还给甲方，并向甲方保证本人不再有任何使用该资料和信息的权利，并申明已将该资料和信息的所有原件及复印件退还给甲方。如甲方发现乙方未及时归还前述资料，造成甲方损失的，乙方必须承担相应的赔偿责任。

9.7 凡未经甲方书面同意或非为履行本合同项下的职责和义务而以直接或间接，口头或书面等形式提供给第三方涉及保密内容的行为均属泄密，造成甲方损失的，乙方必须承担相应的赔偿责任。

第十条〔合同的变更、解除及终止〕

10.1 劳动合同的变更

10.1.1 本合同订立时所依据的法律、法规、规章或政策规定发生变化，本合同应变更相关内容。

10.1.2 由于不可抗力致使本合同无法履行，经双方协商同意，可以变更合同相关内容。

10.1.3 甲、乙双方协商一致，可以对本合同的部分条款进行变更。

10.1.4 甲方对乙方的工作岗位、工作地点或职务所做的调整，如果双方未签订书面变更合同或协议，且乙方自到岗后一个月内未提出书面异议的，视为乙方同意该调整。

10.2 劳动合同的解除

10.2.1 甲、乙双方经协商一致，可以解除本合同。

10.2.2 乙方解除本合同，应当提前三十日以书面形式通知甲方，辞职书呈交主管或人事部门，双方协商确定乙方最后工作日期。

10.2.3 甲方有法律、法规规定的情形的，乙方可解除聘用合同。

10.2.4 有下列情形之一的，甲方可以解除聘用合同：

（1）甲方提前三十日书面通知乙方的；

（2）乙方在试用期内被证明不符合录用条件的；

（3）乙方严重违反劳动纪律或甲方规章制度的；

（4）乙方严重失职、营私舞弊给甲方造成重大损害的；

（5）乙方被依法追究刑事责任或被劳动教养的；

（6）乙方被查实在应聘时向甲方提供虚假资料的；

（7）乙方与其他用人单位再次建立聘用关系，对完成甲方的工作任务造成严重影响或者经甲方提出，拒不改正的；

（8）以欺诈、胁迫的手段或乘人之危，使甲方在违背真实意思的情况下订立聘用合同而致本合同无效的；

（9）法律、法规规定的其他情形。

10.3 有下列情形之一的，聘用合同终止：

（1）聘用合同期满的；

（2）甲方被依法宣告破产的；

（3）甲方决定解散、被吊销营业执照、责令关闭或者被撤销的；

（4）乙方死亡，或被人民法院宣告死亡或者宣告失踪的；

（5）法律、行政法规规定的其他情形。

10.4 在最后工作日前，乙方必须根据甲方的要求并配合所在部门及其他部门办理完所有的工作交接手续，包括但不限于：

（1）归还所有代表公司员工身份的证明文件，如工作证、介绍信函、员工信息卡等；

（2）归还所有公司文件、资料、记录、设备、工具、文具、通信设备等；

（3）归还更衣箱、工具箱以及员工保管的所有公司的钥匙；

（4）向继任者或公司指派的其他同事交代清楚所有工作；

（5）与财务部门结算所有应付款项、应收款项；

（6）____；

（7）其他根据公司规定必须移交的物品。

办理工作交接的程序根据甲方的要求进行。工作交接完毕，由甲方在工作交接清单上签字确认。乙方不按规定办理交接手续，造成甲方损失的，甲方有权要求乙方赔偿。

第十一条〔违约及赔偿责任〕

11.1 甲、乙双方任何一方违反本合同规定，给对方造成损失的，应予以赔偿。

11.2 乙方侵占甲方财产给甲方造成损失的，乙方应返还相应财物，并赔偿甲方损失。没有法律规定或者合同约定获得甲方利益的，乙方应将所获不当得利返还甲方。

第十二条〔其他事项〕

12.1 本合同如与现行相关法律、法规、规章不一致，应以相关法律、法规、规章为准。如果相关法律、法规、规章进行变更，应以新的有效的法律、法规、规章为准。

12.2 本合同未尽事宜，双方另有约定的从约定；双方没有约定的，遵照相关法律、法规、规章执行；法律、法规、规章没有规定的，双方应遵循平等自愿、协商一致的原则，另行签订协议作为本合同的补充协议。

12.3 因履行本合同产生的争议，甲、乙双方应友好协商；协商不成的，任何一方可向有管辖权的劳动争议仲裁委员会提起劳动仲裁；不服仲裁裁决的，可依法向人民法院提起诉讼。

12.4 释义：

（1）本合同中所称“法律”“法规”“规章”，若未作特别说明，系指中华人民共和国及甲方所在地的法律、法规、规章。

（2）本合同中所称第三方，若未作特殊说明，系指除甲方、乙方之外的第三方。

12.5 本合同一式两份，经双方签字、盖章后生效，双方各执一份。两份合同具有同等法律效力。

附件：（略）

乙方确认：签订本聘用合同时，已详细阅看，对合同内容予以全面理解，并已知晓甲方的各类规章制度。规章制度包括但不限于《员工手册》《岗位说明书》等，作为聘用合同的附件，与聘用合同其他附件一起，与聘用合同同等有效。

甲方：____________________　　乙方：____________________

法定代表人或授权代理人：__________

签订日期：____________________　　签订日期：____________________

（二）聘用合同文本解读

第一条　1.3 该款明确了乙方作为签订聘用合同的人员类型，便于日后对其进行相应的劳动人事管理。

第六条　6.1 该款明确了除外国人员和台港澳人员等需要依照有关规定缴纳社会保险外，对于其余类型聘用人员，企业可以根据企业相关规定，结合聘用人员的具体情况为其购买商业保险或其他保险。

6.3 该款明确了企业对聘用人员在补贴及福利费用标准上的制定权和调整权。

第八条　该条明确了聘用人员也需要遵守企业的规章制度和劳动纪律。

第九条　该条明确了聘用人员作为企业员工需要承担保密义务和遵守企业的保密制度。

第十条　10.2 该款中明确了对于聘用人员，企业无须其他理由，可以提前三十日通知解除聘用关系。

第十一章　常用劳动人事表单指引及示例*

本章导读

企业在人力资源管理过程中，需要使用到各种劳动人事表格和单据。如何让这些表格和单据符合法律的规定？如果在实际操作中切实实现书面化管理？在本章的表单里，读者可以了解以下法律要点：

1. 员工招聘类的表单设计应特别注意法律风险的防范。企业安排员工填写自身情况的时间应在正式入职之前。在表格和单据中对员工提供虚假信息进行必要的提醒和警示，非常必要。试用期的录用条件要在应聘须知、入职手册、劳动合同或员工手册等文本中有所具体体现。

2. 合同变更类的表单设计应注意确认双方主体的自愿。企业和员工协商一致，可以在法律允许的范围内自由和自愿地变更劳动合同。劳动合同特定的情形下，劳动合同变更也可以基于法律的直接规定由企业单方进行。企业单方变更劳动合同需要向员工书面说明理由和依据。

3. 合同终止类的表单设计应注意切实有效防范法律风险。终止类的表单要区分合同终止的类型，不同类型的终止需要企业相应承担的法律责任和经济补偿金成本各有不同。劳动合同到期后企业不降低约定条件，而员工不同意续订合同的，企业无需支付经济补偿金。

4. 合同解除类的表单设计应注意区分解除的种类和性质。劳动合同的解除分为协商解除和单方解除。协商解除中不同主体提出动议导致的法律后果不同。员工行使单方解除权的实体要求和程序要求明显宽松于企业行使单方解除权。解除合同通知书送达员工后方为有效。

---

* 更多劳动人事表单，请阅读王桦宇编著：《人力资源管理实用必备工具箱.rar（增订6版）》。

一、员工招聘类表单指引及示例

（一）表单使用指引

Step1. 编写招聘计划，应聘者填写 1－1.《入职申请表》

入职环节比较重要的涉及法律风险的文本是《入职申请表》，可以确认和留存员工入职时的相关资讯，若以后出现虚假信息也可以此为由解除劳动合同。并在以后向员工发出重要文本时，若不能知悉其客观联络地址，可以直接送达本表填写地址而免除相关责任。

Step2. 向拟聘用者发出 1－2.《录用通知书》

对于符合招聘条件且愿意录用的人员，公司安排入职体检，并在体检合格后发出《录用通知书》，告知其公司录用意向以及报到时间。为了防止以后员工不到职的潜在风险，双方可以在《录用通知书》中约定违约金。①

Step3. 与拟聘用者签订劳动合同

对于按时报到的拟聘者，在查验相关身份证明、资历证明、退工证明（或应届生派遣证明）后，及时与其订立劳动合同。因为不订立书面劳动合同，公司将面临巨大的法律风险，所以建议公司在该拟聘者报到时即与之订立劳动合同。

（二）表单示例

1－1. 入职申请表

应聘者姓名：

填表日期：

姓名		性别		年龄		求职意向		贴照片处
籍贯		民族		出生年月		希望薪金		
档案存放地				邮政编码		最高学历		
户口所在地				邮政编码		所学专业		

① 有一种意见认为，录用通知书属于劳动合同或准劳动合同，不能约定违约金，因为劳动合同法规定只有培训服务期和竞业限制两项可以约定违约金。应当认为，根据劳动合同法相关规定，劳动关系自用工之日起建立。录用通知书发出并签收，并不导致建立劳动关系的法律后果，而仅是达成一种按照此通知书订立劳动合同的合意，此种情形属于民法意思自治的基本范畴，只要符合公平和诚信原则，就能约定违约金。

续表

身份证号码				婚姻状况		毕业时间	
通信地址				邮政编码		联系电话	
第二通信地址（紧急联络人）				邮政编码		联系电话	
学习及培训经历	学校或其他教育机构	院/系/部门	起止时间	形式（脱产/在职）	职务	证明人	联系电话
工作经历	工作单位	部门及职务	起止时间	月薪	离职原因	证明人	联系电话
学习工作期间业绩描述							
外语	第一外语		水平描述		第二外语		水平描述

特别说明：

1. 本人承诺上表所填事项均翔实可靠，愿接受公司对表内资料的核实，如有虚假、隐瞒或故意遗漏而导致公司与本人订立劳动合同的，公司有权解除劳动合同。

2. 本人承诺本人联系地址与紧急联络人联络方式如有变更，应在 3 日内及时通知公司，而在此期间或之后因未变更相关联络方式导致相关文书不能送达的，相关责任和法律后果由本人承担。

1－2. 录用通知书

______先生/小姐：

鉴于您提供的入职申请资料和您所获得的面试成绩，经人力资源部核定，并报总经理确认，公司决定录用您来公司工作。您所任职位为______，薪资待遇为______，工作地点为______，报到日期为______，订立劳动合同的期限为______年。

如果您接受本公司的录用，请在收到本通知书以后5日内将签署后的本通知书原件寄送/影印件传真回本公司。如您在3日内未回寄/传本通知书原件本/影印件，公司将视作您放弃该职位。

如您签署了本通知并回馈给公司，而又未在本通知确定的日期前报到，将承担本职位______个月薪资的违约金。如您签署了本通知并回馈给公司，而公司不能在本通知确定的日期接受您的报到，将承担本职位______个月薪资的违约金。

本通知书的生效前提是：1. 您提供的入职申请资料真实、客观、完整；以及2. 您具备胜任本职位的身体健康状况。

本次录用联络人：人力资源部招聘专员 ××

联系方式：

××有限公司（人力资源部）

______年______月______日

回传签名处

______

______年______月______日

二、合同变更类表单指引及示例

（一）表单使用指引

Step1. 确认劳动合同变更的类型

判断劳动合同变更的类型，属于员工本人提出变更动议，还是属于公司因生产经营客观情况需要变更。如果是前者，则风险相对较小，如果是后者，则风险相对较大。

Step2. 就变更事项与员工进行协商

就变更事项与员工进行协商，并达成一致意见。如果不能达成一致意见，则按原劳动合同约定继续履行。对于出现法定的：1. 员工不能胜任工作；2. 医疗期满不能从事原工作；3. 客观情况发生重大变化；4. 转产、技术革新等裁员等法定情形时，可以按照公平合理原则，单方变更劳动合同。

Step3. 发出2－1.《劳动合同变更书》或2－2.《劳动合同变更通知书》

如果双方能协商一致，可以就协商一致的内容纳入《劳动合同变更书》，双方签字后即生效。若不能协商一致，但公司可以依法单方面变更劳动合同的，发出《劳动合同变更通知书》，交由员工签收后即发生法律效力。

（二）表单示例

2-1. 劳动合同变更书

经甲乙双方协商一致，对______年______月______日双方订立的劳动合同作如下变更。

劳动合同变更的内容：____

____

____

甲方：______（签字盖章）______年______月______日

乙方：______（签字盖章）______年______月______日

注：本劳动合同变更书一式两份，甲乙双方各持一份，同等有效。

2-2. 劳动合同变更通知书

______先生/小姐：

依据《劳动合同法》第40条第1/2/3款之规定/第41条第1款第3项之规定，公司决定对您于______年______月______日与公司订立的劳动合同作如下变更。

劳动合同变更的内容：____

____

____

××有限公司

______年______月______日

三、合同终止类表单指引及示例

（一）表单使用指引

Step1. 确认合同即将到期

一般应提前30-45天做此准备工作，或是在每月固定日整理员工劳动合同档案，关注最近到期员工劳动合同。

Step2. 向部门长发送3-1.《劳动合同到期处理征求意见书》

员工是否胜任工作以及是否需要该员工继续工作，作为代表公司直接使用和管理该员的部门长具有最大的发言权，征求其对该员工是否应当续订的意见，以决定公司应当对该员工续订采取的态度。

Step3. 向员工发送3－2.《劳动合同到期续订劳动合同意向书》

征求员工意见，有两方面的考虑：一是尊重员工意见，体认其对续订劳动合同的意愿；二是如果员工本人不愿续订，则无须支付经济补偿金。

Step4. 综合两份意见书反馈情况，进行如下操作：

如果公司和员工均同意续订，直接与员工完成续订；

如果公司不同意续订，员工同意，则向其发出3－3.《劳动合同到期终止通知书》（公司通知终止），交由其签收后劳动合同终止，办理离职手续；

如果公司和员工均不同意续订，向其发出3－4.《劳动合同到期终止通知书》（员工通知终止），交由其签收后劳动合同终止，办理离职手续。

说明：以上处理主要针对劳动合同到期终止的情形，如果劳动合同终止是属于1. 劳动者开始依法享受基本养老保险待遇的；2. 劳动者死亡，或者被人民法院宣告死亡或者宣告失踪的；3. 用人单位被依法宣告破产的；4. 用人单位被吊销营业执照、责令关闭、撤销或者用人单位决定提前解散的；5. 法律、行政法规规定的其他情形等情形的，则发出3－5.《劳动合同到期终止通知书》（其他情形终止），并办理相关手续。

（二）表单示例

3－1. 劳动合同到期处理征求意见书

______部门长：

××公司与______部员工______订立的劳动合同（合同期限：______年______月______日至______年______月______日），即将届满。公司是否与该员工续签劳动合同，请您批注意见，管理部将按照您的意见，根据相关规定按程序办理。

根据该员工合同期内的工作表现，批注意见如下：

○ 该员工合同期内工作表现 ○ 优秀 ○ 良好，遵守公司各项规章制度，竭诚操守业务，同意续订劳动合同，续签的劳动合同按照公司规定办理。

○ 该员工表现不适合本公司工作，不同意续签劳动合同，相关手续按照公司规定办理。

其他意见：需要写出《工作总结》

其他意见：______________________________

部门长签名：__________

3－2. 劳动合同到期续订劳动合同意向书

______先生/小姐：

××公司与______部员工______订立的劳动合同（合同期限：______年______月

______日至______年______月______日），即将届满。根据国家与地方法律、法规、政策以及劳动合同的相关约定，经公司管理层批准，公司同意与您不降低该到期劳动合同约定条件续订劳动合同，届时由管理部与你办理续签手续。请你于收到此《意向书》后十天之内填妥回执意见并归还管理部，逾期将视为本人不同意与公司续签劳动合同。

特此通知

××有限公司

______年______月______日

劳动合同到期续订劳动合同意向书回执意见

××公司与______部员工______订立的劳动合同（合同期限：______年______月______日至______年______月______日），即将届满。根据国家与地方法律、法规、政策以及劳动合同的相关约定，经公司管理层批准，公司同意与您不降低该到期劳动合同约定条件续订劳动合同，届时由管理部与你办理续签手续。请你于收到此《意向书》后十天之内填妥回执意见并归还管理部，逾期将视为本人不同意与公司续订劳动合同。

本人意见：

○ 同意续订

○ 不同意续订

部门：______工号：______签名：______

日期：______

3－3. 劳动合同到期终止通知书

（适用于劳动合同期满企业提出终止的情况）

______先生/小姐：

××公司与______部员工______订立的劳动合同（合同期限：______年______月______日至______年______月______日），即将届满。根据国家和地方相关法律、法规、政策以及劳动合同的相关约定，经公司管理层批准，依法与您终止劳动合同，届时由公司管理部通知办理相关的离职手续。

特此通知

××有限公司

______年______月______日

3-4. 劳动合同到期终止通知书

（适用于劳动合同期满员工提出终止的情况）

______先生/小姐：

××公司与______部员工______订立的劳动合同（合同期限：______年______月______日至______年______月______日），即将届满。根据国家和地方相关法律、法规、政策以及劳动合同的相关约定，经公司管理层批准，依法与您在不降低该到期劳动合同约定条件续订劳动合同，但由于您本人提出不愿续订，故您的合同将至______年______月______日终止，届时由公司管理部通知办理相关的离职手续。

特此通知

××有限公司

______年______月______日

3-5. 劳动合同到期终止通知书

（适用于其他终止的情形）

______先生/小姐：

××公司与______部员工______订立的劳动合同（合同期限：______年______月______日至______年______月______日），符合《劳动合同法》第44条规定的：

○ 劳动者开始依法享受基本养老保险待遇的；

○ 劳动者死亡，或者被人民法院宣告死亡或者宣告失踪的；

○ 用人单位被依法宣告破产的；

○ 用人单位被吊销营业执照、责令关闭、撤销或者用人单位决定提前解散的；

○ 法律、行政法规规定的其他情形。

故您的合同将至______年______月______日终止，届时由公司管理部通知办理相关的离职手续。

特此通知

××有限公司

______年______月______日

四、合同解除类表单指引及示例

（一）表单使用指引

Step1. 确认劳动合同解除的类型

员工离职类型除了上述劳动合同终止外，主要是涉及劳动合同的解除。劳动合同的解除，分为协商解除和单方解除两种。其中单方解除又可具体分为企业单方解除（过失性解除、非过失性解除、经济性裁员）和员工单方解除（提前30天解除、过失性解除）。

Step2. 根据不同合同解除类型，作好证据备档

如果是协商解除劳动合同，分为员工动议协商和企业动议协商解除；其中前者无须支付经济补偿金，但是最好保留员工动议的相关证明。

如果是企业单方解除劳动合同，过失性解除需要举出能证明员工存在过失的相关证据；非过失性解除需要举出能证明员工属于非过失情形的相关证据；经济性裁员则需要举出证明裁员符合法定情形的相关证据。

如果是员工单方解除劳动合同，员工需要提前30天提交解除劳动合同书；若是因企业过失解除劳动合同，则需要员工举出相关证据，否则企业可以以缺勤、旷工等违反规章制度之理由对其进行处分或解除劳动合同。

Step3. 征求工会意见

此步骤仅只涉及企业单方解除劳动合同。此种情形下，企业应当就本次解除行为事先将理由通知工会，并征求工会的意见。企业应当研究工会的意见，并将处理结果书面通知工会。

Step4. 根据解除合同类型发出4-1. 4-2. 4-3. 《解除劳动合同书》和4-4. 《解除劳动合同确认书》

如果是协商解除劳动合同，视情形分别制作4-1. 《解除劳动合同书》（员工动议协商）和4-2. 《解除劳动合同书》（企业动议协商）。

如果是企业单方解除劳动合同，制作4-3. 《解除劳动合同书》（企业单方解除）。

如果是员工单方解除劳动合同，制作4-4. 《解除劳动合同确认书》（员工单方解除）。考虑到企业存在过失性的可能性以及表单设计对员工的错误引导，在员工说明理由一栏，可以去除“过失性解除”选项。

（二）表单示例

4－1. 解除劳动合同书

（适用于员工动议协商解除的情形）

______先生/小姐：

依据《劳动合同法》第三十六条的相关规定，您于______年______月______日与××公司提出协商解除此前××公司与您订立的劳动合同（合同期限：______年______月______日至______年______月______日），公司予以同意。

经协商一致后，您的劳动合同于______年______月______日解除。

您需要结算以下薪资和补偿金事项：

1. 您薪资结算至______年______月______日；计______元。
2. 此种情形下公司不需要支付经济补偿金。

您需要办理以下交接手续：

1. ____；
2. ____；
3. ____。

以上事宜完成后，按照公司离职规定办理离职手续。

××有限公司

______年______月______日

注：本劳动合同解除书一式两份，甲乙双方各持一份，同等有效。

4－2. 解除劳动合同书

（适用于企业动议协商解除的情形）

______先生/小姐：

依据《劳动合同法》第三十六条的相关规定，××公司于______年______月______日与您提出协商解除此前您与××公司订立的劳动合同（合同期限：______年______月______日至______年______月______日），您予以同意。

经协商一致后，您的劳动合同于______年______月______日解除。

您需要结算以下薪资和补偿金事项：

1. 您薪资结算至______年______月______日；计______元。
2. 此种情形下公司需要支付给您相当于____个月工资的经济补偿金，计_____元。

您需要办理以下交接手续：

1. ____；
2. ____；
3. ____。

以上事宜完成后，按照公司离职规定办理离职手续。

××有限公司

______年______月______日

注：本劳动合同解除书一式两份，甲乙双方各持一份，同等有效。

4-3. 解除劳动合同书

（适用于企业单方解除的情形）

______先生/小姐：

依据《劳动合同法》相关规定，××公司依法解除此前您与××公司订立的劳动合同（合同期限：______年______月______日至______年______月______日）。

解除您的理由是：

1. 过失性解除

○ 在试用期间被证明不符合录用条件的；

○ 严重违反公司的规章制度的；

○ 严重失职，营私舞弊，给用人单位造成重大损害的；

○ 员工同时与其他用人单位建立劳动关系，对完成本公司的工作任务造成严重影响，或者经用人单位提出，拒不改正的；

○ 因《劳动合同法》第二十六条第一款第一项规定的情形致使劳动合同无效的；

○ 被依法追究刑事责任的。

2. 非过失性解除

○ 员工患病或者非因工负伤，在规定的医疗期满后不能从事原工作，也不能从事由公司另行安排的工作的；

○ 员工不能胜任工作，经过培训或者调整工作岗位，仍不能胜任工作的；

○ 劳动合同订立时所依据的客观情况发生重大变化，致使劳动合同无法履行，经公司与员工协商，未能就变更劳动合同内容达成协议的。

3. 经济性裁员

○ 依照企业破产法规定进行重整的；

○ 生产经营发生严重困难的；

○ 公司转产、重大技术革新或者经营方式调整，经变更劳动合同后，仍需裁减人员的；

○ 其他因劳动合同订立时所依据的客观经济情况发生重大变化，致使劳动合同无法履行的：____。

您的劳动合同于______年______月______日解除。

您需要结算以下薪资和补偿金事项：

1. 您薪资结算至______年______月______日；计______元。

2. 此种情形下：

○ 公司需要支付给您相当于______个月工资的经济补偿金，计______元。

○ 公司不需要支付经济补偿金。

您需要办理以下交接手续：

1. ____；

2. ____；

3. ____。

以上事宜完成后，按照公司离职规定办理离职手续。

××有限公司

______年______月______日

注：本劳动合同解除书一式两份，甲乙双方各持一份，同等有效。

4－4. 解除劳动合同确认书

（适用于员工单方解除的情形）

______先生/小姐：

依据《劳动合同法》相关规定，您于______年______月______日提出解除此前××公司与您订立的劳动合同（合同期限：______年______月______日至______年______月______日）。

您说明的解除理由是：

1. 过失性解除（考虑到对员工的引导性，此项可根据企业需要去除）

○ 公司未按照劳动合同约定提供劳动保护或者劳动条件的；

○ 公司未及时足额支付劳动报酬的；

○ 公司未依法为劳动者缴纳社会保险费的；

○ 公司的规章制度违反法律、法规的规定，损害劳动者权益的；

○ 因《劳动合同法》第二十六条第一款规定的情形致使劳动合同无效的；

○ 法律、行政法规规定员工可以解除劳动合同的其他情形：

____。

○ 用人单位以暴力、威胁或者非法限制人身自由的手段强迫劳动者劳动的，或者用人单位违章指挥、强令冒险作业危及劳动者人身安全的，劳动者可以立即解除劳动合同，不需事先告知用人单位。

2. 预告解除

○ 劳动者提前三十日以书面形式通知用人单位，可以解除劳动合同。

○ 劳动者在试用期内提前三日通知用人单位，可以解除劳动合同。

您的劳动合同于______年______月______日解除。

您需要结算以下薪资和补偿金事项：

1. 您薪资结算至______年______月______日；计______元。

2. 此种情形下：

○ 公司需要支付给您相当于______个月工资的经济补偿金，计______元。

○ 公司不需要支付经济补偿金。

您需要办理以下交接手续：

1. ____；

2. ____；

3. ____。

以上事宜完成后，按照公司离职规定办理离职手续。

××有限公司

______年______月______日

注：本劳动合同解除书一式两份，甲乙双方各持一份，同等有效。

五、仲裁申请书及起诉书指引及示例

（一）仲裁申请书及起诉书使用指引

Step1. 确认是否申请仲裁

根据劳动争议的具体情况，决定是否需要申请劳动仲裁。对于员工违法解除劳动合同（比如未提前30天通知等）主张赔偿金、未按照培训服务期协议和竞业限制协议支付违约金等情形，企业可以自行决定是否需要向所在地劳动争议仲裁委员会申请劳动仲裁。

Step2. 发出5－1. 劳动争议仲裁申诉书

向所在地劳动争议仲裁委员会发出劳动争议仲裁申请书和证据清单，并按照劳动争议仲裁委员会的要求提交副本。等候劳动争议仲裁委员会发出传票或出庭通知，并做好准备。庭审后，劳动争议仲裁委员会根据庭审情况，做出裁决书。

Step3. 对劳动争议仲裁结果不服的，可以在法定期限内提起诉讼

如果不服劳动争议仲裁委员会裁决书的裁决内容，可以在规定时间内向所在地的基层人民法院提起诉讼，并提交5－2. 劳动争议起诉状和证据清单。同时按照人民法

院要求提交副本。等候人民法院发出传票和出庭通知，并做好准备。庭审后，人民法院会根据庭审情况，做出一审判决书。

Step4. 对一审判决书不服的，还可以在法定期限内提起上诉

如果不服基层人民法院一审判决书的判决内容，可以在规定时间内向该基层人民法院对应的中级人民法院提起上诉，并提交5－3. 劳动争议上诉状和证据清单。同时按照人民法院要求提交副本。等候人民法院发出传票和出庭通知，并做好准备。庭审后，人民法院会根据庭审情况，做出二审（终审）判决书。

（二）仲裁申请书及起诉书示例

5－1. 劳动争议仲裁申诉书

<table>
<tr><td colspan="2">申（被）诉 人</td><td colspan="3">被（申）诉 人</td></tr>
<tr><td>姓 名</td><td></td><td colspan="2">单位名称</td><td></td></tr>
<tr><td>性 别</td><td></td><td colspan="2">单位性质</td><td></td></tr>
<tr><td>年 龄</td><td></td><td rowspan="4">代表人或负责人</td><td>姓 名</td><td></td></tr>
<tr><td>国 籍</td><td></td><td>性 别</td><td></td></tr>
<tr><td>民 族</td><td></td><td>年 龄</td><td></td></tr>
<tr><td>工作单位</td><td></td><td>职 务</td><td></td></tr>
<tr><td>住 址</td><td></td><td colspan="2">单位地址</td><td></td></tr>
<tr><td>电 话</td><td></td><td colspan="2">电 话</td><td></td></tr>
<tr><td>邮 编</td><td></td><td colspan="2">邮 编</td><td></td></tr>
</table>

请求事项：

1. ______________________________

2. ______________________________

3. ______________________________

事实与理由：

1. ______________________________

2. ______________________________

3. ______________________________

综上，申诉人提起劳动仲裁，请求仲裁委员会判如所请。

此致

______劳动争议仲裁委员会

申诉人：______（签名或盖章）

______年______月______日

附：

1. 副本______件；

2. 物证______件；

3. 书证______件。

填写说明：

1. 请求事项应简明扼要地写明具体要求。

2. 事实和理由空格部分不够用时，可用同样大小纸续加中页。

3. 申诉书副本份数，应按被诉人人数提交。

5－2. 劳动争议起诉状

原告：______

被告：______

原告不服______劳仲______庭（案）字（　　）第______号仲裁裁决书/不予受理通知书，现向法院提起民事诉讼。

诉讼请求：

1. ____

2. ____

3. ____

事实与理由：

1. ____

2. ____

3. ____

何时提起仲裁：________________________________

裁决内容：

1. ____

2. ____

3. ____

不服裁决理由：

1. ____

2. ____

3. ____

其他事实：

1. ______________________________

2. ______________________________

3. ______________________________

此致

______市______区人民法院

具状人：______（签名或盖章）

______年______月______日

附：

1. 本起诉状副本______份；

2. ______劳仲______庭（案）字（　　）第______号仲裁裁决书/不予受理通知书复印件一份；

3. ______市______区劳动争议仲裁委员会送达证明原件一份。

填写说明：

1. 诉讼请求。主要写明请求解决争议的权益和争议的事务。写明请求人民法院依法解决的有关民事权益争议的具体事项。

2. 事实和理由。事实部分，要全面反映案件事实的客观真实情况。证据部分，有三项内容列述提交的有关书证、物证以及提起能够证明事实真相的材料；说明书证、物证以及其他有关材料的来源和可靠程度；证人的证言内容以及证人的姓名、住址。

3. 在起诉状尾部，申请人是用人单位的，应由用人单位盖章，日期应填写准确。

4. 最后应根据被告的人数提供起诉状副本，被告有几个人就应提供几份副本。

5-3. 劳动争议上诉状

上诉人：______

被上诉人：______

上诉人因__________一案，不服人民法院______年______月______日（　）字第______号判决，现提出上诉。

上诉请求：

1. ______________________________

2. ______________________________

3. ______________________________

上诉理由：

1. ____

2. ____

3. ____

此致

______人民法院

上诉人：______（签名或盖章）

______年______月______日

附：本上诉状副本______份

填写说明：

1. 上诉请求部分，首先，应综合叙述案情全貌，接着写明原审裁判结果。其次，应指明是对原判决全部或者哪一部分不服。最后，写明具体诉讼请求，是要撤销原裁判、全部改变原判还是部分变更原判。

2. 上诉理由部分，主要是针对原审裁判而言，而不是针对对方当事人。针对原审判决、裁定论证不服的理由，主要是以下几方面：（1）认定事实不清，主要证据不足；（2）原审确定性质不当；（3）适用法律不当；（4）违反了法定程序。

附录一

2020－2022年中国企业人力资源管理合规化指引

——中国企业用工流程标准化示范性指引（SOP）报告

（摘要）

执笔人：上海持万企业管理咨询有限公司

目　　录

导　　言
1. 用工管理篇（SOP）
1－1. 标准劳动关系
1－2. 特殊劳动关系
1－3. 灵活雇佣与非全日制用工
1－4. 涉外及涉港澳台用工
1－5. 实习生与应届生管理
1－6. 劳务派遣用工
1－7. 人事代理、外包与共享员工管理
2. 劳动合同篇（SOP）
2－1. 员工招聘与合同订立
2－2. 试用期管理
2－3. 培训与培训服务期
2－4. 保密与竞业限制
2－5. 调岗、调薪与调整工作地点
2－6. 留人管理
2－7. 离职管理
3. 风险控制篇（SOP）
3－1. 劳动报酬与工资
3－2. 工时管理
3－3. 休假管理
3－4. 加班管理
3－5. 岗位管理
3－6. 绩效管理
3－7. 福利管理
4. 实务操作篇（SOP）
4－1. 规章制度的实体与程序
4－2. 劳动合同与专项协议
4－3. 流程化操作
4－4. 表单与证据管理
4－5. 劳动争议仲裁
4－6. 法院诉讼
后　　记

导　　言

持万咨询机构致力于提升企业人力资源合规化管理水平，无论是对于跨国公司和外资企业而言，还是就国有企业和民营公司而言，自身及其关联公司涉及雇用各种类型的员工，防范高薪高管员工用工风险，批量管理全国性的研发、销售、技术等特殊人才，大量使用劳务派遣和人事外包等多元化用工方式，统筹管理全国各地分支机构员工的薪酬、假期与福利，诸如此类的用工模式和用工管理是否存在潜在风险？如何管理好员工从入职、在职和离职整个环节和全部流程中的劳动关系？如何在社保入税的大背景下，合理规划和优化人力资源成本，在依法合规的前提下有效做好成本控制？如何通过标准操作程序（SOP）理顺各种用工管理关系，并在日常管理中做好人力资源管理风险预防呢？为此，我们在从事12年专业咨询服务的基础上，结合纵向的劳动关系管理和横向的日常用工管理，特别制作了《2020－2022年中国企业人力资源管理合规化指引》，以提升持万咨询客户和广大企业的用工管理水平。

1. 用工管理篇（SOP）

1－1. 标准劳动关系

标准劳动关系，又称全日制标准劳动关系，是指员工与企业订立劳动合同、形成单一劳动关系并受劳动法律法规统一调整的用工关系，大部分岗位的员工属于标准劳动关系。标准劳动关系的主要特点在于：一是符合劳动关系的一般特征，即从属性、人身性和有偿性；二是订立书面劳动合同，包括已经订立或应当订立书面劳动合同；三是全日制工作；四是从属于单一雇主，即与一家用人单位建立劳动关系。标准劳动关系是众多用工关系中最常见也最普遍的用工关系，也是劳动法进行普遍调整的一种劳动关系。一般意义上所称的劳动关系，就是指标准劳动关系。在标准劳动关系下，企业除了依照劳动合同的约定支付劳动报酬外，还应当依照劳动法的规定为员工缴纳社会保险，在解除或终止劳动关系时依法支付经济补偿金。

在《劳动合同法》框架下理解劳动合同的解除和终止，需要了解到除非劳动者法定自身原因或者符合特定法定条件，否则绝大多数情况下企业需要支付经济补偿金。归纳来看，除了：（1）员工主动辞职以及动议协议解除劳动合同；（2）员工因试用期未通过、严重违纪、严重失职、违法兼职、欺诈入职、被追究刑事责任等行为被企业过失性解除；（3）员工在劳动法上主体资格消灭的，比如依法享受基本养老保险待遇的、自然死亡、宣告死亡或者失踪的；（4）劳动合同到期后公司维持或者提高劳动合同约定条件续签而员工主动拒绝的。以上四种情形之外的解除或终止劳动合同的情形，企业均应依法支付经济补偿金。经济补偿金的支付标准为每满1年工龄支付1个月工资的经济补偿金，不满6个月的按照半个月工资支付。该月工资是指劳动合同解除或者终止前12个月的平均工资，超过当地社会平均工资3倍的按照3倍封顶。

1－2. 特殊劳动关系

特殊劳动关系是指员工存在退休返聘、内退、停薪留职、下岗待业人员、协议保留社会保险关系等情形，而因此同时与两家单位存在劳动关系（比如在其中一家单位缴纳社保或领受养老金等）的特殊用工关系，在技术、后勤等岗位使用较多。特殊劳动关系有以下两层意思：首先，特殊劳动关系仍然是一种劳动关系，不能简单等同于自由平等的民事关系；其次，特殊劳动关系是一种特殊的劳动权利义务关系，不能以标准的法定强制性规范去约束双方的行为，比如在合同关系的终止程序、经济补偿金支付等方面迥异于标准劳动关系。特殊劳动关系作为一种事实上客观存在的法律关系，企业尤其需要重视的是如何处理和应对自身管理上遇到的特殊劳动关系，并在法律框架内有效使用好这些特殊劳动关系人员。

具体而言，在处理特殊劳动关系时也需要特别注意对退休（含内退）、下岗待岗人员和停薪留职等特殊人员用工关系的正确识别。对于已经依法享受养老保险待遇或领取退休金的人员，其与企业之间的用工关系按照劳务关系处理；而对于企业停薪留职人员、协议保留劳动关系人员、未达到法定退休年龄的内退人员、下岗待岗人员以及企业经营性停产放长假人员，其与企业之间的用工关系按照劳动关系处理。企业在实际用工中需要使用特殊劳动关系人员的，需要首先判断该用工关系是劳动关系还是劳务关系，并在此基础上订立有效的用工合同，分门别类且因地制宜地进行有效管理。

1-3. 灵活雇佣与非全日制用工

灵活雇佣，又称非全日制劳动关系，是《劳动合同法》特别予以明确和规范的一种新的用工方式。全日制用工与非全日制用工的主要差异在于：全日制用工必须注意劳动合同书面化、双重用工排除化、解除条件法定化、经济补偿标准化等特点，而非全日制用工立法则相对简易，在合同形式、能否兼职、解除条件和经济补偿等方面稍显灵活。对于保洁、搬运、物流、用车等临时性或工作量不大的岗位，企业可以采取灵活用工的方式，建立非全日制劳动关系。但是，非全日制用工也存在稳定性差、易侵害企业商业秘密、仅用于辅助性的岗位等方面的缺点。企业要根据自身实际情况来确定用工模式的搭配，不能过分使用非全日制工。要在综合评估工作岗位、经营需要和员工素质等各方面要素后，确定非全日制用工在总体用工形式中的比例和规模。

非全日制工有其独有的特点，根据《劳动合同法》的特别规定，非全日制工在同一用人单位一般平均每日工作时间不超过4小时，每周工作时间累积不超过24小时，且其劳动报酬结算支付周期不得超过15日。同时，非全日制用工双方当事人任何一方都可以随时通知对方终止用工，且用人单位不用向劳动者支付经济补偿，对于用人单位而言具有降低用工成本的优势。但需要特别提醒企业注意几个要点：一是试用期限制，非全日制用工不得约定试用期；二是多重劳动关系的效力位阶，非全日制用工中后成立的劳动合同不得影响先成立的劳动合同的履行；三是社保处理的特殊性，原则上非全日制工社保关系以灵活就业人员方式或其他方式自行办理，但原则上用工单位须承担工伤保险缴纳义务。

1-4. 涉外及涉港澳台用工

在中国内地（大陆），外国人及港澳台人员一般均统称为境外人员。境外人员在中国境内（内地或大陆）就业，受到中国劳动法的特别调整。就外国人而言，如其需在中国境内就业或者中国境内企业需要招聘外国人，该外国人本人和拟招聘外国人的企业均必须办理相关就业和招聘审批手续，并由人力资源社会保障和外事部门予以审核。外国人在中国境内就业，原则上仍应适用《劳动合同法》和相关劳动法律法规，但一般许可双方通过劳动合同在聘用期限、岗位、报酬、保险、工作时间、解除聘雇关系条件，违约责任等方面做出相应的权利义务约定，但此种约定显失公平时除外。外国人在中国境内就业，参照《社会保险法》的规定参加社会保险，但其在本国已经参加社保且双方约定不在中国境内缴纳社保的，从其约定。

相比较而言，港澳台人员在中国境内（内地或大陆）就业比外国人更加便利，且基本上参照内地或大陆的公民待遇。港澳台人员在中国境内就业无需办理就业许可，除特别规定外，企业招聘港澳台人员也无需办理相关招聘审批手续。在港澳台人员的劳动关系管理上，原则上类比外国人在中国劳动关系管理，仍应适用《劳动合同法》和相关劳动法律法规，但一般许可双方通过劳动合同在聘用期限、岗位、报酬、保险、工作时间、解除聘雇关系条件，违约责任等方面做出相应的权利义务约定，但此种约定显失公平时除外。自2020年1月1日起，在中国内地（大陆）就业的港澳台居民，包括正规就业人员和灵活就业人员，都与内地（大陆）居民一样，依法参加社保和享受社保待遇的合法权益。

1-5. 实习生与应届生管理

在实践中，实习生一般分为两类情况：一类是实习人员根据法律法规的要求在单位通过实践进行一定专业训练。这类实习人员一般与单位都建立了劳动关系，实习目的在于增强从事这些专业工作的熟练度，以便将来能够较为独立地从事这样的职业，如律师、医师、专利代理师等需要进行实践训练的职业。另一类是实习生出于教学需要在单位进行社会实践的行为，如中等职业学校和高等院校等应届学生在毕业前的毕业实习。实习生一般与用人单位不建立劳动关系，实习的目的在于让学生实践自己在书本上学到的理论知识。这类实习人员由于与用人单位没有劳动关系，当双方发生争议时，不能按劳动争议纠纷解决，只能按照民法上的合同关系来处理。用人单位与实习生的权利义务关系通过实习协议予以明确，比如实习期限、实习内容、实习报酬等。

此外，出于勤工俭学等目的，一些高等院校的在读学生在学习之余从事个人兼职活动，但对此种行为如何进行法律认定实务中存在争议。根据《劳动和社会保障部关于非全日制用工若干问题的意见》，其并未将在校学生从事兼职的行为排除在非全日制工的范围内，因此在校学生从事兼职的行为若符合非全日制用工的条件，则可以适用非全日制用工的相关规定。企业在招录实习生时需要区分不同的形态，并相应做好有效管理。一是需要注意做好相关合同的约定，对从学校集中招录的实习生，要与学校、实习学生之间订立权利义务清楚的实习合作协议和实习协议，对零散招录的勤工俭学的实习学生，可以与学生订立实习协议，就实习期间的相关权利义务进行明确约定，原则上实习生的实习补贴或实习报酬不应低于当地最低工资标准。

1－6. 劳务派遣用工

劳务派遣关系主要是指，用工单位与劳务派遣单位之间建立劳务派遣关系，劳务派遣单位与派遣员工之间建立劳动关系，用工单位与派遣员工之间建立用工关系。而用工单位与派遣员工之间的这种用工关系，既不同于一般的民事劳务关系，也不是完全的劳动关系。按照《劳动合同法》及其修正案的规定，劳务派遣用工是补充形式，只能在临时性、辅助性或者替代性的工作岗位上实施，一般不得超过其用工总量的10%。其中，临时性工作岗位是指存续时间不超过6个月的岗位；辅助性工作岗位是指为主营业务岗位提供服务的非主营业务岗位；替代性工作岗位是指用工单位的劳动者在因脱产学习、休假等原因无法工作的一定期间内，可以由其他劳动者替代工作的岗位。用工单位应当严格控制劳务派遣用工数量，向派遣员工提供劳动环境和劳动条件，贯彻正式员工和派遣员工“同工同酬”的原则，并就劳务派遣单位的相关违法违约行为承担“连带责任”。

劳务派遣具有用工方式灵活、面向特定岗位专业性较强、部分情形下能有效降低用工成本等优势，但是用工单位在使用劳务派遣时应注意以下几点：一是在派遣合作机构选择方面，需要仔细甄别劳务派遣公司，选择符合法律法规的派遣机构。避免出现因派遣机构不具有法定资质，使得用工单位与派遣员工之间被认定为事实劳动关系，进而导致用工单位需要承担用工单位应承担的义务，加大用工单位责任的情况出现。二是在日常用工管理方面，用工单位应及时履行法律法规规定的义务包括提供相应的劳动条件和劳动保护，支付加班费、绩效奖金及与工作岗位相关的福利待遇等。三是在实际用工关系解除或终止方面，在派遣员工出现过失、因健康或能力情况无法正常提供用工等法定退回情形时，用工单位可以根据《劳动合同法》的规定将派遣员工退回至劳务派遣单位，劳务派遣单位依照本法有关规定，可以与劳动者解除劳动合同。

1－7. 人事代理、外包与共享员工管理

人事代理，是指人事代理机构接受用人单位的委托，运用专业化和社会化的服务方式，为其代办有关的人事业务。这些人事代理业务包括：人事档案管理；社保、公积金代理；居住证、就业证代理；招聘、测评和考核代理；薪酬支付代理和个税代扣代缴；人事管理及法律政策咨询；等等。承接此类人事代理业务的服务机构主要是企业管理公司、人力资源公司和管理咨询公司，大多具有相关人事管理领域的专业性。从人事代理服务更进一步，一些供应商还提出人力资源外包的概念，这个概念从广义上讲包括劳务派遣在内，而从狭义上讲则主要是指将客户企业的人力资源管理工作或相关管理工作的部分或全部以承包的形式代理下来，从而使客户企业更多地专注于企业其他核心竞争力的建构和发展。

近年来，在不同企业之间进行共享员工这种新的模式开始出现并逐渐在新兴业

态中显示出强大的适应性。在新冠肺炎疫情背景下，共享员工成为一些暂时难以复工的中小企业将员工以共享模式进行短期人力输出的合作用工方式，并成为疫情期间部分受到疫情较大影响行业用工模式的新变革和新突破。在新时期，对共享员工可以做两种理解：一是员工借调的另一种表述形式，也即员工输出方仍为劳动法上的用人单位，只是在共享期间由输入方企业进行管理，相关权利义务由输出方和输入方共同协商确定；二是共享员工成为独立于某一具体企业的独立员工，也即与两个或两个以上企业建立劳动关系，以独立劳务提供者或非全日制用工形式与雇佣企业建立用工关系。在互联网经济和平台经济高速发展的当下，共享员工也可以成为特定行业和特定业态的用工选项之一。

2. 劳动合同篇（SOP）

2－1. 员工招聘与合同订立

在员工招聘、面试和录用阶段，企业要善用知情权，详细了解应聘人员的学历、工作经历、工作能力、身体健康等方面的基本情况。但是，企业不能侵害应聘人员的隐私权，不能征询与劳动合同无关的，诸如恋爱、婚育、家庭情况等方面的隐私问题。企业应当在员工报到时与其订立劳动合同，迟延订立劳动合同会存在法律风险。劳动合同的期限可以是固定期限，也可以是无固定期限，或是以完成一定工作任务为期限。但是如果企业与员工连续订立了两次固定期限劳动合同，企业应认识到事实劳动关系的认定和处理的新制度加重了相应的处罚后果。在事实劳动关系的认定上，工资单、员工工卡、考勤记录等都可以作为认定事实劳动关系的依据。企业应避免主观采用和客观形成事实劳动关系。应对事实劳动关系形成的事后策略及时补签劳动合同。

在员工招聘和合同订立过程中，需要特别注意预防相关法律风险。在员工招聘过程中，可以根据需要对特定岗位的员工进行背景调查，具体方式可以是与该员工此前工作的公司、人事管理代理机构联系或委托专业的服务公司进行。在签发录用通知书（OFFER）时要注意明确员工入职的岗位、薪资和工作地点，约定员工在入职报到之前的权利、义务和责任，并就员工无正当理由不来公司入职的相关风险进行告知。在订立劳动合同过程时，要注意在入职一个月内及时订立书面劳动合同，避免出现未及时订立书面劳动合同而产生双倍工资的赔偿责任。另外，对于符合连续工作满 10 年、连续订立 2 次固定期限劳动合同等法定条件的员工，企业需要与其订立无固定期限劳动合同。对于一些特殊的用工需求企业而言，还可以根据实际情况与员工订立以完成一定任务为期限的劳动合同。

2－2. 试用期管理

劳动合同的内容应当具备法律规定的必备条款。工作内容和地点、工时休假、劳动报酬、社会保险、劳动保护等必备条款关系员工切身利益，企业在制定相关条款内容时要综合考虑并慎重处理。企业可以根据实际需要，在劳动合同中约定试用期、培训、保守商业秘密、补充商业保险和福利待遇等其他事项。根据《劳动合同法》的规定，试用期设置按照劳动合同期限可以有所不同，但最长期限为6个月，试用期间员工待遇不得低于本企业同岗位的最低档工资或者约定工资的80%，也不得低于当地最低工资标准。与此同时，企业使用试用期的次数不得超过2次。企业可以在试用期条款中明确约定，在因患病、负伤等特殊原因无法正常履行劳动合同和接受试用期考察的，试用期计算中止，待员工回到工作岗位正常工作时起继续计算。企业需要与员工协商一致后，方可延长或缩短试用期。试用期也计算在劳动合同期限内，在试用期内，企业不能随意单方面变更劳动合同内容。

对员工试用期进行管理，需要细化相关的考核标准以使得试用期管理变得有规可循。根据《劳动合同法》第21条的规定，企业在试用期解除劳动合同的，需要说明理由。这里所称理由主要是试用期解除的主要依据，通常是指不能通过企业安排的试用期考核。试用期的考核需要具体明确，相关考核要点事先应让员工知晓。企业在试用期解除劳动合同，需要在试用期结束前作出并通知试用期员工。需要指出的是，并非所有员工都可以约定试用期，例如企业在招聘非全日制工时则不可以约定试用期，《劳动合同法》对企业违法约定试用期规定了严格的法律责任，“违反本法规定与劳动者约定试用期的，由劳动行政部门责令改正；违法约定的试用期已经履行的，由用人单位以劳动者试用期满月工资为标准，按已经履行的超过法定试用期的期间向劳动者支付赔偿金”。

2－3. 培训与培训服务期

在《劳动合同法》的新劳动法律格局下，立法更加注重解雇保护和对企业追究员工责任的限制，在此种情况下企业加大人力资本的投入需要承受一定的法律风险。企业可以通过与员工订立培训协议的方式，与受训员工约定服务期，并约定不满服务期离职的违约金。《劳动合同法》对违约金的数额和比例作了限制性规定，一是违约金的数额不得超过企业提供的培训费用，二是违约金不得超过服务期尚未履行部分所应分摊的培训费用。企业在设计和履行员工培训服务期协议时应当格外注意，对于培训服务期协议的条款应认真斟酌，充分考虑各种合理性和合法性，使培训服务协议真正起到应有的引导、预防和制约的法律效果。企业与员工约定服务期的，不影响按照正常工资调整机制提高员工在服务期内的薪资待遇。

按照《劳动合同法》的规定，企业只有在为员工提供专业技术培训时才可以约定服务期和违约金，非专业技术培训则不可以约定服务期和违约金。因此，为避免日后对培训性质产生争议，企业需要在培训服务期协议内增加条款明确培训的性质为专业培训。按照《劳动合同法实施条例》的规定，培训协议所涉及和约定的培训费用，包括企业为了对员工进行专业技术培训而支付的有凭证的培训费用、培训期间的差旅费用以及因培训产生的用于该员工的其他直接费用，具体范围则由双方在培训协议中加以明确约定。若订立了服务期协议的员工劳动合同期满而服务期尚未到期的，劳动合同应当续延至服务期满，但双方在服务期协议中另有约定的，按照协议约定执行。

2－4. 保密与竞业限制

企业可以通过与员工订立保密协议，确定商业秘密的范围、员工违反保守商业秘密义务的具体行为表现以及相应的法律责任。企业可以通过制定保护本单位商业秘密方面的规章制度对员工进行约束，其形式可以是员工手册中的一章，也可以是专项规章制度。对于部分涉及商业秘密的核心员工，企业还可以通过与其订立竞业限制协议的方式建立商业秘密保护机制。此外，根据《劳动合同法》的规定，竞业限制的人员范围限于用人单位的高级管理人员、高级技术人员和其他负有保密义务的人员。因此并非所有的员工都需要签订竞业限制条款，此外，离职员工履行竞业限制义务的前提是企业支付经济补偿金，可见企业需要合理确定竞业限制的人员范围，以减少企业不必要的成本负担。

需要特别指出的是，保守商业秘密是员工作为劳动者的法定义务，而非基于保密协议的约定才产生。保密协议的功能是进一步明确商业秘密的范围以及具体表现形式，并通过约定具体的权利、义务和责任关系来保障法定的保密义务在本单位的明确化和具体化。《最高人民法院关于审理劳动争议案件适用法律若干问题的解释（四）》（法释〔2013〕4号）就保密协议和竞业限制协议相关约定不明的情况进行了指导性规定。其一，相关协议没有约定离职后给予员工经济补偿的，若员工已履行竞业限制义务，可要求企业按照月工资的30%按月支付经济补偿；其二，相关协议明确约定了竞业限制和经济补偿事项，双方均应按照约定履行；其三，若员工离职后企业3个月未支付经济补偿，员工可以请求解除竞业限制；其四，在竞业限制期限内企业请求解除竞业限制的，应额外支付员工3个月的竞业限制经济补偿；其五，员工违反竞业限制约定并支付违约金，企业有权要求其履行竞业限制义务。

2－5. 调岗、调薪与调整工作地点

调岗、调薪及调整工作地点具备合法性的情形有两项：一是双方当事人协商一致；二是依据法律的规定进行。就双方协商一致而言，可以体现在事后的劳动合同变更书中，也可以体现在事前约定劳动合同的具体岗位、薪资和工作地点条款中。根据法律的规定而言，企业可在员工不能胜任工作和客观情况发生重大变化等法定情形下予以调岗、调薪或调整工作地点。《劳动合同法》背景下企业自主经营决策权受到一定的限制，调岗、调薪或调整工作岗位涉及变更劳动合同约定的内容，此种情况下用人单位应与劳动者协商一致方可变更。但无论如何，企业在进行此种调岗、调薪、调整工作岗位等行为时，应当充分与劳动者协商，秉承公平合理原则，争取双方达成合意，避免纠纷的发生。

调岗、调薪与调整工作地点是劳动关系管理中比较典型的争议焦点，也是企业高度关注岗位匹配度和用工灵活度的重要事项。企业可以通过在劳动合同中对岗位

条款进行专门约定来适应《劳动合同法》框架下岗位调整的严格约束，或者通过年度或特定任务、时段的岗位协议作为劳动合同的补充协议。与此同时，企业还可完善规章制度中的岗位、薪酬和绩效管理的相关规则，规定员工在岗位绩效胜任度不足时的相关管理规则，比如可以采取培训及调整岗位、职级、薪酬等方式达到绩效改善的效果，如果培训或调岗后绩效改善不符合预期则可以根据《劳动合同法》的规定予以解除劳动合同。关于工作地点的变动，则可以在考虑员工合法权益的基础上，结合具体的岗位制度作出合理、灵活的规定。

2－6. 留人管理

企业可以通过提供专业技术培训机会等非物质性待遇来稳定员工，如研修、旅游或给予特殊荣誉，也可以通过提供物质性特殊福利待遇来吸引员工，如福利住房、大额借款等。但与此同时，企业也需要做好法律风险的防范。比如，提供专业技术性培训，企业可以与员工约定服务期。应注意的是，在《劳动合同法》实施以后，在出资培训相关事项之外约定服务期和违约金并无法律依据。企业可以通过订立民事借款及担保提供等间接性福利待遇、民事债务免除等直接性福利待遇、阶段性支付或阶段性享受形式来达到激励员工长期工作的实际效果。另外，从常规福利制度安排的角度，长期服务年度贡献奖、补充住房公积金制度或企业年金制度也会取得较好的留人效果。

此外，在现代市场经济条件下，员工跳槽已是普遍现象。多数情况下，一些核心员工的跳槽会给企业带来相当大的影响，尤其是重要岗位上的核心员工跳槽给企业带来影响是巨大的。因此，为了能更好地留住核心员工，企业除了采取提高福利待遇或长期服务特别奖励以外，还可以选择采取适当的其他方面的配套措施。一是在实际利益上加强对长期服务员工的股权激励，制定符合企业实际情况的股权激励制度，对于核心骨干员工可以设置专门的股权激励条款；二是在精神指引上塑造符合本企业实际的特定企业文化，让员工在有认同感、归属感、感染力和凝聚力强的氛围和背景下积极工作，为企业留住人才的同时也能展示正面形象，延揽更多的人才加入企业。

2－7. 离职管理

《劳动合同法》对企业主动终结劳动关系的实体和程序要求，要明显严于员工主动终结劳动关系。在员工解除劳动合同方面，首先，员工享有任意解除权，即不需要任何理由即可提前 30 天通知用人单位解除合同；其次，若企业存在未按照约定提供劳动保护或劳动条件、未及时足额提供劳动报酬、依法缴纳社会保险金、规章制度损害员工权益等违法事实在先，员工还可以行使法定解除权，并要求支付经济补偿金甚至是赔偿金。企业对法律赋予员工的这种相对自由的辞职权应有适当的应对。一是需要定期自我检查，留意企业在劳动用工和人力资源管理方面是否存在不合规之处，避免出现无征兆“被解除”的情形；二是要注意所在地的具体政策口径，比如有的地方对员工以“未及时足额提供劳动报酬”为由解除设定了“应先行向用人单位主张”的前置性条件，避免因计算错误等原因导致解除权被过度行使。

与此同时，企业应掌握好法律赋予企业的为数极少的法定解除权。过失性解除需要企业保留员工存在违章、违纪或不当行为的切实证据。这一方面需要企业在规章制度方面规定得更为细致，另一方面也要求企业在日常人力资源管理过程中有流程意识和证据意识。非过失性解除对企业的绩效管理制度要求较高，同时必须严格遵循“经过培训或者调整工作岗位，仍不能胜任工作的”规定中释出的法定程序。经济性裁员的实体和程序要求相对简单，但企业必须符合裁员的前提条件。在《劳动合同法》环境下，企业管理员工包括解除劳动合同的法律策略应有所调整。企业可以通过实施柔性化的管理，弥补规章制度和劳动合同的瑕疵和不足。如果在解除劳动合同过程中，遇有程序阻碍或取证困难的情形，企业可以通过协商一致的方式进行变通处理。

3. 风险控制篇（SOP）

3－1. 劳动报酬与工资

薪酬作为企业人力资源管理中最具激励性的要素，一直是企业为调动员工积极性所选择的重要工具。与此同时，薪酬也是员工最为敏感、最为关注和最为重视的问题，在员工关系管理中，也最易出现问题和矛盾。特别是在《劳动合同法》背景下，包括薪酬事项在内的劳动合同约定条款变更，企业都需要与员工协商一致。企业可以在劳动合同中约定薪酬相关事项，也可以在规章制度中对不同岗位职级的员工薪酬作出明确规定。通常认为，企业通过制定薪酬管理制度特别是与岗位管理、绩效管理相协调的弹性薪酬制度能够较好地做好薪酬管理，并且同时避免因薪酬约定不明而带来的劳动争议风险。当然，企业也可以与特定的员工约定特殊的薪酬协议或条款，按照专门的约定来执行。

采取何种薪酬结构往往是企业人力资源管理或成本规划的重要考虑点。企业可以根据自身的具体情况，采取固定要素阶梯薪酬制、与绩效挂钩的弹性薪酬制以及固定与弹性结合的复合薪酬制。从风险防控的角度出发，采取复合制薪酬结构往往成为企业的首选，具体方式为将劳动报酬的一部分作为固定工资，一部分作为浮动工资，根据员工的工作能力、业绩考核成绩等决定此部分应发放的具体数额。固定工资部分保障了员工基本生活需求，弹性工资部分作为绩效考核结果的薪酬化反映，更能激发员工的积极性、创造性。与此同时，企业需要通过在薪酬制度之外，协调而灵活地配合运用岗位制度和绩效制度，才能做到薪酬设置上的激励性与管理弹性的统一。

3－2. 工时管理

工时制度包括标准工时制度和特殊工时制度。标准工时制度规定了每日 8 小时工作制、每周工作 40 小时以及每周至少休息 1 天等三方面的要求。目前的特殊工时制主要有综合计算工时制和不定时工作制两种，主要适用于因生产特点或者工作性质特殊、不能实行标准工时制度的岗位。申请特殊工时制的岗位需要向人社部门进行申请，经批准后方可执行。作为企业而言，需要根据自身的具体情况选择不同的工时制度。需要指出的是，企业对于不同的岗位可以相应采取不同的工时制度。比如，对于高级经营管理、销售、外勤、司机、程序员、研发、技术、创作等无法准确统计具体工作时间的岗位，可以申请不定时工作制；对于制造业和零售业的一线员工、从事农林渔牧等季节性工作或交通电信等公用事业工作的一线员工等特定员工群体而言，综合计算工时可能更符合行业特点和公平性原则。

实行特殊工时制后，员工的薪酬计算也具有相应的特殊性。对于不定时工作制的员工主要是根据其岗位绩效考核而非工作时间来计算其薪酬，除了法定节假日工作，原则上也不会产生加班费。对于综合计算工时制而言，并非不产生加班费，只是说员工工时可以在核定的周期内平摊折算。具体而言，在综合计算周期内实际工作时间超过法定工作时间的部分，视为延长工作时间，仍然需要支付加班费。针对不定时工作制，相关法律法规规定，对于实行不定时工作制的劳动者，企业应当根据标准工时制度合理确定劳动者的劳动定额或其他考核标准，以便安排劳动者休息。其工资由企业按照本单位的工资制度和工资分配办法，根据劳动者的实际工作时间和完成劳动定额情况计发。

3-3. 休假管理

员工享有国家规定或者企业另行补充的休息休假权。企业要求员工延长劳动时间不仅需要员工本人的同意，而且还应当接受国家劳动标准的最长时限的规制。国家规定的公休假、法定节假日、法定年休假、婚丧假、探亲假等，企业应依法保障员工享受。根据《职工带薪年休假条例》规定，年休假的法定标准如下：职工累计工作已满1年不满10年的，年休假5天；已满10年不满20年的，年休假10天；已满20年的，年休假15天。国家法定休假日、休息日不计入年休假。相关法律法规赋予了劳动者带薪年休假的权利，因此员工在满足带薪休年假的条件下，企业应充分保障员工权利的享受，不可随意克扣假期天数，甚至拒绝员工休年假的申请。当然，企业可以根据自身具体情况，在法定年休假之外设定自主确定的年休假福利，并设定自主年休假的具体规则。

休假管理也是企业人力资源管理中容易引发争议的常见事项。目前，国家规定的各种假期数量较多，相关的细则也不尽相同，不同地域的休假地方性规定也存在差异。企业在假期管理中尤其要注意以下几个方面的问题：一是休假法规的强制性。有些假期是强制性的，企业不得自行规定或约定减少或取消假期事项，比如法定节假日、公休日至少休息1日、法定带薪年休假等都是强制性假期。与此同时，也有一些地方规定的特定假则是指导性的，比如江苏、上海等地规定的产前假，则是由企业根据具体情况执行掌握。二是假期待遇的差异性。不同的假期之间，有时候存在待遇权重不同的情况。比如公休日的补休是“二补一”，法定节假日和法定带薪年休假则是“三补一”，企业要予以注意。三是假期管理的自主性。假期管理说到底还是企业自主管理的范畴，只要不违反法律法规的强制性规定，企业也可以根据自身情况作出相应的、松紧适度的假期管理规定。

3－4. 加班管理

根据《工资支付暂行规定》的规定，企业在劳动者完成劳动定额或规定的工作任务后，根据实际需要安排其在法定标准工作时间以外工作的，视为加班。在加班情况下，需要按以下标准支付工资：其一，在日法定标准工作时间以外加班的，按照不低于本人小时工资标准的150%支付加班工资；其二，在休息日工作，而又不能安排补休的，按照不低于本人日或小时工资标准的200%支付加班工资；其三，在法定休假节日工作的，按照不低于本人日或小时工资标准的300%支付加班工资。实行计件工资的劳动者，在完成计件定额任务后加班的，应根据上述原则，分别按照不低于计件单价的150%、200%、300%支付加班工资。经人社部门批准实行综合计算工时制的，其综合计算工作时间超过法定标准工作时间的部分，应视为加班。实行不定时工时制度的劳动者，不执行上述规定。

就加班费控制部分，除了宏观上可以调整用工模式进行处理以外，还可以在微观上做如下安排和应对：其一，调整员工薪资模式，实行复合式薪资结构。复合薪资制工资包括多个组成部分，由相对固定的部分和相对浮动的部分两方面组成。其二，在复合制薪资结构基础上，在劳动合同中约定加班费计算基数。但要注意的是不可低于最低工资，若根据劳动合同约定的加班费计算基数低于最低工资，则需要按照最低工资标准确定计算基数。其三，制定具有合理性和可控性的调休制度。通过员工申请和企业安排相结合的调休制度，可以减少加班费的支出。其四，对不同类型的员工实行特殊工作制，即实行综合工时制或不定时工作制。其五，实行加班审批制度，未经批准的加班不予认可。其六，实行加班费预发制度，有效预估并提前确认预发加班费。其七，做好加班费申请核查制度。避免员工未加班却假称加班或故意虚报加班时长的情况发生。

3－5. 岗位管理

岗位管理是企业人力资源管理中非常重要的指标事项。岗位设置的科学性不仅影响到企业运营中的绩效，同时也会给用工管理带来相应的便利度。在企业人力资源管理中，员工岗位的调整作为因应各种经营中的变化而采取的常规动作，其使用已经常态化。但是，因为工作岗位等涉及员工切身权益，该项劳动合同事项如发生变动则会受到劳动法律的严格管控。根据《劳动合同法》的规定，企业对员工岗位进行调整，需要双方协商一致，若单方调整则提交足够合理正当的理由，并依照法定的程序进行劳动合同的变更。《劳动合同法》规定了员工不能胜任工作、客观情况发生重大变化等情形下的法定调岗事项，但对于其他需要根据实际情况予以岗位调整的情形则规定甚少，所以企业需要制定科学、合理和有效的岗位管理制度。

企业在岗位管理方面，需要注意以下几个核心要点：一是岗位职责和范围要明确。企业需要明确岗位管理，通常可以分为管理岗位、专业技术岗位、工勤技能岗位，明确各个岗位的工作内容、工资标准等，避免出现岗位约定不明导致理解偏差。二是岗位设置要详略结合。岗位设置不要太过于具体化，这样会使得任何细微的职责调整都形成岗位变更，岗位设置一般可以按照部门采取抽象与具体相结合的方式，或者补充规定相近的 AB 岗方案，也即在个别员工休假或出现缺勤情形时可以做适当的临时性调整。三是岗位调整规则可以合同化。企业还可以在劳动合同中与员工事先约定岗位条款以明确岗位设定及调整的范围，并基于双方合意加以具体确认，避免在日后的岗位调整中出现分歧。

3－6. 绩效管理

在《劳动合同法》环境下，企业管理员工更重要的手段之一是绩效考核制度。绩效考核不仅是管理学上企业实施有效运营的制度基础，而且也是法律上企业非过失解除劳动合同的法律前提。对于绩效考核不能符合企业要求的员工，企业可以依据法定程序调整岗位或解除劳动合同。根据《劳动合同法》的规定，员工不能胜任工作，经过培训或者调整工作岗位，仍不能胜任工作的，企业可以提前 30 日以书面形式通知其本人或者额外支付其 1 个月工资后解除劳动合同。与此同时，企业还可以根据与绩效考核制度相配套的薪酬管理制度来适当调整员工的绩效薪资。当企业依据绩效考核制度得出的员工绩效考核结果呈现时，员工的绩效考核结果对应的薪酬区间和具体的薪酬数额也会发生相应的调整，此时的薪酬调整是企业行使自主用工管理权的体现，具有合理性和正当性。

但要注意的是，企业在设置绩效考核标准时应注意量化、可操作性，不能过于抽象。这里需要遵循几个通常的标准：一是考核要素具体化。绩效考核可以采取 BSC、KPI 及 360 度考核等多种方式，但是考核要素需要具体化且符合考核岗位的实际。二是绩效标准细致化。可以将业绩指标细化，对工作任务的完成时间、数量、质量等方面进行考核，对未达到企业标准的员工可以判定为不合格。三是考核方式客观化。相比较而言，采用等级制（A、B、C、D、E 或优秀、合格、不合格等）或分数制（百分制或比例制）等客观化的方式较为合理，也比较容易被认为是客观公正的。此外，企业等考核标准应遵循合理公平的原则，不可过于严苛使得绝大多数员工难以达到。

3－7. 福利管理

员工福利管理的主要目标一般是提高员工对企业的满意度，吸引和激励人才，保证企业在市场竞争中的有力地位。福利管理的制度设计一般遵循以下若干原则：一是平等性原则，即保障所有员工都应该享受员工福利，此种普遍性福利能有效提升员工对企业的忠诚度；二是激励性原则，即企业可以通过相对差异化的福利制度激励员工的积极性、创造性，营造良好的竞争格局，扩大企业经济效益；三是经济性原则，即企业实施员工福利应与自身的经济状况相匹配，控制成本支出，并将有效的成本投入到绩效最优的福利安排上来；四是动态性原则，即应综合考虑员工的不同需求，根据法律法规的变化以及企业自身经营状况，及时调整企业的福利政策；五是适法性原则，也即福利制度应当符合法律的最低标准，在高温补贴法定事项上至少要按照当地最低标准相关规定执行。

企业可以在对劳动报酬进行一般规定之外，另行详细明确奖金和福利的发放范围、发放标准和发放方式。企业还可以在规章制度中明确规定，奖金是工资之外的特别奖励而非一般的劳动报酬，是企业根据员工绩效评估的综合表现及企业生产经营实际状况做出的一种区别于工资的奖励方式，从而明确本企业奖金的基本属性。对于福利事项而言，企业可以在社保、住房公积金等法定福利之外，在劳动合同中约定或在规章制度中规定企业关于福利的自主调整权利，并实现设定相应的调整规则。企业可以通过劳动合同和规章制度明确具体福利待遇的类别和变动方式，保障企业在福利待遇支付上处于主动地位，预防和控制在实务操作中的法律风险。

4. 实务操作篇（SOP）

4－1. 规章制度的实体与程序

《劳动合同法》规定了企业应当进行民主管理的相关内容。企业在制定、修改或者决定有关劳动报酬、工作时间、休息休假、劳动安全卫生、保险福利、职工培训、劳动纪律以及劳动定额管理等直接涉及劳动者切身利益的规章制度或者重大事项时，应当经职工代表大会或者全体职工讨论，提出方案和意见，与工会或者职工代表平等协商确定。在规章制度和重大事项决定实施过程中，工会或者职工认为不适当的，有权向企业提出，通过协商予以修改完善。企业应当将直接涉及劳动者切身利益的规章制度和重大事项决定公示，或者告知劳动者。需要指出的是，如果企业没有设立工会，在规章制度制定、修改等过程中需要征求职工代表的意见，以达到法律所规定的民主管理的程序性要求。

规章制度在企业人力资源管理中发挥了重要作用，也是企业行使自主管理权的重要体现。若需使规章制度具有法律效力，应同时符合实体与程序的双重要求，具体应满足以下条件：首先规章制度的内容应合法，不得与现行的法律法规相抵触，抵触部分不发生效力，法律法规无禁止性规定的地方，企业应结合自身实际情况，本着公平合理原则制定规章制度。其次规章制度的制定程序必须合法，包括民主程序和公示程序。所谓民主程序是指制定过程中应与全体职工或职工代表沟通、协商确定；所谓公示程序是指企业应通过组织培训、内网 OA、电子邮箱、即时在线通信工具等方式将规章制度告知员工，较为稳妥的方式是企业可让员工签字确认其已知悉该规章制度并同意遵守的有利保证。

4－2. 劳动合同与专项协议

劳动合同是记载企业与员工之间缔结

劳动关系并约定相关权利义务的证明，依法订立的劳动合同具有约束力，企业和员工均应当履行劳动合同约定的义务。劳动合同具体有三种类型，分别为固定期限劳动合同、无固定期限劳动合同和以完成一定工作任务为期限的劳动合同。企业应自用工之日起就及时与员工订立书面劳动合同，自用工之日起企业即与劳动者建立起劳动关系，若超过1个月还未能订立书面劳动合同，企业则需承担向劳动者支付2倍工资的法律责任。劳动合同应具备以下必备条款：企业名称、住所和法定代表人或者主要负责人；员工姓名、住址和居民身份证号码或者其他有效身份证件号码；劳动合同期限；工作内容和工作地点；工作时间和休息休假；劳动报酬；社会保险；劳动保护、劳动条件和职业危害防护。当然，企业和员工可以在协商一致的基础上订立劳动合同必备条款以外的其他条款。

除了劳动合同以外，企业还可就试用期、培训、保守秘密、补充保险和福利待遇等事项与劳动者进行约定。专项协议一般指用人单位与员工就特殊事项订立的协议。例如，企业出于保护商业秘密的需要，可以与劳动者订立保守商业秘密和知识产权事项的专项协议；又如，企业若为员工提供了专项培训时，也可与员工就培训结束后的服务期等事项签订专项协议；再如，企业可以与员工订立以完成特定工作任务、绩效目标的特别奖金协议或特定福利待遇协议。从法律性质上讲，专项协议也是劳动合同的补充组成部分，就企业和员工共同关心的事项通过约定的方式来加以固定，并在劳动合同履行过程中加以遵守。需要注意的是，专项协议的约定不得违反法律法规的强制性规定，不得损害员工的合法权益。

4-3. 流程化操作

对于21世纪的企业来讲，流程化管理至关重要，高效科学的流程化操作将会进一步提高企业的竞争力。流程化是企业发展到一定阶段的必然选择，是获得效益最大化、竞争力最大化的一种管理方法。规范化操作程序管理涉及制度上的标准化、执行上的流程化、管理上的柔性化。就规章制度执行上的流程化而言，主要是对企业人力资源管理规范动态上的必要约束，具体指企业在进行人力资源管理事宜时应注意动态的标准流程指引，形成较为规范的工作步骤。注重招聘录用、岗位管理、绩效管理、薪资管理的合规化运行和规范化操作。人力资源管理不仅依托比较规范的制度，而且需要相对严谨的流程，比如入职管理流程、绩效考核流程、职工民主参与流程等，便于企业统一执行。

在人力资源管理的流程化操作过程中，需要注意以下事项：一是流程要合乎法律规定。人力资源管理除了要达到提高经营业绩和发挥员工能力的功效，还需要遵循法律法规的相关规定。通过制定操作流程，可以让不同的主管人员按照标准的操作流程达到同样合规的效果，避免法律风险的产生。二是流程要合乎模块要求。流程只是手段，其目的是实现特定的人力资源管理模块的要求。比如，招聘录用流程，需要在招聘信息发布、入职材料审核和笔试考核安排、分级分轮面试等若干环节制定细致的标准步骤。三是流程要及时优化调整。因应经济社会发展需要和法律法规更新的要求，企业的人力资源管理流程需要与时俱进，适时加以优化和完善，特别是要及时关注劳动法律法规的变化，避免不合规造成的管理风险。

4－4. 表单与证据管理

在员工招聘阶段，企业安排员工填写自身情况的时间应在正式入职之前，同时应在表格和单据中对员工提供虚假信息进行必要的提醒，并对相关表单的名称和填写事项作出细致安排。比如，在入职信息填写时，应制作“入职申请单”而非“员工信息表”，因为前者表示信息填写时尚未入职而后者则表示已经入职。企业还可以在表单中明确提示填写虚假内容的法律后果，以对员工起到必要的警示效果。合同变更类的表单设计，应注意确认双方主体的自愿，若企业单方变更劳动合同需要向员工书面说明理由和依据，并以格式化表单方式予以记载。合同终止类的表单要区分合同终止的类型，不同类型的终止需要企业承担的经济补偿金成本有所不同。企业在设置相关表单时，最好是采取事先印制好相关内容让员工直接勾选的方式，避免员工的主观填写造成理解争议，并导致法律风险。

合同解除类的表单设计应注意区分协商解除和单方解除，而协商解除中不同主体提出动议导致的法律后果不同。若由员工动议解除劳动合同，则企业无需支付相应的经济补偿金，但此时应注意及时留存员工先提出动议的相关证据，并在表单中设置相应填写模块便于是否确认。按照《劳动合同法》的规定，员工提前30日以书面形式通知企业即可解除劳动合同，试用期提前3日即可，若员工按照企业离职管理制度在离职时需要提交离职相关的书面文件或者应当填写相关内容而没有填写，则有可能作为员工违法解除的客观证据。企业在员工离职时填写相关表单时，需要检查和核实相关事项是否填写明确，并及时留存相关证据，避免在事后可能发生的劳动争议中处于被动。需要指出的是，解除合同通知书送达员工后方为有效，如果表单中有签收栏，则员工在上面签字即认为通知实现，否则应采取邮寄、公告等法定方式进行。

4－5. 劳动争议仲裁

目前解决劳动争议的方式主要有：协商、调解、仲裁、诉讼。劳动仲裁是指由劳动争议仲裁委员会对当事人申请仲裁的劳动争议居中公断与裁决。根据《劳动争议调解仲裁法》的规定，发生劳动争议，员工可以与企业协商，也可以请工会或者第三方共同与企业协商，达成和解协议。但如果发生劳动争议后，当事人不愿协商、协商不成或者达成和解协议后不履行的，可以向调解组织申请调解；不愿调解、调解不成或者达成调解协议后不履行的，则员工或企业可以向劳动争议仲裁委员会申请仲裁；对仲裁裁决不服的，除法律另有规定的外，可以向法院提起诉讼。也即，劳动仲裁是诉讼的前置必经程序，未经仲裁直接向法院提起诉讼，法院不予受理。

劳动者申请劳动仲裁需要注意以下几点：一是劳动仲裁管辖范围。法律法规规定可申请劳动仲裁的情况包括：因确认劳动关系发生的争议；因订立、履行、变更、解除和终止劳动合同发生的争议；因除名、辞退和辞职、离职发生的争议；因工作时间、休息休假、社会保险、福利、培训以及劳动保护发生的争议；因劳动报酬、工伤医疗费、经济补偿或者赔偿金等发生的争议；法律、法规规定的其他劳动争议。二是仲裁管辖地的确定。劳动争议由劳动合同履行地或者企业所在地的劳动争议仲裁委员会管辖。三是仲裁时效。劳动争议申请仲裁的时效期间为一年。仲裁时效期间从当事人知道或者应当知道其权利被侵害之日起计算。若超过时效向劳动争议仲裁委员会提起仲裁申请，除非当事人确因不可抗力或其他正当理由，否则会因超过时效而不被受理。

4－6. 法院诉讼

劳动争议的诉讼，是指劳动争议当事人不服劳动争议仲裁委员会的裁决，在规定的期限内向人民法院起诉，人民法院依法受理后，依法对劳动争议案件进行审理的活动。管辖法院为用人单位所在地或者劳动合同履行地的基层人民法院。提起法院诉讼应满足以下条件：起诉人必须为劳动争议的一方当事人，可以是企业也可以是员工；起诉人必须有具体的诉讼请求和事实依据，根据“谁主张，谁举证”的原则，当事人对自己主张的事实应提供相应的证据支持；必须先经劳动争议仲裁委裁决，不服仲裁裁决才有权起诉。法院的诉讼包括一审和二审，并采二审终审制。不过，根据《劳动争议调解仲裁法》的规定，对于（1）追索劳动报酬、工伤医疗费、经济补偿或者赔偿金，不超过当地月最低工资标准 12 个月金额的争议以及（2）因执行国家的劳动标准在工作时间、休息休假、社会保险等方面发生的争议，采取一裁终局制度，裁决书自作出之日起发生法律效力。

根据《劳动争议调解仲裁法》的规定，对于一裁终局的案件，若出现适用法律法规确有错误、劳动争议仲裁委员会并无管辖权、违反法定程序、发生伪造或隐匿证据、徇私枉法裁判等情形的，企业可以向劳动争议仲裁委员会所在地的中级人民法院申请撤销裁决。人民法院审理案件，除了《劳动合同法》等劳动法律法规外，还适用最高人民法院先后出台的关于审理劳动争议案件的司法解释。目前，最高人民法院已经先后出台四部与劳动争议审理相关的专门司法解释。从法律风险预防的角度，企业更需要积极建立健全规章制度，实施企业民主管理，预先化解和提前避免劳动争议的发生。就具体劳动争议应对而言，企业应在日常人力资源管理过程中强化证据意识和程序意识，注重用工管理层面的书面化操作。从根本上讲，规范化的企业，更应寻求劳资双赢、共生和谐，注重人本化沟通。

后　　记

自 2008 年《劳动合同法》《就业促进法》《劳动争议调解仲裁法》等一批新劳

动法律法规实施以来，国家对劳动立法的力度进一步加强，先后出台了《劳动合同法修正案》《劳务派遣暂行规定》等一系列法规政策，企业更加关注人力资源管理的合法性和合理性，即人力资源管理的合规化。近年来，国家在推行减税降费政策的同时，将继续推进“社保入税”工作，这给一些企业特别是中小企业带来一定的压力和影响。在这种背景下，企业更是要做好合规前提下的用工成本优化工作，通过积极有效的制度梳理和流程安排来化解和控制风险。持万咨询团队在长达12年的时间内，为数百家的知名企业提供过人力资源管理流程体系化项目和常年顾问服务，梳理过数十家公司总部和集团公司的用工模式和用工形态，审查过无数份的员工手册、劳动合同和专项协议，诊断过所有模块的人力资源管理流程，修改过几乎难以计数的人力资源管理使用的格式表单，并因此提炼和总结出中国企业在人力资源管理方面的操作指引，并按照相应的功能模块进行梳理，借以与持万咨询客户和广大企业共享。

全国各地人力资源管理法规政策常见参数索引*

（节录）

一、工作时间

（一）标准工时

标题	《国务院关于修改〈国务院关于职工工作时间的规定〉的决定》《中华人民共和国劳动法》《关于职工全年月平均工作时间和工资折算问题的通知》	
文号	国务院令第174号；中华人民共和国主席令第28号；劳社部发〔2008〕3号	
内容主题	标准工时	月平均工作时间和工资折算
内容摘要	1. 职工每日工作8小时，每周工作40小时。因工作性质或生产特点的限制，不能实行标准工时制度的，按照国家有关规定，可以实行其他工作和休息办法。 2. 用人单位应当保证劳动者每周至少休息一日。	1. 年工作日：365天－104天（休息日）－11天（法定节假日）＝250天。 2. 季工作日：250天/4季＝62.5天/季。 3. 月工作日：250天/12月＝20.83天/月。 4. 工作小时：以月、季、年的工作日乘以每日的8小时。
备注	用人单位可以实行周六固定加班制度，但需要在劳动合同中予以明确约定，依法结算并支付加班费。	月工资收入按月计薪天数21.75天折算的日工资和按月计薪小时数174小时折算的小时工资，可以作为加班加点工资计算基数。

* 本部分上海市的相关内容参见上海市劳动咨询事务所、上海市劳动和社会保障学会：《人力资源管理实用手册：劳动和社会保障相关参数分册（上海版）》，中国商业出版社2019年版，部分内容做了优化和调整。同时，对北京、江苏、浙江、广州、深圳等省市的规定和最新的法律法规政策作了适当的补全，并作了适当的评析。相关法律法规政策的时点，截至2020年5月31日。

（二）不定时工作制与综合计算工时工作制

标题	上海市劳动和社会保障局 《关于印发〈本市企业实行不定时工作制和综合计算工时工作制的审批办法〉的通知》	
文号	沪劳保福发〔2006〕40 号	
内容主题	不定时工作制与综合计算工时制	相关许可手续
内容摘要	1. 不定时工作制是指企业因工作情况特殊，需要安排职工机动作业，无法实行标准工时制度，采用不确定工作时间的工时制度。 2. 综合计算工时工作制是指企业因工作情况特殊或受季节和自然条件限制，需要安排职工连续作业，无法实行标准工时制度，采用以周、月、季、年等为周期综合计算工作时间的工时制度。	1. 企业实行特殊工时制的，应当向企业工商登记注册地的区县人社局提出申请。但企业实行以年为周期综合计算工时工作制（包括同时申请实行不定时工作制）的，应当向市人社局提出申请。 2. 申请实行特殊工时制的企业，应当填写《企业实行不定时工作制和综合计算工时工作制申请表》并递交下列申请材料：（一）企业营业执照副本复印件和组织机构代码证复印件。（二）企业实行不定时工作制或综合计算工时工作制对员工工作和休息安排的计划；确有必要的，劳动保障行政部门可以要求申请单位提供与实行不定时工作制或综合计算工时工作制相关的职工名册、考勤记录等其他材料。 3. 人社部门自收到申请之日起 5 个工作日内，应当作出是否受理的决定，并书面告知申请单位。 4. 人社部门应当自受理申请之日起 20 个工作日内作出是否准予实行不定时工作制或综合计算工时工作制的决定，并书面批复申请单位。因情况特殊需延长审查期限的，经本部门主管领导批准，可延长 10 个工作日。
备注	1. 不定时工作制与综合计算工时制都称为特殊工时制。就不定时工作制而言，除法定节假日加班外，通常没有加班费；就综合计算工时制而言，是否有加班费需要在周期结束后进行核算，且除法定节假日外，通常按照 1.5 的倍率支付加班费。 2. 各地人社部门关于特殊工时制的审批大同小异，具体操作时请具体查阅各地的相关地方性政策和人社部门。	

（三）延长工作时间

标题	《中华人民共和国劳动法》
文号	中华人民共和国主席令第 28 号

续表

内容主题	延长工作时间
内容摘要	用人单位由于生产经营需要，经与工会和劳动者协商后可以延长工作时间，一般每日不得超过 1 小时；因特殊原因需要延长工作时间的，在保障劳动者身体健康的条件下延长工作时间每日不得超过 3 小时，但是每月不得超过 36 小时。

二、劳动报酬

（一）最低生活保障标准

<table>
<tr><td>标题</td><td colspan="4">《关于调整本市城乡低保及相关社会救助标准的通知》</td></tr>
<tr><td>文号</td><td colspan="4">沪民规〔2019〕5 号</td></tr>
<tr><td>内容主题</td><td colspan="4">城乡居民最低生活保障标准</td></tr>
<tr><td>内容摘要</td><td colspan="4">从 2019 年 4 月 1 日起，本市城乡居民最低生活保障标准，由每人每月 1070 元，调整为每人每月 1160 元。</td></tr>
<tr><td rowspan="12">备注</td><td colspan="4">全国部分地区城乡居民最低生活保障标准（2019）</td></tr>
<tr><td>地区</td><td>城市低保（元）</td><td>农村低保（元）</td><td>调整日期</td></tr>
<tr><td>上海</td><td>1160</td><td>1160</td><td>2019. 4. 1</td></tr>
<tr><td>北京</td><td>1100</td><td>1100</td><td>2019. 1</td></tr>
<tr><td>天津</td><td>980</td><td>980</td><td>2019. 4. 1</td></tr>
<tr><td>苏州</td><td>995</td><td>995</td><td>2019. 7. 1</td></tr>
<tr><td>南京</td><td>900</td><td>900</td><td>2019. 7. 1</td></tr>
<tr><td>杭州（上城区、下城区、江干区、拱墅区、西湖区、滨江区、萧山区、余杭区、富阳区以及杭州经济开发区、杭州西湖风景名胜区、杭州大江东产业集聚区）</td><td>1041</td><td>1041</td><td>2019. 7. 1</td></tr>
<tr><td>杭州（临安区）</td><td>989</td><td>989</td><td>2019. 7. 1</td></tr>
<tr><td>杭州（桐庐县、淳安县和建德市）</td><td>833</td><td>833</td><td>2019. 7. 1</td></tr>
<tr><td>广州</td><td>1080</td><td>1080</td><td>2020. 3. 10</td></tr>
<tr><td>深圳</td><td>1250</td><td>1250</td><td>2020. 1</td></tr>
</table>

（二）最低工资标准

<table>
<tr><td>标题</td><td colspan="5">上海市人力资源社会保障局《关于调整本市最低工资标准的通知》</td></tr>
<tr><td>文号</td><td colspan="5">沪人社规〔2019〕5 号</td></tr>
<tr><td>内容主题</td><td colspan="3">最低月工资</td><td colspan="2">最低小时工资</td></tr>
<tr><td>内容摘要</td><td colspan="3">1. 从 2019 年 4 月 1 日起，月最低工资标准从 2420 元调整为 2480 元。下列项目不作为月最低工资的组成部分，单位应按规定另行支付：（1）延长工作时间的工资。（2）中夜班津贴、夏季高温津贴及有毒有害等特殊工作环境下的岗位津贴。（3）伙食补贴、上下班交通费补贴、住房补贴。（4）个人依法缴纳的社会保险费和住房公积金。2. 月最低工资标准适用于全日制就业劳动者。</td><td colspan="2">1. 从 2019 年 4 月 1 日起，小时最低工资标准从 21 元调整为 22 元。小时最低工资不包括个人和单位依法缴纳的社会保险费。
2. 小时最低工资标准适用于非全日制就业劳动者。</td></tr>
<tr><td rowspan="17">备注</td><td colspan="5">全国部分城市最低工资标准（2019）</td></tr>
<tr><td>城市</td><td>最低月工资（元）</td><td colspan="2">最低小时工资（元）</td><td>调整日期</td></tr>
<tr><td>上海</td><td>2480</td><td colspan="2">22（非全日制同）</td><td>2019. 4. 1</td></tr>
<tr><td>北京</td><td>2200</td><td colspan="2">24（非全日制 24，法定节假日 56）</td><td>2019. 7. 1</td></tr>
<tr><td>天津</td><td>2050</td><td colspan="2">11. 8（非全日制 20. 8）</td><td>2017. 7. 1</td></tr>
<tr><td rowspan="3">江苏</td><td>2020</td><td>一类（南京、无锡、常州、苏州、镇江、泰州）</td><td>18. 5</td><td rowspan="3">2018. 8. 1</td></tr>
<tr><td>1830</td><td>二类（徐州、连云港、淮安、盐城、扬州）</td><td>16. 5</td></tr>
<tr><td>1620</td><td>三类（其他区县，含上述一类、二类部分区县）</td><td>14. 5</td></tr>
<tr><td rowspan="4">浙江</td><td>2010</td><td>一类（杭州主城区、萧山区、余杭区、富阳区和钱塘新区）</td><td>18. 4</td><td rowspan="4">2017. 12. 1</td></tr>
<tr><td>1800</td><td>二类（临安区）</td><td>16. 5</td></tr>
<tr><td>1660</td><td>三类（建德市、桐庐县、淳安县）</td><td>15</td></tr>
<tr><td>1500</td><td>四类（其他县市级部分二类、二类、三类区县）</td><td>13. 5</td></tr>
<tr><td rowspan="5">广东</td><td>2100</td><td>一类（广州）</td><td>20. 3</td><td rowspan="4">2018. 7. 1
（暂缓）</td></tr>
<tr><td>1720</td><td>二类（珠海、佛山、东莞、中山）</td><td>16. 4</td></tr>
<tr><td>1550</td><td>三类（汕头、惠州、江门、肇庆）</td><td>15. 3</td></tr>
<tr><td>1410</td><td>四类其他市县</td><td>14</td></tr>
<tr><td>2200</td><td>深圳</td><td>20. 3</td><td>2018. 7. 1</td></tr>
</table>

续表

说明	1. 上海市和北京市的最低工资标准均不包含个人依法缴纳社会保险费和住房公积金；江苏省的最低工资标准不包含按照下限缴纳的住房公积金。 2. 上海市、北京市和天津市区分了全日制用工小时最低标准和非全日制用工小时最低标准，其他地区所称小时最低标准一般指非全日制用工小时最低标准。

附：上海市历年最低工资

年度	1994	1995	1996	1997	1998	1999	2000
最低工资（元）	220	270	300	315	325	370/423	445
年度	2001	2002	2003	2004	2005	2006	2007
最低工资（元）	490	535	570	635	690	750	840
年度	2008	2009	2010	2011	2012	2013	2014
最低工资（元）	960	960	1120	1280	1450	1620	1820
年度	2015	2016	2017	2018	2019		
最低工资（元）	2020	2190	2300	2420	2480		

（三）平均工资

标题	《上海市关于本市2017年职工平均工资有关事宜的通知》
文号	沪人社综发〔2018〕87号
内容主题	2017年全市职工平均工资
内容摘要	2017年本市职工平均工资为85582元，月平均工资为7132元，比上年增长9.7%。凡按2017年本市职工平均工资计算的事项，均按本通知执行。
备注	1. 原则上，上海市人力资源和社会保障局每年都会出台上一年的平均工资通知； 2. 其他地区的平均工资通常也在次年上半年由各地区人社部门发出通知，此处从略。

附：上海市历年平均工资

年度	1994	1995	1996	1997	1998	1999	2000
平均工资（元）	7404	9276	10668	11424	12060	14148	15420
年度	2001	2002	2003	2004	2005	2006	2007
平均工资（元）	17764	19473	22160	24398	26823	29569	34707
年度	2008	2009	2010	2011	2012	2013	2014
平均工资（元）	39502	42789	46757	51968	56300	60435	65417

续表

年度	2015	2016	2017	2018①	2019		
平均工资（元）	71268	78045	85582	105176	114962		

（四）加班费的计算基数和计算方法

标题	《关于印发〈上海市企业工资支付办法〉的通知》	
文号	沪人社综发〔2016〕29号	
内容主题	加班费的计算基数	加班费的计算方法
内容摘要	1. 加班工资和假期工资的计算基数为劳动者所在岗位相对应的正常出勤月工资，不包括年终奖，上下班交通补贴、工作餐补贴、住房补贴，中夜班津贴、夏季高温津贴、加班工资等特殊情况下支付的工资。 2. 加班工资和假期工资的计算基数按以下原则确定：（一）劳动合同对劳动者月工资有明确约定的，按劳动合同约定的劳动者所在岗位相对应的月工资确定。实际履行与劳动合同约定不一致的，按实际履行的劳动者所在岗位相对应的月工资确定。（二）劳动合同对劳动者月工资未明确约定，集体合同（工资专项集体合同）对岗位相对应的月工资有约定的，按集体合同（工资专项集体合同）约定的与劳动者岗位相对应的月工资确定；（三）劳动合同、集体合同（工资专项集体合同）对劳动者月工资均无约定的，按劳动者正常出勤月依照企业正常支付工资（不包括加	1. 企业根据实际需要安排劳动者在法定标准工作时间以外工作的，按以下标准支付加班工资：（一）安排劳动者在日法定标准工作时间以外延长工作时间的，按照不低于劳动者本人小时工资的150%支付；（二）安排劳动者在休息日工作，而又不能安排补休的，按照不低于劳动者本人日或小时工资的200%支付；（三）安排劳动者在法定休假节日工作的，按照不低于劳动者本人日或小时工资的300%支付。 2. 企业依法安排实行计件工资制的劳动者完成计件定额任务后，在法定标准工作时间以外工作的，应当根据以上原则相应调整计件单价。计件定额应通过一定的民主管理程序合理制定。 3. 经人力资源社会保障行政部门批准实行综合计算工时工作制的企业，劳动者综合计算工作时间超过法定标准工作时间的，应当视为延长工作时间，并按150%的规定支付加班工资；企业在法定休假节日安排劳动者工作的，按300%的规定支付加班工资。经人力资源社会保障行政部门批准实行不定时工时制的劳动者，在法定休假节日由企业安排工作的，按300%的规定支付加班工资。 4. 在妇女节、青年节等部分公民休假的节日期间，对参加社会或企业组织的庆祝活动和照常工

① 资料来源：上海市统计局网站。根据国务院相关文件精神，从2019年起发布上年“上海市城镇单位就业人员平均工资”，原发布的“全市职工平均工资”不再发布。新、老平均工资在统计的地域范围、调查对象、人员类型等存在差异，两者指标不可比。放上2018、2019年的数据，仅供参考。

续表

内容摘要	班工资）的70%确定。 3. 加班工资和假期工资的计算基数不得低于本市规定的最低工资标准。法律、法规另有规定的，从其规定。	作的劳动者，企业应支付工资，但不支付加班工资。如果该节日恰逢休息日，企业安排劳动者工作的，应当按200%的规定支付加班工资。 5. 日工资按月工资除以每月平均计薪天数21.75天计算；小时工资按日工资除以8小时计算。
备注	1. 各地（原则上为省区市地方政府或人社部门）都出台了各自的工资支付相关规定，具体宜按照各地的规定执行。但原则上，这些规定在大的方面基本原则一致。 2. 在部分地方，工资支付规则存在一定的差异，在实际操作时应注意掌握：（1）上海市，在无明确约定情形下加班费计算基数按照企业正常支付工资的70%执行；解除或终止合同时，工资应一次性付清，但允许双方另有合理约定的除外。（2）深圳市，年终奖按照实际工作月份数按照全年月份来相应折算，等等。	

（五）假期工资的计算基数

标题	《关于印发〈上海市企业工资支付办法〉的通知》
文号	沪人社综发〔2016〕29号
内容主题	假期工资的计算基数
内容摘要	1. 加班工资和假期工资的计算基数为劳动者所在岗位相对应的正常出勤月工资，不包括年终奖，上下班交通补贴、工作餐补贴、住房补贴，中夜班津贴、夏季高温津贴、加班工资等特殊情况下支付的工资。 2. 加班工资和假期工资的计算基数按以下原则确定：（一）劳动合同对劳动者月工资有明确约定的，按劳动合同约定的劳动者所在岗位相对应的月工资确定；实际履行与劳动合同约定不一致的，按实际履行的劳动者所在岗位相对应的月工资确定。（二）劳动合同对劳动者月工资未明确约定，集体合同（工资专项集体合同）对岗位相对应的月工资有约定的，按集体合同（工资专项集体合同）约定的与劳动者岗位相对应的月工资确定。（三）劳动合同、集体合同（工资专项集体合同）对劳动者月工资均无约定的，按劳动者正常出勤月依照企业正常支付工资（不包括加班工资）的70%确定。 3. 加班工资和假期工资的计算基数不得低于本市规定的最低工资标准。法律、法规另有规定的，从其规定。
备注	加班费的计算基数与假期工资的计算基数在原则上是相同的。

三、休息休假

（一）法定假日

标题	《国务院关于修改〈全国年节及纪念日放假办法〉的决定》
文号	中华人民共和国国务院令第644号
内容主题	全国的法定节假日安排
内容摘要	1. 全体公民放假的节日：（一）新年，放假1天（1月1日）；（二）春节，放假3天（农历正月初一、初二、初三）；（三）清明节，放假1天（农历清明当日）；（四）劳动节，放假1天（5月1日）；（五）端午节，放假1天（农历端午当日）；（六）中秋节，放假1天（农历中秋当日）；（七）国庆节，放假3天（10月1日、2日、3日）。 2. 部分公民放假的节日及纪念日：（一）妇女节（3月8日），妇女放假半天；（二）青年节（5月4日），14周岁以上的青年放假半天；（三）儿童节（6月1日），不满14周岁的少年儿童放假1天；（四）中国人民解放军建军纪念日（8月1日），现役军人放假半天。少数民族习惯的节日，由各少数民族聚居地区的地方人民政府，按照各少数民族习惯，规定放假日期。 3. 二七纪念日、五卅纪念日、七七抗战纪念日、九三抗战胜利纪念日、九一八纪念日、教师节、护士节、记者节、植树节等其他节日、纪念日，均不放假。
备注	全体公民放假的假日，如果适逢星期六、星期日，应当在工作日补假。部分公民放假的假日，如果适逢星期六、星期日，则不补假。

（二）年休假

<table>
<tr><td>标题</td><td colspan="3">《职工带薪年休假条例》</td></tr>
<tr><td>文号</td><td colspan="3">中华人民共和国国务院令第514号</td></tr>
<tr><td>内容主题</td><td colspan="2">职工享受带薪年休假的计算</td><td>不享受带薪年休假的情形</td></tr>
<tr><td rowspan="4">内容摘要</td><td>累计工作年限</td><td>享受年休假</td><td rowspan="4">（一）职工依法享受寒暑假，其休假天数多于年休假天数的；（二）职工请事假累计20天以上且单位按照规定不扣工资的；（三）累计工作满1年不满10年的职工，请病假累计2个月以上的；（四）累计工作满10年不满20年的职工，请病假累计3个月以上的；（五）累计工作满20年以上的职工，请病假累计4个月以上的。</td></tr>
<tr><td>已满1年不满10年的</td><td>年休假5天</td></tr>
<tr><td>已满10年不满20年的</td><td>年休假10天</td></tr>
<tr><td>已满20年的</td><td>年休假15天</td></tr>
</table>

续表

说明	1. 国家法定休假日、休息日不计入年休假的假期。 2. 年休假在1个年度内可以集中安排，也可以分段安排，一般不跨年度安排。单位因生产、工作特点确有必要跨年度安排职工年休假的，可以跨1个年度安排。 3. 用人单位经职工同意不安排年休假或者安排职工年休假天数少于应休年休假天数，应当在本年度内对职工应休未休年休假天数，按照其日工资收入的300%支付未休年休假工资报酬，其中包含用人单位支付职工正常工作期间的工资收入。（中华人民共和国人力资源和社会保障部令第1号《企业职工带薪年休假实施办法》）
备注	由于国务院新职工带薪年休假的颁布，上海地方条例规定的年休假制度被替代。

（三）婚假

标题	《关于国营企业职工请婚丧假和路程假问题的通知》	《关于修改〈上海市人口与计划生育条例〉的决定》
文号	劳动部〔80〕劳总薪字29号	2016年2月23日，上海市第十四届人大常委会第二十七次会议经表决通过
内容主题	一般婚假的相关规定	一般婚假的相关规定
内容摘要	1. 符合法定年龄结婚，（包括再婚）酌情给予一天至三天婚假。 2. 路程假根据路程远近另给。	1. 符合法律规定结婚的公民，除享受国家规定的婚假外，增加婚假7天。 2. 增加的婚假适用2016年1月1日以后依法登记结婚的对象（包括初婚、再婚）。
备注	1. 晚婚假遇法定节假日顺延。晚婚假一般应当与婚假合并连续使用。 2. 在批准的婚假和路程假期内，如无特殊约定，企业应按其正常情况的本人月实得工资的70%支付，途中的车船费等由职工自理。 3. 其他各地的婚假规定基本相同，具体以当地规定为准。	

（四）丧假

标题	《关于国营企业职工请婚丧假和路程假问题的通知》	《关于职工的岳父母或公婆等亲属死亡后可给予请丧假问题的通知》
文号	劳动部〔80〕劳总薪字29号	沪劳资发〔87〕130号
内容主题	国务院关于丧假的规定	上海市关于丧假的规定
内容摘要	职工的直系亲属（父母、配偶和子女）死亡时，由本单位行政领导批准，酌情给予一天至三天的丧假。	1. 职工的岳父母或公婆死亡后，需要职工料理丧事的，由本单位行政领导批准，可给予一天至三天的丧假。 2. 路程假根据路程远近另给。

续表

备注	1. 在批准的丧假和路程假期内，如无特殊约定，企业应按其正常情况的本人月实得工资的 70% 支付，途中的车船费等由职工自理。 2. 其他各地的婚假规定基本相同，具体以当地规定为准。至于岳父母或公婆死亡后是否等同对待，各地政策掌握可能略有不同。

（五）职工探亲假

<table>
<tr><td>标题</td><td colspan="3">《国务院关于公布〈国务院关于职工探亲待遇的规定〉的通知》
《财政部关于职工探亲路费的规定》</td></tr>
<tr><td>文号</td><td colspan="3">国务院法〔1981〕36 号；财政部财字〔1981〕113 号</td></tr>
<tr><td rowspan="2">探望对象</td><td rowspan="2">探望配偶</td><td colspan="2">探望父母</td></tr>
<tr><td>已婚职工</td><td>未婚职工</td></tr>
<tr><td>适用条件</td><td>工作满一年，与配偶不住在一起，又不能在公休假日团聚的。（在家住一昼夜）</td><td colspan="2">与父亲、母亲都不住在一起，又不能在公休假日团聚的。</td></tr>
<tr><td>假期期限</td><td>每年给予一方探亲假一次，假期为三十天。</td><td>每四年给假一次，假期为二十天。</td><td>原则上每年给假一次，假期为二十天。如果因为工作需要，本单位当年不能给予假期，或者职工自愿两年探亲一次的，可以两年给假一次，假期为四十五天。</td></tr>
<tr><td>假期待遇</td><td colspan="3">职工在规定的探亲假期和路程假期内，按照本人的标准工资发给工资。</td></tr>
<tr><td>路程费用</td><td>由所在单位负担，具体标准如下：乘火车：一律报硬席座位费；年满 50 周岁以上并连续乘火车 48 小时以上，可报硬席卧铺费；乘轮船：报四等舱位费；乘长途汽车及市内交通费，凭据按实支报销（不包括出租车）；中转住宿：可凭据报销一天的普通房位费；乘飞机：不报销，可按直线车等报销，多出部分由职工自理。</td><td>往返路费在本人月工资 30% 以内的自理，超过部分由所在单位负担。</td><td>以探望配偶的标准为准。</td></tr>
<tr><td>特别说明</td><td colspan="3">1. 探亲假除规定的假期期限外，可根据实际需要给予一定的路程假；
2. 探亲假的假期均包括公休假日和法定节日在内；
3. 国家在 2008 年推出年休假后，探亲假是否应取消目前仍有相当争议。</td></tr>
</table>

（六）归侨、侨眷职工探亲假

标题	《关于归侨、侨眷职工出境探亲待遇问题的通知》		
文号	国务院侨务办公室〔82〕侨政会字经 011 号		
探望对象	探望配偶	探望父母	
		已婚职工	未婚职工
假期期限	四年以上（含四年）一次的给假半年；不足四年的，按每年给假一个月计算。	每四年给假一次，假期为四十天，不予累计。	四年以上（含四年）一次的给假四个月；三年一次的给假七十天；二年一次的给假四十五天；一年一次的给假二十天。
特别说明	1. 探亲假的假期均包括公休假日和法定节日在内； 2. 按实际需要给予路程假； 3. 国内探亲按《国务院关于职工探亲待遇的规定》享受待遇； 4. 国家在 2008 年推出年休假后，探亲假是否应取消目前仍有相当争议。		

（七）患病或因工负伤医疗期的计算

1. 上海版

标题	《上海市人民政府印发修订后的〈关于本市劳动者在履行劳动合同期间患病或者非因工负伤的医疗期标准的规定〉的通知》
文号	沪府发〔2015〕40 号
内容主题	医疗期限的计算
内容摘要	1. 医疗期是指劳动者患病或者非因工负伤停止工作治病休息，用人单位不得因此解除劳动合同的期限。 2. 医疗期按劳动者在本用人单位的工作年限设置。劳动者在本单位工作第 1 年，医疗期为 3 个月；以后工作每满 1 年，医疗期增加 1 个月，但不超过 24 个月。 3. 劳动者经劳动能力鉴定委员会鉴定为完全丧失劳动能力但不符合退休、退职条件的，应当延长医疗期。延长的医疗期由用人单位与劳动者具体约定，但约定延长的医疗期与前条规定的医疗期合计不得低于 24 个月。 4. 下列情形中关于医疗期的约定长于上述规定的，从其约定：（1）集体合同对医疗期有特别约定的；（2）劳动合同对医疗期有特别约定的；（3）用人单位内部规章制度对医疗期有特别规定的。 5. 劳动者在本单位工作期间累计病休时间超过按照规定享受的医疗期，用人单位可以依法与其解除劳动合同。 6. 本规定施行前已经履行的劳动合同，其医疗期按照当时本市的相关规定执行。

续表

备注	1. 劳动者医疗期按本市规定的月工作时间计算，且不包括国家规定的法定休假日和休息日。 2. 本规定自 2015 年 5 月 1 日起施行，有效期至 2020 年 6 月 30 日。 3. 除上海地区外，其他地区医疗期规定按照《企业职工患病或非因工负伤医疗期规定》（劳部发〔1994〕479 号）的规定执行。

2. 全国版

总工作年限	本单位工作年限	应给予的医疗期	累计病休时间计算
10 年以下	5 年以下	3 个月	6 个月
	5 年以上	6 个月	12 个月
10 年以上	5 年以下	6 个月	12 个月
	5 年以上 10 年以下	9 个月	15 个月
	10 年以上 15 年以下	12 个月	18 个月
	15 年以上 20 年以下	18 个月	24 个月
	20 年以上	24 个月	30 个月

注：1. 病假工资、疾病救济金不低于当地最低工资标准的 80%。国家或地方另有规定的，从其规定。

2. 文件依据：《企业职工患病或非因工负伤医疗期规定》（劳部发〔1994〕479 号）。

（八）患病或因工负伤医疗期的病假工资

标题	《上海市劳动局关于加强企业职工疾病休假管理保障职工疾病休假期间生活的通知》							
文号	沪劳保发〔95〕83 号							
内容主题	医疗期病假工资的计算							
内容摘要	患病 6 个月以内（疾病休假工资）					患病 6 个月以上（疾病救济费）		
	连续工龄	不满两年	满两年不满四年	满四年不满六年	满六年不满八年	满八年及其以上	不满一年	满一年不满三年	满三年及其以上
	本人假期工资基数*	60%	70%	80%	90%	100%	40%	50%	60%
内容主题	医疗期病假工资的计算基数							

续表

内容摘要	1. 劳动合同有约定的，按不低于劳动合同约定的劳动者本人所在岗位相对应的工资标准确定。集体合同（工资集体协议）确定的标准高于劳动合同约定标准的，按集体合同（工资集体协议）标准确定。 2. 劳动合同、集体合同均未约定的，可由用人单位与职工代表通过工资集体协商确定，协商结果应签订工资集体协议。 3. 用人单位与劳动者无任何约定的，假期工资的计算基数统一按劳动者本人所在岗位正常出勤日的月工资的70%确定。 4. 按上述原则确定的假期工资基数不得低于上海市规定的最低工资标准。
备注	1. 上海版的病假待遇与其他各地规定基本一致。 2. 以往实践中，上海市病假工资执行原则上可以基于合理性原则按照不高于上一年度社会平均工资执行，但目前在司法实践中亦出现争议。在具体个案裁判中，其他各地关于病假工资的确定亦有一些争议。

（九）医疗期补助费的规定

标题	《上海市劳动合同条例》
文号	上海市人民代表大会常务委员会公告第58号
内容主题	医疗补助费的具体标准
内容摘要	1. 用人单位依据劳动者患病或非因工负伤，医疗期满后，不能从事原工作也不能从事由用人单位另行安排的工作的情形而解除劳动合同的，除按规定支付经济补偿金外，还应给予不低于劳动者本人六个月工资收入的医疗补助费。 2. 工资收入按劳动者解除劳动合同前十二个月的平均工资收入计算。 3. 劳动者月平均工资收入低于本市职工最低工资标准的，按本市职工最低工资标准计算。
备注	1. 上海版的医疗补助费与其他各地规定基本一致。 2. 在具体个案裁判中，全国各地关于医疗补助费的支付条件确认亦有一些争议。比如，是否需要经由劳动鉴定程序，等等。

四、女职工保护

（一）生育假及其待遇

标题	《上海市女职工劳动保护办法》《上海市人口与计划生育条例》
文号	上海市人民政府令第52号；上海市人民代表大会常务委员会2021年11月25日第三次修正

续表

<table>
<tr><th rowspan="2">内容主题</th><th rowspan="2">产前检查</th><th rowspan="2">产前工间休息</th><th rowspan="2">产前假</th><th colspan="4">产假</th><th rowspan="2">哺乳假</th><th rowspan="2">哺乳时间</th><th rowspan="2">生育假和配偶陪产假</th></tr>
<tr><th>顺产</th><th>难产</th><th>多胞胎</th><th>流产</th></tr>
<tr><td rowspan="2">内容摘要</td><td rowspan="2">女职工妊娠期间在医疗保健机构约定的劳动时间内进行产前检查（包括妊娠十二周内的初查），应算作劳动时间。</td><td rowspan="2">女职工妊娠七个月以上（按二十八周计算），应给予每天工间休息一小时，不得安排夜班劳动。</td><td rowspan="2">如工作许可，经本人申请，单位批准，可请产前假两个半月。</td><td>单胎顺产者，给予产假九十天，其中产前休息十五天，产后休息七十五天。</td><td>增加产假十五天。</td><td>每多生育一个婴儿，增加产假十五天。</td><td>妊娠三个月内自然流产或子宫外孕者，给予产假三十天；妊娠三个月以上，七个月以下自然流产者，给予产假四十五天。</td><td rowspan="2">1. 女职工生育后，若有困难且工作许可，由本人提出申请，经单位批准，产假结束后可请哺乳假六个月。
2. 婴儿满一周岁后，经区、县级以上医疗保健机构确诊为体弱儿的，可适当延长女职工授乳时间，但不超过六个月。</td><td rowspan="2">女职工生育后，在其婴儿一周岁内应照顾其在每班劳动时间内授乳两次（包括人工喂养）。每次单胎纯授乳时间为三十分钟，亦可将两次授乳时间合并使用。多胞胎生育者，每多生一胎，每次哺乳时间增加三十分钟。</td><td rowspan="2">符合法律法规规定生育的夫妻，女方除享受国家规定的产假外，还可以再享受生育假六十天，男方享受配偶陪产假十天。生育假享受产假同等待遇，配偶陪产假期间的工资，按照本人正常出勤应得的工资发给。</td></tr>
<tr><td colspan="4">1. 已婚妇女生育第一个子女时，年满二十四周岁的，为晚育。
2. 符合规定生育的晚育妇女除享受国家规定的产假外，增加晚育假三十天，其配偶享受晚育护理假三天。
3. 晚育假、晚育护理假期间享受产假同等待遇。（取消晚婚晚育假）</td></tr>
<tr><td>待遇</td><td colspan="10">1. 女职工在产假期间的工资照发；
2. 按本规定享受的产前假和哺乳假的工资按本人原工资的 80% 发给；
3. 单位增加工资时，女职工按规定享受的产前假、产假、哺乳假，应作出勤对待。</td></tr>
</table>

续表

备注	1. 女职工生育假各地略有不同，具体执行时按照各地规定办理。 2. 国家推进“普遍二孩”政策后，全国各地计划生育和女职工保护政策都有调整，请留意按照最新的政策规定执行。比如： （1）北京市人大常委会 2021 年 11 月 26 日新修订的《北京市人口与计划生育条例》将第 18 条改为第 19 条，修改为：“按规定生育子女的夫妻，女方除享受国家规定的产假外，享受延长生育假六十日，男方享受陪产假十五日。男女双方休假期间，机关、企业事业单位、社会团体和其他组织不得将其辞退、与其解除劳动或者聘用合同，工资不得降低；法律另有规定的，从其规定。” （2）江苏省人大常委会 2021 年 9 月 29 日最新修订的《江苏省人口与计划生育条例》第 24 条第 1 款、第 2 款规定：“依法办理结婚登记的夫妻，在享受国家规定婚假的基础上，延长婚假十天。符合本条例规定生育子女的夫妻，女方在享受国家规定产假的基础上，延长产假不少于三十天，男方享受护理假不少于十五天。推动实行父母育儿假制度。产假、护理假和育儿假的具体实施办法，由省人民政府制定。” （3）浙江省人大常委会 2021 年 11 月 25 日最新修订的《浙江省人口与计划生育条例》第 22 条规定“符合法律、法规规定生育子女的夫妻，可以获得下列福利待遇：（一）女方在享受国家规定产假的基础上，一孩延长产假六十天，二孩、三孩延长产假九十天，自生育之日起按照自然日计算；不影响晋级、调整工资、计算工龄；用人单位根据具体情况，可以给予其他优惠待遇；（二）男方享受十五天护理假，护理假期间的工资、奖金和其他福利待遇由用人单位照发；（三）在子女三周岁内，夫妻双方每年各享受十天育儿假，育儿假期间的工资、奖金和其他福利待遇由用人单位照发。”。 （4）广东省人大常委会 2021 年 12 月 1 日修正的《广东省人口与计划生育条例》第 30 条规定：“符合法律、法规规定生育子女的夫妻，女方享受八十日的奖励假，男方享受十五日的陪产假。在规定假期内照发工资，不影响福利待遇和全勤评奖。” （5）深圳市人大常委会 2015 年 12 月 24 日修订的《深圳经济特区人口与计划生育条例》（2017 年 3 月 21 日废止，已失效）第 35 条规定：“职工实行晚育并符合计划生育政策的，除按国家、广东省有关规定享受假期优待外，女方增加产假十五天。”

（二）节育假及其待遇

标题	上海市人民政府关于印发修订后的《上海市计划生育奖励与补助若干规定》的通知							
文号	沪府发〔2016〕46 号							
项目	放置宫内节育器	放置宫内节育器后	取宫内节育器	输精管绝育的	输卵管绝育的	人工流产	放置皮下埋植剂	取出皮下埋植剂	放置宫内节育器或皮下埋植剂后因月经失调需诊断性刮宫的

续表

享受福利	休息2天且术后一周内不做重体力劳动	3个月、6个月、12个月时各随访一次，以后每年随访一次，每次休息1天	休息2天	休息7天	休息30天	第一次人工流产及因放置宫内节育器、绝育、皮下埋植术后失败的再次人工流产，孕期小于13周且行吸宫术及药物流产的，休息14天；孕期小于13周且行钳刮术的，休息21天；孕期大于13周的，休息30天	休息5天	休息3天	休息5天
待遇标准	1. 实行计划生育手术的公民，按照下列规定享受休假，假期期间的工资按照本人正常出勤应得的工资发给。 2. 实行计划生育手术的公民有以下情形之一且经医生同意需要休息的，其假期按病假处理：（一）第一次人工流产后及因放置宫内节育器、绝育、皮下埋植术后失败而再次人工流产后，已休满规定假期；（二）未采取绝育、放置宫内节育器或皮下埋植术而再次人工流产；（三）发生节育手术并发症。 3. 实行计划生育手术的假期，自手术之日起计算；同时实行多项计划生育手术的，多项手术假期累计。								
备注	女职工节育假各地略有不同，具体执行时按照各地规定办理。								

（三）女职工的特殊权益保障

标题	《中华人民共和国妇女权益保障法》
文号	第十三届全国人民代表大会常务委员会第三十七次会议于2022年10月30日修订
内容主题	女职工权益保障
内容摘要	1. 用人单位在招录（聘）过程中，除国家另有规定外，不得以性别为由拒绝录（聘）用妇女或者差别化地提高对妇女录（聘）用标准的行为。 2. 用人单位在录（聘）用女职工时，应当依法与其签订劳动（聘用）合同或者服务协议，劳动（聘用）合同或者服务协议中应当具备女职工特殊保护条款，并不得规定限制女职工结婚、生育等内容。 3. 用人单位不得因结婚、怀孕、产假、哺乳等情形，降低女职工的工资和福利待遇，限制女职工晋职、晋级、评聘专业技术职称和职务，辞退女职工，单方解除劳动（聘用）合同或者服务协议。女职工在怀孕以及依法享受产假期间，劳动（聘用）合同或者服务协议期满的，劳动（聘用）合同或者服务协议期限自动延续至产假结束。但是，用人单位依法解除、终止劳动（聘用）合同、服务协议，或者女职工依法要求解除、终止劳动（聘用）合同、服务协议的除外。用人单位在执行国家退休制度时，不得以性别为由歧视妇女。

五、合同解除、终止和经济补偿金

<table>
<tr><td colspan="2">标题</td><td colspan="3">《中华人民共和国劳动合同法》</td></tr>
<tr><td colspan="2">文号</td><td colspan="3">中华人民共和国主席令第73号</td></tr>
<tr><td colspan="2">内容主题</td><td>适用情形</td><td>经济补偿</td><td>经济补偿的计算标准</td></tr>
<tr><td rowspan="6">合同解除</td><td rowspan="2">劳动者提出解除</td><td>劳动者主动提出解除劳动合同，提前30日以书面形式通知用人单位。</td><td>无</td><td rowspan="6">1. 经济补偿按劳动者在本单位工作的年限，每满1年支付1个月工资的标准向劳动者支付。6个月以上不满1年的，按1年计算；不满6个月的，向劳动者支付半个月工资的经济补偿。
2. 劳动者月工资高于用人单位所在直辖市、设区的市级人民政府公布的本地区上年度职工月平均工资3倍的，向其支付经济补偿的标准按职工月平均工资3倍的数额支付，向其支付经济补偿的年限最高不超过12年。
3. 本条所称月工资是指劳动者在劳动合同解除或者终止前12个月的平均工资。</td></tr>
<tr><td>1. 用人单位有下列情形之一，劳动者解除劳动合同的：（1）未按照劳动合同约定提供劳动保护或者劳动条件的；（2）未及时足额支付劳动报酬的；（3）未依法为劳动者缴纳社会保险费的；（4）用人单位的规章制度违反法律、法规的规定，损害劳动者权益；（5）因本法第26条第1款规定的情形（以欺诈、胁迫的手段或者乘人之危，使对方在违背真实意思的情况下订立或者变更劳动合同的）致使劳动合同无效的。
2. 用人单位以暴力、威胁或者非法限制人身自由的手段强迫劳动者劳动的，或者用人单位违章指挥、强令冒险作业危及劳动者人身安全的，劳动者可以立即解除劳动合同，不需事先告知用人单位。</td><td>有</td></tr>
<tr><td rowspan="2">协商解除</td><td>用人单位主动发起，与劳动者协商一致解除合同。</td><td>有</td></tr>
<tr><td>劳动者主动发起，与用人单位协商一致解除劳动合同。</td><td>无</td></tr>
<tr><td>过失性解除</td><td>劳动者有下列情形之一的，用人单位解除劳动合同的：（1）在试用期间被证明不符合录用条件的；（2）严重违反用人单位的规章制度的；（3）严重失职，营私舞弊，给用人单位造成重大损害的；（4）劳动者同时与其他用人单位建立劳动关系，对完成本单位的工作任务造成严重影响，或者经用人单位提出，拒不改正的；（5）因本法第26条第1款第1项规定的情形（以欺诈、胁迫的手段或者乘人之危，使对方在违背真实意思的情况下订立或者变更劳动合同的）致使劳动合同无效的；（6）被依法追究刑事责任的。</td><td>有</td></tr>
<tr><td>非过失性解除</td><td>有下列情形之一，用人单位解除劳动合同：（1）劳动者患病或者非因工负伤，在规定的医疗期满后不能从事原工作，也不能从事由用人单位另行安排的工作的；（2）劳动者不能胜任工作，经过培训或者调整工作岗位，仍不能胜任工作的；（3）劳动合同订立时所依据的客观情况发生重大变化，致使劳动合同无法履行，经用人单位与劳动者协商，未能就变更劳动合同内容达成协议的。</td><td>有</td></tr>
</table>

续表

<table>
<tr><td>合同解除</td><td>经济性裁员</td><td>有下列情形之一，需要裁减人员 20 人以上或者裁减不足 20 人但占企业职工总数 10% 以上的，用人单位提前 30 日向工会或者全体职工说明情况，听取工会或者职工的意见后，裁减人员方案经向劳动行政部门报告，可以裁减人员：（1）依照企业破产法规定进行重整的；（2）生产经营发生严重困难；（3）企业转产、重大技术革新或者经营方式调整，经变更劳动合同后，仍需裁减人员的；（4）其他因劳动合同订立时所依据的客观经济情况发生重大变化，致使劳动合同无法履行的。</td><td>有</td><td rowspan="4"></td></tr>
<tr><td colspan="2" rowspan="3">合同终止</td><td>（1）劳动合同期满的（除用人单位维持或者提高劳动合同约定条件续订劳动合同，劳动者不同意续订的情形外）；</td><td>有</td></tr>
<tr><td>（2）用人单位被依法宣告破产的；
（3）用人单位被吊销营业执照、责令关闭、撤销或者用人单位决定提前解散的；</td><td>有</td></tr>
<tr><td>（4）劳动者开始依法享受基本养老保险待遇的；
（5）劳动者死亡，或者被人民法院宣告死亡或者宣告失踪的；
（6）法律、行政法规规定的其他情形。</td><td>无</td></tr>
<tr><td colspan="2">备注</td><td colspan="3">1. 劳动合同的解除和终止是两个不同的概念。解除是指因“主观原因或行为”（如双方协商一致或单方主动提出等）导致劳动关系的消灭，而终止是指因“客观条件的成就”（如劳动合同到期或用人单位破产、解散等）导致劳动关系的消灭。
2. 2012 年修改后的《劳动合同法》在全国范围内实施，各地出台的《劳动合同条例》或《劳动合同规定》与《劳动合同法》不一致的条款将停止执行。
3. 对于各地新修订或原劳动合同相关地方性规定中的部分有效条款，在各地仍在执行中。比如 2013 年 5 月 1 日起施行的《江苏省劳动合同条例》再次明确了不超过 6 个月的脱密期（提前通知期）的有效性（第 27 条），并规定了用人单位动议变更而劳动者 15 日未答复视为不同意变更（第 29 条）和顶岗实习人员最低工资强制保护（第 42 条），等等。比如江苏和北京两地均要求劳动合同到期终止用人单位应负有提前 30 天的通知义务，否则用人单位应按照每晚 1 天通知则需承受科以 1 日工资的罚则。</td></tr>
</table>

六、工伤保险

（一）工伤认定的申请

标题	《上海市工伤保险实施办法》
文号	上海市人民政府令第 93 号
内容主题	工伤认定的申请

续表

内容摘要	1. 从业人员发生事故伤害或者按照职业病防治法规定被诊断、鉴定为职业病，所在单位应当自事故伤害发生之日或者被诊断、鉴定为职业病之日起 30 日内，向用人单位所在地的区、县人力资源社会保障局提出工伤认定申请。遇有特殊情况，经报区、县人力资源社会保障局同意，申请时限可以适当延长。 2. 用人单位未按照前款规定提出工伤认定申请的，从业人员或者其近亲属、工会组织在事故伤害发生之日或者被诊断、鉴定为职业病之日起 1 年内，可以直接向用人单位所在地的区、县人力资源社会保障局提出工伤认定申请。 3. 用人单位未在本条第 1 款规定的时限内提出工伤认定申请的，在此期间发生符合本办法规定的工伤待遇等有关费用由该用人单位负担。 4. 提出工伤认定申请应当提交下列材料：（一）工伤认定申请表；（二）与用人单位存在劳动关系（包括事实劳动关系）的证明材料；（三）医疗诊断证明或者职业病诊断证明书（或者职业病诊断鉴定书）。 5. 工伤认定申请表应当包括事故发生的时间、地点、原因以及从业人员伤害程度等基本情况。 6. 本办法自 2013 年 1 月 1 日起施行。2004 年 6 月 27 日上海市人民政府令第 29 号发布并根据 2010 年 12 月 20 日上海市人民政府令第 52 号《上海市人民政府关于修改〈上海市农机事故处理暂行规定〉等 148 件市政府规章的决定》修正的《上海市工伤保险实施办法》同时废止。
备注	上海市工伤保险实施办法系按照《工伤保险条例》规定来具体细化，大部分内容仍是承接《条例》规定而进行了适当细化。其他各地规定大致相同，但在具体操作时，仍应结合本地实施办法执行。

（二）工伤劳动能力鉴定

标题	《上海市工伤保险实施办法》
文号	上海市人民政府令第 93 号
内容主题	工伤劳动能力鉴定
内容摘要	1. 从业人员发生工伤，经治疗伤情相对稳定后存在残疾、影响劳动能力的，应当进行劳动功能障碍程度和生活自理障碍程度的劳动能力鉴定。劳动功能障碍分为十个伤残等级，生活自理障碍分为三个等级。 2. 工伤人员的劳动能力鉴定，可以由用人单位、工伤人员或者其近亲属向区、县鉴定委员会提出申请。职业病人员的劳动能力鉴定，向市鉴定委员会提出申请。提出劳动能力鉴定申请的，应当提交下列材料：（一）填写完整的劳动能力鉴定申请表；（二）工伤认定决定；（三）定点医疗机构诊治工伤的有关资料。 3. 鉴定委员会根据专家组的鉴定意见，在收到劳动能力鉴定申请之日起 60 日内作出工伤人员劳动能力鉴定结论。必要时，作出劳动能力鉴定结论的时限可以延长 30 日。 4. 对劳动能力鉴定结论或者职业病鉴定结论不服的，可以在收到该鉴定结论之日起 15 日内向市鉴定委员会提出再次鉴定申请。

续表

<table>
<tr><td></td><td>5. 自劳动能力鉴定结论作出之日起 1 年后，工伤人员或者其近亲属、用人单位或者社保经办机构认为伤残情况发生变化的，可以提出劳动能力复查鉴定申请。
6. 工伤人员的初次劳动能力鉴定费用，由工伤保险基金支付。
7. 用人单位、工伤人员或者其近亲属提出再次鉴定或者复查鉴定申请的，再次鉴定结论维持原鉴定结论，或者复查鉴定结论没有变化的，鉴定费用由提出再次鉴定或者复查鉴定申请的用人单位、工伤人员或者其近亲属承担；再次鉴定结论或者复查鉴定结论有变化，以及按照国家规定需要定期复查鉴定的，鉴定费用由工伤保险基金承担。</td></tr>
<tr><td>备注</td><td>上海市工伤保险实施办法系按照《工伤保险条例》规定来具体细化，大部分内容仍是承接该《条例》规定而进行了适当细化。其他各地规定大致相同，但在具体操作时，仍应结合本地实施办法执行。</td></tr>
</table>

（三）工伤保险待遇的支付标准——用人单位支付

<table>
<tr><td>标题</td><td colspan="7">《上海市工伤保险实施办法》
《上海市人民政府关于贯彻实施〈社会保险法〉调整本市现行有关工伤保险政策的通知》</td></tr>
<tr><td>文号</td><td colspan="7">上海市人民政府令第 93 号；沪府发〔2011〕34 号</td></tr>
<tr><td>内容主题</td><td colspan="7">工伤保险待遇——用人单位支付一览表</td></tr>
<tr><td rowspan="2">内容</td><td colspan="3">停工留薪期内</td><td colspan="2">伤残津贴
（按月）</td><td>一次性伤残
就业补助金</td><td rowspan="2">按月缴纳
社会保险费</td></tr>
<tr><td>伙食费
交通食宿费</td><td>工资</td><td>护理费</td><td colspan="2">以负伤前 12 个月平均月缴费工资为计发基数</td><td>以上年度全市职工月平均工资为计发基数</td></tr>
<tr><td>一级伤残</td><td rowspan="10">工伤人员住院治疗工伤的，由工伤保险基金发给每人每天 20 元的伙食补助费；经本市医疗保险定点医疗机构出具证明，报工伤保险经办机构同意，工伤人员到外省市就医的，由工伤保险基金发给每人每天 150 元的食宿费，交通费按工伤保险经办机构核准的交通工具乘坐费用实报实销。</td><td rowspan="10">本人工资福利待遇不变（负伤前 12 个月的平均工资收入），由所在单位按月支付。</td><td rowspan="10">生活不能自理需要护理的，由所在单位负责。</td><td colspan="2" rowspan="4"></td><td rowspan="4"></td><td rowspan="4">由用人单位和职工个人以伤残津贴为基数，缴纳基本医疗保险费。</td></tr>
<tr><td>二级伤残</td></tr>
<tr><td>三级伤残</td></tr>
<tr><td>四级伤残</td></tr>
<tr><td>五级伤残</td><td rowspan="2">难以安排工作</td><td>70%</td><td>18 个月</td><td rowspan="6">继续按照规定缴纳各项社会保险费。</td></tr>
<tr><td>六级伤残</td><td>60%</td><td>15 个月</td></tr>
<tr><td>七级伤残</td><td colspan="2" rowspan="4"></td><td>12 个月</td></tr>
<tr><td>八级伤残</td><td>9 个月</td></tr>
<tr><td>九级伤残</td><td>6 个月</td></tr>
<tr><td>十级伤残</td><td>3 个月</td></tr>
</table>

续表

<table>
<tr><td rowspan="2">说明</td><td>停工留薪期一般不超过 12 个月，伤情严重或情况特殊，经鉴定委员会确认，可以适当延长，但不得超过 12 个月。</td><td></td><td></td><td rowspan="2">伤残津贴实际金额不得低于本市职工月最低工资标准。</td><td rowspan="2">解除、终止劳动关系后工伤人员可享受该项待遇，但因退休或者死亡终止劳动关系的除外。按上年度全市月平均工资为计发基数。</td><td rowspan="2">从业人员因工死亡时以上年度全市职工月平均工资为基数。</td></tr>
<tr><td colspan="3">停工留薪期间的工资福利待遇实际金额不得低于本市职工最低工资标准。</td></tr>
<tr><td>备注</td><td colspan="6">上海市工伤保险实施办法系按照《工伤保险条例》规定来具体细化，大部分内容仍是承接该《条例》规定而进行了适当细化。其他各地规定大致相同，但在具体操作时，仍应结合本地实施办法执行。</td></tr>
</table>

（四）工伤保险待遇的支付标准——社保中心从工伤保险基金中支付

<table>
<tr><td>标题</td><td colspan="8">《上海市工伤保险实施办法》
《上海市人民政府关于贯彻实施〈社会保险法〉调整本市现行有关工伤保险政策的通知》</td></tr>
<tr><td>文号</td><td colspan="8">上海市人民政府令第 93 号；沪府发〔2011〕34 号</td></tr>
<tr><td>内容主题</td><td colspan="8">工伤保险待遇——社保中心从工伤保险基金中支付一览表</td></tr>
<tr><td rowspan="2">内容</td><td colspan="2">停工留薪期内</td><td rowspan="2">工伤医疗费</td><td>伤残津贴（按月）</td><td>一次性伤残补助金</td><td>一次性医疗补助金</td><td>生活护理费（按月）</td><td rowspan="2">辅助器具</td></tr>
<tr><td>住院伙食费</td><td>外省市就医交通、食宿费</td><td colspan="2">以负伤前 12 个月平均月缴费基本工资为计发基数</td><td colspan="2">以上年度全市职工月平均工资为计发基数</td></tr>
</table>

续表

<table>
<tr><td>一级伤残</td><td rowspan="10">20 元/天</td><td rowspan="10">经本市医疗保险定点医疗机构出具证明，报工伤保险经办机构同意，工伤人员到外省市就医的，由工伤保险基金发给每人每天 150 元的食宿费，交通费按工伤保险经办机构核准的交通工具乘坐费用实报实销。</td><td rowspan="10">符合国家和本市的工伤保险诊疗项目目录、工伤保险药品目录、工伤保险住院服务标准的，从工伤保险基金支付。</td><td>90%</td><td>27 个月</td><td rowspan="4">—</td><td rowspan="10">生活完全不能自理 50%；
生活大部分不能自理 40%；
生活部分不能自理 30%。</td><td rowspan="10">经鉴定委员会确认，应当选择到与社保经办机构签订服务协议的辅助器具配置机构安装假肢、矫形器、假眼、假牙和配置轮椅等辅助器具，所需费用符合国家和本市辅助器具安装配置项目和标准的，从工伤保险基金支付，并由社保经办机构与辅助器具配置机构结算。</td></tr>
<tr><td>二级伤残</td><td>85%</td><td>25 个月</td></tr>
<tr><td>三级伤残</td><td>80%</td><td>23 个月</td></tr>
<tr><td>四级伤残</td><td>75%</td><td>21 个月</td></tr>
<tr><td>五级伤残</td><td rowspan="6"></td><td>18 个月</td><td>18 个月</td></tr>
<tr><td>六级伤残</td><td>16 个月</td><td>15 个月</td></tr>
<tr><td>七级伤残</td><td>13 个月</td><td>12 个月</td></tr>
<tr><td>八级伤残</td><td>11 个月</td><td>9 个月</td></tr>
<tr><td>九级伤残</td><td>9 个月</td><td>6 个月</td></tr>
<tr><td>十级伤残</td><td>7 个月</td><td>3 个月</td></tr>
<tr><td>备注</td><td colspan="8">1. 按上述规定计发的一级至十级工伤人员一次性伤残补助金低于 2010 年度全市职工月平均工资乘以《上海市工伤保险实施办法》规定的相应伤残等级的月份数之积的，差额部分由工伤保险基金予以补足。
2. 上海市工伤保险实施办法系按照《工伤保险条例》规定来具体细化，大部分内容仍是承接《条例》规定而进行了适当细化。其他各地规定大致相同，但在具体操作时，仍应结合本地实施办法执行。</td></tr>
</table>

（五）伤残津贴和生活护理费——由工伤保险基金支付的费用

标题	《关于调整本市工伤人员伤残津贴和生活护理费标准的通知》
文号	沪人社规〔2019〕24 号
内容主题	关于调整上海市 2019 年工伤人员伤残津贴和生活护理费标准的通知

续表

内容摘要	1. 2018 年 12 月 31 日前发生工伤且致残一级至四级工伤人员的伤残津贴在 2018 年享受的标准基础上调整，其中致残一级增加 960 元/月，致残二级工伤人员增加 875 元/月，致残三级增加 812 元/月，致残四级增加 763 元/月。 调整后的伤残津贴最低标准为：致残一级 7386 元/月，致残二级 6911 元/月，致残三级 6484 元/月，致残四级 6082 元/月。 2. 2018 年 12 月 31 日前发生工伤且经确认生活不能自理工伤人员的生活护理费在 2018 年享受的标准基础上调整，其中生活完全不能自理工伤人员增加 817 元/月，生活大部分不能自理工伤人员增加 653 元/月，生活部分不能自理工伤人员增加 490 元/月。 调整后的生活护理费标准为：生活完全不能自理 4383 元/月，生活大部分不能自理 3506 元/月，生活部分不能自理 2630 元/月。 3. 2018 年 12 月 31 日前已按规定办理按月领取养老金手续的致残一级至四级工伤人员，按照本通知第一条规定增加的伤残津贴低于其 2019 年基本养老金增加额的，按养老金增加额计发。 4. 2019 年 1 月 1 日至 12 月 31 日期间发生工伤且致残一级至四级的工伤人员，按《实施办法》规定计发的伤残津贴低于本通知第一条第二款规定的最低标准的，按最低标准计发。 5. 由工伤保险基金按照《实施办法》规定支付伤残津贴和生活护理费的工伤人员，其按本通知规定调整后增加的费用由工伤保险基金支付。目前仍由用人单位按照《实施办法》规定支付伤残津贴和生活护理费的工伤人员，其按本通知规定调整后增加的费用由用人单位支付。 6. 本通知自 2019 年 7 月 1 日起执行，有效期至 2021 年 6 月 30 日。本通知实施前已按《关于调整本市工伤人员伤残津贴和生活护理费标准的通知》（沪人社规〔2019〕7 号）规定调整伤残津贴和生活护理费标准的工伤人员，按本通知规定的标准重新核定后予以补差。
备注	上海市工伤保险实施办法系按照《工伤保险条例》规定来具体细化，大部分内容仍是承接《条例》规定而进行了适当细化。其他各地规定大致相同，但在具体操作时，仍应结合本地实施办法执行。

（六）因工死亡待遇的支付标准——社保中心从工伤保险基金中支付

标题	《上海市工伤保险实施办法》		
文号	上海市人民政府令第 93 号		
内容主题	一次性工亡补助金	丧葬补助金	供养亲属抚恤金（按月）

续表

补偿金额标准	从业人员因工死亡时上一年度全国城镇居民人均可支配收入的20倍。	从业人员因工死亡时6个月的上年度全市职工月平均工资。	按照从业人员本人因工死亡前一月的缴费工资为计发基数，其中：（1）配偶每月40%；（2）其他亲属每人每月30%；（3）孤寡老人或者孤儿每人每月在上述标准的基础上增加10%。核定的各供养亲属的抚恤金之和不应高于因工死亡人员生前本人工资。
备注	上海市工伤保险实施办法系按照《工伤保险条例》规定来具体细化，大部分内容仍是承接该《条例》规定而进行了适当细化。其他各地规定大致相同，但在具体操作时，仍应结合本地实施办法执行。		

（七）因工死亡人员供养亲属抚恤金标准

标题	《关于调整本市因工死亡人员供养亲属抚恤金标准的通知》
文号	沪人社规〔2019〕25号
内容主题	上海市人力资源社会保障局关于调整本市因工死亡人员供养亲属抚恤金标准的通知
内容摘要	1. 2018年12月31日前因工死亡人员供养亲属的抚恤金在2018年享受的标准基础上，每人每月增加210元。 调整后的因工死亡人员供养亲属抚恤金最低标准为每人每月1550元，其中孤寡老人或者孤儿的最低标准为每人每月1636元。 2. 2019年1月1日至12月31日期间因工死亡人员的供养亲属，其按《实施办法》规定计发的抚恤金低于本通知第一条第二款规定的最低标准的，按最低标准计发。 3. 由工伤保险基金按照《实施办法》规定支付抚恤金的供养亲属，其按本通知规定调整后增加的费用由工伤保险基金支付。目前仍由用人单位按照《实施办法》规定支付抚恤金的供养亲属，其按本通知规定调整后增加的费用由用人单位支付。 4. 本通知自2019年7月1日起执行，有效期至2021年6月30日。本通知实施前已按《关于调整本市因工死亡人员供养亲属抚恤金标准的通知》（沪人社规〔2019〕8号）规定调整抚恤金标准的因工死亡人员供养亲属，按本通知规定的标准重新核定后予以补差。
备注	上海市工伤保险实施办法系按照《工伤保险条例》规定来具体细化，大部分内容仍是承接《条例》规定而进行了适当细化。其他各地规定大致相同，但在具体操作时，仍应结合本地实施办法执行。

七、税收政策

（一）个人税收的计算

<table>
<tr><td colspan="3">标题</td><td colspan="7">《中华人民共和国个人所得税法》</td></tr>
<tr><td colspan="3">文号</td><td colspan="7">中华人民共和国主席令第9号（2018. 8. 31第七次修正）</td></tr>
<tr><td colspan="3">内容主题</td><td colspan="7">个人所得税的计算标准</td></tr>
<tr><td colspan="3">计算方法</td><td colspan="7">1. 居民个人的综合所得，以每一纳税年度的收入额减除费用六万元以及专项扣除、专项附加扣除和依法确定的其他扣除后的余额，为应纳税所得额。
2. 非居民个人的工资、薪金所得，以每月收入额减除费用五千元后的余额为应纳税所得额；劳务报酬所得、稿酬所得、特许权使用费所得，以每次收入额为应纳税所得额。
3. 经营所得，以每一纳税年度的收入总额减除成本、费用以及损失后的余额，为应纳税所得额。
4. 财产租赁所得，每次收入不超过四千元的，减除费用八百元；四千元以上的，减除百分之二十的费用，其余额为应纳税所得额。
5. 财产转让所得，以转让财产的收入额减除财产原值和合理费用后的余额，为应纳税所得额。
6. 利息、股息、红利所得和偶然所得，以每次收入额为应纳税所得额。劳务报酬所得、稿酬所得、特许权使用费所得以收入减除百分之二十的费用后的余额为收入额。稿酬所得的收入额减按百分之七十计算。</td></tr>
<tr><td rowspan="4">计算标准</td><td rowspan="2">综合所得适用</td><td>全年应纳税所得额</td><td>不超过36000元</td><td>超过36000元至144000元部分</td><td>超过144000元至300000元部分</td><td>超过300000元至420000元部分</td><td>超过420000元至660000元部分</td><td>超过660000元至960000元部分</td><td>超过960000元部分</td></tr>
<tr><td>税率%</td><td>3</td><td>10</td><td>20</td><td>25</td><td>30</td><td>35</td><td>45</td></tr>
<tr><td rowspan="2">经营所得适用</td><td>全年应纳税所得额</td><td>不超过30000元的</td><td>超过30000元至90000元的部分</td><td>超过90000元至300000元的部分</td><td>超过300000元至500000元的部分</td><td>超过500000元的部分</td><td>—</td><td>—</td></tr>
<tr><td>税率%</td><td>5</td><td>10</td><td>20</td><td>30</td><td>35</td><td>—</td><td>—</td></tr>
</table>

（二）纳税申报

标题	《中华人民共和国个人所得税法》
文号	中华人民共和国主席令第9号
内容主题	纳税申报
内容摘要	纳税义务人有下列情形之一的，纳税人应当依法办理纳税申报： 1. 取得综合所得需要办理汇算清缴； 2. 取得应税所得没有扣缴义务人； 3. 取得应税所得，扣缴义务人未扣缴税款； 4. 取得境外所得； 5. 因移居境外注销中国户籍； 6. 非居民个人在中国境内从两处以上取得工资、薪金所得； 7. 国务院规定的其他情形。 扣缴义务人应当按照国家规定办理全员全额扣缴申报，并向纳税人提供其个人所得和已扣缴税款等信息。

（三）经济补偿金个税缴纳

标题	《财政部关于个人所得税法修改后有关优惠政策衔接问题的通知》
文号	财税〔2018〕164号
内容主题	一次性补偿收入的税收问题
内容摘要	个人与用人单位解除劳动关系取得一次性补偿收入（包括用人单位发放的经济补偿金、生活补助费和其他补助费），在当地上年职工平均工资3倍数额以内的部分，免征个人所得税；超过3倍数额的部分，不并入当年综合所得，单独适用综合所得税率表，计算纳税。

（四）全年一次性奖金的个税缴纳

标题	《财政部关于个人所得税法修改后有关优惠政策衔接问题的通知》
文号	财税〔2018〕164号
内容主题	全年一次性奖金的税收征缴规定

续表

内容摘要	1. 居民个人取得全年一次性奖金，符合《国家税务总局关于调整个人取得全年一次性奖金等计算征收个人所得税方法问题的通知》（国税发〔2005〕9号）规定的，在2021年12月31日前，不并入当年综合所得，以全年一次性奖金收入除以12个月得到的数额，按照本通知所附按月换算后的综合所得税率表（以下简称月度税率表），确定适用税率和速算扣除数，单独计算纳税。计算公式为：应纳税额＝全年一次性奖金收入×适用税率－速算扣除数。 居民个人取得全年一次性奖金，也可以选择并入当年综合所得计算纳税。 自2022年1月1日起，居民个人取得全年一次性奖金，应并入当年综合所得计算缴纳个人所得税。 2. 中央企业负责人取得年度绩效薪金延期兑现收入和任期奖励，符合《国家税务总局关于中央企业负责人年度绩效薪金延期兑现收入和任期奖励征收个人所得税问题的通知》（国税发〔2007〕118号）规定的，在2021年12月31日前，参照本通知第一条第（一）项执行；2022年1月1日之后的政策另行明确。

附录二

中华人民共和国劳动合同法

（2007 年 6 月 29 日第十届全国人民代表大会常务委员会第二十八次会议通过　根据 2012 年 12 月 28 日第十一届全国人民代表大会常务委员会第三十次会议《关于修改〈中华人民共和国劳动合同法〉的决定》修正）

目　　录

第一章　总　　则

第二章　劳动合同的订立

第三章　劳动合同的履行和变更

第四章　劳动合同的解除和终止

第五章　特别规定

　第一节　集体合同

　第二节　劳务派遣

　第三节　非全日制用工

第六章　监督检查

第七章　法律责任

第八章　附　　则

第一章　总　　则

第一条　为了完善劳动合同制度，明确劳动合同双方当事人的权利和义务，保护劳动者的合法权益，构建和发展和谐稳定的劳动关系，制定本法。

第二条　中华人民共和国境内的企业、个体经济组织、民办非企业单位等组织（以下称用人单位）与劳动者建立劳动关系，订立、履行、变更、解除或者终止劳动合同，适用本法。

国家机关、事业单位、社会团体和与其建立劳动关系的劳动者，订立、履行、变更、解除或者终止劳动合同，依照本法执行。

第三条　订立劳动合同，应当遵循合法、公平、平等自愿、协商一致、诚实信用的原则。

依法订立的劳动合同具有约束力，用人单位与劳动者应当履行劳动合同约定的义务。

第四条　用人单位应当依法建立和完善劳动规章制度，保障劳动者享有劳动权利、履行劳动义务。

用人单位在制定、修改或者决定有关劳动报酬、工作时间、休息休假、劳动安全卫生、保险福利、职工培训、劳动纪律以及劳动定额管理等直接涉及劳动者切身利益的规章制度或者重大事项时，应当经职工代表大会或者全体职工讨论，提出方案和意见，与工会或者职工代表平等协商确定。

在规章制度和重大事项决定实施过程中，工会或者职工认为不适当的，有权向用人单位提出，通过协商予以修改完善。

用人单位应当将直接涉及劳动者切身利益的规章制度和重大事项决定公示，或者告知劳动者。

第五条　县级以上人民政府劳动行政部门会同工会和企业方面代表，建立健全协调劳动关系三方机制，共同研究解决有关劳动关系的重大问题。

第六条　工会应当帮助、指导劳动者与用人单位依法订立和履行劳动合同，并与用人单位建立集体协商机制，维护劳动者的合法权益。

第二章　劳动合同的订立

第七条　用人单位自用工之日起即与劳动者建立劳动关系。用人单位应当建立职工名册备查。

第八条　用人单位招用劳动者时，应当如实告知劳动者工作内容、工作条件、工作地点、职业危害、安全生产状况、劳动报酬，以及劳动者要求了解的其他情况；用人单位有权了解劳动者与劳动合同直接相关的基本情况，劳动者应当如实说明。

第九条　用人单位招用劳动者，不得扣押劳动者的居民身份证和其他证件，不得要求劳动者提供担保或者以其他名义向劳动者收取财物。

第十条　建立劳动关系，应当订立书面劳动合同。

已建立劳动关系，未同时订立书面劳动合同的，应当自用工之日起一个月内订立书面劳动合同。

用人单位与劳动者在用工前订立劳动合同的，劳动关系自用工之日起建立。

第十一条　用人单位未在用工的同时订立书面劳动合同，与劳动者约定的劳动报酬不明确的，新招用的劳动者的劳动报酬按照集体合同规定的标准执行；没有集体合同或者集体合同未规定的，实行同工同酬。

第十二条　劳动合同分为固定期限劳动合同、无固定期限劳动合同和以完成一定工作任务为期限的劳动合同。

第十三条　固定期限劳动合同，是指用人单位与劳动者约定合同终止时间的劳动合同。

用人单位与劳动者协商一致，可以订立固定期限劳动合同。

第十四条　无固定期限劳动合同，是指用人单位与劳动者约定无确定终止时间的劳动合同。

用人单位与劳动者协商一致，可以订立无固定期限劳动合同。有下列情形之一，劳动者提出或者同意续订、订立劳动合同的，除劳动者提出订立固定期限劳动合同外，应当订立无固定期限劳动合同：

（一）劳动者在该用人单位连续工作满十年的；

（二）用人单位初次实行劳动合同制度或者国有企业改制重新订立劳动合同时，劳动者在该用人单位连续工作满十年且距法定退休年龄不足十年的；

（三）连续订立二次固定期限劳动合同，且劳动者没有本法第三十九条和第四十条第一项、第二项规定的情形，续订劳动合同的。

用人单位自用工之日起满一年不与劳动者订立书面劳动合同的，视为用人单位与劳动者已订立无固定期限劳动合同。

第十五条　以完成一定工作任务为期限的劳动合同，是指用人单位与劳动者约定以某项工作的完成为合同期限的劳动合同。

用人单位与劳动者协商一致，可以订立以完成一定工作任务为期限的劳动合同。

第十六条　劳动合同由用人单位与劳动者协商一致，并经用人单位与劳动者在劳动合同文本上签字或者盖章生效。

劳动合同文本由用人单位和劳动者各执一份。

第十七条　劳动合同应当具备以下条款：

（一）用人单位的名称、住所和法定代表人或者主要负责人；

（二）劳动者的姓名、住址和居民身份证或者其他有效身份证件号码；

（三）劳动合同期限；

（四）工作内容和工作地点；

（五）工作时间和休息休假；

（六）劳动报酬；

（七）社会保险；

（八）劳动保护、劳动条件和职业危害防护；

（九）法律、法规规定应当纳入劳动合同的其他事项。

劳动合同除前款规定的必备条款外，用人单位与劳动者可以约定试用期、培训、保守秘密、补充保险和福利待遇等其他事项。

第十八条 劳动合同对劳动报酬和劳动条件等标准约定不明确，引发争议的，用人单位与劳动者可以重新协商；协商不成的，适用集体合同规定；没有集体合同或者集体合同未规定劳动报酬的，实行同工同酬；没有集体合同或者集体合同未规定劳动条件等标准的，适用国家有关规定。

第十九条 劳动合同期限三个月以上不满一年的，试用期不得超过一个月；劳动合同期限一年以上不满三年的，试用期不得超过二个月；三年以上固定期限和无固定期限的劳动合同，试用期不得超过六个月。

同一用人单位与同一劳动者只能约定一次试用期。

以完成一定工作任务为期限的劳动合同或者劳动合同期限不满三个月的，不得约定试用期。

试用期包含在劳动合同期限内。劳动合同仅约定试用期的，试用期不成立，该期限为劳动合同期限。

第二十条 劳动者在试用期的工资不得低于本单位相同岗位最低档工资或者劳动合同约定工资的百分之八十，并不得低于用人单位所在地的最低工资标准。

第二十一条 在试用期中，除劳动者有本法第三十九条和第四十条第一项、第二项规定的情形外，用人单位不得解除劳动合同。用人单位在试用期解除劳动合同的，应当向劳动者说明理由。

第二十二条 用人单位为劳动者提供专项培训费用，对其进行专业技术培训的，可以与该劳动者订立协议，约定服务期。

劳动者违反服务期约定的，应当按照约定向用人单位支付违约金。违约金的数额不得超过用人单位提供的培训费用。用人单位要求劳动者支付的违约金不得超过服务期尚未履行部分所应分摊的培训费用。

用人单位与劳动者约定服务期的，不影响按照正常的工资调整机制提高劳动者在服务期期间的劳动报酬。

第二十三条 用人单位与劳动者可以在劳动合同中约定保守用人单位的商业秘密和与知识产权相关的保密事项。

对负有保密义务的劳动者，用人单位可以在劳动合同或者保密协议中与劳动者约定竞业限制条款，并约定在解除或者终止劳动合同后，在竞业限制期限内按月给予劳动者经济补偿。劳动者违反竞业限制约定的，应当按照约定向用人单位支付违约金。

第二十四条 竞业限制的人员限于用人单位的高级管理人员、高级技术人员和其他负有保密义务的人员。竞业限制的范围、地域、期限由用人单位与劳动者约定，竞业限制的约定不得违反法律、法规的规定。

在解除或者终止劳动合同后，前款规定的人员到与本单位生产或者经营同类产品、从事同类业务的有竞争关系的其他用人单位，或者自己开业生产或者经营同类产品、从事同类业务的竞业限制期限，不得超过二年。

第二十五条 除本法第二十二条和第二十三条规定的情形外，用人单位不得与劳动者约定由劳动者承担违约金。

第二十六条 下列劳动合同无效或者部分无效：

（一）以欺诈、胁迫的手段或者乘人之危，使对方在违背真实意思的情况下订立或者变更劳动合同的；

（二）用人单位免除自己的法定责任、排除劳动者权利的；

（三）违反法律、行政法规强制性规定的。

对劳动合同的无效或者部分无效有争议的，由劳动争议仲裁机构或者人民法院确认。

第二十七条 劳动合同部分无效，不影响其他部分效力的，其他部分仍然有效。

第二十八条 劳动合同被确认无效，劳动者已付出劳动的，用人单位应当向劳动者支付劳动报酬。劳动报酬的数额，参照本单位相同或者相近岗位劳动者的劳动报酬确定。

第三章 劳动合同的履行和变更

第二十九条 用人单位与劳动者应当按照劳动合同的约定，全面履行各自的义务。

第三十条 用人单位应当按照劳动合同约定和国家规定，向劳动者及时足额支付劳动报酬。

用人单位拖欠或者未足额支付劳动报酬的，劳动者可以依法向当地人民法院申请支付令，人民法院应当依法发出支付令。

第三十一条 用人单位应当严格执行劳动定额标准，不得强迫或者变相强迫劳动者加班。用人单位安排加班的，应当按照国家有关规定向劳动者支付加班费。

第三十二条 劳动者拒绝用人单位管理人员违章指挥、强令冒险作业的，不视为违反劳动合同。

劳动者对危害生命安全和身体健康的劳动条件，有权对用人单位提出批评、检举和控告。

第三十三条 用人单位变更名称、法定代表人、主要负责人或者投资人等事项，不影响劳动合同的履行。

第三十四条 用人单位发生合并或者分立等情况，原劳动合同继续有效，劳动合同由承继其权利和义务的用人单位继续履行。

第三十五条 用人单位与劳动者协商一致，可以变更劳动合同约定的内容。变更劳动合同，应当采用书面形式。

变更后的劳动合同文本由用人单位和劳动者各执一份。

第四章 劳动合同的解除和终止

第三十六条 用人单位与劳动者协商一致，可以解除劳动合同。

第三十七条 劳动者提前三十日以书面形式通知用人单位，可以解除劳动合同。劳动者在试用期内提前三日通知用人单位，可以解除劳动合同。

第三十八条 用人单位有下列情形之一的，劳动者可以解除劳动合同：

（一）未按照劳动合同约定提供劳动保护或者劳动条件的；

（二）未及时足额支付劳动报酬的；

（三）未依法为劳动者缴纳社会保险费的；

（四）用人单位的规章制度违反法律、法规的规定，损害劳动者权益的；

（五）因本法第二十六条第一款规定的情形致使劳动合同无效的；

（六）法律、行政法规规定劳动者可以解除劳动合同的其他情形。

用人单位以暴力、威胁或者非法限制人身自由的手段强迫劳动者劳动的，或者用人单位违章指挥、强令冒险作业危及劳动者人身安全的，劳动者可以立即解除劳动合同，不需事先告知用人单位。

第三十九条 劳动者有下列情形之一的，用人单位可以解除劳动合同：

（一）在试用期间被证明不符合录用条件的；

（二）严重违反用人单位的规章制度的；

（三）严重失职，营私舞弊，给用人单位造成重大损害的；

（四）劳动者同时与其他用人单位建立劳动关系，对完成本单位的工作任务造成严重影响，或者经用人单位提出，拒不改正的；

（五）因本法第二十六条第一款第一项规定的情形致使劳动合同无效的；

（六）被依法追究刑事责任的。

第四十条 有下列情形之一的，用人单位提前三十日以书面形式通知劳动者本人或者额外支付劳动者一个月工资后，可以解除劳动合同：

（一）劳动者患病或者非因工负伤，在规定的医疗期满后不能从事原工作，也不能从事由用人单位另行安排的工作的；

（二）劳动者不能胜任工作，经过培训或者调整工作岗位，仍不能胜任工作的；

（三）劳动合同订立时所依据的客观情况发生重大变化，致使劳动合同无法履行，经用人单位与劳动者协商，未能就变更劳动合同内容达成协议的。

第四十一条 有下列情形之一，需要裁减人员二十人以上或者裁减不足二十人但占企业职工总数百分之十以上的，用人单位提前三十日向工会或者全体职工说明情况，听取工会或者职工的意见后，裁减人员方案经向劳动行政部门报告，可以裁减人员：

（一）依照企业破产法规定进行重整的；

（二）生产经营发生严重困难的；

（三）企业转产、重大技术革新或者经营方式调整，经变更劳动合同后，仍需裁减人员的；

（四）其他因劳动合同订立时所依据的客观经济情况发生重大变化，致使劳动合同无法履行的。

裁减人员时，应当优先留用下列人员：

（一）与本单位订立较长期限的固定期限劳动合同的；

（二）与本单位订立无固定期限劳动合同的；

（三）家庭无其他就业人员，有需要扶养的老人或者未成年人的。

用人单位依照本条第一款规定裁减人员，在六个月内重新招用人员的，应当通知被裁减的人员，并在同等条件下优先招用被裁减的人员。

第四十二条 劳动者有下列情形之一的，用人单位不得依照本法第四十条、第四十一条的规定解除劳动合同：

（一）从事接触职业病危害作业的劳动者未进行离岗前职业健康检查，或者疑似职业病病人在诊断或者医学观察期间的；

（二）在本单位患职业病或者因工负伤并被确认丧失或者部分丧失劳动能力的；

（三）患病或者非因工负伤，在规定的医疗期内的；

（四）女职工在孕期、产期、哺乳期的；

（五）在本单位连续工作满十五年，且距法定退休年龄不足五年的；

（六）法律、行政法规规定的其他情形。

第四十三条 用人单位单方解除劳动合同，应当事先将理由通知工会。用人单位违反法律、行政法规规定或者劳动合同约定的，工会有权要求用人单位纠正。用人单位应当研究工会的意见，并将处理结果书面通知工会。

第四十四条 有下列情形之一的，劳动合同终止：

（一）劳动合同期满的；

（二）劳动者开始依法享受基本养老保险待遇的；

（三）劳动者死亡，或者被人民法院宣告死亡或者宣告失踪的；

（四）用人单位被依法宣告破产的；

（五）用人单位被吊销营业执照、责令关闭、撤销或者用人单位决定提前解散的；

（六）法律、行政法规规定的其他情形。

第四十五条 劳动合同期满，有本法第四十二条规定情形之一的，劳动合同应当续延至相应的情形消失时终止。但是，本法第四十二条第二项规定丧失或者部分丧失劳动能力劳动者的劳动合同的终止，按照国家有关工伤保险的规定执行。

第四十六条 有下列情形之一的，用人单位应当向劳动者支付经济补偿：

（一）劳动者依照本法第三十八条规定解除劳动合同的；

（二）用人单位依照本法第三十六条规定向劳动者提出解除劳动合同并与劳动者协商一致解除劳动合同的；

（三）用人单位依照本法第四十条规定解除劳动合同的；

（四）用人单位依照本法第四十一条第一款规定解除劳动合同的；

（五）除用人单位维持或者提高劳动合同约定条件续订劳动合同，劳动者不同意续订的情形外，依照本法第四十四条第一项规定终止固定期限劳动合同的；

（六）依照本法第四十四条第四项、第五项规定终止劳动合同的；

（七）法律、行政法规规定的其他情形。

第四十七条 经济补偿按劳动者在本单位工作的年限，每满一年支付一个月工资的标准向劳动者支付。六个月以上不满一年的，按一年计算；不满六个月的，向劳动者支付半个月工资的经济补偿。

劳动者月工资高于用人单位所在直辖市、设区的市级人民政府公布的本地区上年度职工月平均工资三倍的，向其支付经济补偿的标准按职工月平均工资三倍的数额支付，向其支付经济补偿的年限最高不超过十二年。

本条所称月工资是指劳动者在劳动合同解除或者终止前十二个月的平均工资。

第四十八条 用人单位违反本法规定解除或者终止劳动合同，劳动者要求继续履行劳动合同的，用人单位应当继续履行；劳动者不要求继续履行劳动合同或者劳动合同已经不能继续履行的，用人单位应当依照本法第八十七条规定支付赔偿金。

第四十九条 国家采取措施，建立健全劳动者社会保险关系跨地区转移接续制度。

第五十条 用人单位应当在解除或者终止劳动合同时出具解除或者终止劳动合同的证明，并在十五日内为劳动者办理档案和社会保险关系转移手续。

劳动者应当按照双方约定，办理工作交接。用人单位依照本法有关规定应当向劳动者支付经济补偿的，在办结工作交接时支付。

用人单位对已经解除或者终止的劳动合同的文本，至少保存二年备查。

第五章　特别规定

第一节　集体合同

第五十一条 企业职工一方与用人单位通过平等协商，可以就劳动报酬、工作时间、休息休假、劳动安全卫生、保险福利等事项订立集体合同。集体合同草案应当提交职工代表大会或者全体职工讨论通过。

集体合同由工会代表企业职工一方与用人单位订立；尚未建立工会的用人单位，由上级工会指导劳动者推举的代表与用人单位订立。

第五十二条 企业职工一方与用人单位可以订立劳动安全卫生、女职工权益保护、工资调整机制等专项集体合同。

第五十三条 在县级以下区域内，建筑业、采矿业、餐饮服务业等行业可以由工会与企业方面代表订立行业性集体合同，或者订立区域性集体合同。

第五十四条 集体合同订立后，应当报送劳动行政部门；劳动行政部门自收到集体合同文本之日起十五日内未提出异议的，集体合同即行生效。

依法订立的集体合同对用人单位和劳动者具有约束力。行业性、区域性集体合同对当地本行业、本区域的用人单位和劳动者具有约束力。

第五十五条 集体合同中劳动报酬和劳动条件等标准不得低于当地人民政府规定的最低标准；用人单位与劳动者订立的劳动合同中劳动报酬和劳动条件等标准不得低于集体合同规定的标准。

第五十六条 用人单位违反集体合同，侵犯职工劳动权益的，工会可以依法要求用人单位承担责任；因履行集体合同发生争议，经协商解决不成的，工会可以依法申请仲裁、提起诉讼。

第二节 劳务派遣

第五十七条 经营劳务派遣业务应当具备下列条件：

（一）注册资本不得少于人民币二百万元；

（二）有与开展业务相适应的固定的经营场所和设施；

（三）有符合法律、行政法规规定的劳务派遣管理制度；

（四）法律、行政法规规定的其他条件。

经营劳务派遣业务，应当向劳动行政部门依法申请行政许可；经许可的，依法办理相应的公司登记。未经许可，任何单位和个人不得经营劳务派遣业务。

第五十八条 劳务派遣单位是本法所称用人单位，应当履行用人单位对劳动者的义务。劳务派遣单位与被派遣劳动者订立的劳动合同，除应当载明本法第十七条规定的事项外，还应当载明被派遣劳动者的用工单位以及派遣期限、工作岗位等情况。

劳务派遣单位应当与被派遣劳动者订立二年以上的固定期限劳动合同，按月支付劳动报酬；被派遣劳动者在无工作期间，劳务派遣单位应当按照所在地人民政府规定的最低工资标准，向其按月支付报酬。

第五十九条 劳务派遣单位派遣劳动者应当与接受以劳务派遣形式用工的单位（以下称用工单位）订立劳务派遣协议。劳务派遣协议应当约定派遣岗位和人员数量、派遣期限、劳动报酬和社会保险费的数额与支付方式以及违反协议的责任。

用工单位应当根据工作岗位的实际需要与劳务派遣单位确定派遣期限，不得将连续用工期限分割订立数个短期劳务派遣协议。

第六十条 劳务派遣单位应当将劳务派遣协议的内容告知被派遣劳动者。

劳务派遣单位不得克扣用工单位按照劳务派遣协议支付给被派遣劳动者的劳动报酬。

劳务派遣单位和用工单位不得向被派遣劳动者收取费用。

第六十一条 劳务派遣单位跨地区派遣劳动者的，被派遣劳动者享有的劳动报酬和劳动条件，按照用工单位所在地的标准执行。

第六十二条 用工单位应当履行下列义务：

（一）执行国家劳动标准，提供相应的劳动条件和劳动保护；

（二）告知被派遣劳动者的工作要求和劳动报酬；

（三）支付加班费、绩效奖金，提供与工作岗位相关的福利待遇；

（四）对在岗被派遣劳动者进行工作岗位所必需的培训；

（五）连续用工的，实行正常的工资调整机制。

用工单位不得将被派遣劳动者再派遣到其

他用人单位。

第六十三条 被派遣劳动者享有与用工单位的劳动者同工同酬的权利。用工单位应当按照同工同酬原则，对被派遣劳动者与本单位同类岗位的劳动者实行相同的劳动报酬分配办法。用工单位无同类岗位劳动者的，参照用工单位所在地相同或者相近岗位劳动者的劳动报酬确定。

劳务派遣单位与被派遣劳动者订立的劳动合同和与用工单位订立的劳务派遣协议，载明或者约定的向被派遣劳动者支付的劳动报酬应当符合前款规定。

第六十四条 被派遣劳动者有权在劳务派遣单位或者用工单位依法参加或者组织工会，维护自身的合法权益。

第六十五条 被派遣劳动者可以依照本法第三十六条、第三十八条的规定与劳务派遣单位解除劳动合同。

被派遣劳动者有本法第三十九条和第四十条第一项、第二项规定情形的，用工单位可以将劳动者退回劳务派遣单位，劳务派遣单位依照本法有关规定，可以与劳动者解除劳动合同。

第六十六条 劳动合同用工是我国的企业基本用工形式。劳务派遣用工是补充形式，只能在临时性、辅助性或者替代性的工作岗位上实施。

前款规定的临时性工作岗位是指存续时间不超过六个月的岗位；辅助性工作岗位是指为主营业务岗位提供服务的非主营业务岗位；替代性工作岗位是指用工单位的劳动者因脱产学习、休假等原因无法工作的一定期间内，可以由其他劳动者替代工作的岗位。

用工单位应当严格控制劳务派遣用工数量，不得超过其用工总量的一定比例，具体比例由国务院劳动行政部门规定。

第六十七条 用人单位不得设立劳务派遣单位向本单位或者所属单位派遣劳动者。

第三节 非全日制用工

第六十八条 非全日制用工，是指以小时计酬为主，劳动者在同一用人单位一般平均每日工作时间不超过四小时，每周工作时间累计不超过二十四小时的用工形式。

第六十九条 非全日制用工双方当事人可以订立口头协议。

从事非全日制用工的劳动者可以与一个或者一个以上用人单位订立劳动合同；但是，后订立的劳动合同不得影响先订立的劳动合同的履行。

第七十条 非全日制用工双方当事人不得约定试用期。

第七十一条 非全日制用工双方当事人任何一方都可以随时通知对方终止用工。终止用工，用人单位不向劳动者支付经济补偿。

第七十二条 非全日制用工小时计酬标准不得低于用人单位所在地人民政府规定的最低小时工资标准。

非全日制用工劳动报酬结算支付周期最长不得超过十五日。

第六章 监督检查

第七十三条 国务院劳动行政部门负责全国劳动合同制度实施的监督管理。

县级以上地方人民政府劳动行政部门负责本行政区域内劳动合同制度实施的监督管理。

县级以上各级人民政府劳动行政部门在劳动合同制度实施的监督管理工作中，应当听取工会、企业方面代表以及有关行业主管部门的意见。

第七十四条 县级以上地方人民政府劳动行政部门依法对下列实施劳动合同制度的情况进行监督检查：

（一）用人单位制定直接涉及劳动者切身利

益的规章制度及其执行的情况；

（二）用人单位与劳动者订立和解除劳动合同的情况；

（三）劳务派遣单位和用工单位遵守劳务派遣有关规定的情况；

（四）用人单位遵守国家关于劳动者工作时间和休息休假规定的情况；

（五）用人单位支付劳动合同约定的劳动报酬和执行最低工资标准的情况；

（六）用人单位参加各项社会保险和缴纳社会保险费的情况；

（七）法律、法规规定的其他劳动监察事项。

第七十五条 县级以上地方人民政府劳动行政部门实施监督检查时，有权查阅与劳动合同、集体合同有关的材料，有权对劳动场所进行实地检查，用人单位和劳动者都应当如实提供有关情况和材料。

劳动行政部门的工作人员进行监督检查，应当出示证件，依法行使职权，文明执法。

第七十六条 县级以上人民政府建设、卫生、安全生产监督管理等有关主管部门在各自职责范围内，对用人单位执行劳动合同制度的情况进行监督管理。

第七十七条 劳动者合法权益受到侵害的，有权要求有关部门依法处理，或者依法申请仲裁、提起诉讼。

第七十八条 工会依法维护劳动者的合法权益，对用人单位履行劳动合同、集体合同的情况进行监督。用人单位违反劳动法律、法规和劳动合同、集体合同的，工会有权提出意见或者要求纠正；劳动者申请仲裁、提起诉讼的，工会依法给予支持和帮助。

第七十九条 任何组织或者个人对违反本法的行为都有权举报，县级以上人民政府劳动行政部门应当及时核实、处理，并对举报有功人员给予奖励。

第七章 法律责任

第八十条 用人单位直接涉及劳动者切身利益的规章制度违反法律、法规规定的，由劳动行政部门责令改正，给予警告；给劳动者造成损害的，应当承担赔偿责任。

第八十一条 用人单位提供的劳动合同文本未载明本法规定的劳动合同必备条款或者用人单位未将劳动合同文本交付劳动者的，由劳动行政部门责令改正；给劳动者造成损害的，应当承担赔偿责任。

第八十二条 用人单位自用工之日起超过一个月不满一年未与劳动者订立书面劳动合同的，应当向劳动者每月支付二倍的工资。

用人单位违反本法规定不与劳动者订立无固定期限劳动合同的，自应当订立无固定期限劳动合同之日起向劳动者每月支付二倍的工资。

第八十三条 用人单位违反本法规定与劳动者约定试用期的，由劳动行政部门责令改正；违法约定的试用期已经履行的，由用人单位以劳动者试用期满月工资为标准，按已经履行的超过法定试用期的期间向劳动者支付赔偿金。

第八十四条 用人单位违反本法规定，扣押劳动者居民身份证等证件的，由劳动行政部门责令限期退还劳动者本人，并依照有关法律规定给予处罚。

用人单位违反本法规定，以担保或者其他名义向劳动者收取财物的，由劳动行政部门责令限期退还劳动者本人，并以每人五百元以上二千元以下的标准处以罚款；给劳动者造成损害的，应当承担赔偿责任。

劳动者依法解除或者终止劳动合同，用人单位扣押劳动者档案或者其他物品的，依照前款规定处罚。

第八十五条 用人单位有下列情形之一的，由劳动行政部门责令限期支付劳动报酬、加班费或者经济补偿；劳动报酬低于当地最低工资标准的，应当支付其差额部分；逾期不支付的，责令用人单位按应付金额百分之五十以上百分之一百以下的标准向劳动者加付赔偿金：

（一）未按照劳动合同的约定或者国家规定及时足额支付劳动者劳动报酬的；

（二）低于当地最低工资标准支付劳动者工资的；

（三）安排加班不支付加班费的；

（四）解除或者终止劳动合同，未依照本法规定向劳动者支付经济补偿的。

第八十六条 劳动合同依照本法第二十六条规定被确认无效，给对方造成损害的，有过错的一方应当承担赔偿责任。

第八十七条 用人单位违反本法规定解除或者终止劳动合同的，应当依照本法第四十七条规定的经济补偿标准的二倍向劳动者支付赔偿金。

第八十八条 用人单位有下列情形之一的，依法给予行政处罚；构成犯罪的，依法追究刑事责任；给劳动者造成损害的，应当承担赔偿责任：

（一）以暴力、威胁或者非法限制人身自由的手段强迫劳动的；

（二）违章指挥或者强令冒险作业危及劳动者人身安全的；

（三）侮辱、体罚、殴打、非法搜查或者拘禁劳动者的；

（四）劳动条件恶劣、环境污染严重，给劳动者身心健康造成严重损害的。

第八十九条 用人单位违反本法规定未向劳动者出具解除或者终止劳动合同的书面证明，由劳动行政部门责令改正；给劳动者造成损害的，应当承担赔偿责任。

第九十条 劳动者违反本法规定解除劳动合同，或者违反劳动合同中约定的保密义务或者竞业限制，给用人单位造成损失的，应当承担赔偿责任。

第九十一条 用人单位招用与其他用人单位尚未解除或者终止劳动合同的劳动者，给其他用人单位造成损失的，应当承担连带赔偿责任。

第九十二条 违反本法规定，未经许可，擅自经营劳务派遣业务的，由劳动行政部门责令停止违法行为，没收违法所得，并处违法所得一倍以上五倍以下的罚款；没有违法所得的，可以处五万元以下的罚款。

劳务派遣单位、用工单位违反本法有关劳务派遣规定的，由劳动行政部门责令限期改正；逾期不改正的，以每人五千元以上一万元以下的标准处以罚款，对劳务派遣单位，吊销其劳务派遣业务经营许可证。用工单位给被派遣劳动者造成损害的，劳务派遣单位与用工单位承担连带赔偿责任。

第九十三条 对不具备合法经营资格的用人单位的违法犯罪行为，依法追究法律责任；劳动者已经付出劳动的，该单位或者其出资人应当依照本法有关规定向劳动者支付劳动报酬、经济补偿、赔偿金；给劳动者造成损害的，应当承担赔偿责任。

第九十四条 个人承包经营违反本法规定招用劳动者，给劳动者造成损害的，发包的组织与个人承包经营者承担连带赔偿责任。

第九十五条 劳动行政部门和其他有关主管部门及其工作人员玩忽职守、不履行法定职责，或者违法行使职权，给劳动者或者用人单位造成损害的，应当承担赔偿责任；对直接负责的主管人员和其他直接责任人员，依法给予行政处分；构成犯罪的，依法追究刑事责任。

第八章　附　　则

第九十六条 事业单位与实行聘用制的工作人员订立、履行、变更、解除或者终止劳动合同，法律、行政法规或者国务院另有规定的，依照其规定；未作规定的，依照本法有关规定执行。

第九十七条 本法施行前已依法订立且在本法施行之日存续的劳动合同，继续履行；本法第十四条第二款第三项规定连续订立固定期限劳动合同的次数，自本法施行后续订固定期限劳动合同时开始计算。

本法施行前已建立劳动关系，尚未订立书面劳动合同的，应当自本法施行之日起一个月内订立。

本法施行之日存续的劳动合同在本法施行后解除或者终止，依照本法第四十六条规定应当支付经济补偿的，经济补偿年限自本法施行之日起计算；本法施行前按照当时有关规定，用人单位应当向劳动者支付经济补偿的，按照当时有关规定执行。

第九十八条 本法自2008年1月1日起施行。

全国人民代表大会常务委员会关于修改《中华人民共和国劳动合同法》的决定

（2012年12月28日第十一届全国人民代表大会常务委员会第三十次会议通过）

第十一届全国人民代表大会常务委员会第三十次会议决定对《中华人民共和国劳动合同法》作如下修改：

一、将第五十七条修改为："经营劳务派遣业务应当具备下列条件：

"（一）注册资本不得少于人民币二百万元；

"（二）有与开展业务相适应的固定的经营场所和设施；

"（三）有符合法律、行政法规规定的劳务派遣管理制度；

"（四）法律、行政法规规定的其他条件。

"经营劳务派遣业务，应当向劳动行政部门依法申请行政许可；经许可的，依法办理相应的公司登记。未经许可，任何单位和个人不得经营劳务派遣业务。"

二、将第六十三条修改为："被派遣劳动者享有与用工单位的劳动者同工同酬的权利。用工单位应当按照同工同酬原则，对被派遣劳动者与本单位同类岗位的劳动者实行相同的劳动报酬分配办法。用工单位无同类岗位劳动者的，参照用工单位所在地相同或者相近岗位劳动者的劳动报酬确定。

"劳务派遣单位与被派遣劳动者订立的劳动合同和与用工单位订立的劳务派遣协议，载明或者约定的向被派遣劳动者支付的劳动报酬应当符合前款规定。"

三、将第六十六条修改为："劳动合同用工是我国的企业基本用工形式。劳务派遣用工是补充形式，只能在临时性、辅助性或者替代性的工作岗位上实施。

"前款规定的临时性工作岗位是指存续时间不超过六个月的岗位；辅助性工作岗位是指为主营业务岗位提供服务的非主营业务岗位；替代性工作岗位是指用工单位的劳动者因脱产学习、休假等原因无法工作的一定期间内，可以由其他劳动者替代工作的岗位。

"用工单位应当严格控制劳务派遣用工数量，不得超过其用工总量的一定比例，具体比例由国务院劳动行政部门规定。"

四、将第九十二条修改为："违反本法规定，未经许可，擅自经营劳务派遣业务的，由劳动行政部门责令停止违法行为，没收违法所得，并处违法所得一倍以上五倍以下的罚款；没有违法所得的，可以处五万元以下的罚款。

"劳务派遣单位、用工单位违反本法有关劳务派遣规定的，由劳动行政部门责令限期改正；逾期不改正的，以每人五千元以上一万元以下的标准处以罚款，对劳务派遣单位，吊销其劳务派遣业务经营许可证。用工单位给被派遣劳动者造成损害的，劳务派遣单位与用工单位承担连带赔偿责任。"

本决定自2013年7月1日起施行。

本决定公布前已依法订立的劳动合同和劳务派遣协议继续履行至期限届满，但是劳动合同和劳务派遣协议的内容不符合本决定关于按照同工同酬原则实行相同的劳动报酬分配办法的规定的，应当依照本决定进行调整；本决定施行前经营劳务派遣业务的单位，应当在本决定施行之日起一年内依法取得行政许可并办理公司变更登记，方可经营新的劳务派遣业务。具体办法由国务院劳动行政部门会同国务院有关部门规定。

《中华人民共和国劳动合同法》根据本决定作相应修改，重新公布。

中华人民共和国劳动合同法实施条例

（2008年9月3日国务院第25次常务会议通过　2008年9月18日国务院令第535号公布　自公布之日起施行）

目　　录

第一章　总　　则
第二章　劳动合同的订立
第三章　劳动合同的解除和终止
第四章　劳务派遣特别规定
第五章　法律责任
第六章　附　　则

第一章　总　　则

第一条　【立法目的】为了贯彻实施《中华人民共和国劳动合同法》（以下简称劳动合同法），制定本条例。

第二条　【劳动合同法的贯彻实施】各级人民政府和县级以上人民政府劳动行政等有关部门以及工会等组织，应当采取措施，推动劳动合同法的贯彻实施，促进劳动关系的和谐。

第三条　【用人单位的界定】依法成立的会计师事务所、律师事务所等合伙组织和基金会，属于劳动合同法规定的用人单位。

第二章　劳动合同的订立

第四条　【用人单位分支机构订立劳动合同的权限】劳动合同法规定的用人单位设立的分支机构，依法取得营业执照或者登记证书的，可以作为用人单位与劳动者订立劳动合同；未依法取得营业执照或者登记证书的，受用人单位委托可以与劳动者订立劳动合同。

第五条　【劳动者不与用人单位订立书面劳动合同的处理】自用工之日起一个月内，经用人单位书面通知后，劳动者不与用人单位订立书面劳动合同的，用人单位应当书面通知劳动者终止劳动关系，无需向劳动者支付经济补偿，但是应当依法向劳动者支付其实际工作时间的劳动报酬。

第六条 【用工不满一年的书面劳动合同的补订】用人单位自用工之日起超过一个月不满一年未与劳动者订立书面劳动合同的，应当依照劳动合同法第八十二条的规定向劳动者每月支付两倍的工资，并与劳动者补订书面劳动合同；劳动者不与用人单位订立书面劳动合同的，用人单位应当书面通知劳动者终止劳动关系，并依照劳动合同法第四十七条的规定支付经济补偿。

前款规定的用人单位向劳动者每月支付两倍工资的起算时间为用工之日起满一个月的次日，截止时间为补订书面劳动合同的前一日。

第七条 【用工满一年的书面劳动合同的补订】用人单位自用工之日起满一年未与劳动者订立书面劳动合同的，自用工之日起满一个月的次日至满一年的前一日应当依照劳动合同法第八十二条的规定向劳动者每月支付两倍的工资，并视为自用工之日起满一年的当日已经与劳动者订立无固定期限劳动合同，应当立即与劳动者补订书面劳动合同。

第八条 【职工名册】劳动合同法第七条规定的职工名册，应当包括劳动者姓名、性别、公民身份号码、户籍地址及现住址、联系方式、用工形式、用工起始时间、劳动合同期限等内容。

第九条 【连续工作年限的计算】劳动合同法第十四条第二款规定的连续工作满 10 年的起始时间，应当自用人单位用工之日起计算，包括劳动合同法施行前的工作年限。

第十条 【原用人单位工作年限的计算】劳动者非因本人原因从原用人单位被安排到新用人单位工作的，劳动者在原用人单位的工作年限合并计算为新用人单位的工作年限。原用人单位已经向劳动者支付经济补偿的，新用人单位在依法解除、终止劳动合同计算支付经济补偿的工作年限时，不再计算劳动者在原用人单位的工作年限。

第十一条 【合法协商】除劳动者与用人单位协商一致的情形外，劳动者依照劳动合同法第十四条第二款的规定，提出订立无固定期限劳动合同的，用人单位应当与其订立无固定期限劳动合同。对劳动合同的内容，双方应当按照合法、公平、平等自愿、协商一致、诚实信用的原则协商确定；对协商不一致的内容，依照劳动合同法第十八条的规定执行。

第十二条 【特殊劳动岗位】地方各级人民政府及县级以上地方人民政府有关部门为安置就业困难人员提供的给予岗位补贴和社会保险补贴的公益性岗位，其劳动合同不适用劳动合同法有关无固定期限劳动合同的规定以及支付经济补偿的规定。

第十三条 【劳动合同终止条件】用人单位与劳动者不得在劳动合同法第四十四条规定的劳动合同终止情形之外约定其他的劳动合同终止条件。

第十四条 【执行标准的确定】劳动合同履行地与用人单位注册地不一致的，有关劳动者的最低工资标准、劳动保护、劳动条件、职业危害防护和本地区上年度职工月平均工资标准等事项，按照劳动合同履行地的有关规定执行；用人单位注册地的有关标准高于劳动合同履行地的有关标准，且用人单位与劳动者约定按照用人单位注册地的有关规定执行的，从其约定。

第十五条 【试用期工资标准】劳动者在试用期的工资不得低于本单位相同岗位最低档工资的 80% 或者不得低于劳动合同约定工资的 80%，并不得低于用人单位所在地的最低工资标准。

第十六条 【培训费用】劳动合同法第二十二条第二款规定的培训费用，包括用人单位为了对劳动者进行专业技术培训而支付的有凭证的培训费用、培训期间的差旅费用以及因培训产生的用于该劳动者的其他直接费用。

第十七条　【服务期与劳动合同期限的关系】劳动合同期满，但是用人单位与劳动者依照劳动合同法第二十二条的规定约定的服务期尚未到期的，劳动合同应当续延至服务期满；双方另有约定的，从其约定。

第三章　劳动合同的解除和终止

第十八条　【劳动者解除劳动合同情形】有下列情形之一的，依照劳动合同法规定的条件、程序，劳动者可以与用人单位解除固定期限劳动合同、无固定期限劳动合同或者以完成一定工作任务为期限的劳动合同：

（一）劳动者与用人单位协商一致的；

（二）劳动者提前 30 日以书面形式通知用人单位的；

（三）劳动者在试用期内提前 3 日通知用人单位的；

（四）用人单位未按照劳动合同约定提供劳动保护或者劳动条件的；

（五）用人单位未及时足额支付劳动报酬的；

（六）用人单位未依法为劳动者缴纳社会保险费的；

（七）用人单位的规章制度违反法律、法规的规定，损害劳动者权益的；

（八）用人单位以欺诈、胁迫的手段或者乘人之危，使劳动者在违背真实意思的情况下订立或者变更劳动合同的；

（九）用人单位在劳动合同中免除自己的法定责任、排除劳动者权利的；

（十）用人单位违反法律、行政法规强制性规定的；

（十一）用人单位以暴力、威胁或者非法限制人身自由的手段强迫劳动者劳动的；

（十二）用人单位违章指挥、强令冒险作业危及劳动者人身安全的；

（十三）法律、行政法规规定劳动者可以解除劳动合同的其他情形。

第十九条　【用人单位解除劳动合同情形】有下列情形之一的，依照劳动合同法规定的条件、程序，用人单位可以与劳动者解除固定期限劳动合同、无固定期限劳动合同或者以完成一定工作任务为期限的劳动合同：

（一）用人单位与劳动者协商一致的；

（二）劳动者在试用期间被证明不符合录用条件的；

（三）劳动者严重违反用人单位的规章制度的；

（四）劳动者严重失职，营私舞弊，给用人单位造成重大损害的；

（五）劳动者同时与其他用人单位建立劳动关系，对完成本单位的工作任务造成严重影响，或者经用人单位提出，拒不改正的；

（六）劳动者以欺诈、胁迫的手段或者乘人之危，使用人单位在违背真实意思的情况下订立或者变更劳动合同的；

（七）劳动者被依法追究刑事责任的；

（八）劳动者患病或者非因工负伤，在规定的医疗期满后不能从事原工作，也不能从事由用人单位另行安排的工作的；

（九）劳动者不能胜任工作，经过培训或者调整工作岗位，仍不能胜任工作的；

（十）劳动合同订立时所依据的客观情况发生重大变化，致使劳动合同无法履行，经用人单位与劳动者协商，未能就变更劳动合同内容达成协议的；

（十一）用人单位依照企业破产法规定进行重整的；

（十二）用人单位生产经营发生严重困难的；

（十三）企业转产、重大技术革新或者经营方式调整，经变更劳动合同后，仍需裁减人员的；

（十四）其他因劳动合同订立时所依据的客观经济情况发生重大变化，致使劳动合同无法履行的。

第二十条 【代通知金的标准】用人单位依照劳动合同法第四十条的规定，选择额外支付劳动者一个月工资解除劳动合同的，其额外支付的工资应当按照该劳动者上一个月的工资标准确定。

第二十一条 【退休】劳动者达到法定退休年龄的，劳动合同终止。

第二十二条 【以完成一定工作任务为期限的劳动合同终止时的经济补偿】以完成一定工作任务为期限的劳动合同因任务完成而终止的，用人单位应当依照劳动合同法第四十七条的规定向劳动者支付经济补偿。

第二十三条 【工伤职工的劳动合同的终止】用人单位依法终止工伤职工的劳动合同的，除依照劳动合同法第四十七条的规定支付经济补偿外，还应当依照国家有关工伤保险的规定支付一次性工伤医疗补助金和伤残就业补助金。

第二十四条 【解除、终止劳动合同的证明】用人单位出具的解除、终止劳动合同的证明，应当写明劳动合同期限、解除或者终止劳动合同的日期、工作岗位、在本单位的工作年限。

第二十五条 【赔偿金】用人单位违反劳动合同法的规定解除或者终止劳动合同，依照劳动合同法第八十七条的规定支付了赔偿金的，不再支付经济补偿。赔偿金的计算年限自用工之日起计算。

第二十六条 【服务期违约金】用人单位与劳动者约定了服务期，劳动者依照劳动合同法第三十八条的规定解除劳动合同的，不属于违反服务期的约定，用人单位不得要求劳动者支付违约金。

有下列情形之一，用人单位与劳动者解除约定服务期的劳动合同的，劳动者应当按照劳动合同的约定向用人单位支付违约金：

（一）劳动者严重违反用人单位的规章制度的；

（二）劳动者严重失职，营私舞弊，给用人单位造成重大损害的；

（三）劳动者同时与其他用人单位建立劳动关系，对完成本单位的工作任务造成严重影响，或者经用人单位提出，拒不改正的；

（四）劳动者以欺诈、胁迫的手段或者乘人之危，使用人单位在违背真实意思的情况下订立或者变更劳动合同的；

（五）劳动者被依法追究刑事责任的。

第二十七条 【经济补偿月工资计算标准】劳动合同法第四十七条规定的经济补偿的月工资按照劳动者应得工资计算，包括计时工资或者计件工资以及奖金、津贴和补贴等货币性收入。劳动者在劳动合同解除或者终止前 12 个月的平均工资低于当地最低工资标准的，按照当地最低工资标准计算。劳动者工作不满 12 个月的，按照实际工作的月数计算平均工资。

第四章 劳务派遣特别规定

第二十八条 【不得设立的劳务派遣单位】用人单位或者其所属单位出资或者合伙设立的劳务派遣单位，向本单位或者所属单位派遣劳动者的，属于劳动合同法第六十七条规定的不得设立的劳务派遣单位。

第二十九条 【用工单位的义务】用工单位应当履行劳动合同法第六十二条规定的义务，维护被派遣劳动者的合法权益。

第三十条 【劳务派遣的禁止形式】劳务派遣单位不得以非全日制用工形式招用被派遣劳动者。

第三十一条 【劳务派遣中的经济补偿】劳务派遣单位或者被派遣劳动者依法解除、终止劳动合同的经济补偿，依照劳动合同法第四十六条、第四十七条的规定执行。

第三十二条　【劳务派遣单位违法责任】 劳务派遣单位违法解除或者终止被派遣劳动者的劳动合同的，依照劳动合同法第四十八条的规定执行。

第五章　法律责任

第三十三条　【违反建立职工名册规定的法律责任】 用人单位违反劳动合同法有关建立职工名册规定的，由劳动行政部门责令限期改正；逾期不改正的，由劳动行政部门处2000元以上2万元以下的罚款。

第三十四条　【责令支付工资、赔偿金】 用人单位依照劳动合同法的规定应当向劳动者每月支付两倍的工资或者应当向劳动者支付赔偿金而未支付的，劳动行政部门应当责令用人单位支付。

第三十五条　【违反劳务派遣规定的法律责任】 用工单位违反劳动合同法和本条例有关劳务派遣规定的，由劳动行政部门和其他有关主管部门责令改正；情节严重的，以每位被派遣劳动者1000元以上5000元以下的标准处以罚款；给被派遣劳动者造成损害的，劳务派遣单位和用工单位承担连带赔偿责任。

第六章　附　　则

第三十六条　【《劳动保障监察条例》的适用】 对违反劳动合同法和本条例的行为的投诉、举报，县级以上地方人民政府劳动行政部门依照《劳动保障监察条例》的规定处理。

第三十七条　【《劳动争议调解仲裁法》的适用】 劳动者与用人单位因订立、履行、变更、解除或者终止劳动合同发生争议的，依照《中华人民共和国劳动争议调解仲裁法》的规定处理。

第三十八条　【施行日期】 本条例自公布之日起施行。

中华人民共和国劳动争议调解仲裁法

（2007年12月29日第十届全国人民代表大会常务委员会第三十一次会议通过　2007年12月29日中华人民共和国主席令第80号公布　自2008年5月1日起施行）

目　　录

第一章　总　　则
第二章　调　　解
第三章　仲　　裁
　第一节　一般规定
　第二节　申请和受理
　第三节　开庭和裁决
第四章　附　　则

第一章　总　　则

第一条　【立法目的】 为了公正及时解决劳动争议，保护当事人合法权益，促进劳动关系和谐稳定，制定本法。

第二条　【适用范围】 中华人民共和国境内的用人单位与劳动者发生的下列劳动争议，适用本法：

（一）因确认劳动关系发生的争议；

（二）因订立、履行、变更、解除和终止劳动合同发生的争议；

（三）因除名、辞退和辞职、离职发生的争议；

（四）因工作时间、休息休假、社会保险、福利、培训以及劳动保护发生的争议；

（五）因劳动报酬、工伤医疗费、经济补偿或者赔偿金等发生的争议；

（六）法律、法规规定的其他劳动争议。

第三条　【基本原则】解决劳动争议，应当根据事实，遵循合法、公正、及时、着重调解的原则，依法保护当事人的合法权益。

第四条　【协商】发生劳动争议，劳动者可以与用人单位协商，也可以请工会或者第三方共同与用人单位协商，达成和解协议。

第五条　【调解、仲裁、诉讼】发生劳动争议，当事人不愿协商、协商不成或者达成和解协议后不履行的，可以向调解组织申请调解；不愿调解、调解不成或者达成调解协议后不履行的，可以向劳动争议仲裁委员会申请仲裁；对仲裁裁决不服的，除本法另有规定的外，可以向人民法院提起诉讼。

第六条　【举证责任】发生劳动争议，当事人对自己提出的主张，有责任提供证据。与争议事项有关的证据属于用人单位掌握管理的，用人单位应当提供；用人单位不提供的，应当承担不利后果。

第七条　【推举代表参加调解、仲裁或诉讼】发生劳动争议的劳动者一方在十人以上，并有共同请求的，可以推举代表参加调解、仲裁或者诉讼活动。

第八条　【三方机制】县级以上人民政府劳动行政部门会同工会和企业方面代表建立协调劳动关系三方机制，共同研究解决劳动争议的重大问题。

第九条　【拖欠劳动报酬等争议的行政救济】用人单位违反国家规定，拖欠或者未足额支付劳动报酬，或者拖欠工伤医疗费、经济补偿或者赔偿金的，劳动者可以向劳动行政部门投诉，劳动行政部门应当依法处理。

第二章　调　　解

第十条　【调解组织】发生劳动争议，当事人可以到下列调解组织申请调解：

（一）企业劳动争议调解委员会；

（二）依法设立的基层人民调解组织；

（三）在乡镇、街道设立的具有劳动争议调解职能的组织。

企业劳动争议调解委员会由职工代表和企业代表组成。职工代表由工会成员担任或者由全体职工推举产生，企业代表由企业负责人指定。企业劳动争议调解委员会主任由工会成员或者双方推举的人员担任。

第十一条　【调解员】劳动争议调解组织的调解员应当由公道正派、联系群众、热心调解工作，并具有一定法律知识、政策水平和文化水平的成年公民担任。

第十二条　【申请调解的形式】当事人申请劳动争议调解可以书面申请，也可以口头申请。口头申请的，调解组织应当当场记录申请人基本情况、申请调解的争议事项、理由和时间。

第十三条　【调解的基本原则】调解劳动争议，应当充分听取双方当事人对事实和理由的陈述，耐心疏导，帮助其达成协议。

第十四条　【调解协议书】经调解达成协议的，应当制作调解协议书。

调解协议书由双方当事人签名或者盖章，经调解员签名并加盖调解组织印章后生效，对双方当事人具有约束力，当事人应当履行。

自劳动争议调解组织收到调解申请之日起十五日内未达成调解协议的，当事人可以依法申请仲裁。

第十五条　【不履行调解协议可申请仲裁】达成调解协议后，一方当事人在协议约定期限内不履行调解协议的，另一方当事人可以依法申请仲裁。

第十六条　【劳动者可以调解协议书申请支付令的情形】因支付拖欠劳动报酬、工伤医疗费、经济补偿或者赔偿金事项达成调解协议，用人单位在协议约定期限内不履行的，劳动者可以持调解协议书依法向人民法院申请支付令。人民法院应当依法发出支付令。

第三章 仲 裁

第一节 一般规定

第十七条 【劳动争议仲裁委员会的设立】 劳动争议仲裁委员会按照统筹规划、合理布局和适应实际需要的原则设立。省、自治区人民政府可以决定在市、县设立；直辖市人民政府可以决定在区、县设立。直辖市、设区的市也可以设立一个或者若干个劳动争议仲裁委员会。劳动争议仲裁委员会不按行政区划层层设立。

第十八条 【政府的职责】 国务院劳动行政部门依照本法有关规定制定仲裁规则。省、自治区、直辖市人民政府劳动行政部门对本行政区域的劳动争议仲裁工作进行指导。

第十九条 【劳动争议仲裁委员会的组成与职责】 劳动争议仲裁委员会由劳动行政部门代表、工会代表和企业方面代表组成。劳动争议仲裁委员会组成人员应当是单数。

劳动争议仲裁委员会依法履行下列职责：

（一）聘任、解聘专职或者兼职仲裁员；

（二）受理劳动争议案件；

（三）讨论重大或者疑难的劳动争议案件；

（四）对仲裁活动进行监督。

劳动争议仲裁委员会下设办事机构，负责办理劳动争议仲裁委员会的日常工作。

第二十条 【仲裁员】 劳动争议仲裁委员会应当设仲裁员名册。

仲裁员应当公道正派并符合下列条件之一：

（一）曾任审判员的；

（二）从事法律研究、教学工作并具有中级以上职称的；

（三）具有法律知识、从事人力资源管理或者工会等专业工作满五年的；

（四）律师执业满三年的。

第二十一条 【劳动争议仲裁案件的管辖】 劳动争议仲裁委员会负责管辖本区域内发生的劳动争议。

劳动争议由劳动合同履行地或者用人单位所在地的劳动争议仲裁委员会管辖。双方当事人分别向劳动合同履行地和用人单位所在地的劳动争议仲裁委员会申请仲裁的，由劳动合同履行地的劳动争议仲裁委员会管辖。

第二十二条 【劳动争议仲裁案件的当事人】 发生劳动争议的劳动者和用人单位为劳动争议仲裁案件的双方当事人。

劳务派遣单位或者用工单位与劳动者发生劳动争议的，劳务派遣单位和用工单位为共同当事人。

第二十三条 【有利害关系的第三人】 与劳动争议案件的处理结果有利害关系的第三人，可以申请参加仲裁活动或者由劳动争议仲裁委员会通知其参加仲裁活动。

第二十四条 【委托代理人参加仲裁活动】 当事人可以委托代理人参加仲裁活动。委托他人参加仲裁活动，应当向劳动争议仲裁委员会提交有委托人签名或者盖章的委托书，委托书应当载明委托事项和权限。

第二十五条 【法定代理人、指定代理人或近亲属参加仲裁的情形】 丧失或者部分丧失民事行为能力的劳动者，由其法定代理人代为参加仲裁活动；无法定代理人的，由劳动争议仲裁委员会为其指定代理人。劳动者死亡的，由其近亲属或者代理人参加仲裁活动。

第二十六条 【仲裁公开原则及例外】 劳动争议仲裁公开进行，但当事人协议不公开进行或者涉及国家秘密、商业秘密和个人隐私的除外。

第二节 申请和受理

第二十七条 【仲裁时效】 劳动争议申请

仲裁的时效期间为一年。仲裁时效期间从当事人知道或者应当知道其权利被侵害之日起计算。

前款规定的仲裁时效，因当事人一方向对方当事人主张权利，或者向有关部门请求权利救济，或者对方当事人同意履行义务而中断。从中断时起，仲裁时效期间重新计算。

因不可抗力或者有其他正当理由，当事人不能在本条第一款规定的仲裁时效期间申请仲裁的，仲裁时效中止。从中止时效的原因消除之日起，仲裁时效期间继续计算。

劳动关系存续期间因拖欠劳动报酬发生争议的，劳动者申请仲裁不受本条第一款规定的仲裁时效期间的限制；但是，劳动关系终止的，应当自劳动关系终止之日起一年内提出。

第二十八条　【申请仲裁的形式】申请人申请仲裁应当提交书面仲裁申请，并按照被申请人人数提交副本。

仲裁申请书应当载明下列事项：

（一）劳动者的姓名、性别、年龄、职业、工作单位和住所，用人单位的名称、住所和法定代表人或者主要负责人的姓名、职务；

（二）仲裁请求和所根据的事实、理由；

（三）证据和证据来源、证人姓名和住所。

书写仲裁申请确有困难的，可以口头申请，由劳动争议仲裁委员会记入笔录，并告知对方当事人。

第二十九条　【仲裁的受理】劳动争议仲裁委员会收到仲裁申请之日起五日内，认为符合受理条件的，应当受理，并通知申请人；认为不符合受理条件的，应当书面通知申请人不予受理，并说明理由。对劳动争议仲裁委员会不予受理或者逾期未作出决定的，申请人可以就该劳动争议事项向人民法院提起诉讼。

第三十条　【被申请人答辩书】劳动争议仲裁委员会受理仲裁申请后，应当在五日内将仲裁申请书副本送达被申请人。

被申请人收到仲裁申请书副本后，应当在十日内向劳动争议仲裁委员会提交答辩书。劳动争议仲裁委员会收到答辩书后，应当在五日内将答辩书副本送达申请人。被申请人未提交答辩书的，不影响仲裁程序的进行。

第三节　开庭和裁决

第三十一条　【仲裁庭】劳动争议仲裁委员会裁决劳动争议案件实行仲裁庭制。仲裁庭由三名仲裁员组成，设首席仲裁员。简单劳动争议案件可以由一名仲裁员独任仲裁。

第三十二条　【通知仲裁庭的组成情况】劳动争议仲裁委员会应当在受理仲裁申请之日起五日内将仲裁庭的组成情况书面通知当事人。

第三十三条　【回避】仲裁员有下列情形之一，应当回避，当事人也有权以口头或者书面方式提出回避申请：

（一）是本案当事人或者当事人、代理人的近亲属的；

（二）与本案有利害关系的；

（三）与本案当事人、代理人有其他关系，可能影响公正裁决的；

（四）私自会见当事人、代理人，或者接受当事人、代理人的请客送礼的。

劳动争议仲裁委员会对回避申请应当及时作出决定，并以口头或者书面方式通知当事人。

第三十四条　【仲裁员承担责任的情形】仲裁员有本法第三十三条第四项规定情形，或者有索贿受贿、徇私舞弊、枉法裁决行为的，应当依法承担法律责任。劳动争议仲裁委员会应当将其解聘。

第三十五条　【开庭通知及延期】仲裁庭应当在开庭五日前，将开庭日期、地点书面通知双方当事人。当事人有正当理由的，可以在开庭三日前请求延期开庭。是否延期，由劳动争议仲裁委员会决定。

第三十六条　【申请人、被申请人无故不到庭或中途退庭】申请人收到书面通知，无正当理由拒不到庭或者未经仲裁庭同意中途退庭的，可以视为撤回仲裁申请。

被申请人收到书面通知，无正当理由拒不到庭或者未经仲裁庭同意中途退庭的，可以缺席裁决。

第三十七条 【鉴定】仲裁庭对专门性问题认为需要鉴定的，可以交由当事人约定的鉴定机构鉴定；当事人没有约定或者无法达成约定的，由仲裁庭指定的鉴定机构鉴定。

根据当事人的请求或者仲裁庭的要求，鉴定机构应当派鉴定人参加开庭。当事人经仲裁庭许可，可以向鉴定人提问。

第三十八条 【质证和辩论】当事人在仲裁过程中有权进行质证和辩论。质证和辩论终结时，首席仲裁员或者独任仲裁员应当征询当事人的最后意见。

第三十九条 【举证】当事人提供的证据经查证属实的，仲裁庭应当将其作为认定事实的根据。

劳动者无法提供由用人单位掌握管理的与仲裁请求有关的证据，仲裁庭可以要求用人单位在指定期限内提供。用人单位在指定期限内不提供的，应当承担不利后果。

第四十条 【开庭笔录】仲裁庭应当将开庭情况记入笔录。当事人和其他仲裁参加人认为对自己陈述的记录有遗漏或者差错的，有权申请补正。如果不予补正，应当记录该申请。

笔录由仲裁员、记录人员、当事人和其他仲裁参加人签名或者盖章。

第四十一条 【申请仲裁后自行和解】当事人申请劳动争议仲裁后，可以自行和解。达成和解协议的，可以撤回仲裁申请。

第四十二条 【先行调解】仲裁庭在作出裁决前，应当先行调解。

调解达成协议的，仲裁庭应当制作调解书。

调解书应当写明仲裁请求和当事人协议的结果。调解书由仲裁员签名，加盖劳动争议仲裁委员会印章，送达双方当事人。调解书经双方当事人签收后，发生法律效力。

调解不成或者调解书送达前，一方当事人反悔的，仲裁庭应当及时作出裁决。

第四十三条 【仲裁案件审理期限】仲裁庭裁决劳动争议案件，应当自劳动争议仲裁委员会受理仲裁申请之日起四十五日内结束。案情复杂需要延期的，经劳动争议仲裁委员会主任批准，可以延期并书面通知当事人，但是延长期限不得超过十五日。逾期未作出仲裁裁决的，当事人可以就该劳动争议事项向人民法院提起诉讼。

仲裁庭裁决劳动争议案件时，其中一部分事实已经清楚，可以就该部分先行裁决。

第四十四条 【可以裁决先予执行的案件】仲裁庭对追索劳动报酬、工伤医疗费、经济补偿或者赔偿金的案件，根据当事人的申请，可以裁决先予执行，移送人民法院执行。

仲裁庭裁决先予执行的，应当符合下列条件：

（一）当事人之间权利义务关系明确；

（二）不先予执行将严重影响申请人的生活。

劳动者申请先予执行的，可以不提供担保。

第四十五条 【作出裁决意见】裁决应当按照多数仲裁员的意见作出，少数仲裁员的不同意见应当记入笔录。仲裁庭不能形成多数意见时，裁决应当按照首席仲裁员的意见作出。

第四十六条 【裁决书】裁决书应当载明仲裁请求、争议事实、裁决理由、裁决结果和裁决日期。裁决书由仲裁员签名，加盖劳动争议仲裁委员会印章。对裁决持不同意见的仲裁员，可以签名，也可以不签名。

第四十七条 【一裁终局的案件】下列劳动争议，除本法另有规定的外，仲裁裁决为终局裁决，裁决书自作出之日起发生法律效力：

（一）追索劳动报酬、工伤医疗费、经济补

偿或者赔偿金，不超过当地月最低工资标准十二个月金额的争议；

（二）因执行国家的劳动标准在工作时间、休息休假、社会保险等方面发生的争议。

第四十八条　【劳动者不服一裁终局案件的裁决提起诉讼的期限】劳动者对本法第四十七条规定的仲裁裁决不服的，可以自收到仲裁裁决书之日起十五日内向人民法院提起诉讼。

第四十九条　【用人单位不服一裁终局案件的裁决可诉请撤销的案件】用人单位有证据证明本法第四十七条规定的仲裁裁决有下列情形之一，可以自收到仲裁裁决书之日起三十日内向劳动争议仲裁委员会所在地的中级人民法院申请撤销裁决：

（一）适用法律、法规确有错误的；

（二）劳动争议仲裁委员会无管辖权的；

（三）违反法定程序的；

（四）裁决所根据的证据是伪造的；

（五）对方当事人隐瞒了足以影响公正裁决的证据的；

（六）仲裁员在仲裁该案时有索贿受贿、徇私舞弊、枉法裁决行为的。

人民法院经组成合议庭审查核实裁决有前款规定情形之一的，应当裁定撤销。

仲裁裁决被人民法院裁定撤销的，当事人可以自收到裁定书之日起十五日内就该劳动争议事项向人民法院提起诉讼。

第五十条　【其他不服仲裁裁决提起诉讼的期限】当事人对本法第四十七条规定以外的其他劳动争议案件的仲裁裁决不服的，可以自收到仲裁裁决书之日起十五日内向人民法院提起诉讼；期满不起诉的，裁决书发生法律效力。

第五十一条　【生效调解书、裁决书的执行】当事人对发生法律效力的调解书、裁决书，应当依照规定的期限履行。一方当事人逾期不履行的，另一方当事人可以依照民事诉讼法的有关规定向人民法院申请执行。受理申请的人民法院应当依法执行。

第四章　附　　则

第五十二条　【人事争议处理的法律适用】事业单位实行聘用制的工作人员与本单位发生劳动争议的，依照本法执行；法律、行政法规或者国务院另有规定的，依照其规定。

第五十三条　【劳动争议仲裁不收费】劳动争议仲裁不收费。劳动争议仲裁委员会的经费由财政予以保障。

第五十四条　【实施日期】本法自2008年5月1日起施行。

最高人民法院关于审理劳动争议案件适用法律若干问题的解释

（2001年3月22日最高人民法院审判委员会第1165次会议通过　2001年4月16日最高人民法院公告公布　自2001年4月30日起施行　法释〔2001〕14号）

为正确审理劳动争议案件，根据《中华人民共和国劳动法》（以下简称《劳动法》）和《中华人民共和国民事诉讼法》（以下简称《民事诉讼法》）等相关法律之规定，就适用法律的若干问题，作如下解释。

第一条 劳动者与用人单位之间发生的下列纠纷，属于《劳动法》第二条规定的劳动争议，当事人不服劳动争议仲裁委员会作出的裁决，依法向人民法院起诉的，人民法院应当受理：

（一）劳动者与用人单位在履行劳动合同过程中发生的纠纷；

（二）劳动者与用人单位之间没有订立书面劳动合同，但已形成劳动关系后发生的纠纷；

（三）劳动者退休后，与尚未参加社会保险统筹的原用人单位因追索养老金、医疗费、工伤保险待遇和其他社会保险费而发生的纠纷。

第二条 劳动争议仲裁委员会以当事人申请仲裁的事项不属于劳动争议为由，作出不予受理的书面裁决、决定或者通知，当事人不服，依法向人民法院起诉的，人民法院应当分别情况予以处理：

（一）属于劳动争议案件的，应当受理；

（二）虽不属于劳动争议案件，但属于人民法院主管的其他案件，应当依法受理。

第三条 劳动争议仲裁委员会根据《劳动法》第八十二条之规定，以当事人的仲裁申请超过六十日期限为由，* 作出不予受理的书面裁决、决定或者通知，当事人不服，依法向人民法院起诉的，人民法院应当受理；对确已超过仲裁申请期限，又无不可抗力或者其他正当理由的，依法驳回其诉讼请求。

第四条 劳动争议仲裁委员会以申请仲裁的主体不适格为由，作出不予受理的书面裁决、决定或者通知，当事人不服，依法向人民法院起诉的，经审查，确属主体不适格的，裁定不予受理或者驳回起诉。

第五条 劳动争议仲裁委员会为纠正原仲裁裁决错误重新作出裁决，当事人不服，依法向人民法院起诉的，人民法院应当受理。

第六条 人民法院受理劳动争议案件后，当事人增加诉讼请求的，如该诉讼请求与讼争的劳动争议具有不可分性，应当合并审理；如属独立的劳动争议，应当告知当事人向劳动争议仲裁委员会申请仲裁。

第七条 劳动争议仲裁委员会仲裁的事项不属于人民法院受理的案件范围，当事人不服，依法向人民法院起诉的，裁定不予受理或者驳回起诉。

第八条 劳动争议案件由用人单位所在地或者劳动合同履行地的基层人民法院管辖。

劳动合同履行地不明确的，由用人单位所在地的基层人民法院管辖。

第九条 当事人双方不服劳动争议仲裁委员会作出的同一仲裁裁决，均向同一人民法院起诉的，先起诉的一方当事人为原告，但对双方的诉讼请求，人民法院应当一并作出裁决。**

当事人双方就同一仲裁裁决分别向有管辖权的人民法院起诉的，后受理的人民法院应当将案件移送给先受理的人民法院。

第十条 用人单位与其他单位合并的，合并前发生的劳动争议，由合并后的单位为当事人；用人单位分立为若干单位的，其分立前发生的劳动争议，由分立后的实际用人单位为当事人。

用人单位分立为若干单位后，对承受劳动权利义务的单位不明确的，分立后的单位均为当事人。

第十一条 用人单位招用尚未解除劳动合

---

* 注意：从2008年5月1日起施行的《中华人民共和国劳动争议调解仲裁法》将申请期限改为1年。

** 需注意法释〔2006〕6号第11条的规定。

同的劳动者，原用人单位与劳动者发生的劳动争议，可以列新的用人单位为第三人。

原用人单位以新的用人单位侵权为由向人民法院起诉的，可以列劳动者为第三人。

原用人单位以新的用人单位和劳动者共同侵权为由向人民法院起诉的，新的用人单位和劳动者列为共同被告。

第十二条 劳动者在用人单位与其他平等主体之间的承包经营期间，与发包方和承包方双方或者一方发生劳动争议，依法向人民法院起诉的，应当将承包方和发包方作为当事人。

第十三条 因用人单位作出的开除、除名、辞退、解除劳动合同、减少劳动报酬、计算劳动者工作年限等决定而发生的劳动争议，用人单位负举证责任。

第十四条 劳动合同被确认为无效后，用人单位对劳动者付出的劳动，一般可参照本单位同期、同工种、同岗位的工资标准支付劳动报酬。

根据《劳动法》第九十七条之规定，由于用人单位的原因订立的无效合同，给劳动者造成损害的，应当比照违反和解除劳动合同经济补偿金的支付标准，赔偿劳动者因合同无效所造成的经济损失。

第十五条 用人单位有下列情形之一，迫使劳动者提出解除劳动合同的，用人单位应当支付劳动者的劳动报酬和经济补偿，并可支付赔偿金：

（一）以暴力、威胁或者非法限制人身自由的手段强迫劳动的；

（二）未按照劳动合同约定支付劳动报酬或者提供劳动条件的；

（三）克扣或者无故拖欠劳动者工资的；

（四）拒不支付劳动者延长工作时间工资报酬的；

（五）低于当地最低工资标准支付劳动者工资的。

第十六条 劳动合同期满后，劳动者仍在原用人单位工作，原用人单位未表示异议的，视为双方同意以原条件继续履行劳动合同。一方提出终止劳动关系的，人民法院应当支持。

根据《劳动法》第二十条之规定，用人单位应当与劳动者签订无固定期限劳动合同而未签订的，人民法院可以视为双方之间存在无固定期限劳动合同关系，并以原劳动合同确定双方的权利义务关系。

第十七条 劳动争议仲裁委员会作出仲裁裁决后，当事人对裁决中的部分事项不服，依法向人民法院起诉的，劳动争议仲裁裁决不发生法律效力。

第十八条 劳动争议仲裁委员会对多个劳动者的劳动争议作出仲裁裁决后，部分劳动者对仲裁裁决不服，依法向人民法院起诉的，仲裁裁决对提出起诉的劳动者不发生法律效力；对未提出起诉的部分劳动者，发生法律效力，如其申请执行的，人民法院应当受理。

第十九条 用人单位根据《劳动法》第四条之规定，通过民主程序制定的规章制度，不违反国家法律、行政法规及政策规定，并已向劳动者公示的，可以作为人民法院审理劳动争议案件的依据。

第二十条 用人单位对劳动者作出的开除、除名、辞退等处理，或者因其他原因解除劳动合同确有错误的，人民法院可以依法判决予以撤销。

对于追索劳动报酬、养老金、医疗费以及工伤保险待遇、经济补偿金、培训费及其他相关费用等案件，给付数额不当的，人民法院可以予以变更。

第二十一条 当事人申请人民法院执行劳动争议仲裁机构作出的发生法律效力的裁决书、调解书，被申请人提出证据证明劳动争议仲裁裁决书、调解书有下列情形之一，并经审查核实的，人民法院可以根据《民事诉讼法》第二百一十三条之规定，裁定不予执行：*

（一）裁决的事项不属于劳动争议仲裁范围，或者劳动争议仲裁机构无权仲裁的；

（二）适用法律确有错误的；

（三）仲裁员仲裁该案时，有徇私舞弊、枉法裁决行为的；

（四）人民法院认定执行该劳动争议仲裁裁决违背社会公共利益的。

人民法院在不予执行的裁定书中，应当告知当事人在收到裁定书之次日起30日内，可以就该劳动争议事项向人民法院起诉。

最高人民法院关于审理劳动争议案件适用法律若干问题的解释（二）

（2006年7月10日最高人民法院审判委员会第1393次会议通过　2006年8月14日最高人民法院公告公布　自2006年10月1日起施行　法释〔2006〕6号）

为正确审理劳动争议案件，根据《中华人民共和国劳动法》、《中华人民共和国民事诉讼法》等相关法律规定，结合民事审判实践，对人民法院审理劳动争议案件适用法律的若干问题补充解释如下：

第一条　人民法院审理劳动争议案件，对下列情形，视为劳动法第八十二条规定的“劳动争议发生之日”：

（一）在劳动关系存续期间产生的支付工资争议，用人单位能够证明已经书面通知劳动者拒付工资的，书面通知送达之日为劳动争议发生之日。用人单位不能证明的，劳动者主张权利之日为劳动争议发生之日。

（二）因解除或者终止劳动关系产生的争议，用人单位不能证明劳动者收到解除或者终止劳动关系书面通知时间的，劳动者主张权利之日为劳动争议发生之日。

（三）劳动关系解除或者终止后产生的支付工资、经济补偿金、福利待遇等争议，劳动者能够证明用人单位承诺支付的时间为解除或者终止劳动关系后的具体日期的，用人单位承诺支付之日为劳动争议发生之日。劳动者不能证明的，解除或者终止劳动关系之日为劳动争议发生之日。

第二条　拖欠工资争议，劳动者申请仲裁时劳动关系仍然存续，用人单位以劳动者申请仲裁超过六十日为由主张不再支付的，人民法院不予支持。但用人单位能够证明劳动者已经收到拒付工资的书面通知的除外。

第三条　劳动者以用人单位的工资欠条为证据直接向人民法院起诉，诉讼请求不涉及劳动关系其他争议的，视为拖欠劳动报酬争议，按照普通民事纠纷受理。

第四条　用人单位和劳动者因劳动关系是否已经解除或者终止，以及应否支付解除或终止劳动关系经济补偿金产生的争议，经劳动争

* 该条款被2008年12月16日《最高人民法院关于调整司法解释等文件中引用〈中华人民共和国民事诉讼法〉条文序号的决定》调整。

议仲裁委员会仲裁后，当事人依法起诉的，人民法院应予受理。

第五条 劳动者与用人单位解除或者终止劳动关系后，请求用人单位返还其收取的劳动合同定金、保证金、抵押金、抵押物产生的争议，或者办理劳动者的人事档案、社会保险关系等移转手续产生的争议，经劳动争议仲裁委员会仲裁后，当事人依法起诉的，人民法院应予受理。

第六条 劳动者因为工伤、职业病，请求用人单位依法承担给予工伤保险待遇的争议，经劳动争议仲裁委员会仲裁后，当事人依法起诉的，人民法院应予受理。

第七条 下列纠纷不属于劳动争议：

（一）劳动者请求社会保险经办机构发放社会保险金的纠纷；

（二）劳动者与用人单位因住房制度改革产生的公有住房转让纠纷；

（三）劳动者对劳动能力鉴定委员会的伤残等级鉴定结论或者对职业病诊断鉴定委员会的职业病诊断鉴定结论的异议纠纷；

（四）家庭或者个人与家政服务人员之间的纠纷；

（五）个体工匠与帮工、学徒之间的纠纷；

（六）农村承包经营户与受雇人之间的纠纷。

第八条 当事人不服劳动争议仲裁委员会作出的预先支付劳动者部分工资或者医疗费用的裁决，向人民法院起诉的，人民法院不予受理。

用人单位不履行上述裁决中的给付义务，劳动者依法向人民法院申请强制执行的，人民法院应予受理。

第九条 劳动者与起有字号的个体工商户产生的劳动争议诉讼，人民法院应当以营业执照上登记的字号为当事人，但应同时注明该字号业主的自然情况。

第十条 劳动者因履行劳动力派遣合同产生劳动争议而起诉，以派遣单位为被告；争议内容涉及接受单位的，以派遣单位和接受单位为共同被告。

第十一条 劳动者和用人单位均不服劳动争议仲裁委员会的同一裁决，向同一人民法院起诉的，人民法院应当并案审理，双方当事人互为原告和被告。在诉讼过程中，一方当事人撤诉的，人民法院应当根据另一方当事人的诉讼请求继续审理。*

第十二条 当事人能够证明在申请仲裁期间内因不可抗力或者其他客观原因无法申请仲裁的，人民法院应当认定申请仲裁期间中止，从中止的原因消灭之次日起，申请仲裁期间连续计算。

第十三条 当事人能够证明在申请仲裁期间内具有下列情形之一的，人民法院应当认定申请仲裁期间中断：

（一）向对方当事人主张权利；

（二）向有关部门请求权利救济；

（三）对方当事人同意履行义务。

申请仲裁期间中断的，从对方当事人明确拒绝履行义务，或者有关部门作出处理决定或明确表示不予处理时起，申请仲裁期间重新计算。

第十四条 在诉讼过程中，劳动者向人民法院申请采取财产保全措施，人民法院经审查认为申请人经济确有困难，或有证据证明用人单位存在欠薪逃匿可能的，应当减轻或者免除劳动者提供担保的义务，及时采取保全措施。

第十五条 人民法院作出的财产保全裁定

---

* 注意此处规定与法释〔2001〕14 号第 9 条有不同。

中，应当告知当事人在劳动仲裁机构的裁决书或者在人民法院的裁判文书生效后三个月内申请强制执行。逾期不申请的，人民法院应当裁定解除保全措施。

第十六条 用人单位制定的内部规章制度与集体合同或者劳动合同约定的内容不一致，劳动者请求优先适用合同约定的，人民法院应予支持。

第十七条 当事人在劳动争议调解委员会主持下达成的具有劳动权利义务内容的调解协议，具有劳动合同的约束力，可以作为人民法院裁判的根据。

当事人在劳动争议调解委员会主持下仅就劳动报酬争议达成调解协议，用人单位不履行调解协议确定的给付义务，劳动者直接向人民法院起诉的，人民法院可以按照普通民事纠纷受理。

第十八条 本解释自二〇〇六年十月一日起施行。本解释施行前本院颁布的有关司法解释与本解释规定不一致的，以本解释的规定为准。

本解释施行后，人民法院尚未审结的一审、二审案件适用本解释。本解释施行前已经审结的案件，不得适用本解释的规定进行再审。

最高人民法院关于审理劳动争议案件适用法律若干问题的解释（三）

（2010年7月12日最高人民法院审判委员会第1489次会议通过 2010年9月13日最高人民法院公告公布 自2010年9月14日起施行 法释〔2010〕12号）

为正确审理劳动争议案件，根据《中华人民共和国劳动法》、《中华人民共和国劳动合同法》、《中华人民共和国劳动争议调解仲裁法》、《中华人民共和国民事诉讼法》等相关法律规定，结合民事审判实践，特作如下解释。

第一条 劳动者以用人单位未为其办理社会保险手续，且社会保险经办机构不能补办导致其无法享受社会保险待遇为由，要求用人单位赔偿损失而发生争议的，人民法院应予受理。

第二条 因企业自主进行改制引发的争议，人民法院应予受理。

第三条 劳动者依据劳动合同法第八十五条规定，向人民法院提起诉讼，要求用人单位支付加付赔偿金的，人民法院应予受理。

第四条 劳动者与未办理营业执照、营业执照被吊销或者营业期限届满仍继续经营的用人单位发生争议的，应当将用人单位或者其出资人列为当事人。

第五条 未办理营业执照、营业执照被吊销或者营业期限届满仍继续经营的用人单位，以挂靠等方式借用他人营业执照经营的，应当将用人单位和营业执照出借方列为当事人。

第六条 当事人不服劳动人事争议仲裁委员会作出的仲裁裁决，依法向人民法院提起诉讼，人民法院审查认为仲裁裁决遗漏了必须共同参加仲裁的当事人的，应当依法追加遗漏的人为诉讼当事人。

被追加的当事人应当承担责任的，人民法院应当一并处理。

第七条 用人单位与其招用的已经依法享受养老保险待遇或领取退休金的人员发生用工争议，向人民法院提起诉讼的，人民法院应当按劳务关系处理。

第八条 企业停薪留职人员、未达到法定退休年龄的内退人员、下岗待岗人员以及企业经营性停产放长假人员，因与新的用人单位发生用工争议，依法向人民法院提起诉讼的，人民法院应当按劳动关系处理。

第九条 劳动者主张加班费的，应当就加班事实的存在承担举证责任。但劳动者有证据证明用人单位掌握加班事实存在的证据，用人单位不提供的，由用人单位承担不利后果。

第十条 劳动者与用人单位就解除或者终止劳动合同办理相关手续、支付工资报酬、加班费、经济补偿或者赔偿金等达成的协议，不违反法律、行政法规的强制性规定，且不存在欺诈、胁迫或者乘人之危情形的，应当认定有效。

前款协议存在重大误解或者显失公平情形，当事人请求撤销的，人民法院应予支持。

第十一条 劳动人事争议仲裁委员会作出的调解书已经发生法律效力，一方当事人反悔提起诉讼的，人民法院不予受理；已经受理的，裁定驳回起诉。

第十二条 劳动人事争议仲裁委员会逾期未作出受理决定或仲裁裁决，当事人直接提起诉讼的，人民法院应予受理，但申请仲裁的案件存在下列事由的除外：

（一）移送管辖的；

（二）正在送达或送达延误的；

（三）等待另案诉讼结果、评残结论的；

（四）正在等待劳动人事争议仲裁委员会开庭的；

（五）启动鉴定程序或者委托其他部门调查取证的；

（六）其他正当事由。

当事人以劳动人事争议仲裁委员会逾期未作出仲裁裁决为由提起诉讼的，应当提交劳动人事争议仲裁委员会出具的受理通知书或者其他已接受仲裁申请的凭证或证明。

第十三条 劳动者依据调解仲裁法第四十七条第（一）项规定，追索劳动报酬、工伤医疗费、经济补偿或者赔偿金，如果仲裁裁决涉及数项，每项确定的数额均不超过当地月最低工资标准十二个月金额的，应当按照终局裁决处理。

第十四条 劳动人事争议仲裁委员会作出的同一仲裁裁决同时包含终局裁决事项和非终局裁决事项，当事人不服该仲裁裁决向人民法院提起诉讼的，应当按照非终局裁决处理。

第十五条 劳动者依据调解仲裁法第四十八条规定向基层人民法院提起诉讼，用人单位依据调解仲裁法第四十九条规定向劳动人事争议仲裁委员会所在地的中级人民法院申请撤销仲裁裁决的，中级人民法院应不予受理；已经受理的，应当裁定驳回申请。

被人民法院驳回起诉或者劳动者撤诉的，用人单位可以自收到裁定书之日起三十日内，向劳动人事争议仲裁委员会所在地的中级人民法院申请撤销仲裁裁决。

第十六条 用人单位依照调解仲裁法第四十九条规定向中级人民法院申请撤销仲裁裁决，中级人民法院作出的驳回申请或者撤销仲裁裁决的裁定为终审裁定。

第十七条 劳动者依据劳动合同法第三十条第二款和调解仲裁法第十六条规定向人民法院申请支付令，符合民事诉讼法第十七章督促程序规定的，人民法院应予受理。

依据劳动合同法第三十条第二款规定申请支付令被人民法院裁定终结督促程序后，劳动者就劳动争议事项直接向人民法院起诉的，人民法院应当告知其先向劳动人事争议仲裁委员会申请仲裁。

依据调解仲裁法第十六条规定申请支付令被人民法院裁定终结督促程序后，劳动者依据调解协议直接向人民法院提起诉讼的，人民法院应予受理。

第十八条 劳动人事争议仲裁委员会作出终局裁决，劳动者向人民法院申请执行，用人单位向劳动人事争议仲裁委员会所在地的中级人民法院申请撤销的，人民法院应当裁定中止执行。

用人单位撤回撤销终局裁决申请或者其申请被驳回的，人民法院应当裁定恢复执行。仲裁裁决被撤销的，人民法院应当裁定终结执行。

用人单位向人民法院申请撤销仲裁裁决被驳回后，又在执行程序中以相同理由提出不予执行抗辩的，人民法院不予支持。

最高人民法院关于审理劳动争议案件适用法律若干问题的解释（四）

（2012年12月31日最高人民法院审判委员会第1566次会议通过 2013年1月18日最高人民法院公告公布 自2013年2月1日起施行）

为正确审理劳动争议案件，根据《中华人民共和国劳动法》《中华人民共和国劳动合同法》《中华人民共和国劳动争议调解仲裁法》《中华人民共和国民事诉讼法》等相关法律规定，结合民事审判实践，就适用法律的若干问题，作如下解释：

第一条 劳动人事争议仲裁委员会以无管辖权为由对劳动争议案件不予受理，当事人提起诉讼的，人民法院按照以下情形分别处理：

（一）经审查认为该劳动人事争议仲裁委员会对案件确无管辖权的，应当告知当事人向有管辖权的劳动人事争议仲裁委员会申请仲裁；

（二）经审查认为该劳动人事争议仲裁委员会有管辖权的，应当告知当事人申请仲裁，并将审查意见书面通知该劳动人事争议仲裁委员会，劳动人事争议仲裁委员会仍不受理，当事人就该劳动争议事项提起诉讼的，应予受理。

第二条 仲裁裁决的类型以仲裁裁决书确定为准。

仲裁裁决书未载明该裁决为终局裁决或非终局裁决，用人单位不服该仲裁裁决向基层人民法院提起诉讼的，应当按照以下情形分别处理：

（一）经审查认为该仲裁裁决为非终局裁决的，基层人民法院应予受理；

（二）经审查认为该仲裁裁决为终局裁决的，基层人民法院不予受理，但应告知用人单位可以自收到不予受理裁定书之日起三十日内向劳动人事争议仲裁委员会所在地的中级人民法院申请撤销该仲裁裁决；已经受理的，裁定驳回起诉。

第三条 中级人民法院审理用人单位申请撤销终局裁决的案件，应当组成合议庭开庭审理。经过阅卷、调查和询问当事人，对没有新的事实、证据或者理由，合议庭认为不需要开庭审理的，可以不开庭审理。

中级人民法院可以组织双方当事人调解。达成调解协议的，可以制作调解书。一方当事人逾期不履行调解协议的，另一方可以申请人民法院强制执行。

第四条 当事人在人民调解委员会主持下

仅就给付义务达成的调解协议，双方认为有必要的，可以共同向人民调解委员会所在地的基层人民法院申请司法确认。

第五条 劳动者非因本人原因从原用人单位被安排到新用人单位工作，原用人单位未支付经济补偿，劳动者依照劳动合同法第三十八条规定与新用人单位解除劳动合同，或者新用人单位向劳动者提出解除、终止劳动合同，在计算支付经济补偿或赔偿金的工作年限时，劳动者请求把在原用人单位的工作年限合并计算为新用人单位工作年限的，人民法院应予支持。

用人单位符合下列情形之一的，应当认定属于“劳动者非因本人原因从原用人单位被安排到新用人单位工作”：

（一）劳动者仍在原工作场所、工作岗位工作，劳动合同主体由原用人单位变更为新用人单位；

（二）用人单位以组织委派或任命形式对劳动者进行工作调动；

（三）因用人单位合并、分立等原因导致劳动者工作调动；

（四）用人单位及其关联企业与劳动者轮流订立劳动合同；

（五）其他合理情形。

第六条 当事人在劳动合同或者保密协议中约定了竞业限制，但未约定解除或者终止劳动合同后给予劳动者经济补偿，劳动者履行了竞业限制义务，要求用人单位按照劳动者在劳动合同解除或者终止前十二个月平均工资的30%按月支付经济补偿的，人民法院应予支持。

前款规定的月平均工资的30%低于劳动合同履行地最低工资标准的，按照劳动合同履行地最低工资标准支付。

第七条 当事人在劳动合同或者保密协议中约定了竞业限制和经济补偿，当事人解除劳动合同时，除另有约定外，用人单位要求劳动者履行竞业限制义务，或者劳动者履行了竞业限制义务后要求用人单位支付经济补偿的，人民法院应予支持。

第八条 当事人在劳动合同或者保密协议中约定了竞业限制和经济补偿，劳动合同解除或者终止后，因用人单位的原因导致三个月未支付经济补偿，劳动者请求解除竞业限制约定的，人民法院应予支持。

第九条 在竞业限制期限内，用人单位请求解除竞业限制协议时，人民法院应予支持。

在解除竞业限制协议时，劳动者请求用人单位额外支付劳动者三个月的竞业限制经济补偿的，人民法院应予支持。

第十条 劳动者违反竞业限制约定，向用人单位支付违约金后，用人单位要求劳动者按照约定继续履行竞业限制义务的，人民法院应予支持。

第十一条 变更劳动合同未采用书面形式，但已经实际履行了口头变更的劳动合同超过一个月，且变更后的劳动合同内容不违反法律、行政法规、国家政策以及公序良俗，当事人以未采用书面形式为由主张劳动合同变更无效的，人民法院不予支持。

第十二条 建立了工会组织的用人单位解除劳动合同符合劳动合同法第三十九条、第四十条规定，但未按照劳动合同法第四十三条规定事先通知工会，劳动者以用人单位违法解除劳动合同为由请求用人单位支付赔偿金的，人民法院应予支持，但起诉前用人单位已经补正有关程序的除外。

第十三条 劳动合同法施行后，因用人单位经营期限届满不再继续经营导致劳动合同不能继续履行，劳动者请求用人单位支付经济补偿的，人民法院应予支持。

第十四条 外国人、无国籍人未依法取得就业证件即与中国境内的用人单位签订劳动合同，以及香港特别行政区、澳门特别行政区和台湾地区居民未依法取得就业证件即与内地用人单位签订劳动合同，当事人请求确认与用人单位存在劳动关系的，人民法院不予支持。

持有《外国专家证》并取得《外国专家来华工作许可证》的外国人，与中国境内的用人单位建立用工关系的，可以认定为劳动关系。

第十五条 本解释施行前本院颁布的有关司法解释与本解释抵触的，自本解释施行之日起不再适用。

本解释施行后尚未终审的劳动争议纠纷案件，适用本解释；本解释施行前已经终审，当事人申请再审或者按照审判监督程序决定再审的，不适用本解释。

劳动人事争议仲裁办案规则

（2017年4月24日人力资源社会保障部第123次部务会审议通过自2017年7月1日起施行）

第一章 总 则

第一条 为公正及时处理劳动人事争议（以下简称争议），规范仲裁办案程序，根据《中华人民共和国劳动争议调解仲裁法》（以下简称调解仲裁法）以及《中华人民共和国公务员法》（以下简称公务员法）、《事业单位人事管理条例》、《中国人民解放军文职人员条例》和有关法律、法规、国务院有关规定，制定本规则。

第二条 本规则适用下列争议的仲裁：

（一）企业、个体经济组织、民办非企业单位等组织与劳动者之间，以及机关、事业单位、社会团体与其建立劳动关系的劳动者之间，因确认劳动关系，订立、履行、变更、解除和终止劳动合同，工作时间、休息休假、社会保险、福利、培训以及劳动保护，劳动报酬、工伤医疗费、经济补偿或者赔偿金等发生的争议；

（二）实施公务员法的机关与聘任制公务员之间、参照公务员法管理的机关（单位）与聘任工作人员之间因履行聘任合同发生的争议；

（三）事业单位与其建立人事关系的工作人员之间因终止人事关系以及履行聘用合同发生的争议；

（四）社会团体与其建立人事关系的工作人员之间因终止人事关系以及履行聘用合同发生的争议；

（五）军队文职人员用人单位与聘用制文职人员之间因履行聘用合同发生的争议；

（六）法律、法规规定由劳动人事争议仲裁委员会（以下简称仲裁委员会）处理的其他争议。

第三条 仲裁委员会处理争议案件，应当遵循合法、公正的原则，先行调解，及时裁决。

第四条 仲裁委员会下设实体化的办事机构，称为劳动人事争议仲裁院（以下简称仲裁院）。

第五条 劳动者一方在十人以上并有共同请求的争议，或者因履行集体合同发生的劳动争议，仲裁委员会应当优先立案，优先审理。

第二章 一般规定

第六条 发生争议的用人单位未办理营业执照、被吊销营业执照、营业执照到期继续经营、被责令关闭、被撤销以及用人单位解散、歇业，不能承担相关责任的，应当将用人单位和其出资人、开办单位或者主管部门作为共同当事人。

第七条 劳动者与个人承包经营者发生争议，依法向仲裁委员会申请仲裁的，应当将发包的组织和个人承包经营者作为共同当事人。

第八条 劳动合同履行地为劳动者实际工作场所地，用人单位所在地为用人单位注册、登记地或者主要办事机构所在地。用人单位未经注册、登记的，其出资人、开办单位或者主管部门所在地为用人单位所在地。

双方当事人分别向劳动合同履行地和用人单位所在地的仲裁委员会申请仲裁的，由劳动合同履行地的仲裁委员会管辖。有多个劳动合同履行地的，由最先受理的仲裁委员会管辖。劳动合同履行地不明确的，由用人单位所在地的仲裁委员会管辖。

案件受理后，劳动合同履行地或者用人单位所在地发生变化的，不改变争议仲裁的管辖。

第九条 仲裁委员会发现已受理案件不属于其管辖范围的，应当移送至有管辖权的仲裁委员会，并书面通知当事人。

对上述移送案件，受移送的仲裁委员会应当依法受理。受移送的仲裁委员会认为移送的案件按照规定不属于其管辖，或者仲裁委员会之间因管辖争议协商不成的，应当报请共同的上一级仲裁委员会主管部门指定管辖。

第十条 当事人提出管辖异议的，应当在答辩期满前书面提出。仲裁委员会应当审查当事人提出的管辖异议，异议成立的，将案件移送至有管辖权的仲裁委员会并书面通知当事人；异议不成立的，应当书面决定驳回。

当事人逾期提出的，不影响仲裁程序的进行。

第十一条 当事人申请回避，应当在案件开庭审理前提出，并说明理由。回避事由在案件开庭审理后知晓的，也可以在庭审辩论终结前提出。

当事人在庭审辩论终结后提出回避申请的，不影响仲裁程序的进行。

仲裁委员会应当在回避申请提出的三日内，以口头或者书面形式作出决定。以口头形式作出的，应当记入笔录。

第十二条 仲裁员、记录人员是否回避，由仲裁委员会主任或者其委托的仲裁院负责人决定。仲裁委员会主任担任案件仲裁员是否回避，由仲裁委员会决定。

在回避决定作出前，被申请回避的人员应当暂停参与该案处理，但因案件需要采取紧急措施的除外。

第十三条 当事人对自己提出的主张有责任提供证据。与争议事项有关的证据属于用人单位掌握管理的，用人单位应当提供；用人单位不提供的，应当承担不利后果。

第十四条 法律没有具体规定、按照本规则第十三条规定无法确定举证责任承担的，仲裁庭可以根据公平原则和诚实信用原则，综合当事人举证能力等因素确定举证责任的承担。

第十五条 承担举证责任的当事人应当在仲裁委员会指定的期限内提供有关证据。当事人在该期限内提供证据确有困难的，可以向仲裁委员会申请延长期限，仲裁委员会根据当事人的申请适当延长。当事人逾期提供证据的，仲裁委员会应当责令其说明理由；拒不说明理由或者理由不成立的，仲裁委员会可以根据不同情形不予采纳该证据，或者采纳该证据但予以训诫。

第十六条 当事人因客观原因不能自行收集的证据，仲裁委员会可以根据当事人的申请，参照民事诉讼有关规定予以收集；仲裁委员会认为有必要的，也可以决定参照民事诉讼有关规定予以收集。

第十七条 仲裁委员会依法调查取证时，有关单位和个人应当协助配合。

仲裁委员会调查取证时，不得少于两人，

并应当向被调查对象出示工作证件和仲裁委员会出具的介绍信。

第十八条 争议处理中涉及证据形式、证据提交、证据交换、证据质证、证据认定等事项，本规则未规定的，可以参照民事诉讼证据规则的有关规定执行。

第十九条 仲裁期间包括法定期间和仲裁委员会指定期间。

仲裁期间的计算，本规则未规定的，仲裁委员会可以参照民事诉讼关于期间计算的有关规定执行。

第二十条 仲裁委员会送达仲裁文书必须有送达回证，由受送达人在送达回证上记明收到日期，并签名或者盖章。受送达人在送达回证上的签收日期为送达日期。

因企业停业等原因导致无法送达且劳动者一方在十人以上的，或者受送达人拒绝签收仲裁文书的，通过在受送达人住所留置、张贴仲裁文书，并采用拍照、录像等方式记录的，自留置、张贴之日起经过三日即视为送达，不受本条第一款的限制。

仲裁文书的送达方式，本规则未规定的，仲裁委员会可以参照民事诉讼关于送达方式的有关规定执行。

第二十一条 案件处理终结后，仲裁委员会应当将处理过程中形成的全部材料立卷归档。

第二十二条 仲裁案卷分正卷和副卷装订。

正卷包括：仲裁申请书、受理（不予受理）通知书、答辩书、当事人及其他仲裁参加人的身份证明材料、授权委托书、调查证据、勘验笔录、当事人提供的证据材料、委托鉴定材料、开庭通知、庭审笔录、延期通知书、撤回仲裁申请书、调解书、裁决书、决定书、案件移送函、送达回证等。

副卷包括：立案审批表、延期审理审批表、中止审理审批表、调查提纲、阅卷笔录、会议笔录、评议记录、结案审批表等。

第二十三条 仲裁委员会应当建立案卷查阅制度。对案卷正卷材料，应当允许当事人及其代理人依法查阅、复制。

第二十四条 仲裁裁决结案的案卷，保存期不少于十年；仲裁调解和其他方式结案的案卷，保存期不少于五年；国家另有规定的，从其规定。

保存期满后的案卷，应当按照国家有关档案管理的规定处理。

第二十五条 在仲裁活动中涉及国家秘密或者军事秘密的，按照国家或者军队有关保密规定执行。

当事人协议不公开或者涉及商业秘密和个人隐私的，经相关当事人书面申请，仲裁委员会应当不公开审理。

第三章 仲裁程序

第一节 申请和受理

第二十六条 本规则第二条第（一）、（三）、（四）、（五）项规定的争议，申请仲裁的时效期间为一年。仲裁时效期间从当事人知道或者应当知道其权利被侵害之日起计算。

本规则第二条第（二）项规定的争议，申请仲裁的时效期间适用公务员法有关规定。

劳动人事关系存续期间因拖欠劳动报酬发生争议的，劳动者申请仲裁不受本条第一款规定的仲裁时效期间的限制；但是，劳动人事关系终止的，应当自劳动人事关系终止之日起一年内提出。

第二十七条 在申请仲裁的时效期间内，有下列情形之一的，仲裁时效中断：

（一）一方当事人通过协商、申请调解等方式向对方当事人主张权利的；

（二）一方当事人通过向有关部门投诉，向

仲裁委员会申请仲裁，向人民法院起诉或者申请支付令等方式请求权利救济的；

（三）对方当事人同意履行义务的。

从中断时起，仲裁时效期间重新计算。

第二十八条 因不可抗力，或者有无民事行为能力或者限制民事行为能力劳动者的法定代理人未确定等其他正当理由，当事人不能在规定的仲裁时效期间申请仲裁的，仲裁时效中止。从中止时效的原因消除之日起，仲裁时效期间继续计算。

第二十九条 申请人申请仲裁应当提交书面仲裁申请，并按照被申请人人数提交副本。

仲裁申请书应当载明下列事项：

（一）劳动者的姓名、性别、出生日期、身份证件号码、住所、通讯地址和联系电话，用人单位的名称、住所、通讯地址、联系电话和法定代表人或者主要负责人的姓名、职务；

（二）仲裁请求和所根据的事实、理由；

（三）证据和证据来源，证人姓名和住所。

书写仲裁申请确有困难的，可以口头申请，由仲裁委员会记入笔录，经申请人签名、盖章或者捺印确认。

对于仲裁申请书不规范或者材料不齐备的，仲裁委员会应当当场或者在五日内一次性告知申请人需要补正的全部材料。

仲裁委员会收取当事人提交的材料应当出具收件回执。

第三十条 仲裁委员会对符合下列条件的仲裁申请应当予以受理，并在收到仲裁申请之日起五日内向申请人出具受理通知书：

（一）属于本规则第二条规定的争议范围；

（二）有明确的仲裁请求和事实理由；

（三）申请人是与本案有直接利害关系的自然人、法人或者其他组织，有明确的被申请人；

（四）属于本仲裁委员会管辖范围。

第三十一条 对不符合本规则第三十条第（一）、（二）、（三）项规定之一的仲裁申请，仲裁委员会不予受理，并在收到仲裁申请之日起五日内向申请人出具不予受理通知书；对不符合本规则第三十条第（四）项规定的仲裁申请，仲裁委员会应当在收到仲裁申请之日起五日内，向申请人作出书面说明并告知申请人向有管辖权的仲裁委员会申请仲裁。

对仲裁委员会逾期未作出决定或者决定不予受理的，申请人可以就该争议事项向人民法院提起诉讼。

第三十二条 仲裁委员会受理案件后，发现不应当受理的，除本规则第九条规定外，应当撤销案件，并自决定撤销案件后五日内，以决定书的形式通知当事人。

第三十三条 仲裁委员会受理仲裁申请后，应当在五日内将仲裁申请书副本送达被申请人。

被申请人收到仲裁申请书副本后，应当在十日内向仲裁委员会提交答辩书。仲裁委员会收到答辩书后，应当在五日内将答辩书副本送达申请人。被申请人逾期未提交答辩书的，不影响仲裁程序的进行。

第三十四条 符合下列情形之一，申请人基于同一事实、理由和仲裁请求又申请仲裁的，仲裁委员会不予受理：

（一）仲裁委员会已经依法出具不予受理通知书的；

（二）案件已在仲裁、诉讼过程中或者调解书、裁决书、判决书已经发生法律效力的。

第三十五条 仲裁处理结果作出前，申请人可以自行撤回仲裁申请。申请人再次申请仲裁的，仲裁委员会应当受理。

第三十六条 被申请人可以在答辩期间提出反申请，仲裁委员会应当自收到被申请人反申请之日起五日内决定是否受理并通知被申请人。

决定受理的，仲裁委员会可以将反申请和申请合并处理。

反申请应当另行申请仲裁的，仲裁委员会

应当书面告知被申请人另行申请仲裁；反申请不属于本规则规定应当受理的，仲裁委员会应当向被申请人出具不予受理通知书。

被申请人答辩期满后对申请人提出反申请的，应当另行申请仲裁。

第二节　开庭和裁决

第三十七条　仲裁委员会应当在受理仲裁申请之日起五日内组成仲裁庭并将仲裁庭的组成情况书面通知当事人。

第三十八条　仲裁庭应当在开庭五日前，将开庭日期、地点书面通知双方当事人。当事人有正当理由的，可以在开庭三日前请求延期开庭。是否延期，由仲裁委员会根据实际情况决定。

第三十九条　申请人收到书面开庭通知，无正当理由拒不到庭或者未经仲裁庭同意中途退庭的，可以按撤回仲裁申请处理；申请人重新申请仲裁的，仲裁委员会不予受理。被申请人收到书面开庭通知，无正当理由拒不到庭或者未经仲裁庭同意中途退庭的，仲裁庭可以继续开庭审理，并缺席裁决。

第四十条　当事人申请鉴定的，鉴定费由申请鉴定方先行垫付，案件处理终结后，由鉴定结果对其不利方负担。鉴定结果不明确的，由申请鉴定方负担。

第四十一条　开庭审理前，记录人员应当查明当事人和其他仲裁参与人是否到庭，宣布仲裁庭纪律。

开庭审理时，由仲裁员宣布开庭、案由和仲裁员、记录人员名单，核对当事人，告知当事人有关的权利义务，询问当事人是否提出回避申请。

开庭审理中，仲裁员应当听取申请人的陈述和被申请人的答辩，主持庭审调查、质证和辩论、征询当事人最后意见，并进行调解。

第四十二条　仲裁庭应当将开庭情况记入笔录。当事人或者其他仲裁参与人认为对自己陈述的记录有遗漏或者差错的，有权当庭申请补正。仲裁庭认为申请无理由或者无必要的，可以不予补正，但是应当记录该申请。

仲裁员、记录人员、当事人和其他仲裁参与人应当在庭审笔录上签名或者盖章。当事人或者其他仲裁参与人拒绝在庭审笔录上签名或者盖章的，仲裁庭应当记明情况附卷。

第四十三条　仲裁参与人和其他人应当遵守仲裁庭纪律，不得有下列行为：

（一）未经准许进行录音、录像、摄影；

（二）未经准许以移动通信等方式现场传播庭审活动；

（三）其他扰乱仲裁庭秩序、妨害审理活动进行的行为。

仲裁参与人或者其他人有前款规定的情形之一的，仲裁庭可以训诫、责令退出仲裁庭，也可以暂扣进行录音、录像、摄影、传播庭审活动的器材，并责令其删除有关内容。拒不删除的，可以采取必要手段强制删除，并将上述事实记入庭审笔录。

第四十四条　申请人在举证期限届满前可以提出增加或者变更仲裁请求；仲裁庭对申请人增加或者变更的仲裁请求审查后认为应当受理的，应当通知被申请人并给予答辩期，被申请人明确表示放弃答辩期的除外。

申请人在举证期限届满后提出增加或者变更仲裁请求的，应当另行申请仲裁。

第四十五条　仲裁庭裁决案件，应当自仲裁委员会受理仲裁申请之日起四十五日内结束。案情复杂需要延期的，经仲裁委员会主任或者其委托的仲裁院负责人书面批准，可以延期并书面通知当事人，但延长期限不得超过十五日。

第四十六条　有下列情形的，仲裁期限按照下列规定计算：

（一）仲裁庭追加当事人或者第三人的，仲裁期限从决定追加之日起重新计算；

（二）申请人需要补正材料的，仲裁委员会收到仲裁申请的时间从材料补正之日起重新计算；

（三）增加、变更仲裁请求的，仲裁期限从受理增加、变更仲裁请求之日起重新计算；

（四）仲裁申请和反申请合并处理的，仲裁期限从受理反申请之日起重新计算；

（五）案件移送管辖的，仲裁期限从接受移送之日起重新计算；

（六）中止审理期间、公告送达期间不计入仲裁期限内；

（七）法律、法规规定应当另行计算的其他情形。

第四十七条 有下列情形之一的，经仲裁委员会主任或者其委托的仲裁院负责人批准，可以中止案件审理，并书面通知当事人：

（一）劳动者一方当事人死亡，需要等待继承人表明是否参加仲裁的；

（二）劳动者一方当事人丧失民事行为能力，尚未确定法定代理人参加仲裁的；

（三）用人单位终止，尚未确定权利义务承继者的；

（四）一方当事人因不可抗拒的事由，不能参加仲裁的；

（五）案件审理需要以其他案件的审理结果为依据，且其他案件尚未审结的；

（六）案件处理需要等待工伤认定、伤残等级鉴定以及其他鉴定结论的；

（七）其他应当中止仲裁审理的情形。

中止审理的情形消除后，仲裁庭应当恢复审理。

第四十八条 当事人因仲裁庭逾期未作出仲裁裁决而向人民法院提起诉讼并立案受理的，仲裁委员会应当决定该案件终止审理；当事人未就该争议事项向人民法院提起诉讼的，仲裁委员会应当继续处理。

第四十九条 仲裁庭裁决案件时，其中一部分事实已经清楚的，可以就该部分先行裁决。当事人对先行裁决不服的，可以按照调解仲裁法有关规定处理。

第五十条 仲裁庭裁决案件时，申请人根据调解仲裁法第四十七条第（一）项规定，追索劳动报酬、工伤医疗费、经济补偿或者赔偿金，如果仲裁裁决涉及数项，对单项裁决数额不超过当地月最低工资标准十二个月金额的事项，应当适用终局裁决。

前款经济补偿包括《中华人民共和国劳动合同法》（以下简称劳动合同法）规定的竞业限制期限内给予的经济补偿、解除或者终止劳动合同的经济补偿等；赔偿金包括劳动合同法规定的未签订书面劳动合同第二倍工资、违法约定试用期的赔偿金、违法解除或者终止劳动合同的赔偿金等。

根据调解仲裁法第四十七条第（二）项的规定，因执行国家的劳动标准在工作时间、休息休假、社会保险等方面发生的争议，应当适用终局裁决。

仲裁庭裁决案件时，裁决内容同时涉及终局裁决和非终局裁决的，应当分别制作裁决书，并告知当事人相应的救济权利。

第五十一条 仲裁庭对追索劳动报酬、工伤医疗费、经济补偿或者赔偿金的案件，根据当事人的申请，可以裁决先予执行，移送人民法院执行。

仲裁庭裁决先予执行的，应当符合下列条件：

（一）当事人之间权利义务关系明确；

（二）不先予执行将严重影响申请人的生活。

劳动者申请先予执行的，可以不提供担保。

第五十二条 裁决应当按照多数仲裁员的意见作出，少数仲裁员的不同意见应当记入笔录。仲裁庭不能形成多数意见时，裁决应当按照首席仲裁员的意见作出。

第五十三条 裁决书应当载明仲裁请求、争议事实、裁决理由、裁决结果、当事人权利和裁决日期。裁决书由仲裁员签名，加盖仲裁委员会印章。对裁决持不同意见的仲裁员，可以签名，也可以不签名。

第五十四条 对裁决书中的文字、计算错误或者仲裁庭已经裁决但在裁决书中遗漏的事项，仲裁庭应当及时制作决定书予以补正并送达当事人。

第五十五条 当事人对裁决不服向人民法院提起诉讼的，按照调解仲裁法有关规定处理。

第三节 简易处理

第五十六条 争议案件符合下列情形之一的，可以简易处理：

（一）事实清楚、权利义务关系明确、争议不大的；

（二）标的额不超过本省、自治区、直辖市上年度职工年平均工资的；

（三）双方当事人同意简易处理的。

仲裁委员会决定简易处理的，可以指定一名仲裁员独任仲裁，并应当告知当事人。

第五十七条 争议案件有下列情形之一的，不得简易处理：

（一）涉及国家利益、社会公共利益的；

（二）有重大社会影响的；

（三）被申请人下落不明的；

（四）仲裁委员会认为不宜简易处理的。

第五十八条 简易处理的案件，经与被申请人协商同意，仲裁庭可以缩短或者取消答辩期。

第五十九条 简易处理的案件，仲裁庭可以用电话、短信、传真、电子邮件等简便方式送达仲裁文书，但送达调解书、裁决书除外。

以简便方式送达的开庭通知，未经当事人确认或者没有其他证据证明当事人已经收到的，仲裁庭不得按撤回仲裁申请处理或者缺席裁决。

第六十条 简易处理的案件，仲裁庭可以根据案件情况确定举证期限、开庭日期、审理程序、文书制作等事项，但应当保障当事人陈述意见的权利。

第六十一条 仲裁庭在审理过程中，发现案件不宜简易处理的，应当在仲裁期限届满前决定转为按照一般程序处理，并告知当事人。

案件转为按照一般程序处理的，仲裁期限自仲裁委员会受理仲裁申请之日起计算，双方当事人已经确认的事实，可以不再进行举证、质证。

第四节 集体劳动人事争议处理

第六十二条 处理劳动者一方在十人以上并有共同请求的争议案件，或者因履行集体合同发生的劳动争议案件，适用本节规定。

符合本规则第五十六条第一款规定情形之一的集体劳动人事争议案件，可以简易处理，不受本节规定的限制。

第六十三条 发生劳动者一方在十人以上并有共同请求的争议的，劳动者可以推举三至五名代表参加仲裁活动。代表人参加仲裁的行为对其所代表的当事人发生效力，但代表人变更、放弃仲裁请求或者承认对方当事人的仲裁请求，进行和解，必须经被代表的当事人同意。

因履行集体合同发生的劳动争议，经协商解决不成的，工会可以依法申请仲裁；尚未建立工会的，由上级工会指导劳动者推举产生的代表依法申请仲裁。

第六十四条 仲裁委员会应当自收到当事人集体劳动人事争议仲裁申请之日起五日内作出受理或者不予受理的决定。决定受理的，应当自受理之日起五日内将仲裁庭组成人员、答辩期限、举证期限、开庭日期和地点等事项一次性通知当事人。

第六十五条 仲裁委员会处理集体劳动人事争议案件，应当由三名仲裁员组成仲裁庭，设首席仲裁员。

仲裁委员会处理因履行集体合同发生的劳动争议，应当按照三方原则组成仲裁庭处理。

第六十六条 仲裁庭处理集体劳动人事争议，开庭前应当引导当事人自行协商，或者先行调解。

仲裁庭处理集体劳动人事争议案件，可以邀请法律工作者、律师、专家学者等第三方共同参与调解。

协商或者调解未能达成协议的，仲裁庭应当及时裁决。

第六十七条 仲裁庭开庭场所可以设在发生争议的用人单位或者其他便于及时处理争议的地点。

第四章 调解程序

第一节 仲裁调解

第六十八条 仲裁委员会处理争议案件，应当坚持调解优先，引导当事人通过协商、调解方式解决争议，给予必要的法律释明以及风险提示。

第六十九条 对未经调解、当事人直接申请仲裁的争议，仲裁委员会可以向当事人发出调解建议书，引导其到调解组织进行调解。当事人同意先行调解的，应当暂缓受理；当事人不同意先行调解的，应当依法受理。

第七十条 开庭之前，经双方当事人同意，仲裁庭可以委托调解组织或者其他具有调解能力的组织、个人进行调解。

自当事人同意之日起十日内未达成调解协议的，应当开庭审理。

第七十一条 仲裁庭审理争议案件时，应当进行调解。必要时可以邀请有关单位、组织或者个人参与调解。

第七十二条 仲裁调解达成协议的，仲裁庭应当制作调解书。

调解书应当写明仲裁请求和当事人协议的结果。调解书由仲裁员签名，加盖仲裁委员会印章，送达双方当事人。调解书经双方当事人签收后，发生法律效力。

调解不成或者调解书送达前，一方当事人反悔的，仲裁庭应当及时作出裁决。

第七十三条 当事人就部分仲裁请求达成调解协议的，仲裁庭可以就该部分先行出具调解书。

第二节 调解协议的仲裁审查

第七十四条 经调解组织调解达成调解协议的，双方当事人可以自调解协议生效之日起十五日内，共同向有管辖权的仲裁委员会提出仲裁审查申请。

当事人申请审查调解协议，应当向仲裁委员会提交仲裁审查申请书、调解协议和身份证明、资格证明以及其他与调解协议相关的证明材料，并提供双方当事人的送达地址、电话号码等联系方式。

第七十五条 仲裁委员会收到当事人仲裁审查申请，应当及时决定是否受理。决定受理的，应当出具受理通知书。

有下列情形之一的，仲裁委员会不予受理：

（一）不属于仲裁委员会受理争议范围的；

（二）不属于本仲裁委员会管辖的；

（三）超出规定的仲裁审查申请期间的；

（四）确认劳动关系的；

（五）调解协议已经人民法院司法确认的。

第七十六条 仲裁委员会审查调解协议，应当自受理仲裁审查申请之日起五日内结束。因特殊情况需要延期的，经仲裁委员会主任或者其委托的仲裁院负责人批准，可以延长五日。

调解书送达前，一方或者双方当事人撤回仲裁审查申请的，仲裁委员会应当准许。

第七十七条 仲裁委员会受理仲裁审查申

请后，应当指定仲裁员对调解协议进行审查。

仲裁委员会经审查认为调解协议的形式和内容合法有效的，应当制作调解书。调解书的内容应当与调解协议的内容相一致。调解书经双方当事人签收后，发生法律效力。

第七十八条 调解协议具有下列情形之一的，仲裁委员会不予制作调解书：

（一）违反法律、行政法规强制性规定的；

（二）损害国家利益、社会公共利益或者公民、法人、其他组织合法权益的；

（三）当事人提供证据材料有弄虚作假嫌疑的；

（四）违反自愿原则的；

（五）内容不明确的；

（六）其他不能制作调解书的情形。

仲裁委员会决定不予制作调解书的，应当书面通知当事人。

第七十九条 当事人撤回仲裁审查申请或者仲裁委员会决定不予制作调解书的，应当终止仲裁审查。

第五章 附 则

第八十条 本规则规定的“三日”、“五日”、“十日”指工作日，“十五日”、“四十五日”指自然日。

第八十一条 本规则自2017年7月1日起施行。2009年1月1日人力资源社会保障部公布的《劳动人事争议仲裁办案规则》（人力资源和社会保障部令第2号）同时废止。

第八版后记

《劳动合同法实务操作与案例精解》自2008年5月在中国法制出版社初次出版以来，受到了国内人力资源管理业界和劳动法业界的广泛关注和热切好评，销售状态持续良好。北京地区最大的三家实体综合性大型书城——西单图书大厦、中关村图书大厦和王府井书城都曾在很长一段时间里将此书作为劳动合同法实务操作类的畅销书进行摆堆单行销售；新华文化（北京新华书店系统）购书指南的网上实时数据也显示，此书在2008－2016年连续九年的时间里一直高居劳动合同法实务类同类书籍畅销榜；另根据当当网、卓越网和京东商城的数据显示，该书在网上购买的月度购买量、年度购买数量和总购买量也在同类实务图书中名列前茅。作为相对小众的专业法律类图书，在如此众多的同类实务图书中，能取得这样高的市场认可度和如此良好的销售业绩，充分说明了业内同仁和专业读者们对此书的关注和喜爱。当然，就我本人个人喜好和推荐而言，此书也是我在全国各地进行实务培训和给辅导的客户企业内部学习的特别指定用书。

2010年6月，《劳动合同法实务操作与案例精解》进行了重新增订。具体而言，增订内容体现在如下几个部分：一是补充了“劳务派遣和用工方式的选择”一章。由于我之前在中国法制出版社另行出版了一本《劳务派遣法律实务操作指引》，在内容上作了区别处理，当时在此书第一版中就刻意去除了劳务派遣的部分，此次一并补足，也正好补全和契合了《劳动合同法》的章节条款内容。二是新增了“劳动合同与专项协议示例与解读”一章。在此书初版发行后，有热心读者反映再版时能不能提供一些劳动合同和专项协议的范本，第三次增订回应了热心读者的建议和意见。三是强化了“劳动争议处理与调解仲裁实务”一章。依据《劳动争议调解仲裁法》的相关规定，对该章的内容进行了相当程度的补充。四是对部分案例进行了调整和补充。此书初版付梓之际，《劳动合同法》施行还不过5个月，《劳动合同法实施条例》也尚未出台，所以一些条款解读和案例分析存在一定的主观性。增订版结合《劳动合同法实施条例》和最高人民法院最新发布施行的《关于审理劳动争议案件适用法律若干问题的解释（三）》，对此书初版中的相关解读和分析进行了调整，并新增了部分案例。

在后国际金融危机时代，中国内地劳动和社会保障立法开始重启。[①] 2010 年 9 月 13 日，最高人民法院发布《关于审理劳动争议案件适用法律若干问题的解释（三）》，并于 2010 年 9 月 14 日起正式施行。该司法解释是《劳动合同法》施行以来的第一个司法解释，尽管大部分规定仍属程序性规定，但毕竟在程序事项内初步统一了全国各地方各自为政的局面[②]。2010 年，持万团队曾在苏州和上海两地先后举办过人力资源管理法律风险控制和流程标准化论坛，并在国内率先地创造性发布了新劳动法律背景下中国首份企业用工管理标准化（SOP）报告，希望藉由持万团队的努力和在全国各地的成功案例，能进一步推进新法律背景下企业人力资源管理的合规化、体系化和标准化进程。近些年来，持万团队给数十家大型国有企业和外资企业提出一体化的宏观管理架构、中观整合意见和精细化解决方案，辅导企业彻底实现企业人力资源管理从规章制度到管理流程、从合同协议到文书表单的合规化和标准化。国内百余家国企、外资和民营企业聘请持万团队担任常年劳动法和用工管理咨询顾问服务，数万名企业经营者和人力资源管理者聆听过持万团队用工管理合规化和劳动法培训课程。此书增订版一方面作为操作指南，可以指引企业在具体人力资源管理工作中的风险防范；另一方面作为咨询成果，属于持万团队在企业用工管理流程标准化计划中的系列出版物之一。

2011 年，人社部和各地方为贯彻执行《社会保险法》出台了相关的配套规定，在继续贯彻落实《劳动合同法》的同时，进一步加强了《社会保险法》的实施力度。也正是在此背景下，**2011 年 6 月，《劳动合同法实务操作与案例精解》推出了增订三版。**本次增订的主要内容包括：一是对部分篇章和内容进行了适当的微调和修改，在整体变化不大的基础上对增订版进行了细微的补充；二是应广大读者要求增补了《劳动合同法》和《劳动合同法实施条例》两部主体性的劳动法律法规，便于查找和翻阅。本

---

① 与此同时，随着各地方《企业民主管理条例》和《职工代表大会条例》的逐步建立完善和国家对三方机制和相关立法的进一步持续建立健全，劳动立法从个体劳动关系调整转向集体劳动关系调整的发展趋势在中国也在所难免，彼时劳动关系的协调将会面临更多、更大的挑战。2010 年 10 月 28 日，十一届全国人大常委会第十七次会议通过《社会保险法》。同日，时任国家主席胡锦涛签署第 35 号主席令予以公布，《社会保险法》自 2011 年 7 月 1 日起施行。出台《社会保险法》，是向 2010 年形成中国特色社会主义法律体系的立法工作目标迈出的一大步，也意味着劳动者权益保护得到进一步的提升和加强。

② 最高人民法院曾在 2009 年 7 月 12 日发布《关于当前形势下做好劳动争议纠纷案件审判工作的指导意见》（法发［2009］41 号）并于当日实施，但严格来讲，此文件作为指导意见并不能归类为司法解释。《劳动合同法》施行后，最高人民法院在起草相关司法解释过程中，按照“先易后难”的原则，先行出台关于程序性规定的司法解释（三），等时机成熟后再行出台关于实体性规定的司法解释（四）。目前，关于劳动争议案件审理适用法律的实体性规定的司法解释（四）草案仍在研究审校中，待时机成熟后出台。

次修订后，人社部又相继出台了一些新规定。[①] 应广大读者要求，2012 年 1 月，**《劳动合同法实务操作与案例精解》推出了增订四版**。本次增订主要是对第三版中的少许瑕疵和笔误进行修正，对“第三章特殊员工处理与专项协议签订”第一节“特殊员工的分类与特殊员工管理思路”中的“外国人就业的管理思路”相关内容，按照新法规政策的规定进行了适当修改和补充，并依据读者来信特别增补了 2008 年 5 月 1 日起施行的《劳动争议调解仲裁法》和最高人民法院于 2001 年 4 月 16 日、2006 年 8 月 14 日和 2010 年 9 月 13 日先后发布的关于审理劳动争议案件适用法律若干问题的三个司法解释，便于查找和翻阅。

而随着劳动争议案件处理数量的日益累积，实务界也出现了一些新的指导性案例。在此背景下，**2012 年 6 月，《劳动合同法实务操作与案例精解》推出了增订五版**。本次增订主要是对第四版中的少许瑕疵和笔误进行修正，同时对一些需要进一步商榷的观点进行了适当的微调。

2012 年 12 月，十一届全国人大常委会第 30 次会议审议通过了《劳动合同法（修正案）》。[②]《劳动合同法（修正案）》对《劳动合同法》实施过程中出现的一些争议性问题作出了进一步的修订，特别是对劳务派遣进行更为严格的规制。《劳动合同法（修正案）》进一步明确了劳务派遣中的“同工同酬”及“三性”岗位的界定，并对劳务派遣单位的资质等事项作了更为严格的规定。在宏观政策层面，人社部作为收入分配改革的主要职能部门，将进一步推进工资立法，加强对工资管理的调控与规制，这亦会对用人单位特别是金融、烟草、电力、电信等国有垄断性企业在薪资福利管理方面带来影响和挑战。而最近一段时间以来，国家开始更加注重劳动基准管理的立法和执行工作。比如，就工时管理而言，并讨论出台《特殊工时管理规定》，通过工时管理规范和相关概念厘清对日益增多的工时争议进行指导和释义。可以预见的是，国家对劳动用工管理方面的立法将进一步加强，企业人力资源管理规范化的要求也将越来越高。**2013 年 1 月，《劳动合同法实务操作与案例精解》推出了增订六版**。本次修订则根据《劳动合同法（修正案）》《最高人民法院关于审理劳动争议案件适用法律若干问题的解释（四）》及最近的劳动立法政策，对第五版中的相关内容进行更新，对

---

① 2011 年 6 月 29 日，人社部发布《实施〈中华人民共和国社会保险法〉若干规定》，该《若干规定》自 2011 年 7 月 1 日起施行；2011 年 9 月 6 日，人社部发布《在中国境内就业的外国人参加社会保险暂行办法》，该《暂行办法》自 2011 年 10 月 15 日起施行；2011 年 11 月 30 日，人社部发布《企业劳动争议协商调解规定》，自 2012 年 1 月 1 日起施行。该《规定》旨在建立企业内部劳动争议协商解决机制，提升企业自主解决争议的能力。

② 《劳动合同法（修正案）》全称为《全国人民代表大会常务委员会关于修改〈中华人民共和国劳动合同法〉的决定》，于 2012 年 12 月 28 日由第十一届全国人民代表大会常务委员会第三十次会议通过。《劳动合同法》根据该决定作相应修改，重新公布。

一些错误之处进行了修正，并选择性调整或增补近期一些比较有代表性的实务案例。

2017年7月，在中国法制出版社策划编辑杨肇南先生的建议下，并经他与各大实体、网上书店和广大读者充分征求意见后，**《劳动合同法实务操作与案例精解》推出了增订七版**。在此之前，该书增订六版自2013年初印出以来已经累计增印13次，显示出广大读者对此书的抬爱，也反映出业界对于劳动法与用工管理知识的需求。在《最高人民法院关于审理劳动争议案件适用法律若干问题的解释（四）》出台后，国家层面一直未出台新的、比较大的劳动法律法规政策，所以三年多来本书一直没有安排修订。本次修订采取的是“小改”原则，一是对增订六版中的表述瑕疵和错别字进行全面的校订和更正，让本书的相关内容更加准确、完整和规范；二是结合实践中出现的一些新政策和新案例，对本书中的部分案例和论述进行了小幅的调整，以符合最新司法实践的方向和人力资源管理合规的要求；三是增补了《全国各地人力资源管理法规政策常见参数索引》等参数汇编作为本书附录的组成部分，使得本书的实操性明显增加，也给业界同仁和专业读者们检索、查询和核实相关数据提供了方便并提升了工作效率。

2020年5月，在充分征求各方面意见基础上，**利用新冠疫情期间难得的宅家时间，《劳动合同法实务操作与案例精解》又推出了增订八版**。在此之前，该书增订七版已经再次加印数十次且愈加更受欢迎，并时常在当当、京东等网上商城上显示脱销。尽管近几年来，劳动法律法规政策并未有太大的调整和变化，但一些新的用工方式开始出现，理论界和实务界也开始进行讨论，我也曾就网约工、共享员工等新兴用工模式在一些报章杂志和新媒体发表评论。作为劳动法实务畅销书的作者，我总是希望能根据经济社会发展和具体情况变化，不断更新该书的相关内容。本次增订，主要涉及三个方面的更新：一是对增订七版中的相关表述瑕疵进行校订和更正，对于一些因法律法规政策变化应予以修改的部分进行了调整；二是结合实践中的一些新情况和新趋势，对相关案例和论述进行了相应的修改和补充，使得案例的代表性更加明显，相关说理也与时俱进；三是对《全国各地人力资源管理法规政策常见参数所引》进行了更新，也进一步方便业界同仁和专业读者们检索、查询和核实有关劳动法和人力资源管理所需的数据。

就此次增订八版而言，限于时间仓促和能力所限，亦有可能出现在所难免的错误和瑕疵。希望读者们能就此书第八版继续提出各类建设性的意见和建议。特别感谢人力资源管理、劳动法和财税法多个层面上理论界和实务界的师长、学友、客户和同行们一直以来的关心并提供了很多真知灼见！在本次增订八版成稿之际，我正好在天津自贸区东疆片区进行调研考察，这个位于渤海之滨的开发区作为天津最有活力的自贸区片区展示了其极高的政府管理效能和惊人的招商引资业绩。东疆片区管委会的一位负责人在交谈中告诉我，做真正专业领域的营商平台型政府，用心做好政府服务，就是实实在在的招商引资的硬实力。专业的人，才能做好专业的事情。注重专业，强调精进，依然是人力资源、法律或财税领域从业者或研究者最重要的核心竞争力。最后，特别感谢中国法制出版社策划编辑杨肇南先生的辛勤努力！特别感谢持万咨询客户、持万咨询团队在案例协助和统稿中的细致工作！

王桦宇

于天津自贸区东疆片区

二零二零年六月

致　谢

在《劳动合同法实务操作与案例精解》（增订8版）即将付梓之际，我们要向王桦宇先生及其领导下的持万咨询团队表示感谢！这本书凝聚着你们的心血，你们的专业素养和写作态度保证了本书的实用性和高质量。

我们还要感谢本书的读者！读者的需求和喜爱是作者悉心写作和我们精心出版的不竭动力。持续畅销至第八版，既是对作者辛苦写作的肯定，也是读者对我社大力支持的体现。

书是有生命力的，我们相信这本书会一直陪伴着读者，与读者一起成长！

中国法制出版社

图书在版编目（CIP）数据

劳动合同法实务操作与案例精解 / 王桦宇著．—8版．—北京：中国法制出版社，2020. 11 (2023.10 重印)
（企业法律与管理实务操作系列）
ISBN 978 – 7 – 5216 – 1228 – 8

Ⅰ.①劳…　Ⅱ.①王…　Ⅲ.①劳动合同 – 合同法 – 案例 – 中国　Ⅳ.①D922. 525

中国版本图书馆 CIP 数据核字（2020）第 154536 号

责任编辑：杨智（yangzhibnulaw@ 126. com）　　封面设计：周黎明

劳动合同法实务操作与案例精解

LAODONGHETONGFA SHIWU CAOZUO YU ANLI JINGJIE

著者/王桦宇
经销/新华书店
印刷/三河市紫恒印装有限公司
开本/730 毫米 × 1030 毫米　16 开　　印张/ 35. 25　字数/ 585 千
版次/2020 年 11 月第 8 版　　2023 年 10 月第 7 次印刷

中国法制出版社出版
书号 ISBN 978 – 7 – 5216 – 1228 – 8　　定价：109. 80 元

北京市西城区西便门西里甲 16 号西便门办公区
邮政编码：100053　　传真：010 – 63141600
网址：http：//www. zgfzs. com　　**编辑部电话：010 – 63141816**
市场营销部电话：010 – 63141612　　**印务部电话：010 – 63141606**

（如有印装质量问题，请与本社印务部联系。）